KB117520

WAR IN LIFE

펜트하우스 3

펜트하우스 3

지은이 김순옥
펴낸이 임상진
펴낸곳 (주)넥서스

초판1쇄 발행 2021년 6월 25일
초판4쇄 발행 2021년 7월 2일

출판신고 1992년 4월 3일 제311-2002-2호
10880 경기도 파주시 지목로 5
Tel (02)330-5500 Fax (02)330-5555

ISBN 979-11-6683-099-0   14680

저자와 출판사의 허락 없이 내용의 일부를
인용하거나 발췌하는 것을 금합니다.

가격은 뒤표지에 있습니다.
잘못 만들어진 책은 구입처에서 바꾸어드립니다.

www.nexusbook.com

WAR IN LIFE

펜트하우스 3

◆ 김순옥 대본집 ◆

넥서스BOOKS

일러두기

1. 〈펜트하우스〉 시즌 2 대본집입니다.

2. 김순옥 작가의 대본 집필 방식을 최대한 따랐습니다.

3. 드라마 대사는 글말이 아닌 입말임을 감안해, 맞춤법에 어긋난 표현이라 해도 입말 표현을 최대한 살렸습니다. 그 외의 지문은 맞춤법을 따랐습니다.

4. 물음표, 마침표, 쉼표 등 문장 기호의 표기는 작가의 의도를 따랐습니다.

5. 말줄임표는 온점 두 개, 세 개 등으로 다르게 표현되어 있습니다. 온점의 개수가 많으면 더 긴 호흡으로 연기하라는 의미입니다.

6. 방송되지 않은 내용이 포함되어 있습니다.

용어정리

- **E** 이펙트(Effect)의 약어로 등장인물의 얼굴은 보이지 않고 목소리만 들리는 경우에 주로 사용되며, 휴대폰 소리, 파도 소리 등 모든 효과음이 해당된다.
- **F** 필터(Filter)의 약어로, 전화기 너머의 목소리나 마음속으로 하는 이야기 등을 표현할 때 사용된다.
- **F.I** 페이드 인(Fade in)의 약어로, 어두웠던 화면이 차차 밝아지면서 장면이 전환되는 연출이다.
- **F.O** 페이드 아웃(Fade out)의 약어로, 화면이 차차 어두워지면서 완전히 검정 화면으로 전환되는 연출이다.
- **C.U** 클로즈업(Close up)의 약어로, 대상물이 화면에 가득 차도록 확대해 촬영하는 기법이다.
- **플래시백** 회상을 나타내는 장면. 주로 현재 일어나는 사건의 인과 설명 혹은 주인공의 현재 모습이나 성격에 당위성을 부여하기 위해 사용된다.
- **오버랩** 앞 화면에 뒤의 화면이 포개지는 기법. 대사에서 앞사람의 말을 끊고 대사가 나올 때 사용된다.

차례

기획의도 … 7

인물관계도 … 10

등장인물 … 12

1화 사육제 … 33

2화 소리의 정체 … 79

3화 가짜 소프라노 … 125

4화 동맹전선을 구축하라 … 171

5화 트로피 쟁탈전 … 219

6화 조각난 트로피 … 265

7화 이합집산하는 악령들 … 309

8화 오직 딸을 위해 … 355

9화 천수지구를 사수하라 … 399

10화 사건의 전말 … 443

11화 당신, 수련 씨잖아 … 487

12화 돌아온 사람, 사라진 사람 … 533

13화 주단태와 미스터 백 … 575

출연진 및 만든 사람들 … 617

어떤 인간의 욕망도 절대 충족되지 않는다.
인간은 더 많은 것을 갖기 위해 끝없이 오르려 하기 때문이다.

'펜트하우스'란 무엇인가?
아파트, 호텔, 주상복합 등 고층건물 상층부의 고급스러운 인테리어를 갖춘 주거
공간으로, 보통 꼭대기 층에 위치한다. 최고층이어서 높은 곳에서 내려다보이는
전망이 일품이다.

특별한 매력으로 아파트 로열층의 판도를 뒤흔든 최상위 층! 그곳엔 과연 누가
살고 있을까?
그들은 무엇으로 돈을 모았고, 그들의 욕망의 끝은 어디까지일까?
끝없이 높은 곳으로... 더 높은 곳으로... 올라가고 싶었던 이유는 무엇이고, 그들
이 꿈꾸던 맨 꼭대기 층에는 무엇이 기다리고 있을까?
꼭대기 층까지 오른 그들은 과연 지금 행복할까?
저마다의 은밀한 비밀이 숨어있지는 않을까?
궁금해졌다.
여기, 한 여자가 있다.
이름은 심수련. 100층 복층 펜트하우스의 주인이다.

아름다운 얼굴에 고급스러운 미소를 지은 채, 태어날 때부터 항상 그랬던 것처럼 움직임에 한 치의 흐트러짐도 용납하지 않는다.

200평은 족히 넘는 복층 펜트하우스가 그녀 앞으로 위풍당당한 자태를 드러낸다. 전면이 탁 트인 커다란 거실 통유리창에 크리스털 조명등이 반사되어 빛나고, 티끌 하나 보이지 않는 대리석 바닥 위에 이태리에서 직수입한 명품 가구들이 각을 잡고 놓여있고, 거실 유리창 앞으로 다가서면 환상적인 한강 뷰가 한눈에 펼쳐진다.

어둠이 내린 한강의 비현실적인 야경이 시선을 사로잡고, 멀리 우뚝 선 서울타워 외에 그녀의 시선을 방해하는 건 아무것도 없다. 한강대교 위에 차들이 소리 없이 어딘가를 향해 천천히 움직일 뿐, 세상은 적막 그 자체다. 어떤 소음도 완벽히 차단되어있는 그곳! 여자의 발이 움직일 때마다 슬리퍼 끄는 소리만 간간이 들릴 뿐이다. 방금 샤워를 마친 듯 하늘하늘한 슬립만을 걸친 그녀는, 대리석 계단을 통해 위층으로 올라간다. 위층 역시 찬란한 조명등이 미친 듯이 거실로 쏟아져 내리고 있었다. 신비한 오일향을 내뿜으며 조용히 거실 창가로 다가가, 세상 누구의 시선에서도 자유로운 듯 슬립의 끈을 내렸다. 강렬한 레드색 슬립이 대리석 위로 물결처럼 흘러내렸다. 그리고, 헬퍼가 미리 준비해 둔, 파티용 환타색 실크드레스를 차려입었다. 거실 창문으로 그녀의 아름다운 모습이 비쳐 보였다. 그녀의 눈동자가 신비스러울 만큼 빛났다. 불쾌한 징조라곤 찾아볼 수 없었다.

그때! 핸드폰이 울렸다. 파티 참석을 재촉하는 남편의 전화다. 그녀는 여전히 서두르지 않는 우아한 걸음으로, 펜트하우스 밖으로 나왔다. 홍채 자동인식으로 열리는 현관문을 통과하여, 펜트하우스 전용 엘리베이터에 몸을 실었다. 미끄러지듯 통유리창의 엘리베이터가 움직이기 시작했다. 그리고... 몇 층쯤이었을까...

엘리베이터 바깥으로부터, 누군가의 눈빛과 정면으로 마주쳤다! 너무도 가녀리고 애절한 소녀의 눈빛... 애타게 뭔가를 붙잡으려는 손길... 허공을 휘젓는 발버둥......

지독한 섬뜩함이 찰나로 스쳐 지나갔다. 그리곤 몇 초 후..... 아파트 모든 주민들이 가장 사랑하고 자랑스러워하는 아파트 분수대의 거대한 헤라상 위로 그 물체가 떨어졌다. 높이만큼 아득한 굉음소리가 한밤의 적막을 깼다! 쿵!!!

강렬한 오색 물줄기를 내뿜던 분수대가, 일순간 붉은빛으로 젖어들기 시작했다. 이제 갓 열여섯 살, 민설아의 죽음이었다!

헤리팰리스(헤리클럽)　　　　　　　　**100층 펜트하우스**

배로나

오윤희

심수련

주단태

주석훈

주석경

의문의 소녀

서진의 가족

민설아

천명수

서진모

천서영

제부

85층

천서진

하윤철

하은별

고상아 세탁식구들

왕미자

큰시누이

작은시누이

55층

고상아

이규진

이민혁

45층

강마리

유동필

펜트하우스

유제니

기타 인물들

마두기

권혜미

도비서

조비서

의문을 품은 사람들

로건리

나애교

양미옥

진분홍

주혜인

청이예고 친구들

엄장대

안은후

노지아

송예리

허유정

| 주요인물 |

• 심수련 __ 주단태의 아내. 주석훈과 주석경 쌍둥이 엄마.

태어나서 한 번도 가난해본 적 없는 상류층 여자.
헤라팰리스 입주자들 모두 인정하는, 명실상부한 헤라클럽의 퀸!
부유한 가정에서 태어나, 가족들의 아낌없는 사랑을 받으며 곱게 자랐다. 아름다운 외모만큼이나 성품도 온화했지만, 사랑에서만큼은 용감하고 저돌적이다.
아버지의 강요로, 현재의 남편 주단태와 애정 없이 약혼했다. 그러나 약혼 후 유학을 떠난 곳에서 음악을 하는 남자와 진짜 사랑에 빠지고, 그의 아이를 임신하게 된다. 주단태에게 파혼을 통보하고, 미국에서 사랑하는 남자와 새 출발하여 행복한 시간을 보내고 있던 무렵! 집으로 침입한 무장 강도가 난사한 총기로, 사랑하는 남자를 그 자리에서 잃고, 자신은 그 충격으로 8개월 만에 딸을 조산하고 만다.
한국으로 돌아와 인생에서 가장 큰 고통의 시간의 보내고 있는 그때! 수련에게 파혼당했던 주단태가 다시 수련에게 돌아온다. 동거녀에게서 낳은 남녀 쌍둥이와 함께.
주단태는 수련이 조산으로 낳은 수련의 아이가 저산소증으로 병원에서 위급한 상태가 되자, 지극정성으로 돌봐준다. 며칠 밤을 새우며 아이 곁을 지켜준다. 그 모습에 감동한 수련은, 단태와의 결혼을 결심하고, 단태의 쌍둥이 아이들을 자신의 친자식처럼 돌보며 결혼생활을 시작한다.
사람들은, 쌍둥이 아이를 수련이 낳은 친자식으로 알고 있었다. 그만큼 수련은 아이들에게 진심으로 대했다. 단태한테서 받은 사랑을 갚아주겠다는 마음으로, 아이들에게 최선을 다했다.

강박증이 심하고, 매사 완벽함과 최고를 추구하는 단태에게서 숨이 막힐 것 같은 답답함을 느끼고 때론 도망치고 싶지만, 그때마다 식물인간 상태에 빠진 수련의 아이를 돌보는 단태의 모습에, 차마 그를 떠나지 못한다. 하지만 주단태가 수련이 낳은 친딸을 내다버리고, 중병을 앓고 있는 다른 아이를 수련의 딸로 둔갑시켜, 수련에게 평생 남의 자식을 돌보면서 자신을 배신한 벌을 받게 했다는 사실을 깨닫게 되자, 죽을 것 같은 배신감에 치를 떤다.

그날부터 조용히 자신의 친딸을 찾아 헤매는 수련. 남편의 비서인 윤태주로부터, 남편이 딸을 얼어 죽게 하라고 시켰지만, 차마 그럴 수가 없어서 고아원 앞에 몰래 옮겨놨다는 자백을 받아낸다. 딸이 살아있다는 확신을 가지고, 그 근방의 고아원을 전부 뒤지며 미친 듯이 친딸을 찾아나선 수련. 드디어 딸의 행방을 찾게 되고, 미국으로 입양된 딸이 파양되어 한국에 살고 있다는 정보를 입수하게 된다. 딸은 아주 가까이에 살고 있었다. 자신 또한 너무 잘 알고 있는 사람이었다. 아이들의 수학 과외쌤.... 민설아였다!

딸을 찾았다는 기쁨으로 정신없이 딸에게 연락을 취하는 수련. 그날은, 청아예고 합격 축하 파티가 있는 날이었고, 남편은 파티 준비로 정신이 없었다. 남편의 재촉에 할 수 없이 파티장으로 향하는 수련.... 그리고.... 그 엘리베이터 안에서, 추락하는 한 여자아이의 눈동자와 마주친다. 그 아이는 다름 아닌 자신의 딸, 민설아였고, 그렇게 허망하게 수련은 친딸을 영원히 잃고 만다.

• 천서진 __ 하윤철의 부인, 하은별의 엄마.

타고난 금수저. 화려함과 도도함의 결정체.
헤라클럽의 여왕벌을 자처.
스포트라이트는 항상 서진을 비추고 있었다.
청아재단 이사장의 딸이란 타이틀은 늘 그녀를 주목받게 만들기 충분했다.
든든한 부모의 뒷배를 이용하지 않고도 충분히 빛나는 실력으로 청아유치원, 청아초등학교, 청아예중까지 1등은 항상 서진의 차지였다. 하지만 딱 거기까지였다.
청아예고 입학과 동시에 오윤희에게 퀸의 자리를 빼앗긴 건 시작에 불과했다. 이후 실기 시험, 콩쿠르, 발표회마다 줄줄이 윤희에게 1등을 내줬다.
죽을 만큼 노력했지만 몇 번의 경합을 통해서 깨달은 사실은 실력으로는 절대 윤희를 이길 수 없다는 것이었다. 자존심이 무너진 서진은 아빠에게 달려가 오열하며 처음으로 부탁을 했다. 윤희를 이기고 싶다고! 아니 이겨야만 한다고!
그렇게 고3 마지막 콩쿠르의 우승 트로피를 손에 거머쥔 서진에게 심사의 부정함을 폭로하겠다 선언하는 윤희를 보자 쌓여왔던 감정이 폭발했고, 몸싸움을 하던 도중 윤희의 목을 트로피로 그어버렸다.
이후 모든 건 제자리로 돌아왔다. 어디론가 사라져버린 윤희는 원래 없었던 사람처럼 곧 사람들의 기억에서 잊혀졌고, 모든 관심은 서진을 향했고, 실력도 날로 늘어갔다. 게다가 윤희의 남자친구였던 하윤철까지 손에 넣은 서진은, 처음으로 아버지 뜻을 어기면서까지 윤철과 결혼했고, 아직도 유명한 소프라노로 활동하며 청아예고에서 후배 양성에 힘쓰고 있다.

모든 게 자리를 잘 잡고 있었다. 소프라노를 꿈꾸는 딸 은별을 위해서 서진은 뭐든 해줬다. 청아예고 음악부장을 맡은 것도 은별에게 최고의 서포트를 해주기 위해서였고, 은별도 잘 해내고 있다고 믿어왔는데..... 뜻밖의 걸림돌이 생겼다. 배로나의 등장이었다. 배로나는 엄마와 목소리가 똑 닮은, 천서진의 천적, 오윤희의 딸이었다.

악연을 끊어내기 위해 부정한 방법으로 로나를 탈락시켰지만, 운명의 장난처럼 로나는 청아예고에 입학했고, 윤희는 감히 헤라팰리스까지 비집고 들어왔다.

서진은 어떻게든 오윤희를 헤라팰리스에서 내쫓으려 하지만, 남편 윤철까지 윤희에게 흔들리면서 서진의 일상은 무섭게 균열이 생겼다.

• 오윤희 __ 배로나 엄마.

과거엔 청아예고의 실력파 성악 유망주였으나 현재는 자격증 없는 부동산 컨설턴트.
천서진과는 적대적인 관계.

청아예고에서 수석을 놓치지 않은 실력파였다. 대충 입만 뻥긋해도 서울음대는 따논 당상이라고 할 만큼, 교내외에서 압도적으로 우수한 학생이었다.

그러나 청아예고 3학년 때, 서울음대를 가기 위한 가장 큰 스펙인 〈청아콩쿠르〉에 출전했다가 대상을 도둑맞았다. 결과의 부정에 격분해, 라이벌인 천서진과 몸싸움을 벌이다, 대상 트로피에 목을 찔려 성대에 치명적인 신경손상을 입고, 성악을 포기했다. 오랫동안 사랑했던 남자도 천서진에게 뺏겼다.

자포자기 심정으로 서둘러 결혼했다. 결혼 역시 불행의 연장선이었다. 고시생이었던 남편은, 매번 사법시험 최종면접에서 떨어졌고, 그 와중에 쉬지 않고 바람을 피웠다. 허영을 불치병으로 달고 살던 시어머니는 손녀딸 금반지까지 내다팔고도 정신을 못 차리고 돈을 써재꼈다. 돈 쓰는 게 그녀의 유일한 취미였다.

그 덕에 윤희는, 안 해본 알바가 없을 만큼 억척스럽게 살아야 했고, 최근엔 졸부들을 상대로 비밀 아지트를 구해주는 일로 생활비를 벌고 있다.

14년의 암흑기를 거쳐, 드디어 기적적으로 마지막 사법고시에 합격한 남편 덕에 햇빛을 보나 싶었는데, 남편은 하필 그날 축하모임에서 술에 취해 실족사했다. 불운이 꼬리를 물고 이어졌다.

자신의 딸은 절대 음악을 시키지 않겠다는 굳은 결심에도 불구하고, 딸의 고집을 꺾을 수 없었던 윤희는, 딸의 레슨 선생으로 천서진과 20년 만에 조우한다.

천서진의 장식장에서 아직도 빛나고 있는 과거 콩쿠르 트로피를 본 순간, 복수심에 사로잡히고, 딸이 교내 학폭위의 만행으로 부당한 처벌을 당하자, 마음을 바꿔 먹고 딸아이의 성악 공부를 지지하기로 결심한다.

그날부터 딸아이의 청아예고 합격을 향해 달리기 시작하는 오윤희! 지난 삶을 보상받기라도 하듯이, 딸과 자신의 인생의 성공을 향해 폭주한다.

• 주단태 __ 심수련의 남편. 주석훈, 주석경의 아빠.

재일교포 사업가의 아들. 투자회사 대표. 부동산의 귀재.

강박증이 심하고, 완벽주의자. 늘 최고, 최상만을 추구한다.

귀신같이 돈 냄새를 잘 맡아, 투자하는 사업마다 돈을 쓸어 모았다.

사업과 부동산에 천부적 재능을 가졌다. 그의 땅을 밟지 않고는 강남을 돌아다닐 수 없다는 말이 나돌 정도로, 강남 노른자위 땅과 고층 건물들을 소유하고 있다.

헤라팰리스도 그의 작품! 땅을 매입하고, 분양하는 모든 일을 직접 지휘하면서, 그의 능력을 세상에 알렸다.

자신을 배신하는 어떤 것도 용서할 수 없는 남자. 자신의 약혼녀가, 다른 남자를 사랑하고, 그 남자의 아이를 가졌다는 사실을 안 순간! 감추고 있던 소시오패스 본성이 살아났다.

미국 심수련의 집에서 일어난 총기사건도, 주단태와 무관하지 않다. 질투와 배신감에 휩싸인 주단태가 무장 강도를 심수련의 집에 보내, 심수련의 남자를 죽게 한 것. 그 때문에 심수련의 딸은 8개월 만에 생명이 위독한 상태로 태어난다.

심수련이 낳은 진짜 딸을 비서(윤태주)를 통해 하천에 버리고, 다른 아픈 아이를 심수련의 딸로 위장해 키우게 한다.

자신을 배신한 심수련을 기어이 아내로 맞아, 평생 다른 사람의 자식들을 키우며 살게 하는 벌을 가하고, 그것이 자신을 모욕한 죗값이라고 여긴다.

남들에겐 심수련을 쌍둥이들의 친엄마로 알게 하고, 완벽한 가정으로 보여지길 원한다. 한 치의 흐트러짐이나 구설도 용납하지 않는다. 주혜인의 존재 역시 헤라팰리스 주민 누구도 알지 못했다.

겉으로는 젠틀하고, 매너 있고, 완벽한 남자. 속은 냉혈한의 피가 흐른다.

• 주석훈 __ 주단태와 심수련의 아들. 석경의 쌍둥이 오빠.

피아노를 전공한 귀공자 스타일의 외모에 무결점 완벽남.

외모, 두뇌, 실력까지 모든 것이 훌륭한데 거기에 싸움까지 잘한다. 드디어 첫사랑을 시작했다.

티끌만큼의 흐트러짐도 허용하지 않는 주단태의 앞에선 늘 완벽함을 연기하지만, 학교에서는 선생님과 친구들을 장난감처럼 주무르며 일탈을 즐기는 이중적 면모를 갖고 있는 소년.

그런 석훈의 새 장난감으로 배로나가 낙점된다.

그런데 이 타깃 만만치가 않다.

어떤 괴롭힘에도 굴복하지 않는 로나에게, 조금씩 흥미 이상의 관심을 가지게 된다.

• 주석경 __ 주단태와 심수련의 딸. 석훈의 쌍둥이 동생.

영혼 없는 얼음공주 퀸카, 청아예고에서 성악 전공.
단 1%의 진심도, 영혼도 없는 차가운 청아예고의 퀸.
전쟁판처럼 피 터지는 예체능계 경쟁 속에서도 늘 온화하고 너그러운 아이.
하지만 발등에도 미치지 못하는 아랫것들을 향한 아량이었을 뿐.
석경의 진로는 처음부터 결정돼 있었다. '성악가' 석경은 노래 부르는 것도 공부하는 것도 다
싫었다.
전교 1등인 오빠 석훈에 비해 실력은 턱없이 모자랐고, 주단태는 그런 석경에게 아주 냉정했
다. 항상 성적, 결과 순으로 석훈이와 비교당할 뿐이다.
지옥의 나날이지만 그래도 오빠 석훈만 옆에 있다면 펜트하우스에서 살 수 있다.

• 배로나 __ 오윤희의 무남독녀.

엄마의 유전자를 받아 성악에 남다른 재능을 가졌다.
청아예고에 혜성처럼 나타난 실력자로 많은 이의 견제를 받는다.
당차고 씩씩하다. 아빠 없고, 돈도 없지만, 주눅 들지 않는다. 자신을 무시하는 유제니에게
오히려 한 방 먹여 버렸다. 그게 바로 성악이었다.
음악만은 하지 않길 바랐던 엄마 윤희의 반대를 무릅쓰고 로나는 노래를 불렀다. 엄마의 능
력을 그대로 받아 아름다운 천상의 목소리를 가졌다. 결이 다른 목소리였다.
도저히 노래를 포기할 수 없었다. 결국 윤희가 준 학원비를 들고 유명한 레슨 선생님(천서
진)을 무작정 찾아가 테스트를 봤다. 뒤이어 자신을 끌어내리려고 쫓아온 엄마! 이제 끝이구나
생각하던 찰나! 엄마는 로나에게 노래를 하라고 승낙했다. 자신이 죽을힘을 다해 지원을 해
주겠다고. 그때부터 미친 듯이 노래만 불렀다. 남들보다 백 배 천 배로 열심히 했다. 없는 돈
에 레슨비를 대주는 엄마를 위해서라도 쉴 수 없었다.
최선을 다했지만, 결국 예고 실기에 떨어진 로나. 그날 밤 엄마에게 미친 듯이 악다구니를 퍼
부었는데, 뜻밖에도 추가 합격 소식이 들린다. 자신이 청아예고에 들어갈 운명이었던 것처
럼 세상이 움직이는 듯 했다.
하지만 그곳은 꽃길이 아니라 정글이었다.
모든 아이들로부터 왕따를 당했고, 질시와 모욕을 참아야 했다.
믿을 건 실력뿐이었다. 최고가 된다면 누구도 날 무시할 수 없다는 깡다구 하나로 버텨냈다.
성대 결절이 올 정도로 미친 듯이 연습에 매진했다.
"엄마는 패배자지만, 나는 달라!"

16

• 하윤철 __ 천서진의 남편. 하은별의 아빠.

대형 종합병원 VIP 전담 신경외과 과장. 오윤희의 첫사랑.
의사로서의 능력과 실력보다는 청아의료원 이사장 사위로 유명세를 먼저 탔다. 소프라노
천서진의 남편, 현재 VIP 전담 외과과장, 차기 병원장 유력!
사려 깊음보다는 손익 계산을, 실력보다는 방송 출연을, 지켜보자는 소견보다는 수술을 우
선시한다.
그런 그도 한때는 누군가에게 가슴 뛰던 시절이 있었다.
과학고 시절, 청아예고와의 연합 동아리에서 만난 진짜 성악 천재 윤희. 경쟁심 많던 윤철을
순수하게 만들었던 윤희... 윤철의 첫사랑이었다.
현실에 적당히 타협할 줄 아는 인물. 묘하게 사람 신경을 건드리는 화법으로 상대를 제압한
다. 역시 남자는 돈과 권력을 쥐고 있어야 한다는 야망남. 지금은 병원장 자리를 차지하기 위
해 워커홀릭처럼 일하고 있다.
이런 성공에는 천서진의 내조가 한몫했다는 걸 모르진 않았다. 그러나 지나치게 목표 지향
적인 서진이 차츰 부담스러워졌고, 결혼과 함께 시작된 서진 집안의 냉대가 서러웠다. 가난
한 과수원집 아들이라는 족쇄가 지독한 콤플렉스가 되었다.
아내는 은별의 교육에 한 치의 허점도 용납하지 않는 성격이었다. 그 또한 부부 갈등의 이유
가 되었지만, 인생의 파트너로서 두 사람의 목표는 같았다. 각자 위치에서 최고가 되는 것!
그런데 윤희와의 재회가 그의 삶을 뒤흔들고 있었다.

• 하은별 __ 천서진과 하윤철의 딸.

청아예고에서 성악 전공. 대대로 교육가 집안으로 명망 높은 청아예고 이사장 집안 딸이다.
2인자에 머무르는 실력으로 엄마 천서진을 만족시키지 못해 늘 불안하다.
은별의 인생은 태어날 때부터 정해져있었다.
성악 외에는 단 한 번도 다른 꿈을 꾼 적이 없다.
청아재단은 예술계통 최고의 명문 사학이었고 프리마 돈나였던 엄마 천서진이 청아재단 이
사장이 되면 그 뒤는 은별이 이어받을 것이다.
마치 아침에 일어나면 세수를 하는 것처럼 너무도 당연한 수순이었다.
은별 역시 노래 부르는 게 좋았다. 그러나 타고난 천재는 아니었다.
"난 죽었다 깨어나도 엄마를 뛰어넘을 수 없을 거야."
낮은 자존감이 그녀의 머릿속을 지배하고 있다.
곡을 부르다가 한 소절만 삑사리 나면, 그 자리에서 주저앉아 기어이 전부를 다 망쳐버리고
마는 유리멘탈. 그러던 어느 날 은별의 손에, 천서진의 대상 트로피가 쥐어져있었다. 그리고,
은별은 로나를 향해 트로피를 거침없이 내리쳤다. 은별의 눈은 텅 비어있었다.

╫ 강마리 가족
• 강마리 __ 유제니의 엄마. 유동필 부인.

금쪽같은 내 새끼 건드리면 무조건 두 쪽 난다!
개처럼 벌어서 정승처럼 쓰자는 게 인생 모토. 졸부.
두바이에 남편을 보내고 독수공방하는 여자.
다혈질인 듯 보이지만 사실 알고 보면 엄청나게 계산적이고 냉철하다.
속으로는 금수저들을 비난하고, 밖으로는 흙수저들을 하대한다.
모든 스트레스를 자신의 집 도우미와 기사에게 갑질로 푸는 삶을 살고 있다.

• 유동필 __ 강마리의 남편. 유제니의 아빠.

건설회사 대표. 두바이에서 사업 중이라고 알려졌으나 실제로는 교도소에서 수감 생활 중.
세상의 중심에서 아내에게 의리, 딸에게 사랑을 외치는 딸바보.
막노동판을 뒹굴며 전전하던 젊은 시절, 마리에게 첫눈에 반해 끝없는 구애 끝에 결혼했다.
뛰어난 사업 수완을 바탕으로 건설회사 기자재 납품 사업을 번듯한 건설회사로 키워냈다.
현재 두바이에서 프로젝트를 진행하고 있어 1년 넘게 한국에 돌아오지 못하는 상황. 매달 아
내와 딸 선물을 챙기는 진정한 사랑꾼이자 딸바보.

• 유제니 __ 강마리와 유동필의 외동딸.

청아예고에서 성악 전공. 안하무인, 쌈닭. 실력은 없고 욕심만 있다.
천상천하 유아독존이다. 한마디로 개싸가지.
청아예중 입시에서 뚝 떨어져 일산 화정에 있는 일반중학교를 다녔다. 같이 성악을 시작한
친구 중에 유일하게 혼자 떨어졌다.
기필코, 청아예고만은 포기할 수 없다는 각오로, 일산 화정까지 넘어갔다. 갈수록 내신 비중
이 커지는 예고 입시 특성상, 서울 외곽 학교라면 아무래도 내신 따기가 이로울 거라는 계산
이었으나, 화정 또한 만만치 않았다. 배로나라는 눈엣가시 같은 아이가 공부면 공부, 노래면
노래, 모든 면에서 제니 앞을 가로막았다. 파출소 피하려다 경찰서 만난 격이었다. 제니 엄마
인 강마리가 일산 화정으로 이사한 이유는, 사실 내신 때문만은 아니었다. 남편 유동필 탓이
컸다. 살인죄로 복역 중인 남편의 신상이 털려서 딸 귀에 들어갈까 하는 노파심 때문이었다.
어렵게 얻은 딸이라, 엄마 아빠의 정성이 하늘에 뻗쳤고 덕분에 제니의 싸가지는 날이 갈수
록 비례했다. 머리부터 발끝까지 있는 집 자식이요, 콘셉트로 꾸미고 다닌다. 돈 자랑하는 건
취미고, 돈 없는 애들 무시하는 건 특기다.
그런데 그 특기가 요즘 배로나 기집애 때문에 영 발휘가 안 된다. 어떻게 생겨 먹은 건지 놀려

도, 무시해도 꿈쩍도 안 하니 오기가 다 생긴다.

아빠도 없는 불쌍한 년 주제에.....

그 말을 하지 말걸, 후회는 이미 늦었다. 로나는 기가 막힌 음색과 노래로 한 방에 자신을 제압했고, 제니 스스로도 느꼈다. 절대 실력으로는 이길 수 없겠다.

실력으로 안 된다는 열등감이 뼛속까지 내재된 인물.

자기가 밟아도 되겠다 싶으면 찍어놓고 지독히 괴롭히지만, 또 뭔가에 감동받아 내 편이라고 생각하면 하루아침에 자기 속 다 내주는 단순하고 쿨한 면도 있다.

로나와 철천지원수에서 로나의 베프가 된다.

 ✝ 이규진 가족
• 이규진 __ 고상아의 남편. 이민혁의 아빠. 빅토리 로펌 이혼 전문 변호사.

규진이는 엄카보이.

법조인 재벌가의 외아들로 허세뿐인 속 빈 강정에 마마보이. 찌질의 끝판왕.

법조계 집안의 3대 독자로 1남 2녀 중 막내다.

어렸을 때부터 엄마가 시키는 대로 살아왔더니 어느새 변호사가 되어있었다.

당연히 스스로 할 줄 아는 건 없고, 결정 장애에 모든 걸 누나나 엄마에게 컨펌받아야 마음이 편한 마마보이다.

게다가 생활비 대신 엄카를 건네는 찌질의 끝판왕.

상아와의 결혼도 가족회의를 통해 결정됐다.

규진은 언제나 그랬듯 받아들였다.

한 번도 엄마의 결정이 틀린 적은 없었으니까.

규진은 상아가 매일같이 엄마에게 볶여도 방패막이가 돼줄 생각이 없다.

기 센 누나들이 집으로 들이닥쳐 아내를 잡도리해도 모른 척했다.

세상은 등가 교환의 법칙에 의해 돌아가는 것.

개천 이무기를 모두가 부러워하는 법조재벌 며느리로 만들어줬으니 상아가 감당해야 하는 몫이라 생각했다.

손도 까딱 않는 버릇으로 하나부터 열까지 상아에게 다 시키고, 상아가 조금이라도 반기를 들면 쪼르르 누나나 엄마에게 얘기하느라 바쁘다.

• 고상아 __ 이규진의 아내. 이민혁의 엄마.

현대판 코믹 내조의 여왕, 허세 19단. 아나운서 출신의 재벌가 며느리.

남편과 아들 일이라면 어떤 희생이라도 감수하는 소문난 내조의 여왕.

교양 있는 척, 세상 행복한 척, 사랑받는 척하지만, 정작 반쪽짜리 결혼 생활이다.

한때 촉망받던 아나운서에서 지금은 재벌가 며느리로, 남편을 내조하며 살아가고 있다.

남편은 시아버지가 운영하는 '빅토리' 로펌의 허수아비 변호사이고, 상아가 허울뿐인 재벌 며느리 행세를 하고 있는 건, 주변 사람 아무도 모른다.

그녀의 결혼 생활은 한마디로 창살 없는 감옥이었다. 시댁 식구들은 온갖 더럽고 구린 짓은 다하고 호사를 누리면서, 상아에게는 검소, 절제, 청렴을 강요한다.

돈줄을 틀어쥔 시어머니는 생활비를 200만 원으로 동결시키고 그녀의 컨펌 없인 콩나물 100g도 살 수 없었다. 남편의 월급을 단 한 번도 만져본 적 없다.

• 이민혁 __ 고상아와 이규진의 아들.

청아예고에서 성악 전공.

공부로 서울대를 갈 수 없다는 사실에 온 집안을 낙담시켰다.

지금은 부모의 플랜대로 서울대 가기 프로젝트를 수행 중이지만,

합격 가능성은 제로에 가깝다. 성악을 전공하고 있으나 뛰어난 재능은 없다.

성실함과는 거리가 먼 인물로 공부도 늘 하위권이다.

| 비밀을 품은 사람들 |

• 로건리 __ 구호동과 동일인물.

재미교포계의 성공신화이자, 미국 부동산 갑부이며 유명 극장주인 제임스 리의 아들.

미국에서 급성혈액암으로 투병 중, 극적으로 한국 고아원에 있는 민설아와 골수가 일치해 민설아로부터 골수이식을 받고 완쾌함. 한때는 민설아와 남매지간.

골수이식을 위해 입양됐다, 억울한 누명을 쓰고 파양당한 민설아에게 죄책감에 시달린다.

2년 후, 모든 것을 정리하고 한국행 비행기에 몸을 실었다. 청아예고 계약직 체육교사라는 완전히 다른 사람이 되어 의문으로 가득 찬 민설아의 죽음을 파헤치기 시작한다. 누구와도 타협하지 않는 별종이다. 지금까지 청아예고에 이런 선생은 없었다. 대놓고 청아예고의 커리큘럼을 비웃었다. 학교가 정해놓은 규칙을 깡그리 무시했다. 석훈, 석경, 은별이 은근히 누리던 권리도 철폐했다. 석훈을 보기 좋게 제압한 구호동으로 인해, 주단태는 대노한다.

• 민설아 __ 헤라팰리스 아이들 수학 과외쌤.

보육원 출신으로 유기견 설탕이와 단둘이 억척스럽게 사는 소녀.

유기견의 병원비를 구하기 위해 헤라팰리스 고액 수학 과외 선생 자리에 지원했다.

어쩔 수 없이 재학증명서를 위조하고, 가짜 신분증을 만들어서 수학 과외 자리를 얻어냈다.

대학생이라고 거짓말하는 게 맘에 걸렸지만, 선불로 받은 과외비가 딱 설탕이의 수술비였

고, 돈만큼 열심히 가르쳐주면 된다고 생각했다.

딱 두 달 만이야. 그리고 조용히 빠지면 되는 거야.

• 주혜인 __ 주단태가 만들어놓은, 심수련의 가짜 딸.

심수련이 주단태 곁을 떠나지 못하는 이유가 된 인물.

태어날 때부터 저산소증으로 신생아 중환자실에서 치료를 받았다. 몇 번의 고비 끝에 간신히 살아났으나, 심각한 후유증으로 거의 식물인간 상태로 누워만 있는 인물.

그렇게 16년을 살았다.

주단태가, 심수련의 친딸을 하천에 버리고, 심수련의 딸인 것처럼 위장하여 VIP 병동에 입원시켜 지극정성 돌보는 척 연기를 했다.

가끔 약물 투입을 조절해서 주혜인이 혼수상태를 일으키면, 심수련이 가슴 아파 미치는 모습을 보며, 묘한 희열을 느꼈던 주단태....

어찌 보면 주단태라는 괴물의 또 다른 희생양이다.

• 나애교 __ 석훈, 석경의 생모이자 주단태의 사업 파트너.

사기의 여왕이자 만능재주꾼.

뛰어난 화술과 담대한 성격으로 한순간에 사람들을 휘어잡는다.

주단태를 위해서라면 못 할 짓이 없다.

상류층, 고위간부 할 것 없이 그가 원하는 정보가 있는 곳이라면 어디든 갔고,

무슨 수를 써서라도 주단태에게 건네줬다.

지금의 주단태를 만들어놓은 일등공신이지만 늘 심수련에게 가려져 살아온 가짜인생.

그녀의 자리를 넘봤지만 가질 수 없었기에 그녀를 동경하고 원망해왔다.

• 진분홍 __ 은별의 개인 학습 플래너 선생.

사기의 여왕이자 만능재주꾼.

은별의 생활 전반을 체크하며 늘 최상의 컨디션을 유지할 수 있게 도와준다.

서진에게 말 못 하는 은별의 비밀까지도 공유하는 사이.

하지만 조금씩 지켜야 할 선을 넘기 시작한다.

| 그 외 인물들 |

• 마두기 __ 청아예고 음악 선생님.

한 번 보면 뇌리에 훅 박히는 부담스런 비주얼의 성악가.

한 번 보면 절대 잊어버릴 수 없는 강렬한 중세시대 헤어스타일의 소유자.

성악 지식은 만점일지 몰라도 교육자로서는 0점인 남자.

돈과 권력 앞에서 자연스레 무릎 굽히는 전형적인 강약약강 직장인.

헤라팰리스 부모들이 그의 자존심을 긁어도 늘 잡초같이 일어선다.

헤라팰리스 아이들에게 은근히 무시당하는 인물.

• 양미옥(양집사) __ 주단태와 심수련의 펜트하우스 가사 도우미.

말 없고 비밀스러운 여자.

• 조호영(조비서) __ 주단태의 충실한 비서.

각종 자질구레한 뒤처리를 담당한다.

• 도비서 __ 천서진의 충실한 비서.

오로지 천서진을 위해서만 움직인다.

1화

사육제

1.   프롤로그 1/청아예술관 공연장(저녁, 2022년 3월 28일)
"제28회 청아예술제" 막이 오르고. 긴장감이 돌고 있는 무대 위.
날카롭게 고음을 치고 나가는 로나! 얼굴의 모든 근육을 쓰며 끝없이
올라가는 고음역대 곡을 소화하고 있는. 컷 되면. 무대는 은별로 바
뀌어있고! 신비로운 목소리로 관객의 심장을 요동치게 하는 은별. 컷
되면.
오페라 여주인공처럼 파워풀한 손동작의 석경! 청량한 목소리로 사랑
의 세레나데를 부르는 제니! 컷컷 되면서 보여지는데. (여자 참가자들,
색이 다른 드레스를 입고 있는. 얼굴과 드레스, 페이크로 분리해서 보여주
고. 곡 선택도 차별화되게)
관객석이 터져나갈 듯, 환호하는 박수 소리 터져 나오는.

2.   프롤로그 2/청아예술관 심사위원실(밤)
점수표를 작성하는 심사위원들의 손과 입들. 심각하게 의견들이 오
가고.

3.   프롤로그 3/청아예술관 공연장(밤)
무대 중앙, 붉은색 테이블 위에 "청아예술제" 트로피가 놓여있으면.
윤희, 단태, 윤철, 마리, 상아, 규진, 긴장한 채 심사 결과를 기다리고 있
는. 신경전 팽팽한데.

서진   (대상 발표를 하는) 제28회 청아예술제의 하이라이트. 하늘이 내린 최
고의 음색에게 주어지는 성악 부문 대상은! 청아예고 3학년...

4.   프롤로그 4/청아예고 교정 돌계단(밤)
(E)   아아악!!!!

날카로운 여학생의 비명 소리!!!

돌계단에 흰색 구두 한 짝이 떨어져있고. 핑크색 드레스 자락이 보이는. 그 아래로 돌계단을 타고 흘러내리는 검붉은 피!! 머리에 박힌 날개 모양의 금속으로 번지고!

계단에 거꾸로 뒤집혀서 죽어있는 여학생의 긴 머리카락!!

컷 되면. 정신없이 달려와서 계단 앞에 멈춰 서는 부모들과 학교 관계자들.

윤희와 서진, 단태, 윤철, 규진, 상아, 마리, 참혹한 현장을 보고 경악하는데.

울부짖는 서진과 윤희, 마리의 모습!!!!!

곧바로 드레스와 턱시도를 입은 아이들이 뛰어오는! (얼굴은 보이지 않고). 충격받은 듯 주저앉는 아이들의 모습...

단태, 떨리는 손으로, 드레스 입은 사체를 돌려서 얼굴을 확인하는데.

〈5개월 전〉자막.

5.　　미국 뉴욕 파티장 (저녁, 2021년 11월)

"在美 경제인 초청 소프라노 천서진 독창회" 플래카드 보이고.

파티장 모습. 고급스러운 와인과 요리, 디저트들 보이고.

웨이터들, 귀빈들의 와인 잔에 술을 따르는데.

극소수 VIP 교민을 초대해 독창회를 마친 서진, 귀빈들한테 둘러싸여 담소를 즐기고 있는.

서진　초대해주셔서 감사합니다, 회장님.

회장　와주셔서 내가 감사하죠. 여기 모인 재미 기업가들이 가장 보고 싶은 한국인으로 천 이사장을 꼽았어요. 아, 우리 와이프도 열성 팬인 거 알죠?

서진　(깍듯하게) 영광입니다, 사모님. 너무 아름다우시네요.

부인　천 선생 모시려고 우리 한인회가 얼마나 애썼는 줄 알아요? 동원할 수 있는 빽은 다 썼는걸요. 근데, 주단태 회장님은 왜 같이 안 왔어요?

서진	아! 중요한 비즈니스가 있어서요. 함께 못 해서 너무 아쉬워했어요.
부인	같이 오시는 줄 알고, 특별히 가장 멋진 방으로 예약해뒀는데. 두 분, 곧 약혼하신다면서요?
서진	(미소로 답하면. 사람들 일제히 박수 치고 환호 보내는데)
회장	아 참, 주 회장 아버님이 일본에서 손꼽히는 재력가셨다고... 성함이 어떻게 되시나요? 저희 아버지도 오랫동안 동경에서 사업을 해서.
서진	그 사람 부모님은 오사카에 계셨대요. 주로 일본인을 상대로 투자 사업을 해서, 한인들과는 거의 교류가 없었다고 들었어요. (때마침 걸려오는 단태의 전화) 그 사람 전화네요. 궁금해 죽나 봐요. 잠시만요. (웃으며 다른 쪽으로 가면)
사람들	오오~ (부러운 듯 서진을 바라보는)

6. 뉴욕 파티장 일각/청아아트센터 건설 현장 내부/전화 통화
    (저녁)

    단태, 공사 현장을 돌아보며 전화 통화하고 있는.

단태	당신의 아름다운 공연을 직접 봤어야 하는데, 너무 아쉬워서 어쩌지.
서진	그러게. 오늘 같은 날은 시간을 뺐어야지. 나, 오늘 되게 멋졌거든. 당신이 놀랄 만큼.
단태	당신만큼이나 중요한 청아아트센터와 관련된 일이야. 허투루 할 수 있나. 옆에 없어도, 난 늘 당신 생각뿐인 거 알지?
서진	(싫지 않은 미소) 공사는 잘 진행되고 있어?
단태	(건물 돌아보며) 당연하지. 기대해. 당신을 위한 최고의 오페라 극장을 만들어줄 테니까. 다음 일정은 뭐야?
서진	너무 피곤해서 쓰러져 자고 싶어. 내일 첫 비행기로 서울 돌아가.
단태	그래, 집에서 봐. 공연하느라 긴장했을 텐데, 오늘 같은 날은 취하는 것도 나쁘지 않지. 사랑해. (전화 끊으면)

서진, 전화 끊고 보면. 회장 부부와 기업인들이 손짓으로 부르는데.
재즈 선율이 연주되는 파티장. 사람들과 어울려 술을 연거푸 마시는
서진. 모든 게 만족스럽고 행복해 보이고.
계속해서 여기저기서 따라주는 술을 거절하지 않고 받아 마시는 서진.
모처럼 맘 편하게 파티를 즐기는데. 꽤 취한 모습이고.

7.   뉴욕 파티장 정원(밤)
서진, 비틀거리며 숙소 쪽으로 걸어가는데. 시원한 바람에 머리가 날
리는.
섹시한 드레스 차림의 서진, 연못가를 아슬아슬하게 걷는데. 빙글빙글
도는 눈앞.
기분 좋은 듯 구두를 벗어버리고, 맨발로 한 발짝 한 발짝, 연못 쪽으로
내딛었다가, 순간 미끄러지면서 중심을 잃고, 허리가 꺾이며 휘청하는
데. 아아악!!! 연못으로 넘어가려던 찰나!!
그때, 누군가 다가와 서진의 허리를 잡아주는.

서진   (흐릿한 눈으로 상대를 보는. 허리를 감은 힘 있는 손... 익숙한 향수 냄새...
거칠어 보이는 어깨... 밀착된 남자의 호흡... 싫지 않은데) 누구...?

서진에게 말없이 구두를 신겨주는 남자, 고개 들어 서진을 보는데. 윤
철이다!!

윤철   오랜만이야.
서진   (놀라서 보는) 당신... 여긴 어쩐 일이야?!
윤철   뉴욕에 일이 있어서. (드레스 차림 보며) 공연이었어? 여기서 묵는 모양
이야?
서진   응. (취한 눈으로 윤철을 보는) 좋아 보이네. 이렇게 보니 너무 낯선데?
얼마만이지?

윤철	해가 두 번쯤 바뀌었나? 들어가. 취했어. (쿨하게 돌아서는데)
서진	아직 혼자야? (가는 윤철을 잡으려다 휘청하면)
윤철	(서진의 허리를 잡아주는. 두 사람 얼굴이 밀착되는데) 방까지 데려다줄게.

8.　뉴욕 호텔 룸(밤)

윤철, 서진을 두 팔로 안아서 룸으로 데리고 들어오고.
야릇하고 은은한 조명이 감싸고 있는 실내. 이국적인 낯선 인테리어.
온몸을 휘감고 도는 술 냄새. 모든 게 비현실처럼 느껴지는데.
객실 안 침대에 서진을 눕히는 윤철, 서진의 구두를 한 짝씩 벗겨내면.
서진, 취한 채로 잠들어있고. 몸을 뒤척이다가 드레스 자락이 젖히면서 하얀 속살이 드러나는데.
윤철, 서진의 몸을 침대에 똑바로 다시 눕히려는 순간! 갑자기 눈을 뜨고 윤철을 보는 서진. 거칠게 윤철의 셔츠를 벗겨내면! 드러나는 윤철의 탄탄한 근육... 걷잡을 수 없이 서로에게 끌리는 두 사람...
격정적인 음악과 함께, 윤철을 리드하여 침대에 눕히고, 뜨거운 키스로 이어지는.....

9.　청아아트센터 건설현장 일각(밤)

비즈니스 파트너들과 담소를 나누고 있는 단태.
그때, 조 비서가 단태에게 다가서고. 조용히 단태에게 뭔가 귓속말로 말하면.
단태, 문득 표정 굳어지고. 미세하게 떨리는 눈썹...

10.　뉴욕 호텔 내 욕실(새벽)

샤워를 끝낸 서진, 김 서린 거울을 손으로 문질러 자신의 모습을 보는데.
이미 술 깨있고. 화장을 고치고 빨간 립스틱을 바르는 서진.

11.   뉴욕 호텔 룸(새벽)
       서진, 말끔하게 정장으로 갈아입고, 간밤에 입었던 화려한 드레스는
       옷걸이에 걸어둔 채고.
       엎드린 채 잠이 든 윤철을 흘낏 보고, 아무 말 없이 문 쪽으로 나가는데.
       윤철, 문 닫히는 소리에 몸 일으키고. 협탁 위에서 담배를 찾아 입에 물
       려는 순간.
       그때, 다시 문 열리는 소리 들리는.

윤철   뭐 놓고 간 거 있어?

       윤철, 뒤를 돌아보는데. 윤철의 배에 꽂히는 주먹.
       윤철, 그대로 주저앉는데. 그 위에 뒤집어씌워지는 천.

남자   (영어로) 끌고 가!

12.   뉴욕 바닷가(새벽)
       파도 소리 들리는 낭떠러지.
       얼굴에 천을 쓴 윤철, 미국 갱단에게 무차별한 폭행을 당하는.

윤철(E) 당신들 누구야!! 왜 이러는 거냐고!!
남자   (영어로, 윤철의 뒷덜미를 잡아채고) 넌 오늘, 건드리지 말아야 할 여잘
       손댔어!
윤철(E) 누가 보냈어? 주단태, 그 개자식이야?!!
남자   (영어로, 갱단에게 명령하는) 손부터 아작 내!! 다신 수술 칼 못 잡게!

       남자의 명령에 따라, 미국 갱단, 천이 씌워진 상태로 윤철의 손을 각목
       으로 가격하면.
       "아악!!" 고통스러운 비명을 지르는 윤철. 하얀 천 밖으로 검붉은 피가

번지는.

미국 갱단, 낭떠러지에서 윤철을 그대로 차가운 바닷속으로 밀어버리는데.

13. 펜트하우스 2층 거실(새벽)

2층 거실에서 야경을 내려다보고 있던 단태, 조 비서에게 전화로 보고 받고 있는.

단태   수고했어. 탈 나지 않게 마무리해. (전화 끊고) 하윤철... 잘 가시게. (태연 하게 눈을 감고 음악을 감상하는)

14. 헤라팰리스 전경(아침)

15. 헤라팰리스 분수대(아침)

분수대로 걸어오는 서진. 입주민들의 깍듯한 인사를 받으며 걸어가 는데.

엘리베이터에서 내리던 은별과 마주치면.

서진   (반갑게 은별을 보며) 벌써 학교 가? 아직 7시도 안 됐는데.
은별   잊었어? 내일 실기시험인 거. 레슨실 들렀다 학교 가야 돼.
서진   너랑 아침 먹으려고 엄청 서둘렀는데. 엄마, 어제 뉴욕 공연..
은별   (말 끊고) 근사했겠지. 나중에 들을게. (급히 가면)
서진   (아쉬워하면서도 대견하게 은별을 보는)

그때, 단태에게 메시지 오는. 보면.

단태(E)   도착했어? 아침 먹으러 와. 기다린다.
서진(E)   (답장하는) 금방 갈게.

서진, 피식 웃고, 우편함에서 우편물 확인하는데.
발신자가 없는 서류봉투가 눈에 띄고. 굳어지는 서진의 표정.
봉투를 열어보면. 검은 띠 둘러진 서진의 영정사진에, 국화꽃 들어있는.
질겁해서 사진 던져버리면. 뒷면에 "죽어!! 죽어버려!!" 빨간색으로 크
게 낙서돼있는. 파리하게 떨리는 서진의 얼굴.

16. 펜트하우스 거실 (아침)

서진, 거실로 들어서면. 양씨, 서진에게 공손하게 인사하는.

양씨 회장님, 주방에 계십니다.

서진 둘이서 먹을게요. 따라올 거 없어요. (주방으로 가면)

양씨 (멈칫, 묘한 눈빛)

17. 펜트하우스 주방 (아침)

서진, 주방으로 들어서면.
단태, 앞치마까지 하고 요리를 하고 있는. 아침상을 근사하게 차려놨고.

서진 (식탁을 보며) 당신이 직접 요리한 거야? (단태 에스코트 받으며 앉으면)

단태 당신이 좋아하는 어니언 수프야. 너무 보고 싶었어. 오늘 특별히 더 아
름다워, 당신. (뒤에서 안아 가볍게 볼에 키스하는데)

서진 (눈 감고 키스를 받는) 고마워.

단태 (더없이 다정스럽게) 파티는 어땠어? 술은 안 취했고? 별일... 없었어?
(의미심장한 눈빛이면)

서진 (순간 멈칫) 별일은 무슨. 기분 좋을 만큼 마셨어. (얼른 시선 돌리며, 편
지 꺼내 보이는) 편지 또 왔어!

단태 (표정 굳고. 서진이 건넨 사진 보는데. O.L)

서진 협박 수준이 도를 넘었어. (눈 질끈 감으며) 끔찍해서 말하기도 싫어. 오
윤희 짓이 분명해! 이런 짓 할 사람, 오윤희밖에 없어!

단태	진정해. 아닐 수도 있어. 당신을 시기하는 사람들은 많아.
서진	벌써 몇 번짼 줄 알아? 복수심이 아니면 이런 위험한 짓 못 해! 요즘 부쩍 감시당하는 느낌이야. 당신도 알잖아! 오윤희가 살아있는 한, 우린 완전히 자유로울 순 없어!
단태	오윤희가 사라지고 벌써 1년이야. 아직까지 잡히지 않은 거 보면, 도망치다 죽었거나, 숨어있다가 죽었거나, 둘 중 하나야.
서진	난 안 믿어! 시신이 발견되기 전엔! 오윤희 딸, 잘 감시하고 있는 거야?
단태	살인자에 탈주범 자식이야! 경찰도 24시간 붙어서 감시하는 데다, 나도 확실한 사람 붙여놨으니까 걱정할 거 없어. 하나밖에 없는 딸을 찾아오지 못하는 거 보면…. 객사한 게 분명해.
서진	하지만….
단태	스트레스는 몸에 안 좋아. 당신 요즘 너무 날카로워. (어깨 주물러주며, 부드럽게 목덜미에 키스하면)
서진	(그제야 조금 풀리는 느낌인데. 단태의 손길을 느끼는 서진이고)

18. 국회 앞(아침)

국회 앞에서 "1인 단식투쟁"을 벌이고 있는 규진. 그 뒤로 "국회의원 이규진! 단식투쟁 10일째" "국민의 적! 부동산 투기 국회의원 사퇴 촉구" 등등의 요란한 현수막들이 걸려있고.
머리에 질끈 띠를 두르고 비장한 각오로 단식투쟁 중인 규진, 초췌한 표정으로 구호를 외치며 1인 시위를 벌이고 있으면.
상아와 보좌관, 지지자들, 연신 "이규진! 이규진!"을 외치며 응원 중인데.

규진	무주택 서민들을 절망으로 내모는 부동산 투기를 근절하자!!
상아/보좌관/지지자들	근절하자!! 근절하자!!
규진	다주택 국회의원들은 각성하고, 즉각 의원직에서 사퇴하라!!
상아/보좌관/지지자들	사퇴하라!! 사퇴하라!!
규진	(핏대 세우며) 강남 정 국회의원 이규진, 서민 모두가 안락한 집 한 채씩

갖게 되는 그날까지, 목숨 걸고 싸우겠습니다!!

상아/보좌관/지지자들   이규진! 이규진! (열렬히 연호하는)

그때! 목청껏 부동산 투기 근절을 외치던 규진, 갑자기 탈진한 듯 팩 쓰
러지고.
상아, 쓰러진 규진에게 달려오는데. 비극적 목소리 "여보!!!!!"
그 모습을 기자들이 카메라에 열심히 담고 있는.

19.   국회 근처 주차장/규진의 차 안(아침)
       규진, 보좌관에 업혀서 차 뒷좌석에 올라타면. 상아가 부축하며 따라
       타고.

규진   (차에 타자마자 바로 눈 번쩍 뜨고, 일어나 앉으며) 썩을. 배고파 디지겠
          네!! 먹을 거 안 내놔!! 난 한 끼 굶으면 손 떨린다고!
상아   (익숙한 듯, 5단 찬합을 풀어놓으며) 지금 차리잖아. 어머님이 당신 좋아
          하는 LA 갈비 보내셨어. 여기 산낙지랑.
규진   (미친 듯이 먹어 치우며) 망할 놈의 단식투쟁은 언제까지 할 거야? 날씨
          도 추워 죽겠는데, 길바닥에 쭈그리고 앉아서 이게 무슨 궁상이야?!!
상아   오늘 기절했으니까, 자연스럽게 접으면 돼.
규진   지들이 센스 없어서 집 못 사놓고, 누구 탓을 해? 우리가 낸 세금으로 먹
          고사는 것들이 양심도 없어! (앞 좌석을 발로 차며, 보좌관에게 짜증을 내
          는) 야! 보좌관! 너 일부러 이딴 거 시키는 거지?! 나 엿 먹으라고?!
보좌관 그게 아니라, 지난번 국정감사에서 실수하신 거 만회하려면...
규진   그래서 뭐?! 그 얘길 왜 또 꺼내는데?!! 너 나 무시해?!
상아   (규진 말리며) 아, 그만해. 보좌관님도 애쓰고 있잖아.
규진   (보좌관한테 달려들며) 이거 안 놔! 놔! 이 자식이 나 지금 물로 보잖아!
          나 분 안 풀렸다고!! 국회의원 재산순위 5등인 나한테 감히!! (난리 치
          는데)

상아	그만하고, 이거나 봐. 기사 떴다구!
규진	뭔 기사?! (보면. 서진과 단태의 약혼 발표 기사고)
상아	주 회장이랑 천 쌤, 약혼한대.
규진	뭔 세기의 사랑이라고, 몇 달이나 남은 약혼 기사를 지금부터 터트려?!
상아	(돌변해서 윽박지르는) 청아재단과 제이킹 홀딩스가 합병한다잖아. 오늘도 주식이 상한가 쳤대! 내가 그 주식 사자고 했어, 안 했어? 이 칠푼아!! 국회의원이 그런 정보도 몰라?!
규진	뭐?!! 벌써 발표 난 거야? 젠장! (열 받아서 정신없이 기사 읽는 규진)

20.   제이킹 홀딩스 전경(아침)

21.   제이킹 홀딩스 앞(아침)

다가와 멎는 단태의 차. 그 옆으로 나란히 줄 서있는 제이킹 홀딩스 간부들.

예전보다 규모가 커진 느낌이고.

차에서 내리는 단태, 뒤이어 서진도 내리는데.

두 사람 걸어가면, 뒤로 간부들 따라붙는.

22.   몽타주(청아예고/아침)

운동장을 가로질러 정차하는 세단 한 대. 기사가 문을 열어주면. 뒷좌석에서 내리는 사람, 은별이고.

은별, 교실로 들어서면. 쾌적한 교실 안. 가습기와 공기청정기가 틀어져있고. 은별 자리 옆으로 공기정화 식물도 놓여있는.

봄이, 유정, 지아, 기다리고 서있다가, 은별의 가방을 받아서 걸어주고, 커피 건네주고, 은별이 좋아하는 초콜릿이며 간식이며, 조공 바치느라 바쁜데.

대놓고 환심을 사려고 애쓰는 반 아이들, 은별을 빙 둘러싼 채 떠날 줄 모르고.

은별, 핸드폰 들고 교실 밖으로 나가는. 교사용 화장실 앞에 멈춰 서고. 전용 화장실이 따로 있는 은별. 비밀번호를 누르고 들어가면. 쾌적한 화장실 안. 은별, 맘 편하게 앉아서 핸드폰을 하며 용무를 보는데. 기사 검색하다가, 갑자기 눈 커지는 은별.

23.   청아예고 복도(아침)
서진과 단태의 약혼 기사를 보고 있는 은후와 민혁, 봄이, 유정, 지아, 장대.
그때, 반대편에서 걸어오는 석훈과 석경이 보이면.

은후	(비아냥거리는 말투) 대박! 오늘 약혼 발표했다며? 핫뉴스로 떴던데. 주석경! 하은별이랑 자매 된 소감이 어때? 둘 중에 누가 언니야?
석경	(발끈하는) 자매는 누가 자매야?! 재수 없게!
은별(E)	(태연하게) 니가 왜 재수 없는데?
아이들	(고개 돌려보면. 복도를 걸어오는 사람, 은별이고. 순간 홍해 가르듯 옆으로 갈라지는 아이들. 공손하게 길을 내주는 분위기고)
은별	(석경 앞에 서는) 우리 집이 그렇게 맘에 안 들어? 난 너랑 자매 돼서 좋은데. 앞으로 잘해보자, 주석경! (미소 짓고, 도도하게 교실로 들어가면)
석경	(열 받고. 달려드는) 저 기집애가 미쳤나?!!
석훈	(석경 잡고) 가만있어.
유정	(얄밉게 석경을 자극하는) 가만 안 있으면? 청아에선 하은별이 황제의 딸이야. 변비 있다고 전용 화장실 공사 새로 했고, 급식도 이사장실에서 따로 먹어. 호텔에서 저염식으로 배달 온대.
장대	은별아, 같이 가~~ (은별 따라가면. 봄이, 유정, 지아도 우르르 은별을 따라가는데)
민혁	(예전보다 당당하게 쌍둥이 보며) 니들 유학 간 사이에 청아예고 서열 정리 끝났어. 서열 1위, 하은별! 불변의 전교 1등, 쌤들보다 실세. 난 서열 2위. 강남 국회의원 아들. 서열 3위는.. 짜잔! (은후를 보면)

은후   (잔뜩 어깨에 힘들어가서) 아직 몰랐나? 이번에 우리 아버지 서울대 입학사정관 되신 거. 니들도 서울대 원서 쓰려면, 기억 좀 해라. 힘내! (석훈 어깨를 툭툭 치고 가면. 민혁도 따라 들어가고)

석훈   (욱하려는 석경을 잡고) 신경 쓸 거 없어. (무심한 눈빛으로 교실로 가면)

석경   (혼자 남고. 분해서 욱하는. 핸드폰 꺼내 누군가에게 전화하는) 그 기지배, 지금 뭐하고 있어?!!

그때, 늦게 등교하던 제니, 한쪽에서 그 모습을 지켜보고 있는. 표정 어둡고.

24.   화영여고 교실(낮)
시끌벅적한 교실 안. 쉬는 시간의 풍경. 맨 뒷자리 엎드려있는 누군가의 모습. 그 책상 주위로 선명하게 빨간색 선이 그려져있고. 아이들, 장난치다가도 절대로 그 선을 넘지 않는. 조금이라도 선을 넘었다가는 끔찍한 듯 난리 치는.
컷 되면, 수업시간. 아이들 다 집중하고 있는데, 계속 뒷자리에서 엎드려있는 누군가. 아무도 신경 쓰지 않는다. 유령 취급하고 있는.
컷 되면, 하교 시간. 아이들, 일어나 가방을 들고 나가는데. 미동도 없는 누군가. 아이들, 빨간색 선을 피해서 도망치듯 교실을 빠져나가고.
한참 뒤, 텅 비어 조용한 교실. 드르륵 의자를 밀고 일어나는 누군가, 후드티를 입고 있다. 긴 머리를 늘어뜨려 얼굴이 보이지 않는데. 이름표에 배로나라고 적힌.

25.   화영여고 복도(낮)
터덜터덜 걸어 나오는 로나.
그때, 웅성대는 아이들 모여 있는 모습이 눈에 띄면. 움찔, 놀라서 얼른 피해서 지나가려는데. 누군가, 로나의 책가방을 확 잡아서 당겨버리고, 패대기치는.

그 힘에 로나, 그대로 복도에 쓰러지듯 주저앉는데.

획! 하고 고개 들어보면, 굳어지는 표정.

복도 벽면에 가득 붙어있는 윤희의 현상수배 사진. 빨간 글씨로 "배로나 엄마. 살인자! 탈주범!" 적혀있는.

학생1   (싸늘하게 로나를 보며, 손가락질하는) 쟤 맞지? 미친.... 뻔뻔하게 낯짝 들고 다니는 것 봐. 살인자 딸 주제에!

학생2   3반에 전학 온 애 아냐?! 하필 우리 학교에 왔대? 음침해. 아 개소름.. 걔 엄마가 사람을 칼로 찔러 죽였다며?

학생1   싸패 유전자가 어디 가겠어? 쟤도 잠재적 범죄자야. 상종하지 마!!

로나   (몸 일으켜서, 주섬주섬 가방 챙겨서 벽면으로 다가서면)

아이들   (벌레 보듯 피하며, 양쪽으로 얼른 갈라지는데)

로나   (벽에 붙은 윤희의 사진을 찢어내고, 고개 숙인 채 복도를 걸어가면)

아이들   불결해! 내일부터 학교 오지 마! 당장 꺼져! 살인자 딸이랑 동문이란 게 말이 돼?! 무서운 년!! 나가!! 우리 학교에서 꺼져!! (로나 뒤에서 쓰레기 더미 마구 내던지고. 그래도 분이 안 풀린 듯 몰려가 발로 짓밟는데)

로나   (그대로 온몸에 쓰레기 뒤집어쓰고, 운동화에 짓밟히는. 부들부들 떨리는 손. 비명조차 지를 수 없는데. 이를 악물고 참는)

한쪽에서 그런 로나의 모습을 찍고 있는 누군가.

26.   청아예고 특별반 교실 (낮)

석경, 핸드폰으로 전송된 로나가 짓밟히는 모습을 보며 만족스러운 미소. 석훈에게 핸드폰을 건네주면. 석훈, 로나 얼굴 보고 굳어지는.

석훈   주석경! 아직도 이런 짓 해?

석경   그럼, 어떻게 내버려둬? 숨 쉬고 살아있는 것만도 징그러워 죽겠는데! 그 기지배 엄마 때문에 울 엄마가 죽었잖아!! 그게 용서돼?

석훈 그래서? 평생 괴롭힐 거야? 그런다고 뭐가 달라져?

석경 또 전학 가게 만들어야지. 쫓겨나고, 쫓겨나고, 죽을 때까지 평생 시달리게 해줄 거야. 우린 엄마를 잃었어! 우리만 당할 순 없잖아!!

그때, 문 열고 들어오는 두기와 은별, 제니, 민혁, 은후.

석경 (얼른 핸드폰 뺏어서 덮으면)

두기 (아이들 모아놓고, 문단속하고 은밀하게) 다들 모였나? 내년이면 니들도 고3 수험생이다. 오늘부터 서울대반 특별수업을 실시할 테니, 자습시간에 여기로 모여. (종이 나눠주고) 생기부와 자소서에 쓸 수 있는 교내 경시들이다. 서로 겹치지 않게 지원해서, 골고루 나눠 갖도록 내가 설계를 좀 짜왔다.

민혁 (갑자기 손 들고) 다른 애들 입은 어떻게 막을 건데요?

제니 애들이 교육청에라도 찌르면, 괜히 우리만 피해 입는 거 아니에요?

은별 한심한 애들이 떠드는 소리에 뭘 신경 써? 그렇게 걱정되면 넌 빠져!

제니 (은별한테 팍 찌그러져) 아니... 뭐 그런 게 아니라, 괜히 은별이 니가 타깃 될까 봐 그렇지. 나야니 덕에 서울대반 들어오면, 완전 땡큐지.

두기 은별이 말이 맞다. 이사장님 보호 아래, 학교 차원에서 시행하는 거니까, 쓸데없는 걱정 말고, 니들은 내가 시키는 대로만 하면 돼!

석경/은별/제니/민혁/은후 (눈 반짝하고. 의지를 불태우는 눈빛인데)

석훈 (관심 없는 듯, 무표정하게 창밖으로 시선 돌리는 석훈)

27. 편의점 앞 (낮)

무표정하게 걸어오던 로나, 편의점으로 막 들어서려는데. 점주가 기다리고 서있고.

로나 죄송해요, 사장님. 조금 늦었어요.

점주 (갑자기 로나를 확 잡아채며) 너! 진짜 그 살인자 딸이야? 무기징역 받고 탈주한 여자 딸이냐고?!

로나	(휘청하면)
점주	왜 말 안 했어? 너 땜에 장사도 못 하고 이게 뭐야!! 당장 꺼져!!

점주의 다그침과 함께, 편의점에서 우르르 기자들이 쫓아 나오고.

기자	로나 학생!! 잠깐 얘기 좀 할 수 있을까요?
기자2	엄마한테 연락 온 적 없어요? 만난 적 있죠?
로나	(그대로 확 돌아서서, 미친 듯이 도망치는데)
기자들	(그런 로나를 쫓아서 뛰어가고)

그런 로나를 한쪽에서 지켜보는 누군가의 시선... 하얀 운동화...

28.   거리 일각 (낮)

걸어가는 로나, 사람들이 다 자기만 쳐다보는 것 같아, 후드를 더 깊숙이 뒤집어쓰고 얼굴을 최대한 가린 채 걸어가는데.
사람들과 부딪히고, 자신의 얼굴이 드러나면, 얼른 도망치듯 걸음을 재촉하는.
그러다 갑자기 멈칫하고. 전자제품 매장의 진열된 TV에서 나오는 단태와 서진의 약혼 뉴스에 시선이 멈추는데. 부들부들 떨리는 로나... 미친 듯 뛰어가는데.

29.   펜트하우스 주방 (저녁)

단태, 서진, 석훈, 석경, 은별, 다 같이 모여 식사를 하는.

은별	(밥 먹으면서, 자연스럽게 웃으며) 축하드려요~ 아저씨. 엄마두 축하해.
단태	(그런 은별이 낯설지만) 고맙다, 은별아. 뭣보다 니들이 잘 지내길 바래.
은별	못 지낼 이유가 뭐 있어요? 우리도 펜트하우스에서 사는 거죠? 저는 이 집 맘에 들어요.

석경	(핸드폰만 보고 있다가, 그런 은별을 어이없어서 보면)
단태	(석훈과 석경을 보며) 니네들은 할 말 없어?
석훈	네, 없어요. (밥만 먹으면)
석경	(밥도 안 먹고, 벌떡 일어서며) 먼저 일어날게요.
단태	앉아! 어른들 식사 중이잖아요. (서진에게 눈치가 보이는 듯 어색한 표정 지으면)
석경	아시잖아요. 저 밥맛없는 사람이랑 밥 먹으면 체한다는 거. (나가버리는데)
서진	(괜찮다는 듯 미소 지으며) 어서 식사해요. 스테이크가 잘 구워졌는데 요. (스테이크를 잘라 입에 넣는 서진이고)

30. 펜트하우스 화장실(저녁)

석경, 신경질적으로 손을 씻고 있으면. 화장실로 들어오는 서진.

석경	(서진을 보자, 어이없는 표정) 게스트 화장실은 반대쪽인데요? (홱 나가 려면)
서진	(거울로 석경을 보며, 차갑게) 어리게 굴지 마! 이건 결혼이기 전에 비즈 니스야. 괜히 내 신경 긁어서, 니네 아빠한테도 좋을 거 없단 소리야.
석경	(기막혀) 소름 끼쳐! 아줌마 이런 모습, 울 아빠도 알아요?
서진	말 끊지 마!! 예의 없게!! 나랑 가족이 된 이상, 건방진 건 용서 못 해! (석경을 제압하며) 아쉽구나. 니가 조금이라도 똑똑했음 이렇게 나오지 않았을 텐데.. 니 엄마가 애들 교육엔 무관심했던 모양이야.
석경	(욱하고) 우리 엄마에 대해 함부로 말하지 말아요!!
서진	(애써 점잖으면서도 고압적으로) 너야말로 함부로 말하는 버릇 고쳐! 전 에는 어땠을지 몰라도 이제 내 이름에 먹칠하는 짓, 그냥 봐주진 않을 거니까! 처신 똑바로 해, 주석경! (먼저 나가버리면)
석경	(기막히고 서러워 울컥하는데. 눈물이 핑 돌고)

31.   헤라펠리스 주방(저녁)
       단태와 은별, 디저트 먹고 있으면.

단태   (다정하게 은별에게 디저트 챙겨주며) 레몬샬렛 어때? 니가 좋아한대서
       내가 직접 만든 건데.
은별   아저씨가 만든 거예요? 너무 맛있어요. 아저씨는 못하는 게 뭐예요? 집
       안도 좋고, 돈도 잘 벌고, 얼굴도 잘생기고. 심지어 요리까지!
단태   (과한 칭찬에 어색하게 웃고) 맛있었다니 다행이네.
은별   근데요. (단태에게 가까이 가더니, 귀엣말로) 엄마 없을 땐 너무 애쓰지
       않으셔도 돼요.
단태   뭐?
은별   아저씨가 잘해준다고 얘기해줄게요. 그러니까 편하게 대하세요. 저한
       테까지 잘 보이려고 애쓰는 모습이 너무 딱해서 그래요.
단태   (황당한 표정인데. 얼굴 벌게지면)

       그때, 서진이 들어서는.

서진   (은별에게) 디저트 다 먹었어?
은별   (서진한테 다정하게 안기면서, 표정 돌변해서) 응, 엄마. 아저씨가 만든 레
       몬샬렛 진짜 맛있었어. (단태 보며 씨익 웃고) 초대해주셔서 감사합니
       다. 자주 놀러 와도 되죠? (눈 찡긋하면)
단태   그럼, 당연히... (그런 은별한테 한 대 맞은 표정이고)

32.   헤라펠리스 엘리베이터(밤)
       서진과 은별, 엘리베이터에 올라타면.

서진   오늘 고마웠어~ 불편한 자리였는데.
은별   (싹싹하게) 난 엄마가 좋으면 다 좋아~ 엄마 먼저 들어가. 난 레슨실에

서 연습 좀 하다 갈게.

서진   그럴래? 고3 된다고 너무 열심인데? 너무 늦지 마. (기분 좋게 내리면)

은별   (표정 싸하게 변하고)

33.   헤라펠리스 85층 문 앞 (밤)

서진, 엘리베이터에서 내려 문 쪽으로 걸어가는데. 그 모습을 지켜보는 시선. 하얀 운동화...

서진, 서늘한 느낌에 홱 돌아보면. 아무도 없고.

서진   왜 이렇게 찜찜하지... 신경과민인가...

애써 심호흡하고, 현관문 앞에 서는데. 갑자기 "꺄악!!" 비명 지르는 서진.

찢겨진 서진의 빨간색 드레스가 벽 한쪽에 걸려있고.

현관문에 빨간 글씨로, "넌 절대 행복할 수 없어!" 적혀있고. 서진의 눈알이 파여진 사진이 옆에 붙어있는데.

서진, 사진을 확 뜯어내고. 헉헉.... 가쁜 숨 몰아쉬는. 공포에 질린 얼굴이고. 급하게 돌아서서 다시 엘리베이터 쪽으로 뛰는.

그때, 모퉁이에서 하얀 운동화가 보이는.

34.   펜트하우스 서재 (밤)

단태, 서진이 내민 눈 없는 사진을 보고 있으면.

서진   (초조하게 서성이며) 도 비서가 보안실에서 CCTV 확인 중이야. 아직까진 이상한 사람이 출입한 기록은 없다는데... 불안해 미치겠어. 약혼기사 나자마자 이게 무슨 일이야?!! 누군가, 내 집 앞까지 왔다는 거잖아!! 만일 그게 오윤희면? 오윤희가 돌아온 거면....?!!

단태   (사진을 커트기에 넣어버리고) 감히 우리한테 그렇게 쉽게 접근할 순 없을 거야. 탈주범 주제에 어떻게 최고 경호시스템을 갖춘 헤라팰리스를 뚫어?!

서진 그럼 누가 이런 짓을 했단 말야?!!

단태 밝혀내야지. 경호 더 강화시킬 테니까 너무 걱정 마. (하면서도 단태 역시 불안감을 느끼는데)

서진 그러게 오윤희 집까지 뺏을 건 없잖아! 통장까지 압류했음 된 거 아냐? 지 딸이 월셋집 전전하는 거 보면, 칼 물고 덤비지 않겠어?

단태 오윤희를 공금횡령으로 몰지 않았음, 내가 위험할 뻔했어. 어쩔 수 없었단 거 당신도 알잖아!!

서진 그래도... 배로나는 건드리는 게 아니었어. 다 잃은 엄마는, 무서울 게 없는 법이야. 당신 실수했어! (싸늘한 표정)

단태 (서진 말에 모욕감 느끼는데, 입술 깨무는)

35. 펜트하우스 거실 (밤)
　　　서진을 배웅하고 들어오는 단태. 양씨, 단태에게 다가오면.

단태 (날카롭게 양씨를 보는) 그 애한테 별다른 낌새 없는 거 확실해?!

양씨 계속 감시 중입니다. 오윤희가 접근한 것 같지는 않습니다.

단태 (말 끝나기가 무섭게, 양씨의 뺨을 후려치고) 그딴 소리나 듣자고 양 집사한테 그 아이 마킹시킨 줄 알아?! 아주 실망스러워... 요즘 하는 거 보면! 이래서야 내가 양 집사를 믿을 수나 있겠어?! (쌩하니 방으로 가면)

양씨 (터진 입술의 피를 닦으며, 무표정하게) 죄송합니다, 회장님. 죄송합니다... (연신 단태 쪽을 향해 꾸벅거리며 사죄하는데. 그러다 눈빛 싸해지고)

36. 헤라팰리스 일각 (밤)
　　　서진, 엘리베이터 쪽으로 걸어가는데. 누군가 서진을 따라오는 듯한 느낌에 휙 뒤돌아보는데, 역시 아무도 없고.
　　　서진, 점점 걸음을 빨리 해서 엘리베이터 버튼을 누르고 서있으면. 점점 서진에게 접근해오는 누군가의 그림자.
그러다 서진의 어깨를 확 잡으면. 아악! 비명을 지르는 서진.
돌아보면, 마리가 서있고.

마리   왜 이렇게 놀래요? 천 쌤? 뭔 죄졌어요?!
서진   (가쁜 숨 몰아쉬며) 갑자기 나타나니까 그렇죠! (신경질적으로 대꾸하면)
마리   축하해요. 약혼 기사 봤어요. 어쩜 천 쌤 인생은 고속도로 뚫린 듯 막힘이 없어요? 친정아버지도 적당한 때 돌아가셔서 이사장직 물려받고, 수련 씨도 딱 맞춰서 죽어버리고... 오윤희한테 고마워해야 되는 거 아니에요? 그 여자 덕분에 펜트하우스 주인 되는 거잖아요.
서진   (얼굴 벌게지고) 제니 어머니!!
마리   (눈 말똥) 왜요? 내가 뭐 틀린 말했어요?
서진   제니 어머닌, 그 입 때문에 언젠가 큰코다칠 거예요. (엘리베이터에 올라타고, 마리가 타려고 하면. 버튼 눌러서 문 닫아버리는데)
마리   (문에 끼었다가 어쩔 수 없이 내리고. 어이없는) 저 싸가지 진짜! 그냥 확! (하는데, 다시 문 열리면. 놀라서 얼른 표정 관리하고) 먼저 올라가세요. 사회적 거리두기! (그러다 문 닫히면) 내가 뭐랬다고 성질이야? 찔리는 게 있나 보지? 오윤희한테?! (입 삐죽하고)

37.   주택가 일각 (새벽)
로나, 후드 뒤집어쓴 채, 우유 배달 알바를 하고 있는.
흘낏 보면, 골목 모퉁이마다 사복 경찰들이 숨어서 로나를 주시하고 있고.
로나, 애써 외면하며 우유 상자를 실은 자전거 페달을 힘차게 밟는데.

38.   단칸방 골목 (아침)
로나, 초코우유 하나를 든 채, 터덜터덜 골목길을 걸어가는.
허름한 단칸방들이 다닥다닥 붙어있는 외진 주택가.

지하방으로 통하는 잠긴 문을 열려는데. 문 앞에 놓여있는 비닐봉투...
열어보면 샌드위치가 들어있고.

로나, 비닐봉투 든 채 두리번거리는데. 아무도 없는.

그때, 누군가 로나의 팔을 확 낚아채고.

놀라 돌아보면. 로나 앞에 서있는 건 양씨고.

로나   (겁에 질린 표정) 여긴 또 왜 왔어요? (피하면)

양씨   (꿈쩍 않고) 너, 엄마 만나고 왔지? 어디서 만났어? (그러다 비닐봉투가
         눈에 띄면 뺏어서 보고) 이건 누가 줬어? 니 엄마야?!! 니 엄마 찾아온 거
         지? 맞지?!! (무섭게 로나를 다그치는데)

로나   (벌벌 떨며) 아니에요!!

양씨   (로나 머리채를 휘어잡고) 그년 어딨어? 어디 숨었대?!! 말해!!

로나   (사정하듯) 나도 정말 모른다고요!! 엄마 어딨는지 알면, 나 좀 가르쳐
         주세요. 경찰 아저씨도 쫙 깔렸고, 여기 죄다 CCTV예요. 그러니까 제
         발 그만 좀 찾아와요. 대체 언제까지 이럴 거예요?!!

양씨   (로나의 멱살을 잡아 쥐고, 문에 머리 부딪히면서 밀어붙이고) 니 살인자
         엄마 년 나타나기 전까지, 넌 회장님 손아귀에서 절대 도망 못 가! 니
         엄마랑 연락하거나 만나는 거 눈에 띄면, 그땐 넌, 내 손에 죽는 거야.
         알겠어?!!

로나   (맞으면서도 반항도 못하고, 이 악물고 참는데)

양씨의 고함소리에, 원룸에 사는 사람들, 놀라 달려 나오면.

양씨, 로나 밀쳐버리고, 비닐봉투 뺏어서 쓰레기통에 처박아버리고 가
버리는데.

로나   (지친 듯 그대로 주저앉고) 나더러 어쩌라고... 이제 도망칠 데도 없는
         데... 맞아 죽더라도, 엄마 얼굴 한번 보고 싶다고요, 나도!! 아아아... 아
         아아... (참았던 눈물이 터지고. 서럽게 엉엉 울면)

그때, 모퉁이 한쪽에서 숨어서 보고 있는 사람, 제니고.
제니, 울고 있는 로나를 보면 안타까운데.

제니   바보 같은 기집애. 샌드위치는 왜 뺏겨... 아유, 저 답답이!!

39.   주택가 일각(아침)
제니, 돌아서서 골목길 빠져나오는데.

민혁(E)   유제니!

제니   (낯익은 목소리에 놀라 멈춰 서고. 돌아보면. 석경과 은별, 민혁이 서있는. 화들짝) 니들이.. 여긴 어떻게... 나 쫓아온 거야?

석경   내가 이상하다 했지? 아침마다 늦게 오는 게 수상쩍더라고. 우릴 감쪽같이 잘도 속였네? 말해봐! 여태 배로나 저 기지배랑 놀고 다녔어?

제니   그게... 그게 아니라...

석경   빵도 사주고, 밥도 사주고, 그랬어? 말해보라고!! (제니 밀쳐서 넘어뜨리면)

제니   (바닥에 넘어지고. 순간 욱해서) 그래! 나 로나랑 친구 먹었다. 니들은 쟤가 불쌍하지도 않냐?! 엄마도 아빠도 없잖아!!

석경   울 엄마 죽인 살인자 딸이야. 난 개 땜에 엄마를 잃었다고!!

제니   그게 로나 탓은 아니잖아!!

은별   그 말, 넌 로나 편이라는 거네. (순간 차가워진 눈빛) 마두기 쌤한테 얘기할게. 내일부터 유제니는, 서울대반에서 빠진다고. (쌩하니 돌아서 가버리면)

석경   (매서운 눈빛으로 제니 보는) 배신자! 너랑 이제 끝이야!! 각오해! (가는데)

제니   석경아... 은별아...!!

민혁   (제니한테 실망한 표정) 유제니... 왜 그랬어. 똑똑한 줄 알았더니, 똥멍충이었네. 실망이다. (민혁까지 가버리면)

| 제니 | 민혁아!! 왜 그래, 너까지.... (덜컥 겁에 질린 표정인데, 눈물 나는) |

40.   펜트하우스 거실(낮)

      펜트하우스로 들어서는 누군가의 발. 하얀 운동화를 벗고 집 안으로
      들어서는데.
      아무도 없는 거 확인하면.
      가방에서 뭔가를 은밀히 꺼내는데. 짚신인형이고. 짚신인형에 서진의
      얼굴 사진을 붙여 저주를 퍼붓는. 얼굴 드러나면 양씨고!

| 양씨 | (눈 확 돌아서) 재수 없는 년! 우리 회장님한테서 떨어져! 주단태는 내
      남자야. 죽어!! 죽어버려!! 천서진!! (미친 듯이 저주 퍼붓는데) |

41.   인서트/펜트하우스 서재/펜트하우스 거실(밤)

      펜트하우스 서재에서 단태와 서진이 안고 입 맞추고 있으면.
      양씨, 문틈으로 질투의 눈으로 보고 있는. 손톱이 부러져라 끼익! 벽을
      긁어대는데.
      그러다 광기 어린 눈으로 변하고. 서진의 기사 사진에 붉은 글씨로 "죽
      어!! 죽어버려!!"라고 쓰는 양씨.

42.   현재/펜트하우스 거실(낮)

      양씨, 짚신인형에 눈을 찌르면서 저주 퍼붓고 있는.

| 양씨 | 죽어!! 죽어버려!! 천서진!! |
| 서진(E) | 양 집사였어?! |
| 양씨 | 아악!! (놀라서 돌아보면, 싸늘한 표정의 서진이 서있고. 놀라 자빠지며)
      이... 이사장님!! |
| 서진 | 하얀 운동화가 낯이 익는다 했더니... 역시 양 집사였네! (짚신인형을 뺏
      어보고, 눈빛 변하며) 이 따위 허접한 물건으로 날 저주하겠다? 그럼, 회 |

장님이 양 집사께 될 거 같아?!

양씨 (무릎 꿇고 두 손 모아 싹싹 비는) 살려주세요, 이사장님! 회장님껜... 회장님껜 비밀로 해주세요! 제발요! 전 이 집에서 쫓겨나면 죽은 목숨이나 마찬가지예요. 회장님 없인 전 못 살아요!! (서진의 다리 붙잡고 애걸복걸하는데)

서진 너같이 한심한 건 상대할 가치도 없어! 당장 이 집에서 나가!! 당장!! 다시 한번 내 눈에 띄면, 그땐 살아나가지 못해!!

양씨 (절박하게) 안 돼요!! 전 못 나가요!!! 제발 용서해주세요!! 이사장님! 죽어도, 이 집에서 죽을 거예요!!! 회장님 말고는 누구도 절 쫓아낼 수 없어요!! (하는데)

서진 (그대로 양씨의 빰을 후려치고) 회장님과 결혼하면, 내가 이 집의 주인이야!! 널 해고할 자격도, 내쫓을 자격도 나한테 있다고!!

양씨 (빰 맞고 쓰려졌다가, 갑자기 표정 확 변하더니 몸 일으켜서 또렷하게 서진을 보며) 떠나야 할 사람은 내가 아니라, 천서진 너 같은데?!

서진 (기막힌) 뭐?

양씨 (야릇한 눈빛으로 몸을 감싸며) 난 20년을 회장님과 한집에서 살았어. 회장님이 입는 거, 먹는 거, 내 손을 안 거친 게 없다고! 나보다 더 회장님을 잘 아는 사람은 없어. 회장님이 날 보는 눈빛... 그 목소리... 그 숨결, 솜털 하나까지 난 다 기억해... 난 그 남자를 위해 죽을 수도 있어!! 주단태는 내꺼야!! 아무한테도 안 뺏겨!!!

소리치는데. 고개 들어 보면. 그 앞에 서있는 사람, 단태다.
그 옆으로 조 비서와 정장남들이 서있고.

양씨 (단태를 보자, 허걱 하는데) 회... 회장님! (털썩 주저앉으면)

단태 (더없이 싸늘한 표정) 여태 그 버릇을 못 고쳤다? 나름 공도 있고 해서, 두고 보던 참이었는데... 그 미치광이 버릇, 오늘 단단히 고쳐주지.

양씨 회장님!!! 저 버리지 마세요.... 당신 없으면 전 살아갈 이유가 없어요.

단태	(기막혀) 당신?
양씨	(순간 눈물이 주르륵 흐르고, 마지막 고해성사처럼) 전 회장님 사랑했습니다.
단태	(불쾌한 듯 얼굴 일그러지고, 조 비서에게) 뭐해? 치워!!
서진	(딱하단 듯 보고. 깊은 한숨) 음식 솜씨가 좀 아깝긴 하네. 다신 양 집사가 만들어주는 아귀찜을 못 먹는다고 생각하니...

조 비서와 정장남들이 양씨를 에워싸며 다가서고.
"회장님! 회장님!" 발악하며 끌려가는 양씨.

서진	찜찜했는데 빨리 해결돼서 다행이야. 헬퍼는 새로 구해볼게. (단태 어깨 도닥이고 돌아서면)
단태	저녁에 별일 없지?
서진	(보는) 왜?
단태	아냐. 그냥. 궁금해서. (뭔가 야릇한 표정)

43. **자코모 매장(낮)**

단태, 매장으로 들어서면. "대표님 오셨습니까" 직원들 깍듯하게 단태를 맞고.
단태, 걸어가다가 문득 멈춰 서는. 신제품 소파에서 편안한 듯 잠들어 있는 규진.
단태, 자고 있는 규진을 한심한 듯 보다가, 툭툭 쳐서 깨우는데.

단태	이봐요. 이 의원! 이 의원! 단식하다 기절했다더니 왜 남의 매장에서 자요?!
규진	(놀라서 후다닥 일어나, 안 잔 척) 내가 살고, 자식도 사는, 강남 정 국회의원 이규진입니다. (앞에 단태가 서있고. 침 스윽 닦고 진정하며) 뭡니까. 사람 불러놓고 이제야 나타나고. 나 이제 아무 때나 막 불러재껴도 되

는 그런 한가한 사람 아닙니다.

단태 (규진의 국회의원 배지를 슥슥 만지며) 잊지 않았죠? 이 배지 달아준 사람이 누군지. 유권자 절반은 내가 모아줬다는 거 잘 아실 텐데... (신경전 하면)

규진 (욱해서) 주 회장 죽은 와이프 때문에 떨어진 헤펠 집값, 먹살 잡고 끌어올린 사람이 누군데 이래요? 내가 국회의원 안 됐음, 헤펠이 평당 일억 오천 찍었겠어요?!

단태 그거야, 서진 씨가 제2의 청아의료원을 삼성동에 세운다고 발표한 덕 아닌가요?

규진 (생각하다) 그건, 인정! (매장 둘러보며) 근데, 사업이 너무 번창하는 거 아닙니까. 이 알짜배기 회사를 날로 물려받다니. 솔직히 말해봐요. 수련 씨 덕에 재산이 곱절로 뛴 거 맞죠?!

단태 (소파에 여유 있게 앉으며) 올곧게 살다 보면 행운은 따르는 거죠.

규진 (심기 불편하고) 용건이나 얼른 말해요. 또 뭔 일로 호출한 거예요?

단태 (눈 반짝) 부탁 하나 하려고요.

44.   양씨 원룸 외경 (낮)

45.   양씨 원룸 (낮)
양씨, 피떡이 돼서, 조 비서와 정장남들의 손에 방바닥에 던져지고.
조 비서와 정장남들, 양씨에게 물 한 바가지 부은 다음, 문 닫고 사라지는데.
몸을 한 번 부르르 떨고, 죽은 듯이 움직이지 않는 양씨.
그때, 초인종 소리 연거푸 울리고. 문 두드리는 소리.

46.   서진의 레슨실 (저녁)
깜깜한 레슨실 안으로 들어서는 서진, 불을 켜면.
갑자기 폭죽이 터지고. 아름답게 꽃과 조명으로 장식되어있는 레슨실 안!

규진/상아/마리　　(호들갑스럽게) 서프라이즈!!!

서진　　(놀라서 보며) 뭐예요... 다들? (눈 휘둥그레지면)

단태　　(그런 서진에게 뚜벅뚜벅 걸어오고)

서진　　(멈칫) 단태 씨....

단태　　(살짝 긴장해서) 이제야 내 진정한 파트너를 만난 거 같아. (반지 케이스를 열면, 심플한 다이아 반지가 보이고. 서진 앞에 무릎을 꿇는) 남은 인생은 전부, 천서진 당신한테 바칠게. 사랑해.

규진/상아/마리　　어머머머머머..... (박수 치고, 소리 지르고, 부러워 죽는데)

서진　　(은근히 감동받은 듯, 싫지 않은 기색이고) 프러포즈하려고 바쁜 의원님까지 대동한 거야?

규진　　그러니까요. 중요한 저녁 약속 캔슬하고, 냉큼 달려온 거잖아요.

마리　　아, 뭐해요, 천 쌤. 얼른 승낙하지 않고.

상아　　주 회장님 무릎 닳아 없어지겠어요.

서진　　일어나. 당신이 직접 끼워줘야지.

규진　　아, 프러포즈 첨 해보는 것도 아니고, 것도 몰라요?

단태　　(확 째려보다가 일어나서, 서진의 손을 잡고 눈 마주치면)

서진　　(반지 보고 울컥하는) 예쁘다. 맘에 들어. 고마워...

단태　　(서진의 손가락에 반지를 끼워주려는 순간!)

벌컥! 레슨실 문을 열고 들어서는 경찰들.

형사　　(단태에게 다가서는) 주단태 씨! 당신을 심수련 살인 사건 용의자로 체포합니다.

단태　　(당황해) 뭐? 이게 뭐하는 짓이야?!!!

단태를 연행하는 경찰들, 굳어진 서진과 황당한 사람들의 표정.

경찰, 다짜고짜 단태에게 수갑을 채우면. 그 바람에 반지 케이스가 바닥에 떨어지고. 데굴데굴 바닥에 굴러가는 반지.

서진   (기겁해서) 그게 무슨 말이에요? 살인 용의자라니?!!

형사   서까지 같이 가주셔야겠습니다!! (반지를 짓밟고 걸어가는데)

단태   니들 미쳤어?!! 이거 놔!!! 놓지 못해!!! 대체 뭐 때문에!!! 내가 뭔 죄를 졌다고!!! (난리 치며 끌려가면)

서진   단태 씨!! 단태 씨!! (쫓아가고)

규진/상아/마리   주 회장님!!! (경악한 얼굴인데)

47.   경찰서 조사실(밤)

굳은 표정으로 앉아있는 단태. 그 옆에 서진.
급하게 들어오는 변호사들, 서너 명.

변호사   주단태 회장님 변호인단입니다. 주 회장님을 체포한 이유가 뭡니까.

형사   제보가 있었습니다.

변호사   무슨 제보요?

형사   심수련 씨를 죽인 진범이 주 회장님이라는...

서진   (화난) 그러니까, 대체 그 황당한 제보의 출처가 어디냐고요?!!

형사   최초 목격자이자, 주 회장님 댁의 헬퍼 양미옥 씨입니다.

단태   양미옥?! (순간 헛웃음 나오는) 고작 양 집사 말 한마디에 날 여기까지 오게 했다? 이 말도 안 되는 상황에 대해 각오들은 돼있겠지?

서진   (흥분하고) 이런 반인격적 과잉수사, 도저히 못 참아요! 충분히 대가를 치르게 해주겠어요!!

변호사   양미옥 씨 지금 어딨습니까. 대질조사 신청합니다.

형사   양미옥 씨, 사망했습니다!

단태   (굳어지는) 지금, 뭐라고 했습니까?

서진   (역시 놀라고)

48.　양씨 원룸(밤)

형사(E)　양미옥 씨, 한 시간 전에, 자택에서 목을 맨 채 발견됐습니다.

흰 천이 덮인 양씨의 시신을 가지고 나가는 과학수사대 형사들. 테이블 위의 유서를 집어 드는 형사의 비닐 낀 손.
유서에는 "심수련을 죽인 사람은 주단태 회장이다. 오윤희 씨에게 미안하다." 써있고. 유서를 증거물 봉투에 넣는 형사.
형사들, 방 모습을 찍는데. 방 한쪽 벽에 가득한 단태의 사진들. 칼로 긁어놓은 서진의 사진들. 서랍장 안을 열어보면, 상자 안에 수련의 사진들 역시 칼로 긁어져있고.
"죽어! 죽어버려!!" 붉은 글씨로 적혀있는 끔찍한 사진들이 나오는데.

49.　경찰서 계단(밤)

경찰서 계단을 올라오는 여자의 검은 운동화 보이고.

50.　경찰서 복도 일각(밤)

단태와 서진, 충격받은 표정으로 변호사들과 함께 있는.

변호사1　양 집사가 진범을 회장님이라고 지목했다고 합니다.

단태　(기막힌데) 뭐?

변호사2　오윤희 씨한테 미안하다는 유서도 남겼답니다. 아무래도 회장님에 대해 원한을 가진 거 같습니다.

단태　말도 안 돼... 절대 양 집사는 날 망가뜨릴 위인이 못 돼!! (고개 내젓는데. 뭔가 싸한 느낌 들고) 그 여자 짓이야!!

변호사2　네?

단태　모든 게 오윤희가 꾸민 짓이라고!! 분명해!! 오윤희가 양 집사를 죽인 거야!! 양 집사 부검부터 신청해!! 자살이 맞는지 조사해봐야겠어!! 만일... 양 집사 집에 누군가 침입한 흔적이 있고, 유서가 조작된 거라면....

(흥분해서 큰소리로 떠들어대는데)

서진 잠깐!!

그때!! 서진의 시선이 반대편 어딘가에 멈춰 서고. 다가서는 검은색 운동화... 믿을 수 없다는 서진의 표정.
서진의 시선이 멈추는 곳에 서있는 사람, 오윤희다!

단태 (서진의 시선을 따라가 보다가 기겁하고) 저 여자는...!!

윤희, 형사들에게 결박돼 복도를 걸어가는데. 짧게 묶은 머리. 헐렁한 티셔츠에 카디건. 청바지에 운동화. 화장기 없는 얼굴. 틀림없이 오윤희다!!!

서진 오윤희!! (다가가 윤희를 잡아 세우고) 니가... 니가 왜 여깄어?!!!
윤희 (서진과 단태를 돌아보는. 희미하게 미소 짓는 것 같고)
서진/단태 (순간 소름이 끼치는)

51. 헤라팰리스 커뮤니티(밤)
규진, 마리, 상아, 모여있고.

상아 (규진에게) 범인이 주 회장님이라니! 그게 무슨 소리야?! 그럼 오윤희가 범인이 아니란 거야? 사람 말 한마디에 범인이 된다는 게 말이 돼?
규진 애초에 오윤희도 그렇게 범인이 되긴 했지. 경찰이 뭔가 의심적은 구석이 있으니까 연행해 간 거 아니겠어?
상아 세상에... 끔찍해라. 정말 주 회장이 그랬을까. 자기 와이프를! 그럼 오윤희는? 억울하게 옥살이하다 탈주범까지 된 거잖아!
마리 당최 뭐가 어떻게 돌아가는지 하나도 못 알아듣겠네. 그러니까 펜트하우스 양 집사가, 주 회장님이 범인이다 하고 죽었다, 그 말이죠?

규진	지금 와서 하는 말이지만, 애초에 오윤희가 수련 씨를 죽였다는 게 말이 안 되지 않았어요? (갑자기 목소리 낮춰) 주 회장이라면 몰라도! 수련 씨 죽고, 그 많은 유산이 애들 앞으로 떨어졌잖아요.
마리/상아	(멈칫. 눈 깜빡하고 마주 보는. 그럴듯하고)

52. 경찰서 복도 일각(밤)

서진과 단태, 결박된 윤희와 대치하고 있는데.

서진	말해!! 니가 왜 여기 있는 거냐고!!!
단태	(흥분해서 달려들고) 어떻게 된 거야, 오윤희!!! 어디 숨어있다가 나타난 거야!! 그동안 무슨 짓을 하고 다녔어!! 누굴 엿 먹이려고 이런 짓을 해?!! (윤희를 마구 잡아 흔들면)
윤희	(아무 말 없이 당하고만 있는데)
단태	니가 그런 거지!! 니가 양 집사 죽인 거지!! 이딴 말도 안 되는 연극, 니가 꾸민 거잖아!! 말해, 오윤희!! 말하라고!! (미친 듯이 윤희 멱살을 잡아 흔드는 단태)
형사	(단태 막아서며) 그만하세요!! 오윤희 씨는, 그전에 이미 자수했어요!!
단태	(멈칫) 자수?!!! (순간, 한 방 먹은 느낌인데)
형사	데려가. (윤희를 데려가면)
윤희	(형사들을 따라, 얌전히 복도를 걸어가는)
단태/서진	(가는 윤희를 의심스레 보는 시선. 모든 게 혼란스럽고)

53. 경찰서 조사실 1(밤)

엉망이 된 몰골로 조사를 받고 있는 윤희의 모습.

윤희	(다부지게) 전 심수련 언니를 절대 죽이지 않았습니다. 백 번 천 번 만 번을 물어봐도, 제 대답은 똑같습니다!!! 제 딸 목숨을 걸고 맹세할 수 있습니다!!!

54.   경찰서 조사실 2(밤)
       조사실에 앉아있는 단태에게 다가서는 변호사.

변호사   알아보니, 오윤희가 최초 목격자인 양 집사와 대질심문을 요청했고, 경
        찰이 집에 찾아갔을 때 양 집사는 이미 사망해있었답니다.

단태   오윤희 그년이 죽인 거야. 아님, 누군가한테 사주한 거겠지!!

변호사   의심은 되지만, 지금 상황이 안 좋습니다. 양 집사가 진범을 회장님으
        로 지목하고 죽어버린 이상, 재조사가 시작될 겁니다. 회장님이 새로운
        용의자가 될 수밖에 없는 상황입니다. 거기다 회장님 쪽에서 양 집사를
        폭행했다는 것까지 알려지면, 양 집사를 죽인 범인으로 몰릴 수도 있습
        니다.

단태   (얼굴 창백해지고) 그럼, 어쩌자는 거야?!! 이대로 꼼짝없이 당하라는
        거야?!

변호사   한 가지 희망적인 것은... 양 집사 집에서, 회장님을 스토킹한 사진들과
        사모님을 음해한 사진들이 대거 나왔다고 합니다.

단태   미친것! 죽을 때까지 주제 파악을 못 하고!

변호사   (야비한 표정) 우리한텐 기회입니다. 이렇게 하시죠! (단태에게 은밀하
        게 귀엣말을 하는)

단태   (변호사를 보는 단태)

55.   펜트하우스 거실(다음 날, 낮)
       석훈과 석경, 걱정스레 앉아있고. 은별과 서진까지 다 모여있는.
       안절부절못하는 서진의 손을 잡아주는 은별.
       그때, TV에서 뉴스가 나오는. (자료 화면으로 하얀 천에 덮여 나오는 양
       씨 모습)

앵커(E) 헤라팰리스 살인 사건의 진범이 밝혀졌습니다. 범인 양모 씨는 피해자
        의 집에서 일해오던 도우미로, 수년간 피해자의 남편을 스토킹했던 이

력뿐 아니라, 피해자에게 원한이 깊었던 것으로 드러났습니다.

석훈/석경/은별/서진　　　(기겁하는. 화면에 시선 고정되는데)

앵커(E)　이와 같은 사실은, 그동안 범인으로 몰렸던 오윤희 씨가 어제 오후, 1년 간의 도피를 끝내고 경찰에 자수하면서 밝혀지게 됐는데요. 최초 목격 자였던 양모 씨는 오윤희 씨에게 미안하다는 유서를 남기고 자살했습 니다.

석경　(휘청하는) 말도 안돼!! 아줌마가 그랬다고?!!

석훈　(역시 충격인데)

그때, 거실로 들어서는 단태와 조 비서.

서진　(놀라 단태를 보는) 어떻게 된 거예요?!!

석경　아빠!! 사실이야? 우리 엄마를 죽인 게 아줌마냐고?!! 그래?!!

단태　(대답 없이 방으로 들어가버리는)

56.　펜트하우스 침실(아침)
단태를 따라 들어서는 서진.

서진　(목소리 낮춰) 대체 일이 어떻게 돌아가는 거야? 양 집사가 범인이라 니... 어떻게 양 집사를 범인으로 만들 수 있어?!!

단태　(까칠하게 옷 벗으며) 아무 말 하지 마. 한숨도 못 잤어.

서진　(단태 붙잡고) 설명을 해보라고!! (다그치면)

단태　(폭발하는) 나도 미치겠어!! 잘못하단 내가 타깃이 될 상황이었어. 그나 마 양 집사한테 정신 병력이 있어서 이렇게라도 일이 풀린 거야!! 밤새 변호사 다섯 명을 데리고, 양 집사를 범인으로 만드느라 얼마를 쓴 줄 알아?!!

서진　오윤희가 살았잖아!

단태　(멈칫) 뭐?

서진 (싸늘한) 이 모든 게 오윤희를 내쫓을 수 있는 유일한 기회였는데, 이렇게 되면 오윤희는! 다시 무죄가 됐어!

단태 (버럭) 그럼 나더러 어쩌라고!! 양 집사를 미친년으로 만들지 않으면 내가 살인자가 되는데! 내가 감방이라도 들어가야 속이 시원하겠어!!

서진 그런 말이 아니잖아!!

단태 (심호흡하고, 목소리 낮춰) 설령, 양 집사를 죽인 게 오윤희라 하더라도, 사건을 파헤칠수록 나한텐 불리해!! 오윤희가 진범을 찾겠다고 물어뜯지 않는 것만도 고마울 지경이야!!

서진 여론까지 오윤희한테 유리하게 돌아가고 있어. 누군가 도와주고 있는 느낌이야. 대체 누가.... (생각하는)

그 위로, 김 기자의 눈, 멘트가 흘러나오고.

57. 헤라팰리스 규진 상아 집 거실(낮)
충격받은 표정으로 뉴스를 보고 있는 규진과 상아.
뛰어 들어오는 마리까지 합세해 멍하니 뉴스를 홀린 듯 보고 있으면.

김기자(E) 헤라팰리스 살인 사건에 대한 의문점은 여기서 그치지 않았습니다. 오윤희의 집에서 발견된 조작된 가족사진에는 오윤희의 지문이 전혀 발견되지 않았습니다. (그럼에도 경찰은, 최초 목격자의 진술에만 의존해서, 오윤희를 범인으로 확정했습니다.)

마리 지금 이거 실화야? 그럼 오윤희는 누명이라는 거야? 정말.. 무죄라고?!

규진 아 쫌 조용히 해봐요! 왜 남의 집에서 텔레비전을 봐?

58. 거리 일각(낮)
미친 듯 달려가는 로나의 위로, 김 기자의 멘트 계속 흘러나오고.

김기자(E) 도우미 양씨는 평소 심수련에 대한 시기질투가 심했고, 마치 자신이 펜트하우스의 주인인 것처럼 행동하고 다녔다는 주변 상인들의 제보도 취재 결과 밝혀졌습니다. 더 놀라운 건, 심수련과 마지막 통화를 한 사람이 양씨라는 건데요. 이 엄청난 사실을 왜 경찰은 간과했을까요.

59.   경찰서 앞(낮)

　　　기자들 몰려서 서로 취재하겠다고 난리인데, 통제하는 경찰들.
　　　그 위로, 김 기자 멘트.

김기자(E) 이로써 1년 6개월 동안 살인범이자 탈주범으로 살아야 했던 오윤희에 대한 동정 여론이 확산되는 가운데, 경찰과 검찰, 사법부의 결론에 대한민국의 시선이 집중되고 있습니다.

60.   경찰서 복도(낮)

　　　긴장된 표정으로 서성이고 있는 로나. 떨리는 마음을 주체하지 못해, 섰다 앉았다, 손이며 발을 어쩔 줄 몰라 하고 있는데.
　　　조사실의 문이 열리고... 벌떡 일어나는 로나....
　　　형사의 뒤로 걸어 나오는 윤희.
　　　로나, 드디어 윤희 얼굴을 보는 순간! 격한 감정이 올라오지만 꼼짝도 할 수 없는데. 그렇게 가까이에서 일 년 반 만에 조우하는 모녀.
　　　윤희, 미안함과 죄책감으로 힘겹게 로나를 보는. 조금씩 발을 움직여 가까이.. 조금씩 가까이.. 다가서는 윤희...

윤희   (울컥하지만 애써 담담하게) 꿈에서 매일 봤는데. 우리 애기 똑같네.
로나   엄마도... (그러다 참지 못하고 눈물이 터져 나오면. 아기처럼 우는 로나)
윤희   (입술 꽉 깨물고 눈물 참아내며, 천천히 로나에게 다가가 안는데)
로나   나... 엄마가 안 그랬을 줄 알았어.
윤희   (눈물이 주르륵 흐르는. 목 메여) 미안해... 엄마가 너무 미안해, 로나야....
　　　　(가슴 찢어지는 거 같은 윤희고)

70

로나	엄마... 엄마.... 엄마.... 엄마.... !!! (윤희를 끌어안고, 그제야 서러움이 폭발하면서 미치도록 우는 로나)

61. 한적한 야외 카페(며칠 뒤/낮)

등을 보이며 걸어오는 사람, 야외 카페 의자에 다가와 앉으면.
기다리고 있는 사람, 김 기자고.

윤희	(인사하는) 일찍 오셨네요.
김기자	햇빛이 좋아서요. 손해배상 청구, 안 한다면서요. 왜죠?
윤희	(생각하는) 언니 죽음에 저도 책임이 있으니까요.
김기자	무슨 뜻이죠?
윤희	나중에... 때가 되면 말씀드릴게요. 이번 일, 도와주셔서 감사합니다. 김기자님 아니면, 나오기 어려웠을 거예요.
김기자	수련 언니 때문에 도운 거예요. 언니가 믿는 사람 같아서...
윤희	(표정 굳고)
김기자	근데, 궁금한 게 있어요. 양미옥 씨, 어떻게 한 거예요? 정말, 자살한 건가요? 아님...
윤희	(생각하는)

62. 회상 1/골목길(낮)

로나, 어딘가로 걸어가고 있으면. 그런 로나를 뒤에서 조심히 따라가면서 로나를 보고 있는 윤희. 조금이라도 로나 얼굴을 더 가까이 보고 싶어서 애타는 표정이고. 그러다 로나가 돌아보면 얼른 숨고, 떨어지지 않는 발길을 돌리려는데.
그때! 로나가 양씨 집 앞에 서면. 뭔가 이상한 예감에 따라가는.

63. 회상 2/양씨 원룸 안/밖(낮)

로나, 양씨 원룸의 초인종을 누르는. 대답 없으면 문 두드리고.

양씨, 죽은 듯이 누워있다가 초인종소리에 간신히 몸 일으키는데. 그때, 로나 목소리 들리고.

로나(E) 아까 전화했던 학생인데요. 알바생 구하신다고...

양씨 (갑자기 매서워지는 눈빛. 목소리 바꿔서) 잠시만요. (현관으로 걸어가, 현관문을 열면)

로나 안녕하... (보면, 문 앞에 양씨가 서있고) 아악! (기겁해서 도망치려면)

양씨 (재빠르게 로나를 붙잡아, 입을 틀어막아서 문 안쪽으로 끌고 들어오고) 어딜 도망쳐?! 이게 다 니 엄마 년 때문이야. 니 엄마가 도망쳐서, 회장님이 화가 나신 거라고! 독한 년!! 딸이나 애미나!! 차라리, 죽어!! 죽어!!!

로나 뇨... 뇨.... 아... 아... (목이 졸린 채, 몸부림치는데)

로나, 죽을힘 다해 벗어나려고 하지만 역부족이고. 양씨, 이를 악물고 손에 마지막 힘을 집중하는데! 순간! 로나의 목을 조르던 양씨의 손이 풀리고.
그 틈에 로나, 허우적대며 문을 열어젖히고, 뒤도 안 돌아보고 도망쳐 나가는데.
양씨의 목에 스카프를 걸고, 미친 듯이 뒤에서 잡아당기고 있는 사람, 윤희고!!!
양씨, 위태롭게 허공 속에 손을 내저으면. 윤희, 눈물범벅 된 벌게진 얼굴로, 로나가 안전하게 도망친 걸 확인하고야 손에 힘을 푸는데.
양씨, 무릎이 꺾이면서 앞으로 푹 고꾸라지고.

양씨 (헉헉, 가쁜 숨 몰아쉬다가, 윤희를 발견하자 해괴한 웃음) 오윤희!! 여태 살아있었구나?!

윤희 내 딸 그만 괴롭혀!! 날 살인자 만든 걸로 부족해? 죄 없는 내 딸을 왜 죽이려고 해?!!

양씨 그래야 니가 나타날 거니까!! 아무리 독한 년이래도, 지 딸년이 지 때문에 죽었다는데, 지옥에서라도 얼굴 디밀겠지?! 안 그래?!!

윤희 주단태가 시켰어? 날 죽이라고?!

양씨 잘 가, 오윤희!! (눈에 살기 띠더니, 옆에 있던 항아리를 들어서 윤희에게 내리치려는 순간! 검은 장갑을 낀 요원들이 양씨를 에워싸며 막고. 박살나는 항아리 파편. 그사이 헬맷남이 잽싸게 윤희를 데리고 사라지면. 눈 뒤집혀서) 니들 누구야? 오윤희 어딨어?!! 오윤희이이!!!!! (미친 듯이 발악하다가, 요원들에게 제압당하고 주저앉는 양씨)

64. **회상 3/양씨 집 앞(낮)**
윤희를 끌고 나온 누군가. 헬맷을 벗는데. 로건이고.

로건 (화내는) 혼자 다니지 말랬지? 양 집사는 왜 만나?!

윤희 로나가 위험해요! 그 여자가 또 로나를 찾아갈 거예요!!

로건 (고심하다 다급하게) 지금 곧장 경찰서로 가서 자수해. 그리고, 양 집사와 대질심문을 요청해. 나머진 내가 알아서 할 테니!

윤희 (붙들고) 어떻게 할 건데요?!

로건 때가 됐어! 그 여자 입으로 진실을 밝히게 해야지!!

65. **회상 4/양씨 원룸 안/밖(낮)**
로건, 원룸 앞으로 다가서면. 홍 비서와 요원들이 문 앞에 서있고.

홍비 문을 열지 않습니다.

로건 (날카롭게) 부셔!

홍 비서, 검은 장갑 요원들에게 눈짓하면. 문을 부수고 들어가는 요원들. 로건, 요원들의 보호를 받으며 안으로 들어가는데. 요원 중 한 사람이 어딘가를 가리키고. 허공에 매달린 양씨의 발을 보고 놀라서 멈춰 서는. 이미 자살한 상태.

테이블 위에 양씨가 남긴 유서가 보이는. "먼저 가서 회장님을 기다리고 있겠습니다. 거기서는 저만 당신을 가질 겁니다." 써있고. 기막힌 로건의 표정.

컷 되면. 필체 감식 기계를 이용해서 필체를 조작해 유서를 바꿔치기 하는 로건. 그리고 빠르게 현장을 떠나는데.

66.   현재/야외 카페(낮)
       윤희와 김 기자, 마주 앉아있고.

윤희   (천천히 물을 마시는, 그리고 보는. 의미심장하게) 수련 언니가 그랬어요. 엄마는, 무슨 짓을 해서든 자식을 지켜야 한다고. 엄마니까.... (시계 보고) 저 오늘 출국해요.

김기자   (놀라고) 어디로요?

윤희   어디든 떠나있고 싶어서요. 돌아오면 연락드릴게요. 그동안 정말 감사했습니다. (일어나 정중하게 꾸벅 인사하고)

       윤희, 담담하게 햇빛 속으로 걸어가면.
       김 기자, 그런 윤희를 의아하게 바라보는데.

67.   단칸방 골목(낮)
       윤희와 로나, 간단하게 짐을 싸서 단칸방에서 걸어 나오면.
       석훈, 미친 듯이 달려왔다가 멈춰 서고, 얼른 모퉁이에 숨어서 떠나는 로나 뒷모습을 바라보는. 차마 다가가지 못하고 벌게진 눈으로 바라만 보고 있는 데서.

68.   공항 일각(저녁)
       윤희와 로나, 출국장으로 들어서는. 단출한 두 사람의 짐.
       그런 두 사람을 지켜보고 있는 조 비서. 단태에게 보고를 하는데.

69. 펜트하우스 단태 서재(저녁)
단태, 조 비서에게 전화 받고 있는.

단태 그래? 들어가는 것까지 확실하게 체크해! (전화 끊으면)
서진 (지켜보다가) 이렇게 떠나버린다고? 오윤희가? 다시 돌아오면 어쩌려고.

서진, 손에 들고 있는 윤희의 사진들을 넘겨서 보는. 경찰서에서 나오는 모습부터, 로나와 밥 먹고, 시장에서 옷 사고, 평범한 일상들 전부 다 담겨있는데. 많이 지쳐있는 모습들이고.
단태, 윤희의 사진들을 뺏어서, 쓰레기통에 던져버리는.

단태 더 이상 그 여자는 신경 쓰지 마. 평생 겪기도 힘든 일 다 겪었으니, 떠난 거 아니겠어? 이제 우린, 우리 삶을 살면 돼. 진짜 다 끝났어! 예정대로 우린 약혼식하고, 청아그룹 출범시키고, 당신은 최고 프리마 돈나로 공연계를 휩쓸고, 모두가 부러워하는 행복한 가정 만들어서 사랑하며 살면 되는 거야....

단태, 서진의 프러포즈 반지를 만지며 키스하려면. 서진, 머뭇하다가 문득 뉴욕에서 윤철과 뜨거웠던 키스가 떠오르는. 멈칫하고 단태를 밀어내는데.

단태 (의아한 듯 보는) 왜?
서진 아니. 은별이 레슨 끝날 시간이라서. 가봐야겠어.
단태 (기분 언짢고) 은별이 어린애 아냐. 은별이한테 너무 집착하는 거 아냐?
서진 은별이까지 질투하는 거면, 사양할게. 자식 문제는 서로 터치하지 않는 걸로. (급히 나가는)

70.   헤라팰리스 서진 집 욕실(저녁)
       서진, 욕조에서 거품 목욕하고 있는. 윤철과의 하룻밤 일탈이 떠오르
       면. 애써 정신 차리려는 듯 고개를 내젓고.

서진   미쳤어! 미쳤어! 정신 차려, 천서진!! (욕조 안으로 얼굴을 넣어버리는.
       욕조 바깥으로 빛나는 반지가 보이고)

       아름다운 음악 소리가 울려 퍼지면서.

       〈3개월 후〉 자막 뜨고.

71.   파크원 호텔 야외 정원(낮, 2월 28일)
       단태와 서진의 키스 사진이 놓여있는, 단아하고 세련된 약혼식 풍경.
       경호원들이 인이어를 끼고 여기저기 깔려있고, VIP들만 초대된 약혼
       식에, 초대장을 확인받은 손님들이 안내받으며 안으로 들어가는.

72.   파크원 호텔 대기실(낮)
       아름다운 드레스를 입고 있는 서진, 행복한 표정이고.
       옆에 상아와 마리, 덩달아 흥분해서 분위기에 취해있는.

마리   오늘 우리 천 쌤 너무 아름다운 거 아니에요? 누가 재혼이라고 하겠어
       요? 스무 살 꽃띠래도 믿겠다니까요. 주 회장님 뭔 복이야 진짜!
상아   이 나이에 바로 결혼해버리지. 뭔 약혼이에요?
서진   애들 중요한 시기잖아요. 공연 스케줄도 꽉 차있어서 시간도 없고요.
마리   (상아한테 슬쩍) 척하면 모르겠어. 결혼은 비즈니슨데 신중해야지. 앞
       으로 회사까지 합치면, 주식 문제도 있고, 위자료 계산도 복잡하고... 우
       리 천 쌤이 지난번 이혼 때 하 박사님한테 위자료로 떼인 돈이 얼만데!
상아   (찌르고) 그런 얘길 오늘 왜 해요?

마리	우리끼린데 뭘 어때? 그리고 톡 까놓고, 이번 결혼도, 천 쌤이 훨 아깝지 않아? 우리나라에 청아재단 모르는 사람 있나. 주 회장님이 봉 잡았지. 안 그래? 호호호~

상아 그래서 진짜, 결혼은 언제 할 생각인데요?

서진 아직 확실한 계획 없어요. 좀 더 겪어보고, 천천히 할 생각이에요. 안 할 수도 있고.

그때, 파티션 뒤에서 멈칫하고 있는 구둣발, 단태다.
표정, 묘하게 일그러져, 그대로 밖으로 나가버리는데.

73. 호텔 정원 일각 (낮)

반주에 맞춰, 두기와 은별의 노랫소리가 울려 퍼지면.
단태와 서진, 헤펠 사람들의 축하를 받으며 입장하는데.
주위에서 축하해요! 너무 잘 어울려요! 행복하세요! 호들갑들이고. 석훈과 석경은 무표정이고.
은별과 단태, 웃으며 허그하고. 어쩔 수 없이 석경과 서진도 어색하게 허그하고.
하객들, 환호성과 함께 꽃가루 뿌리고.
단태와 서진, 화기애애한 분위기 속에 케이크 커팅하는데.
그때! 요란하게 돌아가는 프로펠러 소리! 소리 나는 쪽을 올려다보면.
프로펠러가 엄청난 바람을 일으키며 헬리콥터 한 대가 파티장을 향해 날아오고 있고!
하객들의 시선, 전부 하늘로 집중되는데.
광풍과 함께 헬기가 지상에 착륙하고. 문이 열리면, 고급 구두가 햇빛에 반짝하고, 천천히 헬기에서 내리는 사람, 윤철이다!!! 놀라는 사람들 표정!!!

윤철 (활짝 웃으며 손 들어 보이고) 잘들 있었어요? 뭘 하고 있었구나? (확연하게 달라진 외모와 말투로, 굳어있는 사람들을 둘러보며) 뭐야. 내가 못 올 데를 왔나. 난 그대들이 너무 반가운데?

뒤를 이어, 헬기에서 내리는 사람, 챙 모자를 쓰고, 선글라스를 낀 누군가. 그들을 향해 다가서는데. 선글라스를 벗으면. 오윤희다!!!
서진, 단태, 헤라팰리스 사람들, 달라진 윤희의 등장에 기겁하는데!!!
윤철, 윤희의 허리를 자연스럽게 감아쥐며 인사시키는.

윤철   인사해, 내 와이프, 오윤희!
윤희   (챙 모자를 살짝 올리며) 늦지 않아서 다행이야. 약혼 축하해, 서진아.
        (요염하고 세련된 미소로 서진을 보는)

서진, 단태, 헤라팰리스 사람들, 경악해서 윤희와 윤철을 보는 데서
엔딩!!!

2화

소리의 정체

펜트하우스 릴렉스룸(아침)

        잔잔한 음악이 흐르고 있고.

        요가 선생의 지도에 따라 요가를 하는 서진, 마리, 상아, 활 자세를 하
        는데.

        안정적인 서진, 상아와 달리, 부들부들 힘겹게 자세 하는 마리.

상아 (마리를 보며) 출렁다리라도 걸으시나. 다리가 왜케 후들거려요?

마리 내가 언제? (안 쓰러지려고 안간힘 쓰는데)

상아 (서진에게) 내일 약혼식이죠? 준비는 잘되고 있어요? 뭐 도와줄 건 없
       어요?

서진 (요가 동작하면서) 마음만 받죠. 아, 4502호 집 팔렸어요.

마리 진짜요? 드디어 나도 이웃사촌 생기는 거예요?

상아 잘됐어요. 그 집, 재수 없다 소문나서 지금까지 쭈욱 빈집으로 있었잖
       아요.

마리 어떤 사람이래요? 아무리 오윤희가 무죄 났다 해도 찜찜한 집인데... 모
       르고 샀나?

서진 주 회장님이 소개받았대요. 미국의 바이오회사 대표라던데요.

마리 그럼 미국 사람이에요? 아님, 교포? 우리 헤펠도 글로벌해지는 건가?

서진 한국 사람이래요. 회사 이름은 존 바이오라고...

상아 (반색하며) 어머나, 세상에! 존 바이오요?!! 이번에 한국지사 낸다더니
       우리 헤펠로 입성하는 거예요? 헤펠 집값 또 오르겠어요!

마리 민혁 엄마가 존 바이오를 어떻게 알아?

상아 지금 미국에서 난리 났잖아요, 거기. 정력 제품이 대박 터졌거든요!!
       우리 민혁 아빠가 완전 마니아예요. 효과 완전 확실하다니까요. 호호
       호~~

마리 (얼굴 꽉 찌그러지며) 빤히 독수공방하는 거 알면서, 지금 나 염장 지르
       니? 멕이는 거야?!

서진 (동요 없이 요가에 집중하는데)

2.　　단태 사무실(낮)

　　규진, 단태에게 선물 상자 건네고.

단태　　뭐죠?

규진　　(피식피식 웃으며) 주 회장 약혼 선물. 받고 너무 좋아하지 마요.

단태　　(상자 열어보면, 존 바이오 정력보조제 "파워 업" 제품이고. 어이없는 듯 웃으면) 나 아직 이런 거 필요 없는데. (센 척하면)

규진　　곧 필요해질걸요? 내가 세상에서 딱 세 사람 존경하거든요. 울 아빠, 울 엄마, 그리고 여기 회사 대표. 이건 정말 가히 혁명적인 약이야! 막, 20대로 돌아간 거 같애. 언제 어디서든.. 거 뭐야... 어휴...

단태　　어쨌든 이 회사 대표를 그렇게 존경한다면, 이 의원한테 내가 크게 선물한 게 되겠네요.

규진　　무슨 말이에요?

단태　　4502호 새 입주자가 존 바이오 대표니까!

규진　　(눈 휘둥그레지고) 예에? 예에? 진짜요?!!!

3.　　헤라팰리스 서진 레슨실(낮)

　　서진, 도 비서의 반주에 맞춰 독창회 연습을 하고 있는데. (〈Una Voce Poco Fa〉)

　　그 모습을 취재하고 있는 기자들, 영상으로 담고 있는.

　　그때! 소리가 플랫되면서 탁한 목소리가 나오고. 기자들, 시선 주고받는.

　　순간, 중단되는 반주.

도비　　(기자들 표정 살피며) 오늘은 여기까지만 하시죠.

서진　　(애써 아무렇지 않은 듯) 그럴까? (기자들 향해) 기자님들, 수고하셨어요. 처음으로 찍는 다큐데, 잘 부탁드릴게요.

기자　　데뷔 20주년 공연이라 많이 긴장하신 모양이에요. 음 이탈도 나시고.

서진	목이 좀 건조했나 봐요. 편집하실 거죠?
기자	당연하죠~ 아 참, 이번 공연에 특별히 준비하신 건 없나요? 음악계에 선 새로운 도전을 기다리고 있는데요.
서진	실망시키지 않을 겁니다. 그럼. (인사하면. 기자들 나가고. 굳어지는 서진) 다시 해보자! 거기부터.
도비	지금 상태론 하이 F는 불가능합니다. 그만 들어가시죠. 내일 약혼식이 잖아요!
서진	약혼식보다 중요한 게 공연이야! 내 인생에서 가장 중요한 공연인 거 알잖아! 할 수 있어. 시작해!! (다시 반주 시작되고. 서진 고음을 올리는데. 목의 통증을 느끼면서 찢어지듯 나오는 목소리. 중단되는 반주. 표정 안 좋고. 다시 집중해서 노래 부르기 시작하는 서진. 부르고 또 부르고. 얼굴이 벌 게지도록 무리해서 고음을 올려대는 서진의 모습. 그러나 계속 실패하는...)

4.　　1화 엔딩 연결/호텔 정원 일각(낮)

　　　단태와 서진, 화기애애한 분위기 속에 케이크 커팅하는데.
　　　그때! 요란하게 돌아가는 프로펠러 소리! 소리 나는 쪽을 올려다보면.
　　　프로펠러가 엄청난 바람을 일으키며 헬리콥터 한 대가 파티장을 향해
　　　날아오고 있고!
　　　하객들의 시선, 전부 하늘로 집중되는데.
　　　광풍과 함께 헬기가 지상에 착륙하고. 문이 열리면, 고급 구두가 햇빛
　　　에 반짝하고, 천천히 헬기에서 내리는 사람, 윤철이다!!! 놀라는 사람
　　　들 표정!!!

윤철	(활짝 웃으며 손들어 보이고) 잘들 있었어요? 뭘 하고 있었구나? (확연하 게 달라진 외모와 말투로, 굳어있는 사람들을 둘러보며) 뭐야. 내가 못 올 데를 왔나. 난 그대들이 너무 반가운데?

　　　뒤를 이어, 헬기에서 내리는 사람, 챙 모자를 쓰고, 선글라스를 낀 누군

가. 그들을 향해 다가서는데. 선글라스를 벗으면. 오윤희다!!!

서진, 단태, 헤라팰리스 사람들, 달라진 윤희의 등장에 기겁하는데!!!

윤철, 윤희의 허리를 자연스럽게 감아쥐며 인사시키는.

윤철 인사해, 내 와이프, 오윤희!

윤희 (챙 모자를 살짝 올리며) 늦지 않아서 다행이야. 약혼 축하해, 서진아.
(요염하고 세련된 미소로 서진을 보는)

서진, 단태, 헤라팰리스 사람들, 경악해서 윤희와 윤철을 보는데.

마리 와이프? (머리 때리며) 내가 잘못 들은 거 아니지?

상아 저도 똑똑히 들었어요. 그럼 두 사람이 결혼이라도 했단 거예요?

규진 진짜 오윤희가 하 박사 와이프라고? 둘이.. 둘이?! (눈 휘둥그레지고)

서진/단태 (무슨 영문인지, 정신을 차릴 수 없고)

마리 대체 이 서프라이즈는 뭐야? 도망 다니면서 연애는 언제 했대?!!

상아 이게 말이 돼요?!! 어쩌다 오윤희랑 엮여?!!

마리 내 말이. 많고 많은 여자 중에 하필 찜찜하게 살인 사건 용의자랑...

윤철 (정색하며, 썩소) 제니 어머니 입담은 여전하시네요! 근데, 여기까지
만! 법이 결론 낸 일에 왈가왈부하는 건, 예의가 아니겠죠? (단호하게
말하면)

마리 (은근 쫄아서 입 다물었다가) 로나는요? 배로나는 같이 안 왔어요?

석훈/석경/은별 (일제히 시선 윤희를 보는데)

윤희 (순간 묘하게 흔들리는 눈빛. 마리의 질문에 대답 안 하고. 표정 바꿔서 서진
을 향해) 드레스, 잘 골랐네? 잘 어울려.

서진 (윤희와 눈빛 강하게 부딪히며) 난 우리 약혼식에 널 초대한 기억이 없는
거 같은데.

윤희 오해하지 마. 우리도 호텔에 볼 일이 있어서 온 거니까.

서진/윤철 (처음으로 눈 마주치는데. 먼저 차갑게 시선을 돌려버리는 윤철이고)

규진	(살벌한 분위기에 비집고 나타나, 호들갑스럽게 윤철에게 관심 보이는) 그 래도 이거 완전 반가운데요? 하 박사, 때깔 좋아진 거 봐. 지나가면 못 알아보겠어! 존스홉킨스대학 연구원으로 간 거 아니었어요?
윤철	의사가 성격상 안 맞는 거 같더라고요. 사업 시작했어요. 쪼그맣게!
규진	사업?! 그 성격에 사업이 더 안 맞을 거 같은데.
상아	(서진 밀치면서 다가와, 역시 관심 보이는) 설마 두 사람, 헤펼 살 때부터 만난 건 아니죠?
윤철	하하하. 설마요. 전 그런 짓 안 합니다. (서진을 흘깃 보며) 미국에서 만 났어요. 우연히.

단태와 서진, 완전히 약혼식에서 관심 밖으로 밀려난 상태고.
하객들의 관심은 윤철과 윤희에게 집중돼있는데.

단태	(표정 일그러지고. 애써 꾹 눌러서) 하 박사! 이건 쫌 예의가 아닌 거 같은 데... 일부러 좋은 날 망치러 온 건가?!!
윤철	(젠틀하게) 지나가다가 진짜 우연히 들른 거뿐이에요. 고의는 아니었 지만, 방해가 됐다면 미안해요. 다음에 보죠.
단태	(차가운 눈 맞춤) 볼 일 없을 텐데!
윤철	사람 일은 장담할 수 없으니까. (의미심장한 눈빛이면)
석경	(재밌다는 듯, 은별에게 다가서며) 축하해, 하은별. 너도 새엄마 생겼네. 그것도 뉴스에 나오는 완전 유명한 사람으로?!
은별	(조롱하는 석경을 흘겨보는데)
석경	왜~ 그런 눈으로 봐? 난 갑자기 니가 확 좋아지는데. 우리. 이제야쯤 가 까워진 거 같지 않니. 이심전심이랄까. (속삭이면)
은별	(순간, 처음으로 윤철과 눈 마주치면. 눈물 맺힌 채 주먹 꽉 쥐고. 욱해서 도 망치듯 뛰쳐나가버리는데. 그 바람에 테이블이 밀쳐지면서 테이블 위에 있 던 케이크가 바닥에 떨어져 박살 나버리고)
서진	은별아!! 어디 가!!!

윤철	(멈칫, 눈으로 그런 은별을 쫓는데)
석경	(갑자기 윤희 앞으로 달려들어서, 분노로 윤희 얼굴에 샴페인 끼얹었고) 살인자!! 여기가 어디라고 나타나!! 뻔뻔하게!!!
윤희	(졸지에 샴페인 뒤집어쓰고 놀라서 보면)
석경	난 안 믿어!! 당신이 무죄라는 거!! 양 집사님은 우리 엄마 죽일 리 없어!! 당신이 죽인 거야!! 우리 엄마!! 우리 엄마가 당신한테 얼마나 잘해줬는데!! 왜 죽였어, 왜!!!
단태/서진/헤팰 사람들/윤철	(정적이 흐른다. 말없이 윤희와 석경을 지켜보는데)
윤희	(차분하게 수건으로 얼굴을 닦고) 다들 수련 언니를 잊어버린 거 같아서 섭섭했던 참인데. 기분 좋은데? 석경이가 엄마 기억해줘서. (석경에게 미소 지어 보이고) 그만 가. (돌아서서 윤철과 함께 가면)
석경	헛소리 마!! 그런다고 속을 줄 알아!!! 살인자!! 이 악마야!!! (윤희 뒤에 대고 소리 지르며 아무거나 손에 집히는 대로 막 내던지는데)
상아/규진/마리/석훈	(말리고)

난장판이 된 약혼식장. 소란하게 웅성대는 사람들... 온통 윤철 윤희 커플 얘기로 정신없고.
주인공인 단태와 서진에겐 관심도 없는. 단태와 서진, 무섭게 표정 굳어져있고.
단태, 두 사람의 뒷모습을 서늘하게 바라보는. 윤희의 등장이 불길한데.

5.　　호텔 로비(낮)

윤희, 옷에 묻은 샴페인을 지우러 화장실로 들어가면. 윤철, 화장실 앞에서 기다리고 있는데.
뚜벅뚜벅 걸어오던 단태, 윤철을 돌려세우더니, 곧바로 주먹을 날리는데.
윤철, 기습적으로 맞고 바닥에 쓰러지면.
그 뒤로 조 비서와 정장남들이 단태를 에워싸면.

단태	(주먹 매만지며) 위자료 70억도 니 주제엔 과분해 보였는데, 뭘 더 뜯어

단태 (주먹 매만지며) 위자료 70억도 니 주제엔 과분해 보였는데, 뭘 더 뜯어 내려고 번지르르한 양복에, 어울리지도 않는 구두에, (구두를 윤철의 옷에 쓱쓱 문질러 닦으며) 차 렌트해서, 개폼 잡고 나타나?! (여자 화장실 쪽 흘낏 보고) 천서진 자극하려고, 고작 머리 써서 골라온 여자가 오윤희라면 이거 실망인데? (비웃다가 이내 정색하며) 마지막 발악치곤 꽤 신선했지만, 여기까지야. 한 번만 더 내 앞에서 알짱대면 그땐..!! (멱살 잡아서 다시 한번 치려면)

윤철 (단태 얼굴을 그대로 발로 차버리고)

단태 (나가떨어지는)

조 비서와 정장남들, 놀라서 일제히 윤철에게 달려들려면.
그 틈에 재빠르게 윤철이 단태의 팔을 꺾어서 눕히더니, 명치를 눌러 버리는데.
순간! 얼어붙는 단태. 숨을 쉴 수 없고, 바닥에서 꼼짝도 할 수 없는.
조 비서와 정장남들, 당황해서 멈춰 서는. 단태, 물러서라고 눈짓하고.
윤철, 그제야 단태를 풀어주고.
윤희, 화장실에서 나오면. 윤철, 아무 일 없었던 듯 부드럽게 윤희를 에스코트해서 엘리베이터 쪽으로 걸어가는데.
입구 안내판에 "존 바이오 한국지사 사업설명회. 2층 루비홀"이라 써 있는.
단태, 얼굴 벌게져서 조 비서에게 지시하는.

단태 어떻게 된 거야? 저 자식이 왜 아직 숨이 붙어 돌아다녀?!

조비 (당황해서) 분명히 처치했다고 했는데...

단태 머저리 같은 새끼!! (조 비서의 정강이를 차버리고, 분노 누르며) 하윤철! 오윤희! 진짜 결혼한 건지 알아봐!! 3개월간 오윤희 행적도, 낱낱이 보고해!!

6.   바다 외경(저녁)

7.   바닷가 호텔 테라스(저녁)
       밤바다가 내려다보이는 근사한 호텔 테라스. 단태와 서진, 둘만의 공간.
       단태, 미리 준비한 듯 완벽한 세팅으로 서진을 안내하는데.
       서진, 계속해서 윤철과 윤희 생각에 머리가 복잡한데.

단태   (부드럽게) 맘에 들어? 당신 공연 때문에 이번 여행은 멀리 못 왔지만,
       공연 끝나면 당신 좋아하는 이태리라도 며칠 다녀오자. 괜찮지?
서진   (딴생각에 빠진 표정으로 와인 잔을 채우면)
단태   (살짝 김새지만) 이미 약혼 기사도 떴고, 회사 합병, 미룰 이유가 없을 거
       같아. 다들 관심이 많아. 내주부터 M&A 전문가를 영입해서 특별인수
       팀을...
서진   (갑자기 와인 잔을 소리 나게 테이블에 탁 내려놓으면)
단태   (놀라서 보고)
서진   (날카로운 반응) 뭐가 그리 조급해? 올해는 내 공연 스케줄만도 벅차. 그
       래서 결혼 대신 약혼한 거 아니었어?
단태   (서진의 태도에 모욕감 느끼는데) 신경 쓰여?
서진   뭐가?
단태   아까부터 계속 생각하고 있잖아. 하윤철 그 자식!
서진   (뜨끔하지만) 그런 적 없어!
단태   (폭발할 듯) 내가 당신을 몰라? 난 어떻게든 당신 기분 좋게 해주려고
       애쓰는데... 계속 딴생각이나 하고... 날 서서 대하고...
서진   (역시 터지는) 망쳐버렸잖아! 우리 약혼식!! 엄마랑 동생 부부도 다 보
       는데!! 두 사람, 무슨 꿍꿍이속인지 모르겠어! (문득, 의심 들고) 혹시 오
       윤희... 미국에서 로건 리와 접촉한 거 아냐? 우리한테 복수하려고, 일
       부러 하윤철을 끌어들일 수 있잖아!
단태   그쪽은 아냐. 로건 리 지금, 자택에 24시간 감금 상태야. 그쪽 아버지와

수시로 연락하고 있어!

서진   그쪽이 개입한 게 아니면... 정말 두 사람이 결혼이라도 했다는 거야? 말도 안 돼!!

단태   말도 안 될 건 없지. 첫사랑이었다며? 루저끼리 단합이라도 한 모양 이지!!

서진   은별이 때문에라도 쉽게 결혼할 사람이 아냐. 거기다 사업이라니?

단태   명동 땅이 팔려서 백억 송금해줬어! 그걸로 시작하지 않았을까?

서진   (놀라고) 백억? 그게 언젠데?!

단태   일 년쯤 돼.

서진   의사를 관둘 리 없어. 사업할 만한 배포도 욕심도 없는 사람이야.

단태   (점점 마음 상하고, 목소리 높아지는) 우리 오늘 약혼했어! 언제까지 하 윤철 얘기만 하고 있을 건데?!! 내가 조 비서 시켜서 알아보고 있어! 나 한테 좀 맡겨주면 안 돼?!! 당신한테 나, 그 정도도 믿음 못 주는 사람이 었어?! (그러다 애써 참고) 미안해. 소리 질러서.

서진   (애써 심호흡하고) 은별이 때문에 나도 모르게 신경이 쓰였나 봐. 하윤 철, 오윤희, 이젠 내 인생에 상관없는 사람들이야. 또 볼 일 뭐 있다고! 건배해. (잔을 들어, 억지웃음 지으며 건배하고 쭉 마시는데)

단태   (얼굴은 웃지만, 찝찝한 마음 드는)

8.   헤라팰리스 분수대/엘리베이터 안 (저녁)
    또각또각 들어오는 여자의 구두. 얼굴 보이지 않고.
    엘리베이터에 올라타고, 45층 버튼을 누르는데.

9.   바닷가 (저녁)
    단태와 서진, 아름다운 노을을 보며 산책하고 있는데. 갑자기 너울성 파도가 두 사람을 덮치면. "아악!!" 바닷물에 쫄딱 젖은 두 사람. 문득 불길한 예감.... (또는, 호텔 테라스에서 와인을 마시다가, 갑자기 와인 병이 바닥에 떨어지면서 와장창 깨지고. 불길한 예감)

동시에 걸려오는 전화. 마리고.

서진　(받는) 제니 어머니? 무슨 일이시죠?
마리(E)　천 쌤? 대...애...박!!!!

10.　**헤라펠리스 마리 집 앞(저녁)**
　　　마리, 입을 못 다문 채, 앞을 보고 있는.

마리　지금... 여기요... 천 쌤....

　　　마리의 맞은편에 서있는 건, 4502호에서 나오는 윤희.

마리　4502호에 이사 올 사람이 글쎄, 오윤희예요!! 하박사랑 오윤희요!!

11.　**바닷가(저녁)**
　　　서진, 굳어지며.

서진　그게 무슨 소리예요!!! 거긴... (그러다 얼굴 하얗게 질리고) 다시 통화해
　　　요. (급하게 전화 끊고, 이 악물고 단태 돌아보며) 오윤희가 돌아왔어! 헤
　　　라펠리스로!!
단태　그게 무슨 말이야?!
서진　4502호를 산 사람이 하윤철이라고!!!
단태　하윤철이라니!! 그 자식이 어떻게!! 설마... 존 바이오?!! (그러다 문득,
　　　호텔에서 봤던, "존 바이오" 행사장 안내판이 떠오르고) 말도 안 돼....!!
서진　말이 되는지 안 되는지, 왜 확인도 안 해봤어? 대체 뭘 알아보고, 입주
　　　승인을 한 거야?!!
단태　법인명으로 계약했으니, 알 도리가 없잖아!!
서진　꼼꼼하게 살폈어야지!! 그동안 오윤희 행적 감시한 거 아니었어? 두 사

람이 만날 수 있다는 경우의 수도 생각 못 했어?!

단태 내가, 당신 전남편 동선까지 알고 있어야 되나? 그것도 내 탓이야?!!

서진 당신이 무능한 거잖아!! 인정할 건 인정해!! (소리치면)

단태 (버럭) 그렇게 잘났음, 아예 당신이 그 자식을 다시 못 돌아올 오지로 쫓아내버리지 그랬어!!

서진 (열 받고) 내가 오윤희를 헤펠에서 어떻게 쫓아냈는데... 내 눈앞에서 사라지게 하려고 무슨 짓까지 했는데!!! 결국, 다시 돌아왔어!! 당신 때문에!! 양 집사만 그렇게 처리하지 않았어도, 오윤희가 무죄로 풀려나진 않았을 거 아냐!!!

단태 그건 이미 끝난 얘기야!! 오윤희가 나타난들 뭘 할 수 있는데?! 집도 재산도, 전부 다 압류했어. 말만 무죄지, 살인자 딱지는 영원히 안 지워져!!

서진 존 바이오 대표라잖아!! 하윤철이!! 오윤희가 그 하윤철 와이프라고!!! 내가 오윤희를 너무 쉽게 생각했어. 가봐야겠어. (돌아서는데)

단태 (붙잡고, 애써 누르며) 지금 가서 뭐하려고?! 우리, 어렵게 날짜 빼서 여행 온 거야. 그깟 놈들 때문에 우리 시간을 끝까지 망쳐야 해?!

서진 (차갑게) 이미 망쳤어. 이제부턴 당신 안 믿어. 뭐든 내가 직접 해. (모래 사장을 뛰어가는데)

단태 (그때, 조 비서한테 전화 오고, 받으면)

조비(F) (긴박한 목소리) 하 박사님이 한국에 온 이유, 알아냈습니다. 미국 신생 회사인 존 바이오의 실질적 오너라고 합니다.

단태 그걸 왜 이제 말해!! 이 등신 자식아!!! (열 받고) 으악!!! (바다 쪽으로 첨벙첨벙 분노의 질주)

12. 헤라팰리스 규진 상아 집 거실(저녁)
     규진, 상아, 마리, 호들갑스럽게 윤철의 성공에 대해 얘기 나누고 있는.

규진 언빌리버블... 파워 업을 하 박사가 개발했다니!! 내가 세상에서 젤 존경하던 존 바이오 대표가, 어떻게 찌질이 하윤철이냐고! 아이씨, 자존심 상해.

상아 (마리와 흥분해서) 하 박사님이 미국을 가더니 날개를 단 모양이에요. 사업가 포스가 장난 아니었죠? 앞으로 상장하면 주식도 팍팍 오를 거고...

마리 이러다 우리보다 먼저 100층 펜트하우스로 올라가는 거 아냐?

상아 진짜네. 강남 국회위원도 아직 50층대 사는데. 오윤희 그 여잔 뭔 복이래요.

규진 (끼어들고) 우리가 뭐 돈이 없어서 못 올라가? 그놈의 말 많은 유권자들...

상아 (규진 말은 듣지도 않고, 빽 가서) 오늘 하 박사님 스타일 죽이지 않았어요? 이태리 슈트가 어쩜 그렇게 잘 어울릴려요? 원래 그렇게 핸섬했어요?

마리 그래서 남자는 여자를 잘 만나야 하는 거야. 스윗해지고, 매너도 좋아지고. 글쎄, 와이프가 원한다고 창고에 보관하던 오윤희 살림살이도 그대로 갖고 들어온다잖아.

상아 어머나, 배려심도 깊지. 두 사람, 첫사랑이라면서요. 천 쌤이 가로채지만 않았어도 결혼해서 잘 살았을 텐데.

마리 (쿵짝 딱딱 맞고. 규진은 끼어들 새도 없이) 우리 천 쌤, 빅엿 제대로 먹었네! 어휴, 꼬셔. 오만방자함이 하늘을 찌르더니, 얼마나 배가 아플꼬.

규진 배 아플 게 뭐예요. 서진 씨도 주 회장하고 곧 결혼할 텐데.

마리 그래도 여자는 그게 아니죠. 이 의원님은 여자를 왜케 몰라요? 그러니까 여자한테 인기가 없지! (하더니, 또다시 상아랑 떠드느라 정신없고)

규진 (어이없단 듯, 마리 뒤통수에 대고) 내가 왜 인기가 없어?! 52프로 득표율 이규진을 뭘로 보고. 은근히 제니 엄마는 나 쫌 무시하더라. 맞죠?

13. 헤라팰리스 서진 집 거실(새벽)
서진, 여행 캐리어를 끌고 거실로 들어오면. 부엌 쪽에서 새어 나오는 불빛.
서진, 뭔가 싶어서 부엌 쪽으로 발길 돌리는데.
진분홍(진 선생, 40대 초반, 은별이 입주 개인선생), 전등 하나만 켠 채로,

부엌에서 현란한 손놀림으로 칼질을 하면서 요리를 하고 있는.

서진　(진 선생에게 천천히 다가서는데) 여기서 뭐해요, 진 선생.

분홍　(화들짝 놀라서 칼에 손을 베는) 악! (그러다 서진인 거 확인하고, 당황해서) 사모님... 여행 가신 거 아니었어요?

서진　뭐하냐고 물었어요? 새벽에 웬 요리를... 불은 왜 안 켜고. (스위치 올리면 환해지는 실내. 그러다 진분홍 손에 피 나는 거 보면) 벴어요?

분홍　(얼른 지혈하고) 살짝이요. 신경 안 쓰셔도 돼요. 내일 은별이가 간식 당번이라고 해서, 미리 준비해놓는다는 게...

서진　(보면, 튀김에 떡볶이에 피자에, 치킨에, 기름투성인데) 이게 다 뭐예요? 떡볶이에 피자에 튀김에... 대리석에 기름 끼는 거 안 좋아해요. 담부턴 집에선 이런 음식 안 하는 걸로 해요. 은별이 몇 시쯤 잠들었어요?

분홍　글쎄, 정확한 시간은 모르겠는데요.

서진　(못마땅한 표정) 진 선생이 모른다는 게 말이 돼요? 진 선생과 은별이는 고3 동안 한 몸이나 마찬가지라고 했을 텐데요. 같이 자고, 같이 일어나고, 아픈 덴 없는지, 화장실은 갔는지, 생리는 규칙적인지, 일거수일투족을 꿰뚫고 있어야 된다고 말하지 않았나요? 식단 관리부터 라이딩, 스케줄, 컨디션, 체중, 수면시간 체킹까지, 진 선생 책임이란 거, 잊었어요?!!

분홍　잘 알고 있습니다. 도자기 다루듯 조심히 다뤄야 한다는 것도요.

서진　예술 하는 아이예요. 컨디션 망치면 그걸로 끝이에요. 좀 더 긴장해줬음 좋겠네요. (돌아서는데)

분홍　(묘한 표정. 그러다 손에 휴지를 보면 피가 번지고 있는)

14.　헤라팰리스 은별의 방(새벽)
　　　서진, 조심스럽게 방문 열고 들어가면. 불 켜져있고.
　　　은별, 방금 들어온 듯 외투 입은 채로 침대 위에 걸터앉아 있다가, 서진 보고 놀라 벌떡 일어서고.

은별	(화들짝) 엄마!!
서진	(역시 놀라고) 안 잤어? 3시도 넘었는데.
은별	어... 공부할 게 많아서. 언제 왔어? 여행은?
서진	너 걱정돼서 그냥 왔어.
은별	걱정을 왜 해. 나 괜찮은데. 오랜만에 여행인데, 아저씨랑 재밌게 놀다 오지. (그러다 서진의 시선이 외투에 고정돼있는 게 느껴지면) 어, 목이 좀 따끔해서... 감기 올까 봐 입었어.
서진	(그런 은별을 빤히 쳐다보다가 테이블로 시선 돌리면. 주스 잔이 두 개 놓여 있는. 순간 천천히 은별에게 다가서는 서진. 긴장하는 은별, 미세하게 떠는 게 느껴지는데. 서진, 굳은 얼굴로 은별 앞에 멈춰 서더니, 부드럽게 외투의 깃을 올려주며) 목폴라 챙겨 입어. 가습기 틀고.
은별	(서진의 눈빛 피하며) 응...
서진	그동안 아빠하고 연락 안 했어?
은별	(멈칫) 메일이고 전화고, 엄마가 다 차단했잖아. 엄만 알고 있었어? 아빠가 배로나 엄마랑 결혼한 거.
서진	아니, 전혀 몰랐어.
은별	애들한테 쪽팔려서 미치겠어... 왜 하필 배로나야? 내가 배로나를 얼마나 끔찍하게 싫어하는지 알면서!!
서진	너도 이제 확실히 알았지. 너한테 조금도 도움이 안 되는 게, 니 아빠라는 사람이야.
은별	내 인생에서 아빠라는 사람 이미 지웠어. 아빠가 연락 와도 안 볼 거야.
서진	그래, 니가 최고 자리에 오를 때까지, 엄마가 완벽하게 서포트해줄 거야.
은별	나한텐 엄마밖에 없어. 나 공부 더 하다 잘게. 쉬어, 엄마. (책상에 앉으면)
서진	무리하지 말고. (도닥이고, 안심한 듯 보고 나가는데)
은별	(뭔가 숨기는 듯한 표정)

15. 헤라팰리스 욕실 앞(새벽)

분홍, 욕실에 노크하고, 은밀하게 문에 대고 속삭이는.

분홍 뒷문으로 나가. 은별이 엄마 왔어. (뭔가 비밀스러운 표정)

16. 헤라펠리스 전경(다음 날 아침)

17. 헤라펠리스 윤희 집 앞(아침)
이삿짐들 안으로 들어가고 있고.
윤희, 이삿짐센터 직원들에게 짐들을 체크해서 얘기해주고 있는데.
그 앞을 기웃거리고 있는 석훈 보인다.

윤희 여기서 뭐해?
석훈 (당황해 그냥 돌아서면)
윤희 로나 보러 온 거니.
석훈 (멈칫하다가) 아니에요. (그냥 가면)

그때, 이삿짐센터 직원이 로나의 피아노를 들고 오는.

직원 피아노는 어디 둘까요, 사모님.
윤희 (멈칫. 물끄러미 로나의 피아노를 보는) 그건…. (하다가) 안쪽 아이 방에
두세요. (굳어지는 윤희 표정)

18. 헤라펠리스 분수대(아침)
큰 액자를 들고 지나가는 이삿짐센터 직원들.
액자를 감싼 황토색 종이가 찢어져 걸을 때마다 팔랑이면.
누군가 다가와서, 사납게 황토색 종이를 확 찢어버리는데. 윤희와 윤
철의 결혼사진이고. 보고 있는 사람, 은별이다!
은별, 충격받은 표정인데. 그대로 사진 액자를 들어서 바닥에 던져버
리면.

직원	뭐하는 거예요?! 남의 집 사진을?! (항의하면)

은별, 직원의 말에 아랑곳하지 않고, 사진 액자를 발로 마구 짓밟는데.
한쪽에서 그런 은별을 바라보는 시선. 윤철이고. 은별에게 다가서는
윤철.

윤철	많이 놀랐지?
은별	(분노의 눈빛) 여기서 사는 거야? 헤라팰리스에서? 배로나랑?
윤철	미안하다, 은별아. 미리 말하려고 했는데, 얘기할 길이 없었어. 니가 전화도 문자도, 메일에도 답을 안 하니..
은별	설명할 거 없어! 사과할 것도 없고! 어차피 우린 이제 남이잖아.
윤철	남이라니? 그게 무슨 말이야?!
은별	나 버리고 떠났잖아. 내가 제일 힘들 때!! 앞으로 마주쳐도 아는 체하지 말아줘. (가버리면)
윤철	은별아!! (차마 잡지 못하고 뒤에서 바라보기만 하는. 눈가 촉촉해지고)

19. 헤라팰리스 45층 복도(아침)

땡! 소리와 함께, 엘리베이터에서 내리는 서진.
마리와 상아가 신나서 집 구경하고 있다가 서진 보고 놀라서 멈춰 서고.

마리	어머, 천 쌤!!
상아	여행 안 가셨어요? 아님, 갔다가 그냥 오신 건가?
서진	(대답 안 하고 열린 윤희 집 안으로 들어가면)
마리	상아 씨, 나 심장 뛰는 것 좀 봐. 왜 이렇게 갑자기 신나지? 조용하던 헤팰에 다시 칼바람이 불 거 같지 않아?! (상기된 얼굴로 따라 들어가는데)

20. 헤라팰리스 윤희 집 거실(아침)

과거 윤희 집과 흡사한 풍경으로 짐들이 채워지고 있으면. 들어서는

서진.

이어서 마리와 상아도 따라 들어오고.

서진   (신경질적인 목소리로) 오윤희!! 어딨어!! 나와, 오윤희!!

윤희   (부엌 쪽에서 일하다 나오는) 무슨 일이야?

서진   (다짜고짜) 어떻게 된 건지 설명해! 니가 왜 여깄어?!! 굳이 이 집으로 다시 들어오는 이유가 뭐야?!! 살 곳이 여기 헤펠뿐이야? 스토커야? 대체 무슨 수작이냐고?!! (분노하면)

윤희   (여유 있게) 내가 못 올 데라도 왔어? 내가 살았던 집이고, 여기로 처음 이사 왔을 때 너무 좋았거든. 그래서 왔어.

서진   말도 안 되는 소리!! (위 가리키며) 펜트하우스에서 누가 죽었는지 잊었어?! 매일 밤 악몽을 꿔도 시원치 않을 판에, 여기서 살겠다고? 수갑 채워져 끌려가던 니 모습, 기억하는 주민들 많아. 그 사람들한텐 아직 넌...

윤희   (말 막고, 의미심장한 표정) 너도 살잖아. 그래서 용기 냈어.

서진   뭐?

하는데, 윤철이 들어서고.

윤철   남의 집에서 너무 소란한 거 아냐? 할 얘기 있음 나가서 해.

서진   (가방을 박스들 위에 탁 내려놓고) 아니! 여기서 해. 짐 그대로 다시 빼. 두 사람이 진짜 결혼을 했든, 쇼든, 신경 안 써. 하지만, 여기선 못 살아.

윤철   (보는) 이유는?

서진   여긴, 당신 딸, 은별이가 사는 곳이야! 은별이한테 무슨 상처를 주려고 이래? 이러고도 당신이 아빠 자격이 있어?

윤철   은별이 생각해서 온 거야. 당신이 은별이와 모든 연락망 다 차단해놨잖아. 그러니 별수 있어? 한 아파트에 살면서, 오다가다 만나는 수밖에. 우린 이혼했지만, 나 은별이 가까이 있고 싶어.

마리	(상아 귀에 대고) 대박! 완전 상남자!
상아	(역시 귀엣말) 박력 쩔어요!
서진	당신이 무슨 자격으로 은별일 만나?!! 은별이도 아빠 같은 거 원하지 않아!!
윤철	(날 선 서진에게 부드럽게) 뭐가 그렇게 불안해? 당신은 이미 다 가졌잖아. 원하던 이사장 자리, 원하던 남자, 그리고 은별이까지! 당신은 지금처럼 당신 인생 살아. 주단태랑 행복하게. 나도 윤희랑 그렇게 살 거야. 오히려 나, 당신한테 고마워. 이혼하고 난 뒤에 내 인생이 많이 달라졌거든.
서진	쿨한 척하지 마. 2년 만에 하필 내 약혼식에 맞춰 나타나서, 찾아들어온 집이 또 내 앞이라니.... 아직도 나한테 미련 있어서 치근대는 거라면, 단념해. 당신한테 돌아가는 일, 죽어도 없어!
윤희	(다가서고) 내 남편 모욕하지 마! 이제 니 남자 아냐!!
서진	(휙 돌아보며) 모욕당할 짓은 니가 하고 있어!! 여기 헤펠에서 니 남편과 내가 부부였다는 거, 모르는 사람 없어!!
윤희	주 회장과 니가 불륜이었다는 사실도 모르는 사람이 없지!! 그래도 너, 신경 안 쓰고 잘 살잖아?! (받아치면)
서진	(순간 얼굴 벌게지고)
윤희	(여유 있게) 왜 그렇게 조급해 보이니, 너! 안쓰럽게. 우리, 서로 자기 가정 지키면서 잘 살자. 너는 너대로, 나는 나대로. 그만 가줄래? 점심 되기 전에 이삿짐 들어오려면 서둘러야 돼. (포장박스 위에 있던 서진의 가방을 건네며) 니 꺼니? 잃어버리겠다. 잘 챙겨.
서진	(자신의 가방을 낚아채는. 주먹 쥔 손 부르르 떨리고)
마리	(지켜보다가) 오윤희, 완승!

21.   헤라펠리스피트니스(아침)
      규진과 단태, 스쿼시 중인.
      단태, 파워 넘치는 스윙 중이고. 규진, 헥헥대다가 "그만!! 그만!! 나 죽

97

규진	주 회장님, 화 많이 났어요? 나 엘보 오겠어요. 기껏 약 줬더니, 효과가 왜 여기서 나와?
단태	(거칠게 숨 헉헉대면)
규진	여행 도중에 올라온 게 하 대표 때문이에요? 하 대표도 참. 어쩌자고 수많은 집 중에서 4502호를 사?
단태	(갑자기 확 째려보고) 하 대표? 벌써 하 대표가 입에 붙었어요?!
규진	(뜨끔해서) 내가 언제요... (하다가) 오윤희 그 여자가 물건이긴 하네. 오자마자 헤펠을 확 뒤집어놓은 거 보니.
단태	(진지한) 하윤철이 헤펠로 돌아왔다... 이게, 무슨 상황인 거 같아요?
규진	배신과 음모가 난무하는 흥미진진한 상황이죠.
단태	지금 농담이 나옵니까? 이 의원?!
규진	그러지 말고 기왕 이사도 들어왔는데, 환영회나 거하게 한번 하죠. 존 바이오 대표랑 친하게 지내서 손해 볼 거...
단태	(갑자기 공을 규진 쪽으로 냅다 던지는)
규진	(기겁해서 도망치고)

22.   헤라펠리스 서진 레슨실(아침)
서진, 잔뜩 성난 얼굴로 레슨실 책상에 앉는. 이래저래 화나서 참을 수 없고.

서진	아악!! (소리 지르면서 책상을 쓸어버리는데. 바닥으로 나뒹구는 서류들. 일그러지는 서진의 얼굴) 오윤희... 왜 돌아온 거야... 어디서 뭐하다가...

순간 기침이 나오는. 물을 따라 마시는데. 계속 기침이 나오고. 목에서 뭔가 이물질이 잡히는 느낌 들고. 문득 불길한 예감.

23.   청아의료원 VIP 진료실(낮)
       서진의 목 상태를 체크하는 주치의. 정밀검사를 받는 서진.
       서진, 긴장해서 결과를 기다리는데.

서진   요즘 들어 고음에서 호흡이 빠지는 느낌이 있었어요. 목에 이물감도 느
       껴지고.. 별거는 아니죠?
주치의   (서진 앞에 앉고) 당장 공연 스케줄부터 취소하세요.
서진   (놀라는) 네?
주치의   성대결절이 심각한 상태예요. 모양이 좋지 않은 혹도 발견됐고요. 여기
       서 더 심해지면 수술을 해야 될지도 모릅니다.
서진   수술이라뇨. 절대 안 돼요!! 제가 왜!!! (기겁하면)
주치의   성대를 너무 혹사시켰어요. 방치했다간 예전의 목소리로 돌아가지
       못할 수도 있어요. 빨리 이번 공연부터 취소하시고, 무조건 쉬도록 하
       세요.
서진   절대 취소할 수 없어요! 대관료도 완불한 상태고, 협연할 오케스트라까
       지 귀국한 상황이에요. 번복은 불가능해요. 무조건 무대에 서야돼요!
주치의   그러다 영영 노래를 못 부를 수도 있어요! 그래도 상관없습니까?!
서진   (미치겠는)

24.   청아예고 일각(낮)
       점심시간.
       은별의 가방에서 쏟아지는 간식들. 떡볶이, 피자, 치킨, 튀김 보이고.

은별   오늘은 간식 두 배로 싸왔어. 이거 다 먹을 수 있어?
석경   당연하지. 나 엄청 배고팠거든. (제니를 보고) 야! 유제니!
제니   (돌아보는데. 이미 얼굴 사색으로 질려있는)
석경   뭐해? 나 배고프다니까. 오늘 일부러 점심도 굶었어. 못 들었어?

컷 되면. 꾸역꾸역 떡볶이와 순대를 먹는 제니.

그 앞에 턱을 받치고, 침을 삼키며 구경하고 있는 석경, 은별, 민혁, 은후, 유정, 장대, 지아, 봄이.

석경   내 입에 들어가는 것처럼, 맛이 상상되게, 리얼리스티컬리하게 먹으라니까!

유정   맛없게 먹는 것도 재주니? (쥐어박고) 안 들려?! 입 크게 벌리고 먹으라고!

제니   (겁에 질려) 이렇게? (억지로 꾸역꾸역 먹는) 이렇게?

석경   어머, 진짜 맛있겠다. 완전 맛있지? (자기가 먹는 것처럼 감정 이입하면)

제니   (억지로 고개만 끄덕이는. 눈물 고이지만 참고)

은후   이젠 튀김 먹어봐. 오징어랑 김말이. 두 개씩 먹어야지. 진짜 바삭하지?

석경   기름기 장난 아니네. 트랜스지방 폭발하겠다. (웃음 터지고)

아이들, 입이 터져라 먹고 있는 제니를 보면서, 대리만족하며 낄낄대는데.

제니, 그러다 도저히 못 먹겠다는 듯 구역질하면.

석경   (인상 꽉 쓰고) 이게 진짜! 밥맛 떨어지게. 너, 일부러 그랬지?

제니   아냐. 너무 많이 먹어서... 미안해.

은별   (착한 척) 몸이 안 좋은 모양인데, 너무 뭐라 하지 마. 약속대로, 우리 엄마 독창회는 못 오는 걸로 알게. 그래도 안쓰러워 기회 준 건데.

제니   (놀라서) 왜? 하라는 거 다 했잖아! 먹으라는 거 다 먹고! 어젠 노래방에서 세 시간이나 노래 부르고! 근데 왜?!! 엄마랑 가기로 했단 말야. 가게 해줘, 은별아... (사정하면)

은별   니가 언제 우리 친구였어? 넌, 다른 친구 있잖아. 그 친구랑 아직도 연락해?

제니   아냐! 그 후로 만난 적 한 번도 없어!! 진짜야!! 믿어줘!!

100

석경	못 믿겠으면?! (벌떡 일어서며) 니 엄마한텐, 적당한 이유 대서 못 가겠
	다고 해. 너랑 음악회에 나란히 앉아있는 거, 상상만 해도 구역질 나!
	(확 밀치고, 먼저 나가면)
은별	(비웃듯 보고) 가자! (쌩 나가면. 아이들 우르르 따라 나가는)
민혁	이것들 싹 다 치우고 가라, 유제니!
제니	(서러움 폭발하고. 눈물 닦으며 음식들 치우는 제니)

25.   레스토랑(낮)

근사하게 차려입고 레스토랑으로 들어서는 서진, 옷매무새 가다듬고
다가서면. 동창들이 기다리고 있고.

동창1	(손 들어 보이는) 서진아. 여기.
서진	(아무 일 없었던 듯, 환하게 웃어 보이며) 어, 오랜만이네. (다가와 앉고)
동창1	대한민국에서 제일 바쁜 사람이 무슨 일이야? 우리한테 연락을 다 주고.
서진	(밝게) 소식 들어서 알 거야. 올해가 내 데뷔 20주년이잖아. 제자들이
	굳이 그냥 넘어가기 섭섭하다고 해서. (가방에서 데뷔 20주년 초대장 꺼
	내서 나눠주고) 청아예고에 서울대 동창이면 보통 인연 아니잖아.
동창2	(다들 표정 안 좋고. 뼈 있는 말투, 비꼬듯) 이제 후배들한테도 기회 좀 줘
	야 되지 않겠니. 그러고도 목이 괜찮아?
동창1	너 목소리 빛깔이 예전 같지 않은 거 같던데... 우린 알잖아.
동창3	(초대장 던지고) 난 애들 밥 해줘야 돼서, 시간이 안 될 거 같아. 미안하
	다. 축하해주러 못 가서. (일제히 일어서면)
서진	아직도 애들 밥해 먹이느라 종종거리며 사니.
동창들	(멈칫하면)
서진	(따라 일어서고. 당당하게 보는) 니들이 음악을 그만둔 건, 누구 때문도
	아니고, 니들 선택이었어. 실력과 열정이 딸렸던 거고!! 어쩌지. 앞으로
	주인공, 20년은 더 할 생각인데. 애들, 하루쯤 피자 시켜주고 시간 빼.
	내가 건재하다는 거, 보여줄게. (자신 있는 눈빛으로 동창생들을 보고, 도

도하게 먼저 걸어 나가는 서진이고)

동창들　(황당한 표정인데)

26.　제이킹 홀딩스 사무실(낮)

단태, 업무를 보고 있는데, 떠오르는 기억.

27.　회상/20화 60신/펜트하우스 거실(낮)

경찰한테 연행되어 가던 윤희의 모습. 단태와 스치던 윤희의 눈빛...

28.　현재/제이킹 홀딩스 사무실(낮)

단태, 섬뜩한 기분 들고. 쾅 하고 책상을 내리치는데. 노크와 함께 조 비 서 들어오는.

조비　대표님, 손님이 찾아오셨습니다.

단태　누구?

들어서는 건, 윤철이다. 단태, 놀라서 일어서는.
마주하는 두 사람. 날카롭게 눈빛 교환하고.
컷 되면. 마주 앉은 단태와 윤철.

단태　지금 뭐라고 했어?!

윤철　(예의 있게) 헤라클럽에 다시 들어가고 싶다고요.

단태　안 본 사이에 많이 뻔뻔해졌네. 아직 입주도 확정되지 않은 판에 헤라 클럽이라니. 아이들 교육상, 이혼한 남편과 부인이 재혼해서 같은 아파 트에 산다는 게... 말이 되나?

윤철　서진이랑 똑같은 말을 하네요.

단태　(얼굴 일그러지고) 두 사람, 따로 만났어?!

윤철　(무시하고) 미국에서 이 악물고 성공했고, 한국에 다시 온 이상, 최고 가

	치가 있는 헤라펠리스에 입주하고 싶은 건 당연한 거 아닌가요?
단태	(자신만만하게) 운영위원회에서 입주 거부권을 행사할 생각이야. 나가긴 쉬워도, 다시 들어오는 건 쉽지 않아! 헤라펠리스가 그런 곳이야!
윤철	(바짝 다가앉으며) 내가 천서진 가까이에 있는 게 싫은가요? 왜? 아직 약혼 사이라 안심이 안돼서? 아님... 다른 이유라도? (의미심장하게 보면)
단태	(썩소) 예전의 하윤철이 아니네. 돈맛을 보니, 정신을 못 차리나 보지?
윤철	사람은 변하니까요. (신경전 팽팽. 명함 꺼내서 내밀고) 아 참, 명함을 준다는 게 깜빡했네요. 담에 만날 땐, 편하게 하 대표라고 하세요. 괜히 친한 척 반말지거리하지 말고!
단태	(어이없고) 그렇게 우리 헤펠에 미치도록 들어오고 싶으면, 기부금을 내. 얼마 정도가 적당할까. 10억? 20억? 뭐 그 정도면 한번 생각해보지. (비웃으며, 명함을 그대로 구겨서, 휴지통에 던져버리고 일어서는 단태)
윤철	(만만치 않게 보는, 표정)

29. 청아예고 이사장실 (낮~저녁)

극도로 예민해진 서진. 처방해온 약을 먹는.
눈으론 인터넷 기사를 확인하는데. 서진의 위기설에 관련된 기획 기사고. "소프라노 천서진, 이제는 왕관을 내어줄 때다" 제목이 눈에 띄면. 철렁하는 서진.
"서진의 목소리가 점점 변해가고 있다. 성대에 문제가 있다는 루머가 돌고 있다. 더 이상 대중의 귀를 속일 수는 없다. 한때는 시대를 풍미한 성악가였지만, 이제는 후학 양성에 힘쓸 때가 아닐까?" 기사 내용이고....

서진	(열 받아, 책상 꽝! 내리치고) 개자식들! 벌써 기사를 흘려?!

서진, 점점 더 초조해지고. 따뜻한 물을 끓여서 연거푸 마시고, 목에 수건을 칭칭 두르고, 가습기를 틀고, 다시 약을 털어먹고.... 목소리를 가

다듬고, 억지로 고음을 내보려고 하지만, 계속해서 탁한 소리만 반복 되는데.

부르고 또 부르고... 그럴수록 더 심하게 갈라지는 목소리... 아아악!!!! 미치겠는 서진, 발악하는!

그러다 저녁이 되고. 어두운 이사장실 안에서 불도 안 켜고 혼자 서성 대던 서진, 고민을 거듭하는데.

순간! 눈빛 반짝하고. 뭔가 결심한 듯 인터폰 눌러서 도 비서를 호출 하는.

서진	들어와.
도비	(곧바로 들어오면) 부르셨습니까.
서진	(천천히 도 비서에게 다가서는. 낮은 목소리로 뭔가를 지시하는데)
도비	(놀라고) 안 됩니다. 너무 위험합니다! (반대하면)
서진	시키는 대로 해. 아예 불가능 일도 아냐. 그동안 수면 위로 드러나지 않았을 뿐.
도비	그래도...
서진	(말 막고, 흔들림 없이) 데뷔한 사람은 안 돼. 아마추어 중에서 찾아봐. 나이가 너무 젊어도, 늙어도 안 돼! 최대한 나랑 비슷해야 돼. 시간이 없어. 일주일이야... 무슨 수를 써서라도 이번 공연, 완벽하게 치러내야 해!! (독한 표정으로 결심 굳힌. 그때, 단태한테서 전화 걸려오면. 받고) 나야. 이제 퇴근하려고. 오늘?!

30. 헤라팰리스 분수대 (저녁)

규진, 퇴근해서 들어오는데. 윤철이 뒤에서 다가와 친하게 어깨동무 하면.

윤철	지금 퇴근해요?
규진	(어색한 듯, 슬쩍 팔 걸어내며) 하 대표... 우리가 이 정도로 친했었나?

104

윤철	(의미심장한 표정) 왜요, 우리 절친 아니었어요? (쇼핑백에서 약을 꺼내서 쥐어주고, 눈 찡긋) 새로 나온 거예요. 효과 톡톡히 보실 거예요.
규진	(갑자기 얼굴 확 펴지고) 파워 업 플러스?! 이 귀한 걸! 나 이거 완전 마니 아잖아!
윤철	뭐든 필요한 거 있음 말씀하세요. 베프잖아요, 우리! (규진의 옆구리를 콕 찌르고 가면)
규진	베프?! 하하... 우리 하 대표 유머가 아주.... (신나서 웃음 터지는데)
단태(E)	좋아 미치겠습니까?!
규진	아, 깜짝이야. (돌아보면, 단태가 서있고. 얼른 표정 관리하며) 내가 뭘 좋아했다고... 유권자 관리 차원이죠. 소중한 한 표! 여기가 다 표밭인데, 어쩔 수 없잖아요. 직업병이라니까요.
단태	표를 위해서다?
규진	근데, 하 대표가 외국물을 그냥 먹고 온 게 아니더라고요. (손가락으로 윤철을 가리키며) 센스가 막 장난 아니라니까요. 완전 샌님이었는데.
단태	(규진이 가리키는 곳을 보면)
윤철	(만나는 입주민들과 경비들에게 친근하고 넉살스럽게 인사를 나누면서, 이사 선물을 주고 있는)
규진	그래도, 내가 제일 좋아하는 사람은 주 회장이에요. 알죠? (엉겨 붙고)
단태	(달라진 윤철의 모습을 유심히 보고 있는. 뭔가 위기감이 느껴지고)

31. 헤라팰리스 커뮤니티 (저녁)

서진, 차려입고 들어서면. 단태와 규진, 마리, 상아가 얘기하다가 말 멈추고 돌아보는. 뭔가 어색한 시선들.

서진	내가 좀 늦었죠?
규진	(어색하게) 우리도 방금 왔어요. 차가 무지 막히죠?
마리	어쩔 땐 엘리베이터도 막히더라고요. (오버해서 웃으면)
단태	(역시 어색한 미소)

서진	(이상한 분위기 감지하며) 4502호 입주 거부권, 찬반 투표로 결정하나요? 다른 운영위원들은 아직인가요?
상아	아직 얘기 못 들으셨어요? 이미 결정 났는데!
서진	(표정 굳고) 무슨 말이죠?
규진	(에라 모르겠다, 총대 메는) 하 박사가, 아니 하 대표가 헤펠에 기부금 20억을 냈어요. 그래서 찬반 투표를 할 필요가 없어졌어요. 주 회장님이 만든 기부금 룰에 따라 입주가 자동 허가된 거죠!
서진	(놀라고, 단태를 노려보는) 어떻게 된 거야? 나한텐 아무 말 없었잖아!!

그때, 문 열리는 소리에 멈칫하고. 천천히 뒤를 돌아보는 서진.
문 열리고 들어오는 윤희와 윤철 모습. 굳어지는 서진.

윤희	다들 모여 계셨네요. 헤라클럽에 초대돼서 영광입니다.
윤철	서로 아는 얼굴이라 따로 소개할 거 없죠? 헤라팰리스에 다시 입주하게 돼서 기쁩니다. (서진을 보는) 왔어? 환영해줘서 고마운데?
서진	(어이없고)
규진	(반갑게 윤희와 윤철을 맞는) 윤희 씨, 정식으로 인사할게요. 국회의원 이규진입니다.
윤희	못 본 사이에 너무 높으신 분이 됐네요. 더 멋있어지셨어요. (상아에게) 상아 씨도 앞으로 자주 봐요.
상아	환영합니다. 주말에 우리 집에서 저녁 먹어요~ 괜찮죠?
마리	(호의적으로) 과일이랑 디저트는 내가 준비할게요~ 윤희 씨가 뭐 좋아하더라?
규진	우리 이럴 게 아니라, 하 대표 부부도 헤라클럽에 다시 들어오는 게 어때요? 자주 얼굴 보고 좋잖아요.
마리	그러게요~ 수련 씨 떠나고, 우리 너무 뜸했죠? 기왕 다 모인 김에, 거수로 결정하면 어때요? (얼른 손들고) 난 찬성!
규진/상아	나도 찬성! (슬쩍 서진과 단태 눈치 보면)

단태   (얼굴 벌게지고) 지금 뭐하자는 겁니까?!! 헤라클럽이라니!! 다들 제정
      신이에요?!!

서진   (분노하는) 우리가 언제부터 오윤희와 얼굴 맞대고 살갑게 인사하는
      사이였어요?! 오윤희가 어떤 여잔지 몰라서 이래요?!!

규진/마리/상아   (슬쩍 윤철 눈치를 보는. 뭔가 숨기는 표정이고)

32.   회상/규진 국회의원 사무실(낮)
      규진과 마리, 상아, 깜짝 놀라고. 윤철, 여유롭게 그들을 지켜보는데.

규진   지금 뭐랬어요?! 존 바이오 비상장주식을 나눠준다고요?

상아   우리한테요? 정말이에요?!

윤철   (웃으며) 그럼요. 고생한 직원들과 나누다 보니까, 두 집이 생각나서
      요. 워낙 가족 같은 사이였잖아요, 우리. 상장이 언제 될지는 확실하진
      않지만..

마리   (흥분해서) 그거야 시간문제죠. 정력제 하나면 인간이 존재하는 한, 불
      패 아니겠어요?!

윤철   아직 임상 중이라 말씀드리기 조심스럽지만, 관심들이 있다면야...

마리/상아/규진   당연히 관심 있죠!! 나나!! 나도 나도!! 아니, 나 먼저!! (서로 손
      들고, 먼저 사겠다고 난린데)

33.   현재/헤라팰리스 커뮤니티(저녁)
      서진, 의심스럽게 사람들을 둘러보는.

서진   대체 저 두 사람한테 뭘 받고 이런 자리까지 마련했는지 모르겠지만, 난
      분명히 반대예요! 헤라클럽 명예가 있지, 어떻게 오윤희 같은 여자를!!

윤철   함부로 말하지 마. 내 와이프야.

서진   오윤희가 살인자라는 거, 세상 사람들이 다 알아!!

윤철   (발끈하는) 당신이 봤어? 이 사람이 죽이는 거?! (나서고) 오히려 다들

윤희한테 사과해야 하는 거 아냐? 아무 죄도 없는 사람을 살인자로 몰고, 방관했잖아!! 그래도 이 사람은 아무 원망도 안 했어. 이해하고 참았어!! 그런 윤희를 보면서 내 맘이 얼마나 아팠는지 알아?!

서진 (애써 코웃음 치며) 눈물겨워서 못 들어주겠네.

윤철 서로 새 출발한 마당에, 예전 일까지 들먹여 상처 주는 짓 그만하자. 나한텐 뭐라 해도 상관없지만, 이 사람 괴롭히는 건, 안 참겠어!

윤희 그만해! 난 괜찮아. 니가 이럼 나 더 불편해져.

윤철 니가 왜 불편해? 넌 당당해도 돼! 수련 씨는 양 집사가 죽였다고, 주 회장도 인정하지 않았나? (윤희의 양어깨를 꽉 잡고, 당당하게 사람들 앞에 서면)

서진 (그런 윤철 모습이 더 기막히고) 좋아. 내가 나갈게. 헤라클럽. 그럼 되겠네. (밖으로 나가면)

단태 (서진을 잡는데) 나가긴 어딜 나가? 당신이 왜?!!

서진 놔!! (그런 단태를 확 뿌리치고, 나가버리면)

단태 (무안하고. 서진을 따라 나가고)

규진 (갑자기 박수 치고) 하윤철, 남자네 남자! 이제야 찐사랑을 만났어!

상아 (반한 표정) 저 진짜 감동받았어요. 이렇게 남자다운 분이었어요? 사람이 완전 달라 보여요! (윤희에게) 윤희 씨, 앞으로 좋은 이웃으로 지내요.

마리 우리 쫌, 잘 통할 거 같지 않아요? 그동안 서운한 거 있음 잊어줘요.

윤희 서운한 거 없어요. 그러니까 돌아온 거죠.

마리 쿨하게 사과도 받아주고, 역시 난 사람이라니까. 이제 정식으로 헤라클럽 멤버가 됐으니, 애들 학교 문제며, 집안일이며, 뭐든 공유하자고요. 아! 근데, 로나는? 그 집 딸은 왜 안 보여?

윤희/윤철 (멈칫하는)

34. **헤라팰리스 일각 (저녁)**
걸어가는 서진을 잡아 세우는 단태.

단태	왜 이렇게 흥분했어?! 그런다고 해결될 일이 아니잖아!!
서진	(휙 돌아보고) 흥분 안 하게 생겼어? 하윤철 말하는 거, 못 들었어? 언제부터 자기가 와이프 챙기는 남편이었다고... 내 와이프? 허! (어이없어 하면)
단태	(표정 굳는) 마음에 안 드는 게 정확히 뭐야? 보잘것없던 전남편이 성공한 게 화난 거야? 아님! 당신이 증오하던 오윤희가 화려하게 컴백한 게 불편해?! 아! 둘 단가?
서진	(멈칫하는데)
단태	(냉정하면서도 불쾌한 어조로 반격하는) 당신이 좀 전에 한 행동, 내 얼굴에 먹칠하는 짓이야! 내 꼴이 뭐가 돼? 천서진이 아직도 하윤철한테 감정이 남았구나, 주단태와 약혼을 후회하는구나, 오윤희를 신경 쓰고 있구나, 저 말 많은 사람들 입에 매일같이 오르내릴 텐데... 날 망신 주니 통쾌해?
서진	(단태의 말에 정곡이 찔린. 애써 강하게 부인하는) 무슨 소리야!! 내가 뭘 후회해!! 하윤철한테 정 떨어진 지 언젠데!!
단태	(애써 심호흡하고) 우리 약혼하고, 계속 싸우고 있는 거 알고 있어? 이런 모습, 누가 제일 좋아할 거 같아?
서진	(뜨끔하면)
단태	하윤철보다 위험한 건 오윤희야! 그 여자가 무슨 생각으로, 헤펠에 온 건지...
서진	당신과 나 때문이겠지!!
단태	내가 사업을 하면서 딱 하나 지키는 원칙이 뭔 줄 알아? 위험한 놈일수록 내 가까이에 둔다.... 그래야 그놈이 노리는 게 보이는 법이거든.
서진	(긴장하고, 단태를 보면)
단태	(예리하게) 하윤철이 지금 내세울 건, 재력뿐이야. 어떻게 성공했는지 모르겠지만, 오래 지킬 위인 못 돼. 기부금 내겠대서 받았어. 일단은 적당히 이용만 하면 되는 거야. 날 세우고 덤비면, 초조한 거 들키는 꼴이야.
서진	(누그러지고) 미안해... 내가 요즘 공연 준비 때문에 예민해져서...

단태 (서진을 뒤에서 안아서, 거울에 비춰주며) 봐. 당신은 오윤희와 비교할 수 없을 정도로 대단한 사람이야. 오윤희는 이미 바닥인 여자고. 그러니까 품위 지키면서 상대하자고.

서진 (거울 속의 자신을 보는. 내가 왜 이러지 싶고. 모든 게 불안하고 혼란스러운 서진인데. 돌아서서 단태를 꼭 끌어안는. 뭔가 알 수 없는 커다란 폭풍우가 몰려오는 느낌이고. 눈을 꼭 감으며) 모르겠어. 뭐가 두려운 건지... 오윤희가 돌아오면서 모든 게 엉망이 된 느낌이야...

35.   헤라팰리스 서진 집 은별의 방(저녁)
      은별, 공부 중인데. 들어서는 진 선생.

분홍 저녁 준비 다 됐어. 오므라이스 맛있게 해놨는데.

은별 안 먹을래요. 입맛 없어요.

분홍 (은별이 공부한 문제집 펴보고) 두 시간 동안 겨우 일곱 문제 푼 거야? 왜 이렇게 속도가 안 나지? 중간고사 망치면, 나 짤려.

은별 오늘만 봐줘요. 도저히 집중이 안 돼서 그래요.

분홍 혹시... 아빠 만났니? (은별, 멈칫하면. 안쓰러운 듯 은별을 감싸 안고, 토닥토닥) 그랬구나? 기분 별로였겠네. 엄마, 헤라클럽 모임 가셨는데..

은별 (돌아보는) 언제요?

분홍 방금. (빙긋이 미소 지으며) 그 애 오라고 했어. 같이 밥 먹고 과외 시작하게.

은별 (벌떡 일어서고) 정말요? (와락 분홍을 안는) 내가 쌤 진짜 사랑하는 거 알죠? 나 완전 배고파요. (좋아서 뛰쳐나가면)

분홍 (그런 은별을 보는 표정)

36.   헤라팰리스 커뮤니티(밤)
      샴페인 잔을 부딪치는 윤희와 윤철, 마리, 규진, 상아. 화기애애한 분위기고.

110

윤희 없는 돈에 알음알음 도움 받아서 미국으로 갔는데, 먹고살 길이 막막하더라고요. 간신히 한인 식당에 취직했는데, 거기에 이 사람이 손님으로 왔어요.

윤철 거기가 내 단골 식당이었거든요. 거기서 윤희를 만날 줄은 상상도 못 했는데. (애정 어린 눈빛으로 보면)

상아/마리 (오버해서 괴성 지르고, 호들갑인데) 어머머머... 어떡해!!!

규진 (벌써 취해서 혀 꼬였고) 완전 운명 아냐? 그 정도면!!

상아 (러브 스토리에 빠져서) 진짜 신기하네요. 만날 사람은 결국 만나게 되나 봐요.

마리 그래도 결혼이 쉬운 일이 아닌데... 주 회장님랑 천 쌤 봐요. 벌써 2년째 결혼 안 하고, 서로 간만 보고 있잖아요. (다시 윤희에게 조르듯이) 그래서? 그래서 어떻게 됐는데? 데이트는 언제부터 했어? 프러포즈는 누가 하고?! 첫날밤은?!! (그러다 또 괴성 지르고, 난리법석인)

37. 헤라팰리스 규진 상아 집 거실(밤)
술 취한 규진을 양쪽에서 부축해 들어오는 마리와 상아.

상아 왜 이렇게 많이 마신 거야. 짜증 나, 진짜. (신발 벗기면)

마리 남의 남편 들다가 내가 허리 나가겠네. (소파에 던져버리고) 아유.. 죽겠네. 통뼈야 뭐야. 뭐가 이리 힘이 쎄. 어휴, 내 허리.

상아 잠깐 기다려요. 시원한 거 좀 내올게요. 뭐 마실래요? (부엌으로 가면)

마리 아무거나! (긴장 풀려 소파에 앉아, 뒤로 확 기대는데)

규진 (취한 채, 마리를 상아인 줄 알고) 자기야~ 나 아까 하 박사가 그거 줬어! 파워 업 플러스! 신제품이래. 완전 기대되지~~ 오늘 너 주겨버릴꼬야~~ (혀 다 꼬여서 주절대면)

마리 뭐래는 거야. 그쪽 자기는 저기 주방에... (하는데. 갑자기 규진의 입술이 그대로 마리의 입술을 막아버리고. 그대로 얼어붙는 마리! 자기도 모르게 눈을 감고, 규진의 입술을 느끼고 있는데. 그때 들리는 상아 목소리)

111

상아(E)	자몽주스 괜찮아요?
마리	(상아 목소리에 놀라서, 용수철처럼 튀어 올랐다가 그대로 서버리면)
규진	(정신 못 차리고, 옷을 막 벗어제끼는데)
마리	자몽 말고 오렌지! 기왕이면 얼음 많이 벗겨서! 아니, 갈아서! (심장 미친 듯이 뛰고. 규진이 너무도 섹시해 보이면서, 이번엔 자기가 먼저 규진의 입술을 덮쳐버리는)
상아(E)	오렌지가 있나. 잠깐 기다려요. 슬러시로 시원하게 만들어줄게요.

마리와 규진, 불같이 키스하고 있는.
그러다, 상아가 오렌지주스 들고 나오면. 규진, 웃통 풀어 헤쳐진 채고.

상아	(놀라) 어머! 이이가 또 개 버릇을!! 못 살아, 진짜.
마리	(멍하니 돌아서 있다가) 제니 기다리겠다. 나 갈게. (정신없이 가면)
상아	이거 마시고 가요! 제니 엄마! (의아한) 왜 저래?!

38. 헤라팰리스 윤희 윤철 집 거실(밤)
윤희와 윤철, 들어와 거실을 둘러보는. 예전과 거의 비슷한 윤희 집. 잘 정돈된 실내.

윤철	피곤하지? 이사하느라 고생했어. 집은 맘에 들어? 비슷하게 세팅한 건데...
윤희	응, 맘에 들어. 너무 고마워. (순간! 두 사람 사이에 좀 전과는 다른 기류가 흐르고. 표정이 확 바뀌더니) 계획대로 헤라클럽 입성하는 데까지 성공했네. (벽에 걸린 결혼사진을 보며) 저렇게 결혼사진까지 걸어두니까 진짜 부부 같은데? (두 사람, 의미심장한 미소 주고받으면)
윤철	(진지한 눈빛) 혼자라면 못 왔을 거야. 니가 있어서 돌아올 수 있었어. 천서진과 주단태, 우릴 쫓아내기 위해 앞으로 갖은 수를 다 쓸 거야!
윤희	(매서워진) 그딴 거 무서웠음 애초에 여기로 돌아오지도 않았어!

윤철   걱정 마. 이제 함부로 너 못 건드려. 내가 다 막아줄 거니까. 알지? 내가 오윤희의 비즈니스 파트너이자, 남편인 거! (진지한 듯 장난인 듯 안으려면)

윤희   까분다! (확 밀치고) 배신이나 때리지 마! 또 배신하면, 그땐 죽음이야! (집 안 둘러보며) 그때랑 똑같아. 하나도 안 변했어... 로나랑 살던 때....

윤철   (걱정스럽게 윤희를 보는) 로나는... 아직이야?

윤희   언젠간 만나게 되겠지. 내가 로나 볼 자격이 되면. (문득 슬퍼 보이는. 그러다 기운 내서 윤철을 돌아보며) 서둘러야돼! 그들이 눈치채기 전에!

39.   **청아예고 전경(다음 날 낮)**
　　　흘러나오는 노랫소리.

40.   **청아예고 이사장실(낮)**
　　　서진, 노트북에 USB 꽂고, 노래를 재생해서 듣고 있는.

서진   (인상 쓰고) 다음! (컷 되면)

도비   (다른 목소리를 재생하고)

서진   (역시 찌푸리며) 다음! (컷 되고) 아니야, 다음! (컷 되고) 이것도 아니야!! 음이 플랫되고 있잖아!! 아니야!! 아니야!! 당장 꺼!! 평생을 내 노래를 듣고 자란 관객들이야. 숨소리만 달라도 눈치챌 판에, 그 정도 실력으로 어떻게 속여?! (자리를 박차고 일어서는 서진. 열 받아 미칠 지경인데)

도비   브로커를 통해 열 명 정도 추천을 받았는데, 이게 전붑니다. 더 늦기 전에, 지금이라도 공연을 취소하시는 게...

서진   그건 안 돼!! 내가 언제 무너질까 기다리고 있는 사람들한테 좋은 먹잇감을 던져주란 얘기야?! 다들 신나서, 하하호호, 찧고 까불고 떠들어대겠지. 20년 만에 프리마 돈나에서 내려오는 천서진... 드디어 왕관을 뺏겼다고!!

도비   (망설이다가) 사실, 이사장님과 가장 흡사한 목소리가 있었는데...

서진   (순간 확 돌아보면)

도비	그쪽에서 갑자기 일을 못 하겠다고 연락이 와서 제외시켰습니다.
서진	청아예고 강사 자리를 주겠다는데, 거절했다고? 틀어봐! (지친 듯 다시 자리에 앉으면)
도비	(마지막 노래 클릭하는데)
서진	(목소리가 흘러나오고. 놀라는 서진의 표정. 눈을 크게 뜨고, 천천히 몸을 일으키고, 노래에 심취한 듯 감상하다가) 이거야!! 모든 음이 하나도 플랫되지 않고, 호흡도 길고! (보는) 신상은?
도비	(노래 끄고, 서류를 건네주는) 30대 후반의 여잡니다. 현재는 울산에서 아이들 레슨 선생을 하고 있답니다.
서진	(빠르게 서류 보는) 데뷔한 적도 없고, 지방 음대 출신이다? (마음에 들고) 섭외해. 무슨 수를 써서라도 데려와서 내 앞에 앉혀!! 당장 연락해!!

41. 한정식 집 전경(밤)

42. 한정식집 룸(밤)

서진, 여자(박영란)를 맞고.

서진	잘 왔어요. 반가워요. 이름이...
여자	(공손하게) 박영란입니다. 너무 팬이었는데, 직접 만나 뵙게 돼서 영광입니다, 선생님.
서진	데모곡 잘 들었어요. 아주 훌륭한 목소리를 갖고 있더군요.
여자	아직 많이 부족한데, 칭찬을 받으니 몸 둘 바를 모르겠습니다.
서진	청아예고 강사 자리는 왜 거절한 거죠?
여자	거절한 게 아니라, 제가 일을 할 수 없게 됐어요.
서진	왜죠?
여자	아버지가 수술을 받으셨는데 건강이 나빠지셔서, 서울까지 와서 일을 하는 게 무리일 거 같아서요. 제가 옆에서 돌봐드려야 하거든요.
서진	(눈빛 반짝하고) 그런 일이라면, 내가 도와줄 수 있는데... 아버님 치료를

우리 청아의료원에서 최고의 의료진이 맡아서 진행해줄 거예요. 물론 24시간 간병인을 붙일 거라, 영란 씨가 따로 해야 될 일은 없고요.

여자   (놀라) 네?

서진   내 부탁을 들어준다면 말이죠. (바짝 다가가 앉고, 서진의 표정 잡히는) 지금부터 아주 중요한 얘기를 할 거예요. 이 얘기는 아무도 몰라야 해요. 절대로! 약속할 수 있어요? 영란 씨한텐 인생 최고의 기회일 수도 있는데...

여자   약속하겠습니다!! 아무한테도 말하지 않을게요!

서진   (테이블 위로 쓱 서류 내밀고) 먼저, 비밀 유지 각서에 사인부터 하죠.

43.   헤라팰리스 서진 집 거실 (다른 날, 낮)
서진, 드레스 몇 벌을 피팅하고 있는. 그 위로,

서진(E)   공연 첫 곡이 〈Una Voce Poco Fa〉예요. 그 곡을 완벽히 마스터해서, 데모 형식으로 나한테 보내요. 우리 둘의 합이 뭣보다 중요하니까.

44.   헤라팰리스 서진 연습실 (낮)
서진, 메일로 받은 데모 파일들을 재생해서 듣고 있는. 그 위로,

서진(E)   절대 실수하면 안 돼요. 한 치의 오차도 없이 연습과 똑같이 불러야 한다는 거, 잊지 마요!

서진, 노래에 맞춰서 립싱크로 연습해보는. 입 모양과 표정 신경 쓰면서 진지하게 연습하는데.

45.   헤라팰리스 분수대 (저녁)
서진, 바쁘게 걸어오다가 멈칫하는. 서진의 눈앞에 서있는 건 윤희와 윤철이고.

나란히 장을 봐서 들어오는 두 사람, 신혼부부 느낌으로 다정한데.

서진	(애써 담담한 척 스쳐 지나가면)
윤희	서진아.
서진	(멈칫, 윤희를 돌아보는데)
윤희	내일, 20주년 독창회라며? 축하해. 그 자리까지 간 거. 대단해 정말.
서진	(웃으며) 그래, 고마워. 진심이든 아니든. (얼굴 싹 바뀌고, 가버리면)
윤희	(대수롭지 않은 듯 픽 웃고) 자기 배고프겠다. (자연스럽게 윤철의 팔짱을 끼고 웃으면서 걸어가는데)
서진	(곁눈질로 유리에 비친 윤철과 윤희의 다정한 모습을 보는. 환하게 웃는 윤철의 모습이 낯설어 보이고. 자꾸 의식되는. 신경질적으로 얼른 엘리베이터에 올라타는 서진)

저층 엘리베이터와 고층 엘리베이터를 타고 올라가는 서진과 윤희. 서로 시선 부딪히면. 다른 곳을 보면서도, 묘하게 눈빛 얽히는 두 사람.
윤철, 부드럽게 윤희를 안아서 다정하게 스킨십하다가 키스하는데. 두 사람이 키스하는 모습을 보는 서진. 순간 심장이 쿵! 하는. 문득 미국 연못가에서 자신을 잡아주던 윤철 얼굴이 떠오르면 이상한 기분 드는데.
윤철과 윤희, 서진을 의식하며 키스하다가, 어느 순간 자신의 감정에 빠진 듯 깊어진 모습이고.

46. 헤라펠리스 45층 복도 (저녁)
윤희와 윤철, 엘리베이터에서 내리는데.

윤철	(어색하게 웃고) 어때? 자연스러웠지?
윤희	(애써 웃지만) 죽을래? 누가 그렇게 막... 하랬어?
윤철	싫었어? 나도 모르게, 그렇게 되는 걸 어떡해.

윤철, 쑥스러운 듯 윤희의 장바구니를 들어주고, 카드키로 현관문 열면.
방금 키스한 자신의 입술을 슬쩍 만져보는 윤희.
윤철 역시, 뭔가 설레는 느낌이고. 두 사람, 시선 피하며 야릇한 표정.

47. **공연장 리허설 무대**(다음 날 낮/2022년 3월)
리허설을 하고 있는 서진. 여전히 목의 상태가 좋지 않고. (피날레 도,
파↘) 티 안 나게 일부러 노래를 끊는데.

서진   중요한 공연이라 연습을 너무 많이 했나 봐요. 리허설, 여기까지만 할
까요?

감독   리허설도 실제랑 똑같이 하던 사람이 웬일이야? 공연 진짜 괜찮겠어?

서진   (여유 있게) 공연 한두 번 해봐요? 대기실에서 좀 쉬면 돼요. 무대 동선
만 체크하고 갈게요. 잘 부탁드려요, 감독님. (돌아서는데)

2층 계단 형식의 무대로 올라가는 서진. 몰래 아래쪽 공간을 체크하
는데.
도 비서에게 눈짓하고, 고개 끄덕이는 서진.

48. **공연장 대기실**(저녁)
화려한 무대 의상에 화장까지 마친 서진, 도 비서와 은밀하게 얘기 나
누고 있는.

도비   (무대 세트 도면 보여주며) 이사장님이 계단 위에서 노래하실 때, 박영
란 씨가 아래쪽 비밀 공간에서 노래하게 될 겁니다.

서진   (고개 끄덕이고) 공연장 출입할 때는, 스텝 복장으로 최대한 의심 사는
일 없도록 해.

도비   이미 어젯밤에 연습 끝냈습니다.

서진   (심호흡하고) 이번 공연만 무사히 넘기면 돼. 성대결절 회복되면, 예전

으로 돌아갈 수 있어. 그럼, 아무 일도 없는 거야!

그때, 노크와 함께, 단태가 들어오고. 도 비서, 인사하고 나가면.
그 뒤로, 축하해주러 온 규진, 마리, 상아의 모습이 보이는데.

마리/상아 천 쌤~!!!

규진 축하해요, 서진 씨~~~!! (왁자지껄하게 들이닥치고)

단태 뭐야. 긴장했을 줄 알았는데, 너무 여유 있는 거 아냐?

마리 정말 너무 멋져요, 천 쌤. 티켓 오픈하자마자 10분도 안 돼서 매진됐다면서요? 진짜 대단해요!! 이런 천재적인 소프라노가 내 이웃이고 지인이라니.

상아 수익금은 전부 기부한댔죠? 전 다시 태어나면, 우리 천 쌤같이 한번 살아보고 싶어요. 이번에 특집 다큐까지 찍었다면서요?

서진 (말 끊고) 축하해주셔서 감사합니다. VIP 석으로 준비했으니까, 다들 편하게 공연 즐겨주세요.

규진 괜히 방해하지 말고, 우리는 그만 나가죠. 공연 끝나고 봐요. (돌아서면)

마리 (규진과 어깨 부딪히는데. 괜히 화들짝 놀라고. 그러다 상아와 나란히 나가는 규진을 보면. 가슴이 뛰고 얼굴이 벌게지는데. 괜히 티 나게 규진 지나쳐서 가다가 규진과 손이 스치면. 혼자 가슴 벌렁대고 설레발치는 마리)

49. 공연장(저녁)

석경, 석훈, 은별, 민혁, 앉아있고. 뒤쪽으로 단태, 규진, 상아, 마리가 앉는.
각자 공연을 기다리고 있는 표정들.

50. 공연장 무대 뒤쪽(저녁)

모자를 쓰고 얼굴을 가린 채 들어오는 여자, 사람들 눈을 피해 움직이는데.

걸어 나오는 서진, 스태프들의 보호를 받으며 무대 뒤쪽에 서면.

서진을 스치듯 지나가는 여자. 도 비서, 기다리고 있다가 무대 아래쪽

비밀 공간 커튼을 걷어 여자를 몰래 안으로 안내하고.

그 모습을 체크한 서진, 준비됐다는 듯 무대감독에게 눈짓하면. 큐 사

인을 보내는 감독.

51.   공연장/무대 비밀 공간/교차편집(저녁)

무대 위. 화려한 조명이 켜지면서 등장하는 서진.

관객들, 박수로 서진을 맞이하고, 헤펠 사람들 더 크게 환호하는데.

조금은 긴장된 듯한 서진, 반주에 맞춰 노래를 시작하고. 아름다운 목소

리가 자연스럽게 흘러나오는. 사람들 점점 서진의 노래에 빠져드는데.

열정적으로 노래하는 서진의 모습 뒤로, 비밀 공간을 비추는 카메라.

손동작, 컷 되고. 입 모양, 컷 되고. 눈빛, 컷 되면서, 서진보다 더 열심히

노래를 하는 여자의 모습.... 점점 줌 아웃되면.... 여자 얼굴 드러나는데.

윤희고!!

윤희의 노래에 맞춰, 열심히 립싱크를 하고 있는 서진의 모습이 교차

로 이어지는데.

혼신의 힘을 다해 노래하고 있는 윤희, 믿을 수 없을 만큼 천상의 목소

리를 내고 있는. 그 위로,

52.   회상 1/시즌 1 21화 61신 연결/비밀별장(밤)

로건과 윤희, 대립하고 있는.

로건   (날카로운 것을 윤희 목에 대고 위협하고 있는) 수작 부리지 마!! 너도 똑

같이 당해야 해!! 수련 씨가 당한 것처럼, 우리 설아가 죽은 것처럼 똑

같이!! 비참하고 처참하게!!!

윤희   (갑자기 로건의 칼을 두 손으로 잡아서, 자신의 목에 갖다 대며) 좋아! 나도

더 이상 내 말 믿어달라고 안 해!! 민설아 죽인 건 내가 맞고, 그 벌은 어

떻게든 받을 거니까!! 그래!! 죽여!! 당장 죽여!! 하지만 잊지 마!! 내가
죽어도, 진범은 남는다는 거!!

윤희, 말릴 새도 없이, 로건이 들고 있던 날카로운 것으로 깊숙이 들어
가는데. 순간, 호흡이 멈추는. 목에서 피가 뚝뚝 떨어지고.

그대로 폭 쓰러지는 윤희.

로건, 잠시 멍해 있다가, 차갑게 윤희를 버려두고 돌아서서, 문 쪽으로
성큼성큼 걸어가고. 문을 쾅 닫고 사라지는.

윤희, 허공으로 떨리는 손을 내젓다가 손을 뚝 떨구고. 죽은 듯이 움직
이지 않는데.

잠시 후, 별장의 문이 다시 열리고 들어서는 로건과 홍 비서.

로건   (쓰러진 윤희를 뚫어지게 보는. 그러다 결심한 듯) 은밀히 옮길 수 있는 병
원 찾아봐. 저 여자, 다시 살려야겠어!

53.   회상 2/병원 수술실 앞(밤)

불 꺼진 병원 복도에, 은밀하게 불이 켜지고.
의사와 마주하고 있는 사람, 로건인데.

로건   살 수 있겠습니까?

의사   조금만 늦었어도 힘들었을 겁니다. 하지만, 성대 손상 상태가 심각합니
다. 성대 복원 수술은 성대 신경을 체크하면서 소리를 찾아가는 수술이
라, 마취를 할 수 없어서 환자의 고통이 극심할 수 있을 텐데...

로건   (차갑게) 상관없습니다.

의사   그렇다고 완벽하게 복원할 수 있을지도 장담할 수 없습니다.

로건   그것도 상관없습니다.

54.   회상 3/병원 수술실(밤)

수술실에 눕혀지는 윤희. 그 옆으로 최소한의 의료진(미국 의사, 한국

의사 1명, 간호사)과 세팅된 도구들로 수술을 시작하고.

의사, 확대된 화면으로 윤희의 다친 성대를 체크해보는데.

의사   (성대를 만져보며) 소리를 내보세요.

윤희   (최대한 입을 벌리는데, 목소리 잘 나오지 않고)

의사   다시! 아무 소리나 크게 내보세요.

윤희   아.... 아.... (열심히 소리를 내보려고 안간힘 쓰는데, 쉽지 않고)

의사   (로건을 향해 고개 내젓고) 아무래도 힘들 거 같은데요. 지금 상태론 성대 근육이... (포기하려면)

윤희   (갑자기 의사의 손을 덥석 잡고, 간절한 눈빛으로 의사를 보며, 의사의 손바닥에 손가락을 눌러서 글씨를 쓰는. E) 한 번만 더 부탁합니다.

의사   (할 수 없이) 다시 해봅시다!

의사, 다시 성대를 찾기 시작하고.

윤희, 눈물을 흘리며 소리를 끌어내는데. 온몸이 땀으로 범벅된 윤희.

그런 모습을 한쪽에서 말없이 지켜보고 있는 로건이고.

시간의 경과. 그러다 갑자기 제대로 된 소리가 나오면.

의사   (놀라서) 좋아요. 한 번 더 해봐요!

윤희   아... 아... (죽을힘 다해 소리를 내는. 차츰 분명하고 안정된 소리가 나오고. 그러다 고음과 저음으로 노래까지 부르는데. 점점 맑아지는 목소리)

의사   (눈 반짝하고) 신경 고정하죠! (빠르게 수술을 이어가면)

그 모습을 유심히 지켜보고 있는 로건이고.

55.   **현재/무대 비밀 공간/공연장 무대 위/교차편집 (저녁)**

매섭게 빛나는 윤희의 눈빛.

노래는 절정으로 향하고, 완벽하게 고막을 치고 올라가는 환상적인 고음. 악기 소리처럼 정교하게, 한 치의 흐트러짐 없이 고음역대를 치고

올라가는데. (마지막 음을 "도, 파╱╱"로 고음으로 높여 부름)
피날레를 엄청난 고음(파)에서 긴 호흡으로 끌고 가면. 당황한 지휘자,
계속 끌라고 지휘 바꾸고. 소름 돋을 만큼 완벽하게 노래를 마치는 윤희.
무대 위에 서진, 당황한 표정과 동작으로 무대를 끝내는.

서진(E) (하얗게 질린) 말도 안 돼.... 완벽한 피치의 하이 F야.....

그 위로, 감동받은 듯 기립 박수를 보내는 관객들 모습... 미친 듯이 쏟
아지는 열렬한 박수와 환호성 소리가 아득하게 느껴지고.
비밀 공간에서 나오는 신묘한 목소리에 전율을 느끼는 서진인데.

56. 무대 뒤편(밤)
무대 뒤편으로 내려서는 서진. 공연감독, 찬사를 보내고.

감독 (흥분해서) 최고였어, 천서진! 소름 돋았어. 왜 말 안 했어? 피날레 높인
다는 거! 천서진 전성기, 넘어선 거야?!

서진 (애써 웃어 보이는. 감독과 관객들의 찬사가 오히려 모욕처럼 느껴지고. 스
태프들 보호받으며 빠르게 대기실로 가는데)

57. 대기실(밤)
서진, 초조한 듯 서성이고 있는.
그때, 노크와 함께 모자를 눌러쓴 여자(윤희)가 들어오고.

서진 (여자 쪽 돌아보는) 어떻게 된 거예요? 하이 F로 올린다는 얘긴 없었잖
아요. 한 번 찍고 오기도 힘든 고음을 그 정도 호흡으로 끌고 가는 건 거
의 불가능한데, 일부러 실력을 보여주지 않은 건가요?

윤희 (대답 없으면)

서진 내 귀를 속이려고 했던 이유가 있을 거 아니에요?!! (하다가, 문득 얼굴

을 드러내지 않는 여자의 모습이 의심스럽고) 당신... 정체가 뭐야?!! 말해보라고!! (달려가 모자를 벗기고, 얼굴을 가린 마스크를 확 내리는데. 굳어지는 서진의 얼굴. 눈앞에 서있는 건 다름 아닌 윤희다. 충격받은 서진) 니가.... 니가 어떻게...

윤희   이제야 제대로 너랑 인사를 하네. 앞으로 잘 지내보자, 천서진!

윤희, 미소 띠며 악수를 청하면. 그런 윤희에게 제대로 한 방 맞은 듯한 서진, 경악하는 표정으로 윤희를 보는 데서 엔딩!!

3화

가짜 소프라노

1.　대기실(밤)

서진, 얼굴을 드러내지 않은 여자의 모습이 의심스럽고.

서진　당신... 정체가 뭐야?!! 말해보라고!! (달려가 모자를 벗기고, 얼굴을 가린 마스크를 확 내리는데. 굳어지는 서진의 얼굴. 눈앞에 서있는 건 다름 아닌 윤희다. 충격받은 서진) 니가.... 니가 어떻게...

윤희　이제야 제대로 너랑 인사를 하네. 앞으로 잘 지내보자, 천서진!

윤희, 미소 띠며 악수를 청하면. 그런 윤희에게 제대로 한 방 맞은 듯한 서진, 경악하는 표정으로 윤희를 보는데.

서진　말도 안돼... 어떻게 니가 여길...

윤희　(여유로운) 고맙다는 말부터 해야 되는 거 아냐?

서진　어떻게 니가 노랠 부를 수 있어?! 넌 그때 성대가 망가졌잖아!!

윤희　그랬지. 니 덕분에. 기적이라고 해야 하나. 목숨 걸고 성대 복원 수술 받고, 흉터까지 말끔히 지웠으니까. 니가 트로피로 찔렀던 이 목이, (옷을 확 내려서 목을 보여주면. 상처 안 보이고. 말끔해진 목) 개망신 당할 뻔한 널, 오늘 구해줬으니 말야. 세상 참 재밌지 않니?

서진　진짜, 진짜 니가 부른 거라고?! 아니야!! 그럴 리가 없어!! 난 분명 박영란 씨와... (핸드폰으로 박영란에게 전화 거는데, 없는 번호라고 나오고. 당황하면)

윤희　왜? 없는 번호라고 하니까 당황했니?

서진　(놀라서 보고) 니가 매수한 거야? 첨부터 작정하고 날 속인 거야? 어떻게 알았어? 스토커처럼 날 쫓아다닌 거야? 내 목에 문제 있다는 건, 어떻게 알았냐고?!! (따지는데)

윤희　(미소 짓는 위로,)

2.   인서트 1/2화 20신 연결/윤희 집 거실(아침)

서진   (가방을 박스들 위에 탁 내려놓고) 아니! 여기서 해. 짐 그대로 다시 빼. 두 사람이 진짜 결혼을 했든, 쇼든, 신경 안 써. 하지만, 여기선 못 살아.

윤희, 서진과 윤철이 대화하는 틈에, 몰래 서진의 가방을 가지고 뒤로 빠지고.
서진의 가방에서 핸드폰을 꺼내. 도청앱을 까는.

윤희   (포장박스 위에 있던 서진의 가방을 건네며) 니 꺼니? 잃어버리겠다. 잘 챙겨.

서진   (자신의 가방을 낚아채는)

3.   인서트 2/윤희 집 안방(낮)

윤희, 핸드폰에 이어폰을 꽂고, 도청앱으로 서진의 목소리를 듣고 있는.

서진(E)   데뷔한 사람은 안 돼. 아마추어 중에서 찾아봐. 나이가 너무 젊어도, 늙어도 안 돼! 최대한 나랑 비슷해야 돼. 시간이 없어. 일주일이야... 무슨 수를 써서라도 이번 공연, 완벽하게 치러내야 해!! (시즌 2, 2화 29신)

윤희   (눈빛 반짝하는)

4.   현재/대기실(밤)

서진   (윤희를 벽으로 확 밀치며, 다그치는) 목적이 뭐야? 이런 짓을 꾸민 이유가 있을 거 아냐?!!

윤희   (차분하게) 너 때문에 뺏겼던 것들, 하나씩 되찾아온 거뿐이야! 목소리도.. 하윤철도... 이제야, 그때로 되돌아왔네. 열아홉 살, 우리가 고3이었던 때로... 기억나지? 최고의 목소리도, 하윤철도, 원래 다 내 꺼였잖아.

서진   (하얗게 질린) 뭐?

윤희   천하의 천서진이 대타를 구하게 될지 누가 알았겠어? 사람 일 참 모르

127

는 거야. 안 그래? 가짜 소프라노, 천. 서. 진! (승기를 쥔 윤희, 도발하면)

서진 (충격으로 얼굴이 하애지는데)

그때, 대기실 문이 열리고. 기자들이 우르르 몰려 들어오면.

기자1 한국 성악계의 기록을 갈아 치우신 거 축하드립니다. 오늘 최고의 무대를 마친 소감 좀 말씀해주십시오!

기자2 항간에 떠돌던 위기설과 은퇴설을 한 방에 잠재우셨는데요. 소프라노 정상으로서 부담감도 있었을 텐데, 어떻게 극복하셨습니까?

기사들의 찬사와 함께 인터뷰 세례가 몰아닥치고.

서진 (몰려드는 기자들 때문에 정신없는 도중에, 긴장한 표정으로 윤희를 보면)

윤희 (부드럽게 미소 지으며) 공연 정말 멋있었어. 축하해, 서진아! (서진을 안으며, 귀에 대고) 기대해. 다시 되찾을 거야. 내 자리.

서진 (순간 소름이 끼치면)

윤희 (기자들 사이를 빠져나가는데)

서진 (애써 정신 차리고) 감사합니다. 인터뷰는 내일 정식으로 하도록 하죠. 좀 쉬고 싶네요. (도 비서가 들어오면) 도 실장, 내일 인터뷰 일정 좀 잡아 줘요. 기자님들 편하신 시간에. (억지 미소 짓고)

도비 나가서 말씀드리죠. 이쪽으로. (기자들을 물리쳐주는데. 기자들 어쩔 수 없이 도 비서를 따라 나가면)

서진 (부들부들 떨리는) 아악!!! (소리 지르고. 그대로 뛰쳐나가는)

5. **공연장 앞**(밤)

공연장 밖으로 달려 나오는 서진. 둘러보지만 윤희 보이지 않고. 미칠 지경인데.
그런 서진을 한쪽에서 지켜보고 있는 윤희, 여유 있게 미소 짓고.

윤희(E)	천서진, 이제 시작이야. 너 꼭 무너뜨려줄 거야.

서진, 계속해서 돌아다니며 윤희를 찾고 있으면.
모자를 눌러쓰고 뒤돌아서 걸어가는 윤희. 힘 있는 윤희의 발걸음.
그때, 마리가 스치듯 지나가고. 마리, 긴가민가하며 윤희를 보는 시선.

단태(E)	아름다운 프리마 돈나 천서진의 데뷔 20주년을!

6. 펜트하우스 거실(밤)

다같이	위하여!!!

샴페인 잔을 부딪치며 서진을 축하해주고 있는 헤펠 사람들.

마리	나 진짜 소름 쫙 돋았잖아요. 어떻게 사람이 그런 소릴 낼 수가 있어요. 우리 죽을 때까지 헤펠에서 오래오래 절친으로 살아요~ 약속한 거예요, 천 쌤~
상아	(아부조로) 천 쌤에 대한 찬사 기사가 벌써부터 쏟아지고 있어요~ 역시 천 쌤은 우리나라의 유일무이한 보배라고요.
마리	도대체 천 쌤은 부족한 게 뭐예요? 집안 좋죠~ 능력 최고죠~ 전남편은 닥터, 현 남친은 성공한 사업가, 불공평하게 신은 왜 천 쌤한테만 다 준 거래요?
규진	우리 주 회장님, 진짜 대복이 들었습니다. 사업도 나날이 승승장구하시고, 와이프 예정자까지 저렇게 잘나가시니, 대통령 안 부러울 남자라니까요~
단태	(으쓱해서) 다들 이렇게 축하해주셔서 감사합니다. 밤늦게까지 취하도록 마시고 즐기세요. 오늘 밤은 제가 책임지겠습니다.
다같이	오우~ 브라보~! (환호 터트리는데)
서진	(사람들 말 귀에 들어오지 않고, 굳어진 채 서있으면)

129

상아	근데... 천 쌤은 어떻게 그렇게 다른 소릴 낼 수가 있는 거예요? 오늘 공연에선 평소 목소리하곤 많이 다르던데...
서진	(순간 당황하면)
규진	난 똑같던데. 당신이 뭐 그런 걸 알아? 최고의 성악가 스킬이겠지!
상아	내가 민혁이 때문에 들은 짬밥이 몇 년인데. 막귀는 아니거든. 피날레에서 하이 F까지 오른 거 맞죠?
마리	나도 완전 딴사람인 줄 알았다니까요. 비법이 뭐예요? 우리 제니한테도 알려주게요.
단태	(단태까지 거드는) 진짜 궁금한데? 새로운 스킬이라도 터득한 거야?
서진	(굳은 표정으로) 그런 거 없어요!!
마리	(단호한 서진 표정에, 얼른 서진 비위 맞추려는 듯) 아 참. 아까 공연장에서 오윤희 봤는데. 하 박사랑 같이 온 건가? 그 부부는 꼭 초대도 안 받은 자리에 그렇게 끼더라.
상아	오윤희가 왔어요? 언제요? 난 못 봤는데.
서진	(표정 더 어두워지고) 쓸데없는 소리 말고, 술이나 마시죠.
단태	좋은 날 재 뿌리려고 작정한 거겠죠. 자기 혼자서 이 사람을 평생의 라이벌이라고 생각하면서 열등감에 사로잡혀 사는 여자니까.
규진	독창회 한다는 소리에 어지간히 배가 아파서 보러 온 모양...
서진	(갑자기 와인 잔을 소리 나게 테이블에 쾅! 내리치며, 예민하게) 오윤희는 안 왔다니까!!! (다들 놀라서 서진을 보는데)
마리	(놀라서) 천 쌤....
서진	(분위기 싸해진 거 느끼고) 죄송해요. 몸이 안 좋아서 먼저 일어날게요. (급히 나가고)
단태	(애써 아무렇지 않게) 축하파티는 다른 날 다시 잡죠! (기분 잡친 듯 나가면)
마리	뭐야. 오늘같이 좋은 날 왜 저래?
규진	서진 씨한테 무슨 일 있는 거 맞죠? 내 촉이 딱! 오윤희 같은데...
마리	두말하면 입 아프죠. 오윤희가 이사 온 뒤로 예민한 티 팍팍 내잖아요.

저렇게 제멋대로니까 하 박사도 오윤희로 갈아탔지. (뒷담화 시작하
는데)

상아 당분간 말조심해야겠어요. 괜히 애들한테 불똥 튈까 겁나네요.

규진 하여튼 성질머리하고선. 주 회장 앞길도 딱하다, 딱해. 저런 사람이랑
재혼을 왜 해? 어휴, 차라리 혼자 늙어 죽지!

7. **헤라팰리스 서진 집 욕실(밤)**

물이 틀어진 욕조. 옆쪽에 몸을 말아서 앉아있는 서진. 와인을 마시고
있는.

두려움과 불안감이 느껴지는데, 윤희의 말이 반복해 떠오르는.

윤희(E) 너 때문에 뺏겼던 것들, 하나씩 되찾아온 거뿐이야!

윤희(E) 최고의 목소리도, 하윤철도, 원래 다 내 꺼였잖아.

윤희(E) 가짜 소프라노, 천. 서. 진!

서진, 머리를 감싸 쥐며 괴로워하는데. 그 위로, 떠오르는 오래전 기억.

8. **회상 1/학교 연습실/25년 전(저녁)**

서진부 앞에서 노래 연습 중인 서진.

서진부 그만! 그만!! 아직도 그렇게밖에 소릴 못 내면 어떡해!! 이번 오디션이
얼마나 중요한지 몰라?!! 아빠가 이 자리 마련하려고 얼마나 애를 썼
는데!!

서진 (오기로) 더 연습할게요, 아버지. 자신 있어요. 꼭 오디션 따낼 수 있어요!

서진부 한소리 들었다고, 질질 짜는 거야? 계집애들 우는 거, 딱 질색인 거 몰라?
이래서 아들이 있었어야 했는데... 뭘 믿고, 너한테 청아재단을 맡겨?!

서진 (더 독하게) 안 울었어요! 제가 왜 울어요, 아버지?!

서진부 앞으로 오디션까지 샐러드와 물 말고는 아무것도 먹지 마.

서진	(덜덜 떨며) 그러겠습니다.
서진부	악기 소리처럼 정교하게, 8마디 음을 정확하게, 호흡은 길게! 도대체 몇 번을 말해?! 다시 해봐!!
서진	(눈물 나지만, 애써 이 악물고 참고. 다시 연습하는)

9. 회상 2/청아예고 이사장실/25년 전(낮)

    서진, 유명 성악가 앞에서 노래를 부르고 있으면. 그 모습을 만족스럽게 보고 있는 서진부. 그러다 실수 없이 노래를 잘 마무리하는 서진.

성악가	목소리 빛깔이 예쁘네요. 우리 오페라 극단에 오디션을 볼 기회를 줄게요.
서진	감사합니다. 선생님 앞에서 노래를 부른 것만으로도 너무 영광입니다. 더 열심히 하겠습니다.
성악가	귀한 인재를 그냥 둘 순 없죠.
서진부	(기분 좋고. 크게 웃으며) 내 딸이어서가 아니라, 우리나라에서 나오기 힘든 목소리를 가지고 있습니다. 하하하...
서진	(뛸 듯이 기쁜데)

그때, 어디선가 들려오는 노랫소리.

성악가	(멈칫) 잠깐만요. (소리에 이끌리듯 창가로 다가서면. 창밖에서 노래 부르고 있는 윤희의 모습이 보이고. 홀린 듯 보면서) 대단하네요, 저 학생.... 이름 좀 알 수 있을까요?
서진	(순간 표정 굳는. 불안한 서진이고)

10. 회상 3/청아예고 교정(돌계단이 있는 곳)/서진부 차 안/25년 전(낮)

    서진, 초조하게 기다리고 서있으면. 차 한 대가 다가와 멈춰 서고.

차 뒷좌석 창문이 열리더니, 서진부의 얼굴이 나타나는.

서진   어떻게 됐어요, 아버지? 윤희랑 저... 누가 됐어요?
서진부   못난 것!! 어떻게 한 번을 그 아일 못 이겨?!!
서진   (눈 뒤집히고) 그럼, 윤희가 가는 거예요? 이태리?
서진부   그 꼴을 어떻게 봐? 오윤희 쪽에서 거절하는 것으로 정리했다. 기껏 마련한 자리도 애먼 애한테 뺏길 뻔하고!! 이게 무슨 창피야?!!
서진   (부들부들 떨리는) 죄송합니다....
서진부   (그대로 창문 올려버리고, 기사에게) 출발해! (차 출발시키는데)

서진, 순간 모든 것이 무너진 듯 휘청하는. 참았던 눈물이 후드득 떨어지고.

11.   현재/헤라팰리스 서진 집 욕실(밤)
    물이 넘쳐 흘러내리는 욕조. 놀라서 얼른 밸브를 잠그려다가 옆에 있는 와인 병을 쳐서 깨뜨리는. 날카롭게 깨져서 흩어진 유리조각...
    서진, 모든 것이 엉망이 된 것 같은데.

12.   헤라팰리스 거실(밤)
    서진, 가운 차림으로 다른 와인 병을 챙겨서 나오면. 분홍이 은별 방에서 나오고.

서진   은별이는요?
분홍   방금 과제 끝내고 잠들었습니다.
서진   수고했어요. 진 선생도 쉬어요. (와인 병 들고 방으로 들어가면)
분홍   (서진이 들어간 거 확인하고, 누군가에게 손짓하는데)
    은별의 방문이 열리고. 외출복 차림의 은별이 조심스럽게 나오는.
    은별, 분홍과 시선 주고받고, 밖으로 급히 나가는!

13.　헤라팰리스 주차장(밤)

　　은별, 주변을 눈치 보며 둘러보는데.

　　한쪽에서 부르릉! 시동을 켜는 고급 오토바이 소리. 은별, 반갑게 웃으며 달려가면.

　　헬멧남, 헬멧을 넘겨주면. 은별, 자연스레 헬멧 쓰고 뒷자리에 올라타는.

14.　도로 일각(밤)

　　오토바이를 타고 달리는 두 사람. 위험하게 질주하며 속도를 높이는데.

15.　바닷가 일각(밤)

　　바다 쪽으로 신나게 달려가는 은별. 여느 때와 달리 행복한 표정이고.

은별　(뒤쪽 돌아보며) 빨리 와!! (누군가를 향해 손짓하는데. 은별을 향해 천천히 다가오는 사람. 석훈이다!)

석훈　조심해!

은별　(바다를 향해 두 팔을 활짝 펴고) 이제 좀 살 거 같다. 엄마 약혼한 것도, 울 아빠 재혼해서 컴백한 것도, 다 짜증 나 미쳐버릴 거 같았는데. 같이 와줘서 고마워, 석훈아.

석훈　(무표정하게 바다 보고 선 채로) 이제 몇 달만 버티면 돼. 니네 엄마랑 우리 아빠 결혼식 할 때 우리가 먼저 폭탄 터트리고, 각자 여기 뜨면 돼. 그때까지 절대 아무도 알아선 안 돼.

은별　(가만히 다가가 석훈의 손을 잡으려면)

석훈　(멈칫, 얼른 은별의 손을 빼고, 정색하며) 이러지 않기로 했잖아!!!

은별　(용기 내서) 난 정말 안 되겠니. 계약연애 그딴 거 말고, 조금이라도 진심이면 안 되는 거야?

석훈　그런 말 지겹지도 않아? 나 너한테 관심 없댔지. 우린 목표가 같을 뿐이야! 결혼식을 망치는 거!! 절대 가족으로 엮이지 않는 거!!

은별　어차피 넌, 로나랑은 안 되는 거잖아. 로나 잊기 위해 나 이용해도 좋아.

그러니까...

석훈   로나 얘기하지 말랬지!! 늦었어. 그만 가자. (돌아서서, 오토바이로 가면)

은별   (아섭고 무안하지만, 애써 씩씩하게 뛰어가는) 같이 가.

16.   헤라팰리스 일각(늦은 밤)

석훈과 헤어져서, 엘리베이터 쪽으로 향하는 은별, 석훈과 통화하고
있는.

은별   오늘 고마웠어. 바람 쐬게 해줘서. 나 들어갈게. 너도 잘 자. (속삭이듯
전화하고, 행복한 표정으로 끊으면)

석경(E) 어디 갔다 와?

은별   (깜짝 놀라서 보면. 석경이가 엘리베이터 앞에 서있고. 놀라) 레슨실에. 공
부도 안 되고, 실기 연습이나 할까 해서. 넌 뭐해?

석경   (젖은 머리 털며) 수영하고 왔어. 전교 1등이 너무 열심히 하는 거 아냐?
먼저 올라갈게. (펜트하우스 전용 엘리베이터에 올라타면)

은별   (한숨 돌리는) 들은 건 아니겠지?

17.   펜트하우스 전용 엘리베이터 안(늦은 밤)

석경   하은별, 거짓말을 하신다? 어떤 남친이길래, 새벽까지... (뭔가 약점을
잡았다는 표정이고)

18.   헤라팰리스 전경(다음 날 아침)

19.   펜트하우스 서재(아침)

단태, 조 비서에게 윤희, 윤철 뒷조사를 보고받고 있는.
윤철과 윤희의 다정한 모습의 사진들. 윤철, 거래처 사람들과 미팅하
는 모습들.

조비	하 박사님은 주로 거래처 사람들과 미팅을 하시거나, 오윤희 씨와 시간을 보내고 계십니다. 아직까지 특이한 점은 없었습니다.
단태	오윤희 딸은?
조비	아직 한 번도 본 적 없습니다.
단태	딸을 만난 적이 없다... (사진을 다시 넘기다가, 순간 멈칫하면. 서진 공연장에서 나오는 윤희 사진이고) 오윤희가 공연장엘 왔었나?
조비	네, 이사장님과 대기실에 함께 있는 모습도 찍혔습니다.
단태	함께 있었다.....? (문득, 서진이 강하게 부인하던 모습 떠오르고)
서진(E)	오윤희는 안 왔다니까!!
단태	(더 의심스럽고) 천서진 쪽에도 사람을 붙여. 이상한 움직임이 있으면 즉시 보고해. 천서진, 오윤희.... 분명 둘 사이에 뭔가 있어! (눈빛 반짝하는)

20.   헤라팰리스 서진 연습실(아침)
        쫙! 도 비서의 뺨을 날리는 서진.

도비	죄송합니다, 이사장님. 면목 없습니다.
서진	이게 죄송하다는 말로 끝날 일이야?! 어디서부터 꼬인 거야?! 어떻게 박영란이 오윤희로 둔갑한 거냐고?!! 내가 만난 여자는 누구야, 대체?!!
도비	일단 브로커 쪽을 찾아보겠습니다.
서진	(불안해 미치겠는) 오윤희... 무슨 작정이야... 대체 뭘 어디까지 알고 있는 거야!!

21.   헤라팰리스 윤희 집 주방(아침)
        요리 중인 윤희. 윤철, 장난스럽게 뒤에서 백허그하며 나타나면.

윤희	깜짝이야! (그러다 두 사람 얼굴이 지나치게 가까워져있으면, 얼른 어색하게 피하듯 떨어지고) 이거 너, 계약 위반이야. 얼른 식탁 세팅이나 해!

윤철	(신혼부부처럼 자연스럽게 이것저것 챙기며) 왜 귀찮게 요리를 해? (그라 놀로지 통 들어 보이며) 아침은 이거면 되는데.
윤희	(퉁명스럽지만, 은근 애정 묻어나는 말투) 너 어제 술 마셨잖아. 황태 미역국 괜찮지?
윤철	황송하지. (수저랑 물잔 놓으면서) 오늘 일정은?
윤희	(앞에 앉고) 그런 건 서로 비밀 아니었나? 나도 나름 바빠. (그라놀로지 먹으며, 새침하면서도 따뜻한 눈으로 윤철을 보는데)
윤철	(윤희가 먹는 모습 바라보다가) 나도 좀 먹어도 돼? (친구처럼 장난치듯 뺏어 먹으면)
윤희	야, 뭐야? 내 꺼야, 이거. (웃고, 안 뺏기려고 하다가 한 숟갈 먹여주고 다정한)

그때, 초인종 소리 들리고. 보면.

22.   헤라펠리스 윤희 집 앞(아침)
       윤희와 마주 선 제니.

윤희	들어오지 왜.
제니	학교 가봐야 돼요. 근데 로나는... 왜 안 보여요? 미국에서 전학 준비 중이에요? 어디 학교로 간대요? 노래는요?
윤희	로나는 미국에서 안 들어왔어.
제니	(실망하는) 진짜요? 그럼 거기서 대학 가는 거예요?
윤희	(대답 없이 쓸쓸한 표정 지으면)
제니	하긴 여기나 학교나 지긋지긋할 텐데. 부럽다 배로나.
윤희	뭐가?
제니	(그때, 핸드폰 울리고. 보면 은별이고. 깜짝 놀라서) 그만 가볼게요. (급하게 전화 받는) 응, 지금 가고 있어. (후다닥 뛰어가면)
윤희	(이상한 듯 보는)

23.   청아예고 복도(아침)
        석경과 은별, 민혁, 걸어가면. 뒤에서 두 사람 가방까지 들고 가는 제니.

민혁   (앞에 걸어가는 석훈을 보며, 석경에게) 석훈이 여자 생긴 거 아냐? 어젯
        밤에 바이크 탔는지, 늦게 오더라고. 근데, 들고 있는 헬멧이 두 개였어.
        혹시, 배로나 아냐?

석경   (얼굴 확 일그러지며) 배로나? 말이 되냐, 그게?!

민혁   석훈이 걔, 로나 엄청 좋아했어. 게다가 배로나 엄마도 무죄로 판정 났
        으면, 이제 걸릴 거 없잖아.

은별   (발끈해서) 뭘 좋아해! 그냥 재미 삼아 장난친 거야!

석경   (무섭게 이갈며) 만에 하나, 배로나가 또 나타나서 울 오빠한테 집적거
        리면, 그땐 내가 가만 안 둬!

제니(E)   그럴 일 없어.

은별/석경/민혁   (다들 제니 돌아보면)

제니   걔 한국 안 왔대. 그 집 아줌마가 그랬어. 아직 미국에 있다고.

석경   확실해?! 미국에서 안 온 거?! (다그치듯 물으면)

제니   어. 확실해!

석경   (그제야 안심되는 듯, 제니한테 미소 지으며 상냥하게) 좋은 정보 땡큐야~!
        역시 절친 소식 빠삭한데?

제니   그게 아니라, 우연히 옆집 아줌마한테...

석경   (표정 확 바뀌며) 이따 커뮤니티 스터디, 올 생각 마!! 너 같은 양다리,
        소름 끼쳐! (쌩하니 교실로 들어가면, 민혁도 약 올리는 표정 지으며 따라
        가고)

은별   (옆에 권 선생이 지나가면, 얼른 제니에게) 내 가방 줘. 남들이 보면 내가
        시킨 줄 오해하겠어. 착한 척 오바하지 좀 마! (가방 홱 낚아채서 가는)

24.   파크원 호텔 일각(낮)
        서진, 성공적인 독창회를 축하하는 팬들과의 사인회를 하고 있는 모습

이고.

서진, 팬들의 축하 선물도 받고, 사인도 해주고, 팬들과 사진 찍으며 행복한 시간 보내는데. 다음 사람, 걸어오면.

서진 (고개 들지 않고, 펜을 들고) 성함이요?

윤희(E) 오윤희요.

서진 (사인지를 보고 있다가, 그대로 굳어버리고. 고개 들어보면)

윤희 (여유 있게 웃고 있는)

서진 (다른 사람들 시선 의식하며, 애써 미소 지으며) 뭐하자는 거야?!

윤희 나도 니 사인 한 장 받고 싶어서.

서진 (미치겠지만, 어쩔 수 없이 참고 사인하는데)

윤희 이건 선물! (봉투를 건네주고) 안 열어봐?

서진 (봉투를 열어보면. 안에 있는 건, 박영란과 쓴 비밀 유지 각서의 복사본이고. 놀란 서진, 얼른 각서를 봉투에 다시 넣고, 윤희를 보면)

윤희 (속삭이듯) 우리 계약 잊었을까 봐. 걱정 마. 약속 지킬 테니까.

서진 (봉투를 꽉 움켜쥐는데)

윤희 사인 고마워. 잘 간직할게. (유유히 돌아서고)

서진 (이름을 얘기하는 다음 팬에게 사인을 해주는 서진의 손, 덜덜 떨리고 있는)

컷 되고. 기자들의 인터뷰 이어지는.

기자1 해외에서도 러브콜이 쏟아지고 있는데, 투어 계획이라도 있으신가요?

서진 아직 국내에서 해야 할 일들이 많아서요. 천천히 생각해볼게요.

기자2 특히 첫 곡은, 악기가 소리 내듯 완벽한 피치였다고 극찬을 받았는데요. 공연 실황 음반은 언제 나오나요? 얼른 들어보고 싶네요.

윤희(E) 여기서 한번 불러주시죠. 〈Una Voce Poco Fa〉!

서진 (고개 돌려보면. 윤희가 손을 든 채 서있고)

윤희 (모자를 눌러쓴 채) 그 노래가 너무 감동적이었거든요.

기자들	정말 부탁드려도 될까요?
윤희	(먼저 박수 치며, 기자들과 팬들의 호응을 유도하는데)
서진	(애써 표정 관리하며) 죄송해요. 아직 컨디션 회복이 안 돼서요. 다음 질문으로 가죠. (물잔 드는데. 바들바들 떨리는 손. 간신히 물을 삼키고. 그러다 다시 고개 들어 보면. 윤희 사라지고 없는. 심장이 벌렁대고. 미치겠는 서진)

25.   청아재단 이사장실(낮)

한껏 예민해져있는 서진, 이사장실로 들어서면. 도 비서가 따라 들어오고.

서진	오윤희한테 이대로 끌려 다닐 순 없어! 오윤희의 약점이 될 만한 건 모조리 찾아와! 집을 뒤지든, 사람을 붙이든, 목을 조를 만한 건 뭐든 찾아내란 말야!! (이성 잃은 듯, 숨소리 거칠어지고. 떨리는 손으로 약을 찾아 털어 먹는데. 파리한 얼굴이면)
도비	저녁에 동창 모임은 미루시는 게 어떨까요. 컨디션이 너무 안 좋으신데.
서진	공연 온 친구들한테 특별히 내가 대접하는 자린데... (고민하다가, 핸드폰 하는) 정미니? 난데, 미안해서 어쩌지. 내가 오늘 몸이 좀 안 좋아서... 모임에 참석 못 할 거 같아. 거기 쉐프한테 부탁해놓을 테니까, 너희들끼리 먹어야겠다. (말하다가, 굳어지는 서진) 그게 무슨 소리야? 거길 걔가 왜 와?!!!

26.   자코모 매장(저녁)

단태, 직원들과 매장 둘러보며 이것저것 지시하고 있으면. 다가서는 규진.

규진	아이고, 우리 주 회장님. 요즘 가구 사업까지 흥해서 바쁜 모양이시네.
단태	퇴근하려던 참인데, 무슨 일입니까?

규진	(소파에 털썩 앉고) 아, 이거 좋네! 근처에 일 보러 왔다가 들렀어요. 겸 사겸사! 간만에 손도 근질근질하고.
단태	(비웃듯) 맨날 둘이서 치는 게 뭔 재미가 있어서. 이 의원 돈 따는 것도 이젠 죄책감이 들어서...
규진	(웃으며) 그래서 오늘 호구 하나를 판에 앉혀볼까 하는데.
단태	괜찮은 놈 있어요?
규진	있죠. 멀리서 찾을 거 뭐 있어요? 허구한 날 우리한테 발리던 사람이 돌 아왔는데. 내기를 해봐야, 그 인간의 사이즈를 알 수 있는 거 아닙니까?
단태	설마.... (하며, 흥미로워하는데)

27. 헤라팰리스 커뮤니티(저녁)

단태와 규진, 그리고 앉아있는 건 윤철이고.

윤철	이렇게 노는 거 진짜 오랜만이네요. 불러줘서 고맙습니다. 다시 헤라클 럽으로 돌아온 거 실감 나는데요.
규진	근데, 웬 불청객은 달고 온 거래요?!

규진과 단태, 옆을 보면. 한껏 꾸미고 온 마리가 앉아있는데.

윤철	집에서 나오다가 제니 어머니를 만났어요. 오고 싶다고 해서...
마리	공정하게 내가 오늘 딜러를 맡죠. (규진 보며 씨익 웃는데)
단태	시작하죠! 판돈 좀 세게 가도 되겠죠?
규진/윤철	(상관없다는 듯 끄덕하고) 오브코오스! 문제없죠!

각자 칩 가방에서 칩을 꺼내놓는데. 포커 시작하는 세 사람.
마리, 카드를 나눠주고. 남자들, 긴장해서 카드를 열어 패를 보는데.

규진	난 죽을게요.

마리	(안타까워 죽고)
단태	(윤철을 보며) 계속할 건가요?
윤철	받죠. (다시 카드 받고, 많은 칩을 걸면)
단태	사업하더니 배포가 커졌네요, 하 박사! 첫 판부터 오기는 좋은데.. (무시하듯, 더 많은 칩을 걸고) 풀하우스. 아쉽지만 내가 이겼네요. (칩을 쓸어가는데)
규진/마리	(당연한 결과라는 듯, 서로 눈 마주치고 웃으면)
윤철	잠깐만요! (카드를 펼치는데, 역시 풀하우스고) 내 트리플이 더 좋은데요. (보란 듯이 칩을 쓸어가면)
단태	(순간 당황하고)

28. 헤라팰리스 윤희 집 거실(낮)

아무도 없는 거실. 마스터키를 열고 들어서는 누군가. 도 비서고.
도 비서, 거실의 물건들을 뒤지고, 의심이 갈 만한 물건들은 핸드폰으로 찍어두는. 그러다 민첩하게 안방으로 들어가고.

29. 레스토랑(저녁)

급하게 들어서는 서진, 또각거리는 하이힐 소리 신경질적인데. 안내를 받아 도착한 곳에, 동창들 모여있는.

동창1	어머, 왔네?! 못 온다더니 몸은 괜찮고?
동창2	어서 와. 얼굴 못 보는 줄 알고 섭섭했는데. 몸살 난 거야?
서진	좀 무리했나 봐. 약 먹었더니 괜찮아. (슬쩍 둘러보며, 누군가를 찾는 시선. 윤희 모습 보이지 않고. 안심하고 비어있는 중앙 자리에 앉으려는데)
동창1	그 자린 주인 있어.
서진	(앉으려다 멈칫) 누구....?
윤희(E)	왔니?

서진, 놀라 돌아보면. 윤희가 서있고.

윤희 늦었네. (화장실 다녀온 듯, 자연스럽게 중앙 자리에 앉으며) 나도 와도 되
    는 자리지? 초대받진 못했지만, 축하해주고 싶어서.

서진 (얼굴 굳어지고) 여긴... 서울음대 동문 모임이야. 좀 불편하지 않니?

동창1 (윤희를 두둔하며) 넌 말을 해도 꼭! 윤희도 청아예고 동문이잖아. 어제
    니 공연도 보러 왔다는데 올 자격 충분하지. 안 그래?

동창들 그럼~ 잘 왔지~ (다들 호응하는데)

서진 (미치겠고, 어쩔 수 없이 윤희 옆자리로 밀리는)

컷 되면. 다들, 식사 끝나고 와인 마시는데.

동창2 솔직히 서진이 실력에 이번에 놀랐어. 진짜 최고더라.

동창1 사실, 학교 때 실력은 윤희가 더 뛰어났지. 기억나지? 우리 고3 때, 청아
    예술제! 난 어제 공연 듣다가, 윤희 생각나서 소름 돋았잖아.

동창3 너도 그랬어? 하이 F까지 치고 올라갈 때, 진짜 비슷하지 않았어?

윤희 (말없이 와인만 마시는데)

서진 (그런 윤희 눈치 보며 좌불안석. 불편해 미치겠고)

동창1 그 사건만 아니었어도... 서울음대 프리 패스권은 당연히 윤희 꺼였는데.

동창들 (순간 분위기 싸해지고. 다들 서진의 눈치를 보면)

동창1 (개의치 않고 말 이어가는) 청아예고 수석입학에, 콩쿠르만 나갔다 하면
    대상은 윤희였잖아. 장난 아니었지. 하늘이 내린 목소리라고!

윤희 (쑥스러워하며) 다 옛날 얘기야. 이제 노래도 안 하는데 뭘... (하면서 서
    진을 보며) 진짜 몸이 많이 안 좋은 모양이네. 술도 전혀 안 마시고.

서진 (그런 윤희가 가증스러워 미칠 지경이고. 물잔을 든 채 부들부들하는데. 애
    써 정신 차리고 반격하는) 아 참, 너들도 알지? 헤라팰리스 사건. 윤희, 몇
    년 동안 참 파란만장했잖아. 살인자에 탈주범까지... 이렇게 자유의 몸
    으로 돌아다니는 모습 보니, 반가운데?

동창2	(서진을 툭 치고) 그 얘긴 왜 꺼내?
서진	왜? 불편하니, 이런 얘기? 아무렇지 않으니까, 모임에도 나온 거 아냐?
윤희	(여유 있게 웃으면서) 맞아! 억울한 누명을 쓰긴 했지만, 이미 무죄 판결도 났고, 지금은 누구보다 행복해. 나, 재혼했거든. (재반격하면)
동창들	(놀라면) 정말이야? 언제? 남편은 뭐하는 사람이야?
서진	(순간 불안해서 윤희를 보는데)
윤희	(서진 쪽 흘낏 보고) 조그맣게 사업해. 잘 모를 거야. 존 바이오라고...
동창1	어머! 나 알아. 그 회사 미국에서 대박 났잖아?!
동창들	그래? 뭐하는 회산데? (다들 관심 폭발하고. 핸드폰으로 검색하고. 그러다 놀라서 멈칫하는 표정. 수군거리며 서진을 흘끗대는데)
서진	(도저히 못 참겠고. 벌떡 일어서는) 화장실 좀 다녀올게. (나가면)
동창2	대박! 이 사람, 서진이 전남편이잖아! 청아의료원 신경외과 닥터!
동창1	그니까. 이게 웬일이야?! 서진이 전남편이랑 재혼한 거야? 어떻게?!
윤희	그렇게 됐어. (웃어넘기면)

레스토랑을 걸어가던 서진, 유리에 비친 윤희의 모습을 보고, 순간 살의를 느끼는.
한쪽 테이블에 놓인 나이프를 들어서, 손에 꽉 쥐는데.

30. 레스토랑 화장실(저녁)
나이프를 거울에 내리꽂는 서진, 분노를 이기지 못하고.

서진   오윤희... 죽여버릴 거야!!!! (부들부들 떨리는 손. 매섭게 조각난 거울을 보는 서진)

31. 레스토랑 일각(저녁)
동문들 사이에서 웃으며 얘기하고 있는 윤희를 응시하며 걸어가는 서진, 손에 든 나이프 날카롭게 빛나고. 점점 윤희에게 다가가는데.

동창1	서진이 없을 때 솔직하게 말해봐. 그때 너, 진짜 니 목 찌른 거야?
윤희	(대답 안 하면)
동창1	대기실에 너랑 서진이뿐이었잖아. 우리 사실, 그때는 말 못 했지만, 아무도 안 믿었어. 다 서진이가 너 찌른 거라고 생각했거든. 니 목소리가 얼마나 질투 나고 부러웠겠어. 그치? 얼른 말해봐! 진실이 뭐야?!
서진	(동창들에 대한 배신감과, 윤희가 진실을 말할까 불안해 미치겠는데)
윤희	(포크로 치즈 안주를 집고, 입에 넣어 천천히 씹어 먹다가, 입을 떼는)
서진	(극도의 긴장감에 죽을 거 같고. 당장 달려가 손에 든 나이프로 찌를 표정인데)
윤희	서진이한테 직접 들어. 진실은... 서진이도 알고 있으니까.
동창들	아~ 뭐야~ 궁금해 죽겠는데. (난리고)

순간! 띠링.... 서진이 손에 든 나이프를 바닥에 떨구는. 긴장이 풀리면서 휘청하는 서진이고.

32.　　헤라팰리스커뮤니티(밤)
　　　　윤철의 앞에 가득 쌓여있는 칩들. 단태, 거의 다 잃은 위기고.
　　　　단태의 표정, 갈수록 하얗게 질려있는.
　　　　규진과 마리는 옆에서 술을 마시며, 두 사람을 중계하며 구경 중인데.

규진	또 하윤철 선수의 승! 믿을 수가 없군요.
마리	곧 파산인가요? 주단태 선수.
단태	(발끈하고) 제발 입 좀 닫으면 안돼요?!! 집중을 할 수 없잖아요!!
규진	(이미 취한) 괜히 우리한테 신경질을 내고 자빠졌군요.
마리	돈 잃으면 본성 나온다더니, 역시나 아닙니까. (죽이 척척 맞는데)
윤철	(단태를 보는) 이제 그만할까요? 거의 다 잃으신 거 같은데...
단태	(욱하고) 누구 맘대로 판을 끝내?! 마지막 한 판 크게 가죠. 올인할 수 있어요?! 자신 없으면 말고. (도발하면)

윤철	저야 뭐.. 상관없죠. 그럼, 이 돈 다 걸고, 마지막으로 하는 겁니다.

마리, 다시 패를 돌리는데. 비장한 단태와 달리 여유로운 윤철이고.

규진	꿀잼! 긴장감 대박! (마리와 잔을 부딪치고 관전하는데. 그때, 규진의 핸드폰으로 상아의 전화가 걸려오는데. 보지 못하고)

33. **헤라팰리스 규진 집 거실(밤)**
   상아, "전화를 받을 수 없어~" 멘트 나오면. 어이없는.

상아	또 어디서 술판을 벌이셨나. (팔과 다리에 파스를 척척 붙이며) 와이프는 지역구 관리하느라 하루 종일 봉사 뛰고 다 죽어가는데, 지 혼자 아주 살판 나셨어. 저런 것도 국회의원이라고. 어우... 삭신이야.

34. **헤라팰리스 커뮤니티(밤)**
   마지막 남은 단태의 칩을 끌어가는 윤철의 손. 단태, 절망적인데.

규진	하 대표! 미국에서 무슨 포커만 쳤어요? 완전 이거 타짜 수준인데?
윤철	운이 좋았던 거죠 뭐.
마리	그럼 얼마예요? 주 회장님 오늘 잃은 돈이?! 이거? 아님 이거???!! (열 손가락 쫙 펼쳐 보이는데)
단태	(욱해서) 다음에 다시 하죠! 그땐, 안 봐줘! (벌떡 일어나서 나가버리면)
규진	봐주긴 뭘 봐줘? 영혼까지 끌어모아 머리 굴리더만. (윤철에게 기대며) 하 대표! 크게 한 턱 쏴야지! 입 닦으면 규진이 삐친다.
윤철	오늘은 가봐야 돼요. 와이프 올 시간이에요. 봐줘요. (일어서서, 규진 어깨 잡아주고 나가면)
규진	(아쉬운 듯) 뭐야, 다들 내빼고! 술 이렇게 먹다 말면, 잠 더 안 오는데.
마리(E)	뭔 걱정이야~

규진	(돌아보면, 도발적으로 앉아있는 마리가 보이고)
마리	(섹시한 포즈와 목소리로) 나랑 마시면 되지~
규진	우리? 둘이? 아, 뭔 재미로? 됐어요! (그냥 가려는데)
마리	(다급하게 붙잡고) 이 의원님은 원래 술 마시면 기억이 막 안 나고 그래요?! 네?! 오리발, 막 그런 스타일이야?
규진	기억을 못 하긴 왜 못 해요? 내가 술이 얼마나 쎈데!
마리	(대답하는 규진의 입술만 슬로우로 보이고) 그럼 기억나요? 얼마 전에 나랑 요래요래 했잖아요!
규진	뭘 요래요래 해요? 내가 주정이라도 부렸어요? 그럴 리가 없는데. 제니 어머니가 항상 나보다 먼저 꽐라 되잖아요.
마리	(순간 욱해서 터지는) 진짜 짜식이 해도 해도 너무하네!! 자기가 먼저 시작해놓고, 왜 모른 척이야? 내숭이니? 밀땅이야? 아님, 진짜 모르는 거야 뭐야?!
규진	(놀라, 정색하고) 뭔 소릴 하는 거예요?! 뭘 시작해요, 내가?! (버럭하다가 눈물 그렁한 마리를 본 순간 정지!) 우움!! (그 위로, 떠오르는 그날의 기억)

35. 회상/2화 37신/헤라팰리스 규진 상아 집 거실(밤)
     갑자기 규진의 입술이 그대로 마리의 입술을 막아버리고. 그대로 얼어
     붙는 마리!

36. 현재/헤라팰리스 커뮤니티(밤)

규진	(순간 기겁해서 심장이 쿵! 떨어지면)
마리	(씨익 웃으며) 기억... 났구나?
규진	(놀라서 딸꾹질하고)

37. 헤라팰리스 주차장/서진의 차 안(밤)
     들어와 멎는 윤희의 차. 윤희, 대리가 운전하는 차에서 내려 걸어가는데.

그때! 그런 윤희를 칠 듯 빠르게 달려오는 서진의 차. 윤희 앞으로 돌진하고.

윤희, 부딪혀도 상관없다는 듯, 서진의 차를 담담히 보면서 피하지 않으면.

서진, 그대로 밀어버릴 듯 달리다가, 바로 앞에서 끼익!!! 멈춰 서고.

거의 부딪힐 뻔했는데도 미동도 없는 윤희, 싸늘하게 서진을 보고 있으면.

서진, 운전석에서 그런 윤희를 마주 보는. 죽이고 싶을 만큼 증오스러운데.

서진, 차에서 내려 윤희에게 다가서고.

서진   (그대로 멱살 잡아채며) 뭐하자는 짓이야!!! 무슨 속셈이냐고!!! 피 말려 죽일 작정이야?!

윤희   왜 이렇게 겁먹었어, 천서진. 너답지 않게. 긴장 풀어. 나 아직 아무것도 시작 안 했어. 아 참, 니 비서 시켜서 우리 집 뒤지는 일, 하지 마. 너무 하수 같잖아? 조급해서 앞뒤 안 가리고 덤비는 건 알겠는데, 동정심까지 생길라 해서 말야.

서진   (얼굴 하얘지고, 문득 자신의 핸드폰을 보는데. 그제야 도청 사실 눈치채는)

윤희   (조롱하듯, 서진 가까이에 대고) 그럴수록 내 입은 더 간질간질해져! 확 까발려줘? 천서진 노래는 가짜라고!! 공연을 성공시킨 건 나라고!

서진   (바들바들 떨며, 윤희를 보는) 원하는 걸 말해! 나한테 원하는 게 뭔지, 정확히 말하라고!!

윤희   (야릇한 미소) 은퇴해!

서진   뭐?

윤희   은퇴하라구! 남을 짓밟고, 남의 것을 훔치고, 가짜로 올라간 그 자리에서 니 스스로 내려와!! 정상의 소프라노 타이틀, 부끄럽지 않아?

서진   (이 악물고) 가짜로 올라온 거 아냐!! 죽을힘 다해 얻어낸 거야!!

윤희   시작이 잘못됐잖아. 내 목을 긋고, 내 꿈을 짓밟은 죄를, 넌 받지 않았어.

그러니, 지금 누리고 있는 모든 게 가짜일 수밖에! 계획된 공연 다 취소하고, 기자회견 열어서 더 이상 노래할 수 없다고 고백해!! 그럼, 내가 니 쉐도우 싱어였다는 사실은 비밀로 해줄게. 어때? 꽤 너그러운 딜 같은데...

서진   (눈가 벌게지고) 나한테 노래는 목숨이야!!

윤희   나한테도 노래는 목숨이었어!!

서진   오윤희!!!!

윤희   (작정한 듯) 기자회견 날짜는, 이번 주 토욜이 어떨까. 마침, 오페라 제작 발표회가 있다던데, 국내외 기자들도 많이 모일 테고. 그날이 좋지 않겠어?

서진   (지지 않고) 그래! 어디 끝까지 한번 해봐! 너한테 비굴하게 사정 안 해!!

윤희   (갑자기 서진을 차 쪽으로 확 밀어붙이더니) 만만히 보지 마, 나! 난 수련 언니하곤 달라! (서진, 겁에 질린 표정으로 윤희를 보면) 앞으로 얼마나 잃을지, 어떻게 내려올지나 고민하는 게 좋을 거야. (일격 가하고 돌아서면)

서진   (부들부들 하며) 니 딸은 알고 있니? 너 이러고 다니는 거?

윤희   (순간 멈칫하면)

서진   니 딸, 혹시 이런 니 모습이 너무 끔찍해서 떠난 거 아냐? 그래서 니 혼자 헤팰로 돌아온 거 아니냐고?!!

윤희   (심호흡하고) 니 딸부터 걱정해야 되지 않을까? 내 계획 안엔, 니 딸도 포함돼있거든. (도도하게 주차장 걸어가면)

서진   내 딸은 건드리지 마!!! 은별인 안 돼!! 아악!! (머리 감싸 쥐고 발악하는데)

그 모습을 한쪽에서 지켜보고 있는 조 비서.

38.   헤라펠리스 분수대(밤)
       단태, 엘리베이터에서 내리는데. 분수대 쪽으로 걸어오는 서진을 보는.

단태	(서진에게 다가서며) 저녁 약속은 잘 다녀왔어?
서진	(힘없이) 응. 대충...
단태	라운지에서 칵테일 한잔할까. 간단히 마시려던 참이야.
서진	오늘은 너무 피곤하네. 사인회에 인터뷰에, 녹초야 지금. (돌아서면)
단태	기운 내! 오윤희는 내가 곧 정리할게. 헤라펠리스는 내가 시공하고, 내가 분양한 아파트야. 그 정도 힘, 나한테 있어!
서진	(갑자기 휙 돌아보며) 오윤희 들쑤시지 마!! 자극하지 말라고!!
단태	(멈칫) 무슨 뜻이야?
서진	당분간만이라도 오윤희, 건드리지 마!! (얼굴 벌게져서 가면)
단태	(냉정한 눈빛으로 서진을 보는데)

39. 헤라펠리스 내 라운지 바(밤)

칵테일 마시는 단태에게 은밀하게 귀엣말하는 조 비서.

단태	(골똘히 생각하는) 뭘까... 천서진이 오윤희한테 무슨 큰 약점을 잡혔길래... (순간 멈칫하고! 누군가에게 전화하는) 나, 주단탭니다. 지금 좀 볼 수 있을까요? 컷 되면. 단태 앞에 앉는 사람, 도 비서고!
도비	(다급하게) 이사장님께 무슨 일이라도 생긴 겁니까?
단태	(화가 난 듯) 그건, 내가 하고 싶은 말인데요, 도 실장! 대체 무슨 생각으로 일을 이 지경으로 만들었어요? 이런 대형 사고를 쳐놓고, 이사장 혼자 해결하게 하다니!! 그러고도 당신이 이사장 수족이라고 할 수 있어요?!
도비	(순간 당황하지만, 애써 표 안 내며, 태연하게) 무슨 말씀을 하시는 건지 잘 모르겠습니다만...
단태	(도비의 표정을 유심히 읽으며) 나, 다 알고 있어요! 오윤희와 이사장 사이에 일.... 이사장한테 다 들었어요.

도비	(놀란 표정이면)
단태	(맞구나 싶고. 밀어붙이는) 언제까지 숨길 참이었어요?! 그게 터지면 그 사람 커리어에 문제 된다는 생각, 안 해봤습니까?!! 좀 전에도, 그 사람이 협박을 당했다고요, 오윤희 그 여자한테!! 내가 결혼할 여자가, 그런 수모를 당하고 있으면, 제일 먼저 나한테 도움을 청했어야죠! 왜 손 놓고 있는 거냐고?!! 도 실장은!! (화내면)
도비	다 제 불찰입니다. 이사장님이 성대결절이 왔을 때, 어떻게든 공연을 취소시켰어야 했는데...
단태	(떠보듯) 강행했겠죠, 그 사람 성격에!
도비	제가 브로커한테 속은 거 같습니다. 대신 노래를 해줄 사람을 은밀히 찾았는데, 오윤희 씨가 노래를 부를 수 있다는 건, 상상도 못했던 일입니다. 몇 번이나 체크했는데, 신상을 그렇게까지 완벽하게 속일지는... 정말 죄송합니다, 회장님!
단태	(그제야 피식, 재밌다는 듯 웃고) 설마 했는데.... 오윤희가 공연에서 천서진 대타를 선 거였어?
도비	(순간, 당황해서) 모르셨습니까?! 아까 다 알고 계신다고... 설마...? (당했구나, 싶은데)
단태	이제 도 실장이 선택해야 할 것 같은데? 입을 잘못 놀린 죄로, 이사장한테 내쳐질지, 아님... 내 편에 설지. (사악한 미소 짓는 단태고)

40.   헤라팰리스 서진 집 침실(아침)

잠들어있는 서진. 그때, 침실 문 열리며 누군가 조심히 들어오는. 천천히 서진에게 다가가는데. 서진의 침대 앞에 멈춰 서는 발걸음....
누군가 보는 시선에, 흠칫 놀라 깨는 서진. "아악!!!!" 벌떡 일어나 보면. 단태고.

서진	(놀란 가슴 쓸어내리며) 뭐야, 놀랐잖아? 무슨 일이야, 이 시간에!
단태	모닝콜을 하려다가, 당신 자는 모습 보고 싶어서. (이마에 뽀뽀하고) 아

침 같이할까?

서진 (잠옷 가운 걸치며 일어서고) 다신 이런 장난하지 마. 새벽까지 뒤척이다
가 간신히 잠들었는데. (커튼을 확 젖히면, 아침이고)

단태 (다정하게 뒤에서 서진을 안아주며) 많이 지쳐 보여. 공연도 잘되고, 좋은
일도 많은데... 혹시, 내가 모르는 무슨 걱정이라도 있어? (의미심장하게
물으면)

서진 (얼른 표정 관리하며) 걱정은 무슨. (시선 피하고) 씻고 나갈게. 커피 한
잔 하고 있어. (욕실로 들어가면)

단태(E) (표정 바뀌고) 오윤희, 역시 대단한 여자야. 잘만 이용하면, 천서진 다루
는 데 용이하겠어!

41. 헤라펠리스 서진 집 거실(아침)
은별, 거실에서 주스를 마시고 있으면. 단태가 거실로 나오는.
단태, 은별 무시하고 지나쳐서, 자기 집인 것처럼 자연스럽게 소파에
앉아 태블릿으로 뉴스를 보는데.

은별 (어이없는 표정으로) 뭐하는 거예요?

단태 (태블릿에 시선 고정한 채) 엄마랑 같이 아침 먹으려고.

은별 (애써 상냥한 말투로) 될 수 있음, 아침 식사는 펜트하우스에서 하심 안
될까요? 저 고3인데, 아침부터 기분 나빠지면 학업에 지장 있거든요.

단태 (무시하는 말투) 좀 조용히 해줄래? 뉴스 보는 데 방해되니까.

은별 (단태의 돌변한 태도에 기막힌 표정이면) 뭐라고요?

단태 (그제야 은별에게 시선 주고) 애쓸 필요 없다며? 그래서 이제, 연기 같은
거 집어치우려고. 난, 효용성 떨어지는 일, 진짜 싫어해서 말야.

은별 (한 방 먹은 듯) 재수 없어! (열 받아 나가버리면)

단태 (여유로운 표정이고)

42. **헤라팰리스 윤희의 집 로나의 방**(아침)

로나 방에서 로나의 사진을 보고 있는 윤희, 그 위로 떠오르는 서진의 말.

서진(E) 니 딸, 혹시 이런 니 모습이 너무 끔찍해서 떠난 거 아냐? 그래서 니 혼자 헤팰로 돌아온 거 아니냐고?!!

윤희, 문득 로나가 너무 보고 싶고 그리운데. 그 위로,

로나(E) 나 여기 너~~무 좋아!!

43. **회상/미국의 풍경 좋은 어딘가/2개월 전/2022년 1월**(낮)

미국에 적응한 듯 보이는 로나, 행복한 미소 지으며 다정하게 윤희와 팔짱 끼고 공원 걷고 있는데.

로나 날씨도 너무 좋고, 풍경도 그림 같고... 엄마! 우리 주말마다 여기로 산책 오자. 도시락 싸가지고. 아 참, 나 학교에서 오늘 친구 대빵 많이 사겼다?

윤희 잘됐네. (할 말 있는 듯 망설이는 표정이고)

로나 일 년이 진짜 악몽 같았는데... 이렇게 엄마도 옆에 있고, 학교도 적응되고, 너무너무 행복해서 죽을 거 같아. 나 지금, 꿈꾸는 거 아니지?

윤희 (갑자기 그런 로나를 뒤에서 안고. 뭔가 결심한 듯 힘들게 입을 떼는) 엄마가 할 얘기가 있어, 로나야!

로나 (덜컥 겁나고) 뭐야, 또 불안하게... (돌아보려면)

윤희 엄마 보지 마!! 너 얼굴 보면... 엄마 말 못 할 거 같아.

로나 나쁜 일이야? (그러다 애써 센 척) 그냥 빨리 말해. 사람 쫄게 하지 말고.

윤희 (로나 등 뒤에서) 엄마.... 한국 가야 돼! 헤라팰리스로 돌아갈 거야! 넌 여기 남아!!

로나 (굳어지는) 무슨 말이야 그게? 그 지긋지긋한 데로 돌아간다고? 왜?!

153

윤희	(로나 더 세게 끌어안으며, 애써 모질게) 엄마랑 같이 있어서 너한테 아무 도움 안 돼!! 차라리 엄마 잊고, 여기서 하고 싶은 음악 하고, 니 인생 살아!! 아무 일 없었던 것처럼 너랑 행복하게 살기엔, 도저히 숨이 안 쉬어져서 그래!! 수련 아줌마한테 너무 미안해서...
로나	(돌아서서 윤희 보며) 엄마가 죽인 것도 아니라면서, 뭐가 그렇게 미안한데?! 이해 안 돼!! 엄마가 수련 아줌마 복수라도 하게? 그게 나보다 더 중요해? 날 또 버리겠다는 거야?!!
윤희	(강하게) 그래도 가야 해!! 너한테 못 할 짓인 거 알지만...
로나	(간절하게 사정하듯) 싫어 엄마. 그냥 여기서 나랑 같이 살자. 한국에서 있었던 일 다 잊고 여기서 행복하게 우리끼리 살면 안 돼? (윤희 양손 꼭 잡아 쥐며) 내가 여기서 매일 기도할게. 수련 아줌마랑 딸이랑 다음 생에는 꼭 다시 만나서 행복하게 살라고 기도할 테니까... 제발... 가지 마... 응? 엄마.
윤희	(울컥하는데. 이 악물고 독하게) 엄마가... 그 아이를 죽였어.
로나	(멈칫) 뭐?
윤희	수련 아줌마 딸 민설아... 엄마가 그렇게 만든 거야, 로나야. (고백하는데)
로나	(충격에 윤희 잡았던 손을 놓으면)
윤희	(가슴 찢어지는) 미안해 로나야........
로나	(멍해서, 믿기지 않는) 아니지? 거짓말이지? 왜 거짓말해? 엄만, 그런 사람 아니잖아... 불쌍한 사람 보면 도와주고, 억울한 일 못 넘어가고.... 착한 사람이잖아. 빨리 아니라고 말해!! 거짓말이라고 해!! 내 엄마가... 그럴 리 없어!! (숨이 턱 막히는데)
윤희	엄마가 지은 죄, 벌 다 받을 거야.
로나	(온몸 바들바들 떨며, 뒷걸음질 치고) 설마... 일부러 걜 죽인 거야? 나 때문에? 나, 청아예고 합격시키려고?!!
윤희	(고개 내저으며) 아냐... 아냐.... 절대 일부러 그랬던 건 아냐...
로나	어떻게 사람을 죽여놓고, 민설아가 살았던 집으로 들어가서, 집값 올랐다며 좋아할 수가 있어?! 엄마가 사람이야?!! 무서워! 끔찍해! 소름

끼쳐!!

윤희 그땐 정말, 기억이 안 났어!! 정말이야!! 그건 믿어줘!!

로나 (비명처럼) 그만해!!!!! 엄마가... 엄마가 죽였다는 거잖아!! 민설아를!! 나 때문에!!! 내 엄마가 살인자가 맞다는 거잖아!!!! (절규하듯 울부짖으면)

윤희 절대 너 때문 아냐. 엄마 욕심에... 엄마가 미쳤었나 봐. 모든 건 엄마 죄야. 너하곤 아무 상관없어. 그러니까.... (애타 죽는데)

로나 (원망스레 윤희 보며) 왜 말했어... 차라리 평생 비밀로 하지. 난 이제 어떻게 살라고.... 그 애한테 미안해서 어떡하라고!!! (휙 돌아서서, 미친 듯이 마구 뛰어가버리면)

윤희 로나야!! 로나야!! (쫓아가다 주저앉고. 다시 일어나 쫓아가다 쓰러지고. 오열하는) 엄마 용서하지 마... 평생 원망하고 미워해!! 자격 없는 엄마 버리고, 넌... 여기서 새 인생 시작해. 꼭, 꼭, 그래야 돼!! (참았던 눈물이 쏟아지는데)

그때, 걸려오는 전화. 로건이다. 울면서 받으면.

로건(F) 딸한텐 고백했나? 당신이 설아 죽였다는 거!!

윤희 (독하게 눈물 닦으며) 당신한테 하는 마지막 부탁이에요. 우리 로나... 절대 한국 들어오지 못하게 해줘요. 그것만 지켜주면, 나... 뭐든지 할 거예요!!

로건 (한쪽에서 그런 윤희를 지켜보며 전화하고 있는) 로나는 걱정 마. 내가 데리고 있을 테니. (전화 툭 끊어버리면)

윤희 (미친 듯이 터져 나오는 울음)

로건 (급하게 로나를 쫓아가는 로건이고)

44. 현재/헤라팰리스 윤희의 집 로나의 방 (아침)
      윤희, 로나 사진을 보는 눈물 위로, 애써 맘 다잡고.

155

윤희	넌 여기 오면 안 돼, 로나야, 절대로!! 엄마가 그 인간들을 완전히 짓밟을 때까지... (주먹을 꽉 움켜쥐는 윤희)

45. 청아예고 이사장실 (낮)

문자 도착음 울리고. 서진, 핸드폰으로 문자 확인하는데. 보면 윤희고.

윤희(E)	기자회견 준비는 잘하고 있어? 잊지 마! 돌아오는 토요일이야!!
서진	미친 것!!! (열 받아 책상 마구 흐트러뜨리는데. 그때, 노크 소리 들리면. 신경질적으로) 들어와요. (책상 정리하고, 고개 들어보면. 들어서는 사람, 로나다! 놀라서 벌떡 일어서면)
로나	(서진 앞으로 당당하게 다가서고. 똑바로 서진을 보며) 안녕하셨어요, 쌤?! 벌써, 2년 만인가요?
서진	니가... 여길 왜...? (얼굴 하얗게 질린)

46. 청아예고 일각 (낮)

핸드폰 카메라에 잡힌 제니의 표정.
제니, 어쩔 줄 몰라 하며 서있는데.

석경(E)	자, 오늘의 실험은...? 과연 1.5L 콜라를 원샷할 수 있을까, 입니다.

카메라, 빠지면. 석경 주도로, 민혁, 은별, 지아, 봄이, 유정, 은후, 장대까지 모여서 제니를 구경하듯 빙 둘러서있고.
제니, 잔뜩 겁먹은 채 가운데에 서있는.
민혁, 의자 위에 쪼그리고 앉아, 요리조리 몸을 돌려가며 카메라 앵글 잡기에 심취해있고.

석경	(콜라 건네며) 자! 내가 스타트하면 마시는 거야!
민혁	(의자 위에서, 핸드폰으로 그 모습 찍고 있는) 자, 간다. 준비해!

석경	스타트! (하면, 아이들 흥미진진하게 제니를 주시하고)
제니	(망설이다가 콜라를 마시는데. 꿀떡꿀떡 삼키는 소리에 아이들 자지러지고. 제니, 점점 목이 따가워오고, 눈이 발개지고, 탄산이 코를 자극하며 미쳐버릴 거 같은데)

47. 청아예고 이사장실(낮)

서진과 로나, 마주 앉아있고.

서진	(기막힌 표정) 재입학?!! 지금.. 재입학이라고 했니?
로나	네! 청아예고에 재입학하고 싶어서 왔습니다!
서진	(어이없는 웃음 짓고) 미안하지만.. 그건 불가능한데? 음악부는 티오가 전혀 없어. 무리해서 널 받아주고 싶은 생각은 더더욱 없고. 답이 됐을까?
로나	그렇게 말씀하실 줄 알았어요. 근데, 어차피 허락해주시게 될 거예요! (믿는 구석이 있는 듯 당당한데)
서진	(표정 굳어지고) 너 설마... 니 엄마 믿고 이러는거야?!
로나	(가방에서 봉투를 꺼내 건네고)
서진	이게 뭐야? (불안하게 봉투를 열어보는데. 놀라는 표정. 로나를 다시 보는)

48. 청아예고 일각(낮)

석훈, 복도를 걸어가는데, 콜라를 페트병째 꾸역꾸역 마시고 있는 제니를 보는.
강제로 먹이고 있는 석경과, 의자를 딛고 서서 그 모습을 찍고 있는 민혁의 모습도 눈에 들어오는데.

석훈	(뚜벅뚜벅 다가서고) 주석경! 적당히 좀 해. (다른 애들한테도) 니들도!
은별	(석훈 등장에 멈칫하고, 자기랑 관계없는 척 슬쩍 뒤로 빠지면)
석경	오빤 빠져!! 이 기집애가 목이 말라서 자발적으로 처마시는 거야!!

민혁 (석훈을 보고, 간죽대는) 그러게. 니가 왜 껴들어? 이거 다 너한테 배운 거 잖아. 남이 보면 모범생인 줄? 깜빡 속을 뻔했네. (다시 동영상 찍으면)

석훈 (그런 민혁의 손목을 탁 휘어잡는)

민혁 이게 진짜 미쳤나? 나 예전의 이민혁 아니거든. 누구 앞에서 깝쳐?

석훈 개자식!! 그만하라니까!! (민혁에게 주먹을 날리는데)

그때! 누군가가, 민혁이 딛고 서있는 의자에 가방을 걸어서 확 잡아당 기고. 그 바람에 의자가 휘청하면서, 민혁이 넘어질 뻔하는데. 민혁이 얼굴 바로 앞에서 정확히 멈춰 서는 석훈의 주먹.

로나(E) (담담하게) 너넨... 하나도 안 변했구나?

귀에 익은 목소리에 아이들, 일제히 돌아보는데. 그러다 다 얼음 돼서 굳어버린. 은별, 석경, 석훈, 제니, 민혁, 얼이 빠진 채 보고 있는 사람, 틀림없이 로 나다! 제니, 순간 놀라서 콜라를 뿜어버리고, 아이들에게 콜라가 다 튀면. 옷 이고 바닥이고 엉망이 돼버리는데.

로나 (제니에게 다가가, 손수건 건네주며) 괜찮아, 유제니?

제니 (혼란스럽게 로나를 보는데)

은별 (놀라) 배로나...

석경 (로나를 보자 눈 뒤집히고) 야!!! 니가 무슨 낯짝으로 우리 학교엘 와?!

로나 아직도 이 짓거리 하면서 노니?! 그 일을 겪고도 예전이랑 똑같다니...

민혁 이게 뭐래는 거야?! (욱해서 달려드는데, 로나가 옆으로 피하면. 그대로 바 닥에 뿌려진 콜라에 미끄러져 나자빠지고) 아아악!!! 내 팔!! 내 팔!! 나 팔 부러진 거 같아!!! (오두방정 떠는데)

석훈/석경/은별 (갑자기 등장한 로나를 빤히 보는. 서로 다른 눈빛인데. 석경과 은

158

별의 눈빛, 적대감으로 이글이글하는)

49. **청아예고 이사장실(낮)**
     두기, 서진 앞에 앉아서 대책회의 중이고.

두기 (국제콩쿠르 상장을 보며, 감탄하듯) 배로나가 퀸 엘리자베스 콩쿠르에
         서 대상을 받았다구요?! 국제콩쿠르 수상 경력이면, 저희 학교 교칙에
         따라 재입학이 당연 가능하죠. 이거, 완전 핫뉴슨데요. 우리나라 최연
         소 수상이 아닐까 싶은데, 당장 홍보실에 연락해서...
서진 (열 받고) 내가 그런 부탁하려고 마 부장을 불렀겠어요?!
두기 네? 그럼...?
서진 (은밀하게) 예술부장이 나서줘야겠어요. 배로나는 재학기간 동안 학교
         에 일으킨 문제들도 많았고, 자칫 고3 교실 분위기도 해칠 수 있으니...
두기 학생 측에서 문제를 삼지 않을까요? 명백히 재입학 규정에 명시돼있
         어서.
서진 (답답해 죽겠고) 배로나를 다시 이 학교에 다니게 할 순 없어요! 무슨 방
         법이라도 찾아봐요!! 예술부장 능력이 그것밖에 안 돼요? (그때, 서진의
         핸드폰 울리고. 받으면) 민혁 어머니? 네? 사고라뇨?!!

50. **청아예고 복도(낮)**
     정신없이 뛰어오는 윤희와 윤철.

51. **청아예고 일각(낮)**
     윤희, 서진에게 다가오면.
     기다리고 있던 서진, 두 사람이 함께 등장하는 모습에 기가 막히고.

윤희 우리 로나 어딨어?!!
서진 (윤희는 쳐다보지도 않고, 윤철에게) 설마... 배로나 보호자로 온 거야? 여

	기, 은별이 학교란 거, 잊었어?! 은별이 보면 어쩌려고!!
윤철	(정신없고) 시비 걸지 말고, 어떻게 된 건지나 말해!
서진	(윤희를 보는) 전화로 말한 그대로야! 배로나가 민혁이를 발로 차서 넘
	어뜨렸고, 민혁이 지금 응급실 갔어.
윤철	청아의료원이지? (윤희에게) 그쪽은 내가 가볼게. 상황 보고 연락할 테
	니까, 너무 걱정 말고 기다려. 로나부터 챙기고. (급히 뛰어가면)
서진	(윤철 모습에 기막힌데)
윤희	정말 로나가 여기 왔단 말야?! 로나가 여길 왜?!!
서진	진짜 몰라서 묻는 거야? 니 딸, 청아예고에 다시 들어오겠다고 국제콩
	쿠르 상장까지 들고 찾아왔던데... 니가 보낸 거 아니었어?!
윤희	우리 로나가?! (혼란스러운데) 로나 지금 어딨어?!!
서진	짐작하겠지만, 이번 폭행 사건으로 재입학은 불가능해졌어!! 우리 학
	생도 아니니 학폭위까진 없겠지만, 경찰 조사는 받을 각오해두는 게 좋
	을 거야.
윤희	니 얘기 하나도 안 들려!! 로나 어딨는지나 말해!! (소리치는)

52.   청아예고 소강당(낮)

억울함을 호소하고 있는 로나. 그런 로나를 닦달하고 있는 두기.
그 모습을 한쪽에서 지켜보고 있는 은별, 석경, 석훈, 제니, 은후, 유정,
지아, 봄이, 장대고.

석경	배로나가 갑자기 나타나서 민혁이를 발로 찼어요! 제니는 놀라서 토한
	거고요. 너희들도 봤지?
유정/지아/봄이/장대/은후	저희도 봤어요!! 저도요!! (여기저기서 동조하면)
로나	난 그런 적 없어!! (두기에게 단호한 말투로) 쟤네가 거짓말하는 거예요!
석훈	(뭔가 말하려는 듯, 앞으로 나서는데)
석경	(그런 석훈의 팔을 말없이 잡는. 안 된다는 듯 고개 저으면)
석훈	(미치겠고!)

로나	니들이 제니 괴롭히고 있었잖아! 왜 그 얘긴 빼먹는데?
두기	제니를 괴롭히다니? 우리 학교 스카이반 모범생들이?! (아이들 보면)
은후	(발뺌하는) 뭔 소리야? 아니에요, 쌤! 우리가 제니랑 얼마나 친한데요.
두기	(제니 보며) 유제니, 니가 말해봐. 애들이 너, 괴롭히고 있었어?
로나/아이들	(일제히 제니를 보는데)
제니	(갈등되고. 뭔가 말하려는 순간, 은별과 눈 마주치면. 움찔한데. 얼른 로나의 시선 피하며) 아뇨... 그냥 애들이랑 놀고 있었어요.
로나	야, 유제니!!! 너... (어이없는. 졸지에 궁지에 몰리는데)
석훈	(그런 로나를 빤히 보는 시선. 분한 듯, 꽉 쥔 주먹이 부들부들 떨리고)
은별	(석훈의 분노가 그대로 전해지면, 표정 굳어지고. 로나와 석훈이 신경 쓰여 미칠 거 같은데)

그때, 소강당 문을 열고 들어서는 윤희. 로나, 윤희를 돌아보는.

53. 청아예고 일각(낮)

윤희, 로나와 마주 서있는.

윤희	어떻게 된 거야.
로나	내가 그런 거 아냐!! 이민혁이 지 혼자 콜라에 미끄러진 거라고.
윤희	그거 묻는 거 아니잖아! 한국엔 언제 들어온 거야? 어떻게 엄마한테 연락도 안 하고?!! 청아예고 재입학하러 왔다며? 사실이야?
로나	사실이야.
윤희	제정신이야, 너? 여길 왜 또 와?! 빌어먹을 진흙탕에 너까지 왜!!
로나	(분명하게) 청아예고 졸업장 받으러 왔어! 청아예술제 대상 트로피도!!
윤희	그런 게 지금 다 무슨 소용이야?!! 엄마 그런 거 필요 없으니까, 당장 돌아가!! 서울대도, 대상도, 아니 그보다 더한 걸 준대도, 아무 욕심 없어. 정말이야!!
로나	(윤희 똑바로 보며) 내가 왜 엄마 때문에 노래한다고 생각해?!

윤희	뭐?
로나	엄마 때문에 대상 받으려는 거 아냐. 나 때문에, 나 위해서 받으려는 거야. 다시 다니고 싶어, 청아예고! 청아예술제도 꼭 나갈 거야!! 그래야만 돼!!
윤희	(고개 내젓고, 절절하게) 왜 그래야 되는데?!! 안 돼!! 제발, 제발 돌아가, 로나야!!! 미국에서도 얼마든지 대학 갈 수 있잖아!! 그렇게 당해보고도 몰라?!! 여기서 또 무슨 일을 겪으려고 이래?!!
로나	내가 괴롭힘 당할까 봐 겁나? (슬픈 눈으로 윤희 보며) 엄만, 끝까지 이기적이구나? 생존 신고는 했으니까, 그만 가도 되지? (달라진 로나 눈빛. 홱 돌아서서 가면)
윤희	로나야!! 어디 가?!! 로나야!! (혼란스러운데)

54. 헤라팰리스 규진 상아 집 거실(저녁)

윤철, 과일바구니 들고 찾아온. 그 옆에 굳은 표정의 윤희가 서있고.
상아와 규진, 두 사람을 맞는데. 갑자기 과일바구니를 냅다 패대기치는 규진.

규진	지금 이딴 걸로 퉁치려고?! 내 새끼가 팔이 부러졌다고! 쇠몽둥이 같던 멀쩡한 내 새끼 팔이! (손가락으로 가리키면)
민혁	(깁스한 채, 게임하느라 정신없고)
상아	(원망스럽게) 로나 걘, 뭔 힘이 그렇게 쎄대요? 저요, 교양 있는 여자지만, 자식 문제 앞에선 눈 돌아가는 사람이에요.
규진	됐고! 이거 어떻게 책임질 건데? 우리 엄마 아빠 지금 소장 쓰고 있어요. 분해서 곡기까지 끊고! 현직 국회의원 아들이 학폭을 당했다는 게 말이 돼요?!
윤철	병원에선 깁스까지 안 해도 된다는데, 굳이 우겨서 반깁스 한 거잖아요. 서로 모르는 사이도 아니고, 왜 이렇게 빡빡하게 구세요?
규진	(발끈해서) 이거 하 대표! 사람 그렇게 안 봤는데, 지금 성공했다고 막

나가자는 거야?! 나, 이번 일 절대 그냥 못 넘어가! 법으로 해, 법!! 합의나 선처, 절대 없어!! 하긴, 살인자 딸이 오죽하겠어. 아주 폭력이 일상인 모양이지?! (흥분해서 아무 말이나 지껄이면)

윤철 (순간 버럭) 내 딸에 대해 함부로 말하지 마, 이 자식아! (진심 화난 표정) 법조계 있었으니 잘 알잖아! 지금 한 말들, 엄청난 명예훼손인 거!! 한 번만 더 그딴 식으로 지껄이기만 해봐! 아가리를 확!!

규진 (순간 헉! 입 가리고) 허! 누가 보면 조강지처에, 친딸인 줄 알겠네! (은근 쫄았고)

윤희 (멈칫, 그런 윤철을 보는)

55. 헤라팰리스 마리 집 거실 (저녁)

제니, 핸드폰을 들었다 내려놨다, 전화를 할까 말까, 안절부절못하는데.
마리, 딸기 담아서 제니에게 다가오고.

마리 딸기 먹어, 우리 딸~ 딸기 좋아하잖아.

제니 배 안 고파. (그러다 속 울렁거리는지 구역질하면)

마리 속 안 좋아? 왜 그래, 진짜! 엄마 속상하게! 요즘 집에서 통 아무것도 안 먹고. 또 다이어트하는 거야? 하긴, 청아예술제도 얼마 안 남았는데, 드레스 입으려면 좀 빼긴 해야겠다.

제니 (파리한 얼굴로) 로나는 어떻게 됐대?

마리 뭘 어떻게 돼? 민혁이가 팔이 부러졌다는데, 그 집에서 가만있겠어? 정신적 피해 보상에, 치료비까지 탈탈 털어 받겠지!

제니 (로나한테 미안하고, 기어들어가는 소리로) 엄마.. 나 엄마한테 할 말 있어.

마리 (못 들었고) 로나 걔는 오자마자 또 뭔 사고를 쳤다니? 어린 게 싹수없이 폭력이 웬 말이야? 기사라도 날까 겁나. 청아예고 이미지 나빠져서, 대학에서 안 뽑아주면 어떡해. 이게 무슨 창피야?

제니 놀라지 말고 들어. 사실은 나... 나 학교에서... (울컥한데)

마리 아 참! (갑자기 벌떡 일어서고) 엄마, 민혁이 집에 좀 다녀올게. 뼈 잘 붙

163

게 소꼬리 좀 사가야겠네. 민혁 아빠도 퇴근했을래나? (새어 나오는 웃음) 일단, 옷 좀 갈아입어야겠다. (콧노래 흥얼거리며, 급히 가버리면)

제니 (한숨. 마리한테 말할 기회 놓치고)

56. **헤라팰리스 서진 집 안방(밤)**
서진, 방 안 왔다 갔다 하면서 고민하고 있는. 그러다 문득 멈춰 서고.

서진 그래... 어쩜 이게 기회일지도 몰라. 배로나가 날 막아줄 방패막이 될 수도 있어!! (눈 반짝하는 서진. 그때 전화벨 울리고. 받는) 여보세요. 누구... (멈칫하는) 배로나?!

57. **헤라팰리스 서진 레슨실(밤)**
윤희, 레슨실로 뛰어 들어오면. 서진, 의기양양해진 모습으로 윤희를 맞는데.
서진 앞에 무릎 꿇고 앉아있는 로나가 보이고.

윤희 로나야!! 여기서 뭐하는 거야?!!
서진 니 딸이 막무가내로 날 찾아와서, 재입학을 허락해달라고 성화를 부리네.
윤희 (기막히고) 당장 일어나!! 얼른!!
로나 (서진에게 사정하는) 앞으로 학교에서 어떤 소란도 일으키지 않을게요. 약속할게요! 만일 문제 생기면, 그땐 어떤 처벌도 받겠어요. 각서라서 쓸 수 있어요. 그러니까 제발 다니게 해주세요. 청아예고에서 졸업장 받고 싶어요! 부탁드려요, 쌤!! (단호한데)
윤희 (잡아 일으키며) 무슨 말 같지도 않은 소리야!! 니가 왜 그런 부탁을 해?!!
로나 (뿌리치고) 놔!! 엄마가 상관할 일 아냐!!
서진 (로나를 보는) 너도 한때 내 제자였는데, 이렇게까지 사정하니 맘이 약해지네. 생각은 해볼게. 대신, 니 엄마부터 학교 일에 문제 일으키지 않고, 적극 협조하겠다는 동의서부터 받아와! 내가 믿을 수가 없어서 그래.

로나 받아올 수 있어요!! 엄마는 제가 책임질게요.

윤희 (막아서며) 로나 너!!!

서진 좋아. 그만 나가봐.

로나 (일어나서, 윤희 한번 흘낏 보다가 나가버리면)

윤희 (미치겠는데) 뭐하는 짓이야? 로나, 절대 청아예고 안 다녀!! 내가 허락 안 해!!

서진 난 니가 엄청 고마워할 줄 알았는데, 의왼데? 이유가 뭘까?

윤희 내가 원하지 않는다고!!!

서진 니가 원하든 말든, 난 이사장으로서 학교 규정에 따라 결정해!! 너에 대한 악감정 때문에 치졸하게 니 딸의 입학을 막았다는 오해는 사고 싶지 않아서 말야. 난, 교육자니까!!

윤희 교육자? 설마 우리 로나를 볼모로, 흥정이라도 하려는 모양인데....!!

서진 (말 막고) 그 일은, 이제 그만 덮는 게 어떨. 민혁이 문제를 원만히 해결하길 원한다면! 현직 국회의원 아들 폭행 사건이 문제시되면, 로나 인생도 평탄치 못할 텐데.. 괜찮겠어? 미국 학교로 돌아가려면 최소한 폭력 전과는 없어야 하지 않을까?

윤희 비겁한 기지배!! 그런다고 그 일이 덮어질 거 같아?!!

서진 내 명예를 더럽혀서 니가 얻는 게 뭔데? 나 하나 잡겠다고, 니 딸 인생은 망쳐도 상관없다는 건가?

윤희 (이 악물고) 우리 로나한테 무슨 짓이라도 하면, 가만 안 둘 거야!!

서진 (승기를 잡은 듯한 미소) 그건, 니가 어떻게 하냐에 달렸어!!

윤희 (기막히고. 생각지도 못한 기습에 당황한 표정인데)

58. 헤라팰리스 서진 레슨실 앞(밤)

　　　윤희, 밖으로 나오면. 로나가 기다리고 있고.

윤희	로나 너 왜 이렇게 엄마 속을 썩이는 거야?!! 제발 미국으로 돌아가!! 제발!
로나	이 길로, 영영 엄마가 못 찾는 데로 숨어버리길 바래? 아님... (순간 매서 워진 눈빛) 엄마가 지은 죄, 내 입으로 밝혀야겠어?!
윤희	(너무도 낯선 로나 표정에, 순간 헉한데) 로나야..... (가슴 무너져 내리고)
로나	(차갑게) 다신 날 위해 뭘 하려고 하지 마. 내 일은 내가 알아서 해!! (휙 돌아서 가버리면)
윤희	도대체 어딜 가는 거야, 이 밤에?!! 로나야!!! 엄마랑 얘기 좀 해!! (온몸 의 힘이 빠지고, 미치겠는데)

59. 헤라팰리스 서진 집 주방(다음 날 저녁)

서진과 은별, 저녁 식사 중인데.

은별	(놀라고) 그게 무슨 소리야?!!
서진	(커피와 토스트 먹으며, 차분하게) 식사 중에 큰 소리 내는 거 아냐!
은별	(벌떡 일어서고) 배로나를 왜 받아줘?! 엄마 대체 무슨 생각이야!! 나 걔 랑 학교 다니기 싫다고!!! 이사장 재량으로 그것도 못 막아?!!
서진	(포크를 탁! 내려놓으며) 고작 배로나 따위에 겁먹어서 지금 엄마한테 징징대는 거야?! 지금 청아예고 탑은 너야! 엄만 오히려 페이스메이커 가 생겨서 좋을 것 같은데? (하다가) 설마 너, 청아예술제 때문에 그래? 배로나한테 트로피 뺏길까 봐?!
은별	그럴 일 없어, 절대!! 그딴 기집애한테 트로피, 안 뺏겨!
서진	(만족한 듯) 그래, 이래야 내 딸이지. 라이벌이 있다는 건 니 인생에 축 복이야. 그럼 얘기 끝난 거다. 마저 먹고 일어나. 엄만 약속 있어! (일어 나 나가면)
은별	(문득, 로나를 보던 석훈의 표정이 떠오르고. 짜증 나서 미치겠고) 누가 트 로피 때문이래? 엄만 아무것도 모르면서!
분홍	(다가서고) 속상하지? 석훈이가 다시 로나한테 흔들릴까 봐.

은별　(부인할 수 없고. 자기 맘을 알아주는 분홍이 고마운데. 분홍을 끌어안는)
　　　쌤! 불안해 미치겠어요... 난 진짜 석훈이뿐인데....

분홍　(은별 표정을 보다) 석훈이, 불러줄까. 모의고사 예상 문제집 구했는데.

60.　**헤라팰리스 서진 집 드레스룸/단태 사무실/전화통화(낮)**
　　　서진, 모처럼 홀가분한 기분으로, 옷을 이것저것 거울에 대어보며 단
　　　태와 통화 중인데.

단태　중요한 미팅이 있어서 아직 사무실이야. 호텔로 늦지 않게 갈게. 기분은?

서진　나쁘지 않아. 오랜만에 당신이랑 시간 보내니, 설레는데?

단태　이따 봐. 사랑해. (전화 끊으면. 그 앞에 도 비서가 앉아있는)

도비　(표정 어둡고. 자료 파일을 넘기는) 이사장님 공연에 대타가 투입됐다는
　　　증거 자룝니다. 브로커들과 주고받은 메시지도 들어있습니다.

단태　(쓱 자료들을 훑어보고, 만족한 듯) 도 비서가 참 일을 잘하네. 역시, 이사
　　　장이 총애할 만해! 이번 일로, 우리 관계도 좀 더 끈끈해졌다고 믿어도
　　　될까?

도비　(단호하게) 주 회장님과의 관계는 여기까집니다. 더 이상을 요구하시
　　　면, 저도 이사장님께 말씀드릴 수밖에 없습니다!

단태　그렇게 말하니, 도 실장한테 더 믿음이 가는데?

도비　다신 연락 받지 않겠습니다! (일어서고, 깍듯하게 인사하고 나가버리면)

단태　(교활한 표정)

61.　**파크원 호텔 스위트룸(저녁)**
　　　서진, 샤워를 마치고 나와서, 화려한 실크 가운만 걸친 채로 와인 병을
　　　따는데.
　　　그때, 걸려오는 단태의 전화.

서진　어디야?

단태(F)　지금 올라가.

서진　빨리 와. 보고 싶어. (전화 끊고. 와인 잔을 든 채, 모처럼 편안하게 야경을 내려다보는데. 와인은 마시지 않는)

62.　헤라팰리스 서진 집 거실(저녁)
　　　거실로 들어서는 석훈. 아무도 없고.

석훈　은별아... 하은별! (두리번거리는데. 희미하게 은별 방 쪽에서 새어나오는 불빛이 보이고) 방에 있어? (방 쪽으로 가는데)

63.　파크원 호텔 스위트룸(저녁)
　　　벨소리 들리고. 야경을 보다가 돌아서진 서진, 문을 향해 걸어가는.

64.　헤라팰리스 서진 집 은별의 방(저녁)
　　　석훈, 은별 방으로 들어오면. 은별이 말없이 침대에 걸터앉아 있는데. 은은한 조명과 향초 켜져있고.

석훈　뭐해. 불은 왜 꺼놓고. 진 쌤 안 계셔? (전등 스위치 켜려면)

은별　불 켜지 마!! (결심한 듯, 침대에서 일어나 석훈에게 다가서고. 와락 석훈을 끌어안으며) 나, 더 이상 못 기다리겠어. 니 맘, 오늘 확인시켜줘, 석훈아.

석훈　(놀라서 굳어지는!)

65.　파크원 호텔 스위트룸/호텔 복도/교차편집(저녁)
　　　얇은 실크 가운만 입은 채로 현관문으로 다가서는 서진.

서진　왔어? (미소 띠며 문을 여는데. 그대로 굳어지는. 선글라스 낀 남자가, 안으로 뚜벅뚜벅 들어서면, 기겁해서) 누구야?!! (놀라 뒷걸음질 치면)

윤철	(선글라스를 벗는데, 윤철이고!!)
서진	뭐하는 짓이야? 여긴 왜!!
윤철	(와락 서진을 끌어안고, 저돌적으로 입에 키스하는데)
서진	(헉하고)

그때, 엘리베이터에서 내리는 단태. 점점 서진을 향해 걸어오고. 스위 트룸 앞에서 멈춰 서는. 카드키를 대고 안으로 들어가는데.

서진, 윤철한테 안긴 채, 꼼짝할 수 없고.

그때! 카드키로 띠리릭~ 문 열리는 소리 들리고. 룸 안으로 들어서는 단태!

숨이 막힐 거 같은 서진과, 섹시한 입맞춤으로 도발하는 윤철, 문을 열 고 들어서는 단태 모습, 각각 잡히면서 엔딩!!

4화

동맹전선을 구축하라

1.　3화 엔딩 연결/파크원 호텔 스위트룸/호텔 복도/교차편집
　　(저녁)
　　벨소리 들리고. 서진, 얇은 실크 가운만 걸친 채로, 문을 향해 걸어가는.

서진　왔어? (미소 띠며 문을 여는데. 그대로 굳어지는. 선글라스 낀 남자가, 안으
　　　로 뚜벅뚜벅 들어서면, 기겁해서) 누구야?!! (놀라 뒷걸음질 치면)

윤철　(선글라스를 벗는데, 윤철이고!!)

서진　뭐하는 짓이야? 여긴 왜!!

윤철　(와락 서진을 끌어안고, 저돌적으로 입에 키스하는데)

　　그때, 엘리베이터에서 내리는 단태. 점점 서진을 향해 걸어오고. 스위
　　트룸 앞에서 멈춰 서는. 카드키를 대고 안으로 들어가는데.
　　서진, 윤철한테 안긴 채, 꼼짝할 수 없고.
　　그때! 카드키로 띠리릭~ 문 열리는 소리 들리고. 룸 안으로 들어서는
　　단태!

2.　3화 64신 연결/헤라팰리스 서진 집 은별의 방(저녁)
　　석훈, 은별 방으로 들어오면. 은별이 말없이 침대에 걸터앉아 있는데.
　　은은한 조명과 향초 켜져있고.

석훈　뭐해. 불은 왜 꺼놓고. 진 쌤 안 계셔? (전등 스위치 켜려면)

은별　불 켜지 마!! (결심한 듯, 침대에서 일어나 석훈에게 다가서고. 와락 석훈
　　　을 끌어안으며) 나, 더 이상 못 기다리겠어. 니 맘, 오늘 확인시켜줘, 석
　　　훈아.

석훈　(놀라서 굳어지는! 은별을 확 밀치고 그대로 나가버리고)

은별　(무안해서 멀뚱히 서있다가, 다급히 쫓아나가는)

172

3.   헤라팰리스 일각(저녁)
     가는 석훈에게 달려와 잡아 세우는 은별.

은별   주석훈! 그냥 가면 어떡해?!!
석훈   (화내는) 너야말로 뭐하는 거야?! 계약 조건은 같이 공부하고, 과외 쌤
       공유하는 거! 딱 거기까지야. 이런 식으로 굴 거면, 과외고 뭐고 다 끊
       어!! 다신 부르지 마!!
은별   (울컥하고) 어떻게... 그런 말을 아무렇지도 않게 할 수가 있어?! 내가 버
       티는 거, 너 때문이라는 거 잘 알면서! 어떻게! (눈물 터지는데)
석훈   (냉정하게) 나, 니 보호자 아냐. 그런 걸로 협박하지 마. (가면)
은별   (뒤에 대고) 하나만 약속해줘. 배로나한테 절대 흔들리지 않겠다고!!
석훈   (멈칫, 그러다) 로나하고 나, 이제 아무 사이 아냐. 지운 지 오래야. (성큼
       성큼 가버리는데)
은별   (내심 안심되면서도, 불안한 은별이고. 눈물 그렁그렁한 은별)

4.   파크원 호텔 스위트룸(저녁)
     단태, 주위 두리번거리다가 문 옆쪽에 서있는 서진을 발견하고 다가
     서는.
     서진 옆에 아무도 없고.

단태   (부드럽게) 오래 기다린 거 아니지?
서진   아냐. 내가 좀 서둘렀어. (진땀 나고. 얼른 테이블 쪽으로 걸어가며) 추천
       받은 와인인데, 같은 걸로?
단태   당연하지.
서진   (와인을 따르는데, 긴장해서 손이 떨리고. 애써 진정하려 애쓰는데. 신경은
       온통 옷장에 가있는)
윤철   (옷장 안에 숨어있는 채고)
단태   (은근 자랑하듯) 여기 어때? 그 대단하신 미국 부호 로건 리가 쓰던 스위

트룸인데, 내가 장기 렌트했어. 혼자 있고 싶을 때, 아님 우리 둘이 있고 싶을 때, 자유롭게 써.

서진 　고마워. 생각도 못 했는데... 뷰도 훌륭하고, 아늑하니 좋네.

단태 　아! 하나 더 있어! 서프라이즈 선물! (서진을 데리고 옷장 쪽으로 뚜벅뚜벅 걸어가면)

서진 　(당황하고) 뭐.. 뭔데?! (옷장 앞에 멈춰 서고)

단태 　백 선생 드레스 즐겨 입길래, 특별히 몇 벌 부탁했어. 올해 잡힌 공연 때 부지런히 입어. 내년엔 다른 옷으로 준비할 테니. (옷장 문을 활짝 여는데)

서진 　(기겁해서 눈을 질끈 감아버리고. 간신히 눈 떠서 보면. 옷장 안에 윤철의 모습은 보이지 않고. 드레스들이 행거에 쭉 걸려있는. 놀라서 보면)

단태 　어때? 맘에 들어?

서진 　(정신없고) 어? 어... 너무.... 예뻐. (단태 의식하며 옷장 안을 훑어보면, 드레스들 사이로, 윤철의 신발이 보이는데. 미치겠. 식은땀 범벅이고)

단태 　(드레스 중 하나를 치켜들며) 이건, 청와대 만찬에서 입으면 어떨까. 특별히 신경 써서 준비한 의상인데. (드레스 하나를 꺼내면, 뒤에 서있는 윤철이 보일 위기고)

서진 　(얼른 단태를 돌려세워서, 확 끌어안으면)

단태 　(그대로 서진을 안아서 테이블 위에 앉히는데)

서진 　(자연스럽게 화제 바꾸면서) 감동받았어. 언제 이걸 다 준비한 거야?

단태 　당신이 좋아하니, 기쁜데? 건배할까? 오늘은 늦게까지 편하게 마시자.

서진 　근데... 어쩌지? 나 지금 가봐야 될 거 같아.

단태 　무슨 소리야?

서진 　엄마가... 몸이 좀 안 좋으시다고 연락이 와서 신경 쓰이네. 잠깐이라도 들여다봐야 될 거 같아. 미안해서 어쩌지?

단태 　많이 편찮으시대? 그래서 불안해 보였구나. (서진 손 잡아주며) 당신 많이 떨고 있어. (걱정스럽게 보면)

서진 　(애써 진정하며) 심각한 건 아닌가 봐. 일단 가봐야겠어. (그러면서도, 옷

장으로 시선이 가는. 조마조마해 미칠 거 같고)

5. 호텔 앞(밤)

    서진과 단태, 호텔 앞에 서있으면.

단태 데려다줄게. 얼굴 안 좋아.

서진 아냐. 혼자 갈 수 있어. (발레파킹 맡긴 차 오면, 올라타는) 먼저 갈게.

단태 어머님 상태 보고 연락 줘.

    서진의 차, 출발하면. 이어서 단태의 차도 출발하고.
    잠시 후, 급하게 다시 들어오는 서진의 차.
    서진, 뛰어내리다시피 차에서 내려, 바로 호텔 안으로 뛰어 들어가는데.

6. 파크원 호텔 복도(밤)

    급히 걸어가는 서진. 그때, 스위트룸에서 나오는 윤철과 마주치고.

윤철 다시 온 거야? 나 보려고?

서진 (열 받은, 윤철을 구석으로 내몰며) 지금 뭐하자는 거야? 속셈이 뭐
        야?!! 내가 여기 있는 줄은 어떻게 알았어? 미행이라도 한 거야?!!!
        (다그치면)

윤철 (서진의 팔을 붙잡고) 진정해!!

서진 당신이 왜 돌아온 걸까, 쭉 궁금했어. 오윤희 그 발칙한 기지배가, 나
        보란 듯이 당신 이용하는 게 뻔한데, 모르는 건가, 아님, 모른 척하는
        건가?

윤철 내 얘기부터 들어!!

서진 (더 흥분해서) 당신 나한테 아직 마음 있지? 그래서 오윤희에, 그 딸까
        지 달고 들어와서, 나 자극하는 거잖아! 그럼 내가 흔들릴 거라고 생각
        해? 내가 가진 거 다 버리고, 당신한테 돌아갈 거라 착각하는 거야? (조

롱하듯 비웃으며) 진짜 하윤철다운 생각이다, 정말!

윤철   (빤히 보다가, 갑자기 웃음 터지고)

서진   (일그러지고) 웃어?

윤철   (어이없단 표정) 그래 뭐... 재미는 있겠다. 내가 널 다시 가지려고 연극하는 거라면. 근데! 어쩌지. 혼자 오바해서 상상한 너한텐 미안하지만, 난 윤희 사랑해. (비웃듯이) 내가 돌아온 게 어지간히 신경 쓰였나 보네. 주단태랑 아주 행복한 줄 알았는데. 그것도 아닌가 봐?

서진   (당황하지만) 이 호텔엔 왜 온 건지나 말해!!

윤철   뉴욕에서 너는 나한테 왜 그랬는데?

서진   (순간 당황하고) 무슨 말을 하는 거야? 난 기억나는 거 아무것도 없어!!

윤철   (갑자기 서진에게 키스할 듯 다가서며) 이래도?

서진   (당황해서 윤철을 확 밀어내며) 뭐하는 짓이야!!

윤철   (서진을 벽으로 더 밀어붙이며) 호텔에 미팅이 있어서 왔다가 우연히 너 봤어. 뉴욕에서 우리 일, 실수였나 확인하고 싶었고. 결과적으론 실수인 거 확인했어. 그게 다야.

서진   오윤희에 대한 마음이 진심이다?! 그걸 믿으라고?

윤철   안 믿어도 상관없어. 확실한 건, 내 마음엔 이제 니가 없더라고! 입을 맞춰도 아무 감정을 못 느낀 거 보면. 그러니까 앞으로 조심해줘.

서진   (모욕감에 부르르) 개자식! 다신 내 앞에 나타나지 마! 죽고 싶지 않으면!

윤철   (픽 웃고) 나도 원하는 바야. (웃으며 가는데)

서진   (어이없고. 가는 윤철을 보며, 옷매무새 다듬는 서진이고)

7.   헤라팰리스 윤희 집 앞(밤)

성큼성큼 다가오는 누군가의 발. 후드를 뒤집어쓰고 있고.
윤희 집 앞에 쓰레기통을 확 붓고. 토마토를 대문에 집어던지고.
래커 스프레이로 "살인자 꺼져" 쓰고 돌아서는데. 후드 벗으면 석경이고!

176

석경   살인자 딸 주제에! 절대 가만 안둬, 배로나!

그때, 엘리베이터 문이 열리면서 내리는 마리.

마리   (석경 보고 놀라서) 너 여기서 뭐해? (낙서된 것 보고) 니가 그런 거야? 또?!

석경   아줌마는 모른 척하세요! 살인자랑 한패가 아니면은요! (쌩하니 가버리면)

마리   저저 싹퉁바가지! 어른한테 한다는 소리가! (그러다 난리 난 대문을 보고) 치우려면 고생 좀 하겠네. (자기 집으로 들어가는)

8.   헤라펠리스 마리 집 거실 (밤)
     제니, 거울로 머리를 들여다보고 있는. 한 군데가 원형탈모로 비어있고. 그때, 문 열리는 소리 나면. 얼른 머리카락 넘겨서 머리핀을 찔러서 가리는데.

제니   왜 이제야 와?! 민혁이네 집에 금덩이라도 숨겨놨어?!

마리   (음흉하게) 뭐 비슷한 건 있지. 근데 왜 여태 안 자고?

제니   (결심한 듯, 굳은 표정) 엄마한테 할 말 있어서 기다리고 있었어.

마리   무슨 말? (피곤한 듯 하품하고) 내일하면 안 될까. 술 한잔했더니 엄마 너무 피곤한데. 급한 거야? (또 입 찢어지게 하품하면)

제니   아냐... 담에 할게.

마리   그래, 엄마 먼저 잔다. 우리 공주도 굿나잇~! (안방으로 가면)

제니   (기운 빠지고. 다시 머리핀 빼서, 거울로 구멍 난 머리를 들여다보는데)

9.   펜트하우스 거실 (밤)
     잔뜩 독 오른 석경, 들어오는 단태를 맞는.

177

석경 배로나가 학교로 돌아왔어요! 천 쌤이 배로나를 재입학시켰다고요!

단태 (석경을 스쳐 지나가다가 멈칫하고) 재입학을 허가했다? (피식 웃으면)

석경 배로나는 살인자 딸이에요. 그런 애랑 같은 데 사는 것도 미칠 거 같은 데, 학교까지 같이 다니라고요? 이건 말이 안 되잖아요!

단태 천 쌤한테 그럴 만한 사정이 있는 모양이지. 니가 왈가왈부할 일이 아 냐!! 이렇게 흥분할 시간에, 청아예술제 준비라도 하는 게 어떨까?

석경 (얼굴 굳어지면)

단태 니가 서울음대 들어갈 유일한 방법은, 청아예술제 트로피뿐이야!! 다 른 애들은 실력으로 갈 수 있지만, 넌! 학교장 추천 없인 서울음대는커 녕 들어본 대학 가는 것도 불가능해! 내가 훔쳐다 준 답안지 없인, 중간 고사도 못 치르는 꼴통이잖아!! 설마 나더러, 수능 답안지까지 사오란 건 아니겠지?!

석경 (자존심 뭉개지지만) 제가 만일, 대상 트로피를 받으면, 뭘 해주실 건데 요?!

단태 (무시하는 투로) 니가 원하는 건 뭐든! 하늘의 별이라도 따다 주지.

석경 독립시켜주세요!

단태 독립? (어이없는 듯 픽 웃으면)

석경 은별이랑 한집에 사는 거, 소름 끼쳐요! 대학 합격하면, 바로 독립할래 요. 제 명의로 된 아파트 있잖아요!

단태 (잠시 생각하다가) 좋아. 트로피만 가져온다면, 생각해보지. 자신 있는 거지?

석경 약속할게요! 청아예술제 트로피, 무슨 수를 써서라도 제가 가져오겠어 요!! (이 악무는 석경이고)

10. 헤라팰리스 전경(아침)

11. 헤라팰리스 윤희 집 앞(아침)
     낙서와 토마토로 난장판이 된 윤희 집 대문을 보고 서있는 윤희, 별일

178

아니란 듯 문 앞을 치우고 있으면.

로나(E)   고작 이 꼴을 당하고 있었던 거야? 이러려고 돌아왔어?
윤희   (돌아보면 캐리어 끌고 서있는 로나가 보이고. 한편으로는 안심되지만 애써 차갑게) 엄마 맘 안 변해. 어서 미국 돌아가!! 집에 들어올 생각, 꿈에 도 하지 마!! (돌아서서 계속 낙서를 치우면)
로나   나 여기서 살 거야.
윤희   누구 맘대로?!!
윤철   (문 열고 나오며) 내가 불렀어.
윤희   (놀라서 윤철을 보는) 뭐하는 거야? 하윤철!!
윤철   (로나 보며 상냥하게) 로나야, 어서 와. 환영해. 니 방 청소해놨어. 들어 와. (다정하게 로나를 집 안으로 이끌면)
윤희   (기막혀서 두 사람을 보는데)

12.   헤라펠리스 윤희 집 로나의 방(아침)
      로나, 방 안을 둘러보면. 모든 게 예전 그대로고. 가만히 피아노를 쓰다 듬어 보는데. 피아노 위에, 예쁜 오르골 목걸이 보이고. 윤철이 남긴 쪽 지가 붙어있는.

윤철(E)   우리, 잘해보자. 돌아보면 언제나 니 편이 있다는 거 잊지 마. 응원한다. - 아저씨가

      로나, 오르골 태엽을 감아서 소리 들어보면. 로나가 좋아하는 곡이고. 왠지 마음이 따뜻해지는데.
      문득 옷걸이에 청아예고 교복이 보이고. 로나, 손으로 "청아예고" 로고 를 쓰다듬어 보는데.
      그때, 핸드폰으로 띠링~ 문자 오고. 문자 확인하면. 〈배로나 학생의 청 아예고 재입학이 승인되었습니다〉써있는.

순간 눈물이 핑 도는 로나. 얼른 눈물을 훔치는데. 그 위로,

13.   회상/미국 로건 집 저택 로건의 방(밤)
      로나, 민설아의 사진이 있는 방을 돌아보고 있으면. 로건이 다가서고.

로건   설아랑 만난 적 없니?
로나   네. 한 번도... (로건을 보는) 쌤! 우리 엄마가 민설아한테 그런 짓을 한
          건, 다 나 때문이에요. 내가 청아예고 가고 싶다고 난리 피우고, 매일같
          이 엄마 괴롭혔거든요. 그러니까, 날 미워하고 우리 엄만 너무 미워하
          지 마세요.
로건   청아예고에서 널 볼 때마다 설아 생각이 났어. 우리 설아도, 너처럼 노
          래를 참 잘했는데... 노래가 그 아이 꿈이었어. (사진 액자 속의 설아 얼굴
          을 쓰다듬으며, 아련한 눈빛) 천서진 선생을 처음 만나고 온 날, 나한테
          전화가 왔어.

14.   인서트/시즌 1, 1화 46신 연결/헤라펠리스 서진 레슨실/설아
      의 시선으로(낮)
      서진, 책상에 앉아 이력서를 꼼꼼하게 읽고 있으면.
      그때 노크와 함께 들어오는 민설아. 화장을 하고 염색한 가발을 쓴 대
      학생의 모습이고.
      설아의 보풀이 인 스웨터와 낡고 해진 하얀색 운동화, 눈에 띄게 볼품
      없다.

설아   (정중하게 꾸벅 인사하고) 안녕하세요. 수학 과외 면접 보러 왔는데요.
서진   (빠르게 설아 모습을 위아래로 훑으며 스캔하고. 미소 지으며) 앉아요. (이
          력서에 다시 시선 주고) 안나 리... 맞죠?
설아   네. 편하게 안나라고 부르세요.

설아(E) (로건에게 말하는 말투로, 순수하고 발랄하게) 천서진 쌤을 처음 봤는데, 너무 떨려서 머릿속이 하얘져버렸어. 그래서 준비해갔던 말도 못했지 뭐야. 내가 그분 완전 팬이라는 거. 내가 생각했던 것보다 실물이 훨씬 아름다워서 너무 놀랐나 봐. (설아의 시선으로 레슨실 돌아보는) 쌤이 노래 부르고 있는 사진을 봤는데, 심장이 막 미친 듯이 쿵쾅거렸어. 갑자기, 노래가 너무 하고 싶더라고. 청아예고에 들어가서 쌤의 제자가 되고.... 무대에 서서 아름다운 노래를 부르고.... (카메라가 사진 밑에 있는 트로피를 비추면) 청아예술제 대상 트로피도 타고, 그런 상상하니까 너무 행복했던 거 있지? 나도 엄마가 있었으면, 노래할 수 있었을까?.... (다시 설아의 얼굴로 클로즈업되면, 서진을 보며 웃는 설아의 모습)

15. 회상/미국 로건 집 저택(밤)

로건 내가 좀만 일찍 찾으러 갔더라면, 우리 설아도 청아예고에 다닐 수 있었을 텐데.... 좋아하는 노래도 실컷 부르고, 그리워하던 친엄마도 만나고, 다른 아이들처럼 사랑받으며 살 수 있었을 텐데.... 그렇게 빨리 떠날 줄은 생각도 못 했어. (괴로워하면)

로나 (로건의 말에 눈물이 뚝 떨어지는) 죄송해요. 다 나 때문에.... 내가 괜한 욕심 부려서.... (죄책감에 미칠 거 같고)

16. 현재/헤라팰리스 윤희 집 로나의 방(아침)
      로나, 옷장에 걸린 교복을 꺼내 들고 보는.

로나 민설아... 니가 못 이룬 소원, 내가 이뤄줄게. 청아예술제 트로피, 내가 꼭 탈 거야!! 그리고 다신, 노래하지 않을 거야....
      그때, 밖에서 들리는 윤철의 목소리.

윤철(E) 무슨 소리야? 당연히 집으로 와야지! 왜 혼자 미국에 있어?!

17.   헤라팰리스 윤희 집 주방(낮)
       윤희와 윤철, 언쟁 중인.

윤희   그래서, 나랑 상의도 없이, 동의서까지 써준 거야?
윤철   로나가 직접 연락해서 부탁하는데, 그걸 어떻게 거절해? 도대체 왜 반
       대하는 거야? 난 이러는 니가 더 이해가 안 돼!!
윤희   (말 돌리며) 로나, 여기 있으면 안 돼! 청아예고가 어떤 곳인지 몰라서
       그래? 천서진이 가만두겠냐구!!
로나(E) 그런 걱정은 안 해도 돼.

       윤희와 윤철, 돌아보면. 로나, 교복 차림으로 나와서 서있고. 놀라는
       윤희.

윤희   (놀라고) 로나 너?!
로나   방금 재입학 승인 문자 받았어. 다녀올게. (윤희 시선 피하고, 쌩 나가면)
윤철   로나야! 내가 데려다줄게. (급히 샌드위치 두 개 챙기더니, 윤희에게) 나
       바로 출근해. 아침 챙겨 먹어. (외투와 서류가방 들고, 로나 따라 나가면)
윤희   아 뭐야... (하다가 순간 멈칫하고. 윤철과 로나가 다정하게 나가는 뒷모습
       을 보는데. 윤희의 묘한 표정)

18.   헤라팰리스 윤희 집 로나의 방(아침)
       윤희, 로나 방으로 들어와, 로나가 가져온 트렁크 열어보면. 퀸 엘리자
       베스 성악 부문 상장과, 많은 악보들, 청아예술제에 관한 안내문들이
       빼곡하게 들어있고.

윤희   왜 돌아온 거니, 로나야.... 너까지 위험해지면 어쩌려고. (로나 속을 알
       수 없어 답답한데)

19. 청아예고 앞/윤철의 차 안(아침)
     멈춰 서는 윤철의 차.

윤철   (로나에게 샌드위치 하나 건네고) 먹어. 아침 안 먹었잖아.
로나   (쭈뼛하다가, 받고. 어색하게) 고맙습니다. 목걸이도 잘 받았어요. 맘에
      들어요. (내리려다가) 아저씨, 울 엄마 잘 부탁해요.
윤철   어?
로나   아저씨라도 울 엄마한테 잘해주세요. (후다닥 차에서 내리는데)
윤철   (그런 로나를 보며, 피식 웃는데. 로나가 귀엽게 느껴지고)

     차에서 내리던 서진과 은별, 그 모습을 보는.

서진/은별 (기막힌 듯 로나와 윤철을 번갈아 보는데)
은별   (욱하고) 짜증 나 진짜!!
서진   (로나가 더 미워지고. 어이없는 표정인)

20. 청아예고 일각(아침)
     로나, 걸어가고 있으면. 그 옆으로 다가가서 걸어가는 서진.

서진   재입학 날짜는 내일인 걸로 아는데? 문자 못 받았어?
로나   수업은 내일부터 들을 거예요.
서진   그럼 오늘 왜 온 거야? (하다가 멈칫) 너 설마.... (로나를 보면)
로나   (호기롭게) 네! 청아예술제 나가려고요! 오늘 예선이라면서요? (로나가
      가리키는 곳을 보면, 청아예술제 포스터가 붙어있고) 좀 치사하셨어요~
      일부러 저 참석 못 하게 하신 건. (인사 꾸벅하고 먼저 가면)
서진   (분하고 기막힌데. 그때, 핸드폰 울리고. 보면 단태고. 신경질적으로 받는)
      나야. 바빠서 나중에...
단태(F) (말 막고) 지금 회사로 좀 와야겠어. 급한 일이야!

                                                      183

21.   단태 사무실(아침)

서진, 급하게 들어서면. 초조하게 서성이던 단태, 어두운 표정으로 서진을 맞는.

서진 (뭔가 불길한 예감에, 단태 표정 살피며) 무슨 일이야? 급한 일이란 게!

단태 시민일보 손형진 기자 알지?

서진 유명하잖아. 내 안티 기자. 그 자식이 또 이상한 기사라도 썼어?

단태 그쪽에서 연락이 왔어. (노트북으로 뭔가를 보여주는데)

노트북 화면에 뜨는 건, 서진과 남자가 호텔 복도에서 키스할 거 같은 사진이고.
"프리마 돈나 천서진, 숨겨진 남자와 열애설" "주단태 회장과의 불화설! 파혼설! 이대로 결혼은 무산되나" "제이킹 홀딩스와 청아재단 합병, 백지화되나?"
기사 제목들 보이는데.

서진 (기겁하면)

단태 오늘 손 기자가 내보낼 기사야! 어떻게 된 거야? 당신 어제, 어머니한테 갔던 거 아니었어?

서진 (당황해서 얼떨결에 거짓말하는) 그게... 방에 지갑을 두고 와서, 잠깐 가지러 갔었어. 나오다가 누군가 마주쳤는데, 전혀 모르는 사람이야! 술에 취해서 치근대길래 뿌리치고 도망친 게 다야! 잘못된 기사야!

단태 (순간 서늘한 눈빛으로 서진을 보는) 지금 나더러 그 말을 믿으라고? 사진 속 당신 눈빛, 절대 모르는 사람을 보는 게 아냐!

서진 (예전과 다른 단태의 무서운 눈빛에 긴장하면)

단태 (서진에게 천천히 다가서며) 언제부터 나한테 비밀이 생긴 거지? 날 속이고, 다른 남자를 만나러 갔다... 그렇게 해석해도 되나? 누구야? 어젯밤 어떤 새끼를 만난 거야?!! 말해!! (서진의 양어깨를 붙잡고, 매섭게 다

그치는데)

서진 　말했잖아!! 모르는 사람이라고!! 실수로 부딪힌 취객까지 내가 해명해
　　　야 해?!! (끝까지 버티면)

단태 　모르는 사람이다? (서진을 잡은 손을 놓고, 밖을 향해) 조 비서, 들어와!!

조 비서, 문 열고 들어서고, 각 잡고 서면.

단태 　(싸늘하게) 그놈은? 왜 아직까지 보고가 없어?

조비 　사진이 명확하지 않아서, 아직 찾고 있습니다.

단태 　호텔 쪽은?

조비 　CCTV를 요청했지만, 개인정보상 불가하다고...

단태 　(갑자기, 골프채를 들어서 옆에 있던 도자기를 박살 내버리면)

서진 　아악!! (놀라서 얼굴 돌리는데. 와장창 깨져서 사방으로 날리는 유리조각들)

단태 　(살기 띤 눈빛으로, 서진 들으란 듯 공포스럽게) 그런 나약한 대답 재잘
　　　거릴 시간에, 그놈이나 잡아와!! 벌써 찌라시가 돌았는지, 오늘 우
　　　리 주식이 곤두박질쳤어! 한 시간 내로 그 자식 찾아서, 내 앞에 끌고
　　　와!! 당장!

서진 　그만해!! (가쁜 숨 몰아쉬고, 조 비서에게) 조 비서는 나가봐요!

조비 　(눈치 보다가 나가면)

서진 　(두려운 표정 감추며) 내가 아니라면, 그게 뭐든, 무조건 믿어줘야 되는
　　　거 아냐?!

단태 　(들고 있던 골프채를 던져버리고) 사실을 말해야 수습할 수 있어! 거머
　　　리 같은 놈인데, 어떻게든 기사 내려고 발악할 거야. 돈으로라도 딜해
　　　봐야지!

서진 　딜할 필요 없어! 내 선에서 정리해!!

단태 　자신만만할 일이 아냐!!

서진 　(세게 나가는) 내가 해결한다잖아!! 제대로 해명도 들어보지 않고, 무작
　　　정 화내고 몰아세운 거, 불쾌해! 학교 들어가야 해. (급히 나가버리면)

단태   (그런 서진을 의심스럽게 보는 날카로운 시선)

22.   제이킹 홀딩스 일각(아침)
      서진, 단태 사무실 밖으로 나오자마자, 침착하고 도도했던 표정이 확
      변하고.
      다급하게 윤철에게 전화하는데. 받지 않는. 정신없이 뛰기 시작하는
      서진.

23.   청아예고 일각(아침)
      걸어가는 은별을 잡아 세우며 따지는 석경.

석경   하은별! 너 알고 있었어? 배로나 그 기집애가 청아예고 돌아오는 거!!
은별   알면 뭐?!
석경   알고도 내버려둔 거야?! 니네 엄마 능력이 고작 그 정도였어? 배로나
      받아줄 만큼 힘도 없는 거냐고! (험악해지면)
은별   말조심해!! 나도 너만큼 열 받으니까!!!
석경   그럼 어떻게 좀 해봐!! 꼴도 보기 싫어 미치겠다고!!! 배로나가 퀸 엘리
      자베스 콩쿠르에서 대상 받았다며!
은별   (놀라고) 뭐?!
석경   아님, 걔가 무슨 수로 재입학을 했겠어? 틀림없이 청아예술제도 나간다
      고 설칠 거야. 우리 다 경쟁자 하나 느는 거라고, 이 멍충아! (신경질 내면)
은별   (갑자기 뭔가 떠오른 듯) 너, 내가 하자는 대로 할래?
석경   (보면)
은별   (뭔가를 보며) 저 기집애 여기 못 다니게 해줘야지! (은별과 석경의 시
      선이 멈추는 곳에 걸어오는 로나가 보이고) 이제부터 너랑 나... 한편이
      야! 공공의 적이 있을 땐, 잠깐 힘을 합하는 것도 괜찮잖아? (의미심장
      한 표정)

24.   존 바이오 윤철 사무실(낮)

    서진, 정신없이 사무실로 뛰어 들어오는.

서진   왜 이렇게 전활 안 받는...

    소리치다 놀라서 멈춰 서는. 윤철과 마주 앉아있는 사람, 단태고.

단태   (상기된 서진의 얼굴을 여유 있게 돌아보며) 왔어? 왜 이렇게 숨이 차? 많
    이 급한 모양이지?

서진   (순간, 소름이 쫙 끼치고. 당황해서) 뭐하는 거야, 여기서!!

단태   (서진 무시하고, 윤철에게) 하던 말 계속하죠. 하 박사가 대답할 차렌데...

윤철   (단태에게) 어젯밤에 내가 누굴 만났냐... 그게 왜 궁금하죠?

단태   (일그러지는) 묻는 말에 대답이나 해!! 사진 속의 이 남자, 하 박사 맞지?!

서진   (대답하지 말라는 듯, 애타게 도리질하면서 눈빛 보내는데. 윤철은 그런 서
    진 보지도 않고. 돌겠는)

윤철   질문이 이상하잖아요. 꼭 답을 알고 있는 사람처럼. (당당하게) 맞아요!
    서진이 만났어요! 그런 것까지 일일이 약혼자한테 보고해야 되나요?

서진   (순간 후들거리던 다리에 힘이 빠지는데)

단태   (불쾌한 듯 일그러지고) 그 야심한 시간에? 하필 호텔에서?!

윤철   우연히 만났을 뿐이에요. 사진 각도가 좀 악의적이네. 설마, 서진이 의
    심하는 거예요? 두 사람, 무슨 문제라도 있어요?

서진   (윤철에게) 더 말할 거 없어!! (단태에게 강하게) 확인했으면 그만 가! 더
    망신 주지 말고!!

윤철   전 와이프를 봤어도 모른 척했어야 했나. (서진에게) 내가 실수했네. 당
    신 피곤하겠어. 이렇게 일거수일투족 예민한 약혼자 상대하려면.

단태   시답잖은 스캔들에, 회사 주식까지 흔들리는 세상이야!

윤철   스캔들 때문인 건 맞아요? 회사에 문제 있는 건 아니고?

단태   (무섭게 굳어지며) 하윤철!!!

윤철	아! 걱정돼서 한 말이에요. 불쾌했다면 사과하죠.
단태	(자존심 상해서 벌떡 일어서고. 쾅! 문 닫고 나가버리면)
서진	(변명하듯) 오해받기 싫어서 그 사람한테 말 못 했어. 어쨌든... 고마워.
윤철	(메모하면서) 시민일보 손형진 기자라고 했나? 손 기자한텐 내가 해명하지. 당신 때문 아냐. 은별이 위해서야. 또다시 우리 일로 상처 줄 순 없잖아?
서진	(의외라는 듯 윤철을 보면)

그때, 문 열고 들어서는 윤철의 비서.

비서	대표님, 다들 기다리시는데, 회의 취소시킬까요?
윤철	아뇨! 들어오라고 해요. (급히 테이블로 가며) 앞으로 개인적으로 보는 일은 없었으면 해. 윤희한테 미안해서! (나가달라는 듯 회의 서류 보는데)
서진	(자존심 상해 얼굴 벌게지고. 이래저래 비참한 기분 드는. 그러다 셔츠 단추 푼 채로. 카리스마 있으면서도 프리한 스타일로 일하는 윤철을 보면. 뭔가 달라짐을 느끼는데)

25.   존 바이오 일각(낮)
서진, 밖으로 나오면. 단태가 기다리고 서있고.

서진	날 못 믿은 거야? 내가 하윤철한테 당신이 한 행동까지 사과해야 해?! 우리 관계가 고작 이 정도였냐고!!
단태	처음부터 하윤철이라고 말했음 됐잖아!! 왜 거짓말을 해서 일을 복잡하게 만들어?!
서진	당신이 매번 예민하게 구니까 그런 거 아냐!! 싸우기 싫어서!! (매섭게 윽박지르며, 단태의 옷을 움켜잡으면)
단태	(불쾌한 듯 서진이 움켜쥐고 있는 자신의 옷을 서늘하게 내려다보며, 애써 참으며) 당신을 위해서였어. 말이 안 되는 열애설은 막아야 하니까.

서진   (화 가라앉히며, 움켜쥔 옷을 놓고 차갑게) 우리 아직, 법적으로 아무 사이도 아냐. 날 또 실망시키면, 우리 관계, 심각하게 고민해야 할지도 몰라! 합병도... 결혼도... (돌아서서, 당당하게 걸어가는데)

단태   (가는 서진을 보는 눈빛. 단단히 화난 얼굴이고) 천서진... 귀여운 짓은 이번 한 번뿐이야! (이 악무는 단태고)

26.   헤라팰리스 엘리베이터 (낮)

윤희, 엘리베이터에 올라타면. 분홍과 입주자 몇 명이 타있는.
엘리베이터 멈추고, 몇 명이 내리면. 분홍과 윤희, 둘만 남는데.

분홍   (CCTV를 신경 쓰며 앞만 보고는) 딸은 집으로 들어왔나요?

윤희   (멈칫) 로나가 한국 온 거, 당신도 알고 있었죠? 근데, 왜 말 안 했어요?

분홍   로건의 지시였어요! 알리지 말라는.

윤희   우리 로나는 지켜주기로 했잖아요! 한국에 얼씬도 못 하게 한다고 분명히 약속했잖아요!!!

분홍   약속을 지키지 않은 건, 당신도 마찬가지 아닌가요?

윤희   무슨 뜻이죠?

분홍   로건이 말했을 텐데요. 석경이 친엄마, 나애교를 찾으라고.

윤희   당신들도 여태 못 찾는 사람을 나더러 무슨 수로 찾으라고요?!

분홍   주단태에게 접근했었어야죠. 그자는 나애교의 행방을 알고 있을 테니까.

윤희   석경이 친엄마를 찾는 이유가 대체 뭐죠?

분홍   그건.... (말 아끼며) 찾게 되면 저절로 알게 될 거예요. (알 수 없는 표정)

그때, 딩동 하고 엘리베이터가 멈춰 서면. 빠르게 먼저 내리는 분홍이고.

27.   펜트하우스 거실 (낮)

분홍, 음식을 들고 펜트하우스로 들어서고.

분홍   (헬퍼에게) 이사장님께서 요리 몇 개를 보내라고 하셔서요.

안집사   고맙습니다. 잘 전달하겠습니다.

분홍   아! 애들 방에 과제물 좀 놓고 올게요. 오늘 영어 과외 쌤 숙제거든요.

안집사   그러세요. 저쪽이에요. (손으로 가리키면)

분홍   고마워요. 안 집사.

분홍, 헬퍼 눈치 보며 아이들 방으로 들어가는 척하다가, 슬쩍 서재 쪽
으로 방향을 틀고. 민첩하게 서재로 들어서는 분홍.

28.   펜트하우스 서재/비밀 공간 (낮)
서재로 들어선 분홍, 급하게 눈으로 서재 안을 서치하고 비밀 공간으
로 통하는 문으로 향하는데. 로건 말 떠오르고.

로건(E)   심수련을 죽이기 위해, 주단태가 다른 문으로 집에 들어왔을 거예요.
분명 서재 안에, 밖으로 통하는 통로가 있을 거예요. 그걸 찾아내요!!

분홍, 단태의 지문을 갖다 대고, 비밀 공간 안으로 들어서고.
금고를 지나서 재빠르게 둘러보면. 벽에 걸린 괴이한 사슴 머리가 눈
에 띄는.
조심스레 사슴 머리를 손으로 건드리면! 갑자기 벽이 양쪽으로 갈라
지면서 엘리베이터 공간이 드러나는데. 놀라는 분홍, 안을 살피려는
순간!!

안집사(E)   진 쌤! 어디 계세요? 진 쌤?

분홍   (순간 놀라서, 홱 돌아보는 분홍)

안집사   (의심스럽게 서재 안으로 들어서면. 분홍이 아무렇지 않은 표정으로 앞에
서있고) 여기 계셨어요?

분홍   방을 잘못 찾았네요. 죄송해요. 워낙 집이 넓어서 늘 헤맨다니까요.

190

안집사	여긴 함부로 들어오심 안 돼요. 회장님 아시면 큰일 나요. 어서 나오세요.
분홍	(여유 있게 미소 지으며 밖으로 나가는데. 하나 건졌다는 표정이고)

29. 청아예고 성악부 교실(낮)
아이들, 시끄럽게 장난치고 수다 떨고 있으면. 두기가 들어오고.

두기	(교탁을 쾅쾅 내리치고) 모두 자리에 앉아!! 입 여는 사람 벌점 5점!
아이들	(일순간에 쥐죽은 듯 조용해지면)
두기	공지한 대로, 오늘은 청아예술제 성악부 예선이 있다. 수시가 걸린 교내행사인 만큼, 티끌 하나 없이 투명하고 공정하게 모든 절차가 이뤄질 거다!
석경/은별/로나/제니	(모두들 눈빛 반짝하고. 바짝 긴장해서 서로를 보는데)
두기	예선은 두 명씩 조를 이뤄서 토너먼트로 승부를 가릴 것이다. 그럼, 조 추첨 결과를 발표하겠다. 1조, 안은후, 엄장대. 2조, 주석경, 유제니.
석경	(제니와 눈 마주치고) 같은 조네.
제니	(석경 눈치 보며, 죽을 맛인데)
두기	3조, 하은별 (고개 들고) 배로나!
아이들	올~ (놀란 듯, 은별과 로나를 보는데)
은별/로나	(역시 놀라 서로를 보는)
은후	뭐야. 어떻게 둘이 예선에서 붙냐?
유정	그러게. 미리 보는 결승전 같은데?
두기	예선곡은... (칠판의 스티커를 떼서 예선곡을 공개하는) "슈베르트의 세레나데"다! (아이들 술렁이고) 두 시간 뒤에 바로 예선 시작할 거니까, 그동안 개별로 연습하면 된다! 이상!

30. 청아예고 일각/단태의 차 안/전화통화(낮)
두기, 주위 살피더니 아무도 없으면, 은밀하게 누군가에게 전화하는데.

두기	아, 회장님. 예술부장 마두깁니다. 조 추첨 완료했습니다.
단태	(차 안에서 전화 받고 있는) 잘 처리했겠죠?
두기	말씀하신 대로, 은별이와 로나는 한 조로 묶었습니다. 둘 중 하나는 떨어지게 돼있으니, 석경이 입장에서 막강한 경쟁자가 탈락하는 셈이죠!
단태	은별이가 떨어질 수도 있다.....? (괴랄한 웃음 지으면)
두기	맞습니다. 아! 예선 심사위원들한테도 이미 약을 쳐놨습니다.
단태	수고했어요, 마 부장. 기왕 애쓴 거, 본선까지 잘 부탁합니다. 석경이가 대상을 받게 되면, 보답은 그동안과 차원이 다를 겁니다.
두기	(순간 화들짝하는 표정으로) 감사합니다, 회장님! 원하시는 결과가 나올 수 있도록 최선에 최선을 다하겠습니다! (90도로 절하며 충성을 맹세하는 두기)

그때 로나, 긴장된 표정으로 악보를 챙겨서 연습실에서 나오는데.
석경, 그 모습 보며, 은밀하게 제니에게 전화하는.

석경	유제니, 지금 물감 준비해서 들고 와!

31. 청아예고 복도(낮)
아이들 사이로, 악보를 보며 걸어가던 로나의 몸으로 뿌려지는 빨간 물감!
로나의 악보와 교복이 엉망이 되는데.
양동이를 부은 건 석경이고. 뒤로 은별과 민혁, 주눅 들어있는 제니가 서있는.

로나	무슨 짓이야!!!
석경	(비열하게 웃고) 역시 살인자 딸답게 빨간색이 잘 어울려, 배로나!
로나	이러는 거 지겹지도 않아? 이미 다 끝난 사건이야! 우리 엄마 무죄 입증됐고, 진범도 밝혀졌어. 왜 계속 고집 부리는데!!

석경	닥쳐! 우리 엄마 죽인 건 니 엄마야! 넌 영원히 나한테는 살인자 딸이라고!
로나	니 엄마한테 미안해서 그러니.
석경	(순간 얼굴 벌게지고) 뭐?
로나	엄마한테 잘못한 게 미안해서, 그래서 나 괴롭히는 거야? 그럼, 쫌 나아?
석경	(정곡을 찔린 표정이고. 분해서 어쩔 줄 모르고 서있으면)
두기(E)	뭐해, 여기서?!

아이들, 돌아보면. 두기가 다가와 서있고.

두기	(물감 뒤집어쓴 로나를 보고) 꼴이 왜 그래, 배로나! 예선 곧 시작인데, 장난칠 정신이 있어? 긴장 안 해?!
로나	그게 아니라, 석경이가...
은별	(얼른 말 끊고) 얼른 화장실 가서 씻어. 얼룩 배면 교복 다 버리잖아.
두기	시간 없으니까, 대충만 씻고 와. 니들은 얼른 강당으로 이동해!!
제니	(로나에게 다가서고) 내가 도와줄게. 빨리 와! (로나를 잡아끌면)
로나	(욱하지만, 어쩔 수 없이 제니를 따라 화장실로 가는데)
석경	(여전히 분한 듯 서있고. 은별과 은밀히 눈빛 주고받는)

32. 청아예고 화장실 밖(낮)
급하게 화장실로 들어가는 로나와 제니. 그 뒤로 은별과 석경, 화장실로 뒤따라가는.

석훈(E)	너네 여기서 뭐해?
은별/석경	(놀라서 돌아보면, 석훈이 서있고. 당황하는데)
석경	깜짝이야. 집에 안 갔어? 우리 예선 가려고.
은별	(표정 관리하며) 피아노는 내일이지? 연습 많이 했어?
석훈	지금 레슨 가. 잘해. (석경 어깨 툭툭 쳐주고, 먼저 가면)

석경/은별 (안도하고, 얼른 화장실 앞으로 다가서는. 밖에서 문을 잠가버리는데)

33.　청아예고 화장실 안/밖(낮)
　　　로나, 세면대에서 옷을 입은 채로 대충 물감을 씻고 있으면.

제니　블라우스 벗어. 내가 빨아줄게.

로나　아냐, 내가 할게.

제니　그럴 시간 없어. 곧 예선 시작하잖아. 넌 운동화부터 닦아!

로나　고마워... (할 수 없이 교복 블라우스 벗어서 주면, 안에 반팔 흰 티 입은)

제니　(갑자기 표정 굳어지더니, 블라우스 위로 수돗물을 확 틀어버리고. 블라우스가 흠뻑 젖게 만드는)

로나　(운동화 닦다가, 다급하게) 그냥 가야겠어. 너까지 늦겠다. (고개 들어보면. 자신의 블라우스가 세면대에 푹 잠긴 채로 있고. 기겁하는데) 제니야!! 뭐하는 거야?!!!

　　　로나, 그제야 제니 얼굴을 보는데. 블라우스로 물이 쏟아지고 있는 모습을 무표정하게 지켜보고 서있는 제니.
　　　순간! 뭔가 일이 잘못됐다는 걸 느끼는 로나, 뛰듯이 문 쪽으로 달려가 문을 흔들어보는데. 밖에서 잠겨있는 듯 문 안 열리는!

로나　(마구 문 흔들고, 두드리며) 저기요!! 문 좀 열어주세요!! 여기 문이 잠겼어요!! 밖에 누구 없어요?!!

제니　(로나 뒤에 서서) 소용없어. 아무도 안 와. 너랑 난 왕따니까.

로나　(고개 돌려 제니를 보는, 기막힌) 처음부터 알고 있었어?!

제니　(시니컬하게) 그게 청아예고 룰이야. 석경이와 은별이가 만든. 왕따를 도와주면 같이 찐따가 되는 거. 몰랐어?

　　　일그러진 제니의 썩소 위로, 들리는 노랫소리.

194

34.   청아예고 소강당(낮)

은후와 장대의 예선이 시작되고 있고. "세레나데"를 각각 8마디씩 부르는데.

뒤에서 그 모습을 지켜보고 있는 서진.

다섯 명의 심사위원 앞으로 천이 가려져있고. 청과 백 깃발이 놓여있으면.

노래 끝나고, 심사위원들 일제히 백기 드는.

두기   안은후 본선 진출! 다음은 2조. 주석경! 유제니! 앞으로 나와.

석경   (앞으로 나오면)

두기   유제니? 유제니 어딨어? (두리번거리는데)

은별   쌤! 제니랑 로나는 불참했는데요.

두기   아직까지 안 왔다는 거야? 이런 정신 빠진 것들!! (제니에게 전화하는데)

은후   자신 없어서 튄 거 같은데요? 자동 탈락 아니에요?

두기   (전화하면서 서진에게) 전화를 안 받는데요. 어떻게 할까요, 이사장님? 좀 더 기다려볼까요?

서진   (시계 보고) 다른 조부터 먼저 하죠. 기회는 줘야죠.

석경/은별   (은밀하게 서로 눈 마주치는. 표정)

35.   청아예고 화장실/밖(낮)

제니, 두기한테 전화 오면. 전화 받지 않고.

로나, 물이 뚝뚝 떨어지는 블라우스를 입은 채로, 문을 흔들며 발로 차보지만 헛일인데. 시계를 보는 로나, 예선 시간 얼마 남지 않고. 미치겠는.

로나   (문 두드리며) 사람이 갇혔다구요!!! 아무도 없어요?!!!

제니, 필사적으로 그런 로나의 입을 틀어막는데.

로나, 제니를 밀쳐내려고 안간힘 쓰고, 격렬하게 몸싸움하는. 그러다 제니를 넘어뜨리고, 화장실 칸 안으로 들어가, 양변기 물탱크 뚜껑을 들고 나오는데.

제니   (놀라 막아서며) 뭐하는 거야?!!

로나   비켜!!! 난 포기 안 해!! 절대 개들한테 안 져!! (화장실 문을 부수려면)

제니   (들이박는) 포기해!! 소용없어!! (필사적으로 양변기 뚜껑을 뺏어서, 바닥에 냅다 던져버리는데. 박살 나는 양변기 뚜껑..)

로나   아악!!! (놀라서 머리를 감싸 쥐고 주저앉는) 제니야.... (기막혀 보는데)

그 순간! 쨍! 하고 화장실 유리문이 깨지는 소리 들리고. 로나와 제니, 놀라서 돌아보면. 와장창 무너져 내린 유리문!
로나, 재빨리 깨진 유리 사이로 먼저 빠져나오는데. 날카로운 유리 위로 손수건이 깔려있는 게 보이고.

로나   (무사히 빠져나오면, 제니에게 손 내미는) 빨리 나와!! 시간 없어!!

제니   (황당한 듯 그 자리에 서있는. 망설이면)

로나   뭐해?!! (소리치고. 그러다 시계 보면. 더 이상 지체할 시간 없고. 냅다 복도를 미친 듯이 뛰어가는데)

복도 모퉁이에, 소화기를 들고 서있는 석훈의 모습 보이는. 정신없이 뛰어가는 로나를 무표정하게 바라보고 서있다가, 돌아서서 반대쪽으로 걸어가는.

36.   청아예고 소강당 (낮)
서진과 두기, 심사위원들, 문 쪽 보는데. 로나와 제니, 오지 않고.

두기   (서진에게) 마지막 조까지 끝났습니다. 더 기다리는 건 형평성에 맞지 않는 거 같고, 부전승으로 석경이랑 은별이 올리죠!

아이들 (다들 호응하면)

서진 어쩔 수 없군요. 그럼, 유제니와 배로나는 실격 처리하고, 주석경과 하은별이 본선에 올라가는 걸로....

그때! 벌컥 문 열리고, 강당으로 들어서는 로나.

로나 (가쁜 숨을 헉헉거리며) 저... 왔어요! 늦지 않았죠?

석경/은별 (당황해 로나를 보는데)

서진 (물이 뚝뚝 떨어지는 블라우스를 보며) 어쩌지? 이미 시간 지났는데? 방금 실격 처리됐어!!

로나 (사정하듯) 하게 해주세요!! 아직 끝난 거 아니잖아요!!

서진 기다릴 만큼 기다렸어. 시험에서 가장 중요한 건 시간 엄수야. 입실 시간을 어겼으면, 당연한 결과야. 받아들여.

로나 (그런 서진을 매섭게 마주 보며) 누군가 저를 화장실에 가뒀어요! 고의로요!!

서진 (어이없단 듯) 누가 그런 짓을 했다는 거지?

로나 (석경과 은별을 똑바로 보는, 차분하면서도 또박또박) 주석경! 하은별! 왜 그랬어? 니들 입으로 똑바로 말해! 그렇게 자신이 없었어?!! 내가 본선에 나가는 게 그렇게 무서웠니?!!

서진 배로나!! 또 무슨 억지를 부리는 거야?!! 그런다고 다시 기회 주지 않아!!

로나 정말이에요. 믿어주세요, 쌤!!

서진 뭘로 증명할 건데?!

로나 제니도 같이 있었어요. 제니가 증인이에요!!

제니(E) 거짓말이에요!!

일제히 시선이 몰리면. 강당으로 들어서는 사람, 제니고.

제니	(로나를 가리키고) 배로나가 시켰어요!! 화장실에 갇힌 척하자고. 우린 어차피 실력으로 이길 수 없으니까, 석경이와 은별일 학폭으로 몰아야 한다고... 그래야 본선에 나갈 수 있다고... 강제로 화장실에서 절 가둬 놓고, 못 나가게 했어요!!
두기	(기겁하고) 자작극을 했단 말야? 배로나... 너 미친 거니?
아이들	(웅성대고, 소란해지는데)
로나	(기막힌) 제니 너.... 왜 이래?!!!
석경/은별	(제니에게 잘했다는 듯 야릇한 눈빛 보내면)
제니	(얼른 고개 돌려버리는. 미치겠고. 그 위로,)

37. 회상/청아예고 일각(낮)

제니, 낑낑대고 물감 든 양동이를 들고 와서 석경에게 내밀면.
석경과 은별, 은밀하게 제니를 회유하는.

석경	(제니를 가로막고 서서, 공포감 조성하며) 유제니! 너, 나랑 한 조지? 어쩜 그렇게 운도 더럽게 없니? 벌써 본선 진출은 물 건너간 건가? 설마, 나 이기겠다고 막 열심히 부르고 그러는 거 아니지?
제니	(대답 못 하고, 잔뜩 풀 죽어서 눈치 보고 있으면)
은별	(달래주는 척) 그렇게 쫄 것 없어. 우린 널 도와주려고 부른 거야. 니가 예선을 통과할 수 있는 유일한 방법이 있거든!
제니	(눈 반짝하고) 그게... 뭔데?
석경	니가 배로나 친구가 아니라, 우리 친구라는 걸 증명만 해주면 돼! 그럼 넌 본선에 올라갈 수 있고, 더 이상 왕따도 안 당해. 다시 서울대반에 넣어줄 수도 있어. 어때?
제니	(절박하게) 할게! 뭐든 할게! 정말 본선에 올라가는 거야? 다시 너네들이랑 놀 수 있는 거야? 어떻게 하면 되는 건데?!
은별	간단해. 배로나의 피해자가 되는 거? (미소 짓는)

38.   현재/청아예고 소강당(낮)
      제니, 죄책감에 차마 로나를 쳐다볼 수 없는데.
      흥분한 두기, 로나를 잡도리하기 시작하는.

두기   배로나... 너 이렇게 야비한 애였어?! 아무리 청아예술제가 중요하다
      고, 어떻게 그런 술수를 써?! 질적으로 글러먹은 애구나, 너!!
서진   (제니를 보는) 유제니! 지금 한 말 사실이야? 니 말에 책임질 수 있니?
제니   (침 꿀꺽, 눈 빨개져서) 네! 책임질 수 있어요!
로나   (억울해하며) 아니에요!! 거짓말이에요!! 전 그런 적 없어요!! 갇힌 건
      저예요!! 제가 피해자라고요!!
서진   (말 막고, 두기에게) 마 부장님! 이사장 자격으로, 배로나 학생을 징계위
      원회에 회부하겠습니다!! 청아예술제의 순수한 의미를 더럽힌 행동은
      절대 묵인할 수 없습니다. 선처 없이, 엄격하게 교칙대로 처벌해주세
      요!!!
제니   (순간 울컥하고. 참을 수 없는 듯 그대로 강당을 뛰쳐나가는데)

39.   청아예고 운동장/교문 앞(낮)
      제니, 미친 듯이 운동장을 뛰어가고 있으면. 그런 제니를 붙잡는 사람,
      로나고.

로나   (필사적으로, 절절하게) 가서 말해!! 내가 그런 거 아니라고!! 걔들이 시
      킨 거라고!! 나, 청아예술제 나가야 해!! 내가 여기 왜 돌아왔는데!!
제니   이거 놔!! 난 몰라!!
로나   설마... 쟤네들이랑 짠 거야? 너도 결국 똑같은 애였어?!!
제니   (순간 발끈하고, 로나를 똑바로 노려보며) 왜? 그럼 안 돼? 그동안 너 때
      문에 내가 얼마나 당했는 줄 알아?!! 니 대신 왕따 당하고, 니 대신 욕받
      이가 되고! 너한테 빵 한 번 사다 준 죄로!! 불쌍하다고 말 한 번 잘못한 죄
      로!!! (미친 듯이 울부짖는 제니. 그동안의 설움이 폭발하면)

로나	(순간 멍해지는데)
제니	(무섭게 눈 번득) 너도 나 위해서 한 번은 당해줘야 되는 거 아냐?! 청아 예술제에서 입상할 수만 있으면, 나 뭐든지 해!!! 그동안 참고 산 게 억울해서라도, 나 꼭 서울대 가야 돼!!! 이 지옥에서 벗어날 방법은 대학밖에 없다구!
로나	(슬픈 눈빛) 그래서? 난 또 퇴학당해도 괜찮다는 거야?!
제니	내가 언제 니 친구였어? 나 원래 착한 애 아냐. 두 번 다시 실수 안 해!! (독하게 내뱉고, 뛰어가버리는데)
로나	(절망스럽고. 모든 힘이 빠져나가는 느낌인데. 눈물이 주르륵 흐르는. 그 자리에 털썩 주저앉아 버리는 로나고)

제니, 미친 듯이 울면서 교문 밖으로 뛰어가는데. 누군가와 부딪쳐 멈춰 서고. 보면 윤희다.
제니, 그대로 도망쳐버리고. 윤희, 두 사람의 대화를 다 듣고 있었던 듯 고개 돌려보면. 주저앉아 울고 있는 로나가 눈에 들어오고. 가슴이 찢기는 얼굴로 그 모습을 말없이 지켜보는 윤희!
윤희, 로나 앞으로 다가서면. 울다가 윤희를 올려다보는 로나, 눈물범벅인데.

윤희	(애써 담담하게) 일어나. (손 내밀면)
로나	(윤희를 보자, 놀라서 얼른 눈물 쓱쓱 닦아내고 애써 아무렇지 않은 듯 일어서며) 언제 왔어? 나 버스 타고 갈 건데, 뭐 하러 왔어?
윤희	다 봤어. 제니랑 너!
로나	(덜컹! 그러나 다부지게) 미국으로 가란 말은 하지 마!! 나, 여기서 버틸 거야! 쟤들한테 당하고, 또 당해서 만신창이 돼도, 다신 도망 안 쳐!! 밟혀주니까 만만히 보는 거야!! 쟤들, 이제 내가 상대해! (가려면)
윤희	(그런 로나를 붙들고. 차분하지만 위엄 있게) 엄마 미워하는 거 아는데... 자격 없는 것도 아는데... 지금은 엄마 도움 받아. 너, 여기 다닐 수 있게

200

해줄 테니까!! (달라진 윤희의 표정. 뭔가 결심한 듯한 얼굴이고)

40.   존 바이오 윤철 사무실(낮)
      윤철, 급락하고 있는 제이킹 홀딩스 주가를 보고 있는.

윤철   스캔들 건이 꽤 먹힌 모양이야. 주 회장 주식이 기를 못 쓰는 거 보면. (앞
        에 서있는 누군가를 보는데. 시민일보 손형진 기자고) 안 그래, 손 기자?
손기자 (테이블에 뭔가를 툭 던지는데. 호텔 복도에서 윤철과 서진을 찍은 사진들
        이고) 자작극치고는 그럴싸했거든요. (인서트로, 호텔에서 도발하는 윤
        철과 서진을 찍고 있는 손 기자 모습) 얼마 챙겨주실 겁니까.
윤철   섭섭지 않게 입금했어. (섬뜩하게 눈빛 반짝하는 윤철. 속마음으로, E) 천
        서진! 주단태! 너희 둘 사이, 내 손으로 반드시 갈라놓을 거야!!! 서로
        죽이고 싶을 만큼 증오하게 만들어주겠어!!!

41.   헤라팰리스 아이들 커뮤니티 안/밖(낮)
      석경, 은별, 민혁, 앉아있고.

민혁   제니가 나중에 딴소리하는 건 아니겠지?
은별   절대 못 해. 청아예술제 나가고 싶으면, 우리가 시키는 대로 할 수밖에.
석경   본선 나가면 뭐해. 어차피 상도 못 탈 텐데. 그냥 배로나랑 공범으로 모
        는 게 좋지 않겠어? 주제도 모르고 지깟 게 무슨 서울음대야?
민혁   이거 비밀인데, 제니 아줌마 이대 나왔다는 거 개뻥인 거 알아?
석경   진짜야?
민혁   울 엄마가 이대 신방과 동창회장이잖아. 엄마가 알아보니까 가정학과
        출신 중에 제니 아줌마는 없대. 완전 쇼킹하지?
은별   대박! 그럼, 학력 위조를 했단 말야?
석경   어쩐지. 무식한 티 팍팍 난다 했어. 말하는 수준부터가 구리더라니까.
        헤팰에서도 은근 따 분위기 아냐?

은별   그래서 배로나랑 통했구나. 끼리끼리.

아이들, 웃긴다는 듯 큰 소리로 웃는데.
제니, 문 앞에 서서 듣고 있는. 굳어지는 표정. 얼음 돼서 서있고.

42.   헤라팰리스 분수대 (저녁)
마리와 상아, 다급하게 어딘가로 뛰어가고 있는.

서진(E)   긴급으로 학부모 회의 소집합니다. 배로나 엄마가 우리 아이들을 일진
으로 교육청에 신고했어요!

상아   (흥분해서) 일진이라니! 팔 부러진 애는 울 아들인데, 누가 누굴 찔러?!
기도 안 차서. 로나 엄마 완전 철면피라니까요!
마리   (제정신 아니고) 그게 문제가 아니잖아! 우리 제니가, 로나 기지배 때문
에 예선 탈락을 했다잖아!! 예선 탈락! 그게 말이 돼?
상아   학부모회에서 나서서 아주 혼쭐을 내줘야 해요! 세상에, 일진?!!
마리   나 심장 벌렁거려서 숨도 안 쉬어져. 이 의원님도 오시는 거지?
상아   당연하죠. 아주 난리 났어요. 이번엔 반드시 뿌리를 뽑겠다구!! 어서 가
요! (두 사람 뛰어가는데)

43.   청아예고 회의실 (저녁)
로나, 회의실로 들어서면. 로나를 거칠게 잡아채는 사람, 마리고.

마리   나쁜 기지배! 자신 없으면, 너나 빠질 것이지, 왜 애꿎은 우리 제니는 끌
어들여? 너 때문에, 우리 제니까지 떨어졌다구!! 어떻게 책임질 거야?!
누가 반긴다고 다시 기어 들어와서 우리 애 앞길을 망쳐?!! (로나를 잡
아 흔들면)
로나   (억울해하며) 전 정말 아니에요. 아줌마!!

그 모습을 팔짱 긴 채 지켜보고 있는 서진과 단태, 상아, 규진. 그리고 몇몇 학교 관계자들 얼굴 보이고.

상아 (말리며) 제니 엄마, 진정하세요. 그러다 우리가 괜히 덤터기 써요.

마리 (흥분해서) 내가 안 돌게 생겼어! 청아예술제 본선 진출! 그 한 줄이 생기부에서 얼마나 중요한데! 그 귀한 스펙을 저것이 날려먹었다고!!

규진 (귀 파며) 제니는 멘탈 좋으니까, 수능 잘 봐서 정시로 대학 가면 되죠.

마리 (서진 붙잡고 사정하는) 천 쌤! 제발 우리 제니 좀 살려줘요. 억울하게 응시도 못했는데, 당연히 구제해줘야 되는 거 아니에요?

로나 (헝클어진 머리와 교복 정돈하고, 의자에 앉으려면)

마리 (뒤에서 로나 뒷덜미를 휘어잡으며) 입이 붙었어? 니 입으로 말해! 우리 제니는 피해자라고!!

로나 (순간 욱해서) 아줌만 제니한테 관심이 있긴 해요?!!

마리 이게 뭐래는 거야? 아직 정신 못 차렸어?! (뒷덜미를 잡아 흔드는데)

윤철(E) 내 딸한테서 손 떼요!!

돌아보면. 윤철이 무서운 표정으로 보고 있고. 그 옆으로 윤희가 서있는. 서진과 단태, 윤철을 보고 멈칫하는데.

윤희 (달려가 로나를 부축하는) 괜찮아? 다친 데 없어?

윤철 (마리에게 매섭게) 어른이 아이한테 이래도 되는 거예요?! 이것도 폭력인 거 몰라요?!!! 어떻게 애 하나를 앞에 두고, 말리는 사람 하나 없어요?!! 한 번만 더, 우리 로나한테 손대면, 그땐 법으로 하겠습니다! (로나와 윤희를 보호하는데)

서진 (그런 윤철을 유심히 보고 있으면)

규진 법 좋아하시네. 콩 심은 데 콩 난다더니, 범죄자 집안에서 일진 나오고, 아주 유전자가 굿입니다, 굿! 이래서 집안을 따지는 거예요. 애초에 우리 헤펠에 맞지 않은 사람이었어요!! 배로난지 메로난지.

윤철	그 입, 닫으라고!! (무섭게 규진에게 덤벼들려면)
규진	(얼굴 들이밀며) 때려!! 영창 가고 싶으면!!
단태	(순간 위엄 있게) 여기가 오천 원짜리 순댓국이나 파는 시장판입니까?!! 다들 헤라팰리스 명성에 맞게 행동하세요!! (윤철과 규진을 저지하고, 뚜벅뚜벅 로나에게 다가서며) 배로나! 누가 우리 학교 일진이라는 거지?
로나	주석경! 이민혁! 그리고... 하은별이요!
서진	뭐? (기막힌 표정이고) 니가 폭행을 당했다는 증거는?
규진	증거가 어딨어요? 안 짤리려고 그냥 만들어낸 얘기지. (로나에게 윽박지르듯) 그런 걸 무고라고 하는 거야. 무고죄가 얼마나 무서운 죈 줄 알아?
윤희	(로나 앞을 가로막고) 내 딸은 지금! 가해자가 아니라 피해자로 왔습니다. 피해자 말부터 들어봐야 되는 거 아닌가요?! (로나에게) 로나야! 어서 말해!
로나	오늘, 주석경이 양동이에 물감을 풀어서 저한테 뿌리고, 제가 씻는 동안 저와 제니를 고의로 화장실에 가뒀습니다!!
단태	(기도 안 찬다는 듯) 배로나 학생은 소설가가 꿈인가?
로나	(다부지게) 하은별과 이민혁도 지켜보고 있었지만, 아무 제지도 하지 않았고, 오히려 핸드폰으로 촬영하며 절 조롱했습니다!
서진	본 사람도 없고, 한 사람도 없다는데, 니 말을 어떻게 믿지? 오직 니 주장뿐이잖아!!
윤희	애들이 거짓말하고 있는 거예요!! 가해자가 아니라면, 피해자는 없는 건가요?!
서진	(윤희를 보고) 배로나 어머니! 자식 말만 믿고, 그런 엄청난 거짓을 교육청 홈페이지에 제보한다는 게 말이 되나요?!! 빨리 홈페이지에 정정 글 올리고, 정식으로 사과하세요! 안 그럼, 형사처벌까지 각오하셔야 될 걸요?
윤희	애초에 학교는 진실을 밝힐 생각이 없는 거죠?! 일방적으로 한쪽을 편

들고, 피해자 말은 들어줄 생각이 없잖아요!!

서진 충분히 들어줬다고 생각하는데요. 이미 징계위원회에서, 청아예술제를 더럽히고, 학우들을 이간질시킨 배로나 학생을 강제 전학시키기로 결정했습니다!! 전 교사가 동의한 만큼, 신속하게 절차 밟아주세요!!

윤희 (물러서지 않고) 끝까지 발뺌한다면, 어쩔 수 없군요. 교육부에 정식으로 민원 넣겠습니다! (핸드폰 들어서 교육청에 전화하려고 하면)

마리 (순간 흥분해서 달려들고) 미쳤어?!! 어딜 전화해?!! 우리 애들 대학 못가게 하려고 작정한 거야, 뭐야?!! 사과는 못 할망정, 뻔뻔하게!!!

상아 (달려들고) 이런 짓 하려고, 돌아온 거예요? 헤라펠리스에서 당장 나가요!! 여보!! 이 여자 고소해!!

규진 그래! 교육부에 찔러!! 난, 기자들한테 제보하고, 국민청원 올릴 거야!!

학부모들 죄다 달려들고, 던지고. 한바탕 난리가 나는데.
윤철, 말리느라 정신없고. 그런 윤철에게 달려드는 단태와 규진. 아수라장인데.
그때, 문 열리고 들어서는 제니.

제니 그만해, 엄마!!

마리 (윤희 붙잡고 난리 치다 돌아보면. 제니가 서있고. 씩씩대며) 어, 제니야. 마침 잘 왔다. 니가 당한 대로 싹 다 말해!! 저 기지배 거짓말 좀 닥치게!!

제니 (그렁해서) 거짓말 아니야... 로나가 한 말 다 맞아.

마리 뭐?

규진 뭐가 맞다는 거야? 그럼 울 민혁이가 일진이란 소리야? 그 착해빠진 순둥이가?! 너, 일진이 뭔 줄이나 알고 그딴 소릴 해?!!

마리 설마 너, 로나한테 협박당했니? 아, 왜 울어? 엄마 심장 떨어지게!! 저 약아빠진 기지배가 순진한 내 딸한테 무슨 짓을 한 거야?!! (또 흥분해서 로나한테 달려들면)

제니 (폭발하고) 제발 그만하라니까!! 왕따 당한 게 나라고!! 2년 동안 헤펠

	애들한테 언어맞고, 욕먹고, 따 당한 게 나란 말야!! 나도 로나랑 똑같
	이 왕따라고!! 엄만 아무것도 모르면서 왜 난리야!! (울부짖는데)
마리	(순간 멍해지는) 왕.... 따? 그게 무슨 소리야? 니가 왜.... 니가, 니가 뭐가
	부족해서....
제니	(결심한 듯, 머리핀 빼고 원형탈모 난 머리를 보여주면)
부모들	(기겁하고)
마리	(심장이 쿵 떨어지고) 머리가... 왜 이래, 너? 언제부터 이랬어? 누가... 누
	가 그런 거야?!! 내 딸한테 누가!!! 말해!! 얼른!!! (절규하면)
윤희	(앞으로 나서고, 진단서를 내미는) 오늘 병원에서 뗀 제니 진단서예요.
	스트레스성 탈모에, 역류성 식도염이 나왔습니다. 꽤 진행된 상태라고
	하네요.
마리	(바들바들 떨리는 손으로 진단서를 받아 들고 보는데. 비틀하다 주저앉으면)

제니, 울음 터지고, 윤희와 시선 부딪히는데.

44.   회상/4화 41신 연결/헤라팰리스 커뮤니티 밖(낮)
      제니, 커뮤니티 안에서 아이들이 하는 말 다 들었다. 순간 구토가 치밀
      어 오르고. 정신없이 구역질하고 있으면.
      그런 제니를 붙잡는 사람, 윤희고.

제니	(놀라서 보는) 아줌마.... (얼른 시선 피하려면)
윤희	(제니를 잡고) 계속 애들한테 당하고만 있을 거야?
제니	이거 놔요!! (뿌리치고 가려는데. 윤희 옆으로 로나가 서있고. 멈춰 서면)
윤희	교육청에 제보했어. 일진들한테 학교폭력 당했다고. 너도 이제 다 털
	어놔.
제니	(휙 돌아보고) 왜 그랬어요?!! 누구 맘대로? 내가 원하지 않는다는데!!
	내가 싫다는데!!
윤희	니 엄마는 알아야지!! 나중에 알면, 더 슬프고 괴로울 거야.

제니	(울먹울먹하고) 울 엄마가 알면, 석경이고 은별이고 다 죽여버릴지도
	몰라요. 그럼 난 졸업도 못 할 거고, 대학도 못 가고, 로나처럼 살인자 딸
	이 돼서 헤펠에서도 쫓겨날 거예요. (눈물 쓱쓱 닦고) 쫌만 참으면 돼요.
	때리면 맞고, 먹이면 먹고, 그럼 서울대 갈 수 있어요! 걔들도 맨날 괴롭
	히는 건 아니에요. 고3 스트레스가 심하잖아요. (멍한 눈으로 횡설수설
	하면)
윤희	정신 차려! 이건 폭력이야!! 감추고 넘어갈 일이 아니라고!!
제니	내가 왜 이렇게 됐는데? 아줌마 딸 때문에 그런 거잖아요!!
윤희	그래서 도와주려는 거야!! (덥석 제니 손을 잡고) 내가 너, 여기서 구해
	줄게, 제니야! 길 터줄 테니까, 넌 용기만 내! 아줌마 믿어!!
로나	(제니에게 다가서는, 담담한 말투) 아냐, 제니 넌 나서지 마. 내가 당한 일
	만으로도 충분히 석경이 벌 받게 할 수 있어. 대신, 병원은 꼭 가봐. (돌
	아서서 가는데)
제니	(걸어가는 윤희와 로나를 보면, 죄책감에 미칠 거 같고. 갑자기 울컥해서)
	나더러 어쩌라고 이러는 거야!! 왜 나만 자꾸 미안해져야 되는데!! 왜
	나만 나쁜 년 만드냐?!! 차라리 쓰레기라고 욕해!! 사람 미치게 하지
	말고!!
로나	(가다가 멈춰 서고. 돌아보는) 너, 나쁜 애 아냐. 우리 엄마 경찰에 잡혀가
	고 니가 나 샌드위치 줬을 때, 너 미워했던 거 다 풀었어. 나 때문에 그런
	일 겪게 해서 미안해. (사과하면)
제니	(순간 무너지는. 눈물이 비 오듯 쏟아지고. 엉엉 우는 제니고)

45. 현재/청아예고 회의실 (저녁)

제니, 윤희를 보며 눈물 흘리면. 마리, 넋 나간 듯 주저앉아있고.
부모들, 모두 멘붕인데. 서진도 믿을 수 없단 표정이고.

제니	(자신의 핸드폰을 꺼내서 서진에게 내밀고) 오늘 로나가 석경이한테 폭
	행당한 영상이에요. 제가 찍었습니다.

부모들	(웅성대고 난리 나는데)
서진	(핸드폰을 받아서 재생시키면. 석경이가 로나에게 물감이 든 양동이를 뿌리는 모습이 고스란히 찍혀있는)
단태	(확인하고 기겁하면)
제니	로나는 아무 잘못 없어요. 저랑 같이 화장실에 갇혀 있다가, 도망친 게 다예요. 제가 거짓말했어요.
윤희	이 영상을, 학폭 증거자료로 교육청 홈피에 공유하겠습니다.
서진	(애써 평정심 지키려고 안간힘 쓰지만, 충격받은 얼굴이고. 꽉 쥔 손이 부르르 떨리는. 절망스러운 표정으로 윤희를 보면)
윤희	(그런 서진을 마주 보는 데서)

46. 헤라팰리스 전경(밤)

47. 펜트하우스 거실(밤)
  심각한 표정으로 앉아있는 단태. 석경, 쫄아서 앉아있고.
  그 옆으로 도 비서와 통화 중인 서진.

서진	일단 인터넷에 떠도는 영상부터 수습해. 기자들 쪽은 내가 정리할게. (굳어진 얼굴로 전화 끊는데. 머리가 지끈 아파오면. 석경 보고, 다그치듯) 석경이 너! 대체 무슨 생각으로 이딴 짓을 한 거야?!! 청아예고에 일진이라니!! 이게 얼마나 엄청난 일인 줄 알아?!! (그러다 단태 표정 살피고) 미안. 내가 너무 흥분했어.
단태	아냐. 석경이가 잘못한 거 맞아.
서진	배로나 쪽에서 제대로 벼른 거 같아. 벌써 교육청에도 보고가 들어갔고, 내일 감사가 뜰 거야. 제니 사건까지 터지면, 일이 생각보다 커지겠어.
단태	(주먹 꽉 쥐고, 분노 삼키며) 미안해. 당신이 애써줘야겠어. (하다가 석경 보고) 뭐해? 죄송하다고 말하지 않고!
석경	(억울하단 듯) 난, 은별이가 시키는 대로 했어요. 나만 영상에 나온 거

208

고, 은별이도 옆에 있었다고요. 물감 뿌리자는 것도, 화장실에 가두자는 것도, 다 은별이가 계획한 일이에요. 진짜예요!!

서진   (차갑게) 은별이까지 걸고넘어지는 건 너무한 거 아니니. 실망인데? 은별이가 옆에서 말리는데도 기어코 했다면서?

석경   (기막혀, 눈 뒤집히고) 은별이가 그래요? 지가 말렸다고?!

서진   아이들이 모두 증언했어. 제니 괴롭힌 것도, 니가 주도한 일이라고!

석경   제니한테 먹인 음식들, 죄다 은별이가 싸온 거예요! 왜 은별이만 감싸고도는데요? 차별하는 거예요? 가족이라더니, 다 거짓말이었어!!

단태   (역시 서진 옹호하며) 그만해! 반성은 못할망정, 지금 누구 탓을 하는 거야?

석경   (분해서 벌떡 일어서고) 아빠 왜 내 말을 안 믿냐고!! 쥐새끼같이 지만 빠져나갔어. 하은별.... (눈물 핑 돌고)

48.   **헤라펠리스 규진 집 거실**(밤)
      민혁, 오락 삼매경이면. 규진과 상아, 민혁을 다그치고 있는.

상아   서울대 갈 때까진 무조건 몸 사려야 해! 지금 시기가 젤 중요하다고!! 생기부에 학폭 전력 올라가면, 수시는 날아가는 거야.

규진   너 처신 잘해! 국회의원 아들이 학폭에 연루되면 골치 아파지니까 절대 앞에 나서지 말고! 무조건 석경이 짓이라고, 딱 선 그어. 아빠 말 듣는 거야?

민혁   (오락하며 정신없고) 그 정도 센스는 나도 있다고!

      그때, 딩동! 딩동! 딩동! 연속해서 벨소리 미친 듯 울리고. 비디오폰 보면, 아무도 없는.

상아   누구야, 이 시간에? (나가서 문 열면)

마리   (상아를 밀치고, 그대로 쳐들어오는데. 눈에 뵈는 거 없고)

규진	뭡니까! (마리를 막아서면)
마리	(싸늘한) 내 몸에 손대지 마!
규진	(놀라서 얼른 손 떼면)
마리	(그대로 직진해서, 민혁에게 다가서고. 핸드폰 게임하고 있는 민혁의 핸드폰을 낚아채면)
민혁	아줌마, 뭐하시는 거예요?
마리	가만있어!!
민혁/규진/상아	(서슬 퍼런 모습에 그대로 얼어버리고)
마리	(민혁 핸드폰에서 동영상을 찾는데. 제니가 괴롭힘당하는 모습들이 나오고. 2화 24신. 제니가 강제로 음식 먹고, 구역질하고, 쥐어 맞고, 당하는 영상들. 마리, 분노에 부들부들 떠는데)
상아	왜 그러냐니까요!! 남의 아들 핸드폰은 왜.... (그러다 영상 속 들려오는 민혁의 목소리에 멈칫하고. 마리 눈치를 보는데)
마리	(뭔가 일을 낼 것처럼 확! 규진 가족을 노려보면)
상아	제니 어머니.. 무섭게 왜 그래요.
규진	(친한 척 다가서고, 달래듯) 저기... 우리가 보통 친한 사이도 아니고, 일단 진정하시고... 애들끼리 뭐 장난치고, 다 그러면서 크는 거지...
마리	닥쳐!! 개자식아!!! (그대로 분노의 주먹을 규진의 얼굴로 날리는데)
규진	(얼굴 돌아가고. 안경 날아가고, 입주댕이 비틀어지고, 코피 터지는)

마리, 규진을 날려버리고. 눈물 참느라 충혈된 눈으로 밖으로 나가면. 규진, 상아, 민혁, 벌벌 떠는.

상아	여보! 괜찮아? 피 좀 봐...
민혁	아줌마 미쳤나 봐. 나 방금 성 함락시킬 타임인데.
규진	(순간, 눈빛 매서워지고) 이건 아니지? 저 아줌마, 너무 선을 넘는데?! (얻어터진 볼을 쓰다듬는. 못 보던 규진의 표정이고)

49. 헤라팰리스 윤희 집 거실(밤)

당황해 서있는 윤희와 로나. 그 앞에는 마리와 제니가 서있고.

마리 (초췌한 표정) 우리 제니, 오늘 하루만 여기서 좀 재워줄 수 있을까요.

윤희 (제니에게) 로나 방에서 같이 자. 이불 챙겨다 줄게.

로나 (제니를 데리고 들어가면)

제니 (가다가, 걱정스러운 듯 문득 마리를 돌아보는데)

마리 (애써 웃어 보이고. 제니와 로나가 방으로 들어가면. 표정 굳어지는)

윤희 (말없이 그런 마리를 보는데)

마리 (윤희의 시선 느끼고) 왜요? 꼴좋다 싶어요? 속으로 고소하다 싶죠? 아주 신이 나 죽겠죠? (일부러 억지소리하면)

윤희 네. 이제야 내 맘 좀 알까 싶네요.

마리 뭐라구요?!

윤희 (정색하고) 내 자식 당하는 거 보면, 억울하고 분하고 손발이 덜덜 떨리고.. 피가 거꾸로 솟는 느낌이죠? 밥도 먹을 수 없고, 잠도 잘 수 없고, 다 망해버렸으면 싶고... 겪어보지 않은 사람은 절대 몰라요! 나도 그랬으니까.

마리 (순간 미안한 맘에 울컥하고. 고개 숙인 채 흐느끼며) 나.. 천벌 받는 거 맞죠?! 나 때문에 로나 학폭위까지 끌려가고, 죄 없는 애 때리고, 욕하고, 왕따 시키고, 그 죗값 고대로 돌려받는 거잖아요... 내가 자식 잘못 키워서... 내가 죽일 년이에요, 로나 엄마.... (윤희 앞에 털썩, 무릎 꿇고 우는데)

윤희 (담담하게) 에너지 아껴요, 제니 엄마. 지금은 맘 단단히 먹고, 제니 지키는 것만 생각해요. 내가 도울 일 있음 뭐든 얘기하구요. 엄마가 무너지면 끝이에요! 지금 제니한테는 엄마밖에 없잖아요. (응원하는 말투로 얘기하면)

마리 (윤희의 말에 더 눈물 나는. 미치게 후회되고 가슴 아픈데)

50.   헤라팰리스 마리 집 거실(밤)
        마리, 민혁의 핸드폰에 들어있는 영상을 돌려보고 있는. 2화 24신.
        컷 되면. 영상에 찍힌 것처럼, 떡볶이, 치킨, 피자, 튀김, 분식들을 걸신
        들린 사람처럼 허겁지겁 먹는 마리. 목이 막히고, 구역질이 나는데도,
        눈가 발개져서는 입 안으로 끊임없이 꾸역꾸역 밀어넣는데.
        제니가 2년 동안 상처받았을 생각에 가슴이 턱턱 막히면.

마리   미친년.... 돌은 년.... 딸자식 피 토하는 줄도 모르고, 남자한테 정신 팔려
        서 돌아다녀?! 강마리... 너 사람 아냐!! 죽어!! 죽어!!! 죽어!!! (양손으
        로 자신의 뺨을 있는 힘껏 후려치는데. 문득 윤희 말 떠오르고)
윤희(E) 엄마가 무너지면 끝이에요! 지금 제니한테는 엄마밖에 없잖아요.
마리   (순간 이를 악무는. 뭔가 결심한 듯한 표정이고)

51.   펜트하우스 복도(다음 날 아침)
마리(E) 주석경!!! 석경이 너 어딨어!!!!

52.   펜트하우스 거실(아침)
        고래고래 소리를 지르며 들이닥친 마리. 도우미들도 못 말리는 기세고.
        석훈과 석경, 잠옷 바람으로 방에서 나오는데.

석경   무슨 일이에요? 꼭두새벽부터.
마리   (곧바로 석경한테 달려들고) 지금 잠이 와? 당장 우리 제니한테 사과해!
석경   내가 왜요? 난 잘못한 거 없어요. 오히려 제니 걔가 날 배신하고, 배로나
        한테 붙은 거예요. 박쥐 같은 년!
석훈   입 다물어, 주석경! (말리면)
마리   (그대로 석경의 뺨을 날리고)
석경   (놀라서 보면) 아줌마, 미쳤어? 아줌마가 뭔데 날 때려?!! 당신이 뭔
        데?!!

212

마리	(멱살 움켜쥐고, 살기 어린 눈으로 석경을 보는) 맞으니까 아프냐? 그만까불어. 봐주는 것도 한계가 있어!! 펜트하우스 날려버리기 전에, 반성하는 척이라도 해! (당장이라도 죽여버릴 듯 온몸을 부르르 떨면)
단태(E)	뭐하는 짓입니까!!! (2층에서 내려오는 단태)
마리	(단태를 보는데. 두 사람 시선 팽팽하고)

53. 펜트하우스 단태 서재(아침)

단태와 마주 서있는 마리. 서슬 퍼런데.

마리	딸자식 교육 제대로 하세요. 주 회장님!!
단태	(조소하며) 지금 저 가르치십니까, 제니 어머니? 그럴 주제는 되시구요?
마리	(독하게) 이번 일, 절대 그냥 안 넘어가요. 당신 딸, 청아예술제 출전도 막을 거고, 퇴학이든 강전이든 반드시 처벌받게 할 거예요!
단태	운영위원장 딸을 강제전학 시킨다... 그럴 수 없을 텐데요?
마리	(순간 무서운 표정) 우리 계약은, 오늘로 끝났어!! 당신한테 나, 이제 밑질 것도 빚진 것도 없어!! 꼴랑 아파트 한 채 던져주고, 내 남편한테 니가 무슨 짓을 했는지, 낱낱이 밝혀볼까?!!
단태	(정색하고) 그 얘기는 꺼내지 않는 게 좋을 텐데요. 강마리 씨!
마리	내 남편이 니 대신 감방에 들어간 건, 순전히 우리 제니 위해서였어. 우리 딸, 잘 먹고 잘살게 해주려고! 그런 내 자식 심장을 갈가리 찢어놔?!!! 나 지금 눈에 뵈는 거 없어. 어디까지 갈지 몰라. 각오해!! 당신 딸 주석경, 내 손에 죽을 수도 있어!! (서늘한 말투)
단태	간이 부었구만. (분노에 찬 표정으로, 지지 않고 마리를 노려보는)

54. 청아예고 이사장실(낮)

계속해서 울려대는 전화. 기자들과 학부모들한테 걸려오는 전화로 난리통이고.

서진, 핸드폰과 유선전화 꺼버리는데. 두기가 들어와 심각하게 보고

하는.

두기 제니 어머니 쪽에서 정식으로 학폭위 신청을 했습니다. 교육청에서 실태 조사를 나오면, 로나 사건에, 제니 왕따까지, 복잡해질 거 같습니다.

서진 (생각하다) 학교를 지키기 위해선, 누군가는 책임을 질 수밖에 없겠네요. 공지! 올리세요! (결심한 듯 두기를 보는)

55. 청아예고 로비 일각(낮)

게시판에 "공지 1. 3학년 음악부, 주석경. 학폭위 징계- 근신 처분. 청아예술제 출전 자격 박탈""공지 2. 3학년 음악부, 유제니, 배로나. 청아예술제 본선 참가"공지가 붙으면.
아이들, 수업 끝난 듯 가방 메고 나오다가, 웅성대면서 보는데.
로나와 제니, 은별과 민혁 모습도 보이고.
그때, 게시판에 붙은 공지를 확 뜯어내는 석경, 분한 듯 찢어발기는데.

석경 근신? 이런 미친... 야, 하은별! 이거 니네 엄마 작품이니? (시비조로 은별 쪽 돌아보는데. 이미 사라지고 없는 은별. 기가 막히고) 튀었다, 이거지?

아이들, 한 명씩 석경 눈치 보면서 허겁지겁 자리를 뜨는데.
혼자 남겨진 석경, 얼굴 벌게지는. 뭔가 불길하고 싸한 예감... 분하고!

56. 청아예고 피아노 연습실(낮)

석훈, 피아노 연습하고 있으면. 피아노 위에 초코우유를 놓은 손.
석훈, 피아노 멈추고 보면. 로나가 서있는. 일부러 시선 피하고, 피아노 덮고 일어서면.

로나 (석훈을 잡는) 화장실 문 열어준 거, 너지? 봤어. 니 손수건 놓여있는 거. (석훈, 대답 없고) 왜 답장 안 했어? 내가 메일 보냈는데.

석훈	바빴어. (지나쳐 가는데)
로나	너 힘든 거 아는데.. 우리가 불편하게 지낼 필욘 없잖아. (머뭇하다) 나, 너 궁금했어. 미국 갔을 때도, 다시 돌아올 때도.
석훈	(놀란 듯 로나를 보는)
로나	너는? 너는 내 생각 안 했어? (떨리는 표정, 대답을 기다리면)
석훈	(로나를 빤히 보는 눈빛. 대답하지 못하고 망설이는데)

57. 청아예고 피아노 연습실 앞 (낮)

은별, 지나가다가 두 사람 얘기를 엿듣고 멈춰 서는. 쿵! 놀란 듯 얼어 붙어있고.
석훈이 빤히 로나를 바라보는 표정 보면. 불안해 미치겠고. 석훈 대답 을 들으려고 바짝 문 앞으로 다가서는데.

석경(E)	거기서 뭐해?
은별	(놀라서 휙 돌아보면. 석경이 복도에 서있고. 당황해서) 아무것도 아냐. (급하게 뛰어가다가 석경과 부딪히는. 그 바람에 들고 있던 가방이 툭 떨어 지고. 얼른 가방 들고 다시 뛰어가는데)
석경	야! 하은별! (불러도 그냥 뛰어가 버리고. 돌아서다가 문득 발밑에 뭔가를 발견하고 눈빛 반짝하는. 바닥에 떨어져있는 은별의 핸드폰을 조용히 집어 드는 석경)

58. 청아예고 일각 (낮)

석경, 손에 은별이 핸드폰을 쥐고 있는.

| 석경 | 이 기지배 패턴이 뭐더라. 제이였던가? (알파벳 J 그려보면. 비번 풀리 고) 앗싸! (눈 반짝하는) 나 혼자만 징계 받으라고? 어림없는 소리! 하 은별, 니 남친 얼굴, 내가 제대로 까발려줄게! (갤러리 사진을 확인하는 데. 마구 사진 뒤지다가 문득 굳어지고. 점점 눈 커지는) 뭐야, 이게?!!!! |

(기함하는데)

은별(E) 주석경! 너지? 내 핸드폰 가져간 거?!

석경 (놀라서 얼른 핸드폰 끄고 돌아보면. 은별이 뛰어온 듯 숨 헐떡이며 서있고)

은별 (기겁해서, 석경의 손에 쥔 핸드폰을 낚아채는) 남의 핸드폰은 왜 훔쳐 가?!

석경 훔치긴 누가 훔쳐? 니가 떨어뜨렸길래 갖다 주려고 했지. 불러도 막 도 망친 게 누군데?! (태연하게 발뺌하면)

은별 (두려운 눈빛) 열었어? 내 핸폰?

석경 내가 니 비번을 어떻게 알고? 뭐, 대단한 거라도 있냐? (은별 스치고 먼 저 가는데. 돌아서는 의미심장한 표정)

은별 (핸드폰을 꽉 쥔 채, 석경 뒷모습을 보며) 설마... 본 건 아니겠지? (불안감 에 사로잡힌)

59.   헤라팰리스 서진 레슨실(저녁)

서진, 청아예술제 본선 서류들을 체크하고 있으면. 똑똑똑! 노크와 함 께 들어오는 석경.

서진 (보는) 니가 여긴 웬일이니.

석경 (의기양양한 표정으로, 레슨실을 둘러보며) 나도 딸이라면서요? 딸이 엄 마한테 놀러 오면 안 되는 거예요? (이것저것 물건들 손으로 건드리면)

서진 (불쾌한 표정) 바쁜데, 용건만 말하고 가줄래? 봐야 될 서류들이 많아.

석경 (서류들을 보며) 며칠 뒤면 청아예술제네요. 진짜 오래 기다렸는데. 어 떤 드레스를 입을까, 너무 설레는 거 있죠?

서진 (정색하고) 공지 떴을 텐데. 오늘 교사 회의에서, 넌 출전 못 하는 걸로 결정 났어. 워낙 니가 친 사고가 커서, 어쩔 수 없었다.

석경 (서진의 말에 전혀 동요하지 않고. 친한 척 서진에게 다가가 팔짱 끼며 애교 스럽게) 에이, 농담하지 마세요~ 그냥 출전하게 해주세요~ 이사장님 인데 그 정도 권한은 있잖아요~ (그러다 갑자기 깔깔대며 웃으며) 어머, 놀라셨어요? 은별이 흉내 낸 건데.

216

서진	(굳어지고. 피곤한 듯) 더 이상 대답 안 해도 되지? (다시 일하면)
석경	아! 기왕 맘 써주는 거 화끈하게 대상까지 주는 건 어떻게 생각해요?
서진	(어이없는) 지금 뭐라고 했어?
석경	울 아빠 진짜 사랑한다면, 날 위해서 그 정도는 해줄 수 있는 거 아니에요?
서진	(버럭 화나는) 장난해, 지금?!! 실력도 안 되면서 무슨 대상 타령이야?! 아빠한테 전화해야 그 입 다물래? 나가! 당장!
석경	(픽 웃고, 책상 위에 걸터앉으며, 의미심장한 웃음) 그렇게 나오심 불리하실 텐데요. 내가 좀 대단한 걸 알고 있거든요, 아줌마!
서진	뭐?
석경	(영문 모르는 서진에게) 천명수 이사장님이 돌아가실 때, 천 쌤도 돌계단에 계셨잖아요. 근데 왜 그냥 도망친 거예요? 아빠를 안 살리고?
서진	(순간 하얗게 질리고!) 너... 너 지금 뭐라고 했어...?!!!!!
석경	(서진 앞으로 바짝 얼굴 가까이하며) 많이 놀라셨나 부다. 그럼 이제, 처음부터 다시 얘기해볼까요?

승기를 쥔 석경의 자신만만한 표정과, 충격에 싸인 서진의 표정, 대조적으로 잡히는데.

60. 1화 프롤로그 4/청아예고 교정 돌계단 (밤)

(E) 아아악!!!! (날카로운 비명 소리)

돌계단 위에, 흰색 여자 샌들 한 짝이 떨어져있고. 핑크색 드레스 자락이 보이는. 그 아래로 돌계단을 타고 흘러내리는 검붉은 피!! 머리에 박힌 트로피 조각!
계단에 거꾸로 뒤집혀서 죽어있는 여학생의 긴 머리카락!!
컷 되면. 미친 듯이 달려와서 계단 앞에 멈춰 서는 부모들과 아이들.. 참혹한 현장을 보고 경악하고 주저앉는데.

단태, 떨리는 손으로, 드레스 입은 사체를 돌려서 얼굴을 확인하면. 로나다!!
모두들 충격에 사로잡힌 채, 죽은 로나를 마주하는 데서 엔딩!!

5화

트로피 쟁탈전

1. 헤라펠리스 서진 레슨실(저녁)
    서진, 청아예술제 본선 서류들을 체크하고 있으면. 노크와 함께 들어
    오는 석경.

서진   (보는) 니가 여긴 웬일이니.
석경   (의기양양한 표정으로, 레슨실을 둘러보며) 나도 딸이라면서요? 딸이 엄
        마한테 놀러 오면 안 되는 거예요? (이것저것 물건들 손으로 건드리면)
서진   (불쾌한 표정) 바쁜데, 용건만 말하고 가줄래? 봐야 될 서류들이 많아.
석경   (서류들을 보며) 며칠 뒤면 청아예술제네요. 진짜 오래 기다렸는데. 어
        떤 드레스를 입을까, 너무 설레는 거 있죠?
서진   (정색하고) 공고 났을 텐데. 오늘 교사 회의에서, 넌 출전 못 하는 걸로
        결정 났어. 워낙 니가 친 사고가 커서, 어쩔 수 없었다.
석경   (서진의 말에 전혀 동요하지 않고. 친한 척 서진에게 다가가 팔짱 끼며 애교
        스럽게) 에이, 농담하지 마세요~ 아빠 부탁도 있는데, 그냥 출전하게
        해주세요~ 이사장님인데 그 정도 권한은 있잖아요~ (그러다 갑자기 깔
        깔대고 웃으며) 어머, 놀라셨어요? 은별이 흉내 낸 건데.
서진   (굳어지고. 피곤한 듯) 더 이상 대답 안 해도 되지? (다시 일하면)
석경   아! 기왕 맘 써주는 거 화끈하게 대상까지 주는 건 어떻게 생각해요?
서진   (어이없는) 뭐?
석경   울 아빠 진짜 사랑한다면, 날 위해서 그 정도는 해줄 수 있는 거 아니
        에요?
서진   (버럭 화나는) 장난해, 지금?!! 실력도 안 되면서 무슨 대상 타령이야?!
석경   나 어차피 실력으로 은별이한테 안 되는 거 아시잖아요. 그래서 이렇게
        염치 불구하고 부탁드리러 온 건데?
서진   아빠한테 전화해야 그 입 다물래? 나가! 당장!
석경   (픽 웃고, 책상 위에 걸터앉으며, 의미심장한 웃음) 그렇게 나오심 불리하
        실 텐데요. 내가 좀 대단한 걸 알고 있거든요, 아줌마!
서진   뭐?

석경	(영문 모르는 서진에게) 천명수 이사장님이 돌아가실 때, 천 쌤도 돌계단에 계셨잖아요. 근데 왜 그냥 도망친 거예요? 아빠를 안 살리고?
서진	(순간 하얗게 질리고!) 너... 너 지금 뭐라고 했어...?!!!!
석경	(서진 앞으로 바짝 얼굴 가까이하며) 많이 놀라셨나 부다. 그럼 이제, 처음부터 다시 얘기해볼까요?

승기를 쥔 석경의 자신만만한 표정과, 충격에 싸인 서진의 표정.

서진	(애써 평정심 찾고) 석경이 너! 무슨 말도 안 되는 소릴 하는 거야? 그렇게까지 하면서, 청아예술제에 나가고 싶니? 별수를 다 써도, 넌 이미 출전 자격 박탈이야!! 피해 학생 부모들이 가만있을 거 같아?!
석경	저만 좋자고 이러나요? 쌤도 비밀 지켜지고, 서로 윈윈하자는 거잖아요~
서진	미친 소리 그만해!! 그 말 같지도 않은 협박에 내가 응해줄 거 같아?!!
석경	아~! 증거를 꼭 눈으로 보셔야겠다? 그래요. 원하신다면, 보내드리죠. 직접 보면, 더 괴로우실 텐데. (하얗게 질려있는 서진을 조롱하듯 보다가, 테이블 위에 물을 따라서 건네주며, 속삭이듯) 물 좀 드셔야겠다. 얼굴이 백지장 같으세요. 건강 조심하셔야죠~ (씨익 웃으면서 밖으로 나가면)
서진	(문을 꽝! 닫아버리는. 숨소리 거칠어지고) 저게 뭘 보고 저러는 거야? 설마... 협박 문자를 보낸 게, 주석경?!! 아냐... 아닐 거야.... 만약 동영상이 있다면, 바로 보여줬겠지. 침착해! (고개 내젓지만, 불안해서 미칠 거 같고. 서성이는. 그때 걸려오는 전화에 화들짝 놀라는. 보면 상아고. 받는) 여보세요.
상아(E)	천 쌤! 여기 난리 났어요!!

2.   헤라팰리스 서진 집 거실(밤)
      은별과 민혁을 닦달하고 있는 마리. 그리고 그런 마리를 말리고 있는
      상아와 분홍. 마리의 기세에 어쩔 줄 몰라 하는데.

마리	(흥분해서) 어쩜 니들이 이럴 수 있어?!! 우리 제니가 니들한테 뭘 잘못했다고!! 왕따 시킨 것도 모자라, 토하도록 멕이고, 목이 쉬게 노래시키고, 비웃고, 즐기고, 찍고!! 니들이 사람이야?!! 제니가 받은 상처, 뭘로 책임질 건데?!! 어!!!
분홍	(말리는) 그만하세요!! 이사장님 오시기 전에 얼른 나가세요!! 네?!

그때, 서진이 급하게 거실로 뛰어 들어오고.

서진	이게 무슨 짓이에요?!! 남의 집에서!!
마리	(난리 치다, 서진을 돌아보고) 천 쌤도 이러는 거 아니에요!! 달랑 석경이 근신 하나로 이 일을 덮으려나 본데, 사람 무시하지 마요! 나, 영상에 나온 애들, 죄다 벌 받게 할 거예요!! 은별이! 민혁이! 절대 그냥은 안 넘어가요!!
서진	다른 아이들은 그 자리에 있었던 죄밖에 없습니다. 이미 다 확인했다고요!!
마리	석경이 하나로 꼬리 자르기 하겠다?! 왜? 가해자 안에 천 쌤 자식도 있어서?!
서진	가해자라는 표현, 거북하네요. 그 아이들 또한, 저한테 귀한 제자들입니다. 우리 학교 가장 모범생인 아이들을 다 처벌받게 하면, 제니 어머니 맘이 편하겠어요?! 학교 측 입장도 헤아려주셔야죠!
상아	(나서고) 그럼요! 우리 민혁인 석경이가 시켜서 할 수 없이 했다잖아요. 우리도 억울하다니까요!
마리	어디서 개구라야? 제니가 다 얘기했어! 제니가 당하고 있을 때, 아무도 안 도와줬다고!! 방관한 것도 폭력이야!!
서진	그래서 제니한테 본선 진출권까지 줬잖아요!
마리	그건 당연한 거구!! 내가 원하는 건, 가담자들 전원 중징계예요! 합의도, 예외도 없어!!
상아	어쩜 이렇게 바늘 하나도 안 들어가요? 우리가 한두 해 본 것도 아니고!

222

규진(E)	그러니까요! 당해주는 것도, 정도가 있는 거죠!
마리	(익숙한 목소리에 돌아보면, 규진이 서있고. 멈칫하면)
규진	(빈정대는 말투) 앞으로도 헤팰에서 쭈욱 얼굴 보고 살아야 하는데, 적당한 선에서 양보도 하고, 이해도 하고, 그러는 거죠. 안 그렇습니까?!
상아	(규진을 말리며) 여보. 지금 그럴 분위기 아니니까, 당신은 빠져.
규진	당신이나 빠져! (마리 앞에 당당히 서고) 앞으로의 우리 관계를 위해서 말씀드리는 겁니다. 제니 어머니! 여기까지 하시죠! (마리에게 눈짓 보내면)
마리	아아... 우리 관계? (뭔가 알아듣는 듯, 온순해진 눈빛으로 규진을 보는데)
규진	(그럼 그렇지, 의기양양하게 야릇한 미소 지으며 고개 끄덕이는 순간!)
마리	(갑자기 빡! 하고 규진의 이마를 박아버리고, 사타구니를 걸어차버리면)
규진	으악!! (비명)
상아/민혁	여보! 아빠! (놀라는데)
마리	관계 같은 소리하네! 지금부터 전쟁이야!! 내 딸 건드리는 것들이랑은 나 이제 상종 안 해! 나 눈깔 제대로 뒤집혔다고!!!! (민혁 보고) 너! 내 딸한테 사과 안 하면, 니 다리몽둥이도 부러뜨려버릴 줄 알아!! (쌩하니 나가면)
규진	(무안하고. 망신 제대로 당한) 저 아줌마가 진짜!!! 더는 못 참아!! 그래! 전쟁이닷!

3.   헤라팰리스 규진 상아 집 거실(밤)

민혁과 상아, 거실로 들어서면. 그 뒤로, 눈탱이가 부은 규진이 들어오고.

규진	민혁이 넌, 아무 걱정 말고, 청아예술제 준비나 열심히 해. 이번 일은 아빠가 알아서... (하는데)
상아	시끄러!! 눈탱이가 그게 뭐니. 내가 쪽팔려서 진짜!! (방으로 쌩 들어가면)
민혁	국회의원이면 끗발 장난 아닐 줄 알았는데. (한숨. 역시 무시하듯 들어

	가고)
규진	(순간 부들부들하는. 눈 확 돌아서) 강마리.... 감히 이규진을 물로 봐? 사람을 갖고 놀았다, 그거지? (보좌관에게 전화하는) 박 보좌관? 나야. 헤펠 4503호에 사는 강마리에 대해 전부 다 알아와. 당장!!

4.　펜트하우스 거실(밤)

석경, 음료수를 마시며 주방에서 걸어 나오는.

석경	이제, 은별이 핸드폰만 손에 넣음 돼. (기세등등한데)
단태(E)	생각이 있는 놈이야, 너?!
석경	(돌아보면. 2층에서 석경을 내려다보는 단태가 계단을 내려오고 있는)
단태	근신 처분 받았다며?! 학폭이면 자소서에도 기록될 텐데, 수시 원서도 못 써보고 끝나는 거야?! 그동안 내가 학교에 갖다 바친 돈이 얼만데!!! 그 돈이면 청담동에 빌딩을 올려!!
석경	왜 다들 나한테만 뭐라 하는 건데요? 잘나신 아빠 약혼녀 딸도, 안 보이는 데서 제니 괴롭히고, 나쁜 짓은 걔가 더 많이 했다고요!
단태	그럼 너도 들키지 말았어야지! 어떻게 은별이보다 나은 게 하나도 없어?! 좋은 집에, 최고 선생 붙여서, 돈 처발라 온갖 서포트 다 해주는데, 그만한 애 하나 못 이겨?!!
석경	돌대가리로 태어난 걸 그럼 어떡해요?!! 나 낳아준 친엄마가 멍청했나 보죠?!! (대들면)
단태	(손 번쩍 들고) 이게!!
석경	(지지 않고, 똑바로 단태 보며 바락대는) 나만 벌 받는 건 억울해요!! 그 여우같은 기집애는 지 엄마 뒤로 숨었잖아요!! 나 혼자는 절대 안 끝내요!!
단태	(어이없어 손 내리고, 버러지 보듯 무시하며) 차라리 유학 가. 애초에 대상 같은 거, 기대도 안 했어.
석경	유학을 왜 가요? 서울대 갈 수 있는데!!

224

단태	시답지 않은 대학에 원서 써서 망신당하느니, 아무 나라나 가서 졸업장 따. SAT 문제 구해주는 게, 훨 싸게 먹히겠어!
석경	(모욕적으로 들리고, 눈물 참으며) 이제 아빠 도움 같은 거 필요 없어요!! 어떻게든 청아예술제 나가서, 대상 타올 테니까!! 독립시켜준다는 약속이나 꼭 지키세요!! (홱 방으로 돌아서면)
단태	주석경!! 이리 오세요!! 주석경!! (화나서 석경을 따라가는데)
석훈	(달려 나와서 그런 단태를 탁 막아서는) 제가 얘기해볼게요. (매섭게 제지하고 돌아서면. 단태, 씩씩대며 서있는)

5.   펜트하우스 석경의 방(밤)

석경, 분한 듯 숨 몰아쉬고 있으면. 석훈이 방으로 들어오고.

석훈	왜 이렇게까지 일을 만들어? 아버지 화나게 해서 뭔 득이 있다고? 좀만 참으라 했잖아. 그럼 어떻게든 너 데리고...
석경	나 생각해주는 척하지 마!! 어떻게 오빠 아무렇지도 않을 수가 있어? 배로나가 학교로 돌아왔는데, 걔 얼굴 보는 거 끔찍하지도 않아?
석훈	그만 우겨!! 로나 엄마 진범 아니라고 했잖아!!
석경	그걸 믿어? 오빠 양 집사님이 엄마 죽였다고 생각해?
석훈	그건...!!! (문득 떠오르는 기억. 시즌 1 21화 41신. 단태와 양씨의 거래 상황 떠오르고) 로나 엄마가 범인 아닌 건 확실해! 그러니까, 니 죄책감을 다른 사람들한테 덮어씌우지 마.
석경	(놀라고) 어떻게 오빠까지 그런 말을 해! 오빠도 배로나랑 똑같아!! (울컥해서 서럽게 울기 시작하면)
석훈	(안타까운 듯 석경을 안아주고) 미안해. 내가 심했어. 울지 마...
석경	(석훈을 꼭 끌어안고) 오빠... 오빠 나 버리지 않을 거지? 난 아빠가 천 쌤이랑 결혼하든 말든 관심 없어! 나한텐 오빠만 있으면 돼!! 그러니까... 우리 같이 여기 떠나자. 응?! 오빠가 하라는 대로 다 할게. 제발 나 좀 어떻게 해줘... 이 집에선 숨이 안 쉬어져... 자꾸 엄마 생각나서 돌아버릴

거 같아!!

석훈 아직은 아니야. 그 전에 꼭... 해야 할 일이 있어.

석경 (갑자기 표정 굳어지더니, 석훈을 보는) 못 가겠다고? 진심이야?

석훈 엄마 죽인 진범 잡을 때까지, 여기 떠날 수 없어.

석경 (석훈을 확 밀쳐내는) 됐어! 오빠도 결국 배로나 편이지? 오빠도 아빠도 다 필요 없어!! 난 진짜 혼자야!! (뛰쳐나가버리면)

석훈 석경아!! (괴로운 석훈이고)

6. **펜트하우스 단태 서재(밤)**
   위스키를 마시며 생각에 잠겨있는 단태. 그 위로.

7. **회상/4화 53신/펜트하우스 단태 서재(아침)**

마리 (순간 무서운 표정) 우리 계약은, 오늘로 끝났어!! 당신한테 나, 이제 밑질 것도 빚진 것도 없어!! 꼴랑 아파트 한 채 던져주고, 내 남편한테 무슨 짓을 했는지, 낱낱이 밝혀볼까?!!

단태 (정색하고) 그 얘기는 꺼내지 않는 게 좋을 텐데요. 강마리 씨!

마리 내 남편이 감방에 들어간 이유, 순전히 우리 제니 위해서였어. 우리 딸, 잘 먹고 잘살게 해주려고! 그런 내 자식 심장을 갈가리 찢어놔?!!! 나 지금 눈에 뵈는 거 없어. 어디까지 갈지 몰라. 각오해!! 당신 딸 주석경, 내 손에 죽을 수도 있어!! (서늘한 말투)

8. **현재/펜트하우스 단태 서재(밤)**
   살기 어린 눈빛의 단태에게 다가오는 조 비서.

조비 유동필은 교도소에서 비교적 조용히 잘 지내고 있답니다. 아직 제니 사건에 대해서는 모르는 거 같습니다.

단태 출소가... 언제랬지?

조비 두 달 정도 남았습니다.

단태	두 달이라... 벌써 나오게 할 순 없지. 감히 이 주단태를 건드렸는데. (의미심장한 표정이고)

9. 헤라팰리스 전경 (다음 날 아침)

10. 헤라팰리스 커뮤니티 (아침)
     윤희, 로나, 마리, 제니, 커뮤니티로 들어서면. 마주한 사람, 석경이다.

마리	왜 불렀어?! 우리 애들 학교 가야돼. 아침부터 기분 잡칠 생각이면...!
석경	(갑자기 제니와 로나를 향해) 미안해, 제니야! 로나야!
제니/로나	(벙쪄서 석경을 보는데)
석경	진심으로 니들한테 사과하고 싶어.
로나	연기하지 마!! 안 통해!!
석경	(울먹이며) 알아. 나도 내 행동이 잘못됐다는 거. 근데... 엄마 그렇게 되고 나서, 너무 힘들었어. 받아들일 준비도 없이 아빠는 또 약혼을 하고, 은별이랑 가족으로 엮여야 하고. 모든 게 다... 감당할 수 없었어. (흐느껴 울면)
마리	그게, 변명이 된다고 생각해?! 니가 힘들다고 왜 애꿎은 애한테 화풀이야?!
석경	아직 로나도, 아줌마도, 너무 미운데, 제니가 로나와 친하게 지낸다니까 화가 났어요. 그래서... (갑자기 마리와 윤희 앞에 무릎을 꿇으면)
다들	(놀라서 보는)
석경	죄송해요. 앞으로 절대 그런 일 없을 거예요. 한 번만... 용서해주세요. 근신 처분은 달게 받을게요. 대신, 청아예술제는 출전하게 해주세요. 본선 무대에 서는 게 제 꿈이었어요. 그것만 부탁드릴게요. 제발요... (엉엉 울면)
로나/제니	(어이없지만, 그런 석경에게 차마 더 모질게 못하는데)
석경	(눈물 닦다가 로나와 눈 마주치면, 무섭게 차가워지는 표정)

11.   헤라펠리스 분수대(아침)
      마리와 윤희, 로나와 제니를 배웅하고. 가는 아이들을 보면서 얘기 나
      누는.

마리   석경이 그 기지배, 진심 아니겠죠? 척 봐도 수작 떠는 거예요. 눈빛이 아
      직 기세등등한 게, 미안한 얼굴 아니었어요.
윤희   그래도, 그 자존심에 무릎까지 꿇었는데... 아직 애잖아요. 한 번은 더
      기회를 줘야 하지 않을까요? 수련 언니 그렇게 되고 힘들었던 건 사실
      이니까.
마리   아뇨! 절대 용서 못 해요, 난!! 청아예술제에 나가는 게 꿈이었다고?!
      그럼 더더욱 나가선 안 되죠! 제일 중요한 걸 잃어야, 그게 제대로 된 징
      계니까!! (강경한데. 씩씩대며 엘리베이터 쪽으로 걸어가면)

      윤희, 고민하는 표정으로 돌아서는데. 엘리베이터에서 내려 걸어오던
      단태와 눈 마주치고.

단태   (윤희 무시하고 지나치려면)
윤희   최소한 사과라도 해야 되는 거 아닌가요? 석경이가 우리 로나한테 한
      짓, 교육청에서도 꽤 심각하게 들여다보고 있다는데.
단태   맘대로 해! 강전을 시키든, 고소를 하든! 너한테 고개 숙이는 일은 없어!
윤희   수련 언니가 지금의 석경이를 보면, 뭐라고 할까요?
단태   (가증스럽단 표정으로 윤희를 돌아보는) 뻔뻔하게 그 사람 이름을 입에
      올려? 없애달라고 사정할 땐 언제고!
윤희   그래서, 죽였나요? 날 위해서?
단태   뭐야?!! (일그러지면)
윤희   지난 일 따지고 싶지 않아요! 나 또한 수련 언니가 내 눈에서 사라지길
      누구보다 바랐으니까.
단태   (다가서는, 윽박지르듯) 다시 돌아온 이유가 뭐야?! 나한테 팽당한 거 복

228

수하겠다고?! (픽 웃고) 그게 가능하다고 생각해? 날 띄엄띄엄 보는 모양인데, 아까운 시간 낭비하지 말고, 하윤철 데리고 떠나! 니 자식 목숨이 두 개가 아니면. (돌아서서 가려는데)

윤희   내 걱정해주는 건 고마운데, 주 회장님 회사부터 챙겨야 되는 거 아닌가요? 지금 난 소문이 돌면서, 연일 주식이 고꾸라지고 있던데.

단태   (휙 돌아보면)

윤희   (여유 있는 미소) 경제신문에 기사가 났더라고요. 투자하면 낭패 보는 주식으로! 청아재단과 합병도 물 건너간 모양이죠? 서진이랑 불화설도 돌고... 자칫하면 금융권까지 막힐 테고, 자금 압박이 장난 아닐 텐데... 괜찮겠어요?

단태   주제 넘는 참견, 삼가길 바래. (얼굴 벌게져서 걸어가면)

윤희   (그런 단태 뒷모습을 보는)

12.   제이킹 홀딩스 단태 사무실(아침)

단태, 태블릿으로 급락하고 있는 제이킹 홀딩스 주가를 확인하고 있는.

단태   (열 받아 태블릿 덮어버리고) 오늘도 5프로나 빠져나갔어. 도대체 자금난 소문은 어디서 샌 거야?!

조비   은행 쪽은 아니고, 아무래도 천서진 이사장님의 스캔들 건으로...

단태   (주먹으로 책상을 쾅! 내리치고) 당장 합병을 발표하지 않으면, 회사가 휘청할 수도 있어! (결심한 듯, 서랍에서 봉투를 꺼내 열어보는데. 박영란과 비밀 유지 각서고) 결국, 이 카드를 써야 하는 건가. (야비한 눈빛)

13.   청아예고 교무실(낮)

핸드폰 수거함을 한쪽에 놓고 나가는 은후.
종소리와 함께, 선생님들 수업을 하러 하나둘씩 교무실을 나가고.
빈 교무실 안. 문이 열리며 들어서는 건 석경이고. 주변 눈치를 살피다가 성악반 수거함을 뒤지며 은별의 핸드폰을 찾는데

두기(E)	너 거기서 뭐해?!
석경	(화들짝 놀라서 돌아보면. 두기가 서있고)
두기	(다가서고) 뭘 그렇게 뒤져? 도둑고양이처럼!
석경	(당황해서, 얼른 자기 핸드폰 찾아서 보여주며) 제 핸드폰 찾으러 왔는데요. 여기 레슨 스케줄을 적어놔서..
두기	(확 핸드폰을 뺏고) 예술제도 안 나가는데, 뭔 레슨?! 근신 잘하고 있어?
석경	한다고요!
두기	(슬쩍 참고서 하나 건네주며) 이거 가져가. 수업 내용, 알짜배기로 요점 정리한 거니까. 아빠한텐 내가 줬다고 얘기할 거지? (그러다 다른 교사가 다가서면, 얼른 석경이를 교무실 밖으로 밀어내며 큰 소리로) 종 쳤는데, 얼른 상담실 안 가?!!!
석경	(쫓겨나면서 핸드폰 수거함을 보는. 아쉬워 죽겠고)

14. 청아예고 복도(낮)
교무실 앞에서 석경을 배웅하는 천진난만한 두기.

| 석경 | (짜증 나고) 왜 저래, 진짜!! |

그때, 복도를 걸어오던 서진과 마주치는 석경.

서진	(석경을 무시하고 지나가는데)
석경	대상 줄 준비는 잘하고 계시죠? 트로피에 미리 제 이름도 새겨야 할 텐데.
서진	(기막혀서 보며) 까부는 것도 정도껏 해.
석경	아~ 걱정 마세요. 쌤이 원하시는 증거는, 곧 보내드릴 거니까. 기대하셔도 돼요~ (여유 있게 돌아서서 가면)
서진	대체 뭘 믿고 저러는 거야.. (열 받는)

15.   청아예고 이사장실 (낮)

서진, 불쾌한 듯 이사장실로 들어서면. 소파에 앉아있는 서진모와 서영.

서진   (멈칫하고) 오셨어요? (서영 보고) 서영이, 오랜만이다.

서영   우리가 연락도 없이 왔지? 많이 바쁜 모양이야.

서진   청아예술제 준비 때문에 강당에 있었어. (서영모 앞에 앉고) 어쩐 일이
세요?

서진모   이번 20주년 공연, 감동적으로 봤다. 따로 축하해준다는 게, 좀 늦었네.

서진   가족끼리 뭘 새삼스럽게...

서진모   (말 끊고) 특히 첫 곡! 내가 알던 니가 맞나 싶을 정도로 완벽한 소리였
어. 니 아버지가 살아계셨음 얼마나 기뻐하셨을까, 안타까웠는데...

서진   (표정 굳어지고) 무슨 말씀을 하고 싶으신 거예요?

서진모   (표정 확 변하더니) 기도 안 차서! (봉투를 테이블에 툭 던지고) 열어봐!

서진   (열어보면, 박영란과 계약서 사본이 들어있고. 대타 공연에 대한 내용인데.
화들짝 놀라면)

서진모   겁도 없이, 그 중요한 공연에서 쉐도우 싱어를 써?!!

서영   나 진짜 놀랐어. 대한민국 최고 성악가가, 전 국민을 상대로 사기극을 벌
인 거였어?! 그 공연에 대통령 내외분도 참석하셨지? 소름이다, 진짜!!

서진   (바들바들 손 떨리는) 이거... 어디서 났어요?!

서진모   재단 윤리위원회 쪽으로 익명의 제보가 들어온 거다. 대체 이게 무슨
집안 망신이야?! 내가 윤리위원들 입단속시키느라 얼마나 애썼는지
알아?!

서진   절 위해서 입막음하신 건 아니겠죠!! (고개 들어, 냉랭하게 서진모를 보
며) 엄마라면... 내 목 상태가 어떤지, 어디가 얼마나 아픈 건지, 먼저 물
어봤겠죠. 진짜 엄마라면! 아닌가요?

서진모   (순간 움찔했다가) 뭐야?! 더 우스운 꼴 당하기 전에, 이사장에서 내려
와!! 재단은 서영이한테 넘기고!!

서진   (기막혀) 뭐라고요?!

서진모	세상에 비밀은 없어!! 이 사실이 밝혀지면 재단에 얼마나 타격이 심할지 생각해봤어?! 너 하나로 죽고 끝낼 일이 아냐!! 니 아버지가 공들여 키운 청아재단이 한순간에 무너진다고!!
서진	(경멸스럽단 표정으로 서진모를 보며) 결국 그거였어요? 거둬 키운 딸한테서 자리 뺏어서, 엄마가 낳은 딸한테 쥐어주는 거? 그래야 속이 시원하신 거죠?!! 아버지도 안 계시니, 이제 저한테 엄마 행세 안 하셔도 되니까!!
서진모	(서진의 뺨을 후려치고) 못된 것!! 어디서 배워먹은 말버릇이야?!! 35년을 먹이고 입히고 키워준 엄마를 한 번이라도 인정해준 적 있어?!! 마음 한 번 안 준 딸년을 좋아할 엄마가 세상천지에 어딨어!!
서진	(폭발하는) 그렇게 만든 건 엄마잖아요!! 아버지한테 미움받게 하려고, 평생 안달 낸 사람이 누군데요?!!
서진모	(일어서고) 사임해. 내 손으로 터트리기 전에! (문 쪽으로 뚜벅뚜벅 걸어가다, 멈춰 서고) 그리고 분명히 말하는데, 청아아트센터 완공되는 대로, 당장 팔아 치워!! 쓸데없는 오페라극장 만드는 데, 재단 돈을 얼마나 쓴 거야?!!
서진	그건, 아버지 숙원사업이셨어요!! 무슨 일이 있어도 제가 경영할 거예요!!
서진모	내가 막을 거야!! 재단 지분, 나도 30프로야! (나가면)
서영	(따라 일어서고) 언니가 아니면 안 된다는 생각, 버려줬음 좋겠어. (서진모 따라 나가는데)
서진	(분하고. 신경질적으로 봉투를 갈기갈기 찢어버리는) 오윤희!! 기어이 터트린 거야?!! (분노하는데)

16.   서울 강북 동네 목욕탕(낮)
       마리, 급하게 목욕탕으로 들어오는.

마리	왜 이렇게 빨리 오라고 난리야? 가뜩이나 심란해 죽겠는데. 오늘 마마

님들 예약도 없잖아.

직원 마마님 소개로 오신 분이라는데요?

마리 (홀러덩 카디건 벗고, 옷 갈아입으며) 누구? 연락 없으셨는데.

직원 지금 대기 중이니까, 얼른 준비하세요. 회원비도 통 크게 현금으로 내시던데요? 역시 마마님 인맥들은 시원시원하시다니까요!

마리 (궁금한) 세신실에 계시지? (급히 때타월을 챙기는)

17. **목욕탕 세신실(낮)**
수건으로 얼굴을 가린 채 누워있는 손님.
마리, 탱크톱에 팬티, 머리에 비닐을 뒤집어쓴 차림으로 들어서는.

마리 (양손에 낀 때타월을 박수 치듯 탁! 탁! 치면서, 반갑게 인사하는) 안녕하세요? 어느 마마님 소개실까? 웬만한 분 아니고서는 당일 예약은 안 받거든요. 특별히 오늘은 마마님 소개라니까 제가...

그때! 수건을 벗고, 얼굴을 드러내는 건, 상아고!

마리 (기겁하는) 아악!!

상아 (몸 일으키고. 마리를 위아래로 훑어보며, 예전과는 싹 다르게 하대하는 말투) 외출하고 올 때마다, 뽀송뽀송 비누내가 풍기는 이유가 다 있었네, 제니 엄마?! 바람 피는 줄 알았는데, 것보다 이게 더 충격인데?!

마리 (하얗게 질려서, 허겁지겁 몸 가리며) 여긴... 어떻게 알고...

상아 얼른 옷이나 입어요. 우리 의원님, 기다리는 거 잘 못하시거든! (미소)

18. **목욕탕 대기실(낮)**
대기실 의자에 걸터앉아 바나나 우유를 쪽쪽 빨고 있는 규진.
마리, 탱크톱과 팬티에 카디건을 걸친 채로, 잔뜩 긴장해서 상아를 따라 나오면.

규진	(마리 행색을 보며, 조롱하는) 와~ 이렇게 보니까 진짜 찰떡이네. 난 사실 우리 보좌관이 제니 엄마 세신사라고 했을 때 안 믿었거든. 근데 역시... 사람은 자기랑 맞는 옷을 입어야 딱이야. 안 그래, 여보?
상아	그러니까. 헤펠에서 큰소리 떵떵 치던 게 많이 어색했던 이유가 있었다고!
마리	(움찔했다가, 갑자기 고개 빳빳하게 쳐들고) 그래서 뭐?! 나, 당신들한테 쪽팔리는 거 하나 없어! 하늘 우러러 당신들보다 깨끗하게 살았어! 땀 흘리며 일해서 내 힘으로 돈 벌었고, 꿀릴 거 없다고!! (큰소리치면)
규진	근데, 왜 그동안 감쪽같이 속였을까? (비웃는)
마리	그거야..... (말문 막히면)
규진	제니 때문이겠죠? 어! 근데 어쩌지. 우리 보좌관이 일을 너무 잘해서, 아마 제니한테도 보라고 사진 몇 장을 집으로 보냈다던데. (둘러보며) 목욕탕이 넘 낡았다? 엄마가 이런 데서 고생하는데, 공부 빡세게 해야겠네...
마리	뭐어?!! (화들짝 놀라, 굳어지면)
규진	빤스런 하셔야죠, 때밀이 아주머니? (사악하게 웃는데)
마리	(그대로 후다닥 뛰쳐나가는)

19.   헤라펠리스 분수대 (저녁)
      제니와 로나, 걸어오는. 장 봐서 들어오는 윤희와 마주치고.

윤희	로나야! 이제 와? 학교에서 별일 없었어?
로나	(어색하게 보는데)
제니	아줌마! 로나랑 본선 준비 같이해도 돼요? 혼자 하려니까 불안해서.
윤희	그럼. 당연히 되지.
로나	(멈칫해 윤희 보면)
윤희	(미소) 가자. 아줌마가 떡볶이 해줄게. (로나와 제니 데리고 엘리베이터 쪽으로 걸어가는)

234

20.   헤라팰리스 45층 윤희 집 대문 앞 (저녁)

　　　엘리베이터 문 열리면. 내리는 윤희, 제니, 로나.
　　　그때, 낯선 남자와 부딪히고. 남자, 급하게 엘리베이터에 올라타는데.

윤희　(남자를 돌아보는) 저기요! 누구세요? (엘리베이터 문, 그대로 닫혀버리면) 어디서 봤더라? (생각날 듯 말 듯한데)

제니　(문득 집 앞에 놓인 봉투를 보고) 어? 이게 뭐지?

로나　아까 그 아저씨가 놓고 간 거 아냐?

제니　(봉투를 집어 들면. 발신자 없고. 열어보는데. 사진들이 몇 장 들어있는. 맨 위에 목욕탕 외관 사진인데) 웬 목욕탕이야? (무심히 사진을 넘기는데, 세신사 옷을 입고 달걀을 까먹는 마리 사진이고) 누구야, 이게? (못 알아보면)

윤희　(갑자기 제니 손에서 사진들을 뺏고) 우리 집에 온 거야. 잘못 갔나 봐. (얼른 봉투에 사진들을 넣어버리는데)

　　　그때, 엘리베이터 문 열리면서, 미친 듯이 뛰쳐나오는 마리.

마리　안돼애애!! (정신없이 제니를 붙잡고) 제.. 제니야. 아무 일 없었어? 누구 찾아온 사람 없어? (주위 두리번거리는데. 온몸이 다 땀범벅이고. 카디건 풀어 헤쳐져서, 그 안에 세신사 모습 그대로 탱크탑과 팬티가 보이면)

제니　(놀라서 마리를 보고) 엄마... 꼴이 왜 그래? 어디서 오는 거야?!

마리　(얼른 카디건으로 몸 가리며) 어.. 사우나 하고, 급히 나오느라. (허둥대면)

윤희　(마리를 찬찬히 보다가, 로나에게 돈 쥐어주며) 로나야. 엄마가 오늘 약속 있는 걸 깜빡했네. 제니랑 저녁 사먹고 올래? 떡볶이는 나중에 해줄게.

제니　(마리를 보는) 엄마, 그래도 돼?

마리　어... 그래... (고개만 대충 끄덕이고, 뭔가를 열심히 찾는 눈친데)

제니　알았어. 갔다 올게. (신나서 로나와 함께 가면)

윤희　(품에 있던 봉투를 내밀고) 이거... 찾아요?

마리	(놀라서 봉투를 뺏듯이 확 낚아채서, 후다닥 집 안으로 들어가는데)
윤희	(그런 마리를 보는)

21. 헤라펠리스 마리 집 거실 (저녁)

마리, 들어와서 사진들을 확인하면. 마리가 목욕탕 출퇴근하는 모습과, 세신사 옷을 입고 때타월 들고 손님 맞는 모습들인데.

마리	(사진을 구겨 쥐고) 이규진! 이 개자식!! 이딴 짓 하려고 국회의원 됐냐? (그제야 긴장이 풀리면서 바닥으로 주저앉는데. 그때 걸려오는 전화. 두바이라고 뜨고. 놀라서 받는) 여보세요? 교도관님?! 애 아빠한테 무슨 일 있어요? (그러다 굳어지는) 네?!! 그게 무슨 말이에요? 애 아빠가 왜 다쳐요?!
교도관(F)	수감자들끼리 폭행 사건이 있었는데, 유동필 씨가 좀 많이 맞아서 지금 병원에 있습니다.
마리	(흥분해서) 쌈질을 했다고요?!! 그럴 리가요!! 얼마나 지금 몸 사리고 있는데요. 그동안 한 번도 이런 일 없었잖아요!!
교도관(F)	지금 진상 조사 중이니, 일단 알고는 계세요. 출소 앞두고는 떨어지는 낙엽도 조심해야 되는 법인데... 혹시 문제 생기면, 출소가 늦어질 수도 있습니다. (전화 툭 끊으면)
마리	여보세요!! 교도관님!! (이미 끊겼고, 불안해 미치겠는데) 이게 다 무슨 일이야?! 갑자기 누구랑 싸워?!!! (순간 멈칫하는) 설마... 주단태가?!! (얼굴 굳어지고. 뭔가 일낼 것 같은 얼굴인데)

22. 헤라펠리스 윤희 집 거실 (저녁)

시끄럽게 울리는 초인종 소리(E).
윤희, 문을 열면. 거칠게 밀고 들어오는 서진이고.

서진	(다짜고짜 윤희를 벽으로 밀치고, 옷을 움켜쥐고) 결국 이렇게 터트릴 거

였니? 망할 놈의 대타 건으로 기어이 날 자빠뜨려?!!

윤희   (영문 몰라 당하며) 무슨 소리 하는 거야? 알아듣게 말을 해!!

서진   (흥분해 바락대는) 왜 하필 우리 엄마야? 왜 하필 내 동생이냐고!! 그게, 가장 날 비참하게 만들 거라고 생각한 모양인데, 니가 무슨 짓을 해도, 청아예고는 절대 나한테서 못 뺏어!! 그 누구한테도 이사장 자리 안 내놔!!

윤희   (있는 힘껏 서진의 손 뿌리치고, 헝클어진 머리를 쓸어 넘기며) 뭔 일인지는 모르겠지만, 니 인생 꼬일 때마다 내 탓하며 행패 부릴 참이야?! 유감스럽게도 난 아직 아무 짓도 안 했는데? 나 말고도, 적이 많나 보지, 천서진?!

서진   닥쳐!! (윤희를 후려칠 듯이 손을 번쩍 드는데. 누군가 그런 서진의 손목을 붙잡고)

윤철(E)   내 집에서 나가!!

서진   (멈춰 서고. 돌아보면. 무서운 표정의 윤철이 서있고)

윤철   경고했을 텐데! 내 와이프한테 함부로 하면 가만있지 않겠다고.

서진   (폭발하는) 당신도 알고 있지? 오윤희 이 기지배가 무슨 짓을 하고 다니는지!! 오윤희랑 같이 살면, 당신도 다 알 거 아냐? 얼마나 비웃었어? 재밌어 죽겠든? 신나서 둘이 히히덕거렸니? 이 나쁜 자식아!! (주먹으로 마구 윤철을 때리는데)

윤철   내가 뭘 안다는 거야?!!

서진   아무리 내가 미워도, 어떻게 오윤희랑 같이 나한테 칼 꽂을 짓을 해?! 나한테 청아재단이 어떤 의민데!! (눈물 터질 거 같으면. 획 돌아서서 가버리고)

윤철   (윤희를 보는) 괜찮아? 두 사람, 무슨 일 있어?

윤희   아냐. 뭔가 오해가 있었던 모양이야.

윤철   (진심 화난 듯) 가만두면 안 되겠어! 번번이 당해주니까, 저러는 거 아냐? (쫓아 나가려면)

윤희   (그런 윤철을 잡는) 아무 짓도 하지 마!! 괜히 일 만들면 피곤해.

윤철   (자기도 모르게 순간 울컥하고) 이제 제발 그만 당해!! 달려들면, 너도 물어뜯어! 너 지켜줄 사람, 여기 있잖아!! (속상한 듯, 갑자기 와락 윤희를 안는데)

윤희   (갑작스러운 윤철의 포옹에 당황한. 그러면서도 윤철 품 안에서 왠지 편안한데. 애써 드라이하게 윤철을 밀어내고) 별일 아냐. 오바하지 마. (윤철을 마주 보며, 희미하게 미소 짓는) 저녁 차려놨어. 난 잠깐 나갔다 올게. 늦진 않을 거야. (애써 냉정하게 돌아서는 윤희고)

23.   **헤라팰리스 서진 집 거실 (저녁)**
　　　　서진, 지쳐서 거실로 들어서면. 단태가 기다리고 있는.

단태   왜 이렇게 연락이 안돼? 얼마나 걱정했는데.

서진   (시선 피하고) 걱정을 왜 해?

단태   어머님께 연락 받았어. 당신, 재단 이사장 사임한다던데, 사실이야?

서진   엄마가 그래? 당신한테?! (기막히고, 서러움에 울컥한데)

단태   무슨 일이야? 내가 모르는 문제라도 생긴 거야? 말해봐. 알아야 돕지.

서진   (단태를 보는) 청아아트센터, 잘 진행되는 거 맞지?

단태   물론이지. 당신 꿈대로 세계 최고의 오페라 극장이 탄생될 거야.

서진   (결심한 듯) 합병... 서둘러줘!

단태   (됐다 싶은! 애써 티내지 않고. 차분하게 표정 관리하며) 어머님 때문이야? 서두르지 마. 중요한 결정인데 신중하게 생각하고...

서진   아니! 오랫동안 고민했어. 더 미룰 이유 없어! 인수합병, 발표해! 백화점과 호텔 사업은 엄마와 서영이한테 넘기면 돼. 난 청아아트센터만 있으면 충분해! 합병에 필요한 모든 절차는 당신한테 위임할게.

단태   (서진에게 다가서고, 부드럽게 양어깨 잡고) 당신 생각이 그렇다면, 시작할게. 주식 시장에 엄청난 이슈가 될 거야. 어쩜 당신, 상상 그 이상의 재력가가 될지도 몰라.

서진   돈에 대한 욕망은 오래전에 이미 다 채웠어.

238

단태	그게, 채워질 수 있는 건가? 100층 펜트하우스에 살아도, 더 높이, 더 꼭대기로 치솟아 올라가고 싶은 게 사람 본성이야. 그래서 날 선택한 거 아냐? 우리 결혼, 더 미루지 말자. 청아예술제 끝나는 대로, 펜트하우스로 들어와.
서진	(싸늘하게 단태를 보는) 당신 딸 석경이 말야... 내가 그 앨 감당할 수 있을까? 당신이랑 합치는 게...
단태	(보면) 석경이가 왜? 또 무슨 사고라도 쳤어?
서진	(말하려다 피하고) 아냐. 나중에 얘기해. 그만 가줘. 쉬고 싶어. (획 돌아서서 방으로 가면)
단태	(서진 뒷모습을 보며 미소 짓는. 환희에 찬. 두 주먹을 꽉 움켜쥐는데)

24. 펜트하우스 서재 비밀 공간(저녁)

단태, 비밀 공간으로 들어서고. "주단태 빌리지 조감도"를 만족스럽게 보는데.

단태	(소중한 듯 조감도를 어루만지며, 희망에 부푼 눈빛) 천서진이 내 꿈을 완벽하게 실현시켜줄 거야. 이제 주혜인, 그 기지배만 찾으면 돼. (센터에 자리 잡은 자코모 부지를 보며) 그럼, 이 땅도 내가 가져올 수 있어! 심수련 그년만 아니었어도, 진즉에 내 꺼였을 땅인데... (생각할수록 아쉽고)

25. 포장마차(밤)

마리, 깡소주를 벌컥벌컥 마시는데. 병을 뺏는 윤희.

윤희	그만 마셔요. 제니한테 술주정까지 하고 싶어 이래요?!
마리	말리지 마! 나 오늘 마시고 죽을 거니까. 아니! 싹 다 죽는 거야!!! (서슬 퍼런데)
윤희	왜? 쪽팔려서요? 목욕탕에서 일하는 게?!
마리	(순간 술이 확 깨는 거 같고) 봤어? 봤지? 왜 봤어, 왜?!!! (난리 치면)

윤희	때밀이가 어때서요? 도둑질한 것도 아닌데!
마리	지금 나 놀려?!
윤희	제니가 알면 창피해할까 봐 그래요? 그런 걸 갖고 협박하는 놈들이 쪽 팔리지, 제니 엄마가 뭐가 부끄러워서?!
마리	(멈칫. 정곡을 찔린 표정이고. 술잔 채워주며) 한잔해.
윤희	술 끊었어요.
마리	왜? 한 술 하지 않았어?
윤희	(씁쓸한 표정) 이젠 안 마셔요. (술잔 비워버리고) 민혁이네죠? 그 사진 보낸 사람.
마리	어떻게 알았어?
윤희	아까 집 앞에 누가 왔었는데, 이 의원 보좌관인 거 같았어요.
마리	(욱해서) 썩을 놈! 지 새끼 잘못한 건 안중에도 없고, 사람 약점 잡아서 협박이나 하고! 벼락은 왜 그놈 대가리에 안 떨어져?!
윤희	넋두리해봤자 아무 소용없어요. 힘이 없으면 당하는 거니까. 그렇게 나도 많이 당했잖아요. 헤펠 사람들한테.
마리	(뜨끔하지만, 애써 꿀리지 않게) 이런 상황이 돼서 사과하는 게 꼴 보기 싫겠지만... 아, 그래! 나도 미친년이었어. 사람이란 게 뭐, 다 그런 거 아냐? 안 당해봤을 땐, 진짜 몰랐다고! 빡치면 고소해! (큰소리치면)
윤희	(어이없어 웃음 터지고) 사과도 참 제니 엄마답게 하네요. (술잔 채워주고) 이번 학폭위 사건, 증거도 확실치 않고, 계속 밀고 나가면, 오히려 제니 엄마가 다칠 수 있어요. 이쯤에서 합의 보는 게 어때요.
마리	(윤희 눈과 마주치면, 순간 울컥해서) 나도 알아. 내가 지금 우기고 있다는 거. 근데! 내 새끼 만신창이 되는 동안 애미라는 년은 아무것도 몰랐다는 게, 도저히 용서가 안 돼... 너무 미안해서... (아이처럼 울면)
윤희	하나를 내주고, 대신 하나는 받아내야죠!
마리	(울다가 보는) 뭘?
윤희	(뭔가 생각이 있는 표정이고)

26.   헤라팰리스 전경(다음 날 아침)
       (E) 초인종 소리.

27.   헤라팰리스 서진 집 거실(아침)
       분홍에게 깍듯하게 인사하며 들어서는 석경.

석경   안녕하세요. 은별이랑 같이 학교 가려고 왔는데, 은별이 어딨어요?
분홍   지금 씻고 있는데?
석경   그럼, 여기서 기다릴게요.
분홍   그래. 시간 좀 걸릴 거야. 앉아서 기다려. (주방으로 가면)
석경   (소파에 앉는 척하다가, 슬쩍 눈치를 살피더니, 몰래 일어나 은별의 방 쪽으
       로 가는)

28.   헤라팰리스 서진 집 은별의 방(아침)
       몰래 방으로 들어온 석경, 은별의 핸드폰을 찾는데. 보이지 않고.

석경   (책상 위, 침대, 가방 속, 전부 뒤지다가) 뭐야? 왜 없어? 욕실에 가져간 건
       가? (다시 서랍 안까지 샅샅이 뒤지는데)

       그때, 문 열리고 서진이 들어서는.

서진   은별아, 아직 준비 안 됐어? 엄마랑 같이... (방으로 들어서다가, 석경을
       보고 놀라는) 너 여기서 뭐하는 거야?!
석경   (손 멈추고. 당황해서 보는)

29.   헤라팰리스 서진 집 거실(아침)
       석경을 강제로 끌어내는 서진.

석경   아프다구요!!! 알았으니까, 이거 놔요! (서진의 팔을 뿌리치는데)

서진   뭔 꿍꿍이야? 사람 없는 방엔 왜 들어가 있어?!

석경   은별이랑 학교 같이 가려고 왔다니까요! 왜 사람 말을 안 믿어요!?

서진   니가 언제부터 은별이를 그렇게 챙겼다고?!

그때, 욕실에서 나오는 은별.

은별   엄마, 뭔 일이야? (석경을 보자 멈춰 서면)

석경   (뻔뻔하게) 아줌마! 지금 좀 오바하는 거 알죠? (서진 귀에 대고) 아니라고 발뺌할 땐 언제고. 그러다 들키겠어요.

서진   (발끈) 주석경!!!

석경   (태연하게 은별에게) 내가 너무 일찍 왔나 보네. 학교에서 보자. (나가면)

서진   (부르르 하고) 진 선생! 진 선생!!

분홍   (주방에서 달려 나오는) 부르셨어요, 이사장님!

서진   앞으로 석경이, 우리 집 출입 못 하게 해요! 과외든 뭐든, 절대 은별이랑 팀 짜지 말라고요!

분홍   네, 알겠습니다.

서진   (은별에게도) 석경이랑 거리 두고 지내. 쓸데없는 소리하면 무시하고. 알겠어?!

은별   응. 그렇게. (서진을 이상한 듯 보는데)

30.   청아예고 일각(아침)
      복도 걸어가는 은별. 그 앞을 가로막고 서는 은후.

은후   너 그거 알아? 석훈이랑 로나랑 다시 만나는 거.

은별   (놀라고) 뭐? 누가 그래?

은후   어젯밤에 둘이 같이 있는 거 내가 봤거든. 분위기가 심상치 않은 걸로 봐서는, 주석훈 그 자식, 아직 배로나 못 잊은 거 같던데. 넌 뭐 좀 들은 거 없어?

은별　아니. 전혀.... (얼굴 하얘지고, 갑자기 어딘가로 마구 달려가면)

그 모습을 지켜보고 있던 석경, 은후 옆에 쓱 다가와 서면.

은후　뭔데 이런 걸 시켜?

석경　몰라도 돼, 넌! (쪽지 내밀고) 봉사시간 때워주는 곳 번호야. 비밀 지켜!

은후　땡큐! 자소서 4번 문항, 배려와 나눔은 이걸로 채우면 되는 거지? (신나서 쪽지 받아서 가면)

석경　(미소)

31.　청아예고 일각(아침)
　　은별, 로나를 잡아끌고, 사람 없는 곳으로 데려가는.

로나　(은별의 손을 뿌리치고) 뭐하는 거야? 이거 놔!!

은별　(단단히 열 받은 표정) 석훈이한테 그만 꼬리 쳐! 너랑 니 엄만, 양심도 없니? 남의 남자 뺏는 게 취미야?

로나　말조심해!! 뭔 꼬리를 쳤다는 거야?

은별　석훈이 내 남친이야. 우리 사귄다고! 그러니까 앞으로 걔한테 말 걸지 마. 쳐다보지도 말고, 알짱거리지도 마! 기분 나쁘니까. 알았어?!

로나　그게 뭔 소리야? 니네 엄마랑 석훈이 아빠랑 약혼했잖아. 근데, 어떻게 니들이 사겨?

은별　너 같은 거한테 우리 사정 설명하고 싶지 않아. 난 분명히 경고했어. 다시 한번 석훈이랑 있는 거 눈에 띄면, 그땐 너랑 나, 지옥 가는 거야! (뭔일을 낼 것 같은 표정. 가면)

로나　(한 대 맞은 느낌이고) 둘이 사귄다고? 거짓말... 말도 안 돼... (안 믿기는)

32. 청아예고 이사장실 (낮)

소파 중앙에 서진이 앉아있고.
윤희와 마리, 상아가 좌우로 마주 보며 앉아있는.

서진 지금, 뭐라고 하셨어요? (마리를 보면)

마리 학폭 사건, 여기서 접겠다고요. 석경이 근신에서 마무리하는 걸로 하죠.

상아 (픽 웃고) 진즉에 그랬어야죠, 제니 엄마. 이제야 말이 좀 통하네.

마리 (욱하지만 애써 참고) 그리고, 석경이도 청아예술제 출전시키세요.

서진 갑자기 왜 마음이 바뀌신 거죠?

상아 (무시하듯) 그러게요. 제니한텐 석경이가 안 나오는 게 더 좋지 않아요? 괜히 경쟁자 늘어봤자 등수만 밀릴 텐데.

마리 (째리고) 우리 제니, 석경이 정도는 거뜬히 꺾을 수 있는 실력이라는 거, 보여주려고 그래요!! 사과 비스무리 한 것도 대충 받았고.

서진 어쨌든, 좋은 결정 내려주셔서 감사해요. 로나 어머니도 동의하신 거죠?

윤희 (서진에게) 동의합니다. 단, 한 가지 조건이 있어요!

서진 (보면) 뭐죠?

윤희 청아예고 학부모위원회에 저도 참여하겠어요! 학부모위원 자격으로, 아이들 생활 전반을 관찰할 수 있고, CCTV를 볼 수 있는 권한도 가지겠습니다. 앞으로 애들이 로나를 괴롭히지 않는다는 확신도 없으니 불안해서요.

서진 감시라도 하겠다는 건가요?

윤희 감시라뇨. 피해 학생을 위한 최소한의 시스템이라고 해두죠. 내 아이는 내가 지키는 게 맞지 않겠어요?! 그런 의미로, 이번 청아예술제 심사위원 선정부터, 학부모위원회에서 담당하게 해주세요!

서진 (어이없는 듯) 그건, 학교 측의 고유 권한입니다!

윤희 (의미심장한 표정) 그래서 오래전부터 비리가 있지 않았나요? 납득 안 되는 대상 수상도 있었고.

서진 (이 악물고) 말이 좀 심하네요! (날카롭게 시선 부딪히면)

마리 (윤희 편에서 거들며) 사실, 공정성에 늘 의문이 생겼던 건 사실이잖아요? 그런 의혹을 안 받고 싶으면, 로나 엄마의 의견대로 진행하면 될 텐데요!

윤희 심사위원은, 본선 당일에 확정하는 걸로 하죠!

마리 찬성입니다. 민혁 엄마는요?

상아 저도 뭐.... 반대할 이유가 없죠.

윤희 (당당하게 서진을 보며) 교육청에도 제 건의가 받아들여지는 선에서, 합의 의사를 밝힐 생각인데... 어떻게 하실래요, 이사장님?!

서진 (증오의 눈으로 윤희를 보는. 분하지만 어쩔 수 없고)

33. 청아예고 복도(낮)
     윤희와 마리, 걸어 나오며 하이파이브를 하는.

윤희 명분이 생겼으니, 좀 더 애들을 밀착 보호할 수 있겠어요. 학교도 수시로 찾아오고요.

마리 (윤희 손 꼭 잡으며) 동생! 어쩜 그렇게 말을 따박따박 잘해? 천 쌤, 쫄은 거 봤지? 난 동생만 믿어. 우리 앞으로 잘해보자고.

윤희 그래요, 언니.

상아 (지나가다가 눈꼴 시린 듯 보며) 둘이 언제부터 그렇게 절친 모드였대요? 톡 까놓고, 로나 제일 씹고 다니던 애가 제니 아니었어요?

마리 (그런 상아한테 쌩하고) 어디서 개가 짖나. (윤희를 데리고 휙 가버리면)

상아 (무안하고. 욱해서) 저 때밀이 여편네가 진짜! 확 다 불어버려?!

〈청아예술제 본선, 7일 전〉 자막과 함께.

34. 몽타주
     각자 열성으로 청아예술제를 준비하는 모습들 보이고.
     펜트하우스 석훈, 석경의 방/ 미친 듯이 피아노를 치고 있는 석훈의 모습. 석경이 그에 맞춰 노래 부르는. 눈에 띄게 향상된 실력. (본선곡, 〈Je veux vivre〉, 푸치니)

마리 집 거실/ 제니, 레슨 쌤에게 지도받고 있는. 어느 때보다도 열심인데. 마리, 안절부절못하며 그런 제니를 지켜보고 있고. 제니의 목에 색색별로 스카프를 감아주고, 가습기와 공기청정기를 빵빵하게 틀어주며, 최선을 다하는 마리. (본선곡, 〈첫사랑〉, 한국가곡)

은별 집 주방/ 서진, 약초 끓인 물이며 한약을 은별에게 먹이는.

상아 집 주방/ 상아, 민혁에게 김치를 일일이 씻어주고, 맵고 짠 음식은 못 먹게 뜯어말리고, 숟가락으로 밥을 입에 넣어주며 영양 관리 식단에 열을 올리는.

성악부 교실/ 은별, 핸드폰을 손에서 놓지 않고 노래 연습하고 있으면. 석경, 은별이 핸드폰에만 온통 신경이 곤두서있고. 조급한 석경의 모습. (본선곡, 〈La Boheme〉, 푸치니)

드레스숍/ 은별, 화려한 드레스를 맞추고 입어보고 있는. 석경과 제니도 드레스를 입어보는데. 드레스 색을 두고 신경전 팽팽하고.

35. 헤라펠리스 서진 연습실(저녁)

서진(E) 다시!! 소리가 그거밖에 안 나와?!

피아노 반주 넣던 서진, 피아노를 멈추면. 은별도 노래 멈추는데. (〈La Boheme〉, 푸치니)

서진 고음으로 올라갈수록 호흡은 밑으로 내려야 한다고 했잖아. 음정 피치도 더 높이고!! 마스께라를 울려서!! 횡격막을 완전히 열고, 소리는 포물선을 그리듯, 이마와 머리가 울리는 느낌을 받아야 해. 이해돼?

은별 알았어. 다시 할게.

그때, 서진의 핸드폰 울리면. 소스라치게 놀라는 서진.

불안한 눈빛으로 천천히 핸드폰 확인하면, 석경이 아니고.

서진   (식은땀 닦고, 그제야 안심하면)

은별   (이상한 듯 보는) 왜 그래, 엄마? 무슨 일 있어?

서진   아무것도 아냐! 노래나 집중해!! (다시 반주 넣는데)

은별   (긴장해서 노래 부르는데, 고음에서 역시 호흡 딸리면)

서진   (신경질적으로 피아노를 마구 두드리고) 호흡이 그렇게 짧아서 어떡해? 그 실력으로 대상을 받을 수 있겠어? 로나한테 대상을 뺏기면, 엄마 인생도 끝이야!! 배로나한테 무조건 이겨!! 죽여서라도 이겨!!! (눈에 핏기가 서리면)

은별   (겁에 질린 표정) 할 수 있어. 대상 꼭 받을 거야!! 로나한테 절대 안 져!!

서진   공정성 운운하는 것들 콧대를 눌러놓을 정도로 완벽한 소릴 내야 해! 연습하고, 또 연습해!! 될 때까지 계속!! 천재를 이기는 방법은 반복밖에 없어!!

은별   다시 할게!!

서진   (피아노 건반 덮어버리고, 일어서는) 안 되겠어! 복식호흡부터 다시 해!!

36.   헤라팰리스 수영장(저녁)

서진과 은별, 수영복 입은 채로 풀 안으로 들어가는.
서진, 은별과 함께 잠수하는데.
물 안에서 숨을 참아내는 서진과 은별.
은별, 숨이 막혀서 죽을 거 같은데. 눈도 깜빡 않고 버티는 서진이고.
은별, 도저히 못 참겠고, 발버둥 치면서 물 밖으로 나가려고 하면. 그런 은별을 강제로 붙잡고 버티게 하는 서진.

37.   헤라팰리스 피트니스(밤)

서진, 배구공으로 은별의 횡격막을 치면서, 스타카토를 연습시키고 있는.

은별, 배에 힘주고, 배구공을 이겨내고 있는데.

서진 복근에 힘을 줘! 배구공이 튕겨나가게!! 더!! 더!! (계속해서 공을 던지면)

은별 (공을 맞으면서, 발성 연습을 하는 은별이고)

서진(E) (공을 던지면서 생각하는) 괜한 걱정이었어. 증거 같은 건 없는 거야... 어린애한테 휘둘리다니. 나답지 않아. (더 힘 있게 공을 던지는 서진이고)

38. 헤라팰리스 윤희 집 로나 방(밤)
반주자에 맞춰 노래 연습 중인 로나.
로나, 반주자와 함께 본선곡(독일 가곡, Neue Liebe, 멘델스존)을 연습하고 있는.
(시간 경과) 옷이 바뀌면서 계속 연습에 매진하는 로나 모습. 그러다 깨끗하게 고음을 높이는 데 성공하면.

반주자/로나 꺄악!! (비명을 지르고, 서로 얼싸안고 좋아하는데)

반주자 이 정도면 대상 안 받기도 힘들겠어!! 대단해. 최고야!

로나 진짜 괜찮았어요?

반주자 본선까지 컨디션만 유지해. 미리 축하한다~

로나 (더없이 행복해 보이는데)

39. 헤라팰리스 윤희 집 로나 방 앞(밤)
즐거워하는 두 사람의 대화를 밖에서 듣고 있는 윤희의 모습. 좋아하는 로나 목소리를 들으며 혼자서 미소 짓는데.

40. 제이킹 홀딩스 회의실(다른 날 낮)
정신없이 플래시 터트려지고.
〈㈜제이킹 홀딩스-청아재단, 합병 조인식〉 플래카드가 붙어있고.
단태와 서진, 합병 계약서에 사인하고 있는. 사인한 계약서를 주고받고.

양쪽으로 도열한 임원들이 열렬히 박수 치고. 연신 터지는 플래시 세례.
단태, 기쁨을 감추지 못하는 표정인 데 반해, 서진, 기계적으로 웃고
있는.

41.   파크원 호텔 스위트룸(밤)

근사하게 차려진 디너 테이블이 보이고. 가운데에 축하 케이크가 있는.
단태, 매너 있게 서진을 테이블 앞에 앉히고, 자기도 맞은편 의자에 앉
는데.

단태   간단하게 둘이만 기념하고 싶었어. 약혼도 했고, 회사도 합쳤고, 이제
      야 진정 하나가 된 거 같아.

서진   나도 홀가분해. 마음 결정까진 오래 걸렸지만, 시작한 이상, 당신 믿어.

단태   청아그룹은 건설과 투자 쪽이 지주회사가 될 거야.

서진   당신 주 종목이네?

단태   구체적인 사업계획도 이미 다 준비됐어. (가져온 주단태 빌리지 조감도
      를 보여주며) 내가 개발하고 있는 천수지구야. 강남에서 딱 20분 거리
      야. 여기, 당신의 청아아트센터가 중심이고.

서진   준공 얼마 안 남았지? 떨린다.

단태   개발 발표가 나는 순간, 사고 싶어도 못 사는 땅이 되겠지. 헤라팰리스
      이상의 가치야. 앞으로 도곡동을 뛰어넘는, 최고의 부촌이 형성될 명당
      이야.

서진   그 정도로 가치 있는 땅이면, 대기업에서도 욕심냈을 텐데.

단태   주단태니까 할 수 있는 일이지! (자신만만한데)

서진   (와인 잔 들고) 배고프다. 가볍게 먹고 일어나야 해. 내일 청아예술제
      잖아.

단태   (소중하게 조감도를 챙기며) 아, 그렇지. 그동안 준비하느라 애 많이 썼
      어. 석경이 출전 기회 준 것도 고맙고. (와인 잔 들면)

서진   (석경 얘기에 불편해지고, 시선 피하는) 당연한 일인데 뭐.

단태	은별이든 석경이든, 누가 대상을 받든, 진심으로 축하할 수 있을 거 같아. 건배할까?
서진	(단태를 마주 보는. 잔을 부딪치면)
단태	내일이 아주 기대되는데? (미소 짓고, 잔을 들어서 단숨에 마시는. 와인 잔에 비쳐진 서진의 표정을 살피는 단태고)
서진	(역시 잔을 들어 마시는데. 뭔가 불안한 예감이 온몸에 엄습해오는)

42. 헤라팰리스 윤희 집 거실(밤)
    윤희, 로나의 드레스와 윤철의 셔츠를 정성껏 다림질 중인.

43. 헤라팰리스 윤희 집 침실(밤)
    윤희, 셔츠 들고 방으로 들어오면, 잠들어있는 윤철.
    윤희, 옷장 열어서 잘 다려진 셔츠를 걸어두는데. 문득 옆에 걸린 정장 주머니에서 작은 상자를 발견하고 꺼내 보면.
    상자 안에 특이한 모양의 화려한 목걸이가 들어있고. "대상 꼭 타. 파이팅. 아빠가" 메모도 보이는.
    윤희, 감동받은 듯 잠든 윤철을 보는.

44. 헤라팰리스 서진 집 주방(청아예술제 당일/낮)
    분홍, 은별에게 식사를 차려주고 있는.

은별	(숟가락 든 손이 바들바들 떨리는, 숟가락을 놓치고) 너무 떨려서 아무것도 못 먹겠어요.
분홍	그럼, 바나나라도 먹고 가. 엄마가 뭐든 꼭 먹이랬어. 바나나는 체하지 않으니까 걱정 말고. (바나나 까서 건네면)
은별	(먹는 둥 마는 둥 하다가, 초조한 눈빛) 그 약, 어딨어요?
분홍	이번에는 약 안 먹기로 했잖아.
은별	도저히 안 되겠어요. 떨리는 것만 잡으면 돼요.

분홍   (고민하다. 어쩔 수 없이 약통을 건네는) 한 알만 먹어야 해. 심장약이라, 흥분을 가라앉히는 정도면 충분해. 오늘 무대 올라가기 30분 전에 먹어.

은별   (약통을 손에 꽉 쥐는)

45.   헤라팰리스 윤희 집 주방(낮)

윤희(E)   로나야 일어나!!

윤희, 레몬을 슬라이스해서 찬통에 담고 있는.
로나 방에서 나오면.

윤희   경연 시작할 때까지, 레몬을 입에 물고 있어. 입 안이 건조해지지 않을 거야. (찬통 뚜껑을 닫아서, 로나에게 건네고. 툭 무심하게) 연습한 대로만 해. 잘하더라.

로나   (받아서 돌아서는. 그러다 멈칫) … 고마워. 잘할게. 이따 아저씨랑 같이 올 거지? (시선 피하고, 어색한 듯 가려는데)

윤희   잠깐만. (로나를 잡아 세우고 보면. 목이 비어있는데)

로나   왜?

윤희   아냐. 아무것도. 이따 봐. (로나 나가면, 갸우뚱하고) 아직 안 준 건가.

46.   청아예술관 공연장(낮)

〈제28회 청아예술제〉 플래카드 걸리고. 무대 위 세팅되고 있는.
두기의 주도 아래, 공연을 준비하는 스태프들.

47.   청아예술관 일각(낮)

"제이킹 홀딩스 회장, 주단태" "강남 병 국회의원, 이규진" "존 바이오 대표, 하윤철" "헤라팰리스 운영위원, 강마리" 등등이 보낸 화환이 줄줄이 들어서는.
경쟁하듯 점점 커지는 화환들, 열을 세워 진열되고.

48.   헤라팰리스 분수대(낮)

     잔뜩 힘을 주고 걸어 나오는 상아와 규진.
     역시 잔뜩 꾸미고 나오던 마리, 규진 부부와 마주치면. 서로 쌩하고.
     엘리베이터 문 열리면. 윤희와 윤철이 팔짱 낀 채, 반듯한 정장 차림으
     로 나오는.
     분수대를 가로질러 걸어가는 헤펠 사람들의 모습..... 모두가 긴장돼 보
     이고.

49.   청아예고 음악부 교실(낮)

     드레스와 턱시도 차림의 아이들. 로나, 석경, 은별, 제니, 민혁, 은후 등
     등, 각자 긴장된 표정으로 목을 풀고 있는데.
     은별, 공황장애가 오는 듯 숨이 컥컥 막혀오고. 땀이 비 오듯 떨어지면.
     주위 살피다가, 약통을 꺼내 약을 한 알 삼키고, 그래도 계속 떨리면 또
     한 알을 삼키는데. 그제야 비로소 진정되는 거 같고. 그 모습을 민혁이
     보는.
     로나는 가방에서 레몬을 꺼내 입 안에 물고 있는. 비교적 평온해 보이고.
     그때, 두기의 목소리 들리고.

두기(E) 곧 경연이 시작될 예정이니, 학생들은 공연장으로 모여주시기 바랍
       니다.

     본선 진출 아이들, 일어나서 청아예술관(강당) 쪽으로 향하는데.
     은별, 가방 안에 핸드폰을 넣어두면. 그 모습을 유심히 보는 석경.

50.   1화 프롤로그 1/청아예술관 공연장(저녁)

     "제28회 청아예술제" 막이 오르고.
     로나, 무대 위에 서있는. 반주자, 피아노 앞에 앉아 악보를 펼치는데.
     반주자의 눈빛, 관객석의 누군가를 보는. 잠시 머뭇하다가, 악보 사이

에 다른 악보를 펴고, 두 음 올린 채로 반주 시작하면.

준비하고 있던 로나, 순간 당황해서 반주자를 홱 돌아보는. 반주자, 아무렇지 않은 표정으로 반주를 이어가고. 로나, 어쩔 수 없이 두 음 올려 노래를 부르는데.

윤희   (이상한 듯 반주자를 보며) 갑자기 왜 두 음씩 올린 거야?

윤희, 뭔 일인가 어리둥절하고. 불안해서 미칠 것 같은데.
로나, 반주에 맞춰 두 음 올린 채로 클라이맥스에 접어들고. 점점 당황한 표정. 얼굴 벌게지고. 결국 최고음에서 음 이탈이 날 것처럼 더욱 불안한데. 그럼에도 힘 있게 최선을 다해 고음을 치고 올려버리면! 로나의 실력에 술렁이는 관객석! 그러다 공연장이 떠나갈 듯 쏟아지는 환호와 박수갈채.
안심하는 윤희와 당황한 서진, 로나를 보는데.

서진(E)   완벽해! 너무 완벽하게 해냈어!!

51.   청아예술관 공연장 무대 뒤(저녁)
     완벽한 무대를 끝내고 환한 미소로 인사하는 로나의 모습을 무대 뒤쪽에서 보고 있는 은별. 심장이 미친 듯이 빨리 뛰며 긴장하기 시작하는데.

은별(E)   미쳤어, 배로나..... (경악하는 표정으로 로나를 보는데)
두기   다음 순서는 하은별 학생입니다.

심호흡을 하는 은별, 정신을 다듬으려는 듯 목걸이를 만지작거리는데.
(은별의 목에서 반짝이는 특이한 모양의 목걸이)
은별, 무대를 내려오는 로나를 보는. 그때! 환하게 웃으며 힘껏 박수 치고 있는 석훈의 모습이 눈에 들어오고. 한 번도 본 적 없는 석훈의 낯선 표정에 놀라는데.

순간! 미칠 듯이 심장이 뛰기 시작하는. 머리카락을 계속해서 쓸어 넘기는 은별.

바들바들 떨리는 손으로, 약통을 털어서 입에 넣고 물을 마시고, 물통을 버리는데. 그렇게 로나와 스치듯 무대로 올라서고. 주먹을 꽉 쥐는 은별.

52. 청아예술관 일각(저녁)

넋이 나간 채로 걸어 나오는 로나. 그런 로나에게 달려오는 윤희.

윤희 로나야....

로나 엄마...

윤희 (울컥해서) 잘했어.. 너 진짜... 너무 잘했어.

로나 (그제야 웃는) 망쳤다고 생각했는데... 다행이야, 너무.

윤희 (따라 나오던 반주자를 잡아 세우고) 어떻게 된 거예요? 갑자기 두 음이나 올려 잡은 이유가 뭐냐고요?!!

반주자 죄송합니다. 제가 다른 학생이랑 악보가 헛갈린 거 같아요.

윤희 거짓말!! 고의였잖아!!! 매일매일 연습했던 곡이야!! 실수일 리가 없어!! 설마... 당신, 누구 지시받고 그런 거야?

반주자 진짜 실수라니까요!! (뻔뻔하게) 로나 완벽하게 잘 끝냈잖아요. 근데 뭐가 문제예요? (도망치듯 가면)

윤희 (어이없고) 그걸 지금 말이라고 하는 거야?!

윤철 (달려와 윤희를 말리고) 진정해! 사람들 보잖아!

윤희 분명 천서진 짓이야. 심사위원들로 장난칠 수 없으니까, 반주자를 매수한 거라고!! (흥분하면)

윤철 확실한 건 아니잖아. 내가 알아볼게. 일단, 로나부터 챙겨. (반주자를 쫓아서 다급히 뛰어가는데)

53.   청아예술제 일각(저녁)
      윤철, 도망치는 반주자를 잡아 세우면.

반주자   (놀라서 돌아보는데)
윤철   (가쁜 숨 몰아쉬다가, 갑자기 표정 싸늘하게 바뀌며) 어떻게 된 겁니까.
반주자   생각보다 로나가 너무 잘해서... 죄송합니다.
윤철   (주변 둘러보며) 이걸로 우리 계약은 끝입니다. 입조심하시고요. (안주
        머니에서 봉투를 꺼내 내밀면)
반주자   걱정 마세요. (봉투 챙겨서, 급히 사라지는데)
윤철   (혼잣말로) 다음이 우리 은별이 차롄가? 불안해하면 안 되는데. (걱정스
        러운 듯 공연장으로 향하면)

        그때! 우뚝 서있는 누군가의 발.... 모퉁이에 숨은 채로, 그런 윤철의 모
        습을 지켜보고 있는 사람, 로나다! 다른 윤철의 모습에, 더없이 맘 슬
        픈데.
        문득 윤철이 준 오르골 목걸이를 빼서 열면. 아름다운 음악이 나오고.
        윤철의 쪽지가 떠오르는. (4화 12신)

윤철(E) 돌아보면 언제나 니 편이 있다는 거 잊지 마. 응원한다.
로나   (목걸이를 만지작거리며, 가는 윤철의 뒷모습을 보는. 눈가 발개지는 로나)

54.   1화 프롤로그 1/청아예술관 공연장(저녁)
      무대는 은별로 바뀌어있고! 신비로운 목소리로 관객의 심장을 요동치
      게 하는 은별. 갑자기 심장이 고장 난 듯 울렁증과 함께 앞이 흐릿해지
      고, 정신을 차려보는데 음정이 불안하게 흔들리는.
      그때! 그런 은별을 위태롭게 보는 서진과 눈 마주치면, 서진의 말이 맴
      도는.

서진(E)   배로나한테 무조건 이겨! 죽여서라도 이겨!!

식은땀을 흘리는 은별, 고음에서 음 이탈하는 실수를 하고 마는데. 낙
담하는 서진의 얼굴. 컷 되면.
석훈의 피아노 반주에 맞춰, 오페라 여주인공처럼 파워풀한 손동작의
석경! 청량한 목소리로 사랑의 세레나데를 부르는 제니! 컷컷 되면서
보여지는데.
단태와 마리, 생각보다 훌륭한 실력들에 놀라는 표정이고.
노래 마치면, 관객석이 터져나갈 듯, 환호하는 박수 소리 터져 나오는.

55.   공연장 대기실(밤)

석경, 은별, 제니, 민혁, 로나, 제각각 표정으로 서있으면.

두기   수고 많았다. 평소보다 다들 좋은 역량을 보여줘서, 올해 대상은 1점 차
아슬아슬한 승부가 될 거 같다. 심사하는 동안, 각자 축제를 즐기도록!
석경/로나/제니   (모두들 눈 반짝하고, 기대에 찬 표정이면)
은별(E)   (좌절한 듯 표정 어둡고) 망했어. 정말 미치도록 열심히 했는데... (그러다
로나를 매섭게 노려보는) 모든 게 다 배로나 때문이야!!
로나   (밖으로 나가고)
은별   (그런 로나를 따라 나서는데)
석경   (은별을 주시하고 있는. 잘됐다 싶고)

56.   청아예고 음악부 교실(밤)

빈 교실 안. 문을 열고 들어서는 석경, 은별의 가방을 뒤져서 핸드폰을
찾는데.
핸드폰을 손에 쥔 석경, 패턴을 풀려면. 이미 패턴이 바뀌어있고.

석경   (당황한) 뭐야. 왜 안 되는 거야. 그새 비번 바꾼 거야? (열 받아 이것저것

256

다시 해보는데, 계속해서 틀리고. 미치겠는)

57.   청아예술관 일각(밤)
        은별, 밖으로 나오면, 보이지 않는 로나. 은별, 정신없이 로나를 찾는데.
        그때 멈칫하는 은별. 일그러지는 은별의 시선에 들어오는 건, 석훈과
        서있는 로나고. 은별, 부들부들하는데.

58.   1화 프롤로그 3 연결/청아예술관 심사위원실(밤)
        점수표를 작성하는 심사위원들의 손과 입들.
        심각하게 의견들이 오가고. 우열을 가리기 힘든 대상 선정 싸움이 느
        껴지는데.
        서진과 두기, 심사위원실로 들어서고.

서진   대상... 결정 났나요?
심사위원장   방금 결정했습니다. 심사 기준은, 미래가능성과 목소리의 결
        에 초점을 뒀습니다. 최종 심사품니다. (밀봉된 봉투들을 은쟁반 위에 놓
        는데. 그중에 대상 봉투도 보이고)
서진   (내심 떨리는 표정) 수고 많으셨어요. 바로 시상 준비하죠. (두기를 보면)
두기   (은쟁반을 들고 밖으로 나가는)

        서진, 심사위원들까지 모두 밖으로 나가면. 얼른 은별에게 전화하는.

서진   (나지막이) 엄마야. 괜찮아? 왜 그렇게 긴장했어? 음 이탈은 있었지만,
        결정적 실수는 아냐. 너무 걱정하지 말고....
석경(F)   에이, 그건 아니죠, 아줌마. 결정적 실수 맞잖아요~
서진   (화들짝 놀라고) 니가 왜, 우리 은별이 핸드폰을.... (하얗게 질리는데)

59.   청아예술관 화장실(밤)
       로나, 그제야 긴장이 풀린 듯, 세수를 몇 번 하고 정신 차리고 일어서면.
       거울 뒤에 서있는 은별을 보고 화들짝 놀라는,

로나   뭐야, 하은별.
은별   (눈빛이 달라져있고) 배로나, 제발 내 눈앞에서 좀 사라져!! 제발!!!! (무
          섭게 로나에게 달려드는 은별)

60.   청아예고 이사장실(밤)
       서진, 이사장실로 급하게 뛰어 들어오면.
       이사장 의자에 떡하니 앉아있는 석경 보이고.

서진   주석경!!
석경   (의자를 빙글빙글 돌리면서) 빨리 오셨네요. 약속한 대로, 대상은 저한테
          주실 거죠?
서진   무슨 말도 안 되는 억지야?!! 대상이 누군지는 나도 몰라!! 실력대로 심
          사위원들이 공정하게 결정했고!!
석경   (갑자기 큰 소리로 웃음 터트리고) 푸하하. 공정하게요?! 지나가는 사람
          들한테 물어봐요. 과연 청아예고에 실력대로라는 말이 존재하는지.
서진   (세게 나가는) 증거 가져오겠다고 큰소리치더니 니 상상력의 끝이 고작
          이거니?
석경   (시계를 보는) 이제 곧 발표네요. 이렇게 극적으로 보여줄 생각은 없었
          는데... 그렇게 원하던 증거, 보여드릴게요. (당당하게 은별의 핸드폰을
          꺼내서 흔들며) 여기 있거든요. 증거!
서진   지금 무슨 말을 하는 거야?!!!
석경   은별이가 갖고 있더라고요. 쌤이 은별이 할아버지 죽인 증거!
서진   (온몸이 얼어있으면. 숨도 쉬어지지 않을 만큼 충격받은 얼굴인데)
석경   걔가 왜 그걸 갖고 있는지, 그걸로 뭘 하려고 했는지 전 안 궁금해요. 제

258

가 원하는 건, 대상 트로피뿐이에요! 어차피 은별이는 대상 없어도, 실력으로 서울음대 갈 수 있잖아요. 봉투 안에 누구 이름이 써있든, 쌤은 제 이름만 호명해주시면 돼요~ 이제야 우리가 진짜 가족이 된 거 같네요. 이따 봐요, 새엄마! (서진 앞에 은별의 핸드폰을 탁 내려놓고, 여유 있게 웃으며 나가면)

서진　(얼굴 하얘져서 핸드폰을 손에 쥐는. 절망감에 그 자리에 털썩 주저앉는데) 안 돼!! 안 돼!!!

그 순간! 자신이 돌계단에서 서진부를 밀어버리던 모습이 악몽처럼 되살아나고.
미친 듯이 귀를 틀어막고, 온몸을 바들바들 떠는 서진. 서진부와 서진모, 서영이 자신에게 달려드는 거 같은데. 아악!!!!
그때, 두기에게 전화 오는.

서진　(소스라치게 놀라서 핸드폰을 보는. 그러다 떨리는 손으로 전화를 받으면)
두기(F)　이사장님! 어디 계십니까. 발표시간 다 돼가는데요!!
서진　(그제야 간신히 정신을 차리는)

61.　**청아예고 로비 일각(밤)**
　　　콧노래를 부르며, 로비를 걸어가는 석경이 사라지면.
　　　그 뒤로 로나가 걸어오는데. 달려와 그런 로나를 잡아 세우는 은별.

은별　(독기 품은) 얘기 좀 하자니까!
로나　(뿌리치고) 니 말도 안 되는 소설, 듣고 있을 이유 없어!
은별　(제정신 아니고) 아까 석훈이랑 무슨 얘기했냐고! 왜 말을 못 해?!
로나　말했잖아! 그냥 축하해줬다고! 곧 대상 발표야. 가봐야 돼.
은별　왜? 니가 대상 받을 수 있을 거 같아? 그런 일은 없어! 울 엄마가 절대! 너 따위한테 대상 안 줄 거니까!!

로나	(가려다 문득 멈춰 서고. 돌아보는) 울 엄마 때처럼?
은별	(표정 굳어지고) 뭐?
로나	(로비 장식장에 있는 트로피를 보며) 그때도 이 트로피 뺏어간 거잖아. 천서진 쌤이, 울 엄마 꺼! 니 할아버지 빽으로!
은별	(욱해서) 우리 엄마가 받을 만해서 받은 상이야!! 울 엄마 모욕하지 마!!
로나	(차분하면서도 또박또박) 그래 놓고 우리 엄마 목 그은 거잖아!! 니 엄마 때문에 우리 엄만 대학도, 트로피도, 꿈도 도둑맞았어!!
은별	(소리 지르는) 아냐!!!! 우리 엄마가 그럴 리 없어!!!
로나	니가 우겨도 사람들은 다 알아. 그때도 천 쌤보다 울 엄마가 더 잘했다는 거. 이번에도 마찬가지야. 넌 나한테 졌어, 하은별! 니 아빠가... 반주 쌤 매수한 거지? 니가 부탁했을 테고. 내 노래 망쳐달라고....
은별	(순간 얼굴 하얘지는데)

그때, 두기의 방송 소리 들리고.

두기(E)	곧, 시상식이 거행될 예정입니다. 모두 자리에 앉아주십시오.
로나	(슬픈 눈으로 은별을 보는) 그렇게까지 대상이 받고 싶었어? 근데, 나도 양보 못 해. 이번 대상은 내가 꼭 받아야 되니까!
은별	(초점 잃은 눈으로, 목에 걸린 화려한 목걸이를 움켜쥐는. 그 위로,)

62. 회상/청아예술관 일각(저녁)
윤철, 은별에게 목걸이 상자를 건네면.

은별	(까칠하게) 뭐야? (상자 받아서 열어보면. 드레스에 어울리는 멋진 목걸이가 들어있고)
윤철	(부드러운 미소, 은별에게 목걸이를 걸어주며) 알지? 누가 뭐래도 아빠 딸은 너 하나야. 오늘 대상도 무조건 니가 탈 거야. 아빤 너 믿어!
은별	그 말, 정말이야?

윤철	당연하지. 왜, 못 믿겠어?
은별	그럼, 증명해봐!! 아빠 딸은 나 하나라는 거!!
윤철	(기분 좋고) 그래. 뭐든 말해. 아빠가 다 들어줄 테니까. 어떻게 하면 돼?
은별	오늘 배로나 노래 망쳐줘! 반주자를 매수하든! 피아노를 망가뜨리든! 배로나 대상 못 받게 해!!
윤철	(순간 얼굴 하얘지고, 당황한) 뭐어? 은별아, 그건...!!
은별	약속했잖아! 다 들어준다고!! 해줄 거지? 나 위해서!! 안 그럼, 다신 아빠 안 볼 거야!! (독기 어린 눈빛)
윤철	(동공 흔들리고. 난감한데. 차마 거절하지 못하는 윤철이고)

63. 현재/청아예고 로비 일각 (밤)

은별, 하얗게 질린 채로 멘붕 오고. 서서히 약 기운이 온몸에 퍼지면서, 하늘이며 세상이 빙글빙글 도는 느낌인데. 반복해서 환청이 들려오는.

서진(E)	배로나한테 무조건 이겨! 죽여서라도 이겨!! 배로나한테 무조건 이겨!! 죽여서라도 이겨!!
은별	(머리 감싸주고) 그만해... 그만해...!! (머리 감싸며 그 자리에 주저앉는데. 부들부들 떨다가 고개 들면. 이미 풀려있는 눈 멍하고. 눈앞에 트로피를 들고 있는 로나의 환영이 보이는)
로나(E)	(은별을 내려다보며, 메아리치듯 환영으로) 넌 나한테 졌어, 하은별!! 니네 아빠도, 석훈이도, 청아예술제 대상도 전부 다 내꺼야!!
은별	아냐!! 아냐!!! 닥쳐!! (정신없이 눈앞의 로나에게 달려드는데. 은별의 몸이 그대로 유리 진열대에 부딪혀 진열대가 와장창 깨지면. 독기에 찬 눈으로 바닥에 떨어진 트로피를 손에 꽉 쥐는 은별)
로나	(살기 어린 은별의 표정에 놀라서 뒷걸음질 치며) 은별아.. 왜 그래.. 하은별! (그러다 뒤돌아서 전속력으로 건물 밖으로 도망치는데)

64.   청아예술관 공연장(밤)
       무대 중앙, 붉은색 테이블 위에 "청아예술제" 트로피가 아름답게 빛나
       고 있는.
       윤희, 윤철, 단태, 마리, 상아, 규진, 긴장한 채 심사 결과를 기다리고
       있는.

두기   심사 결과를 발표해주실 천서진 이사장님을 무대 위로 모시겠습니다.

       관객들의 박수와 함께 무대 위로 올라가는 서진, 표정 어둡게 가라앉
       아있고.
       은쟁반 위에, 수상자 이름이 적힌 봉투들이 놓여있으면.
       서진, 굳어진 표정으로 대상 봉투를 집어 드는데.

서진   (아직 결정 못 한 듯, 차마 봉투를 열지 못하고 망설이며 서있으면)
관객들 (웅성대기 시작하고)
두기   우리 이사장님도 많이 긴장하신 모양입니다. 호명해주십시오, 이사장
       님! 서울음대 프리패스권이 걸린 대상, 누굽니까. (발표를 재촉하는데)
서진   (결심한 듯, 봉투를 여는)

       그 위로,

은별(E) 배로나!!!

65.   청아예고 교정 돌계단(밤, 시간 순서로는 65신이 64신보다 먼저
       임)
       은별을 피해 계단을 뛰어 내려가려던 로나, 비틀하며 돌아보는 순간!
       눈이 텅 비어있는 은별, 트로피를 휘둘러 로나를 내려치는데.
       로나, 휘청하고. 돌계단에서 굴러 떨어지는 로나!!!

은별, 피가 뚝뚝 떨어지는, 부러진 트로피의 하단 부분을 든 채로.

은별 (영혼이 나간 표정) 니가 틀렸어, 배로나..... 난 너한테 아무것도 안 뺏겨!
아빠도, 석훈이도, 대상도......

66.   1화 프롤로그 3 연결/청아예술관 공연장(밤)
      서진, 봉투를 열고, 대상을 발표하고 있는.

서진 제28회 청아예술제의 하이라이트. 하늘이 내린 최고의 음색에게 주어
지는 성악 부문 대상은! 청아예고 3학년... (떨리는 손으로 봉투에 든 종
이를 빼내는데. 눈 질끈 감았다가 종이를 보면. 순간 굳어지는 표정. 관객들
의 시선, 일제히 서진에게 몰려있으면)
두기 어서 발표해주시죠!
서진 (적혀있는 이름 세 글자를 보는. 틀림없이 "배로나"라고 써있고) 배로나 학
생입니다.
       놀라는 사람들... 절망스러운 얼굴로 로나의 이름을 호명하는 서진....
       그리고, 계단에 고꾸라져있는 로나 모습에서 엔딩!!!

6화

조각난 트로피

5화 64신/청아예술관 공연장(밤)
       무대 중앙, 붉은색 테이블 위에 "청아예술제" 트로피가 아름답게 빛나
       고 있는.
       단태, 윤희, 윤철, 마리, 상아, 규진, 긴장한 채 심사 결과를 기다리고
       있는.
       (맨 끝자리에 앉아있는 단태, 긴장한 듯 손수건으로 손을 닦고 있는 모습)

두기   심사 결과를 발표해주실 천서진 이사장님을 무대 위로 모시겠습니다.

       관객들의 박수와 함께 무대 위로 올라가는 서진, 표정 어둡게 가라앉
       아있고.

2.   청아예술관 대기실(밤)
       석훈, 석경, 민혁, 제니, 은후 등 다른 아이들 대기하고 있는데.

민혁   은별이 얘 어디 간 거야? 아까 약 많이 먹은 거 같던데, 어디서 기절이라
       도 한 거 아냐?
은후   배로나도 안 보이는데?
석훈   (멈칫, 그제야 주변 둘러보는데. 로나 없고. 걱정되는 눈빛으로 생각하는)

3.   회상/청아예술관 일각(밤)
       걸어가는 로나와 마주한 석훈. 그냥 지나가려는 로나에게,

석훈   오늘 정말 잘하더라. (로나 멈칫하면, 부드럽게 웃어주고) 진짜 멋있었어.
로나   (돌아보며) 고마워.
석훈   내일, 파스타 먹을래? 수업 끝나고 교문에서 기다릴게.
로나   (머쓱한 듯) 내일 바쁜데... (돌아서려면)

석훈　(갑자기 로나의 손을 덥석 잡는. 무심한 듯 툭) 올 때까지 기다린다.

로나　(얼굴 빨개져 손 빼내고. 돌아서서 빠른 걸음으로 먼저 가다가 살짝 미소 짓
　　　는 로나)

4.　　현재/청아예술관 대기실(밤)

석훈　(로나 생각하고 있으면)

제니　(계속해서 로나에게 전화를 걸고 있는데, 받지 않는) 로나 얘는 왜 이렇게
　　　전활 안 받아?! 곧 발푠데.

석경　시끄러. 걔 없이도 시상식 잘 돌아가니까 조용히 좀 해! (여유롭게 무대
　　　쪽에 귀를 기울이는데)

5.　　5화 64신 연결/청아예술관 공연장(밤)
　　　서진, 봉투를 열고, 대상을 발표하고 있는.

서진　제28회 청아예술제의 하이라이트. 하늘이 내린 최고의 음색에게 주어
　　　지는 성악 부문 대상은! 청아예고 3학년... (떨리는 손으로 봉투에 든 종
　　　이를 빼내는데. 눈 질끈 감았다가 종이를 보면. 순간 굳어지는 표정. 관객들
　　　의 시선, 일제히 서진에게 몰려있으면)

두기　(서진에게) 어서 발표해주시죠!

서진　(적혀있는 이름 세 글자를 보는. 틀림없이 "배로나"라고 써있고) 배로나 학
　　　생입니다.

　　　놀란 관객들의 표정. 윤희, 믿기지 않는다는 듯 벌떡 일어서고, 두 주먹
　　　불끈 쥐고 손 번쩍 들어 올리는데. 기쁨 감추지 않고 환호하면.
　　　마리, 박수 치며 축하해주고. 단태와 규진, 상아는 열 받은 표정 역력한
　　　데. 윤철은 박수 치면서도 걱정스러운 듯 눈으로 은별을 찾는데 안 보
　　　이고.

두기   축하합니다, 배로나 학생. 영광의 대상입니다! 무대 위로 올라오세요.

모두의 시선, 두리번거리며 로나를 찾는데. 로나 보이지 않는.
그때! 들리는 비명 소리.

박씨(E)   아아악!!!
마리/규진/상아   뭐야? 무슨 소리야? (사람들 웅성대고)

윤희, 뭔가 불길한 예감에 급히 뛰쳐나가면. 이어서 헤펠 사람들도 뛰
어나가고.
무대에 서있는 서진 또한 불안한데.

6.   청아예고 교정 돌계단(밤)
머리에 박힌 금속(트로피의 날개 부분)이 반짝하면서, 드레스에 번지
는 피...
로나, 숨이 넘어갈 듯, 손가락을 까닥이는 그때! 로나의 손을 잡아주는
사람, 민설아고.

로나   (설아를 알아보는) 민설아?....
설아   (말없이 그런 로나를 내려다보고 있으면)
로나   (점점 의식이 가물가물해지는데. 마지막 힘 다해서 진심으로 설아에게 사
과하는) 미안해... 니 자리 뺏어서.... 우리 엄마 용서해줘.... (눈에서 눈물
이 주르륵 흘러내리면)
설아   미안해하지 않아도 돼. (용서하듯 로나의 눈물을 닦아주는데)

로나, 설아의 품에서 고개 푹 떨구면.
그때! 달려오는 단태와 윤희, 헤펠 사람들. 학교 관계자들과 학부모들
도 모여드는데. 수위 박 씨가 쓰러져있는 여자아이를 가리키며 소리치

고 있고.

단태, 떨리는 손으로 드레스 입은 여자아이 얼굴을 돌려서 확인하면.
로나다!!

규진	으악!! (충격받아 상아 품에 안기고)
마리	(비명) 로나야!!! 이게 무슨 일이야!!!
서진	(역시 충격받은 표정인데)
윤희	(로나를 확인한 순간! 충격으로 멍해지고. 사람들 밀치며 로나에게 다가서는) 로나야... 왜 여기 누워있어... 눈 떠봐, 얼른.... 엄마 놀래키지 말고, 얼른 눈 떠. 엄마 무섭단 말야... (그러다 자신의 손으로 번지는 피를 본 순간 정신이 번쩍 나고) 로나야... 정신 차려, 로나야!!!! (로나를 끌어안은 채 충격으로 울부짖는데)
윤철	(뒤이어 달려와 윤희 옆에 서는 윤철. 쓰러져있는 로나 보고 기함해서) 로나 왜 이래?!!! 무슨 일이야?!!
윤희	모르겠어.... 빨리, 우리 로나 좀 봐줘!! 어떻게 좀 해봐!! (애타 죽는데)
윤철	(다급하게 로나 상태 확인하고, 자신의 셔츠 찢어서 머리 지혈하는데. 문득 로나의 목에 걸린 오르골 목걸이가 눈에 띄면. 가슴 쿵! 하는)
윤희	우리 로나... 우리 로나 살려줘, 윤철아.. 제발......!!!
윤철	로나야!! 아저씨 말 들려? 정신 놓으면 안 돼!! (응급처치 하면서 다급하게) 구급차!! 구급차 좀 불러줘요!! 빨리!! (미친 듯 소리 지르면)
마리	어... 구급차. (떨리는 손으로 핸드폰 꺼내서 119에 신고하는) 여, 여보세요. 여기 청아예곤데요. 빨리 좀 와주세요. 애가, 애가 다쳤다고요!!! 피가 막.... (떨려서 말도 잘 안 나오고)

꺄악!!!! 이어서 드레스를 입은 채 달려와 비명 지르는 아이들.

제니	로나야..... 어떻게 된 거야. 로나가 왜.... (충격에 털썩 주저앉으면)
마리	제니야!! 아무 일 없을 거야. 괜찮을 거야, 로나... (제니를 끌어안고)

규진/상아 보지 마, 민혁아!! (얼른 민혁을 못 보게 눈을 가려버리는데)

석훈 (사람들 밀치고 달려와 쓰러진 로나를 보는. 넋 나간 표정으로, 멍해지는데)

윤철 머리에 뭔가 박혀있어!! 맥박도 없고!! 숨을 안 쉬어... 다들 뒤로 물러나!! (정신없이 소리치고, 급하게 두 손으로 심폐소생술 실시하는데)

규진 그럼, 살인 사건? 타살이란 거예요?!

헤펠사람들 (순간 멍해지는. 모드 패닉 상태에 빠지는데)

윤희 (순간 버럭) 닥쳐!! 우리 로나 안 죽었어!!! 우리 로나가 왜 죽어!! 우리 애기... 손도 따뜻하고, 이렇게 예쁜데....

윤철 (땀범벅 돼서 미친 듯이 심폐소생술하고, 호흡 확인하는데. 안 돌아오고)

마리 (급하게 수위에게) 당장 교문 폐쇄해요!! 경찰 올 때까지, 안에 있는 사람들 못 나가게 막아요!! 범인 잡기 전에는 아무도 움직이지 마!! (소리치는데)

그 순간! 화재 경보음이 요란하게 울리는.
사람들, 경보음과 함께 "불이야!!" 소리 지르면서, 공연장에서 우르르 뛰쳐나오는데. 몰려나오는 사람들로 순식간에 아수라장이 된 현장!

윤철 (경보음에 겁에 질린 사람들이 쓰러진 로나 쪽으로 마구 뛰어오면) 멈춰!! 멈추라고!! 이 개자식들아!! (고함치는데)

마리 움직이지 마!! 나가지 말라고!! 뭐하는 거야?!! 교문 막으라니까!! 막아!!! (분노하지만, 통제 안 되고)

윤희 안 돼!! 안 돼, 내 새끼!!!! (온몸으로 로나를 감싸는데. 윤희의 등을 밟거나 밀치고 지나가는 사람들. 사람들의 아우성과 경보음 소리에 윤희 목소리 묻히고)

사람들, 정신없이 사건 현장을 마구잡이로 짓밟고 뛰어가는데.
넋이 나간 윤희, 쏟아져 나오는 사람들 사이로, 로나를 감싸 안은 채 보호하고, 오열하는.

윤철과 마리, 제니, 석훈도 그런 윤희 도와서 로나를 있는 힘껏 막아주
는데.
서진, 허둥대면서 은별의 모습 찾지만 보이지 않고.

서진 은별이 얘는 어딨는 거야. (불안해서 미치겠는데) 어디서 화재가 발생했
는지 확인해요. 아니! 일단 보안실로 가서 CCTV부터 확보해요!!
박씨 네, 이사장님! (아수라장 속에서 보안실을 향해 뛰어가는데)

그 위로, 사이렌 소리 들려오는.
컷 되면. 폴리스라인 쳐지고. 들것에 실려나가는 로나.
윤희, 로나의 들것을 붙잡고 멍해진 상태로 따라가는데. 구급차에 타
려는 순간! 윤철에게 같이 가자는 듯 윤철의 옷을 꽉 잡으면.

윤철 현장 정리되는 대로 바로 갈 테니까, 먼저 가있어!!
윤희 (윤철에게 보내는 애타는 눈빛. 그러다 어쩔 수 없이 손을 놓으면)
윤철 (구급대원들에게) 어서 출발하세요!! (윤희를 구급차에 태우는데)
마리 (그때, 계단에 떨어져있는 은별의 화려한 목걸이를 발견하고 주우려는데.
누군가 낚아채는 손. 보면 서진이고)
서진 (화려한 목걸이를 손에 쥐고) 함부로 건드리지 마요! 증거가 될 수 있으
니까. (손수건에 싸서 주머니에 넣는데)

단태, 윤철, 서진, 규진, 상아, 마리, 아이들... 로나를 태운 구급차가 떠
나는 모습을 보는 각각의 표정들.

7. 청아예고 보안실/헤라팰리스 서진 집 거실/전화통화 (밤)
서진과 윤철, 경찰, 수위(박씨)와 영상을 보는데. 서진, 불안한 듯 눈빛
흔들리고.
돌계단 쪽 CCTV가 잡히는데. 굴러 떨어지는 로나의 모습만 잡히고.

절묘한 각도로 은별의 모습은 나오지 않는데.

형사	돌계단 위로는 CCTV가 없습니까?
박씨	(쩔쩔매며) 네, 운동장 쪽은 이게 전부 단데요.
윤철	오늘 보안실에 들어온 사람은요?
박씨	없었어요. 예술제 내내 제가 여기 있었어요.
윤철	(박씨에게) 왜 하필 범인이 잡히는 쪽만 없는데!! 그걸 믿으라고?!!
서진	진정해!! 경찰에서 조사할 일이잖아!! (말리는데)
형사	(긴박하게 경찰들에게) CCTV를 확보하지 못하면 낭패야!! 최대한 현장 증거 찾아내!! 서둘러!! (경찰들, 우르르 뛰쳐나가면)
윤철	(경찰을 따라 뛰어나가고)

그때, 걸려오는 분홍의 전화. 서진, 다른 쪽으로 가서 급하게 전활 받는데.

서진	은별이 연락 왔어요?!
분홍	방금 들어왔는데요. 무슨 일 있으세요?
서진	집엔 왜 혼자 간 거래요, 말도 없이!!
분홍	기분이 안 좋아보였어요. 대상... 못 받은 거예요? 제가 얘기 좀 해볼게요.
서진	(전화 끊는데. 뭔가 불길한 예감)

8. **헤라팰리스 서진 집 은별의 방/은별의 방 앞(밤)**
    은별, 겉옷을 벗자 드레스 안쪽에 묻은 피가 보이고. 얼른 드레스를 벗으려는데 땀에 범벅돼 혼자 잘 벗겨지지 않는.
    그때, 똑똑 노크하는 분홍. 헉! 놀라서 돌아보는 은별.

은별	(떨리는 목소리) 왜요?
분홍	(손잡이 흔들며) 문은 왜 잠갔어? 기분 많이 안 좋아?!

272

은별	(신경질적으로) 괜찮아요. 괜찮다구요!! (날카롭게 내뱉다, 이내 진정하며) 쉬고 싶어요. 너무 피곤해요...
분홍	알았어. 그럼 쉬어. (가는데)
은별	(급히 가위를 꺼내 드레스 팔 부분을 잘라서 옷을 찢듯이 벗는데. 손바닥에 피가 묻어있고) 악! (소리 지르면)
분홍	(가려다 멈칫하고. 비명 소리에 은별의 방을 돌아보는)
은별	(불안한 표정. 덜덜 떨면서 자신의 손바닥을 보는. 그 위로,)

9.　　회상 1/청아예고 교정 돌계단(밤)

은별, 트로피 밑 부분을 쥔 손바닥에 붉은 피가 보이면. 그제야 정신이 들고.

계단에 쓰러진 로나가 보이는데. 로나, 죽은 듯 보이는.

그때! 어디선가 들리는 핸드폰 벨소리(E, 클래식 교향곡). 기겁해서 건물 쪽으로 허둥지둥 도망치는 은별. 갈지자로 비틀대다 넘어지고 정신 없는.

10.　　회상 2/청아예고 복도/음악부 교실(밤)

미친 듯이 계단과 복도를 뛰어올라가는 은별. 그러다 교실로 뛰어 들어오고.

자기 자리로 가서 드레스 위에 겉옷을 걸쳐 입는.

은별	(제정신 아닌 듯 중얼대는) 안 죽었어... 안 죽었어... 집에 가야 해...

은별, 피가 묻은 트로피 밑 부분을 든 채 우왕좌왕하는. 숨길 만한 곳을 찾아 두리번거리는데. 사물함이 눈에 들어오고. 그때! 요란하게 울리는 화재 경보음 소리!

은별, 소스라치게 놀라며, 자신의 사물함을 열어 트로피를 던져 넣고 잠그는데.

문득, 하얀 구두에 묻은 피가 보이면. 드레스 자락으로 닦고는 그대로 도망치는.

11.   현재/헤라펠리스 서진 집 은별의 방(밤)
       덜덜 떨리는 손으로, 피 묻은 드레스를 보는데. 테이블 위에 있던 물병을 통째로 부어서 드레스를 마구 비비고, 닦고 또 닦고, 피를 닦아내려 하지만, 닦아지지 않고.
       거의 찢듯이 드레스를 마구 벗는 은별. 안에 속치마 입은 채고. 벗은 드레스를 꽁꽁 감싸서 가방 안에 정신없이 밀어 넣는데.

12.   병원 응급실(밤)
       로나를 응급치료 중인 의사들.
       의식 없는 로나, 전혀 움직임 없고. 로나의 심박 수 점점 떨어지고 있는데.

의사1   당장 수술방 열어! 신경외과에 연락하고!! 혈액 확보해!! (긴박한데)
의사2   혈압이 너무 떨어져서, 지금 상태론 수술이 불가능합니다.
의사1   이대로면 수 분 내로 사망해! 다른 방법이 없어. 수술방으로 옮겨!!

       긴박하게 수술실로 옮겨지는 로나.

윤희   (그런 로나를 넋 나간 듯 쫓아가는) 안 돼, 로나야!!! 죽으면 안 돼, 제발.... 제발 살아만 줘.....(그러다 비틀해서 주저앉고, 다시 일어나 정신없이 따라 가는데)

13.   청아예고 복도(밤)
       형사들, 깨져있는 화재경보기 파편들을 증거물 봉투에 담고 있고.

14. 청아예고 교정 돌계단(밤)

  형사들, 사건 현장을 체크 중이고. 과학수사대 옷을 입은 사람들이 현장 감식하고 있는. 족적과 지문을 채취하는데.

형사 뭐 좀 나왔어요?

과수대 대장 (고개 내젓고, 형사에게 보고하는) 너무 많은 사람들이 쏟아져 나와서, 사실상 특정할 수 있는 족적과 지문 채취는 불가한 상황입니다.

15. 청아예술관 공연장(밤)

  혜펠 사람들(서진, 단태, 윤철, 규진, 상아, 마리)부터, 학교 관계자들, 미처 빠져나가지 못한 학부모들, 형사들까지 모여있으면.

단태 (흥분해서 소리치고 있는) 언제까지 우릴 잡아둘 작정이에요?!! 우리가 그렇게 한가한 사람인 줄 알아요?!!

윤철 (험악한 표정) 주 회장!! 당신 딸이어도 그렇게 말할 거예요?!

단태 누가 보면 그쪽 친딸인 줄 알겠네!!

윤철 (갑자기 단태의 멱살을 잡고) 대체 뭐가 그렇게 찔려서 조사도 안 받고 내빼려는 건데?! 당신 뭐 있지?!! (매섭게 몰아세우면)

단태 뭐야?!! (머리로 들이박고)

학부모들 (말리느라 정신없으면)

상아 (지친 듯 규진을 툭 치고) 당신이 어떻게 좀 해봐. 여기서 밤샐 거야? 이럴 때 국회의원이 나서야지! (규진을 앞으로 확 밀치면)

규진 어어어... (상아 손에 밀쳐져서 앞으로 튕겨져 나오고. 어쩔 수 없이 윤철 앞에 서는. 은근 쫄리지만) 하 대표. 벌써 자정이 다 돼가는데, 이제 집으로 돌려보내는 게 어때요? 여기 계신 분들, 다 이름만 대면 알아주는 명망 있는 인사들인데, 도주할 염려도 없고, 조사는 차차...

윤철 (소름 끼치도록 싸늘하게 분노하는) 어린아이가 다쳤어요!! 지금 생사를 오락가락하고 있다고요!! 내 손으로 그 범인 잡아낼 겁니다!! 그게 누구든, 끝까지 찾아내서 제대로 응징할 거예요!!

사람들　(순간 불평하던 입들이 쑥 들어가고, 조용해지는데. 모두들 두려운 듯 윤철을 보면)

윤철　개미 새끼 한 마리도 알리바이 없인, 여기서 한 발짝도 못 나갑니다! 그러니 최대한 협조하는 게 좋을 겁니다!! (눈 벌게져서 으름장 놓으면)

컷 되고. 헤픈 사람들부터 형사 앞에서 알리바이를 대고 있는.

규진　전 아까 공연 시작하기 전부터 맨 앞줄에 딱 앉아있었어요. 화장실도 한 번밖에 안 갔다고요. 여기 있는 사람들한테 확인해보세요!

상아　저도 우리 남편이랑 같은 라인에 쭈욱 앉아있었어요.

형사　(단태를 보고) 제일 먼저 현장에 도착하셨다고요?

단태　달리기 잘하는 것도 문젭니까?! 그리고, 엄밀히 말해 제일 먼저 현장을 발견한 사람은 수위였어요!! 난 박 씨 비명 소리에 달려간 거고!!

규진　(손들고 나서는) 우리들 다, 공연장 안에서 서로 봤잖아요. 안 그래요? 심사하는 동안 커피도 같이 마시고. 맞죠? (사람들 수긍하면)

마리　제니 말로는, 대기실에서 은별이가 안 보였다던데, 그쪽부터 파봐야 하는 거 아니에요? (서진을 보면)

규진　그러고 보니, 아까부터 왜 은별이가 안 보여? 운동장에서도 못 봤는데.

서진　(얼른 나서는) 은별이는 오늘 몸이 아파서 집에 일찍 갔어요.

단태　(눈썹이 움찔하고) 집에 가? 대상 발표도 안 듣고?!

규진　은별이가 그럴 애가 아니죠. 강력한 대상 후본데, 쓰러지는 한이 있어도 먼저 갔을 리가. (순간, 사람들의 시선이 죄다 서진에게 몰리면)

서진　(당황하는데)

상아　은별이 오늘도 약 먹었어요? 다들 아시죠? 은별이 원래 공연 때마다 약발에 의존하는 거.

서진　긴장해서 몸이 안 좋았던 거예요! (불쾌한 듯 사람들 돌아보며) 설마, 우리 은별이를 의심하는 거예요? (당당하게 나서면)

마리	(매서운 눈빛으로 서진을 보며) 누구도 예외는 없죠!! 천 쌤도, 은별이도!
서진	걱정 마세요! 집에 가서 은별이 상태 보고, 바로 조사받게 할 거니까! (그러다 윤철을 보며) 당.신.딸. 은별이도. 이제 됐어? (분위기 싸한데)
윤철	(냉정한 눈빛) 확실한 알리바이가 증명되는 사람부터 돌아가는 걸로 하죠!

16. 청아예고 교정 돌계단(새벽)

폴리스라인 쳐져있는 현장을 보고 있는 윤철. 그 옆으로 서진이 서있고. 형사, 윤철에게 다가와 증거물 봉투에 담긴, 날개 모양의 금속을 보여 주는데.

형사	범행 도구로 추정되는 트로피의 날개 부분입니다.
윤철	트로피?
형사	어깨와 머리에 두 차례에 걸친 트로피의 가격이 있었습니다. 특히, 머리에서 과다출혈이 발생한 거 같습니다.
서진	(끔찍한 듯, 트로피 조각을 보며) 트로피 나머지 부분은요?
형사	하단 부분은 현장에서 발견되지 않았습니다. 일단, 사라진 범행 도구를 찾는 데 수사를 집중할 생각입니다. 당분간, 학교를 폐쇄해야 할 거 같은데요.
서진	이사장 권한으로 최대한 도움이 되도록 조치하겠습니다.
형사	아! 혹시 학교 관계자 중에서 피해자와 원한 관계가 있는 사람이 있을 까요? 일부러 화재경보기를 울려서 증거를 없애려고 한 걸 보면, 학교 사정을 잘 아는 사람인 거 같은데, 짚이는 사람이 없나 해서요.
서진	(기분 나빠하며) 청아예고를 뭘로 보고 그런 말씀을 하시는 거죠? 저희 쪽에서 조작이라도 했다는 건가요?
형사	(눈치 보며) 아닙니다. 수사 협조 잘 부탁드립니다. (사과하고 가면)
윤철	왜 이렇게 날카로워?
서진	(열 받고) 당신이야말로 이러고 싶니? 당신이 형사야? 아님, 배로나 친

아빠야?! 그래! 배로나 위해서 범인 꼭 찾아!! 밤새도록 샅샅이 잘 뒤져 보라고!! (쌩하니 가버리면)

윤철　이봐! (잡으려다가, 형사가 부르면 재빨리 그쪽으로 가고)

17.　병원 중환자실 앞(새벽)

윤희, 중환자실 문 붙잡고 기도하고 있는데. 마리와 제니가 다가오고.

마리　(대상 트로피를 건네는, 울먹하면서) 로나 꺼야. 로나는 좀 어때? 깨났어?

윤희　(절망적으로 고개 내젓는데)

제니　(울음 터지고, 두려움에 흐느끼는데)

그때, 문이 열리더니 다급하게 간호사가 나오는.

간호사　배로나 환자 보호자 되시죠?

윤희　(눈 번쩍) 네.

간호사　환자가 방금 의식이 돌아왔어요!

윤희　네? (정신없이 중환자실로 뛰어 들어가는데)

18.　중환자실 안(새벽)

윤희, 멸균 가운 입은 채로 로나에게 달려가면.

윤희　(로나 손을 잡고) 로나야... 엄마 왔어... 엄마 알아보겠어?

로나　(희미하게 눈을 뜨고, 윤희를 보는. 입을 열려고 하지만 소리 나오지 않고)

윤희　(가슴이 찢어지고. 로나 얼굴 쓰다듬으며) 누가... 누가 이랬어?!! 누가 이런 짓 한 거야? 말해!!!

로나　(문득 가늘게 뜬 눈으로, 윤희의 손에 들린 대상 트로피를 보는데)

윤희　(목 메이고) 니 꺼야. 니가 대상 받았어. 얼른 일어나서 엄마랑 축하 파티 해야지....

278

로나(E) (순간! 눈에서 눈물이 주르륵 흐르는) 그거…. 민설아 꺼야. 설아한테 그 트로피 줘…. 그동안 엄마한테 못되게 굴어서 미안해….

로나, 마지막으로 대상 트로피를 보며, 안심한 듯 희미하게 미소 짓는데.
그때, 삐----- 삐----- 경보음 울리고. 심전도가 무섭게 떨어지는.
의사들, 달려와서 로나를 살피는데. 심박그래프가 멈춰 서는 게 보이
고. 의사들이 다급히 제세동기 실시하고. 긴박한 분위기. 파리하게 변
해가는 로나의 얼굴.

윤희 로나야… 정신 차려!! 누구 짓인지 말해!! 너 이렇게 만든 사람 누구
야!!!! 죽지 마!!! (미치겠고) 엄마가 잘못했어. 엄마가 미쳤었나 봐. 엄
마 이제 아무것도 안 바래. 살아만 줘!!! 엄마 버리지 마.. 제발… 제발, 로
나야….

사람들 손에 끌려 나가는 윤희. 몸부림치며 괴로워하는데.
계속 떨어지는 로나의 심박그래프. 그리고, 닫히는 수술실 문.
닫힌 문을 붙잡고 몸부림치는 윤희. 그런 윤희에게 달려오는 윤철.
윤철, 중환자실로 뛰어 들어가려는 윤희를 붙잡고 필사적으로 말리
는데.
윤희, 윤철의 품에서 발악하는. 괴로움에 미쳐가는 윤희고….

19.   펜트하우스 거실(새벽)
지친 표정으로 거실로 뚜벅뚜벅 걸어오고 있는 단태.
그때, 벽에 기대고 서있는 석훈이 보이고.

단태 (멈칫) 안 자고 뭐해?

석훈 (고개를 들어 단태를 보는. 섬뜩할 만큼 싸늘하게) 물어볼 게 있어요. 로
나, 아빠가 그런 거예요? (눈물 그렁해지면)

단태	무슨 소릴 하는 거야? 내가 왜 그런 무서운 짓을 해?!
석훈	(눈빛에 독기 품고, 흥분해서) 거짓말!! 아빠와 관계있는 거 맞죠?!! 민설아가 죽었을 때도, 엄마가 죽었을 때도, 아빤 늘 지금처럼 태연했어요. 근데, 전 알아요. 엄마도, 민설아도, 아빠가 죽였다는 거!
단태	(순간 굳어지는)
석훈	(폭발하는. 거실 소품 하나를 집어서 내던지고) 왜 죽였어요, 우리 엄마!! 고작 천 쌤이랑 결혼하고 싶어서? 아님, 엄마가 민설아의 친엄마라서?!! 만에 하나, 로나한테까지 나쁜 짓 한 거면....!!! (이성 잃고 덤벼드는데)
단태	(팔 비틀며) 내 자식이 그런 말도 안 되는 공상에 빠져있는 줄 꿈에도 몰랐네. 감히 어디서 그딴 개소릴 지껄여?!! (얼굴 험악해지더니, 때릴 듯이 손을 번쩍 들면. 누군가 그런 단태를 막아서는데. 석경이고)
석경	오빠 몸에 손대지 마세요!! 나도 오빠도, 아빠 물건 아니에요!! 맞을 이유 없어요!! (매섭게 단태에게 반항하면)
단태	(손 내리고) 마침 잘 왔네. 부르려던 참이었는데... (주머니에서 손수건에 싼 목걸이를 꺼내 내밀며) 이 목걸이, 누구 껀지 알아?
석경	은별이 꺼요. 아까 공연 때 하고 있었어요. 그걸 아빠가 왜 갖고 있어요?
단태	(멈칫) 공연장에 떨어져 있길래. 그만 들어가 봐.
석훈/석경	(돌아서서 방으로 가면)
단태	(표정)

20. **펜트하우스 서재**(새벽)
    단태, 서재로 들어서고. 손에 쥔 목걸이를 다시 보는. 그 위로,

21. **회상/몽타주**(밤)
    청아예고 돌계단/ 마리, 돌계단에 떨어진 목걸이를 발견하고 주우려는데. 서진이 먼저 집어 들고. 단태, 그 모습을 보는.
    청아예고 강당/ 서진이 학부모들 상대로 변명할 때! 서진이 벗어놓은

280

재킷 주머니에서 몰래 목걸이를 빼내가는 단태. 재빨리 목걸이를 자신의 주머니에 숨기고.

22.   현재/단태의 서재(새벽)
        단태, 목걸이를 손에 쥐고 생각하는.

단태   이게... 하은별 꺼란 말이지? (교활한 미소 짓는)

23.   헤라팰리스 서진의 방(새벽)
        서진, 재킷 주머니에서 목걸이를 찾는데. 안 보이고.

서진   어떻게 된 거지? 분명히 여기 넣어뒀는데.... 어디다 흘린 거야? (정신없이 뒤지는데. 갑자기 뒤에서 분홍이 나타나고)

분홍(E)   오셨어요? 늦으셨네요.

서진   (놀라서 홱 돌아보고. 애써 침착하게) 일이 좀 있었어요. 은별이 저녁은요?

분홍   안 먹었어요. 오자마자 씻고 바로 잠들었어요. 하루 종일 굶었을 텐데.

서진   너무 피곤해서 입맛이 없는 모양이죠. 늦었는데 들어가서 자요!

분홍   근데, 은별이 드레스가 안 보여서요. 분명히 입고 왔었는데, 방 옷장에도 없고....

서진   (날카롭게) 어디 뒀겠죠! 이 새벽에 그게 뭐 중요한 일이라고!!

분홍   그러네요. 쉬세요. (나가면)

서진   (불안한 듯 방 안 서성이는. 불길한 예감에 휩싸이고) 설마, 아닐 거야. 우리 은별인, 아니어야 돼!! 절대로!! (그때 도 비서에게 전화 오는. 급히 받고) 배로나 어떻게 됐어? (그러다 놀라는) 뭐?! 깨어날 가능성, 전혀 없는 거야?!

24.   헤라팰리스 서진의 집 거실(새벽)
        불 꺼진 거실.

281

은별의 방문이 조금 열리고, 방에서 나오는 은별.
은별, 주변을 둘러보고는 가방을 들고, 조심스레 현관으로 나서는.

25. 거리 일각(새벽)
가방을 자전거 앞 바구니에 담은 채, 미친 듯 달리는 은별.

26. 한강둔치 일각(새벽)
은별, 가방을 든 채 인적 드문 강변 끝으로 가서, 냅다 강으로 던지려고 하는데!
팔을 잡아채는 누군가!

은별   악!! (놀라 그대로 주저앉는데. 보면. 서진이고. 굳어지는 은별)

서진   (믿을 수 없단 표정으로 은별을 보고 있는)

27. 서진의 차 안/한강둔치 일각(새벽)
서진, 차 안의 라이트를 켜고, 다급하게 가방의 물건들을 확인하는. 피 묻은 드레스가 나오면. 절망하는데.

서진   (손을 툭 떨구고) 정말... 니가 그런 거니?

은별   (애써 아무렇지 않게) 무슨 소릴 하는 거야? 대상도 못 받고, 열 받아서 버리려던 건데...

서진   그럼 이건 뭐야?! 드레스에 이 피!! (은별의 양어깨를 잡고) 하나도 빠짐 없이 다 얘기해!! 로나한테 무슨 짓을 한 거야?!!

은별   (바들바들 떠는) 로나... 설마 죽었어? 아니지? 죽을 리 없어.. 걔가 얼마나 독한 앤데!! 아냐.. 아냐... (마구 머리 쥐어뜯고, 고개 저으면)

서진   (은별을 잡아 흔들며) 정신 차리고, 엄마가 묻는 말에나 대답해!! 니가 그런 거야!!! 말해야 돼!!! 하은별!!! (다그치면)

은별   (순간 눈 풀린 채로, 넋이 나가서) 걔가 자꾸 내 걸 뺏어가잖아. 자꾸 내 눈

앞에 얼쩡거리면서 엄마 험담을 했어. 엄마가 자기 엄마 목을 그었다
고! 엄마가 지 엄마한테 진 거라고!!! (다시 멍해지고) 하지만... 죽일 생
각은 없었어. 정말이야!!! 믿어줘!!!

서진 (그대로 은별을 와락 끌어안는) 은별아... 진정해....

은별 (밀쳐내며, 제정신 아니고) 다 끝났어. 난 범죄자야!!! 경찰이 곧 잡으러
올 거야. 아니, 내가 경찰에 가서 다 말할래. 내가 그랬다고.... 대학이고
노래고 이제 다 끝났어!! (차 문 열고 뛰어 내리려면)

서진 (붙잡고, 강한 어조로) 아니!! 절대 니 인생 잘못 안 돼!! 내가 그렇게 만
들지 않을 거니까!! 엄마가 너 지킬 거야!! 배로나가 죽었든 살았든, 그
게 중요한 게 아냐!! 넌 그 일에 아무 상관없어야 해! 누가 물어도, 무조
건 모른다고 해!! 엄마 말 알아들어?!!

은별 (오열하며) 누가 봤으면? 학교에 CCTV도 있잖아....

서진 그건 엄마가 알아서 할 거니까, 넌 걱정 안 해도 돼. (드레스와 핸드폰을
가방에 쑤셔 넣으며) 드레스는 엄마가 없앨 거야. 그럼 돼!! 증거는 아무
것도 없어!!!

은별 (갑자기 생각난 듯) 트로피...

서진 (멈칫, 보는) 트로피?

은별 (인서트로, 로나에게 휘두르던 트로피) 엄마 청아예술제 트로피.....

서진 (다급히 가방 뒤지며) 그건 어디다 뒀어?

은별 학교 사물함에!

서진 뭐어? (굳어지는 서진이고)

28. 서진의 차 안/굴다리 밑(새벽)

도로 한쪽에 세워진 서진의 차 안. 은별, 불안해 어쩔 줄 몰라 하며 창밖
을 내다보고 있으면.
인적이 드문 다리 밑. 차 라이트 불빛만이 새어 나오고 있는. 그때, 드럼
통에서 솟아오르는 거센 불길.
서진, 가방에서 은별의 드레스를 꺼내서 드럼통에 태우고, 은별의 가

방까지 던져버리는.

드럼통에서 치솟는 불길을 매섭게 바라보는 서진이고.

29.   청아예고 교문 앞(아침)

기자들, 교문 앞에 모여있고. 형사들, 출입을 막고 있는데,

그 위로, 뉴스 화면 나가는.

앵커(E)   명문 사학재단 청아예고에서 어제 또다시 불미스러운 사고가 발생했습니다. 청아예고의 가장 전통 깊은 행사로 꼽히는 청아예술제에서 대상을 받은 3학년 여학생이, 트로피를 손에 쥐어보지도 못한 채, 의식불명 상태에 빠졌습니다.

30.   몽타주(아침)

TV를 보고 있는 단태, 규진과 상아, 마리의 모습들. 각각 비춰주고.

앵커(E)   현재 경찰은 도주한 범인을 찾는 데 수사력을 모으는 가운데, 청아재단의 천서진 이사장은 전교생을 비대면 수업으로 전환하고, 수사에 적극적으로 협조하겠다는 뜻을 밝혔습니다.

31.   병원 중환자실(아침)

의식불명 상태의 로나, 산소호흡기 낀 채로 힘겹게 숨을 쉬고 있으면.

의사(E)   뇌 손상이 심해서.... 아무래도 어려울 거 같습니다. 준비를 하셔야 할 거 같습니다.

그 모습을 보고 있는 윤희와 윤철, 절망적인데.

32.　　　중환자실 앞(아침)
　　　　　윤철의 부축을 받으며 중환자실 밖으로 나오는 윤희, 휘청하면.

윤철　　(다급하게 윤희를 붙잡고) 윤희야!! 안 되겠어. 병실 잡아줄 테니까, 잠
　　　　　깐이라도 누워있어.

윤희　　(눈에 살기 띤) 됐어!! 내 딸 저렇게 만든 인간부터 잡아야지!! (파리한
　　　　　얼굴에도 눈빛만은 강하게 빛나고) 경찰은, 뭐래? 아직 아무 증거도 못
　　　　　찾은 거야?

윤철　　조사 중인데, 아직은....

윤희　　(이성 잃은 듯, 흥분해서) 범인은 그때 학교에 있었어!! 근데 아무 증거
　　　　　가 없다는 게 말이 돼?!! 화재경보기가 오작동을 일으킨 것부터 이상
　　　　　해!! 경찰 못 믿겠어!! 내가 직접 가봐야겠어, 청아예고!! (정신없이 복
　　　　　도 뛰어가면)

윤철　　(막고) 이 몸으로 뭘 어쩌려고 이래?! 일단은 믿고 기다려보자. 아는 선
　　　　　배 통해서 경찰에 부탁해뒀어. 단서 잡는 대로 연락 준다고 했어.

윤희　　(버럭) 아무도 못 믿어!! 내 손으로 잡아낼 거야!! 내 딸 아프게 한 인간,
　　　　　내가 가만둘 거 같아?!!! (하다가 멍해져서) 윤철... 우리 로나 잘못되
　　　　　면 어떡해. 나 미쳐버릴 거 같아.. 아아아.... (오열하다가, 호흡곤란 온 듯
　　　　　숨 헉헉대며 뒤로 넘어가면)

윤철　　정신 차려, 윤희야!! 윤희야!!! 김 간!! 뭐해? 정교수 불러!! (소리치면,
　　　　　다급하게 의료진들 뛰어오고)

윤희(E)　(몸부림치면서) 수련 언니... 우리 로나는 데려가지 마. 날 죽이고, 우리
　　　　　로나는 살려줘, 제발... 제발.... (괴로움에 가슴 찢기는데)

33.　　　헤라팰리스 서진 집 거실(아침)
　　　　　서진과 은별, 무거운 표정으로 거실로 들어서고.

서진　　방에 가있어.

은별   (초췌한 얼굴로 방으로 가면)

서진   (그런 은별을 보는)

34.   헤라팰리스 서진 집 침실(아침)
      서진, 서랍에서 자신의 수면제를 꺼내는.

35.   헤라팰리스 서진 집 부엌(아침)
      서진, 주스를 따르고, 수면제 캡슐을 열어, 주스에 약을 타는데. 주스를
      들고 부엌을 나가는 서진.
      한쪽에서 분홍이 모습을 드러내고, 서진을 보는 시선.

36.   헤라팰리스 서진 집 은별의 방(아침)
      서진, 은별에게 주스 잔을 건네면. 주스를 마시는 은별.

서진   아무 생각 하지 말고 자. (은별을 침대에 눕히면)

은별   (생각난 듯, 힘없이) 내 핸드폰 못 봤어?

서진   (움찔했다가) 혹시나 해서 폐기했어. 새 핸드폰으로 바꿔줄게. 친구들
         연락도 당분간은 받지 마.

은별   (멍한 표정으로 침대에 눕고, 눈을 감아버리면)

서진   명심해. 지난 일은 다 잊는 거야. 자고 나면, 다 지나갈 거야. (은별에게
         이불을 덮어주는 서진)

37.   헤라팰리스 서진 집 거실(아침)
      서진, 무표정하게 뚜벅뚜벅 거실로 걸어 나오는데. 주머니에서 은별의
      핸드폰을 꺼내서 보는. 환하게 웃고 있는 은별의 사진이 보이면.

석경(E)   (은별의 핸드폰을 꺼내서 흔들며) 은별이가 갖고 있더라고요. 쌤이 은별
            이 할아버지 죽인 증거! (5화 60신)

절망적인 서진. 그 위로, 은별의 이상했던 행동들이 하나씩 떠오르는.

38. 회상 1/시즌 1 18화 44신/헤라팰리스 서진 집 침실(밤)
서진, 문자 확인하면. "내 동영상 선물이 마음에 들었나요. 천서진 이사
장님?"

39. 회상 2/시즌 1 21화 38신, 40신/헤라팰리스 서진 집 거실
(저녁)

은별 그래서 엄만 없던 일이 됐어? 할아버지 사고 말야.

서진 뭐? (굳어진 채, 당황해서) 갑자기... 할아버지는 왜...

은별 (싸늘하게 서진을 보며) 나, 할아버지가 너무 보고 싶어서 약 먹은 거야.

서진 (순간 소름이 돋고) 그게... 무슨 말이야? 무슨 말이냐고?!! 알아듣게 말
해!!! (온몸이 떨리면)

은별 (서진을 보며 섬뜩하게 웃는) 거봐! 엄마도 아직 못 잊었잖아. 엄마도 할
아버지 보고 싶은 거지?

40. 현재/헤라팰리스 서진 집 거실(아침)
순간 휘청하는 서진, 쓰러질 것 같은데.
그때, 분홍이 와서 부축하고.

분홍 괜찮으세요, 이사장님? 안색이 많이 안 좋으신데... 병원에 연락할까요?

서진 (애써 아무렇지 않게) 괜찮아요.

분홍 학교에 사고가 있었다면서요. 뉴스에서 봤어요.

서진 (정색하고) 은별이 앞에선 아무 얘기도 하지 마요! 깨우지 말고 푹 자게
해줘요.

분홍 그러죠. (서진, 불안한 듯 방으로 가면. 그런 서진을 보다가, 표정 바꾸고 누
군가에게 전화하는) 저예요. 지금 좀 만나야 할 거 같은데요!

41.   헤라팰리스 서진 집 욕실(아침)
       서진, 은별의 핸드폰에서 유심 칩을 꺼내고. 유심을 박살 내서 변기에
       버리는.

42.   파크원 호텔 복도(낮)
       엘리베이터 멈춰 서고. 내리는 건 분홍이다.
       복도 입구에 "No Entry!" 팻말 보이고. 팻말 옆으로 서있는 직원, 분홍
       을 보고는 길을 열어주는데.

43.   파크원 호텔 스위트룸(낮)
       분홍, 안으로 들어서면. 유리창 밖을 보며 서있는 남자의 뒤태 보이고.
       눈부신 햇빛에 반사되어 보이는 남자, 천천히 돌아서는데. 선글라스를
       낀 로건이다.

분홍   언제 오셨어요?
로건   (침통한 표정) 오늘. 로나는 좀 어떤가요? 아직도 의식이 없어요?
분홍   (고개만 끄덕하고. 나직이) 천서진과 은별이 행동이 뭔가 이상해요. 무
       슨 일이 있는 게 틀림없는데...
로건   (긴장하고) 아는 대로 얘기해요.
분홍   오늘 새벽 5시에 찍은 사진이에요. (자신의 핸드폰을 내밀면. 은별이가
       가방을 들고 현관을 나가는 사진이고)
로건   새벽에 어딜 가는 거예요? 가방까지 들고?
분홍   더 이상한 건, 돌아올 땐, 아무것도 갖고 있지 않았다는 거예요. 거기다,
       천서진과 함께였어요.
로건   (멈칫, 분홍을 보는) 설마...... (선글라스를 벗는데. 어두운 표정이고)

44.   헤라팰리스 서진 레슨실(낮)
       서진, 불안한 듯 레슨실을 왔다 갔다 하고 있는.

서진	트로피... 트로피부터 빼와야 돼!! 발각되면 그걸로 끝이야!!

그때 도 비서가 들어서고.

도비	방금 경찰의 현장조사는 전부 끝났다고 합니다.
서진	벌써?! 확실해?
도비	초동수사에 실패하는 바람에, 증거를 찾는 데 한계가 있는 모양입니다. 최소한의 인원만 남고, 철수하는 분위기였습니다. 뭐 따로 시키실 일이라도...
서진	아냐. 됐어... (뭔가 결심하는 표정)

45.   청아예고 교정 돌계단(밤)
        경찰들, 철수하고 있는. 경찰차가 운동장을 빠져나가면.
        윤희와 마리, 은밀하게 교정으로 들어서고.

윤희	고마워요, 도와줘서.
마리	당연히 내가 나서야지. 나, 로나한테 빚 많아.
윤희	(매서운 눈빛) 분명, 이 학교 안에 증거가 있을 거예요. 작은 거 하나라도 보면, 뭐든 말해줘요.
마리	걱정 마! 꼭 범인 잡아서 아주 아작아작 씹어 먹어버리자고!!

        윤희와 마리, 돌계단 주변을 유심히 둘러보는데. 꼼꼼히 살피는 두 사람.
        그때! 학교 건물 쪽으로 향하는 서진을 발견하고 멈칫하는 윤희.

46.   청아예고 안(밤)
        주변을 살피며 조심스레 계단을 오르는 서진.

47.   청아예고 음악부 교실 안(밤)

서진, 음악부 교실 안으로 들어서는.

어둠 속에서, 핸드폰 플래시를 켜고, 교실 뒤에 있는 사물함으로 향하는데. 은별이 사물함을 찾아 뒤적거리고 있는 순간! 갑자기 켜지는 전등!

악! 놀라서 돌아보면. 서있는 사람, 윤희와 마리고.

서진	(당황해서 윤희를 보는) 니가 여긴 어쩐 일이야?
윤희	(천천히 서진에게 다가서고) 너야말로, 이 시간에 여기서 뭘 하고 있었어? 불도 안 켜고, 깜깜한 교실에서... 뭐 찾을 거라도 있니? (의심스럽게 보면)
마리	그러게 아주 수상한 냄새가 나네. 도둑고양이처럼 뭘 뒤지러 오신 건가?
서진	(식은땀 나고, 되레 발끈해) 뒤지다니 내가 뭘... (할 말 못 찾고 있는데)
윤희	(서진이 뒤로 보이는 사물함이 눈에 들어오면. 뭔가 떠오르는 듯 사물함으로 다가서는데)
서진	(기겁해서 막아서고) 왜?!!
윤희	(당황한 서진의 표정을 읽는) 여기 사물함... 뭔가 숨기기 적당한 거 같아서. 비켜!!! (서진을 확 밀쳐내는데)
마리	그렇지! 얼른 열어보자고! 동생은 왼쪽부터 뒤져! 오른쪽은 내가 부술게!!
서진	(온몸 바들바들 떨리는데)

윤희와 마리, 작정한 듯 옆에 있는 소화기를 들어 사물함 자물쇠를 양쪽에서 순서대로 부수기 시작하는데.

석훈의 사물함부터 열리면, 안에 아무것도 보이지 않고. 민혁, 은후, 장대, 유정, 제니, 순서대로 따기 시작하는데. 교과서나 체육복, 잡다한 물품들뿐이고.

서진, 숨을 쉴 수도 없고, 미칠 거 같은. 그러다 은별의 사물함 차례가 되면.

마리　　(소화기를 번쩍 드는데)

윤희　　잠깐요!! 은별이 꺼는... 내가 열죠!! (은별의 사물함 앞으로 뚜벅뚜벅 걸어가는데)

서진　　(말릴 수도 없고. 온몸이 바들바들 떨리고, 피가 마르는 느낌이고)

윤희　　(떨고 있는 서진을 보는 순간! 의심이 확신으로 변하는데. 은별의 사물함을 있는 힘껏 깨부수면)

서진　　(절망감에 질끈 눈을 감아버리는!!!)

윤희　　(사물함의 문을 활짝 열고 보면. 트로피 안 보이고, 노트와 교과서 몇 권뿐인데. 뭔가 싶고. 어리둥절한. 다시 손 넣어서 살살이 뒤지는데 없고)

마리　　뭐야, 아무것도 없어?!!

서진　　(그제야 눈을 뜨면, 사물함 안에 트로피 안 보이고, 긴장이 풀리면서 휘청하는. 교실 문을 잡고 간신히 버티는데. 그 순간! 교실 앞쪽의 커튼이 움직이면서, 커튼 뒤로 사람의 실루엣이 보이는. 놀라는 서진)

윤희　　(그런 서진을 돌아보는데)

마리　　이제 남은 거 몇 개 없는데... (옆의 사물함 자물쇠를 열더니, 놀라며 소리치는) 여깄다!!!

윤희　　(놀라서 고개 돌려보면. 장갑 낀 마리의 손에 트로피 밑 부분이 들려있는!) 누구 거예요?

마리　　(사물함 문을 닫아, 이름표를 확인해주는데) 주석경!

윤희/서진　(충격적인데)

마리　　주석경... 내가 이럴 줄 알았다니까!! 아 뭐해? 빨리 안 가고!! 그 기집애 잡으러 가야지!! 얼른!! (윤희를 끌고 나가는데)

서진　　(정신없고. 모든 게 어리둥절한데)

그제야 서진, 정신 차리고 교실 앞쪽으로 걸어가고, 커튼을 확 젖히는데. 숨어있는 사람, 윤철이다!

서진 (놀라) 당신이 왜 여깄어?!!

윤철 일단, 여기부터 빠져나가야 돼! (서진의 손을 잡고, 조심스럽게 교실 밖으로 나가는 윤철이고)

48. 헤라팰리스 분수대(밤)

경찰에 연행되어가는 석경. 영문 몰라 마구 반항하는데. 경찰들 막무가내고.

석훈, 어쩔 줄 몰라서 석경의 뒤를 따라가며 단태에게 전화를 거는데.

석훈 아버지, 지금 어디예요?!! 석경이가...!!!

49. 헤라팰리스 서진 레슨실(밤)

어두운 조명 속, 서진과 마주하고 있는 윤철.

서진 어떻게 알고 온 거야?

윤철 (멍한 눈빛) 은별이가... 전화했어.

서진 화재경보기를 울린 것도 당신이야?

윤철 (고개 내젓고) 아니. 그땐 상상도 못 했어.

서진 (윤철의 손을 보면, 다친 듯 피가 흐르고) 손은 왜 이래?

윤철 사물함을 급하게 열다가...

서진 기다려.

컷 되면. 약 상자를 가져와서, 윤철의 손을 치료해주고 있는 서진. 소독약을 바르고 밴드를 붙여주는.

윤철 (밴드를 확 뜯어버리고, 믿기지 않는) 정말... 우리 은별이니? 우리 은별이가 로나를 그런 거야?! 아니지? 제발 아니라고 해!!!! (절망적인 눈빛)

서진 나도 믿고 싶지 않아!

292

윤철   (버럭) 왜 빨리 말 안 했어!! 젤 먼저 나한테 얘길 했어야지!!!!

서진   어떻게 말을 해?!! 당신은 지금, 오윤희 남편이잖아!

윤철   믿을 수가 없어... 어떻게... 어떻게 우리 은별이가 그런 짓을!!!

서진   (눈가 벌게지고) 이미 일은 벌어졌어!! 믿고 싶지 않아도, 받아들여야
        해!!!!

윤철   (괴로움에, 마구 고개 내젓는데) 안 돼... 안 돼.... 말도 안 돼!!!! 절대 있을
        수 없는 일이야!!!!

서진   (그런 윤철을 붙들고) 트로피를 석경이 사물함에 넣은 건 당신이야!! 당
        신도 우리 은별이가 잡혀가는 걸 바라진 않는 거잖아!! 아빠가 돼서 늘
        실망만 췄는데, 우리 딸이 인생 망치는 꼴을 보고만 있을 거야?!

윤철   석경이가 진범이 아니란 건 금방 밝혀지게 돼있어!!

서진   그러니까 정신 차리라구!! 윤희, 절대 포기하지 않을 거야. 끝까지 추궁
        해서 진범 찾아낼 거고... 결국은 은별이란 거 알아낼 거야!! 그럼, 우리
        은별이 인생은 끝이야!! (발악하다가, 애원하듯) 제발 뭐라도 해줘... 이
        대론 우리 은별이 못 살아! 살려줘... 은별이 살려줄 사람, 당신뿐이야.
        은별이 당신 딸이잖아!!!! 제발... 윤철 씨... 은별 아빠...

윤철   (혼란스럽고, 버럭) 나더러 뭘 어쩌라고!! 더 이상은 못해!! 윤희한테 미
        안해서.... 로나 누워있는 거 보면, 나도 미쳐버릴 거 같다고!!!! (머리 감
        싸고 괴로워하면)

서진   (순간 싸늘하게) 로나, 어차피 가망 없다며. 정교수한테 들었어. 내일
        쯤... 뇌사 판정 날 거라고! 그렇담, 살 사람은 살아야 하지 않겠어?

윤철   (놀라) 무슨 말을 하고 싶어서 이래?

서진   윤희를 단념시키는 방법은 하나밖에 없어!! 석경이가 시간을 벌어주
        는 동안, 다른 진범을 만드는 거!!

윤철   (분노하는) 천서진!!!!!

서진   (독하게) 지금 나한텐 은별이밖에 안 보여!! 난, 은별이만 생각할 거
        야!! 난 은별이 엄마고! 어미는 새끼를 지켜줄 책임이 있어!! 은별이 잘
        못되면 내 인생도 없어....

윤철	(이러지도 저러지도. 미칠 지경인데) 아아악!!!!

50.　경찰서(밤)

　　　윤희, 조사받고 있는 석경을 흥분해서 다그치고 있는.

윤희	우리 로나한테 왜 그랬어?!! 로나가 그렇게 미웠니?!! 나만 미워하지, 왜 아무 죄 없는 로나를 해코지한 거야?! 왜!!! (난리 치면)
석경	아줌마 미쳤어요? 내가 왜 그런 짓을 해요!!

　　　그 옆으로 마리와 형사가 지켜보고 있으면. 단태가 흥분해서 뛰어 들
　　　어오는.

단태	(윤희의 멱살을 잡고) 지금 뭐하는 짓이야?!! 당신이 뭔데, 남의 딸을 범인으로 몰아?!!
마리	(막아서며) 당신은 빠져!! 석경이가 로나를 죽이려고 했다구!!
형사	(단태에게) 주석경 학생 사물함에서 피 묻은 트로피가 발견됐어요!! 범행 도구로 추정되는 물건이라 조사가 불가피했습니다.
단태	(기막혀) 트로피라니?! (석경일 보면)
윤희	니 입으로 말해!! 그 트로피로 로나 머리를 내리치고, 도망친 거지?!!
마리	니 아빠가 시켰어?!! 어서 다 실토해!!
석경	난 트로피 만진 적도 없다고요!! 미치겠네, 진짜!! 이거 다 모함이에요!!
형사	(책상 꽝꽝! 치고) 좀 조용히 해. 최근 배로나 학생과 학교폭력 건으로 감정이 많이 안 좋았다던데... 옷에 물감도 뿌리고, 화장실에도 가뒀다면서?
석경	그건....!!! (당황하고, 말문 막히면)
단태	(나서고) 두 사건은 완전 달라요! 석경인 절대 범인 아니에요! 내가 증명해요!! (그때! 경찰 한 사람이 다급하게 다가서고)
경찰	방금 트로피 지문 감식 결과 나왔습니다.

윤희/단태/마리/석경   (긴장해서 경찰을 보면)

경찰   워낙 많은 지문이 찍혀있긴 한데... 주석경 학생 지문은 나오지 않았습니다!

석경   (그제야 안심하며) 거봐요! 난 아니라니까!! 누가 일부러 나 엿 먹이려고 내 사물함에 넣은 거예요!

윤희   누가? 왜? (다그쳐 물으면)

석경   (뭔가 의심 들고) 나한테 앙심을 품은 사람이겠죠!!

단태   (단태도 석경을 보는데)

석훈(E)   이것 좀 보세요!!

형사/윤희/단태/석경/마리   (소리 나는 쪽을 돌아보면. 석훈이가 헐레벌떡 달려온 듯, 숨 가쁘게 서있고)

석훈   (핸드폰으로 찍은 사진을 형사에게 보여주고) 대상 합격자가 발표되기 직전에, 대기실에서 다 같이 기념 촬영한 사진이에요. 여기, 분명히 석경이도 있죠? 이거면 확실한 증거가 되나요?

윤희   (멈칫) 없는 사람은?

석훈   로나와 은별이요.

윤희   (핸드폰 사진을 뺏어서 보는데. 은별이가 없고)

형사   (고개 갸우뚱하고. 윤희를 보며) 사고 발생 시간이 대상 발표 직전으로 추정되니까, 주석경 학생은 아닌데...

단태   (형사들에게) 당신들!! 우리 가문을 어떻게 보고!! 명예훼손이야, 이거!! 이번 일, 절대 그냥 넘어가지 않을 겁니다!! (으름장 놓고, 석훈, 석경이를 데리고 나가면)

마리   은별이가 없다...?! (순간, 뭔가 생각난 듯) 그러고 보니까, 천 쌤이 현장에서 누군가의 목걸이를 주워갔어.

윤희   (첨 듣는 말이고) 목걸이요? 어떻게 생겼는데요?

마리   엄청 화려하고 알이 이따만 했는데... 사파이어 같기도 하고.... 얼핏 봐서 생각이 잘 안 나네.

윤희   사파이어? (문득, 윤철의 주머니에서 봤던 블루사파이어 목걸이가 떠오

르고)

마리 모르고 있었어? 당연히 증거품으로 경찰에 제출할 줄 알았지. 설마 그 거, 은별이 꺼 아냐?!!

윤희(E) (순간, 교실 사물함 앞에 서있던 서진이 떠오르고. 당황해하던 서진의 모습들 스쳐 지나가는데. 한 대 맞은 느낌이고) 설마, 은별이가....?!!!!

51. **펜트하우스 서재(밤)**
골똘히 생각에 잠긴 단태. 그때, 노크 소리 나고. 석경이 들어서는.

석경 부르셨어요?

단태 (일어서서, 석경에게 다가서는) 지금부터 내가 묻는 말에, 한 치의 거짓도 없이 사실대로 대답해. 아무래도 너와 천서진 선생 사이에 무슨 문제가 있었던 거 같은데... 그게 뭐지?

석경 (멈칫, 쭈뼛하다) 그런 거 없는데요!

단태 주석경! 넌 내 딸이야. 천서진 선생은 내가 결혼할 사람이고. 두 사람 간에 어떤 문제라도 당연히 내가 알아야 되지 않겠니. 이건, 우리 가족한테 아주아주 중요한 일이야. 안 그럼, 니가 용의자로 또 몰릴 수 있어!

석경 트로피를 내 사물함에 넣은 게, 천서진 쌤인가요?

단태 아마도? (능숙하게 회유하며 점점 가깝게 다가서면)

석경 (쫄리다가, 내지르듯) 은별이 핸드폰에서 이상한 걸 봤어요!!

단태 (멈춰 서는. 희미한 미소) 그게 뭔데?

석경 (머리 굴리다가) 은별이가 석훈 오빠를 짝사랑한대요!

단태 (얼굴 일그러지고) 뭐? 고작 그거야? (김샌 표정이고)

석경 왜요? 엄청난 일 아니에요? 앞으로 남매로 살아야 되는데, 언감생심 누굴 좋아해요? 그래서 천 쌤한테 딸 감시 잘하라고 충고 좀 해줬어요. 됐죠? 이제 나가봐도? (홱 돌아서는데, 입술 실룩하고. 한 수 위의 묘한 미소 짓는)

52. 헤라펠리스 윤희 집 거실(밤)

윤철, 지친 표정으로 어두운 거실로 들어서고. 거실의 불을 켜는 순간!

윤철 (화들짝 놀라고) 아! (소파에 윤희가 덩그러니 앉아있는)

윤희 (윤철을 돌아보는) 왜 이렇게 놀라?

윤철 (얼른 핸드폰 끄고) 어... 아무도 없는 줄 알고. 병원, 안 갔어?

윤희 (차분하게) 짐 좀 챙기느라. 어디 다녀와?

윤철 회사에. 계속 못 나갔더니, 밀린 일들이 많아서. 아! 경찰서 갔다 온 건
어떻게 됐어? 뭐 좀 알아냈어?

윤희 트로피에 석경이 지문이 안 나왔어.

윤철 (실망한 듯) 아... 그래? 다른 증거도 없고?

윤희 석경이 쪽은 아냐! 누군가 석경이한테 덮어씌운 거 같아!

윤철 (순간 흔들리는 눈빛. 시선 피하며) 누가.. 그런 짓을....

윤희 (윤철 표정 살피며) 글쎄... 가볼게. 오늘은 집에서 쉬어.

윤철 (걱정스럽게) 힘들면 얘기해. 언제든 교대해줄 테니까. (그러다 윤희가
현관 쪽으로 걸어가면, 빠르게 침실로 들어가는데)

윤희 (문득 멈춰 서서, 돌아보는. 윤철의 당황스러운 행동에 의심이 짙어지고) 아
니지? 하윤철... 로나한테 넌! 절대 그러면 안돼!! 절대로....!!

53. 헤라펠리스 서진 집 은별의 방(밤)

로나(E) 하은별... 왜 그랬어. 나한테 왜 그랬어, 하은별....
땀범벅이 돼서 뒤척이는 은별, 아악!!! 비명을 지르며 깨는데.
귀에서 계속 들려오는 로나의 목소리에 귀를 막아버리는데.
그때, 초인종 소리 들리는. 기겁해서 보는 은별.

54. 헤라펠리스 서진 집 거실(밤)

분홍, 윤희를 맞이하는데.

분홍	(다른 헬퍼들 눈치 보며) 아직 이사장님은 집에 오지 않으셨는데요.
윤희	상관없어요. 은별이를 보러 온 거니까.
분홍	은별인 지금 몸이 안 좋아서...
윤희	알고 있어요. 들어가도 되겠죠? (거침없이 은별의 방으로 가는데)

55.   헤라팰리스 서진 집 은별의 방 (밤)

윤희, 은별의 방으로 들어가면.

은별	(당황해서 벌떡 침대에서 일어나고)
윤희	몸은 좀 어때? 아프다더니, 정말 많이 안 좋아 보이네.
은별	(윤희의 시선을 피하며) 괘... 괜찮아요... 근데, 무슨 일로...
윤희	로나 소식 들었지?
은별	(떨리는) 네...
윤희	뭐 좀 물어볼 게 있어서. 그날, 시상식 전에 우리 로나 만났었니?
은별	(시선 피하며) 아뇨.
윤희	대기실에 너랑 로나만 없었다던데. 넌 그럼 어딨었어? (석훈이 가져온 대기실 사진을 보여주면)
은별	(당황하고) 속이 안 좋아서 양호실에 있었어요.
윤희	정말? (갑자기 은별의 팔을 세게 쥐면서 압박하는) 너, 우리 로나 만났지?!! 사실대로 말해!! 둘이 무슨 일이 있었어?!!
은별	(바들바들 떠는. 울음 터지기 직전인데)
서진(E)	지금 뭐하는 거야!!
윤희	(보면. 서진이 문 앞에 서있고)
서진	(은별한테 다가와, 윤희의 팔을 풀게 하고) 아픈 애한테 이게 무슨 짓이야?!
윤희	은별이, 왜 아픈 건데?!!
서진	뭐어?
윤희	(매섭게) 아프다는 핑계로 은별이만 경찰 조사 안 받았잖아. 그래서 직접 물어보러 왔어! (다시 은별에게 다그치듯) 하은별!! 아줌마 말에 대답

	해!! 로나 만났지? 로나한테 무슨 짓을 한 거야?!! 얼른 말해!!
은별	몰라요.... 몰라요!!! (손을 바들바들 떨며, 겁먹으면)
서진	그만해! 내 딸 그만 괴롭히고, 당장 나와!!! 나오래두!! (윤희를 잡아끌고 나가는데)
은별	(공포와 두려움에, 머리를 쥐어 싸고 구석으로 숨는. 온몸 떨리고...)

56. 헤라펠리스 서진 집 거실(밤)

윤희, 서진한테 끌려나오면.

서진	헤펠 아이들 돌아가면서 죄다 의심하는 거니? 석경이 다음엔 은별이야?
윤희	(서진의 팔을 뿌리치고) 석경인 알리바이가 확실해. 지금까지 알리바이가 제대로 입증 안 된 애는, 니 딸 하나야.
서진	(윤희의 눈빛에 불안감 커지고) 그건, 경찰이 밝히겠지! (세게 나가는데)
윤희	아! 은별이 드레스는 왜 아직도 반납 안 했어?
서진	뭐어? (놀라면)
윤희	좀 전에 드레스 숍에 갔었는데, 은별이 드레스만 돌려받지 못했다던데. 은별이 드레스 좀 볼 수 있을까?!
서진	미쳤구나? 내가 그런 것까지 보여줘야 돼?
윤희	(바락 대는) 그래! 나 미쳤어!!! 애가 저기 저렇게 누워있는데, 내가 제정신이겠어?!! 꼭 봐야겠어! 은별이 드레스!! 지금 갖고 있지?!!
서진	왜? 드레스에 피라도 묻었을까 봐 이래?
윤희	(밀어붙이는) 너도 확실한 거 좋아하잖아?!! 어딨어? 드레스!! (소리치면)
서진	(이를 꽉 무는데) 진 선생! 은별이 드레스 가져와요.
분홍	네, 이사장님. (거실장을 열어, 쇼핑백을 꺼내서 들고 와) 여깄습니다.
윤희	(분홍 손에서 채듯이 쇼핑백을 받아, 드레스를 꼼꼼히 확인하는데. 은별이가 입은 드레스가 맞고. 아무 흔적도 없는. 당황하면)
서진	망상에! 의심병에! 이럴 시간 있으면, 애 간호나 똑바로 하는 게 어때!!

진 선생, 손님 가시네요!! (방으로 쌩 들어가버리면)

윤희 (허탈한 듯 드레스를 손에서 툭 놓치는데. 모든 게 혼란스럽고 막막한. 괴로워하는 윤희. 죽을힘 다해 이 악물고 버텨내는데)

분홍 (그런 윤희를 안타깝게 보는 눈빛)

57. **헤라팰리스 서진 집 침실(밤)**
     침실로 들어서는 서진, 다리에 힘이 풀려 주저앉는데. 온몸 떨리고.

58. **회상/드레스 숍(낮)**
     서진, 직원에게 드레스 입은 은별 사진을 보여주고.

서진 똑같은 걸로 제작해주세요. 오늘 밤 안으로 무조건 찾을 수 있게!!

59. **현재/헤라팰리스 서진 집 침실(밤)**
     서진, 숨을 쉴 수 없을 만큼 두려움이 닥쳐오고. 다급히 윤철에게 전화하는.

서진 (핸드폰 든 손이 미친 듯이 떨려오고) 윤희가 집까지 들이닥쳤어! 은별이 드레스까지 확인했다구! 우리 은별일 의심하고 있어. 다 밝혀지면 어떡해?!! 제발 어떻게든 해봐!! 방법을 찾아보라고!! 제발.... (당장이라도 무너질 거 같은데)

60. **헤라팰리스 윤희 집 거실(밤)**
     윤철, 핸드폰 든 손을 툭 떨어뜨리는. 괴로움에 미칠 거 같고. 고민하고 있는 윤철 모습. 방안 서성이는데. 그러다 멈칫하는.

61. **헤라팰리스 규진 집 거실(며칠 후, 아침)**
     규진, 퍼팅 연습하면서 티브이를 보고 있다가 화들짝 놀라서 퍼터 떨어뜨리는.

규진 여보!! 여보!! 상아야!!!

상아 (주방에서 뛰어나오며) 왜, 왜? 또 뭔 일 있어?! 제발 소리 좀 지르지 마. 가슴 떨려서 못 살겠어.

규진 (텔레비전을 가리키며) 진범이 자수했대! 로나사건 범인 말야!!!

상아 (놀라는) 뭐어?! 누군데?

규진 박 씨가 범인이라잖아. 왜 얼굴 넙데데해서 맨날 웃고 다니는 수위 아저씨!!

상아 박 씨 아저씨? 말도 안돼!! 그 착해빠진 사람이 왜?!!

규진 이래서 사람 속은 모른다니까. 다중인격, 뭐 그런 건가? 아 몰라! 누구면 어때. 이제라도 잡혔으면 됐지 뭐. (다시 아무렇지 않은 듯, 퍼팅 연습하며) 범인 못 잡았으면, 오윤희랑 하유철이 미쳐 날뛰다가 우리 헤펠 아이들 죄다 잡도리했을 거 아냐? 뭔 놈의 학교가 수험생에 대한 배려가 없어.

상아 아무리 그래도, 박 씨 아저씨는 말이 너무 안 되는데.... 죽은 참새도 무섭다고 못 치우던 사람이, 어떻게 사람한테 그런 짓을 해?! (어리둥절하고)

62. **경찰서 앞**(아침)
    형사들에게 포박당해 들어서는 수위 박 씨.
    기자들, 몰려와서 박 씨를 찍고. 취재하느라 북새통인데.

기자1 범행 동기가 뭡니까? 원한 관계가 있었습니까. 아님 금전이 목적이었습니까.

박씨 어린애한테 계속해서 무시와 폭언을 당했습니다. 그래서 홧김에...

기자2 우발적인 범행이란 뜻입니까? 트로피를 사물함에 숨겨놓은 이유는요?!

301

박씨	밖으로 가지고 나갈 수가 없어서, 일단 그쪽에 숨겨뒀습니다.
형사	조사 후에 정식으로 수사결과 발표하겠습니다. (박 씨를 끌고 들어가는데)

63. 헤라팰리스 서진 집 거실(아침)

서진과 은별, 뉴스를 보고 있는.

앵커(E)	청아예고 배모 양 사건을 수사 중인 강남경찰서는, 자수한 박모 씨를 상대로 범행 일체를 자백 받았습니다. 청아예고에서 15년간 수위로 근무했던 박모 씨는 정신질환 병력은 없었던 걸로 확인됐으며, 피해자에게 지속적인 모욕을 당해왔다고 진술했습니다. 피해자 배모 양은 아직까지 의식을 찾지 못한 가운데, 생명이 위독한 상탭니다.
은별	(놀라서) 어떻게 된 거야... 수위 아저씨가 범인이라니.
서진	(은별의 손을 꼭 잡는) 괜찮아. 넌 아무 생각 하지 마.
은별	왜 하필 아저씨야? 아저씨가 우리한테 얼마나 잘해줬는데!! 아저씨한테 미안해서 어떻게 살라고?!! (방으로 뛰어 들어가면)

서진도 놀란 건 마찬가지고. 머리 짚고 괴로운데.

64. 헤라팰리스 서진 레슨실(낮)

미친 듯이 흔들리고 있는 서진의 눈동자 클로즈업되고.
서진, 연거푸 술을 들이켜고 있으면. 레슨실로 급하게 들어서는 윤철.

윤철	그만 마셔! (술잔 뺏으려는데)
서진	(뿌리치고) 내버려둬!! 안 취하고는 못 배기겠으니까! 박 씨 아저씨라는 얘기, 왜 안 했어? 아저씬 나한테 아버지보다 가까운 사이였어.
윤철	알아. 그래서 애쓰고 있어. 형량도 최소한으로 세팅될 거야.
서진	(괴로운) 내가 괴물 같아서 견딜 수가 없어. 이 모든 게 다 나 때문인 거

같아 미쳐버릴 거 같다고!! 비난하고 싶으면 해! 결국 이렇게밖에 못
살 거면서, 은별인 꽁꽁 숨겨놨냐고 욕하고 싶지? 그래. 당신 말이 맞을
지도 몰라. 나도 이런 내가 보기 싫어 죽겠으니까!! (자책하며, 와인을 따
라서 그대로 원샷하면)

윤철   (술잔 뺏어서 던져버리고) 그만 마시라니까!!! 이런다고 뭐가 달라져?!

서진   (초점 잃고 흔들리는 눈동자. 정신없이 부들부들 떨리며) 매일 밤, 로나가
깨어나는 꿈을 꿔. 불안해서 미쳐버릴 거 같아. 배로나가 깨어나면, 모
든 게 수포로 돌아가는 거잖아. 우리 은별인 경찰에 잡혀갈 거고.... (눈
물이 걷잡을 수 없이 솟구치는) 무서워... 무서워 죽겠어.... 나도 은별이
도, 못 견디고 죽어버릴 거야.... (한순간에 무너지는 서진이고)

윤철   (예전과 다른 서진의 모습에, 순간 안쓰러움이 느껴지고) 정신 똑바로 차
려!! 그래야 우리 은별이 지킬 수 있어!! (애써 눈물 참아내는데)

서진   (갑자기 와락 윤철을 있는 힘껏 끌어안으며) 정말 당신... 우리 은별이 지
켜줄 수 있어?!

윤철   (당황해서 밀어내려면, 서진이 더 악착같이 끌어안고. 온몸을 무섭게 떨고
있는 서진을 차마 뿌리치지 못하는데) 내 목숨이 붙어있는 한, 지킬 거야!
은별이!

서진   배로나를 죽여서라도?

윤철   (순간 굳어지고. 서진을 확 밀쳐서 보면)

서진   대답해!!! 지켜준다고!!! 무슨 짓을 해서라도, 우리 은별이 인생 망치
지 않겠다고!! 당신이 못 하면.... 내가 해!! 내 손으로 배로나 죽여서라
도 우리 은별이 살릴 거야!!!

윤철   (분노에 찬 눈빛) 천서진!!!

서진   (지지 않고) 우리가 잘못 살아서 이렇게 된 거잖아!! 당신도 나도, 책임
있어!! 로나가 깨어날 확률이 천만분의 일이라도 있다면, 그 천만분의
일 가능성 때문에, 오윤희도 우리도 다 불행해질 수 있어. 당신도, 그걸
원해?

윤철   (파르르 떨리는 눈썹. 많은 생각이 교차하는 얼굴이고. 그때 핸드폰 울리고.

보면 윤희고. 핸드폰을 보는 윤철의 시선)

65.   경찰서 조사실(낮)
       조사실 문을 열어젖히고 들어서는 윤희,

윤희   (수위 박 씨를 보자마자 멱살을 잡아 쥐고. 흥분해서) 제대로 말해! 진짜
       당신이야? 당신이 우리 딸한테 그런 거 맞냐고!!!
박씨   죄송합니다. 죽을죄를 졌습니다... (울먹이는데)
윤희   똑바로 말하라고!! (소리치면서, 원망스럽게 박 씨를 마구 때리는데) 어
       떻게 그런 짓을 할 수가 있어!!! 어떻게!!!! 내 딸을 왜?!!! 그 착한 애를
       왜!!!(박 씨에게 덤벼들며 오열하는데. 죽을 듯이 몸부림치는 윤희)

       형사들, 그런 윤희를 말리면서 끌어내지만, 윤희의 힘에 나가떨어질
       지경이고.
       수위 박 씨, 연신 죄송하단 말만 되풀이하면서 울먹이고, 반항도 못 하
       고 얻어맞고 있는.
       그때, 달려오는 윤철. 이성을 잃은 윤희를 보는데.

윤철(E) 미안하다, 윤희야..... 너하고 인연은 여기까지인가 봐. 널 또다시 배신
       하는 일은 없을 줄 알았는데.... 나 같은 개자식, 용서하지 마!!

66.   병원 중환자실(밤)
       붕대로 머리를 휘감은 로나, 산소호흡기 낀 채, 살아보겠다는 듯, 힘겹
       게 숨 쉬고 있으면. 누군가 그 앞으로 뚜벅뚜벅 걸어가는.
       머뭇거리는 손.... 그러다 산소호흡기를 빼내는데.
       그 위로, 삐----- 심정지 기계음 울리고. 이어지는 의사의 멘트.

의사(E) 배로나 환자, 4월 3일 11시 57분 사망하셨습니다.

그리고 암전(F.O)

67. 헤라팰리스 외경(며칠 후, 밤)

68. 헤라팰리스 규진 상아 집 거실(밤)
규진과 상아, 과일 깎아 먹고 있으면. 민혁이 달려오고.

민혁 대박! 아빠, 이거 봐봐. (핸드폰 보여주며) 댓글에 배로나 욕이 한가득이
야. 다들 수위 아저씨만 불쌍하다고 난리야. 오죽하면 죽였겠냐고.

상아 아무리 그래도 죽은 애한테 여론도 너무했다?

규진 젤 꼴 보기 싫은 게 뭔 줄 알아? 을 주제에 갑질하는 거! 어디서 지깟 게
금수저 흉내를 내? 없는 게 헤팰 들어와 살더니 소꼬린지 개꼬린지 모
르고...

민혁 어쩌다 죽어서까지 욕을 먹냐, 걔는.

규진 (민혁에게) 넌 까불지 말고, 수시 준비나 제대로 해! (은밀하게) 내가 하
라는 거, 잘하고 있지?

민혁 당연하지! (탭으로, 자신의 인스타를 보여주며 자랑스럽게) 내 인별 팔로
우가 벌써 50만이야, 50만!

상아 진짜 당신 말대로만 하면, 서울음대 가는 거야?

규진 나 못 믿어? 내가 괜히 이 타이밍에 국회의원이 됐겠어? 강 의원이랑
작년부터 이 법안 발의하려고 얼마나 용썼는데. 인플루언서 특별전
형!! 올해만 하고 없어질지도 모르니까, 민혁이 넌 이걸로 무조건 대학
가야돼!! 인별 관리는 우리 보좌관이 열심히 하고 있으니까, 엄마 따라
봉사 잘 다니면서 사진만 열심히 찍어. 알아들어?

민혁 (바보처럼 고개만 끄덕이면)

상아 로나 사건으로 애들 다들 멘붕인데, 이 틈에 우리 민혁이가 확 치고 나
가면 좋겠네. 이래서 위기가 기회라니까!

규진 (손뼉 딱) 바로 그거야!! 요즘 헤라팰리스에 사람이 둘이나 죽어나가면

서 거래가 뚝 끊겼잖아. 이럴 때, 고층에 집 나온 거 있으면 엄마한테 말해서 당장 이사 가자. 국회의원 가오가 있지, 우리도 펜트하우스 정도는 살아야지.

상아 펜트하우스 같은 소리 하고 있네. (목소리 낮춰) 또 거기서 누가 죽어나갈지 어떻게 알고? (상아의 말에, 다들 오싹한데)

69. 공원묘지 (다음 날 낮)

먹구름이 잔뜩 낀 공원 묘지.
묘비 앞으로 검은 정장을 입고, 또박또박 걸어오는 검은 구두가 보이고.
묘지에 멈춰 서면. 국화꽃을 내려놓는 사람, 윤희고. 아무 표정도 읽을
수 없는.

윤희 (묘지 앞에 꿇어앉는) 엄마 왔어. 우리 로나.. 춥지? 니 물건들 정리하느라 시간이 좀 걸렸네. 이제, 엄마 할 일 다 했어. 갈게. 우리 딸한테로......
(로나 이름이 박힌 청아예술제 대상 트로피를 놓아주고)

윤희, 결심한 듯, 주머니에서 약을 꺼내 들고. 단숨에 약을 털어서 입에
넣는데.
그런 윤희를 누군가 확 잡아끄는데. 로건이다!! 바닥에 쏟아지는 알
약들....

윤희 (놀라서 보면)
로건 죽는 게 그렇게도 급해?
윤희 (세차게) 이거 놔!! 나, 로나한테 갈 거야!!! 우리 딸, 혼자 못 보내!!!!
로건 이러라고 살려준 줄 알아?!!
윤희 내 손으로 벌 받겠다고!! 민설아 죽인 벌, 지금 받으러 가겠다고!!
로건 죽을 때 죽더라도, 로나를 그렇게 만든 사람이 누군지는 밝혀야 되지
않겠어? 진범은.. 따로 있어!!

306

윤희   (기겁해서 로건을 보는) 그게 누군데?!!

로건   하은별!!

70.   펜트하우스 복도(낮)

　　　펜트하우스 헬퍼들, 장바구니를 들고 현관문을 열고 나오는.

안집사   (헬퍼들에게 지시하는) 각자 일 보고, 3시까지 들어오도록 해요.

　　　헬퍼들, 메이드 전용 엘리베이터 쪽으로 종종걸음 치고 사라지면.
　　　기다렸다는 듯 펜트하우스를 향해 우아하게 걸어오는 누군가의 아찔
　　　한 하이힐.
　　　펜트하우스 현관 센서에 카드키를 대는, 길고 가느다란 손가락. 빛나
　　　는 보석들... 드르륵 부드럽게 열리는 문.

71.   펜트하우스 1층 거실(낮/시즌 1의 1신 느낌으로)

　　　가죽 스키니진에 라이더 재킷을 어깨에 걸치고 거실로 들어서는 여자
　　　의 뒷모습.
　　　익숙한 듯 손으로 거실 소품들을 하나씩 쓸면서 걸어가는데. 세련된
　　　숏커트 머리 보이고. 천천히 거실을 둘러보는 여자, 베란다로 걸어가
　　　100층 높이의 비현실적인 전망을 내려다보는.
　　　그러다 돌아서서, 2층으로 연결된 계단을 올라가는 여자의 낯익은 걸
　　　음걸이.

72.   펜트하우스 2층 거실(낮)

　　　여자, 2층 거실로 들어서고. 아트월을 보며, 살짝 비뚤어진 그림을 똑
　　　바로 다시 거는.
　　　카메라, 여자의 스키니진을 천천히 아래에서부터 위로 따라가는데.
　　　그때, 뒤에서 다가오는 단태, 여자의 뒷모습을 보고 멈춰 서는.

단태   누구... 시죠?

       여자, 단태 목소리에 천천히 뒤돌아보는데. 틀림없이 수련의 얼굴이다!!

애교   (세련되고 차가운 미소) 잘 지냈어? 오랜만이야, 주단태!!

       여유 있게 미소 짓는 애교, 자연스럽게 단태를 포옹하며 볼에 키스하
       면. 그런 애교를 놀라서 보는 단태! 두 사람에서 엔딩!!

7화

이합집산하는 악령들

1.　　　펜트하우스 서재 (낮)

　　　　단태, 조 비서의 보고를 받고 있는.

단태　　목걸이 감정... 끝났나?

조비　　네. 배로나의 혈흔이 발견됐습니다. (비닐봉투에 들어있는 은별의 화려
　　　　한 목걸이를 내미는데) 배로나 집에서 찾은 DNA와 정확히 일치했습
　　　　니다.

단태　　(목걸이를 받아서 보는) 하은별 목걸이에서 배로나의 혈흔이 발견됐
　　　　다... (야비한 미소) 일이 아주 순조롭게 돌아가는데? 아! 배로나의 장례
　　　　가 언제라고 했지?

조비　　오늘입니다.

단태　　참석하는 사람은?

조비　　오윤희 씨가 아무한테도 부고를 하지 않았답니다. 남편인 하 대표님만
　　　　참석하는 걸로 알고 있습니다.

단태　　저런.... (안타깝다는 듯, 가증스러운 표정) 부모가 주위에 덕을 못 쌓은 모
　　　　양이야. 아주 쓸쓸한 장례식이 되겠어.

2.　　　도로/윤철의 차 안 (낮)

　　　　윤철, 급하게 로나의 장지로 이동 중이고. 계속해서 윤철의 핸드폰 울
　　　　리는. 발신자 서진인 거 확인하지만 무시하는데. 또다시 울리는 전화.
　　　　결국 받으면.

윤철　　(날카롭게) 오늘 로나 장례식이야!! 말했잖아!! 오늘은 연락하지 말
　　　　라고!!

서진(F)　여보! 은별이가!!! 우리 은별이가...!!!

윤철　　은별이가 왜?!!

서진(F)　빨리 집으로 와!! 빨리!!!

310

그때 전화 너머로 들리는 은별의 공포스러운 비명 소리!

은별(E) 엄마아아아!!!!

윤철 (놀라는. 고민하다가 전화 끊고. 눈가 붉어지는. 서둘러 차 유턴하는데)

3. 공원묘지(낮)

먹구름이 잔뜩 낀 공원묘지.

묘비 앞으로 검은 정장을 입고, 또박또박 걸어오는 검은 구두가 보이고. 챙 모자에 가려져 얼굴은 보이지 않는데.

묘지에 멈춰 서면. 국화꽃을 내려놓는 사람, 윤희고. 아무 표정도 읽을 수 없는.

그때, 핸드폰으로 윤철한테 문자 오고. 보면.

윤철(E) 미안하다, 윤희야. 본사에 비상이 걸렸어. 도저히 빠져나갈 수가 없네.

윤희 (담담한 표정으로 핸드폰을 덮고, 로나의 묘지 앞에 꿇어앉는데. 떨리는) 엄마 왔어. 우리 로나.. 춥지? 니 물건들 정리하느라 시간이 좀 걸렸네. 이제, 엄마 할 일 다 했어. 갈게. 우리 딸한테...... (로나 이름이 박힌 청아예술제 대상 트로피를 놓아주고)

윤희, 결심한 듯, 주머니에서 약을 꺼내 들고. 단숨에 약을 털어서 입에 넣는데.

그런 윤희를 누군가 확 잡아끄는데. 로건이다!! 바닥에 쏟아지는 알약들....

윤희 (놀라서 보면)

로건 죽는 게 그렇게도 급해?

윤희 (세차게) 이거 놔!! 나, 로나한테 갈 거야!!! 우리 딸, 혼자 못 보내!!!

로건 이러라고 살려준 줄 알아?!!

윤희	내 손으로 벌 받겠다고!! 민설아 죽인 벌, 지금 받으러 가겠다고!!
로건	죽을 때 죽더라도, 로나를 그렇게 만든 사람이 누군지는 밝혀야 되지 않겠어? 진범은.. 따로 있어!!
윤희	(기겁해서 로건을 보는) 그게 누군데?!!
로건	하은별! 그 뒤에 천서진이 있어!

4.   헤라팰리스 서진 집 은별의 방(낮)
     은별, 문구용 가위를 들고서 로나의 환영과 필사적으로 싸우고 있는.
     은별의 시선으로, 대상 트로피를 머리에 꽂은 채, 비웃고 있는 로나가
     보이고.

은별	꺼져! 꺼지라고!! (로나의 환영으로 달려들지만, 금방 사라져버리고. 또 다른 곳에서 나타나는 로나의 환영. 은별, 계속해서 가위 들고 공격하는데)
서진	은별아... 제발 그만해!! 엄마 좀 봐!! 정신 차려!! (은별을 말리는데)
은별	(목소리 낮춰서 기어들어가는 소리로) 엄마... 로나가 왔어... 저기 로나가... (손가락으로 허공을 가리키면)
서진	(은별이 가리키는 곳 보는데, 아무것도 없고) 로나는 죽었어! 다시 올 수 없다고... 대체 몇 번을 말해!!
은별	(눈동자가 마구 흔들리며) 아니야!! 저기 있잖아... (갑자기 소리 지르는) 저기 천장에!!! (그대로 가위를 허공에 휘두르면)
서진	아! (은별이 휘두른 가위에 찔려, 손등에 상처를 입는)

     그때 방문을 열고, 뛰어 들어오는 윤철.

윤철	은별아!
은별	(윤철을 보면, 그제야 정신이 돌아오고. 가위를 툭 떨어뜨리는) 아빠....
윤철	(그대로 달려와 은별을 와락 끌어안아주는) 괜찮아... 괜찮아... 우리 딸...
서진	(피가 나는 손등을 닦을 정신도 없이. 겨우 벽을 짚고 진정하고 섰는데)

은별	(윤철을 꽉 끌어안고) 살려줘, 아빠... 무서워서 미칠 거 같아. 자꾸 로나가 보여. 나보고 죽어버리래. 저 웃음소리.. 저 노랫소리... (귀를 틀어막으면)
윤철	어떡하면 좋니, 널.... (눈물이 차오르는데)
은별	(윤철의 양팔을 붙잡고) 내 머리 좀 칼로 도려내줘. 아빠 의사잖아... 머릿속에서 로나 좀 지워달라고!! 나 죽을 거 같아. 숨이 안 쉬어져... 아빠가 나 좀 어떻게 해봐!! 제발 잠 좀 자게 해줘, 아빠.... (몸부림치며, 빌듯이 사정하는데)
윤철	(더욱 세게 은별을 꽉 끌어안고) 아빠가 우리 은별이 지킬 거야. 아빠만 믿어. 어떻게든 니 기억, 아빠가 지워줄게!! (이 악물고 결심하면)
서진	(가슴 찢기는. 은별이도 윤철이도 가여워 미치겠고)

5. 공원묘지 (낮)

로건, 충격받아서 멍한 윤희를 보는.

로건	정신 똑바로 차려, 오윤희!! 이대로 무너질 거야?
윤희	확실해? 은별이가 그랬다는 거.
로건	당신이 살아서, 직접 확인해봐!
윤희	(순간 자포자기 심정이 되고) 아니! 확인하고 싶지 않아. 이제 내가 뭘 할 수 있는데!! 내 인생의 전부였던 로나가 죽었어... 내가 복수하러 오지만 않았어도, 우리 로나 안 죽었어!! 그깟 복수가 뭐라고!! 우리 로나, 왜 여기로 보냈어!! 막아줬어야지!! 어떻게든 잡았어야지!! (울부짖으며 원망하면)
로건	로나가 왜 다시 돌아왔는지, 정말 몰라?
윤희	(고개 돌려 로건을 보면)
로건	로나가 부탁했어. 나한테.

6.   회상/4화 15신 연결/미국 로건 집 저택(밤)
        로건, 로나와 얘기 나누고 있는.

로건   내가 좀만 일찍 찾으러 갔더라면, 우리 설아도 청아예고에 다닐 수 있
        었을 텐데.... 좋아하는 노래도 실컷 부르고, 그리워하던 친엄마도 만나
        고, 사랑받으며 살 수 있었을 텐데.... 그렇게 빨리 떠날 줄은 생각도 못
        했어.

로나   (로건의 말에 눈물이 뚝 떨어지는) 죄송해요. 다 나 때문에.... 내가 괜한
        욕심 부려서.... (죄책감에 미칠 거 같고. 그러다 눈물 훔치며) 쌤! 저 한국
        으로 보내주세요!

로건   그건 안돼! 거긴 너무 위험해!!

로나   (다부진 눈빛) 설아 꿈, 제가 대신 이뤄주고 싶어요. 청아예술제 대상 트
        로피, 제가 꼭 탈게요. 그럼 설아가, 우리 엄마 용서해주겠죠? 부탁해
        요, 쌤!! 저, 돌아가게 해주세요. 헤라팰리스로!!

7.   현재/공원묘지(낮)
        윤희, 로건의 말을 들으면, 죄책감에 더 미칠 거 같고.

윤희   (덜덜 떨리는 윤희의 손. 눈물이 걷잡을 수 없이 후드득 떨어지는데) 왜 그
        랬어, 로나야.... 엄마 때문에 니가 왜!!!! 니가 왜!!! 내 새끼 아까워서 어
        떡해... 내 새끼.... (죄책감에 몸부림치며 절규하는데)

로건   (그런 윤희를 아프게 보다가) 그래도 죽겠다는 거야?! 로나한테 부끄럽
        지도 않아?!!

윤희   나더러 어쩌라고 이래?!! 이제 로나도 없는데!!!

로건   (욱해서) 그래! 죽는 게 소원이면 죽어!! 지금처럼 망가지고, 절망하고,
        자포자기할 바엔, 차라리 그들이 원하는 대로 죽어!! 하지만, 한 가지
        만 기억해. 로나의 죽음엔, 하윤철도 관련돼 있다는 거!! (냉정하게 돌아
        서면)

314

윤희	(순간 충격에 비틀하고. 멍해있다가 달려가 로건을 붙잡는) 지금.. 뭐라고 했어? 하윤철?! 말도 안 돼... 그럴 리 없어!!! 당신이 뭔가 잘못 안 거야. 어떻게 하윤철이....!! (부들부들 온몸이 떨리는데)
로건	하윤철, 지금 하은별이랑 같이 있어!! 하윤철도 범인이 자기 딸이라는 거, 알아.
윤희	뭐? (기겁하고)
로건	(소름 돋도록 냉정한 말투) 당신 하나 죽는다고 세상이 달라지지 않아. 하지만, 당신이 말한 것처럼 살인자는 남아. 당신 딸을 죽인 살인자가 행복하게 살아도 괜찮다면, 당신 맘대로 해!! (윤희를 확 밀치고, 야멸치게 뚜벅뚜벅 가버리는데)
윤희	(절망감에 풀썩 바닥으로 쓰러지고) 아아악!! 아니야!! 아니야!!! 아아아... (가슴 쥐어뜯으며 오열하는 윤희. 세상이 끝나버릴 거 같은 절망감인데)

8.   펜트하우스 2층 거실/6화 엔딩 연결(낮)
     여자, 아트월을 보며, 살짝 비뚤어진 그림을 똑바로 다시 거는.
     카메라, 여자의 스키니진을 천천히 아래에서부터 위로 따라가는데.
     그때, 뒤에서 다가오는 단태, 여자의 뒷모습을 보고 멈춰 서는.

단태	누구... 시죠?

여자, 단태 목소리에 천천히 뒤돌아보는데. 틀림없이 수련의 얼굴이다!!
순간 멍해지는 단태! 죽은 수련의 웃는 모습이 겹쳐 보이면서 얼굴 하
얗게 질리면.

단태	심수련...?
애교	(세련되고 차가운 미소) 잘 지냈어? 오랜만이야, 주단태!! (여유 있게 미소지으며. 자연스럽게 단태를 포옹하며 볼에 키스하면)
단태	(겁에 질린 듯, 애교를 있는 힘껏 확 밀치면)

애교	뭐야. 자긴 반갑다는 인사를 꼭 이런 식으로 과격하게 하더라. (우아한 미소 짓는데)
단태	(수련이 웃는 모습과 판박이고. 심장이 쿵쾅쿵쾅 뛰면서 정신이 혼미해오는! 문득 생각난 듯, 여자의 옷을 확 벗기는데. 등에 드러나는 나비 모양 타투. 그제야 안심한 듯 눈 풀리며) 나애교....!!!
애교	(어깨를 잡아 올리고, 걸쭉한 애교 말투로) 왜, 심수련이 살아 돌아오기라도 한 줄 알았어?! (갑자기 자지러지게 웃으면)
단태	(가쁜 숨 몰아쉬며, 심호흡하고) 어떻게 된 거야? 언제 왔어?
애교	방금 공항에서 내려서 곧장 달렸지. 내 서프라이즈 선물~ 괜찮았어?
단태	(이내 표정 풀리며, 반가운 표정) 사람 놀래키는 재주는 암튼! 오면 온다고 미리 말을 했어야지. 마중이라도 나갔을 거 아냐?
애교	촌스럽게 마중은. 나 그런 거 딱 질색인 거 몰라? 2년이나 촌구석에 갇혀 지냈더니, 덥고 습하고, 망할 놈의 날씨 땜에 미쳐 죽겠더라구.
단태	(세상없이 다정하게) 그럼 빨리 날아왔어야지. 왜 그렇게 안 오겠다고 속을 썩여? 이번 달까지 고집 피우면, 내가 쫓아가려던 참이었어!
애교	(갑자기 묘한 표정) 심수련이 죽었잖아! (단태, 표정 굳어지면) 기분이 쫌 이상하더라고. 내가 죽은 것처럼.
단태	(피식 웃고) 뭐, 그럴 수도 있겠다. 인생의 반을 심수련으로 살았으니. (문득 아래층을 내려다보며, 나직이) 누구 안 마주쳤어?
애교	헬퍼들 다 외출하던데? 3시 넘어서야 들어온대. (거실 둘러보며) 여기가 펜트하우스라는 데야? 대박!! 이 집, 완전 미쳤어! (값비싼 향수들도 몸에 뿌려보고, 푹신한 소파에도 털썩 앉아보며, 이것저것 특이한 물건들을 신기한 듯 만져보면서) 이게 대체 얼마짜리야. 여기 소품들만 대충 때려도 5억은 나오겠는데? 심수련... 참 복도 많아. 평생을 이 삐까뻔쩍한 걸 다 누리고 산 거잖아. (하다가 시니컬한 표정) 아! 어차피 죽었으니까, 소용없나?
단태	여기 있음 안 돼. 애들도 곧 올 거고, 헤펠 사람들 눈에 띄어서 좋을 거 없어. 일단 나가서 얘기해. (잡아당기면)

316

애교	(확 뿌리치고) 어차피 다 알게 될 거 아냐? 내가 석훈이 석경이 친엄마라
	는 거! 그래서 들어오라고 한 거 아니었어?!
단태	애들한텐 아직 말 못 했어. 예민한 애들이라 받아들일 시간이 필요해.
애교	(욱해서) 빌어먹을 뭔 시간이 또 필요해?! 내가 끼고 앉아 키울 것도 아
	닌데! (들고 있던 향수병을 던져버리고, 1층으로 내려가면)
단태	(익숙하다는 표정) 성질머리 여전하네. (쫓아 계단 내려가는데)

9.   펜트하우스 복층 계단/1층 거실(낮)
복층 계단을 성큼성큼 내려가며.

애교	내가 필요한 건, 여기 펜트하우스야! 애들 엄마 자리가 아니구! 어울리
	지도 않는 치렁치렁한 드레스 끌면서, 입에도 안 맞는 와인 마시며, 남
	의 가면 쓰고 우아 떨며 20년을 살았어. 그럼 나도 이제 누릴 자격 있잖
	아!! (갑자기 톤 바꿔서 우아하고 조신한 수련 말투로) 안녕하세요, 심수
	련이에요. 돌아가신 아버지한테 대표님 얘기 많이 들었어요. 저희 심운
	건설이랑 인연이 깊다고요. (다시 말투 또 확 바뀌며. 애교스럽게 매달리
	며) 앞으론 나애교로 살게 해준다고 했잖아! 여기 펜트하우스에서!!
단태	(달래는) 그렇게 한다고! 해! 정리될 때까지 좀만 더 기다려.
애교	못 믿겠다니까!
단태	(야심찬 눈빛) 고작 100층 헤라팰리스가 우리 목표였나? 더 높고, 더 굉
	장한 펜트하우스가 곧 들어설 거야. 천수지구에!
애교	(눈 반짝) 개발권, 따냈어? 토지보상액이 장난 아닐 텐데.
단태	문제없어. 내가, 천서진의 약점을 제대로 잡았거든.
애교	약점? 천서진 같은 여자한테 무슨 약점?
단태	(주위 살피고, 나직이) 천서진 딸이 애 하나를 죽였어. 그것도 천서진을
	제일 싫어하는 여자의 딸을... (괴기스러운 표정 지으면)
애교	죽여?
단태	아무리 독종인 천서진이라도, 자기 딸이 감방에 처들어가게 생겼는데,

배겨날 수 있겠어? 청아그룹을 통째로 먹을 수 있는 기회야. 청아가 우리 께 된다구!

애교   정말이야? 드디어 주단태 빌리지가 완성되는 거야?

단태   그때까지만 들키지 않게 조심해. 니 존재가 탄로 나면, 우리 계획도 물거품이 될 수 있어.

애교   완전 기대되는데? 천수지구에 들어설 펜트하우스라니! 그건 내 몫인 거 알지?

단태   그러니까 앙탈 부리지 말고, 내가 하라는 대로 해. 평생을 기다려왔잖아. 우리 석훈이 석경이와 함께 펜트하우스에서 같이 살 날을! (다정하게 애교를 감싸 안고, 애교의 어깨에 입맞춤하는데. 애교의 어깨 아래에 있는 나비 문신이 보이고)

애교   (요염하게 몸을 젖히며, 그런 단태를 보는 묘한 눈빛의 애교) 좋다... 오랜만에 느끼는 자기 숨소리...

그때, 현관 입구에서 석경이 석훈이가 들어오는 소리 들리고.

단태   (긴장하며) 애들 왔나봐. 멀리서라도 보겠어?

애교   (본능적으로 현관 쪽을 홱 돌아보다가 이내 관심 없는 듯) 됐어! 몇십 년을 안 보고 살았는데, 급할 것도 없지 뭐. 서로 정이 있는 것도 아니구.

단태   (애들 다가오는 소리 들리면) 이쪽으로! (애교를 급히 서재로 데려가는)

10.   펜트하우스 서재/비밀 공간 (낮)
      단태, 지문을 대고 애교와 함께 서재의 비밀 공간 안으로 들어가고.
      비밀 공간 벽 쪽에 걸린 사슴 머리를 만지면, 엘리베이터 공간이 나오는데.
      단태와 애교, 급하게 엘리베이터에 올라타면. 두 사람 모습 이내 사라지는.

11.   청아의료원 VIP 병실(낮)

        은별, 뇌파검사 장치를 머리에 붙인 채 누워있고. 옆에 뇌파 그래프 측
        정되고 있는데. 윤철, 다가와 은별에게 약물을 투여할 준비를 하면.
        그 모습을 조마조마한 표정으로 보고 있는 서진.

윤철   아직 임상실험 중인 약물이야. 트라우마가 될 최근의 기억을 삭제시킬
        수 있어.

서진   방법이 이거뿐이라면, 어쩔 수 없잖아. (겁나는 듯) 부작용은... 뭐야?

윤철   약물 투여 중 발작을 일으킬 수도 있고, 깨어난 후에, 기억이 왜곡될 수
        도 있어. 최악의 경우는...

서진   (보면)

윤철   모든 기억을 잃을 수도!

서진   (침 꿀꺽 삼키고) 다른 방법! 우리 은별인 언제나 운이 좋았어. 시작해줘!

윤철   (결심한 듯 약물을 투여하는. 땀을 뚝뚝 흘리며, 어느 때보다도 신중한 모습
        으로 주사하는데. 다친 오른손이 바들바들 떨리고. 그때, 윤희한테 문자 오
        는. 보면)

윤희(E) 로나 가는 길, 외롭지 않게 같이해줘. 부탁이야. 기다릴게.

윤철   (윤희의 문자를 보면. 가슴이 쿵! 하고. 괴로운데. 그냥 핸드폰 덮어버리는)

12.   공원묘지(낮)

        "전화를 받을 수 없어..."메시지 들리고. 천천히 핸드폰을 내려놓는 윤희.
        문득, 로나에게 다정했던 윤철의 모습들이 떠오르는. 윤철과 로나가
        다정하게 현관문을 나서던 모습(4화 17신). 학부모 회의에서 로나가
        당할 때 로나를 막아주던 모습(4화 43신), 죽어가는 로나에게 땀범벅
        돼서 심폐소생을 해주던 모습(6화 6신), 떠오르면. 도저히 윤철의 악행
        을 믿을 수가 없고.

윤희   아냐... 아닐 거야... 윤철이가 그렇게까지 나쁜 놈은 아냐!! 로건이 잘못

안 거야!! 올 거야.... 윤철인 꼭 올 거야..... (두 손을 꼭 모아 쥐는. 끝까지
윤철을 믿고 싶은...)

13.　　청아의료원 VIP 병실 (저녁)
약물 투여 도중, 발작을 일으키는 은별. 서진과 윤철, 당황하고.

서진　　(기겁하고) 은별이가 왜 이래?!! 뭐가 잘못된 거 아냐? 은별아!! 은별
아!! 뭐하고 있어?!! 어떻게 좀 해봐!! (미친 듯 소리치며 달려들면)

윤철　　(당황한 건 마찬가지고) 조용히 해!! 뒤로 물러나!!

서진　　(울음 터지려면, 입 틀어막고 울음소리 새나가지 않게 죽을힘 다해 참는데)

윤철, 민첩하게 링거 속도 조절하고, 진정제 투여하면. 은별의 발작 멈
추고.

윤철　　(가쁜 숨 몰아쉬며) 약물이 급하게 들어가서 쇼크가 온 거 같아. 이제 괜
찮아. 진정제 투여했어. (땀이 주르륵 흐르고)

서진　　(애타서 죽을 지경이고) 은별아...... (그때 다시 윤철의 핸드폰 진동으로 울
리면. 서진이 보는데. "윤희"라고 뜨고. 신경질적으로 거절 눌러버리는)

14.　　공원묘지 (저녁)
윤희, 핸드폰 손에 쥔 채 미동도 않고 앉아있는.
이미 사방은 어두워져있는데. 추적추적 비가 내리기 시작하고.
윤희, 무표정하게 고스란히 비를 맞고 있는. 점점 거세지는 빗줄기.
(시간 경과) 변해가는 윤희의 표정.... 온몸이 비에 젖은 윤희, 문득 비석
앞에 놓인 대상 트로피를 움켜쥐는데.
손가락으로 젖은 흙을 긁으며 자리에서 일어서는 윤희! 비장한 모습이
고. 손에 쥔 날카롭게 빛나는 트로피가 어둠 속에 비극적으로 보이는.

15.   OO 음악실(저녁)

　　　윤희, 온몸이 젖은 채로, 반주자 쌤이 일하는 음악실을 찾아가고.
　　　5화에 나온 반주자, 피아노 치고 있다가, 갑자기 일행들이 비명 내지르
　　　며 음악실을 도망쳐 나가면.
　　　반주자, 뭔가 싶어 고개 드는데. 자신의 목 옆으로 번뜩하는 금속물질
　　　보이고. 기겁해서 돌아보면. 윤희다!!

반주자　　로나 어머니....!!! (온몸 바들바들 떨리는. 몸 움직일 수 없고. 비에 젖은 윤
　　　　　희의 표정에 소름이 끼치는데)
윤희　　　(반주자 목에 트로피의 날카로운 부분을 바짝 갖다 댄 채, 침착하면서도 섬
　　　　　뜩한 목소리로) 누구야? 그날, 너 매수한 인간이!!!
반주자　　제발... 이러지 마세요!!! 살려주세요!! 제가 잘못했어요!!!
윤희　　　(이미 이성 잃은) 누구냐고!! 누구냐고 묻잖아!!!
반주자　　그... 그게....
윤희　　　(순간! 피아노 한쪽에 붙어있는 포스트잇이 보이고. 확 뜯어서 보면. 하윤철
　　　　　의 핸드폰 번호가 적혀있는. 눈썹이 파르르 떨리는. 마지막 믿음조차 무너
　　　　　져 내리고) 하윤철.... 그 인간이야?!! 그 개자식이 시킨 거냐고?!!
반주자　　아악!!! (기겁해서 도망치는데)
윤희　　　(살기 띤 표정으로 변하고. 로건에게 전화하는. 싸늘한) 하윤철, 그 개자식
　　　　　어딨어?!!

16.   청아의료원 VIP 병실(밤)

　　　서진과 윤철, 잠든 은별 옆을 걱정스럽게 지키고 있으면.

윤철　　　눈 좀 붙여. 한참 못 잤지? 얼굴이 푸석해.
서진　　　이 상황에 잠을 잘 수 있겠어? (그러다 윤철을 보고) 당신이 좀 재워주면
　　　　　안돼? 한 시간이라도 자고 싶어. 이대로 가단, 내가 은별이보다 먼저 미
　　　　　칠 거 같아. (그대로 윤철의 어깨에 기대면)

321

윤철　(차마 뿌리칠 수 없고. 어색한 듯 손들어서, 서진을 다독여 재워주는데)

서진　우리 은별이, 아무 일 없이 깨어나겠지? 안 좋은 기억은 다 잊어버리고?

윤철　그렇게 될 거야.

서진　(눈 감은 채, 떨리는 목소리. 진심 담아서) 당신이 없었으면, 나 못 버텼을
　　　거야. 당신이 진심으로 은별이 걱정하고, 몸 사리지 않는 거 보면서 깨
　　　달았어. 은별이한테도 나한테도 당신이 필요하다는 거.

윤철　(대답 없이 듣고만 있는데)

그때, 병실 문 열린 틈으로, 그 모습을 지켜보는 윤희.
서진과 윤철, 은별, 편안하게 잠든 가족의 모습을 보면. 배신감에 가슴
이 무너져 내리고. 걷잡을 수 없는 살의가 느껴지는데.
윤희의 상상/ 윤희, 멍한 표정으로 병실로 들어서는.
서진과 윤철, 윤희를 보자 놀라서 벌떡 일어서고!!

윤희　내 딸은 죽었는데!! 니 딸, 살인자 안 만들려고 그렇게 바빴니? 니 딸 때
　　　문에!! 내 새끼는 죽었는데!!! 니 딸은 사람 죽인 기억조차 끔찍해서 지
　　　우고 싶었던 거야?!! 그깟 죄책감조차 갖는 게 겁이 나든?!! 왜?!! 왜 그
　　　래야 되는데?!! 니 딸이 뭔데?!! 살인자가 그렇게 불쌍해?!! 죽은 사람
　　　보다 더?!!! 니 딸이 무슨 자격으로 행복해야돼?!!!

흥분한 윤희, 그대로 트로피를 휘둘러 링거 줄을 세차게 끊어버리면!
솟구치며 역류하는 피!!
순간! 발작을 일으키는 은별!!! "아악!!!" 서진과 윤철, 그 모습을 보고
절규하는데!! (상상)
윤희, 온몸이 부들부들 꿈틀거리고. 트로피를 손에 꽉 쥔 채 병실로 달
려 들어가는데! 누군가(홍 비서) 그런 윤희의 입을 틀어막아서 어디론
가 끌고 가는. (현재)

17. 펜트하우스 거실(밤)
    석훈, 멍하니 창밖만 보고 있으면.

석경   오빠! 지금 배로나 때문에 이러는 거야? 밥도 안 먹고, 말도 안 하고, 과
      외도 다 빼고!! 벌써 며칠째야? 이러는 거 오바라고 생각 안 해?!

석훈   입 다물어. 로나한테 조금이라도 미안한 맘 있으면!!

석경   내가 미안할 게 뭐 있어? 진짜 죄 지은 사람은 따로 있는데. 난 알거든.
      배로나, 진짜 죽인 사람!

석훈   (멈칫, 석경을 돌아보면)

석경   누군 좋겠네. 눈엣가시 같던 배로나가 사라졌으니. (피식 웃고) 맞아. 오
      빠가 생각하는 사람! 하은별! 하은별이 범인이야! (눈빛 반짝하는데)

석훈   무슨 근거로 그딴 소릴 해?!!

석경   내가 하은별한테 장난 좀 쳤거든. 오빠가 배로나 끔찍하게 좋아한다고.
      그랬더니 그 기지배 눈이 돌더라고. 그런다고 어떻게 사람을 죽이냐?
      난 진짜 상상도 못 했어.

석훈   (갑자기 무서워진 눈빛. 성큼성큼 다가와 석경의 양어깨를 붙잡고. 미친 듯
      이 잡아 흔드는) 석경이 너!!! 무슨 짓을 한 거야!! 왜 그랬어? 왜!!!! 로
      나가 무슨 죄를 졌다고!!! (울부짖듯 소리치면)

석경   (놀라서 석훈을 보는데. 번쩍하고 번개가 치는. 기괴하게 변하는 석훈의 얼
      굴에 석경도 겁에 질린 표정인데)

18. 펜트하우스 석경석훈의 방(밤)
    석훈, 문을 꽝 닫고 방으로 들어서면. 그날 일 떠오르고.

19. 회상/청아예고 운동장/청아예술제가 있던 날(밤)
    화재경보기 울리고 난리 난 틈에, 운동장으로 쏟아져 나오는 사람들.
    석훈, 윤희를 도와 쓰러진 로나를 보호해주고 있는데.
    그때! 석훈의 눈에 띄는 누군가! 드레스 위에 겉옷을 걸친 채로 황망한

표정으로 후문 쪽으로 급히 도망치고 있는. 은별이다.

은별, 사람들 눈을 피해서 숨어서 나가는 모습 역력하고. 그 모습을 석훈이 보는. 이상하다 싶고.

20.   현재/펜트하우스 석훈 석경의 방 (밤)

석훈, 은별이 의심스럽고. 뭔가 있다 싶은. 눈에 힘 들어가는 석훈인데.

21.   청아의료원 VIP 병실 (새벽)

잠들어있는 은별의 얼굴을 안쓰러운 듯 만져주는 윤철.

서진, 소파 한쪽에서 잠들어있고. 시계를 보는 윤철, 새벽 2시가 넘었는데.

윤철, 서진이 깨지 않게 일어나 조심스럽게 나가려면.

서진(E)	가지 마....
윤철	(멈춰 서고. 서진을 보면)
서진	(소파에서 몸 일으키고) 윤희한테 가지 마.
윤철	가야 돼. 로나 장례식도 못 가봤어. 혼자서 너무 힘들 거야. (가려면)
서진	그게 더 윤희한테 잔인하단 생각 안 해?
윤철	(멈칫하고)
서진	당신 딸이 오윤희 딸을 죽였어!! 근데, 그 여자 옆에 있겠다고?!! 그 여잘 속이고?!! 그거야말로 정말 미치광이 짓 아냐?!! 오윤희가 알게 되면, 뭐라고 할까? 뻔뻔하고 소름 끼쳐서, 우리 가족 다 찢어 죽이고 말 거야!!
윤철	(괴로움에 주먹으로 벽을 꽝! 내리치고. 무섭게 서진을 노려보며) 오윤희가 죽으라면, 너도 나도 죽어야지 어쩌겠어!! (겉옷 들고 획 나가버리면)
서진	(주르륵 눈물 흘러내리고. 불안한 맘에 쫓아 나가는데)

324

22.　청아의료원 앞(새벽)

　　윤철, 뚜벅뚜벅 차 있는 곳으로 걸어가는데.
　　달려와 뒤에서 윤철을 와락 끌어안는 사람, 서진이고.

서진　(울고 있다) 우리, 다시 시작하면 안 될까?

윤철　(놀라서 서진을 밀쳐내며) 미쳤어?!!

서진　알아!! 내가 당신한테 무슨 상처를 줬는지!! 미안해!! 죽을 만큼 미안
　　해!! 용서해줘... 나한테 한 번만 더 기회를 줘. 평생 당신한테 잘할게.

윤철　(냉정하게) 착각하지 마. 니가 좋아서, 니가 불쌍해서 여기 있는 거 아
　　냐. 은별이 아빠니까!! 은별이 때문에 어쩔 수 없었을 뿐이야. 나 이제,
　　니 남자 아냐. 지금 내 머릿속은 온통, 오윤희밖에 없어.

서진　(순간 욱하고) 오윤희와 당신은 이미 끝이야! 아직 모르겠어? 나만 좋자
　　고 이러는 거 아니잖아!! 은별일 위해서야!! 당신만 맘 바꿔먹으면, 우
　　리 가족은 다시 예전으로 돌아갈 수 있어!!! 행복해질 수 있다구!!! (간
　　절한데)

윤철　행복? 너란 여자 정말.... (그런 서진을 뿌리치고 가버리면)

서진　가지 마!! 거기 서!! 하윤철!!! 오윤희한테 가지 말라구!!! (미친 듯이
　　소리 지르는 서진. 냉정하게 걸어가는 윤철에게 그럴수록 더 집착하는 마
　　음이고)

23.　헤라팰리스 분수대(새벽)

　　윤철, 분수대 앞으로 다가서면. 술을 마시고 들어오는 규진과 마주치는.

규진　어, 하 대표?!

윤철　(피하고 싶은데)

규진　(술에 취한) 친딸처럼 생각했던 로나가 죽어서 많이 슬프죠? 장례식은
　　언제예요? 나한테 꼭 연락해. 내가 딴 건 몰라도 제일 비싼 화환 하나 보
　　내려고. 국회의원 조화 정도는 딱 있어줘야 윤희 씨도 힘이 빡 설 거 아

냐. 윤희 씨는 어쩌고 있어? 숨은 쉬고 있는 거야?

윤철 취한 거 같은데, 어서 들어가시죠! (급히 엘리베이터 버튼 누르면)

규진 (비틀하다 윤철 어깨에 팔을 툭 올리고, 나직이) 근데 말야. 내가 암만 생각해도, 로나를 죽인 범인! 박 씨 아저씨가 아닌 거 같아. 우리 민혁이가 그러는데, 박 씨 아저씨가 유독 로나를 그렇게 예뻐했다지 뭐야.

윤철 (멈칫하고)

규진 게다가 배로나한테 갑질은 영 안 어울리잖아. 석경이나 은별이면 몰라도! 배로나는 그 과가 전혀 아니거든. 하 대표가 더 잘 알잖아, 로나는.

윤철 이미 수사 결과 나온 사건이에요. 범인이 자백도 했고요!!

규진 그치그치? 자백이야 했지! 근데 말야, (갑자기 예리한 눈빛으로, 얼굴을 들이밀며) 민설아 때도 남들이 다 자살이라고 했을 때, 나만 타살이라고 했잖아. 어쩜 이번에도 우리 헤라팰리스 안에 범인이 있을지도 모른다고!!

윤철 (하얗게 질리고. 얼른 규진 밀치고 엘리베이터에 올라타는데)

규진 (문 닫히려는 순간! 갑자기 발을 턱 넣어서 다시 문을 열고. 갑자기 술기운이 싹 없어진 얼굴로) 천서진! 설마, 서진 씨는 아니지? 하 박사가 오윤희랑 재혼해서 열 받아가지고 홧김에 로나를 그냥 확!!

윤철 (그대로 규진의 먹살을 잡고) 술 처마셨으면 곱게 들어가서 잠이나 퍼자!! 함부로 아가리 놀리지 말고! (규진을 확 밀치고, 엘리베이터에 올라타서 재빨리 버튼 누르면)

규진 (바닥에 나자빠졌다가, 툭툭 털며 일어서며) 이렇게까지 흥분하면, 곤란하지 윤철아. 그 똥 니 똥이라고 말해주는 거니?!! (차가워진 눈빛) 국회의원 이규진을 띄엄띄엄 봤구나, 너?! (의미심장하게 웃는 규진)

24. **헤라팰리스 윤희 집 거실(새벽)**

윤철, 거실로 들어와 불을 켜면. 집에 아무도 없고. 이 방 저 방 문 열어봐도 윤희 안 보이는.

전화하면, 전화기가 꺼져있다는 메시지만 들리는데. 윤철, 걱정되고...

문득, 거실장 위에 놓인 로나의 사진이 보이면. 섬뜩하고. 얼른 사진을 덮어버리는 윤철!

25. 꿈(밤)

안개가 자욱하고, 어두운 벌판을 두리번거리며 혼자 걸어가는 윤희.
가도 가도 끝이 없는 길... 앞이 잘 보이지 않아 넘어지면서 걸어가는데.
공포와 두려움이 몰려오고.

윤희 (주위 둘러보며) 아무도 없어요? 여기요!!! (소리치면, 동굴처럼 메아리 쳐서 귀에 들려오는데)

그때, 앞에 걸어가는 누군가의 뒷모습 보이면.

윤희 (다급하게 따라붙는) 저기요!!! 잠깐만요!! (부르는데. 미동도 없이 걸어 가는 여자. 윤희, 계속해서 여자를 향해 뛰어가서 붙잡는데. 돌아보는 사람, 수련이다! 기겁하고) 언니....!!!
수련 (무표정하게 윤희를 보는) 이제야 내 맘을 알겠어? 자식 잃은 엄마 심정 이 어떤지!!
윤희 (눈물 그렁해) 미안해.... 미안해, 언니... 내가 죽을 짓 했어!! 설아한테도 언니한테도, 너무너무 미안해... (무릎 꿇고 용서를 빌면)
수련 (그런 윤희를 보다가) 로나는 내가 데려갈게.
윤희 (매달리는) 안 돼!! 안 돼, 언니!! 제발 로나는 돌려줘!! 우리 로나는 죄 가 없잖아!! 차라리 날 데려가!! 제발 언니... 안돼!!

26. 파크원 호텔 스위트룸(아침)

손을 허공에 내저으며 악몽을 꾸고 있는 윤희, 식은땀을 흘리며 몸부 림치는데.
"아악!" 비명 지르며 잠에서 깨면. 낯선 곳이고. 벌떡 일어나서 둘러보면.

327

로건이 창밖을 보며 커피를 마시고 있는 뒷모습이 보이는.

분홍(E)   깼어요?

윤희   (보면, 분홍이 걱정스러운 표정으로 다가서고)

분홍   괜찮아요? 계속 헛소리를 하고 밤새 앓았어요. (땀을 닦아주는데)

로건   (돌아보는. 차가운 말투) 그렇게 약해빠져서, 천서진과 주단태를 상대할
       수 있을까. 앞으론 하윤철까지 대적해야 될 텐데....

윤희   (이 악물고) 우리 로나의 죽음에 대해 얼마나 알고 있죠?! 내가 모르고
       있는 게 뭔지 말해줘요!

분홍   (테이블에서 서류봉투 들더니, 윤희에게 내밀며) 사건 당일 날, 천서진과
       은별이 정황이에요. 두 사람, 새벽에 외출했다가 아침에 들어왔어요.

윤희   (얼른 서류봉투 안에 든 사진들을 꺼내서 보면. 그동안 분홍이 찍어놨던 서
       진과 은별의 수상한 사진들이고. 하나씩 넘겨서 보는데. 가방이 눈에 띄고)

로건   짐작컨대, 그 가방 안에 하은별의 드레스가 들어있었겠지!

윤희   드레스는 내 눈으로 직접 확인했어요! 아무것도 묻어있지 않았어요!!

분홍   (또 다른 사진을 보여주며) 이걸 찾느라 애 좀 먹었죠. 서울에 있는 드레
       스 숍을 전부 뒤졌으니까! 다른 숍에서 똑같은 디자인의 드레스를 맞
       췄더군요.

윤희   (사진 확인하면, CCTV 속 서진이 드레스 숍에서 똑같은 드레스를 받아드는
       모습이 보이고. 부들부들 떨리는 손) 그럼, 화재경보기를 울린 사람은 누
       구죠? 그것도 천서진인가요? 아님, 하윤철?!

로건   지금까진 밝혀낸 바로는 두 사람은 아냐. 시간과 동선이 안 맞아!!

윤희   그럼 진짜 오작동이라도 했단 말야?! 하필 그 시간에?!! 당연히 누구라
       도 시켰겠지!! 도 비서든 누구든!! 증거를 인멸하려는 의도가 분명해!!

로건   아직까진 정황만 있을 뿐, 확증은 없어!!

윤희   죽여버릴 거야!! 천서진!! 하윤철!! 하은별!!! 전부 다!!! (뛰쳐나가려
       는데)

로건   움직이기는 일러!! 섣부르게 움직였다간, 도망칠 구멍만 내주는 거야!!

윤희	상관없어!!! 그 인간들 죽이고, 나도 죽으면 그뿐이야!! 1분 1초도 더 살고 싶은 맘 없어!! 눈 뜨고 있는 것도 끔찍해!!
로건	(야멸치게) 당신도 누군가의 자식을 죽게 만들었어!! 수련 씨와 설아한테 진 빚, 다 갚고 죽어!! 그래야 로나를 만날 때 조금이라도 떳떳하지 않겠어?!
윤희	(순간 욱하고. 달려들어 로건 멱살을 움켜쥐고) 그러는 당신은?!! 뭐가 그리 떳떳해?!! 골수만 빼먹고 파양시킨 게 누군데?!! 설아한테 그렇게 미안하면, 당신 부모부터 천벌을 때려!! (로건의 멱살을 잡아 흔들면)
로건	(분홍에게) 잠깐 자리 좀 비켜줘요.
분홍	(걱정스러운 눈빛으로 로건을 보다가 나가면)
로건	(윤희를 보고, 덤덤하게) 난 다시 미국으로 돌아가야 해. 나까지 여길 떠나면, 설아와 수련 씨 원수를 갚아줄 사람, 당신밖에 없어!! 이 모든 일을 마무리해줄 사람....
윤희	(자신 없는) 난, 민설아를 죽였어!! 그런 내가 무슨 자격으로 설아 원수를 갚아?!! 내가 뭘 할 수 있는데?!!
로건	나애교를 찾아!! 쌍둥이 친엄마! 그 여자가 주단태의 비밀을 알고 있어!!
윤희	(보는)

27. 인서트/2년 전/시즌 1 마지막 화 상황(낮)
로건, 전화 받고 있는.

애교(F)	(긴박한 목소리) 나애교예요. 떠나기 전에 꼭 말해줄 게 있어요. 주단태가 심수련한테 무슨 짓을 했는지! 어떤 인간인지! 그 사람, 모든 게 가짜예요! 주단태라는 이름까지도... 오늘이 아니면 영영 말 못 할지도 몰라요!

28. 파크원 호텔 스위트룸(아침)
로건, 2년 전 그날 일 떠올리며 얘기하고 있는.

로건	그리곤, 그날로 사라졌어. (서랍 열어서 사진 한 장을 윤희 앞에 툭 던지는데. 숙소를 나서는 나애교의 모습이고, 나비 문신이 있는 등이 보이는)
윤희	(나애교 얼굴을 보는 순간!! 기함하는) 이 사람은?!!!
로건	나애교야. 심수련과 똑같이 생긴.
윤희	말도 안 돼......
로건	그 여자를 찾아야 해!!! 2년 동안 주단태의 모든 일상을 하나도 빠짐없이 감시해왔지만, 찾을 수가 없었어. 근데 드디어 모습을 드러냈어. 지난주에 태국에서 입국했다는 정보야. 분명 주단태와 접촉할 거야.
윤희	(나애교 사진을 다시 보는. 경악하는 표정에서!)

29. 단태 통나무 별장 (아침)

침대에서 몸 일으키는 사람, 애교고.
애교, 기지개 켜고 고개 돌려보면. 애교를 빤히 바라보고 있는 단태가
보이고.

단태	(미소) 웬일이야? 아침잠 많은 사람이 이렇게 일찍 깨고?
애교	잠자리가 바뀌어 그런가? (일어서고) 아침부터 무슨 일이야?
단태	급히 처리해야 될 일들이 있어서. (서류봉투 내밀며) 니 명의로 된 강남 빌딩들, 당장 처분해야겠어!! 현찰이 필요해.
애교	(못마땅한 표정으로 테이블로 걸어가 물을 따라 마시면)
단태	천수지구에 급매들이 나왔어. 개발 발표 떨어지기 전에, 최대한 싼값에 줍줍 할 생각이야.
애교	(보는) 그게 급해서 빨리 들어오라고 난리 친 거였어? 빌딩 팔아 치우려고?
단태	(피식 웃고) 그럴 리가. 보고 싶은 게 먼저지. (애교를 뒤에서 감싸면)
애교	(뒤돌아 거칠게 타이를 확 잡아당기며) 이제 보니, 얼굴이 좋아졌는데? 천서진과 연애하는 게 재미가 꽤 쏠쏠한가 봐.
단태	알잖아? 다 연극인 거. 나한테 여잔 평생 한 사람인 거.

| 애교 | 깜빡하다 믿을 뻔했네. (서류봉투 옆으로 치우며) 오랜만에 서울 왔는데, 한 게임 콜?! |

30.   포켓볼 전용 클럽(낮)

멋지게 포켓볼을 치는 단태와 애교. 애교의 실력 수준급이고.

| 단태 | 실력이 더 느는 거 같은데? 태국에서 포켓볼만 친 거야? |
| 애교 | 예전에도 자긴 나한테 쩝도 안 됐어. (섹시한 포즈로 큐대를 잡고 공을 치는. 제대로 맞으면, 옆에 놓인 독주를 들이키는 애교의 터프한 모습) |

31.   파크원호텔 주차장(낮)

윤희와 로건, 차 앞에 서있는.

윤희	(달라진 윤희의 눈빛) 이제부터 모든 건 내가 결정해! 뭐부터 시작할지 생각할 시간이 필요해!
로건	(서류봉투를 내밀며) 가지고 가. 주단태와 만나려면 필요할 거야.
윤희	이게 뭔데?!
로건	보면 알아.

윤희, 서류봉투를 들고 차에 올라타고. 빠르게 차 출발해서 달리면. 로건의 옆으로 분홍이 다가와 서고.

| 분홍 | 부모님한테 또 연락이 왔어요. 로건을 찾느라 미국 집이 난리가 난 모양이에요. |
| 로건 | 더는 연락받지 마요. 우리 다 겪어야 할 일들을 겪는 거니까. (냉소적으로) 그 많은 재산이 아무 소용없어지는 게, 앞으로 그분들이 받을 벌이죠! |

32.　도로/윤희의 차 안(낮)

빠르게 달리는 윤희의 차. 윤희, 계속해서 눈물이 흐르고 있고.

차 창문을 다 연 채로, 미친 듯이 액셀을 밟고 속도를 높이는데.

문득 옆자리를 보면, 수련이 타있고.

수련　　절대 이대로 무너지면 안돼. 약속해. 로나를 위해 더 강해지겠다고...

윤희　　언니..... 나 어떡해야 돼.... 말해줘. 내가 뭘 할 수 있는지.....

수련　　로나 이렇게 만든 사람, 지옥으로 보내야지! 그게 나와 설아를 위한 일
　　　　　이야.

윤희　　(분노와 죄책감과 울분과 슬픔과 고통이 범벅된 감정으로) 아아아!!!! 아
　　　　　아아!!!! (울부짖으며 도로를 달리는 윤희의 절규)

　　　　　윤희의 핸드폰, 계속해서 울리는데. 윤철이고. 윤희, 보지 않는.

은별(E)　엄마... 엄마....

33.　청아의료원 VIP 병실(낮)

깊은 잠에서 깬 은별, 서진을 부르는데.

서진　　(놀라 달려오고) 은별아!! 엄마야!! 정신이 들어?!

은별　　나 왜 이렇게 많이 잔 거야? 학교 늦은 거 아냐? (몸 일으키면)

서진　　여기 병원이야.

은별　　(멍한 듯 둘러보고) 병원? 내가 왜 병원에 있어?

서진　　어, (둘러대는) 잠도 못 자고 무리했나 봐. 갑자기 쓰러졌어.

은별　　쓰러져? 내가? 오늘 며칠이야? 나, 청아예술제 준비해야 되는데.

서진　　이미 끝났어.

은별　　(놀라고) 끝나다니. 그게 무슨 소리야?!! 난 아무것도 생각 안 나는데...
　　　　　(생각하려고 애쓰다가) 그럼 대상은? 대상은 누가 탔어?!

서진	대상, 로나가 받았어.
은별	로나? 진짜 걔가 받은 거야? 미... 미안해, 엄마... 화 많이 났지? (금세 눈물 그렁해서, 눈치 보면)
서진	(조심스럽게 살피며) 정말, 아무것도 기억 안나? 로나가 죽은 것도?
은별	(놀라고) 로나가 왜 죽어? 갑자기 왜?!! (혼란스러워하면)
서진	사고가 있었어. 엄마가 천천히 다 얘기해줄게. 억지로 기억할 필요 없어.
은별	(머리 감싸 쥐며) 왜 생각이 안 나는 거야? 나, 어디 아픈 거 아냐? 중간고사도 봐야 되고, 곧 모의고사 있잖아. 시험 망치면 어떡해... 빨리 집에 갈래. 공부해야 돼... (일어나서 허둥대면)
서진	(와락 은별을 끌어안고, 다독이며) 아픈 거 아냐! 괜찮아, 은별아. 집에 가서 쉬면 돼. (그러면서도 안도하며) 다행이다... 정말 다행이야. 다 지나간 거야. 아무 일도 없는 거야....

34. 헤라팰리스 윤희 윤철의 집 거실/청아 의료원 일각/전화통화(낮)
윤철, 서진과 통화하고 있는.

서진	(기쁨에 들떠) 정말 기억을 못 하는 거 같아. 청아예술제에서 노래 부른 것도, 로나가 죽은 것도, 아무것도 기억 못 해! 부작용 같은 건 전혀 없어 보였어.
윤철	(웃고 있는 로나의 사진을 보며) 아직 안심하긴 일러. 상태, 잘 살펴봐.
서진	바로 퇴원할 거야. 아무래도 집이 더 안정감 있을 테고. 은별이, 보러 올 거지?
윤철	이따 연락할게. (툭 전화 끊는데. 휑한 거실이 낯설어 보이고. 문득 윤희가 요리하고 웃던 모습들 떠오르면 죄책감에 미칠 거 같은데) 어딨는 거야, 윤희야...

35. 헤라팰리스 분수대(낮)
마리, 윤희에게 전화를 걸어보지만 받지 않고. 음성 메시지를 남기는.

마리	윤희 씨! 나야. 진짜 어떻게 된 거야? 전화도 안 받고, 집에도 없고! 살았는지 죽었는지 말은 해줘야 될 거 아냐!!! 우리 사이에 정말 이럴래?!

그때, 분수대 한쪽이 시끌벅적하고. 마리의 시선에 들어오는 상아.
상아와 국회의원 사모님 두 명, 분수대 앞에서 웃으며 사진을 찍고
있는.

상아	여기 분수대가 우리 혜펠의 랜드마크잖아요. 여기서 한 장 찍어줘야죠~
사모1	우리 국회의원 중에 혜펠 사는 사람은 이규진 의원님밖에 없죠? 우린 남들 보는 눈이 있어서, 25평 전세 살아요.
상아	그게 말이 안 되는 거죠! 돈 있는 게 죄예요? 국회의원 정도 되려면, 당연히 돈도 척척 벌고, 적당히 사기 칠 줄도 알아야지. 자기 집도 가난한 주제에 무슨 나라 살림을 해요? 재산 공개해서 없는 사람부터 낙선운동 시켜야 된다고요! (흥분하면)
사모2	그러게 말예요. 청렴하면 누가 밥 먹여주나.
상아	(자랑스럽게) 거기서 포즈 취해보세요. 박 의원 사모님~ 좀 더 활짝 웃어요. 강 의원 사모님은 다리 앞으로 요롱게 날씬해 보이게요. (신나서 코치 중인데) 자~ 김치 치즈 스마일~

하는데. 마리가 갑자기 상아 어깨빵을 해서 휘청, 넘어질 뻔하고.

상아	(홱 돌아보고) 뭐예요?! 넘어질 뻔했잖아요!!
마리	(얼굴 가까이 대고) 저 사람들은 알아? 여기서 사람 죽어 나간 거?!
상아	(화들짝하고) 미쳤나 봐!! 들으면 어쩌려고. (마리의 입을 틀어막는데)
마리	민혁이 엄마는 어떻게 사람이 갈수록 이렇게 뻔뻔해져? 로나가 죽은지 얼마나 됐다고, 지금 사람 불러서 김치 치즈, 하하호호, 이런 거 하고 싶어? 아침저녁으로 매일 얼굴 보던 아인데, 최소한 사람 도리는 해야 되는 거 아냐?! 국회의원 사모 정도 됐으면 인격을 좀 갖춰!! (홱 돌아서

서 가는데)

상아   뭐, 뭐야?!! 저 여자가 미쳤나?

황당해서 보면. 국회의원 사모들 수군대면서 은근 상아를 비웃고.
상아, 사모님들의 시선에 자존심 팍 상하고. 마리 뒷모습을 째려보는데.

36.   동네 목욕탕(낮)

베드에 시원하게 물을 뿌리는 마리. 한쪽에 걸려있는 번호표를 보고.

마리   3번 사모님!!! (소리치면)

들어오는 사람, 상아와 국회의원 사모 둘이다. 마리, 놀라서 보면.

상아   여기서 보니까 아주 반갑네? 아줌마가 그렇게 때를 빡빡 잘 민다면
서?! 고놈의 입만 살았는지, 손 기술도 살아있는지, 직접 보려고 왔어!
진천댁!

마리   (당황하지만, 애써 표정 관리하며 프로답게) 누우시죠, 사모님. (양손에 때
수건을 끼고 포즈 잡는데)

컷 되면.

상아   아! 왜 이렇게 아프게 밀어?! 진천댁! 남의 여린 살갗 다 벗겨놓을래?!
마리   (깍듯하게) 죄송합니다. 살살 할게요. (상아의 몸에 물을 붓는 마리)
상아   앗, 차가! 물 온도 그렇게 못 맞춰서 돈 벌어먹고 살겠어?
마리   (애써 참고) 죄송합니다. 사모님. (컷 되면. 마사지를 하는 마리)
상아   진천댁! 손발톱도 좀 깎아. 내 뒤에 사모님들까지 싹 다!
마리   그건 서비스 항목에 없는데요, 사모님.
상아   5천 원 더 줄게. 왜? 싫어? 5천 원은 돈도 아니라 이거야? 배가 불렀나?

사모들	(마리 당하는 거 보며, 비웃고 있는데)
상아	(더 기세등등해서. 기분 상한 듯 수건 내던지며) 여기!! 사장 어딨어? 때밀이 아줌마 관리를 이 따위로 해?! 사장 어딨냐니까!!

그때, 후광과 함께 들어서는 3마마.
대기하고 있던 국회의원 사모들, 3마마를 본 순간! 얼음이 되고.

상아	(눈치 없이) 할머니 셋 중에 누가 사장인데?! 누구야, 누구!! 아줌마 교육 제대로 안 시킬 거야?! (난리 치면)
사모1	(갑자기 넙죽 절하듯) 회장님께서 여기 어떻게....
상아	회장님? (어리둥절한데)
사모2	해연그룹 송희수 회장님이시잖아요. 여긴 변 회장, 최 회장님... 얼른 인사 안 드리고 뭐해요?
상아	해... 해연그룹?! (그제야 얼굴 가까이에서 보면. 맞고. 넙죽 엎드리는데) 어머나, 송 회장님!!!
마마1	(국회의원 사모들 개무시하며, 마리에게 다가가) 강 여사, 왜 개나 소나 손님을 받아서 귀를 더럽혀?!
마리	제 일이 이건데요. 괜찮습니다, 사모님.
마마1	내가 안 괜찮아! 강 여사는 내 사람이야. 진천댁이라고 부를 수 있는 사람도 우리뿐이고!! 감히, 누가 진천댁을 하대해?! (국회의원 사모들, 벌벌 떨면) 그리고 난! 정치하는 인간들이랑 물 안 섞어. 탕 물, 다시 받아.
마리	네, 사모님. (밖에 대고) 여기 탕에 물 빼라!!! (소리치는데)
상아	(어쩔 줄 몰라 안절부절못하면)
마마2	우리 제니 조카는 잘 있지?
마리	그럼요. 대입 준비한다고 정신없어요.
마마1	누가 괴롭히거나 까불면 언제든 연락하라니까! 우리가 가서 아주 밟아 버릴 거니까! (후덜덜, 놀라는 상아 표정)
마마3	사람이 은근히 입이 무겁다니까. 통 부탁도 안 하고.

마리	말만으로도 감사하죠. 제가 시원하게 냉커피 올릴게요. 마마님들~ 이 쪽으로 오시죠. (3마마 모시고 가면)
상아	이게 어떻게 돌아가는 거야... (정신없고)

37. 헤라펠리스 분수대(저녁)

머리도 제대로 못 말린 상아, 마리의 뒤를 바짝 따라 붙는데. 제대로 말 도 못 걸고, 안절부절못하고.
그때, 규진이 상아한테 손 흔들며 다가서는.

규진	여보야! 규진이 여깄어! (그러다 앞에 걸어가는 마리를 보면, 비웃듯이) 오늘 손님 많았나 봐, 아주 몸이 물에 퉁퉁 부셨어, 아줌마. (큭큭 대면)
마리	(싸늘하게 돌아보는데. 눈빛 날카롭고)
상아	(규진의 입을 틀어막으며, 마리에게 아부하듯) 제니 엄마!! 이이가 원래 재수가 없잖아요. 넓은 마음으로 이해해주세요.
마리	아오! 진짜! 한입거리도 안 되는 게! 그냥 확! (패려다, 그냥 휙 가면)
규진	뭐야? 저 아줌마! 간댕이가 부었나. 야!! 너!! 거기 서!! (쫓아가는데)
상아	누구더러 너라는 거야?!! 우리 강 여사님한테!! (규진을 잡아서 자빠뜨 리면)
규진	(몸부림치며) 강 여사는 얼어 죽을! 이거 놔!! 나 오늘은 진짜 못 참아!!
상아	참아! 무조건 참아! 평생 참아!! 그냥 쭉 참으라구, 이 멍충아!!! 저쪽이 찐이었어!! 제니 엄마가 그 유명한 3마마님 비선실세라고!!
규진	뭐? 누구?

38. 헤라펠리스 서진 집 거실(저녁)

서진, 은별과 함께 들어서면. 소파에 앉아있는 단태를 보고 놀라는.

단태	(은별에게) 몸은 좀 어때? 예술제 이후로 통 얼굴 보기가 힘드네, 우리 은별이.

은별	(당황하는데)
서진	말도 없이 어쩐 일이야?
단태	(서진과 은별 앞으로 다가서며) 당신이 보고 싶어서. 우리 은별이도!
서진	은별인 방에 들어가 있어. (불안한 얼굴로, 은별이 방에 가는 걸 보는데)
단태	(의심스럽게 보며) 전화도 안 받고 무슨 일 있어?
서진	은별이 컨디션이 안 좋아서 링거 한 대 맞추고 오는 길이야.
단태	병원에 갔었다... (그런 서진 반응을 즐기듯 보며) 아 참, 내일 이 의원 부부랑 점심하기로 한 거 안 잊었지?
서진	그랬나? 깜빡했어. 다른 날로 미루면 안 돼?
단태	미뤘다간 그 떠벌이한테 또 무슨 말을 들으려고. 청아아트센터 준공 허가에 힘 좀 써줬다고, 어찌나 생색을 내는지. 한 턱 내라고 귀에 딱지 않게 지껄여대는데 지긋지긋해서 못 살겠어. 점심이니까, 대충 먹고 일어나자고.
서진	(어쩔 수 없고)

39. **청아예고 레슨실(아침)**
     피아노 앞에 앉는 석훈, 로나가 보고 싶어 미칠 거 같은데.

40. **회상/피아노 레슨실/4화 56신 연결(낮)**

로나	(석훈에게 악보를 건네주며) 나, 이번 청아예술제에서 부를 곡이야. 어때?
석훈	(보고, 덤덤하게) 니 목소리랑 어울리겠다.
로나	나, 졸업식 때, 졸업생 대표로 독창하고 싶어. 그때, 니가 반주해주면 안 돼? (순수한 표정으로 석훈을 보면)
석훈	생각해본 적 없어.
로나	꼭 해줘. 나 위해서. 해줄 거지? (석훈을 보며 웃는데)

41. **현재/청아예고 레슨실(아침)**
     석훈, 그날의 로나 웃음을 떠올리면서, 로나가 불렀던 곡을 피아노로

치는데. 슬픔과 분노가 교차하는 눈빛이고.

은별(E)   여기 있었어?

석훈   (피아노 멈추고, 돌아보면. 은별이 서있고)

은별   로나가 죽었다는 게, 믿기지가 않아.

석훈   (문득 석경의 말이 떠오르는)

석경(E)   내가 하은별한테 장난 좀 쳤거든. 오빠가 배로나 끔찍하게 좋아한다고. 그랬더니 그 기지배 눈이 돌더라고. 그런다고 어떻게 사람을 죽이냐?

석훈   (표정 감추며) 몸 괜찮아? 결석까지 한 거 보면, 많이 아팠나 봐?

은별   응. 입원했었어.

석훈   (의미심장한 눈빛) 청아예술제 끝나고, 너 어딨었어? 엄청 찾았는데...

은별   어? 그날? 진정제를 너무 많이 먹어서 학교에서 쓰러졌대. 도 비서 아저씨가 업어서 집에 데려왔나 봐. 그리곤 하나도 기억이 안 나.

석훈   (은별이 뒷문으로 도망치듯 달려가던 모습 떠오르고) 업혀서 나갔다고?

은별   응.

석훈   시상식 전에 로나 만난 거 아니고?

은별   로나? 만난 적 없는데... 적어도 내 기억으론. (순진한 얼굴이고)

석경(E)   하은별이 범인이야!

석훈   (은별에 대한 의심 더욱 짙어지는데)

은별   로나 때문에 많이 힘들지? 로나 미워했던 건 사실이지만, 죽은 애한테까지 질투하고 싶진 않아. 그러니까 맘껏 슬퍼해도 돼.

석훈   (은별을 뚫어지게 보는. 매서운 눈빛! 그러다 천천히 은별에게 다가서는데)

은별   석훈아... 왜 그래? (당황해서 뒷걸음질 치면)

석훈   (은별 앞에 멈춰 서고. 부들부들 떨리는 눈빛! 갑자기 은별을 안는데)

은별   (웁! 놀라서 눈 커진 채로 얼음 돼서 서있다가, 확 밀어내면)

석훈   (덤덤하게) 하은별. 우리, 사귀자.

은별   (놀라서) 뭐?

석훈   우리 사귀자고!! 나, 니가 진짜 좋아진 거 같아. (은별을 끌어안는데)

은별	(감동받은 듯 눈물 그렁해지고) 진심이야? 그 말? (석훈을 힘껏 안는데)
석훈	(순간 냉정하게 바뀌는 석훈의 표정...)

42.   고급 레스토랑 (낮)
　　　단태, 서진, 규진, 상아, 잔을 부딪치는.

규진	역시 술은 낮술 아니겠어요, 안 그래요 주 회장?
단태	국정 농땡이 피는 스케일이 날로 발전하시네요. 굳이 이 대낮에 약속을 잡고.
규진	저녁엔 내가 약속이 세 개예요. 저녁밥을 중식, 한식, 일식, 세 번을 먹는 다니까. 아유, 이놈의 인기, 지겨워서 진짜! 결혼이고 장례고 왜 이렇게 많은 거야? 얼굴 도장 찍기도 바빠 죽겠어요.
상아	(서진 보며 생글대며) 오랜만에 커플끼리 뭉쳤네요. 우리 그동안 너무 소원했죠? 헤펠에 일이 워낙 많았으니...
규진	이참에 우리끼리 모임 하나 따로 만드는 게 어때요? 다른 집들은 수준 이 안 맞고, 이렇게 소수정예로. 딱 좋죠? (서진을 보면)
서진	(말없이 음식만 깨작거리고 있는)
상아	천 쌤은 무슨 일 있어요? 얼굴이 영 아닌데... 화장도 떴고.
서진	네? (애써 웃고) 아무 일 없는데요.
규진	(친한 척 다가앉고) 그럼 우리, 사진 한 장 찍어요. 내가 SNS를 개설했거 든요. 내가 또 여의도에서 가장 핫한 핵인싸 의원 아닙니다. 서진 씨와 인맥 자랑 좀 해주면, 팔로워가 확 늘겠죠?!
상아	나두! 같이 찍어! (서진의 팔짱을 끼며 끼어들고)
서진	(억지 미소 띠며, 어쩔 수 없이 사진 찍는데)
규진	그럼 당장 사진부터 올리고. (#천서진 소프라노 #청아예고 이사장 #청아 그룹 대표 #얼굴천재 성악천재 천서진, 열심히 해시태그를 다는데. 갑자기 띠링 띠링, 댓글 알람이 미친 듯이 울리고) 와, 우리 서진 씨 인기 폭발이 네. 사진 올리자마자 댓글이 아주 그냥... (입 찢어지게 웃다가, 멈칫하는

340

규진) 뭐야?! 서진 씨 사고 쳤어요?!

단태 왜요? 뭔데요? (핸드폰을 뺏어서 보다가 얼굴 굳어지고. 서진을 보는)

상아 댓글에 뭐가 있는데요?! (다시 핸드폰 뺏어서 보는데) 가짜 소프라노 천서진! 사기꾼 천서진! 통수 대반전? 이게 다 뭔 소리야?!!

서진 (얼른 자신의 가방 안에 든 핸드폰을 꺼내 보면. 부재중 전화 수십 통이고. 포털 실검을 장악하고 있는 "천서진의 섀도 싱어 논란!" 기함하는 서진)

43. 청아예고 앞(낮)
    교문을 걸어 잠그는 경비들, 그 앞에서 몰려와 사진을 찍으며 서진을 찾는 기자들로 난리통이고!

김기자(E) 대한민국 대표 프리마 돈나 소프라노 천서진이 데뷔 20주년 독창회에서 대타를 고용해 공연을 한 것으로 밝혀져 충격을 주고 있습니다.

44. 헤라펠리스 서진 연습실 앞(낮)
    도 비서와 경비들, 기자들과 대치 중인데.
    기자들의 핸드폰으로 전송된 문자. 기자들 확인하면, 서진 이름이 날인된 "비밀 유지 각서"고. 웅성대는 기자들.

김기자(E) 무명의 아마추어 소프라노와 천서진 씨가 거액의 거래를 했다는 증거가 확보됐습니다. 이에 따라, 성악계에서는 천서진 씨를 즉각 퇴출해야 한다는 주장이 빗발치고 있는 가운데, 관람객들은 사기 공연에 대한 보상을 청구하겠다는 강한 움직임이 일고 있습니다.

45. 음반매장(낮)
    서진의 음반들 폐기 처분되고, 포스터들도 뜯겨 나가는.

김기자(E) 현재 천서진 쪽에서는 아무런 입장을 내놓고 있지 않습니다. 화려한 프리마 돈나의 비겁한 도망에 대중들의 비난은 더욱 거세지고 있습니다.
진실을 쫓는 김 기자의 눈이었습니다.

46.   헤라펠리스 주차장(저녁)
거칠게 핸들을 꺾고 커브를 돌아 들어오는 차 보이고. 끼익! 급하게 멈
춰 서는.
차에서 내리는 누군가의 구두. 또박또박 힘줘서 주차장을 걸어가는.
성큼성큼 거침이 없는데.

47.   헤라펠리스 커뮤니티(저녁)
진을 치고 있는 기자들로 어수선한 로비를 내려다보고 있는 규진과
상아.

상아   내가 뭐랬어. 그날 서진 씨 목소리가 다른 거 같다고 했지? 이 귀가 보통
귀가 아니라구! 내가 딱 잡아냈잖아.
규진   정말 소름 돋는다. 간도 크지... 어떻게 그런 사기를 칠 생각을 해?!
마리   (두 사람에게 다가서며) SNS에 절친 모드로 사진 찍어 올릴 때는 언제
고. 이제 와서 신나서 욕지거리래? 좀 양심 없지 않나?
상아   (마리 보면, 얼른 벌떡 일어나 꼬리 내리고) 왔어요, 제니 엄마?
규진   그 사진 완전 순삭했는데, 또 언제 봤대? 내 SNS 팔로우 했어요?! 왜?!
내 팬이에요?
마리   혼잣말한 거거든?! 괜히 찔려서 난리야?!
상아   제발 입 좀 닫자, 규진아!! (마리한테 친한 척 붙어서) 천 쌤 사건, 완전 깜
놀이죠? 하루 종일 뉴스를 씹어 먹었어요. 기자들 쫙 깔려서 불편해 죽
겠는데, 이 사고 쳐놓고 천 쌤은 어디로 숨었대요? 수습도 안 하고.
윤희(E)   고민하고 있겠죠! 인정할지, 부인할지!

규진, 마리, 상아, 돌아보면. 윤희가 서있고.

마리   (놀라서 달려오고) 윤희 씨!! 어떻게 된 거야? 언제 왔어? 몸은? 괜찮아?
       세상에... 얼굴 해쓱해진 것 봐. 반쪽이 됐네, 가여워 어째.

윤희   (담담하게, 그러나 눈빛 살아있고) 미안해요, 연락 못 해서.

마리   아무 일 없이 돌아왔음 됐어. 내가 얼마나 걱정한 줄 알아? 어디서 나
       쁜 맘 먹었을까 봐. 장례식엔 왜 연락 안 했어? 꼴 보기 싫어도, 난 불렀
       어야지.

윤희   그럴 겨를이 없었어요.

상아   (끼어들고) 로나 엄마 왔어요? 얼굴이 많이 상했네. 밖에 기자들 쫙 깔
       린 거 봤죠? 난 갑자기 그 생각 들더라. 고등학교 때 천 쌤 때문에 정학
       당했다면서요? 그거, 자작극이 아니라 천 쌤이 로나 엄마 목을 확!! 아
       니에요?

마리   진짜야? 천서진이 윤희 씨 목을 그은 거였어? 어떻게 그런 악마가 다
       있어?

윤희   (굳은 표정) 이제라도 진실이 밝혀지면, 다행이네요.

규진   (귀 쫑긋해서 듣고 있다가, 달려들고) 대박! 그럼 진짜라는 거예요? 서진
       씨, 완전 무서운 사람이네! 하윤철도 알고 있어요? 알고도 첫사랑 버리
       고 부잣집 딸이랑 결혼한 거예요?!

상아   (문득, 분수대 쪽으로 뛰어가는 윤철 모습 보이면) 어! 저기 하 대표네. 어
       딜 저렇게 정신없이 뛰어가?

윤희   (급하게 뛰어가는 윤철을 보면)

마리   은별이한테 가는 거겠지. 윤희 씨 없으니까 아예 집에도 안 들어오더
       라고!

상아   진짜예요? 설마, 천 쌤한테로 갈아탄 거 아니죠? 요즘, 천 쌤 집에 매일
       드나드는 거 같던데.

규진   사람이 진짜 너무하네. 윤희 씨는 생때같은 자식을 잃었는데, 지금 지
       자식만 걱정되는 거야?! 저러다 천벌 받지, 저 자식!!

윤희   (윤철을 말없이 내려다보는. 그 위로,)

48. 회상/화장터/(낮)
     미친 듯이 달려오는 윤희. 그런 윤희 앞으로 유골함을 들고 나오는 윤철.

윤희 누구 맘대로 로나를 화장한 거야? 누구 맘대로!!
윤철 붙잡고 있음 뭐할 거야? 로나를 빨리 보내야 너도 맘 잡을 수 있어!
윤희 아무리 그래도 내 딸하고 인사도 못 했는데, 어떻게 니 맘대로 화장할
     수 있어!! 나 로나 못 보내!! 돌려놔!!! 우리 로나!! 내 새끼!! 아아아...
     (유골함 안아 들고 오열하다 혼절하면)
윤철 윤희야!! 정신 차려!! 윤희야!!

49. 현재/헤라팰리스 커뮤니티(저녁)
     윤희, 뛰어가는 윤철을 내려다보며 생각하는.

윤희(E) 그때는 날 생각해서 그런 줄 알았어. 이젠 알아. 괴로워하는 니 딸 때문
        에, 우리 로나 빨리 치워버렸다는 거. (싸늘해진 표정이고)

50. 헤라팰리스 서진 집 은별의 방(저녁)
     은별 방에서 터져 나오는 발악하는 소리.
     급하게 방으로 들어서는 윤철. 보면. 엉망으로 헤집어놓은 방안.

은별 (윤철을 보자 달려오고) 아빠, 뉴스 봤어? 우리 엄마가 진짜 대타를 세운
     거야? 말도 안 돼. 엄마는 항상 최고였어!! 누구한테도 져본 적 없는 사
     람이라고!!
윤철 진정해, 은별아. 아닐 거야. 아빠가 알아볼 테니까 너무 걱정하지 마.
은별 (흥분해서) 어떻게 걱정을 안 해? 내 전화도 안 받는데! 거짓말이지? 제
     발 아니라고 해!! 엄마가 그럴 리가 없어!! (엉엉 울고 난리 치면)
윤철 (은별일 안아서 다독이는데. 혼란스럽고)

51.　　　A호텔(밤)

　　　절망적으로 앉아있는 서진. 그 옆으로 단태가 위로하고 있고.
　　　조 비서와 도 비서가 보고하고 있는.

단태　　　경찰 조사라니!! (흥분하면)

도비　　　언론도 촉각을 세우고 있어서 피할 수만은 없을 거 같습니다.

조비　　　청아그룹 주주들한테도 연락이 끊이지 않고 있습니다. 당장 대표직을
　　　　　사임하라고...

단태　　　(버럭 하는) 지금 그게 중요해?! 어떻게든 경찰 조사는 최대한 미뤄!!
　　　　　박 변한테 수습안 빨리 내놓으라고 전하고!! 둘 다, 나가봐.

도비/조비 네! (인사하고, 아웃하면)

서진　　　미안해, 나 때문에...

단태　　　(슬쩍 눈치 살피며) 당분간 회사 일엔 손 떼는 게 좋겠어. 주주들 진정시
　　　　　키는 게 중요하니까. (서진 위로하는 척) 이런 일이 있었으면, 진작 나랑
　　　　　상의를 했어야지. 왜 혼자 끙끙 앓고 있어? 바보같이!

서진　　　오윤희야!!

단태　　　뭐?

서진　　　내 대타로 선 사람이 오윤희라고!!

단태　　　(놀라는 척) 정말... 오윤희란 말야?! 두 사람 대체, 무슨 일이 있었던 거
　　　　　야? 나한테 다 얘기해. 내가 도울 수 있게!! (서진 양팔을 꽉 잡는)

서진　　　(미칠 지경인데. 그때, 핸드폰 오고. 보면 윤희다. 벌벌 떨고 있으면)

단태　　　내가 받을게.

서진　　　아냐. (마른침 삼키고, 핸드폰 받으면)

윤희(F)　　(싸늘한 목소리) 우리, 만나야지. 할 얘기가 아주 많을 거 같은데.

52.　　　청아예술관 공연장(밤)

　　　어두운 공연장 안, 무대 위를 비추는 불빛만 보이는데.
　　　서진, 윤희를 찾으며 들어서면. 앞자리에 앉아서 무대를 보고 있는 윤희.

윤희	이 무대가 뭐라고 그렇게 서고 싶었을까. 너도, 나도. 우리 애들도.
서진	(윤희를 보면)
윤희	(일어나 무대로 걸어오며) 그렇게 반대했는데도 로나가 여기로 돌아온 건, 이 무대 때문이었어. 청아예술제 나가서 트로피 탈 거라고. 나 때문에.... (눈가 발개지는데)
서진	(로나 얘기가 불편하고) 지금 그 얘길 왜 하는데?!! 로나 죽음도 내 탓이라고 하고 싶니?! 로나는 니 쓸데없는 욕심 때문에 죽은 거야!!
윤희	(담담하게 보고) 맞아. 그래서 더 화가 나. 내 딸이, 고작 나 같은 엄마 때문에 그렇게 된 게. 그래서 나, 지금 눈에 뵈는 거 없어. 니 대타 건, 덮으려고 애쓰지 마. 그럴수록 나만 더 자극하는 거니까.
서진	왜 하필 지금이야?!! 우리 은별이, 지금 상태도 안 좋은데!
윤희	(그런 서진을 보는) 내 딸이... 죽었으니까.
서진	(섬뜩한 듯 윤희 눈을 마주 보는. 순간 은별의 말 떠오르는)
은별(E)	(눈 풀린 채로, 넋이 나가서) 걔가 자꾸 내 걸 뺏어가잖아. 자꾸 내 눈앞에 얼쩡거리면서 엄마 험담을 했어. 엄마가 자기 엄마 목을 그었다고! 엄마가 지 엄마한테 진 거라고!!!
서진	(가슴이 먹먹해오는데. 은별이를 지켜야겠다는 마음뿐이고) 원하는 게, 뭐야? 뭐든 할 테니까, 니가 내 대타였다는 사실만 밝히지 말아줘. 밝혀봤자, 너도 처벌받을 수밖에 없어!! 널 위해서도 입 닫는 게 좋을 거야!
윤희	(조소하는) 곧 죽어도, 자존심은 챙기시겠다? 왜? 천서진이 오윤희 밑이라는 게 알려질까 두려워? 니 딸이 알게 될까 봐?
서진	(부들부들 떨리고. 그러다 터져 나오는) 그래!! 싫어!! 밑바닥에 떨어지는 한이 있어도, 내가 니 목소리를 빌렸다는 건 인정하고 싶지 않아!! 그러니까 제발... 부탁해. (처음으로 간절하게 사정하면)
윤희	(차가운 눈빛) 그럼, 꿇어.
서진	뭐?
윤희	그때, 내 목 그은 거, 꿇어앉아 사과해! 빌고 또 빌어!! 이미 25년 전에 나한테 졌다는 거 인정하라구!!! (매섭게 몰아붙이면)

서진	(자존심 상해 눈가 발개지는데. 결국 털썩 무너지는... 이 악물고 윤희 앞에 무릎 꿇는데) 미... 미안해. 내가 졌어. 대상 가로챈 거, 사과할게....
윤희	(꿇어앉은 서진을 차가운 시선으로 내려다보는. 25년 전 사건 떠오르면. 분노와 슬픔과 회한이 범벅된 표정이고)

53. 청아그룹 회의실(다음 날 낮)

서진, 회의실로 들어서자, 기자들 플래시 세례.
서진, 담담하게 걸어가 기자들을 향해 90도 고개 숙여 인사를 하는.

서진	그동안 저를 사랑해주신 팬들과 국민 여러분께 사죄하러 나왔습니다. 오늘 이후로 소프라노 천서진은 없습니다. 다신 무대에 서거나 노래하는 일, 없을 겁니다. (애써 눈물 참는데)

54. 헤라팰리스 서진 집 거실(낮)

서진의 기자회견을 같이 보고 있는 윤철과 은별.

은별	말도 안 돼.... 아냐!! 아냐!!! (절망하고)
윤철	(역시 충격인데)

55. 펜트하우스 거실(낮)

서진의 기자회견을 보고 있던 단태와 석훈, 석경.

석경	진짜 쇼킹하네. 어떻게 저런 대국민 사기극을 벌일 생각을 해? 아빠도 몰랐죠? 천 쌤이 저런 사람인지! 우리까지 싸잡아 망신당할까 봐 걱정이네요.
단태	쓸데없는 소리 말고, 니들은 입시 준비나 열심히 해! (일어서는데)
석훈	(그런 단태를 보는) 천 쌤이랑 진짜 결혼하실 거예요?
단태	(어이없단 듯 보며) 이미 약혼한 사이야. 노래 좀 못 하게 됐다고 파혼이

석훈	후회하실 텐데요.
단태	뭐?
석훈(E)	(일어나서 단태와 마주 서는. 매서운 눈빛. 속마음으로) 제가 천서진 쌤 망쳐놓을 거거든요! (돌아서서 방으로 들어가버리면)
단태	주석훈!! (부르는데, 석훈의 눈빛이 왠지 섬뜩하게 느껴지고)

라도 해야겠어? 그게 무슨 큰일이라고.

56. 청아그룹 회의실(낮)

기자들, 질문 세례 쏟아지고.

기자1	공식적으로 은퇴를 선언하시는 겁니까?
서진	그렇습니다.
기자2	그럼, 청아재단 이사장직에서도 내려오는 겁니까?
서진	(망설이다, 주먹 꽉 쥐고) 교육자로서 책임을 통감하며, 재단 이사회의 결정에 따르겠습니다. 또한, 공연에 대한 위약금과 환불은 최선을 다해 보상하겠습니다.
기자1	최고의 성량을 보여준 대타에 대해 국민들이 궁금해하고 있습니다. 대타가 누군지 공개해주실 수 있습니까?!
서진	(눈빛 흔들리고) 모든 책임은 제가 안고 가겠습니다. 저로 인해 피해 보는 사람이 없길 바랍니다. 경찰 조사에도 성실하게 임하겠습니다. (인사하고 급히 자리를 뜨면)
기자들	(질문들을 쏟아내며, 서진을 우르르 따라가고)

57. 헤라팰리스 서진 집 거실(저녁)

서진, 지친 표정으로 거실로 들어서면. 은별이 서진을 보자 차갑게 돌아서는데.

서진	은별아! 엄마랑 얘기 좀 해! (은별을 붙잡으면)

은별	(서진의 팔을 확 뿌리치며) 대타가 누구야? 설마, 로나 엄마야?!
서진	(굳어지는) 아냐.
은별	(경멸스러운 표정) 맞지? 쪽팔려!
서진	(굳어지며) 뭐?
은별	(눈 번득이며) 엄마가 내 엄마라는 게 쪽팔리다고. 어떻게 로나 엄마를 쉐도우 싱어로 세워? 엄만 자존심도 없어?!! 고등학교 때도 엄마가 진 거지? 그래서 목을 그은 거고?!!
서진	은별이 너!!! (애써 모욕을 참아내고 있으면)
은별	(지지 않고) 그런 주제에 나한테 배로나를 이기라고 난리 친 거야? 역겨워! 엄마 열등감을 왜 나한테 풀어?!! 앞으로 나한테 명령하지 마! 가르치려고도 하지 말고, 잘난 체도 하지 마!! (밀치고, 나가버리면)
서진	(충격에 울컥하는. 덜덜 떨리는 손으로 와인을 따라서 미친 듯 술을 들이키는데. 자신을 비난하는 사람들의 목소리가 환청으로 들리는 거 같고)
규진(E)	서진 씨~ 그동안 다 가짜였네! 남의 목소리를 훔친 바닥이었어!! 그렇게 잘난 척 대단한 척하더니!
상아(E)	은별이도 가짜 아니에요?! 실력도 안 되는데, 청아예고 들어온 것부터 이상했다니까!!
마리(E)	학교를 위해 당장 물러나야지!! 도둑년 하나 때문에 우리 애들까지 구정물 뒤집어써야겠어?!!

환청에 미친 듯 술을 들이키는 서진. 잊으려는 듯 병째 술을 벌컥벌컥 마시는데.
그런 서진에게서 술병을 뺏는 건 윤철이고.

윤철	그만해!!
서진	(윤철과 눈 마주치면, 바들바들 떨면서도 애써 미소 지으며) 괜찮아! 나 아무렇지도 않아. 이깟 쪽팔림, 다 지나가는 거야. 은별이만 무사하면 돼. 은별이 위해서면, 난 뭐든 할 수 있어. 난 엄마니까... 괜찮아. 진짜

괜찮아.

윤철 (그런 서진을 보면. 안쓰러움에 서진을 와락 끌어안는데)

서진 (참았던 눈물이 터지고, 윤철에게 매달린 채) 너무 무서워... 내가 평생 노래 못 하고, 살 수 있을까? 그러고도 살 수 있을까.. 자신 없어... (쓰러지듯 주저앉는데)

윤철(E) (무너지는 서진을 품에 안은 채, 깊은 좌절감에) 윤희야... 너한테 이제 영원히 돌아갈 수 없을 거 같다. (맘을 굳힌 듯한 윤철의 표정이고)

58.   펜트하우스 서재(저녁)
      비닐 봉투에 든 은별의 목걸이를 보고 있는 단태. 조 비서 보고하는.

조비 청아재단 쪽에서 기사를 막고 있지만, 워낙 비난 여론이 거셉니다.

단태 언론사에 푸쉬해서 계속 기사 내게 해. 더 쎄게, 더 자극적으로! 대한민국 국민이 전부 볼 수 있게! (괴랄한 웃음) 애가 탈 거야, 천서진. 그치? (생각난 듯) 아! 하은별이 입원한 이유는 알아봤어?

조비 그게, 의료진 사이에서도 극비로 진행되고 있는 수면뇌파 치료를 받았다고 합니다.

단태 수면뇌파? 사람을 죽인 기억이라도 조작하겠다는 건가? 자식 살리겠다고, 아주 똥줄이 탄 모양이야. 하하! 하하하!!! (기분 좋은 듯 웃는데)

조비 그런데! 이상한 일이 있습니다.

단태 말해! (보면)

조비 오늘 확인해보니, 주혜인 양이 소유하고 있던 땅이 명의가 바뀌었습니다.

단태 (놀라고) 누구야, 그게? 설마, 로건 리, 그 자식이야?!

조비 (서류를 넘겨주는데)

단태 (보면, 명의자 이름에 "오윤희"라고 적힌. 소스라치게 놀라는) 오윤희?!! (벌떡 일어서고) 말도 안 돼! 그 땅을 어떻게 오윤희가!! (하얗게 질리는데)

59.   헤라팰리스 윤희 집 로나의 방(저녁)
      윤희, 전화 받고 있는.

윤희   그러죠. 내일 저녁에 찾아뵙겠습니다, 주단태 회장님. (전화 끊는데. 로
       나의 방을 말없이 둘러보는 표정)

60.   펜트하우스 거실(다음 날, 저녁)
      윤희, 거실로 들어서면. 안 집사가 안내하는데.

안집사   일찍 오셨네요.
윤희   6시에 맞춰서 왔는데요.
안집사   회장님께서는 7시라고 했는데...
윤희   아, 제가 착각했나 봐요.
안집사   (거실로 안내하며) 여기서 기다리세요. 아직 퇴근 전이시라.
윤희   서재에서 기다리라고 하셨는데요.
안집사   네? 아 네... 이쪽으로! (서재로 안내하는)

      윤희, 서재로 들어가면. 방에서 나오다가 그런 윤희를 보는 석훈.

61.   펜트하우스 서재(저녁)
      윤희, 서재로 들어서면.

윤희   차는 회장님 오시면 마실게요.
안집사   네. 그럼. (나가는데)
윤희   (서재를 둘러보면. 예전 수련이 죽던 모습이 떠올라 끔찍한데. 이내 냉정함
       찾고, 빠르게 서재를 스캔하며 비밀 공간을 찾는데)
분홍(E) 서재로 들어가면, 특이한 구조의 책장이 보일 거예요. 그 책장을 밀면
       비밀 공간으로 통하는 문이 나와요. 주단태의 지문이 필요해요!

윤희   (주머니에서 상자를 꺼내 열어보면, 단태의 지문 모형이 들어있고. 지문 모형을 갖다 대면 문이 열리고. 그 안으로 재빨리 들어가는 윤희)

62.   펜트하우스 서재 비밀 공간(저녁)
       비밀 공간 안을 살펴보는 윤희.

분홍(E)   벽에 걸린 사슴의 머리가 보일 거예요. 그 손잡이를 당기세요!

       윤희, 가슴이 쿵쾅쿵쾅 요동치고. 사슴 머리를 힘껏 잡아당기면. 또 다른 문이 열리고. 엘리베이터 공간이 나오는.
       윤희, 생각할 틈도 없이 그대로 엘리베이터에 올라타고. 버튼을 누르면 빠르게 어딘가로 수직 하강하는 엘리베이터!

63.   펜트하우스 거실(저녁)
       단태, 거실로 들어서면. 안 집사와 헬퍼들, 석경, 석훈까지 단태를 맞이하는데.

안집사   오셨습니까, 회장님.
단태   오윤희 씨 오면, 서재로 모셔.
안집사   이미 기다리고 계신데요.
단태   벌써? (멈칫하는. 매서운 눈빛으로 서재 쪽을 보는데)

64.   펜트하우스 서재/비밀 공간(저녁)
       단태, 문을 열고 들어서면 텅 빈 서재!

단태   안 집사! 안 집사! (소리치면)
안집사   (달려오고) 부르셨습니까, 회장님.
단태   오윤희가 여기로 들어온 게 확실해?

안집사   네. 분명히 서재에서 기다리셨는데. (당황하면)

단태, 순간 눈 번득하고. 빠르게 책장을 열고, 지문을 찍고 비밀 공간으로 들어가는데. 비밀 공간 안 둘러보면. 윤희 모습 보이지 않고.
문득, 사슴 머리가 눈에 들어오면.

단태   설마... 여기 있는 건 아니겠지? (살기 어린 단태의 표정. 뚜벅뚜벅 엘리베이터 쪽으로 걸어가는데) 어디에 숨었을까, 쥐새끼 한 마리가?!

65.   비밀 공간 엘리베이터 안(저녁)
덜컹! 하고 멈춰 서는 엘리베이터.
윤희, 떨리는 가슴을 부여잡고, 엘리베이터에서 내리는데.

66.   헤라펠리스 주차장 일각(저녁)
엘리베이터에서 내리면. 주차장으로 통하는 문이 보이고. 문을 열고 나서는데. 누군가 문 쪽으로 또박또박 걸어오고 있는.
놀라서 숨으려는 순간! 눈에 들어오는 건, 틀림없이 수련을 닮은 애교다!
윤희, 자신을 향해 걸어오는 애교를 기겁해서 보는 데서 엔딩!!

오직 딸을 위해

1. 펜트하우스 서재/비밀 공간(저녁)
    단태, 문을 열고 들어서면 텅 빈 서재!

단태 안 집사! 안 집사! (소리치면)
안집사 (달려오고) 부르셨습니까, 회장님.
단태 오윤희가 여기로 들어온 게 확실해?
안집사 네. 분명히 서재에서 기다리셨는데. (당황하면)

    단태, 순간 눈 번득하고. 빠르게 책장을 열고, 지문을 찍고 비밀 공간으로 들어가는데. 비밀 공간 안 둘러보면. 윤희 모습 보이지 않고.
    문득, 사슴 머리가 눈에 들어오면.

단태 설마... 여기 있는 건 아니겠지? (살기 어린 단태의 표정. 뚜벅뚜벅 엘리베이터 쪽으로 걸어가는데) 어디에 숨었을까, 쥐새끼 한 마리가?!

2. 비밀 공간 엘리베이터 안(저녁)
    덜컹! 하고 멈춰 서는 엘리베이터.
    윤희, 떨리는 가슴을 부여잡고, 엘리베이터에서 내리는데.

3. 헤라팰리스 주차장 일각(저녁)
    엘리베이터에서 내리면. 주차장으로 통하는 문이 보이고. 문을 열고 나서는데. 누군가 문 쪽으로 또박또박 걸어오고 있는.
    놀라서 숨으려는 순간! 눈에 들어오는 건, 틀림없이 수련을 닮은 애교다!
    윤희, 자신을 향해 걸어오는 애교를 기겁해서 보는데. 수련이 가까이 오면, 얼른 벽 뒤로 숨는 윤희.
    애교, 그런 윤희를 보지 못한 채 스쳐 지나가는데.

| 윤희 | 너무 닮았어! 수련 언니..... (가슴이 터질 것 같은 윤희) |

4. **펜트하우스 서재 비밀 공간(저녁)**

사슴 머리를 힘껏 잡아당기는 단태. 숨겨진 엘리베이터 문이 나오고.
엘리베이터, 95층에서 올라오고 있는. 96... 97... 98... 99....
드디어 문이 열리고! 단태, 긴장한 채 숨어있다가 잡아채면, 다름 아닌
애교다!

| 애교 | 뭐야? 나 마중 나와있었어? |
| 단태 | (애교를 보고 당황해서) 너였어?! (이상하단 듯 둘러보는) |

그때, 밖에서 단태를 찾는 석훈의 목소리 들리는데.

| 석훈 | 아버지! 어디 계세요? |
| 단태 | (놀라서 돌아보는. 얼른 애교 입을 틀어막고) |

5. **펜트하우스 서재(저녁)**

열려 있는 비밀 공간으로 들어서려는 석훈을 다급히 밀어내며 나오는
단태.

단태	(애써 태연하게) 무슨 일이야?!
석훈	로나 어머니 왔다 가셨어요. 급한 일이 생기셔서 나중에 다시 오신다고...
단태	안 집사는 나가는 거 못 봤다고 하던데...
석훈	제가 봤어요. 저한테 전해달라고 하셨어요. (그때, 비밀 공간 쪽에서 들리는 인기척. 그쪽을 보면)
단태	(당황해서) 알았으니 나가봐. (석훈, 나가면. 얼른 서재 방문 걸어 잠그고, 급히 비밀 공간 안으로 다시 들어가는)

6. 펜트하우스 일각/헤라팰리스 주차장 일각/전화통화(저녁)

석훈, 급하게 누군가에게 전화를 거는.

석훈   아줌마!! 아버지가 오셨어요. 그냥 가셨다고 했으니까, 그런 줄 아세요.

윤희   (얼떨떨) 어? 그, 그래... 고마워, 석훈아.

석훈   (전화 끊고, 서재 쪽을 돌아보는)

7. 펜트하우스 서재 비밀 공간(저녁)

단태와 애교, 마주 서있고.

단태   놀랐잖아! 말도 없이 갑자기 오면 어떡해!!

애교   (가방에서 서류봉투 꺼내 보이며) 급한 건 자기 아니었어? 강남 빌딩 매매계약서 들고 왔는데, 필요 없어?

단태   (얼른 봉투를 받으려면)

애교   (봉투 못 잡게 빼며) 알지? 이 빌딩에 대해선 나도 절반의 소유권 있다는 거! 정확히 반땅 하는 거야. 허튼 생각했다간 나한테 죽어! 내가 입을 여는 순간, 주단태라는 이름 석 자도 사라진다는 거, 잊지 마!

단태   (애교한테 밀린 채) 내가, 나애교를 몰라? 열 살 꼬맹이 때부터 봤는데.

애교   난 아무것도 안 믿어! 내 손에 쥔 돈 말고는. 너라는 인간도! 나라는 인간도!

단태   (부드럽게 달래는) 나까지 못 믿으면, 너무 외로운 거 아닌가? 나한텐 너밖에 없는데! 이 펜트하우스에서 나애교랑 해피엔딩으로 사는 게 내 꿈이야. 이제 정말 얼마 안 남았어.

애교   (금세 다시 요염한 미소 지으며) 지랄 같은 의심병이 또 도졌나 봐. 타지에서 미치게 외로웠거든. (서류봉투 쿨하게 건네고) 갈게. 택시 세워놨어. (빙긋 웃고, 엘리베이터로 향하면)

단태   차 내줄게.

애교   필요 없어! 아무한테도 안 들키고 잘 사라져줄 테니까. (엘리베이터로

걸어가 올라타고, 손 키스 보내고 사라지는데)

단태   (그때, 핸드폰 울리는. 보면 윤희고. 받는) 어떻게 된 거죠, 오윤희 씨?!

윤희(F)   죄송합니다. 일이 생겨서 급히 나왔어요. 다음에 봬야 될 거 같은데요.

단태   (불쾌한 표정) 여전히 제멋대로시군요. 다시 시간 잡아서 연락드리죠!

8.   헤라펠리스 주차장 일각(저녁)

애교, 펜트하우스 비밀 엘리베이터에서 내려서, 주위 살핀 다음, 주차장으로 통하는 문을 나가는데.

벽에 숨어있던 윤희, 그런 애교의 뒤를 밟기 시작하는.

로건(E)   나애교를 찾아!! 그 여자가 주단태의 비밀을 알고 있어!!

애교, 기다리고 있던 모범택시에 올라타고. 급히 주차장을 빠져나가면.

윤희, 급하게 자신의 차로 향하고, 애교의 차를 추격하기 시작하는

9.   도로/애교의 택시/윤희의 차 안(저녁)

애교가 탄 택시, 도로를 달리고 있으면. 애교, 창밖 보면서 여유 있는 표정이고.

윤희, 긴장해서 바짝 택시를 뒤쫓고.

그러다 애교가 탄 택시가 지그재그로 차선 바꾸고, 속도를 내기 시작하면.

당황한 윤희, 정신없이 차선 바꾸며, 택시를 따라붙는데.

갑자기 골목길로 방향을 턴하는 택시. 갈림길에서 흔적도 없이 사라지고.

윤희, 놀라서 깜빡이 켜고 급히 차에서 내리는데. 둘러봐도 택시 없고.

이리저리 뛰어다니며 택시의 행방을 찾고 있으면! 갑자기 그런 윤희의 목덜미를 확 잡아끄는 사람! 애교다.

애교   (날렵한 동작으로 윤희를 제압해서 벽에 밀치며. 거친 목소리로) 너 뭐하는 애야? 내 뒤는 왜 밟아?!

윤희   (들켰구나, 싶고. 애교를 보는데. 너무도 닮은 수련의 모습이고) 수련 언니 맞지? 살아있었던 거야? 나야! 나 모르겠어? (애교 손을 덥석 잡으면)

애교   (확 뿌리치고) 내가 널 어떻게 알아?!!

윤희   수련 언니 맞잖아! 나 정말 기억 안 나? 왜 거짓말해?

애교   아니라고! 너 같은 거 모른다고! 별 미친 여잘 다 보겠네! (확 돌아서면)

윤희   나랑 얘기 좀 해!! (애교 돌려세우려다가, 어깨에 멘 애교 가방을 확 낚아채면, 그 바람에 안에 있는 물건들이 와르르 쏟아지고)

애교   (어이없는 듯 보다가, 바닥에 떨어진 지갑을 주워 민증 보여주며) 봤지? 나 애교, 이제 됐어?

윤희   (당황하는) 아... 죄송합니다. 내가 아는 사람이랑 너무 닮아서... (바닥에 떨어진 애교의 물건들을 주워서 가방에 넣어주는데)

애교   (향수가 깨진 걸 보고) 뭐야. 내 향수 깨졌잖아. 아씨! 내가 젤 아끼는 건데!! 재수 없게. 너 뭐하는 애야?!! (성질 확 부리면)

윤희   죄송해요. 제가 변상할게요. (핸드폰을 건네주면)

애교   (짜증 난 듯 핸드폰을 확 낚아채며) 됐어! 그깟 거 몇 푼이나 된다고!! (가방에 물건들을 쓸어담고 일어나 손짓하면. 기다리고 있던 택시가 다가와 서고. 올라타고 사라지는데)

윤희   죄송합니다, 정말 죄송합니다. (꾸벅 인사하는데. 택시가 떠나고 나면. 표정 확 변하고)

(인서트)

애교가 깨진 향수를 신경 쓰느라 정신없는 틈을 타서, 애교의 핸드폰에 도청 어플을 까는 윤희. 그리고는 아무렇지 않은 듯 애교한테 핸드폰 돌려주는 윤희.

윤희   (만족한 듯, 깔려진 도청 어플을 확인한 다음, 로건에게 전화하는) 로건! 찾왔어요! 나애교!!

10.   파크원호텔 스위트룸/골목길/전화통화 (저녁)
       로건, 놀라서 벌떡 일어서고.

로건   거기가 어디예요?! 내가 갈게, 지금 바로!
윤희   도청 어플을 깔았으니, 거처가 확인되는 대로 연락 줄게요.
로건   전화해요. 기다리고 있을게. (초조한 듯 핸드폰을 손에 꽉 쥐는 로건. 금세
          눈이 촉촉해지고) 수련 씨... 미안해요. 너무 늦어서!

11.   헤라팰리스 주차장 (밤)
       윤희의 차, 주차장에 멈춰 서면. 그 옆으로 와서 멎는 석훈의 오토바이.

석훈   (오토바이에서 내리며) 아줌마, 괜찮으신 거죠?
윤희   덕분에 잘 넘어갔어. 고마워, 진짜.
석훈   다행이에요. (하다가 나직이) 서재 안에, 밖으로 나가는 통로가 있었던
          거죠?
윤희   (고개 끄덕이면) 너도 알고 있었니?
석훈   짐작은 하고 있었어요. (하다가 표정 어두워지고) 석경이랑 제가 제일
          싫어하는 곳이에요. 거기서 늘 맞았거든요. 어렸을 때부터.
윤희   (놀라고. 그런 석훈이 안쓰러운) 나... 왜 도와준 거야? 넌 내가 밉지 않니?
석훈   (확신에 찬 눈빛) 전 알아요. 아줌마가 우리 엄마 그러지 않았다는 거. 양
          집사도 범인 아니라는 거!
윤희   그럼 너...?
석훈   우리 아버지죠? 엄마 그렇게 만든 사람!! (눈빛 매서워지면)
윤희   (놀라고) 그건, 나도 몰라. 하지만 꼭 밝혀낼 거야. 너네 엄마 위해서 꼭!
          아줌마 믿어줘.
석훈(E) 저도 꼭 밝혀낼 거예요. 로나 죽인 범인.

361

12.　헤라팰리스 윤희 집 거실(밤)

　　　윤희, 거실로 들어서면. 기다리고 있는 윤철. 옆에 짐 가방 보이고.

윤희　　뭐야, 이 짐은?

윤철　　(결심한 듯 담담하게, 서류 건네며) 우리, 그만하자. 이혼 서류야.

윤희　　(기막힌 듯 보며) 왜... 그래야 되는데?

윤철　　(애써 시선 피하며) 복수고 뭐고 다 재미없어졌어. 이게 다 뭐야?! 넌 자
　　　　식을 잃었고, 난 은별이한테 상처만 줬어!! 더는 못 하겠어!

윤희　　그래서, 지금 꼭 이래야 해?! 로나 땅에 묻은 지 이제 나흘 됐어.

윤철　　(냉정하게) 어차피 우리 계약 결혼이잖아. 나 같은 놈한테 뭘 바래? 다
　　　　쇼잖아! 설마 내가, 진짜 남편이라도 돼주길 바랬어? (일부러 모질게 쏘
　　　　아붙이는데. 미국에서 윤희와의 만남 떠오르고)

13.　회상/미국 펍/5개월 전(밤)

　　　구석에서 엉망인 몰골로 술을 마시고 있는 윤철. 양주병을 끌어와 병
　　　째 들이키려는데. 말리는 손, 윤희고.

윤희　　정신 차려!! 누구 좋으라고 이렇게 망가져있어?!

윤철　　(취한 눈으로 올려다보며) 오윤희? 왜 또 왔어? 그만 찾아오라고 했잖
　　　　아!! (귀찮은 듯 윤희 손 뿌리치고, 다시 술병 잡으려는데. 떨리는 손)

윤희　　(가만히 윤철의 손을 잡아주면)

윤철　　(절망감에 거칠게 뿌리치고) 봤지? 주단태 그 자식 덕분에 꼴같잖은 의
　　　　사 생활도 못 하게 됐어. 그러니 어째? 인생 망친 김에, 제대로 망가지게
　　　　살아줘야지. (마구 술을 들이키면)

윤희　　윤철아, 우리 한국으로 돌아가자! 가서, 복수하자! 주단태와 천서진한
　　　　테!! 나랑 같이!

윤철　　(조소하며, 무시하듯) 너랑 난 패배자야! 완패했어!! 그런 우리가 뭘 할
　　　　수 있는데? 난, 돌아가도 받아줄 병원도 없어! 너도 반겨줄 사람 하나

없잖아!!

윤희　(격하게) 니 능력으로 못할 게 뭐 있어?! 사업이든 취직이든 뭐든 시작해! 내가 도와줄게. 지옥 끝까지 가봤는데, 우리 무서울 거 없잖아?! (하다가) 주단태와 천서진, 곧 약혼한대!

윤철　(순간 빠직! 굳어지는 표정으로 윤희를 보는)

14.　현재/헤라펠리스 윤희 집 거실(밤)

윤철　(맘 아프지만, 더 세게 밀어붙이는) 복수하고 싶은 것도 결국 애정이었어! 증오도 미움도 다 미련이었다구!! 이제야 깨달았어. 천서진한테 다시 흔들린다는 거! (거짓말하면)

윤희　(부들부들) 그렇게 말하면, 니 맘이 편하니?

윤철　(버럭) 너 바보야?!! 눈치가 없는 거야, 모른 체하는 거야? (차갑게) 니 덕에 사업 성공해서 으스대며 서진이 앞에 나타나고 싶었어. 애초에 널 이용한 거야!! 그런 쓰레기라고, 내가!! 나 죽어도 서진이 못 버려!!

윤희　(순간 참을 수 없는 증오심에, 죽일 듯 윤철의 가슴을 쾅쾅 치며) 나쁜 자식!! 나쁜 자식!! (울부짖으며 마구 때리면)

윤철　(그대로 맞고) 이 정도 맞아줬음 됐지? 이혼 정리될 때까지 나가 있을게.

윤희　로나가, 널 얼마나 좋아했는데… (가방에서 사진 한 장을 꺼내, 테이블 위에 올려놓으면. 청아예술제 때, 로나와 윤철이 같이 찍은 사진이고)

윤철　(로나와 함께 찍은 사진을 보는 표정. 가슴이 쿵! 하고)

15.　회상/청아예고 예술관 일각(낮)

윤철, 윤희와 로나의 사진을 찍어주는데.

로나　아저씨도 오세요.

윤철　응?

로나　(쑥스럽게) 아저씨도 같이 찍어요.

윤철　그럴까? (다른 사람에게 사진 찍어달라 부탁하고, 로나 옆에 서면)

로나	(머뭇하다가, 사진 찍는 순간, 재빨리 윤철의 팔짱을 끼는데)
윤철	(어색하면서도 로나가 낀 팔짱에 은근 기분이 좋고)

윤희, 윤철, 로나, 진짜 가족 같은 모습으로 환한 미소로 사진 찍는.

16. 현재/헤라펠리스 윤희 집 거실(밤)
   웃고 있는 로나 얼굴을 도저히 볼 수 없는 윤철. 눈가 발개져 사진을 외면하고.
   냉정하게 짐 가방을 챙겨 들고 돌아서서 현관으로 뚜벅뚜벅 걸어가는데.

윤희	(의미심장한 눈빛으로) 아무리 그래도 넌! 로나 장례식에 왔어야 했어!! (분노와 슬픔이 범벅된 표정. 부들부들 떨면서 윤철을 매섭게 노려보는)

17. 헤라펠리스 윤희 집 앞(밤)
   짐 가방을 들고 나서는 윤철, 마리와 딱 부딪히고.

마리	뭐야, 그 짐 가방은? 이 시간에 어디 가요? (하다가 멈칫) 설마.. 아니죠?
윤철	(마리 피해서 대답 없이 가려는데)
마리	(그런 윤철을 붙잡고. 눈 부라리며) 나 요즘 하 대표 엄청 마음에 안 들었어. 윤희 씨 안 챙기고 밖으로 나도는 거, 심히 눈에 거슬렸다고!! 윤희 씨 지금 얼마나 힘든지 몰라서 이래? 설마, 이 판국에 싸운 거야? 그랬다고 남자 새끼가 짐을 싸서 집을 나와? 그런 거야?!
윤철	놔요! 남의 집 일에 간섭 말고!
마리	남의 집?!! 하!! 윤희, 내 친동생이나 다름없어! 솔직히 말해! 너, 뭐 찔리는 거 있어서 도망가는 거지?
윤철	(막무가내로 마리 손을 빼내며) 신경 *끄라구*!! (소리치고, 엘리베이터에 올라타면)

마리   (쫓아가며) 너!!! 너어!! 혹시나 딴생각하고 있는 거면, 진짜 내 손에 죽어!!!!! (소리치는)

18.   헤라펠리스 서진 집 은별의 방(밤)
        은별, 침대에 멍하니 앉아있으면. 분홍이 은별에게 약 내밀고.

분홍   (약 먹는 은별이를 보며) 어서 자. 내일 학교 가려면. (돌아서려는데)
은별   (다급히 분홍을 붙들고) 쌤, 오늘 나랑 같이 자면 안 돼요? 자꾸 가슴이 뛰고, 무서운 꿈을 꿔요.
분홍   무슨 꿈?
은별   (머뭇하다) 이상한 멜로디가 자꾸 들려요. (문득, 어디선가 들은 듯한 교향곡 벨소리가 아련하게 들리고. 기억나는 대로 계이름을 외우다가 멈칫. 불안한 표정) 모든 게 엉망진창이에요. 로나가 죽은 것도, 엄마가 은퇴한 것도, 머릿속이 뒤엉켜서 미치겠어요.
분홍   그날 일, 아직도 기억 안 나? (떠보듯 묻는데)
은별   (고개 내젓고) 엄마가 말해준 것 말고는, 아무것도 생각 안 나요.
분홍   너무 놀라서 그럴 수도 있어. 조금씩 생각날 거니까 초조해할 거 없어.
은별   로나는 자기가 대상 탄 것도 모르고 죽은 거네요? 자기 께 아닌 걸 욕심낸 벌이겠죠?
분홍   쌤이 재워줄게. 같이 자자.

        분홍, 은별 옆에 나란히 눕고. 아기처럼 은별을 안아서 재워주는데.
        도닥도닥하며 자장가를 불러주는 분홍. 그제야 안심한 듯 분홍 품에서
        잠이 드는 은별이고.

19.   호텔 피트니스(아침)
        운동하던 남자들의 시선, 한곳으로 쏠리고. 시선을 한 몸에 받으며 들어서는 사람, 애교다.

늘씬한 몸매에 건강미 넘치는 애교, 능숙하게 운동기구를 이용해 운동을 시작하고. 남자들 중 한 명, 애교에게 다가가 수작을 걸어보려는데. 급히 다가와 저지하는 조 비서.

조비   (애교에게) 사람 많은 곳엔 나와 계시면 안 됩니다.

애교   (짜증 내며) 그럼 하루 종일 그 산속에 처박혀있으라고?!

조비   숙소까지 안내하겠습니다. 회장님 명이십니다. (경호원에게 눈짓하면, 경호원들 다가서는데)

애교   (민첩하게 경호원들을 밀쳐내고 제압하는데. 운동으로 단련된 모습이고) 꺼져!! 내 몸에 손대는 놈들, 병신 될 각오해!!

조비/경호원들   (더는 다가서지 못하면)

애교   (무시하고, 계속 운동 이어가는)

그런 애교를 한쪽에서 지켜보고 있는 로건. 찬찬히 애교를 살피고 있는.

20.   **펜트하우스 서재(아침)**
단태, 피트니스센터에서 애교가 찍힌 사진을 보면서, 보고받고 있는.

단태   어디로 튈지 모르는 여자야. 사람 붙여서, 혼자 돌아다니지 못하도록 해! 어느 누구와도 절대 접촉해선 안 돼!! (그러다 여유 있게 의자를 뒤로 젖히며) 천서진은 지금 뭐하고 있어?!

21.   **경찰서 앞(아침)**
밤샘 경찰 조사를 마치고 나오는 서진. 초췌한 표정이고. 기자들 몰려오는.

기자1   천서진 씨! 성악계의 영구제명에 대해 어떻게 생각하십니까?!

기자2   대타 성악가가 고교 동창생이라는 소문이 돌고 있는데, 사실인가요?

서진	(대답 없이 걸어가면)
기자1	청아재단에서 해임 건으로 긴급이사회를 연다는데, 알고 계신가요?
서진	(순간 멈칫! 놀란 눈으로 기자를 보면)
도비	(서진을 보호하며, 급하게 차에 태우는데. 기자들을 뚫고 차 출발시키는)

22.   청아예고 이사장실(아침)

서진, 급히 뛰어 들어오면. 서진모와 서영, 이사장실을 점령한 듯 앉아 있고.

서진	나한테 말도 없이 긴급이사회라뇨?!! (따져 물으면)
서진모	집안 망신시킨 주제에 어디서 큰소리야?!! 넌 청아재단을 가질 자격 없어!! 니 아버지 명성에 스크래치를 냈어!! 청아를 지키려면 구정물은 빨리 씻어내야지! (단호한데)
서영	(이사장 의자에 앉은 채로) 이제 청아재단은 나한테 넘겨! 청아아트센터도 내가 잘 키울 테니까 걱정하지 말고!! 경찰 조사받느라 힘들었지? 우리 시댁에서 불구속 수사할 수 있게 힘 좀 써준다는데.
서진	(달려가, 서영을 자리에서 끌어내고. 서영의 손을 잡아 비틀며) 까불지 마!! 니 덕 안 봐!! 청아아트센터에 관심 꺼!! 거긴 벽돌 한 장, 계단 하나도, 내가 쌓고, 내가 만든 거야!!
서영모	(발끈하고) 욕심도 정도껏 내!! 이럴수록 너만 더 비참해질 뿐이야!! 여기까지가 내가 엄마로서 널 만나준 거야. 더하면 법정에서 봐야 해!!
서진	(분노 치밀어 오르고) 끝까지 가보시죠!! 저도 오늘까지만 어머니로 대접한 거니!! 아버지가 살아 돌아와서 이 자리 뺏어가기 전에는 아무도 못 건드려요! 청아재단은, 아버지가 내게 준 마지막 선물이니까!! (독하게 이 악무는)

23.   헤라팰리스 서진 집 거실(아침)

서진, 지친 표정으로 거실로 들어서면. 가방 메고 방에서 나오는 은별.

서진	(은별 보고, 정신 차리며) 아침 먹었어? 샌드위치라도 만들어줄까?
은별	(그런 서진 무시하고 분홍에게) 쌤. 저 주스 좀 갈아주실래요?
서진	엄마가 해줄게. (급히 주방으로 가려면)
은별	(노려보며) 누가 엄마 코스프레해달래? 짜증 나 진짜! (그냥 가버리면)
서진	은별아!!
분홍	지금 예민해서 그래요. 간식 챙겨서 보낼 테니까 걱정 마세요. (간식통 들고, 급히 은별 따라 나가는데)
서진	(머리가 지끈하고. 돌아보면 도 비서가 서있는)

24. 헤라팰리스 서진 거실(아침)

서진, 커피머신에서 커피 내리며,

서진	그게 무슨 소리야? 청아그룹 움직임이 이상하다니?!
도비	최근 이사장님 쪽 주주들까지 등을 돌린 거 같습니다.
서진	이번 일로 신임을 잃은 건 사실이잖아. 회복할 시간이 필요하겠지.
도비	(조급하게) 관망할 때가 아닌 거 같습니다! 며칠 전에 청아그룹 대주주들을 주 회장님이 따로 만나셨습니다.
서진	(멈칫) 그게 무슨 뜻이야?!
도비	주 회장님, 너무 믿지 마십시오! 주 회장님은 이번 대타 건에 대해 이미 알고 있었습니다. 상대가 오윤희 씨라는 것도!
서진	(놀라) 무슨 소리야?! 그 사람이 그걸 어떻게 알아?!
도비	(그 자리에 무릎 꿇고, 양심 고백하는) 죽을죄를 졌습니다! 제가, 주단태 회장님이 놓은 덫에 걸려 그만.... 처분에 따르겠습니다! 어떤 처벌도 달게 받겠습니다! (고개 숙이면)
서진	(순간 충격받아 굳어진 표정) 주단태가 알고 있었다...?

25. 청아예고 음악부 교실(아침)

로나 자리에 국화꽃 놓여있고. 석훈, 창밖만 내다보고 있으면.

아이들, 여느 날처럼 아무렇지 않게 떠들고 웃고 장난치고, 소란스러운데.

석훈 시끄러운 듯, 버즈를 귀에 끼우고 음악 소리 키우는.

그때, 두기가 조회하러 교실로 들어서고.

두기 (책상 꽝꽝 내리치고) 교사 회의에서 방금 내려진 결정이다. 청아예술제 대상을 받은 로나가 세상을 떠난 관계로, 올해 서울대 학교장 추천서는, 금상을 수상한 주석경이 대신 받기로 했다!

학생들 올~ (일제히 석경을 보는데)

민혁 서울대 프리패스권을 주석경이 받는다고? 대박!

석경 (그럴 줄 알았다는 듯 의기양양한 표정인데)

제니 (로나 생각에 울적한데. 몰래 눈물 훔치면)

두기 곧 중간고사가 시작된다. 3학년 내신은 어느 때보다도 중요하니까, 뒤숭숭했던 일들은 다 잊고 다들 학업에 정진하도록! 알았나?!

아이들 (힘차게) 네에!!!

두기, 벽에 나란히 붙어있는 숫자달력을 뜯으면. "실기시험 D-187, 수능 D-221" 적혀있고. 아이들 긴장하는데.

두기 그런 의미로, 그만 저 꽃 좀 치우자. 이 정도면 애도 기간은 충분했잖아?

은후 제가 치울게요. (일어나 로나 책상에 있는 국화꽃을 집어 드는 순간)

석훈(E) 손 치워!

은후 (놀라서 얼른 꽃에서 손 떼고. 모두의 시선 석훈에게 집중되는데)

석훈 꽃 건드리는 사람. 나한테 죽을 줄 알아! (순간 정적)

두기 (침 꼴깍하고는 금세 태세 전환해서) 내 말이 그 말이야. 너네들도 참 몰인정하다. 어떻게 친구 죽음에 제대로 슬퍼하는 사람이 없니. (석훈 눈치 보면)

석훈 (갑자기 벌떡 일어나 책상을 발로 밀어버리고 교실을 뛰쳐나가는데)

석경/은별 (놀란 표정)

두기   석훈이 너 어디 가? (대답도 않고 나가버리면. 무안해지고. 얼른) 아, 조퇴 하려고? 조심히 가. 뭣들 해? 다들 책 펴!!

26.   **공원묘지(낮)**
      텅 빈 공원묘지에 다가와 서는 사람, 석훈이다.
      석훈, 주머니에서 뭔가를 꺼내면. 초코우유 두 개다. 하나는 묘지 앞에
      두고, 하나는 무표정하게 뜯어서 마시는데. 꿀꺽꿀꺽 목젖을 움직이며
      초코우유를 쉬지 않고 마시는 석훈.
      (O.L) 시즌 1 9화 35신. 석훈에게 초코우유를 주는 로나.
      시즌 1 9화 36신. 로나가 준 초코우유를 쓰레기통에 버리는 석경. 석훈,
      쓰레기통에 처박힌 초코우유를 꺼내서 옷에 쓱쓱 닦고 가져가는 모습.

석훈   (무덤덤하게 초코우유를 다 마시면) 맛있네. (로나의 이름이 쓰인 비석을 보
      는. 희미하게 웃고) 안 추워? 내일 또 올게. (쓸쓸하게 돌아서는 석훈이고)

27.   **통나무 별장 주변/헤라팰리스 윤희 집 거실/전화통화(낮)**
      애교, 통나무 별장 주변을 산책하고 있으면. 그 옆을 맴돌고 있는 로건.
      로건, 애교를 향해 한 발짝씩 천천히 다가서고 있으면.
      애교, 숨어서 자신을 밀착 감시하고 있는 경호원들을 감지하고.

애교   쥐새끼 같은 잡놈들, 많이도 붙여놨네. (혼잣말하는데)
      그 소리를, 이어폰을 낀 채 핸드폰 도청앱으로 듣고 있는 윤희!
      로건, 애교 바로 앞에 와있고. 막 애교에게 말을 걸려는 순간! 로건의
      핸드폰이 진동으로 울리는. 놀라서 얼른 받는 로건.

윤희(F)   로건? 어디예요?

로건   (가까이에 있는 애교를 보며 나직이) 나 애교 별장.

윤희	(다급하게) 지금 만나선 안돼요! 주단태가 경호를 붙여놨어요.
로건	(그제야 고개 돌려보면. 숨어서 애교를 감시하고 있는 경호원 모습이 눈에 들어오고. 재빨리 몸 숨기는데. 가까스로 위기 모면하고)
윤희	나애교는 주단태 사람이에요! 쉽게 입을 열지 않을 거예요. 신중하게 움직여요!

그때, 윤희 집 초인종 울리고. 비디오폰 보면. 마리 얼굴이 떠있는.

28. 헤라펠리스 윤희 집 앞(낮)
영문을 모른 채 마리한테 끌려 나오는 윤희.

윤희	대체 어딜 가자고 이래요?
마리	집에 처박혀서 천장 보고 있으면 뭐가 떨어져?! 이럴 때일수록 콧구멍에 바람 좀 넣어야지.
윤희	제니 엄마! 죄송한데, 저 아직...

그때, 양손에 찬합통을 바리바리 싸들고, 마리 집 초인종을 누르고 서 있는 상아가 보이고.

마리	(표정 확 바뀌고) 남의 집 앞에서 뭐해?
상아	(마리를 보자 반갑게) 어머나~ 거기 계셨어요? 난 집에 안 계셔서 헛걸음했나 완전 실망했잖아요~ (손에 든 찬합통을 보이며) 우리 어머님 손맛 아시죠? 제니 엄마 좋아하는 걸로라도 특별히 싸왔는데, 맛 좀 보실래요?
마리	나 지금 바쁜데.
상아	왜요? 둘이 어디 가요?
마리	신경 꺼! (윤희 데리고 엘리베이터 쪽으로 걸어가면)
상아	(다급히 바짝 붙어서) 나도 좀 껴줘요. 두 사람 엄청 친해 보이니까 질투

나잖아요. 뭔데? 어디 가는데? 3마마님 만나러 가는 거예요?!

마리 됐고! 그 속내 빤히 보이니까, 갑자기 입맛이 뚝 떨어지네. 남의 집 앞에 반찬 냄새 풀풀 풍기지 말고, 그것들 싹 다 도로 가져가!

상아 (욱하지만 애써 참고) 아니, 그래도... 사람 성의가 있는데 맛은 좀 보고...

마리 (윤희 데리고 엘리베이터에 타서 내려가버리면)

상아 (순간 버럭) 저저 상스런 여편네가!! 누구한테 막말이야? 으아!! 참자, 참어! 우리 규진이 위해서 참자, 상아야!!

29. 동네 목욕탕 (낮)
목욕탕 복장으로 완벽 세팅한 마리. 그 옆으로 윤희가 멀뚱히 서있고.

윤희 여긴 왜 온 거예요?

마리 잡생각 안 하려면 뭐니 뭐니 해도 몸 쓰는 게 최고야. 자! (윤희의 손에 청소솔 집어주며, 빈 온탕으로 먼저 들어서는 마리) 이 언니 하는 거 보고 그대로 따라 하면 돼! 이렇게 팔에 힘을 주고!! 바닥부터 빡빡 밀어야돼.

윤희 제니 엄마.

마리 (윤희 말 무시하고) 물때가 있는 곳은 이렇게! 이렇게! 손목 스냅을 이용해서. 안 그럼 통증 생겨. (힘줘서 온탕을 씻어내는 마리) 왜 그러고 섰어? (빈 냉탕 가리키며) 거기 냉탕은 자기 꺼야. 일 제대로 안 하면 오늘 일당 없어! 얼른 해!! (막무가내로 명령하면)

윤희 (머뭇하다가, 결심한 듯 팔과 다리를 걷어붙이는 윤희. 마리 따라서 냉탕 안을 씻어내기 시작하고)

마리 (흘낏흘낏 보며) 아! 모서리까지 빡빡 닦아야지!! 손목에 힘 안 줄래?!

윤희 (더 힘 있게 탕의 때를 빡빡 씻어내는데. 금세 온몸이 땀에 젖고. 힘들어하면서도 마리의 노동요 소리에 기운이 나고. 자기도 모르게 노래 따라 부르며 일에만 집중하는데)

30. 목욕탕 일각(낮)

짜장면 비닐을 기술적으로 뜯어내는 마리.

마리 (윤희에게 건네주며) 먹어. 목욕탕에서 먹는 짜장면 요게, 또 예술이거든!

윤희 (헛웃음이 나는) 배가 고프네요. 뻔뻔하게 진짜.

마리 먹어! 사람 원래 간사한 거야. 몸 쓰면 바로 신호 오게 돼있어. 자식을 잃었든, 남편을 잃었든. 내 배 채운다고 죄짓는 거 아니니까 많이 먹어!

윤희 (눈가 발개지는데)

마리 (짠하고) 속이 얼마나 썩었어, 그래? 어제 봤어. 하 대표, 아니 그 쌍노무 새끼 짐 싸들고 나가는 거! 잠깐 부부싸움 한 액션은 아닌 거 같고, 뭐래? 하 쌍놈! 갈라서재?

윤희 (대답 못 하면)

마리 (기가 찬 듯) 하! 진짜 얼어 디질!! 십장생 개나리 쌍화차 삐리리리!! (욕 튀어나오고) 사람 바닥 칠 때 인격 나온다더니, 어떻게 지 마누라 고꾸라진 꼴 보고도 등을 돌려?!!

윤희 (담담하게) 짜장면 불어요. 어서 먹어요.

마리 (그 모습 보면 너무 짠하고) 자식 앞세운 사람한테 무슨 말이 위로가 되겠어. 근데, 나 하나만 부탁할게. 내 전화는 꼭 받아. 못 받으면, 5분 안에 콜백해. 살아있다는 거, 하루에 세 번은 보고해. 끼니때마다.

윤희 (마리 진심에 울컥하고. 대답 없이 마구 짜장면만 입에 넣는데)

마리 딴생각 절대 하면 안 돼!! 엄마가 어떻게든 이 땅에 두 발 디디고 살아 있는 거, 그게 로나가 원하는 거야!! 내 말 알아듣지?

윤희 (입에 짜장면 한가득 넣은 채, 꾸역꾸역 눈물 삼키며) 나... 살 거예요... 어떻게든 버틸 거예요... 절대 안 죽어요....

마리 (같이 눈물 나고)

두 사람 말없이 열심히 짜장면 먹는. 그러다 입에 짜장면 묻은 모습 보면. 눈물 그렁한 채 서로 마주 보며 웃고.

31.   청아예고 복도(낮)
       은별, 영어 단어장 외우면서 걸어가면. 뒤에서 수군대는 아이들, 은별
       을 보며 비웃는데.
       은별, 아이들 시선 이겨내보려고 애써 빠르게 걷는데. 아이들, 은별 뒤
       를 쫓아오며 사진 찍고. 그제야 유리창에 비친 자신을 보는데, 등에 뭔
       가 붙어있는.

은별   뭐야!! (휘적대다가, 재킷 벗어서 종이 뜯어보면. "가짜 소프라노 주니어, 하
       은별"이라고 써있고) 누구야? 유치하게 뭐하는 짓이야?!! (소리치면)

       그때, 은후, 봄이, 유정, 다가와 은별을 가로막고.

장대   천 쌤, 이사장에서 짤린다며?!
봄이   멘탈 쩐다, 너! 니 엄만 감방 가게 생겼는데, 영어단어가 외워져?
은후   니네 엄마 대신 우리한테 사과해야 되는 거 아냐? 니네 엄마 땜에 청아
       예고 손가락질 당하는데, 피해보상도 안 하면 양심이 썩은 거지!!
아이들   (동조하며, 은별을 둘러싸고)
유정   (은별 머리 밀치며) 너도 가짜잖아!! 실력도 없는 게 예전부터 나대던
       거, 꼴보기 싫었어!
봄이   솔직히 배로나가 훨씬 잘했잖아?! 인정하지?
은별   (일그러지고) 저리 가!! 비키라고!! (아이들 확 밀치고, 뛰어가는데)

32.   청아예고 음악부 교실(낮)
       은별, 교실로 뛰어 들어오면. 눈에 들어오는 로나의 책상. 국화꽃들 가
       득한데.
       은별, 로나 책상의 국화꽃을 쓸어버리고, 책상을 엎어버리고 난동 피
       우면.
       그런 은별을 막는 제니.

374

제니	뭐하는 짓이야?
은별	비켜!! 재수 없게 죽은 애 책상을 왜 아직까지 안 치운 거야!!
제니	(매섭게 은별의 뺨을 날리며) 말조심해!!! 재수 없어?! 로나가 왜?! 불쌍하게 죽은 로나한테 그딴 식으로 말하지 마!!
은별	(기막혀) 너 지금 나 때렸어?! 니가 감히?! (제니에게 달려들면. 은별의 팔을 막는 건 석경이고)
석경	(싸늘한 목소리) 제니 말이 맞아. 불쌍하잖아, 배로나.
은별	뭐?! 주석경, 니가 그렇게 말할 자격이 있어?!
석경	내가 자격 없을 건 뭔데? 내가 죽였니? (은별, 흠칫하면) 안 그래도 너한테 궁금한 게 있었는데... 청아예술제 대상 발표할 때, 너 로나랑 같이 있었지?
은별	아냐! 난 못 봤어!!
제니	(나서고) 대기실에 너네 둘만 없었어. 말해봐!! 어디서 뭐했는지!!
은별	(당황하는) 난 그때....

33. 인서트/청아의료원 VIP 병실(아침)
서진, 은별에게 주입하듯 얘기하고 있는.

서진	은별이 넌, 약을 많이 먹어서 양호실에 누워있었어. 그리곤 발표 직전에 쓰러져서 도 비서가 집으로 옮겼구.

34. 현재/청아예고 음악부 교실(낮)
은별, 서진 말 떠올리며 변명하는.

은별	난 양호실에 있었어. 약기운 때문에 어지러워서....
민혁	확실해? 진짜야? 본 사람 있어?

아이들의 압박에 점점 몰리는 은별, 찌를 듯한 두통을 느끼고. 단편적

375

으로 떠오르는 기억. 화장실에서 본 로나의 얼굴. 도망치듯 복도를 뛰어가는 로나의 발. 쨍하고 깨지는 진열대 컵들.

"아악!!!" 갑자기 휘청하며 쓰러지는 은별. 부축하는 누군가의 손. 석훈이다.

은별, 석훈 품에서 그대로 정신을 잃는.

35.   청아예고 양호실 (낮)

　　　은별, 눈을 뜨면. 자신을 보고 있는 석훈.

석훈　괜찮아?

은별　(얼른 일어나 앉고) 석훈아... 어떻게 된 거야?

석훈　갑자기 교실에서 기절했어.

은별　(머리 감싸 쥐며) 머리가 깨질 것같이 아파.

석훈　(다정하게 머리 짚어주며) 너 진짜 몸이 안 좋은 거 같네. 청아예술제 때도 쓰러졌다면서?

은별　어... 그랬지? (분명하게 대답 못 하는데)

석훈　(은별을 유심히 보며) 나 좀 서운한데? 그날 일, 니가 기억 못 하는 거 같아서. 돌계단에서 나한테 한 말도 기억 안 나는 거야?

은별　(영문 몰라) 내가 무슨 말을 했는데?

석훈　정말 생각 안 나? 난 그 말 때문에, 사귀자고 한 건데. 좋아서. (실망한 표정 짓고) 나 먼저 갈게. (돌아서서 가면)

은별　석훈아!! (불안해지고)

36.   청아예고 돌계단 (낮)

　　　은별, 돌계단 위에 서있는. 혼란스러운 표정. 뭔가 기억해내려고 애쓰는데.

은별　내가 여기서 무슨 얘길 한 거지? 아, 기억이 안 나... (머리를 감싸 쥐는 은

별. 답답해 미칠 지경이고)

석훈, 괴로운 듯 중얼거리고 있는 은별의 모습을 한쪽에서 보고 있는.

석훈   기억해내!! 하은별!! 니가 한 짓이 뭔지!! (무서운 표정인데)

37.   커피숍(낮)
규진, 급하게 커피숍으로 들어서면. 먼저 와서 기다리고 있는 윤희.

규진   (다가가 윤희 앞에 앉고) 윤희 씨, 어쩐 일이에요? 날 다 찾아오고?
윤희   (차분하게 말 시작하는) 아시다시피 제가 믿고 의지할 사람이 없어서...
고민하다가, 오빠같이 대해주던 의원님이 생각났어요.
규진   (으쓱하고) 언제든지 나야 뭐, 찾아주면 좋죠. 국민의 소리에 귀를 기울
이는 국회의원으로 유명하잖아요, 내가! 거기다 이웃 간인데. 더 귀를
기울이고 싶네. 무슨 일이에요? 나 믿고 뭐든 털어봐요. (호의적인데)
윤희   (갑자기 울음을 터트리고) 저 어떡해요, 오빠아....
규진   (화들짝 놀라고. 당황해서 주변 둘러보는)

컷 되면. 규진, 놀라서 마시던 커피를 그대로 뿜어버리고.

규진   (흥분해서) 내가 그럴 줄 알았다니까! 두 사람, 촉이 딱 오더라고! 내가
얼마 전에 하 대표를 새벽에 만났는데, 서진 씨 뒷담화 좀 살짝 했더니
글쎄! (윤철 흉내 내며) 술 처마셨으면 곱게 들어가서 잠이나 퍼 자!! 함
부로 아가리 놀리지 말고! (인상 풀고) 그러더라니까요!! 이미 갈라선
사이에 뭐가 저리 빡치나 이해가 안 됐는데, 이제야 퍼즐이 딱딱 맞춰
지네! 와 진짜 쓰레기다. 그 자식?! 바람을 펴도 상도가 있지!! 아예 모
르는 여자랑 피던지, 여자가 없으면 나한테 소개를 시켜달라 할 것이
지, 어떻게 다시 전 부인을 만나냐. 매너 없이! (이해 불가라는 표정인데)

윤희   (절망적인 표정으로) 로나 그렇게 되고 너무 힘들었는데... 느닷없이 이혼하자는 말을 들으니까, 정신도 없고... 딱 의원님 생각밖에 안 났어요.

규진   아 그럼. 규진이가 이혼 전문 변호사 때 최고로 잘나갔지. 그럼 그럼. 동생은 지금부터 내가 시키는 대로만 해! 알겠어?

윤희   뭘 어떻게 해야 되는데요?

규진   이혼에서 제일 중요한 건 파국에 이른 귀책사유야! 일단, 둘이 바람 폈다는 증거부터 확보해! 내가 기똥찬 후배 변호사 하나 연결해줄 테니까 있어봐. (핸드폰으로 전화하다가, 순간 멈칫. 속마음으로 E) 근데, 이 중요한 사실을 주단태는 아는 거야, 모르는 거야? (비실비실 웃음이 새어 나오는 걸 겨우 참는 규진)

윤희   (그런 규진을 보며, E) 참지 말고, 달려가 이규진! 내가 너한테 원하는 건 딱 하나니까!

38.   고급 바 (저녁)
       규진, 비싼 술 시켜놓고 마시고 있으면. 다가오는 단태.

단태   이 의원이 웬일로 이런 데서 만나자고 하고. 공돈 좀 만진 모양이죠?

규진   오늘은 주 회장이 살 거니까, 맘 놓고 실컷 마시려고. 비싸고 좋은 걸로.

단태   (의아한 표정) 난 이 의원한테 빚진 거 없는데?

규진   (음흉한 미소 띠며) 곧 지게 될 걸요? (술 따라주며) 한 잔 받아요!

단태   (살피고) 뭔데 이렇게 뜸을 들여요?!

규진   (입이 근질거려 미치겠고) 아이고, 이 철딱서니를 어쩔 거야. 말해줘, 말아?! 알다시피, 나랑 서진 씨가 보통 사이가 아니거든. 우리가 압구정동에 있는 사립유치원도 같이 다녔고, 거 뭐냐, 심운맨션 처음 입주할 때 바로 옆 동에 살던 사이에다...

단태   (말 자르고, 사나워진 표정) 그냥 말하지?! 까불지 말고!

규진   (금세 쫄아서) 하윤철이 글쎄, 오윤희랑 이혼한대!!

단태   왜?

규진	왜겠어? 은근 눈치가 없다니까. 다 서진 씨 때문이지. 요새 서진 씨랑 하 대표 사이가 (이상한 손짓하며) 묘~ 하다니까.
단태	(표정 굳어지고, 애써 태연하게) 그럼, 눈치 있는 이 의원 얘기 좀 찐하게 들어볼까요?!

39. 헤라팰리스 서진 집 거실 (저녁)

서진, 생각에 잠긴 표정. 그 위로,

40. 회상/7화 51신/A호텔 (밤)

단태	(슬쩍 눈치 살피며) 당분간 회사 일엔 손 떼는 게 좋겠어. 주주들 진정시키는 게 중요하니까. (서진 위로하는 척) 이런 일이 있었으면, 진작 나랑 상의를 했어야지. 왜 혼자 끙끙 앓고 있어? 바보같이!
서진	오윤희야!!
단태	뭐?
서진	내 대타로 선 사람이 오윤희라고!!
단태	(놀라는 척) 정말... 오윤희란 말야?! 두 사람 대체, 무슨 일이 있었던 거야? 나한테 다 얘기해. 내가 도울 수 있게!!

41. 현재/헤라팰리스 서진 집 거실 (저녁)

서진	(생각하는) 주단태... 청아그룹을 손에 넣을 작정으로 그런 짓을 벌인 거야? 당신, 그런 사람이었어? (소름 돋는데)

그때, 은별이 거실로 들어서고.

서진	(은별을 맞는) 왔어? 왜 이렇게 늦었어? 학교에선 별일 없었어?
은별	(무시하고 서진을 스쳐 지나가다가, 문득 멈춰 서고) 로나 죽던 날, 엄마가 해준 얘기, 다 사실이야?
서진	(놀라고) 무슨 말이야?

은별	(돌아보는) 나 기절해서 집에 왔다는 거 사실이냐고?!!
서진	당연하지! 엄마가 거짓말할 이유가 뭐 있어? 그건 왜 묻는데?!! 혹시, 뭐 기억난 거라도 있어? (불안한 듯 물으면)
은별	왜? 기억나면 안 되는 일이라도 있어?! (서진의 손을 뿌리치고 들어가고)
서진	(불안해서 가슴 떨리는. 급히 윤철에게 전화하는) 나야. 어디야, 지금?!

그 모습을 한쪽에서 지켜보고 있는 분홍.

42.   존 바이오 윤철 사무실(밤)

서진, 윤철의 사무실로 들어서는데. 짐 가방과 소파에 놓여있는 침낭이 눈에 띄고.

서진	뭐야, 여기서 자는 거야?! 이 짐 가방은 뭔데?!
윤철	집 나왔어.
서진	그래서 여기서 지낸다고?!
윤철	회사 일이 바빠서 이게 편해. 호텔 잡는 것도 귀찮고.
서진	오윤희랑은 어떻게 됐어?
윤철	이혼하자고 했어. 그렇다고 너한테 가려는 건 아냐!! 윤희 옆에 있을 자격이 없어서... 그래서 떠난 거야.
서진	(내심 기쁜) 잘했어. 빨리 집부터 알아봐야겠어. 여기서 계속 지낼 순 없잖아.
윤철	내가 알아서 해. 은별이는 좀 어때?
서진	(표정 어두워지고) 기억이 확실히 지워진 거 맞아? 약은 먹이고 있는데, 불안해 미치겠어. 뭔가 자꾸 생각나는 거 같고, 나하곤 말도 잘 안 섞어.
윤철	(해쓱해진 서진을 보면 맘 안 좋고) 밥은 챙겨 먹고 있는 거야? 잠깐 앉아봐.
서진	(윤철을 보는)

컷 되고. 윤철, 서진의 팔을 걷어 올리고 링거를 놔주려는.

윤철 은별이 위해서 버텨. 어떻게든. 당신이 흔들리면 은별이도 끝이야.

윤철, 서진에게 링거를 놓으려는데. 미세하게 떨리는 손. 다시 힘을 줘
보는데 표가 나게 또 떨리고.

서진 (놀라) 손이 왜 그래?
윤철 쥐가 났나 봐. (주먹 몇 번 쥐었다 펴고, 다시 주사 놓으려는데. 더 심하게 떨
리는 손)
서진 (놀라서 윤철의 손을 잡으며) 당신, 손 다쳤어?!! 그런 거야?!
윤철 (굳어지는. 서진을 보는 떨리는 눈빛. 그 위로,)

43. 회상/1화 12신/뉴욕 바닷가 (새벽)
파도 소리 들리는 낭떠러지.
얼굴에 천을 쓴 윤철, 미국 갱단에게 무차별한 폭행을 당하는.

윤철(E) 당신들 누구야!! 왜 이러는 거냐고!!
남자 (영어로, 윤철의 뒷덜미를 잡아채고) 넌 오늘, 건드리지 말아야 할 여잘
손댔어!
윤철(E) 누가 보냈어? 주단태, 그 개자식이야?!!
남자 (영어로, 갱단에게 명령하는) 손부터 아작내!! 다신 수술 칼 못 잡게!

남자의 명령에 따라, 미국 갱단, 천이 씌워진 상태로 윤철의 손을 각목
으로 가격하면.
"아악!!" 고통스러운 비명을 지르는 윤철. 하얀 천 밖으로 검붉은 피가
번지는.
미국 갱단, 낭떠러지에서 윤철을 그대로 차가운 바닷속으로 밀어버리

는데.

44.   현재/존 바이오 윤철 사무실(밤)
        윤철의 떨리는 손을 꽉 잡아 쥐는 서진.

서진   (믿을 수 없고) 그걸 왜 이제야 말해?! 나 때문에 이렇게 된 거잖아!!
윤철   (단호한) 너 때문 아냐!!! 신경 쓰지 마. 이건 내 일이야.
서진   (가슴 찢기고) 내 일이기도 해!! 당신이 어떻게 의사가 됐는지 다 아는
        데!! 얼마나 그 일을 좋아했는데!! 다 주단태 때문이잖아!! 이대로는 못
        참아!! 야비한 새끼!! (분노하면)
윤철   뭘 어쩌려고?!!
서진   당장 파혼하겠어!!
윤철   (놀라면)
서진   (고백하는) 나, 그 남자 사랑하지 않아. 평생 가슴에 윤희를 품고 있는
        당신이 미웠고, 날 여자로 봐주는 누군가가 필요했어!! 그걸 사랑이라
        고 믿었던 건, 내 잘못이야. 그 사람이랑 결혼하면, 우리 은별이까지 불
        행해질 거야. 여기서 멈추는 게 맞아. 미안해. 그런 개자식 때문에 당신
        힘들게 하고, 우리 관계까지 깨버렸어.
윤철   (냉정하게) 지난 일이야. 이젠 되돌릴 수 없어.
서진   (받아치는) 되돌릴 수 있어!! 자존심 다 버리고 매달리는 거야. 제발 내
        옆에 있어줘... (애절하게 윤철에게 키스하면)
윤철   (확 밀어내고) 이러지 말랬잖아!!

        그때, 열린 문틈 사이로 모습을 드러내는 사람, 단태고.

규진(E) 요새 서진 씨랑 하 대표 사이가 묘~ 하다니까. 아무래도 둘이 다시 불
        붙었나 봐. 전남편과 또 바람이 난 거지. 히히히. (조롱하는 웃음소리/
        8화 38신)

단태, 서진과 함께 있는 윤철을 보며, 분노로 무섭게 일그러지는.
당장이라도 일을 낼 것 같은 단태의 표정! 죽을힘 다해 분노 참아내고
있는.

45.   헤라펠리스 분수대(밤)
      서진, 분수대 앞으로 걸어오면. 먼저 와서 기다리고 있는 단태.

단태   늦었네. 어디 갔다 와? 한참 기다렸는데.

서진   (단태를 보자 멈칫하고, 냉랭한) 왜?

단태   왜라니. 약혼녀가 밤늦은 시간까지 연락이 안 되니, 걱정하는 게 당연
        한 거 아닌가? 이사장 해임 건은 어떻게 됐어? 내가 이사들 좀 만나서
        설득해볼까?

서진   (경멸하듯 보며) 당신 진짜 마음이 뭐야? 내가 청아그룹은 당신한테 온
        전히 맡기고, 청아예고 이사장만 하다가 늙어 죽길 바라는 건가?

단태   (픽 웃고) 왜 이렇게 골이 났지? 이해해. 요즘 당신 힘든 거. (서진을 달래
        듯 양팔을 잡으려면)

서진   (순간 폭발하고. 힘껏 단태의 뺨을 후려치는) 오윤희 대타 건, 알고 있었
        다며?!! 재단에 제보해 날 흠집 낸 것도 당신이지?!! 감히 내 비서를 협
        박해, 그런 야비한 짓을 꾸며?!! 왜, 합병을 서두르려고 몸이 달았니?
        당신이 원하는 건 내가 아니라 청아그룹이었어!! 아니면 아니라고 말
        해봐!!

단태   (얼떨결에 한 대 맞고, 표정 확 바뀌며) 돈은, 당신 집안도 환장하잖아?

서진   (어이없는) 버러지 같은 자식! 당신이 어떤 인간인지 안 이상, 당신과
        결혼 못 해!! 우리 관계도 이걸로 끝이야!! (쌩하니 가버리면)

단태   (독한 눈빛) 천서진, 이렇게 나오면 안 될 텐데...

46.   헤라펠리스 전경(다음 날 낮)

47.   헤라팰리스 서진 집 주방(낮)
서진, 박 변호사와 마주 앉아있는.

서진   되도록 빨리 파혼 진행하고 싶어요. 합병도 전면 백지화시키고요! (합병 합의서류 보여주며) 정식으로 청아그룹이 출범하는 시점은 결혼식 이후라고 합의서에 명시돼있어요.

박변   그렇다면, 따로 지분 정리할 필요도 없겠는데요. 주 회장님께 계약 해지 통보하겠습니다.

서진   쉽게 포기 안 할 테니 소송도 대비해야 해요. 외부엔 말 새어나가지 않게 단속 잘 하시구요.

박변   네. (그때, 분홍이 주방으로 들어서고)

분홍   잠깐 좀 나와 보셔야겠는데요! 형사가 찾아왔어요.

서진   (놀라) 형사라뇨?

분홍   은별이를 만나러 왔대요.

서진   (화들짝 놀라고, 벌떡 일어서는) 은별이, 지금 어딨어요?!

48.   헤라팰리스 서진 집 은별의 방(낮)
은별, 분홍과 실랑이하고 있는.

은별   레슨 가야 되는데, 왜 못 나가게 해요?

분홍   오늘 레슨 취소했어. 엄마가 집에서 쉬래.

은별   그러니까 왜요?! 엄마 지금 어딨는데요?!

49.   헤라팰리스 서진 레슨실(낮)
서진, 긴장한 표정으로 형사들과 마주 서있는.

서진   집은 보고 듣는 눈이 많아서요. 여기서 편하게 말씀하시죠. 우리 은별이는 무슨 일로 만나러 오셨죠?

형사	은별 양에게 직접 확인할 게 있습니다. 배로나 학생 사망 건으로.
서진	(애써 진정하며) 이미 종료된 사건 아닌가요? 로나가 죽은 건 안타깝지만, 그 일로 은별이를 왜 만나야 하는지 모르겠네요.
형사	은별 양이 용의자거든요. 명백한 증거도 찾았습니다!
서진	(떨리는) 증거요?

형사, 은별의 공연 사진과 함께, 증거품 봉투에 든 목걸이를 보여주고.

형사	이 목걸이, 따님 꺼 맞죠? 여기서 따님의 DNA와 피해자의 혈흔이 동시에 나왔습니다.
서진	(기겁하고)
형사	이미 수위 박 씨의 진술도 받아냈습니다. 돈을 받고 거짓 자백을 했다고. 지금 하윤철 씨도 경찰서로 연행돼 조사 중입니다. 이젠, 솔직하게 말씀하셔야 됩니다! 따님이 배로나 학생을 죽였죠? 그날 계단에서 트로피로 피해자의 머리를 내리친 게 하은별 맞죠?! 당신이랑 하윤철이 그걸 은폐하려고 가짜 범인을 내세운 거고!!! (매섭게 압박하면)
서진	(흔들리고, 비틀하면)
형사	진실이 밝혀질까 봐, 병원에 있던 배로나를 고의로 죽였나요?!
서진	아냐!! 아냐!!!! (말 못 하고 덜덜 떨며 서있는데)
형사	(뒤에 서있는 경찰을 보며) 당장 하은별 체포해!!
서진	(소리치는) 안 돼!!! (형사들 앞을 가로막고, 무너지는 서진) 우리 은별인 아무 잘못 없어요. 다 내가 한 거예요!! 박 씨를 매수한 것도, 배로나를 죽인 것도, 다 내가 한 거라구요!! 우리 은별인 아무것도 몰라요!! 내 딸 털끝 하나라도 건드리면, 당신들 가만 안 둬!! (발악하는데)

그때, 뒤에서 귀에 익은 목소리가 들리고.

| 단태(E) | 눈물 겨운 모성이군! |

385

서진	(놀라서 휙 돌아보면, 단태가 서있고)
단태	딸 사랑도, 전남편에 대한 사랑도, 눈물 없인 못 듣겠는데? 아주 감동적이었어! 당신의 자백... (방금 서진이 말한 것을 녹음한 듯, 녹음기를 흔들며 등장하는데)
서진	주단태....?!! (잠시 무슨 상황인지 몰라서 멍해지고)
단태	(형사들에게 나가보라는 듯, 여유 있게 눈짓하며) 수고했어요.
형사	(단태에게 깍듯하게 증거품인 목걸이를 건네고 나가면)
서진	(그제야 덫에 걸린 걸 깨닫는) 설마... 당신이 꾸민 짓이야?!!
단태	(의미심장한 미소 지으며, 서진에게 다가서는) 나랑 파혼하겠다고? 왜? 하윤철한테 돌아가기 위해서?!
서진	(놀라면)
단태	(잔인한 표정) 언제부터지? 그 자식이 헤라팰리스로 돌아왔을 때부터 흔들렸나? 아님, 내가 그 자식 손을 망가뜨린 그날부터?!!
서진	(분노하며 단태에게 달려드는) 이 개자식아!!!
단태	(서진을 거칠게 밀어버리면. 바닥으로 나가떨어지는 서진. 매섭게 서진을 노려보며) 고작 그딴 자식한테 가겠다고, 이 주단태를 버리시겠다?!
서진	(주저앉은 채로, 뒷걸음질 치며) 다가오지 마!! 거기 서!! (손에 잡히는 대로 아무거나 집어 들어 내던지면)
단태	(전혀 쫄지 않고 당당하게 피해버리고. 더 가까이 다가서며) 당장 이 증거를 갖고 경찰을 찾아갈까? 아니지! 오윤희한테 보내는 게 더 재밌을 거 같은데? 하나뿐인 딸을 잃은 여자한테, 남편의 배신까지 알려주면... 으흐흐... 당신이랑 은별이를 어떻게 찢어 죽일지 기대되지 않아? 하하하하하하... (싸패처럼, 괴랄하게 웃으면)
서진	(처음 보는 단태 모습에 소름 끼치고) 당신... 미쳤어!!!
단태	(갑자기 서진의 목을 틀어잡고) 날 배신한 대가야!! 이 정도 각오도 안 하고, 결혼을 깨겠다고 생각했어?!! 어떻게 해줄까. 은별이한테 가장 가슴 아픈 게 뭔지 당신이 선택해!! (핸드폰 꺼내들고) 아무래도 오윤희한테 알리는 게 좋겠지? (버튼 누르려면)

386

서진	(기겁해서 막아서며, 비명처럼) 안 돼!! 절대 안 돼!! 당신이 하라는 대로 다 할 테니까, 아무것도 하지 마!! 시키는 대로 다 할게. 그러니까!! 우리 은별인 절대 건드리지 마. 제발... 부탁이야!! (두 손 모아서 싹싹 빌며, 눈물로 호소하면. 진심 두려움에 온몸이 벌벌 떨리고)
단태	(그런 서진을 보는) 정말, 내가 시키는 건 다 할 수 있겠어? (비열하게 웃는 단태고)
서진	(엄청난 함정에 빠진 것을 직감하는데)

50. 몽타주
    규진, 상아, 마리의 집으로 각각 배달되는 빨간 봉투.
    열어보면 단태와 서진의 결혼식 초대장이고. 놀라는 사람들의 표정 각각 잡히는.
    존 바이오 윤철의 사무실/ 역시 책상 위에 놓여있는 빨간 봉투. 윤철, 서진에게 급히 전화를 거는데. 서진, 전화 받지 않고. 뛰쳐나가는 윤철!

51. 헤라팰리스 서진 집 앞(낮)
    윤철, 서진 집 현관 비밀키를 누르는데. 비밀번호 바뀌어있고.
    초인종 누르고, 현관문 두드리지만, 안에선 인기척이 없는데. 미치겠는 윤철!!

윤철	문 열어!! 나랑 얘기 좀 해!! 천서진!! (소리치는데, 대답 없는)

52. 헤라팰리스 서진 집 거실(낮)
    서진, 거실에 꼿꼿하게 앉아있는. 초인종 소리 연거푸 들리지만 움직임 없고.
    분홍, 거실로 나오면.

서진	(굳은 표정) 앞으로 은별 아빠, 절대 집에 들여보내지 마요.

분홍   알겠습니다.

서진   (더없이 슬픈 표정. 절망적으로 눈 내리감는. 눈물 주르륵 흘리는)

53.   **헤라펠리스 규진 집 거실/헤라펠리스 윤희 집 침실/전화통화(낮)**

    규진, 상아 몰래 윤희와 전화통화 하고 있는.

규진   받았죠? 결혼식 초대장?

윤희   (초대장 보면서) 네. 보름 뒤네요.

규진   히야... 나 주 회장이 이럴 줄 몰랐네. 서진 씨가 변심한 걸 알고도 결혼을 강행한다? 그 정도로 서진 씨를 사랑한 건가?

윤희   주단태가 천서진을 버릴 수 없는 중요한 이유가 있겠죠! (시계 보고) 약속이 있어서 그만 끊어야겠네요. (전화 끊고)

규진   (다급한) 뭔데? 무슨 약속?! 오빠한테 다 말하기로 한 거 아니었어?! 여보세요! 희야!! (이미 전화 끊겼고. 아쉬운 표정이면)

상아   (한쪽에서 그런 규진을 보는) 오빠아? 희야?!!

54.   **펜트하우스 거실(낮)**

    단태와 윤희, 마주 앉아있고.

윤희   지난번엔 약속을 못 지켜서 죄송합니다. 근데, 보자고 하신 이유는요?

단태   (신경전) 이미 알고 있을 텐데요. 오윤희 씨가 어떻게 혜인이 땅을 소유하게 된 건지, 궁금하군요. 혜인이는 내 딸인데...

윤희   수련 언니 딸이라고 하는 게 맞겠죠?

단태   (찌릿. 보면)

윤희   천수부지 27번지, 내가 샀어요. 그 땅이 필요해서!

단태   그 땅이 왜 갑자기 필요해졌을까요.

윤희   땅이 필요한 이유는 뻔한 거 아닌가요? 가치가 있어 보여서! 요즘 천

수지구에 관심이 쫌 생겼거든요. 아시죠? 저도 부동산엔 촉이 꽤 있다
는 거.

단태   천수지구는 아직 개발계획도 없는 곳이에요. 그런 낙후된 곳을 굳이 왜?!

윤희   그런 곳에 청아아트센터를 세우신 분이, 주 회장님이시잖아요. 부동산
정보에 누구보다 밝으신 회장님께서 천수지구 땅을 닥치는 대로 매입
한다는 소문, 과연 저만 알고 있을까요?

단태   (열 받은) 자식을 잃은 사람치곤 물욕이 강하군요!

윤희   (바로 받아치는) 예전엔 내 딸을 잘 키우는 데에만 목숨 걸고 살았어요.
근데 이젠 딸도 없고... 목표가 바뀌었어요! (눈 반짝) 진짜 부자가 돼보
려고요! 미친 듯이 돈만 벌 거예요. (펜트하우스 둘러보며) 이 펜트하우
스를 가질 만큼! 우리 로나가 여기 사는 게 꿈이었거든요!

단태   (어이없는) 펜트하우스라...

윤희   우리 내기할까요? 1년 후에 이 집에 누가 살고 있을지....

단태   (무섭게 얼굴 일그러지는데)

안집사(E) 이사장님 오셨습니다.

안 집사의 안내 받으면서, 서진과 은별이 거실로 들어서고.

서진   (윤희를 보자 놀란 듯 멈춰 서면)

윤희   왜 이렇게 놀라? 비즈니스로 잠깐 얘기할 게 있어서 왔어. 오해하지 마.

서진   (얼른 윤희 외면하고, 단태에게) 손님이 계신지 몰랐어. 나중에 올게. (얼
른 은별 데리고 돌아서면)

윤희   (일어나고) 그럴 거 없어! 지금 막 가려던 참이었어. (은별 보는) 은별이,
오랜만이네. 아프다더니 몸은 괜찮아?

은별   네. (시선 돌리면)

윤희   다행이다. 건강한 모습 보니, 좋네. 아빠는 자주 만나?

서진   (막아서며) 애한테 그런 건 왜 물어?!

윤희   그냥... 부러워서. 우리 로나는 아빠 없이 외롭게 컸잖아. 새로 생긴 아

빠도 이제 영원히 볼 수 없고... 죽어버려서! (의미심장한 눈빛인데)

서진/은별 (표정 굳어지면)

윤희 아 참, 결혼 축하해. 고맙게도 주 회장님께서 나한테까지 청첩장을 보내주셨더라고. 먼저 갈게. (현관 쪽으로 걸어가고)

서진 (어이없단 듯, 단태를 보면)

단태 (뭐 어쩌라고? 하는 듯한 제스처와 표정으로) 고등학교 친구라면서?

55. 펜트하우스 주방 (낮)

단태, 서진, 은별, 석훈, 석경까지 식탁 앞에 모여있고. 단태 외에 모두가 표정 안 좋은.

단태 보름 뒤에 결혼식이 있을 거다. 이제 진짜 가족이 됐으니 잘 지내봐야지?

은별 (벌떡 일어서고) 말도 안 돼!! 이딴 결혼을 왜 하는 건데?!! 엄마랑 아빠, 다시 잘 지내는 거 아니었어?!! 나한테 얼마나 더 상처를 주려고 이래?!! 학교에서 손가락질 당하는 것도 지겨워 죽겠는데, 이런 그지 같은 결혼까지 참으라고?!! 어서 말해!! 결혼 안 하겠다고!! (죽일 듯 서진을 노려보면)

서진 결혼은 엄마 선택이야. (눈가 발개진 채, 은별과 시선도 못 마주치는데)

단태 우리 은별이가 아직 아빠를 받아들일 준비가 안 됐나 보네. 괜찮아. 하나씩 맞춰가면 되니까. (야릇한 미소 지으면)

은별 진짜 싫어!! 난 절대 인정 못 해!! (자리 박차고 나가버리는데)

석경 (따라 일어서며) 하은별이 모처럼 맞는 소리했네. 나도 이 그지 같은 결혼 인정 못 함에 한 표! (나가고)

석훈 (무표정하게) 축하드려요. 두 분 아주 잘 어울리세요. (역시 나가면)

단태 (신경도 안 쓰고, 아무렇지 않은 듯 식사를 이어나가는데)

서진 이건 미친 짓이야!! (일어서면)

단태 앉아!!

서진 그만둬, 제발!! 당신이 원하는 게 돈이면, 충분할 만큼 위자료 줄게. 그러니까 결혼은...

단태 (버럭) 앉으라고 말했지!! (스프 접시를 던져버리면)

서진 악! (기겁하면)

단태 (무섭게 몰아붙이는) 이 게임에서 당신이 선택할 수 있는 건 아무것도 없어! 파혼도 결혼도 내가 정해!! 당신은 주단태 와이프로, 내가 정한 날짜에 이 펜트하우스로 들어오기만 하면 되는 거야!! 안 집사!! 안 집사!! (부르면)

안집사 네, 회장님. (들어오고)

단태 드레스 숍에 연락해요. 지금 바로 간다고!!

안집사 알겠습니다. (나가면)

서진 (공포스럽고. 아무것도 할 수 없는. 주먹 쥔 손이 부들부들 떨리는데)

56. **드레스 숍(낮)**
서진의 드레스를 골라주고 있는 다정한 모습의 단태.
그런 단태가 더 소름 끼치게 무서운 서진이고.

단태 (부드럽게) 이것도 한번 입어봐. 당신한테 아주 잘 어울릴 거 같은데.

서진 (미치겠지만, 어쩔 수 없이 피팅룸으로 들어가면)

단태 (미소 지으며, 잡지책을 넘기며 기다리는데. 그러다 문득 청아예술제가 있었던 그날이 떠오르고)

57. **회상**
청아예고 화장실/ 단태, 급하게 화장실로 뛰어 들어오고. 급히 손을 닦는.
청아예고 공연장/ 손수건으로 물기 묻은 손을 닦으며, 관객석의 맨 끝 자리에 앉는 단태. 곧바로 시상식이 시작되고.
청아예고 돌계단/ 단태, 돌계단에 쓰러진 로나를 보고 있는. 순간 날카로운 눈빛. 사람들이 모여 있는 돌계단에서 빠져나와, 급하게 어딘가로 향하고.

청아예고 건물 안/ 사람들이 정신없는 틈을 타서, 건물 안의 화재경보
기를 울리는 단태.

청아예고 운동장/ 경보음 소리에, 학부모들과 학생들 운동장으로 쏟아
져 나오고.

58. 현재/드레스 숍(낮)
　　　단태, 그날 일 회상하며 이죽거리는 눈빛.

단태　배로나 그 아이 때문에 일이 아주 쉽게 풀렸어! 감사 인사를 못 해서 너
무 아쉽네.

59. 드레스 숍 내 피팅룸(낮)
　　　서진, 드레스를 갈아입는 척하다가, 급하게 도 비서에게 전화하는.

서진　(목소리 낮춰, 다급하게) 나야! 빨리 집으로 가서 나랑 은별이 여권 좀 챙
겨! 그리고, 오늘 밤 떠날 수 있는 제일 빠른 비행기로 예약해!! 아무 데
나 상관없어!!

　　　하는데. 갑자기 커튼을 확 열어젖히며 들어서는 단태.

서진　악! (놀라서 핸드폰 떨어뜨리면)
단태　(섬뜩한 미소 지으며, 떨어진 핸드폰을 주워서 귀에 대면)
도비(F)　여권은 어디에 있습니까?! 여보세요!! 이사장님!!
단태　찾을 거 없어, 도 실장. 이미 내가 가져왔으니까. (전화 끊고)
서진　(기겁해서 보면)
단태　(여권 두 개를 꺼내 내미는) 그렇게 실망한 표정 지을 거 없어. 이 정도 대
비도 안 했을까봐? 서로 힘 빼지 말자고. 당신이 어디로 도망치든, 난 반

드시 찾아낼 거니까!!

서진   (그 자리에 털썩 주저앉아 버리는)

60.   드레스 숍(낮)

드레스를 입은 채, 단태 앞에 서있는 서진, 이 악물고 눈물 참아내고 있
으면.
단태, 제대로 보지도 않고 잡지 넘기며.

단태   (마음에 들지 않은 듯) 별로! (컷 되고) 다른 거! (컷 되고) 다른 거!
서진   (도저히 참을 수 없는 듯, 갑자기 비명 지르며) 차라리 날 죽여!!! (입고 있
던 드레스를 마구 찢어버리는데)

직원들, 놀라서 보면.

단태   (아무렇지 않은 듯한 얼굴로, 직원에게) 드레스가 영 맘에 들지 않는 모양
이네요. 신부님이 많이 화가 난 거 보니. 워낙 안목이 뛰어난 사람이라.
다른 디자인도 몇 개 보여주시죠.
직원들   (어쩔 줄 몰라 멀뚱하게 서있으면)
서진   미친 새끼!! (찢어진 드레스를 입은 채로, 밖으로 뛰어 나가버리는데)
단태   (태연하게 일어서고) 지금까지 입어본 드레스, 전부 사죠! (카드 내밀고)

61.   통나무 별장 안(낮)

단태, 서진을 대하던 표정과는 완전히 다른 얼굴로 애교 앞에 서있고.
상자를 애교에게 건네주는.

애교   이게 뭐야?
단태   선물. 갈아입고 와.
애교   (상자를 열어보면, 섹시한 사격 의상이 들어있고. 금세 기분 좋아지고) 대

393

박! 완전 내 스타일인데? 무슨 좋은 일 있어?

단태 니가 돌아온 게 제일 좋은 일이지?

애교 (눈 찡긋) 기다려! 샤워부터 하고. (신난 듯 옷을 들고, 욕실로 가는데)

62. 파크원 스위트룸(낮)

로건과 윤희, 도청앱으로 애교와 단태의 대화를 듣고 있는.

윤희 주단태의 진심이 뭘까요? 아이들의 생모라서 특별한 감정일까요? 주단태 같은 괴물도, 진짜 좋아하는 여자가 있었다니 뜻밖이네요.

로건 뭔가 이상해요. 2년 전에 나애교는 분명, 주단태한테서 도망칠 생각이 었어!

윤희 지금 두 사람은 완벽한 한 편이에요. 섣불리 나섰다가는 로건만 위험해질 수 있어요.

로건 상관없어!! 시간이 없다구! 나애교 만나서 꼭 들어야 돼!! 수련 씨한테 무슨 짓을 했는지!! 두 번 다시 실수 안 해!! (초조한 표정이면)

윤희 (그런 로건을 보다가 문득) 궁금한 게 있어요. 수련 언니와... 무슨 사이였어요? 설아의 양오빠와 친엄마, 정말 그뿐이었나요?

로건 (멈칫. 돌아서서 창밖을 내다보며, 가슴 아픈 표정) 그 사람을 행복하게 해주고 싶었어요. 어떻게든 내가 지켰어야 했는데 바보같이...!!! (이 악물고) 이런 내가 용서가 안 돼. (목 메이는)

63. 실내사격장(저녁)

단태와 애교, 긴장한 분위기에서 사격을 하고 있는.
두 사람, 수준급 실력으로 거의 중앙에 명중하고 있는데.

단태 (기분 좋게) 매물로 내놓은 건물이 전부 다 팔렸어! 그것도 최고가로!!

애교 브라보!! 그래서 기분이 업된 거야? 워낙 위치가 좋은 물건이라 당연한 거 아냐? 앞으로 더 오를 땅인데, 아깝게 왜 팔았어?

단태	지금이 최고점이야. 곧 투기지역으로 묶이면서, 대출이 막힐 거거든. 대출 없이 몇 백억 건물을 살 수 있는 사람이 몇이나 될까.
애교	정두만 대표가 아직 정보를 잘 물어다 주나 봐.
단태	니 덕이지. 넌 나한테 완벽한 파트너였어! 20년 동안.
애교	생각해보면, 심수련도 좀 불쌍해. 평생을 남편에 대해 너무 모르고 살았잖아?
단태	그 여자 얘긴, 오늘 같은 날, 어울리지 않은데?
애교	마지막 한 발 남았네. 내가 먼저 할게. (마지막 한 발을 쏘는데. 역시 가운데를 제대로 맞추면. 기분 좋게 단태를 보며) 긴장해!!
단태	너야말로!!

단태, 과녁을 쏘아보다가 갑자기 애교에게 총구를 겨누고.

단태	(확 달라진 표정) 나애교!! 솔직하게 말해!! 2년 전에 너, 나 배신하려고 했지?!!
애교	뭐하는 짓이야? (뒷걸음질 치면)
단태	(무섭게 애교 압박하며 다가서는) 말해!! 내 눈은 못 속여!! 니가 변했다는 거, 첨부터 알았어!! 연락도 안 받고, 들어오지도 않고, 날 피했던 이유가 있을 거 아냐?!! 무슨 꿍꿍이였어?!! 날 떠날 생각이었나?!! 거기서, 무슨 작당을 한 거야?!! (소리치면)
애교	(픽 웃고, 당당하게 단태를 마주 보며) 쏴!! 내가 없어도 니 재산 지킬 자신 있으면, 쏴보라고. 이 머저리 자식아!! (받아치는데)
단태	(흥분해서) 누구든, 날 배신하는 인간은 죽여!!!! 나애교 너라도!!

단태, 정확히 애교 이마에 총구를 겨누고. 얼굴이 벌게지도록 방아쇠를 잡아당기는 손에 힘을 주는데!
그때 갑자기!! 단태에게서 총을 뺏어서, 천장 위의 조명등을 향해 방아쇠를 당기는 애교!

총알이 정확히 조명등을 맞추고. 조명등이 흔들 하더니 아래로 떨어지는데.

단태, 기겁해서 재빨리 피하지만, 단태의 어깨 쪽으로 떨어지는 조명등. 어깨에서 피가 튀면서, 단태의 얼굴과 손에 뿌려지는 피!

단태   아악!!!

64.   **사격장 앞(밤)**
지키고 서있던 조 비서와 경호원들, 별장 안에서 들리는 비명 소리에 멈칫하고.
서로 시선 주고받다가, 사격장 안으로 뛰어가는데.

65.   **사격장 안(밤)**
단태, 얼굴과 손에 범벅된 피를 보는! 어린 시절 단태가 엄마를 부르던 울음소리가 환청으로 들리고. 어린 단태의 얼굴에 뿌려지는 피가 보이는!
순간 세상이 빙글빙글 돌면서 휘청하고, 발작을 일으키는 단태! 눈이 돌아가고, 과격하게 애교에게 달려드는데. 애교의 목을 미친 듯이 움켜쥐고 조르는 단태! 숨이 헉헉 막히는 애교! 벗어나려고 하지만 역부족이고.
애교, 버둥거리다 축 늘어지며 쓰러지는데.
그때, 모자를 쓴 누군가, 뒤에서 단태를 자빠뜨리고, 정신을 잃은 애교를 두 팔로 번쩍 안아서 빠르게 사격장을 빠져나가는!

66.   **사격장 뒤/로건의 차 안(밤)**
사격장 뒤쪽으로 차 한 대가 세워져있고.
차 뒷좌석에 다급히 애교를 눕히는 누군가. 모자를 벗으면 로건이고!
운전석에 타있는 사람은 윤희다.

로건, 재빨리 뒷좌석에 따라 타고. 걱정스럽게 애교의 손을 잡아 흔드는.

로건   정신 차려!! 나애교!! 눈 떠!! 당신, 이렇게 죽으면 안돼!!

애교, 정신 못 차리고, 얼굴 하얗게 된 채 누워있으면.

윤희   (다급히 코에 손가락을 대보며) 숨을 안 쉬어요!
로건   (주위 둘러보다 소리치는) 빨리 여길 벗어나야돼!! 시간 없어!! 빨리!!

윤희, 떨리는 손으로 정신없이 운전해서 달리면.
로건, 파리해지는 애교를 보다가, 갑자기 애교의 입술을 덮치고. 애교의 입술에 있는 힘껏 바람을 불어넣는 로건의 모습에서 엔딩!!

9화

천수지구를 사수하라

1.　　사격장 안(밤)

단태! 과격하게 애교에게 달려드는데. 애교의 목을 미친 듯이 움켜쥐
고 조르면.

숨이 헉헉 막히는 애교! 벗어나려고 하지만 역부족이고. 애교, 버둥거
리다 축 늘어지며 쓰러지는데.

그때, 모자를 쓴 누군가, 뒤에서 단태를 자빠뜨리고, 정신을 잃은 애교
를 두 팔로 번쩍 안아서 뒷문으로 빠르게 빠져나가는!

엇갈려서 들어서는 조 비서와 경호원들. 쓰러진 단태를 보호하며 달려
오고.

조비　　　회장님! 괜찮으십니까?! (발광하는 단태를 보고, 목에 진정제를 꽂으면)
단태　　　(그제야 발작이 잦아지며, 축 늘어지는데)
조비　　　(주변을 둘러보는데, 애교가 안 보이고) 나애교가 사라졌어!! 찾아!!
경호원들　(흩어져 뛰쳐나가는)

2.　　사격장 뒤/로건의 차 안(밤)

사격장 뒤쪽으로 차 한 대가 세워져있고.

차 뒷좌석에 다급히 애교를 눕히는 누군가. 모자를 벗으면 로건이고!
운전석에 타있는 사람은 윤희다.

로건, 재빨리 뒷좌석에 따라 타고. 걱정스럽게 애교의 손을 잡아 흔드는.

로건　　　정신 차려!! 나애교!! 눈 떠!! 당신, 이렇게 죽으면 안 돼!!
애교　　　(정신 못 차리고, 얼굴 하얗게 된 채 누워있으면)
윤희　　　(다급히 코에 손가락을 대보며) 숨을 안 쉬어요!
로건　　　(주위 둘러보다 소리치는) 빨리 여길 벗어나야 돼!! 시간 없어!! 빨리!!

윤희, 떨리는 손으로 정신없이 운전해서 달리면.

로건, 파리해지는 애교를 보다가, 갑자기 애교의 입술을 덮치고. 애교

400

의 입술에 있는 힘껏 바람을 불어넣는 로건의 다급한 모습.

윤희, 운전해 달리면서 백미러로 그런 로건의 모습을 보는데.

그때, 뒤에서 경호원들이 쫓아오는 게 보이고. 속도를 내서 빠져나가
는 윤희.

3.　　로건의 차 안/저수지 일각(밤)

　　　애교, 희미하게 눈을 뜨면. 로건의 목소리가 들리는.

로건(E)　정신이 들어요? 나애교 씨!!

　　　애교, 천천히 정신을 차리는데. 로건의 차 안이고. 담요가 덮인 채로 누
워있는.

　　　순간! 옆자리에서 걱정스럽게 보고 있는 로건이 눈에 들어오면.

　　　애교, 벌떡 일어나 앉으면서 그대로 로건의 멱살을 움켜잡는.

애교　당신 뭐야? 여긴 어디야?!! (소리치면)

로건　기껏 살려냈더니, 감사 인사가 너무 과격한데요? 수련 씨와 생긴 것만
닮은 모양이죠?

애교　누구냐고?! 너!! 대답해!! (거칠게 멱살을 잡아 흔들면)

로건　(낮고 진지한) 로건 리예요. 우리, 만난 적 있어요. 2년 전에.

애교　(기억 더듬는 듯) 로건 리? 난 그런 사람 몰라!! 개수작 부리지 말고, 비
켜!! (차 문 열고 나가려는데)

로건　잠깐만!! (그런 애교를 붙잡는. 벗어나려는 애교와 실랑이하고. 애교를 확
잡아끌면. 입술이 닿을 만큼 가까워진 두 사람) 당신을 다치게 하려는 게
아니에요. 당신이 그때 나한테 하려고 했던 말, 그 말이 듣고 싶을 뿐이
에요.

애교　(로건을 확 밀쳐내고. 신발 뒷굽에서 칼을 꺼내 로건의 목에 대고) 죽고 싶
지 않으면 떨어져! 너 같은 거, 나한테 한입거리도 안 돼!

로건	(그런 애교에게 전혀 쫄지 않고) 수련 씨가 죽기 전까지, 수련 씨와 닮은 얼굴로 주단태와 부부 행세했죠? 정두만 대표와 정관계 인사들에게 로비해서 정보를 얻고, 엄청난 부를 쌓았다는 것도 알아요! 하지만, 2년 전에 당신, 분명히 주단태와 갈라서기로 맘먹었어요!
애교	웃기지 마! 난 그런 적 없어!! 내가 세상에서 제일 믿는 사람은, 주단태 야!!
로건	이 목소리, 틀림없이 당신 맞잖아!! (핸드폰으로, 통화녹음 틀어주면)
애교(E)	(긴박한 목소리) 나애교에요. 떠나기 전에 꼭 말해줄 게 있어요. 주단태 가 심수련한테 무슨 짓을 했는지! 어떤 인간인지! 그 사람, 모든 게 가 짜예요. 주단태라는 이름까지도... 오늘이 아니면 영영 말 못 할지도 몰 라요! (7화 27신)
로건	그때 당신, 진심이었어. 정말 간절해 보였다고!!
애교	(순간 표정 굳어졌다가, 이내 아무렇지 않게) 쫌 싸웠었나 보지. 홧김에 뒷 담화라도 할 수 있잖아? 내가 화를 잘 조절 못 하는 편이거든!
로건	이걸, 주단태가 들어도 상관없어?
애교	상관없어! 가서 말해! 그딴 걸로 날 협박하겠다?! 주단태랑 나, 당신이 생각하는 것보다 훨씬 더 끈끈한 사이야. 자식까지 나눠 가졌는데, 그 깟 말 한마디에 흔들릴 거 같아? 다신 나 찾아오지 마! (일갈하고. 차 문 열고 나가면)

4. **저수지 일각(밤)**

애교, 차 문 열고 밖으로 나가면. 차 앞에 윤희가 기다리고 서있는.
로건도 따라 내리고.

윤희	또 만나네요. 향수를 깨서 미안했는데, 목숨을 구해준 걸로 갚은 건가요?
애교	(기막힌 표정) 뭐야? 저 남자랑 짜고, 일부러 나한테 접근한 거야? 그 래?! 뭔가 단단히 오해하는 모양인데, 난 주단태 여자야!! 쌍둥이 생 모고!! 내가 주단태를 배신하는 일은, 전에도 앞으로도 절대 없어! (가

려면)

윤희	(다급히 애교를 잡고) 주단태가 당신을 죽이려고 했어!! 오늘 당신이 죽을 뻔했다구!! 당신도 수련 언니처럼 언제 어떻게 버려질지 몰라! 그런데도 망할 의리 지키겠다고 주단태 편에 설 거야?!!
애교	(확 뿌리치고) 니가 주단태에 대해 뭘 안다고 이래?!!
윤희	나도 처절하게 배신당해봤으니까!! 그 사람 때문에 범죄자도 되고, 죽을 뻔도 했어!!
애교	(멈칫하면)
윤희	당신도 나랑 다르지 않을걸? 당신이 제일 잘 알겠지. 주단태가 필요 없어진 사람을 어떻게 처리하는지.
로건	(뒤에서 걸어오며) 버려지기 전에 버릴 기회를 주는 거예요. 우리한테 협조해, 나애교!!
애교	(표정 관리하며, 까칠하게) 당신들을 내가 어떻게 믿고?!! 니들이 대체 뭔데?!!
윤희	믿게 해주면, 믿을 건가? (핸드폰 꺼내서 누군가에게 전화하면)
석훈(F)	여보세요.
윤희	석훈이니? 아줌마야. 별일 없어? 걱정돼서 전화해봤어.
석훈(F)	네. 저는 괜찮아요. 아줌마는요? 우리 아빠가 혹시 또 무슨 짓 했어요?
윤희	아냐. 괜찮아. 목소리 들었으니 됐다. 끊을게. (전화 끊고, 애교를 보면)
애교	(흔들리는 눈빛)
윤희	당신! 아이들 안 보고 싶어? 석훈이 석경이... 내가 만나게 해줄게!
애교	(매섭게 윤희를 노려보다가, 갑자기 푸하하 웃음 터트리고) 고작 애들 갖고 내 맘을 사시겠다? 진짜 니네들 너무 코미디다. 내가 모성애 비스무레한 거라도 있었음, 젖먹이 떼놓고 도망쳤겠어? 착각하지 마. 난 엄마 그딴 거 모르니까!
윤희	주단태가 애들한테 무슨 짓을 한 줄 알아?!! 당신 자식들, 학대받고 있어. 지옥에 살고 있다고! 그런 미치광이 손에서 자라도 정말 괜찮다는 거야?

애교	남의 가정사에 함부로 지껄이지 마!! 애들은 어차피 주단태 자식이야! 태어날 때부터 그렇게 결정됐어! (로건과 윤희를 노려보고 가면)
로건	(따라가려는데)
윤희	(그런 로건을 잡고) 내버려둬요.
로건	이렇게 보내면 안 되잖아요. 주단태한테 가서 다 말해버리면?!!
윤희	말해도 할 수 없죠. 저 여자, 어차피 우리 힘으론 못 잡아요.
로건	그럼, 포기한단 말예요?! 난 그렇게 못 해!!
윤희	말은 저렇게 해도, 눈빛이 흔들리는 거 봤어요. 마지막 남은 모성이라도 있길 기대해봐야죠.

5. 통나무 별장 거실(밤)
    들어서는 애교를 기다리고 있는 건 단태고.

단태	(흥분해서) 어딨다 이제 오는 거야?! 누굴 만났어?!! 전화는 왜 안 받고?!! (애교의 멱살을 쥐고 벽으로 밀어붙이면)
애교	(단태의 팔을 꺾어 기선을 제압하며) 날 죽이려고 한 사람이 누군데?!! 뭔 낯짝으로 지금 나한테 화를 내?!! 왜 그랬어, 이 개자식아!! 건물도 팔았겠다, 쓸모없어졌으니 죽여버리겠다, 그거야?! (몰아치면)
단태	확인하고 싶었어!! 2년 전 니 행동이 이해가 안 됐으니까!!
애교	뭐가 이해가 안 돼?!! 니가 시키는 대로 태국으로 얌전히 쫓겨나있었잖아!!
단태	그건!! 심수련이 죽었으니 잠깐만 나가있으라는 거였어! 사람들 눈에 띄면 안 되니까! 근데, 왜 계속 날 피했어? 예약해놓은 비행기 티켓, 날려버린 게 몇 번이야?!! 전화도 안 받고, 사정해도 안 들어오고, 모른 체 했어!! 내가 그걸 어떻게 해석해야 돼?!!
애교	(그제야 팔 놔주고) 우린 환상의 파트너야. 아주 옛날부터 하나였다고. 자기가 배신하지 않는 한, 나도 자기 배신하지 않아!
단태	(가쁜 숨 몰아쉬면)

애교	까부는 건 한 번뿐이야, 주단태!! 또 그딴 짓 했다간, 니 목구멍에 총알을 날려버릴 거야!!
단태	이제야 나애교가 돌아온 거 같군. (안도하는 표정인데)
애교	(갑자기 표정 확 바뀌더니, 단태의 볼에 입맞춤하고) 아까 자기 쫌 쎅시하긴 했어. 살짝 설렜지 뭐야. 그럼, 화해의 의미로 우리 찐하게 술 한잔 할까? (돌아서려면)
단태	(그런 애교를 보다가 격정적으로 확 돌려세우고, 진하게 키스하는. 진심 어린 표정) 다른 맘 품은 건가 불안했어! 나한테 니가 어떤 존잰지 알잖아!
애교	(픽 웃고) 천수지구로 제대로 한 탕 해야지! 최소한 그때까진 딴 맘 품을 일 없어!

6. **로건의 차 안/저수지 주변(밤)**
    윤희와 로건, 단태와 애교의 대화를 도청 어플로 듣고 있는.

윤희	주단태와 나애교 사이가 생각보다 견고한 거 같네요.
로건	아뇨! 방금 균열이 보였어요. 우릴 만난 얘길 주단태한테 하지 않잖아요!

7. **통나무집 주방(밤)**
    술을 챙기는 애교에게, 저장되지 않은 번호로 문자가 오고.

윤희(E)	언제든 마음 바뀌면 연락해요. 석훈이 석경이 만나게 해줄 테니.
애교	(싸늘하게 표정 굳어지는)

8. **헤라팰리스 외경(밤)**

9.   펜트하우스 거실(밤)
        서진, 거실로 들어서면. 안 집사가 맞고.

안집사 어쩐 일이세요? 회장님 아직 안 들어오셨는데.
서진   결혼식 때 입을 턱시도 때문에 들렀어요. 어깨 사이즈 좀 확인하려고
          요. 일 보세요. (침실로 들어가면)
안집사 네, 이사장님.

10.   펜트하우스 침실(밤)
        서진, 침실로 들어서면. 급하게 침실 여기저기를 뒤지기 시작하는.
        8화 49신/ 단태가 고용한 형사가 보여주던 목걸이 인서트.

형사   이 목걸이, 따님 꺼 맞죠? 여기서 따님의 DNA와 피해자의 혈흔이 동시
          에 나왔습니다.

        정신없이 목걸이를 찾는 서진. 그러나 목걸이 보이지 않고.

서진   어디다 둔 거야?!! (그러다 멈칫하고, 고개 돌리는)

11.   펜트하우스 서재(밤)
        안 집사 눈 피해서, 조심스럽게 서재로 들어서는 서진.
        덜덜 떨면서, 미친 듯이 책장, 서랍, 곳곳을 뒤지고 있는데.

단태(E) 여기서 뭐해?!
서진   악! (화들짝 놀라서 돌아보면. 단태가 문 앞에 서있고)
단태   주인 없는 방에서 쥐새끼처럼! (목걸이 보여주며, 야비하게) 이걸 찾고
          있나?
서진   (목걸이 뺏으러 달려들며) 내놔! 이제 가지고 있을 이유 없잖아!!

단태	(힘으로 제압하면)
서진	당신이 하라는 대로 다 했잖아!! 청첩장도 돌렸고, 드레스도 맞췄어. 약속대로 결혼식장 들어갈 테니, 목걸이는 돌려줘.
단태	돌려주는 거야 어렵지 않지만, 내가 쥔 패가 그것뿐이라고 생각하는 건 아니겠지?
서진	(불안한 듯 보는) 무슨 소리야, 그게?
단태	(야비한 표정) 은별이 기억은... 잘 지워졌나?
서진	(굳어지면)
단태	하 박사 말야. 임상실험도 안 끝난 약물을 딸한테 실험하다니. 의사자격증도 살아있는 사람이 그러면 쓰나. 부작용이라도 생기면 딸 인생 망치는 건 당연지사고, 철컹철컹, 감방 신세도 면하기 힘들 텐데. (이죽대면)
서진	(덜덜 떨리고. 사색이 돼서 단태를 보면)
단태	(그런 서진의 턱을 잡아 쥐며, 벽으로 몰고) 똑똑하신 내 약혼녀님! 나한테서 못 벗어난다고 말했죠? 왜 이리 말귀를 못 알아 처드시나? 이제 그만, 운명을 받아들이세요! 사라진 니 딸년 기억을 되돌리고 싶지 않으면!! 알아들었니? 서진아! (사이코적인 표정으로 괴랄하게 웃는데)
서진	(웃고 있는 단태를 보면 공포스럽고 절망적인데. 마지막 희망까지 사라진 듯하고)

12.   헤라팰리스 서진 집 복도(밤)
서진, 비틀며 엘리베이터에서 내리면. 문 앞에 기다리고 있는 사람, 윤철이고.
윤철, 단단히 화난 얼굴로 서진을 돌아보는.

13.   헤라팰리스 서진의 레슨실(밤)
서진과 윤철, 마주 서있고.

윤철	도대체 무슨 생각이야? 주 회장과 결혼이라니!! 은별이 때문에라도 결혼 못 한다고 했잖아!! 그 자식이 어떤 놈인지 몰라?!!
서진	(작정한 듯 심호흡하고. 애써 아무렇지 않은 표정으로) 알아! 근데, 그게 뭐? 자기 약혼녀가 전남편이랑 놀아나면 눈 뒤집히지 않을 남자가 어딨어?! 당신 손이 매스를 못 잡게 된 건 유감이지만, 이해 못 할 상황도 아니었어!
윤철	(기막힌. 서진 어깨를 붙잡고) 왜 이래? 주 회장이랑 무슨 일 있었지? 갑자기 맘이 왜 바뀐 건데?!! 너, 주 회장 사랑하지 않잖아!!
서진	(냉정하게 뿌리치고, 꼿꼿하게) 내가 스무 살 철부지야? 아직도 사랑 타령이나 하게? 한 번도 갖고 놀지 않은 장난감이라 호기심으로 당신이랑 결혼했어! 보기 좋게 실패했고! 다신 그런 실수 안 해. 결혼은 인생 최대의 비즈니스야! 그래서 주단태를 택한 거고!
윤철	은별이는 어쩌고?!! 은별이가 이 결혼 받아들일 거 같아?!!
서진	날 위해서야! 당신이 오윤희 버렸고, 그걸로 됐어. 난 죽어도 오윤희랑 당신이 행복한 꼴, 못 보거든.
윤철	(충격받은 표정인데) 뭐?
서진	(마음 속이고, 야비하게 웃으며) 왜? 내가 이런 여잔지 몰랐어? 그동안 당신 이용했어. 은별이 범행 덮으려니 당신의 물불 안 가리는 부성이 필요했고, 오윤희한테 복수하려고 당신한테 돌아가고 싶은 척 연기한 거야. 계획대로 오윤희 가정은 박살났고, 이혼을 앞두고 있잖아?!
윤철	거짓말이지? 아무리 니가 바닥이래도, 나한테 이렇게까지 할 순 없어!!
서진	(더 독하게) 제발 질척대지 말고 나한테서 떨어져!! 애초에 당신한테 돌아갈 마음 같은 거, 없었어! 나한테 어울리는 사람은 뼛속까지 부유하고 젠틀한 주단태 같은 남자야!
윤철	(있는 힘껏 서진의 뺨을 후려치는) 나쁜 년!!!
서진	(그대로 맞아주고, 고개 돌려 보는데. 단태 말 떠오르고)
단태(E)	의사자격증도 살아있는 사람이 그러면 쓰나. 부작용이라도 생기면 딸 인생 망치는 건 당연지사고, 철컹철컹, 감방 신세도 면하기 힘들 텐데.

408

서진	(가슴 찢기지만, 담담하면서도 차갑게) 알았으면, 은별이 데리고 떠나. 미국이든 어디든 상관없어. 시험 끝나고 단기방학이니까, 그때가 좋겠어.
윤철	(더 놀라고) 이제... 은별이까지 버리겠다고? 주단태랑 살려고 은별이를 내쫓으려는 거야?!
서진	은별이보다, 내 인생이 더 중요해! 은별일 위해서도 그 편이 나아. 무조건 결혼식 전에 떠나. (야멸치게) 얘기 끝났어!! 나가줘! (눈 벌게지면)
윤철	너란 여자, 정말 최악이다!! (돌아서 나가버리면)
서진	(무너질 거 같은데 겨우 버티고 서서) 당신이 우리 은별이 지켜줘... 이제, 그 방법밖에 없어... (피아노 잡고 이 악무는 서진이고)

14. 헤라팰리스 서진 집 거실(아침)
    거실에 쌓여있는 드레스와 구두, 결혼 관련 예물들을 정리 중인 분홍.
    그때, 은별이 등교 차림으로 다가서고.

은별	이게 다 뭐예요?
분홍	주 회장님이 결혼 예물로 보내신 거야. 니 것까지 챙기셨던데, 볼래? 결혼식에 입고 올 드레스랑 구두랑...
은별	(돌아버릴 거 같고) 진짜 이 그지 같은 결혼을 기어이 하겠다는 거래요?!! (쌓여있는 예물들을 발로 차버리고, 뭔가 결심한 듯 석훈에게 핸드폰하는) 어디야, 지금?!

15. 헤라팰리스 분수대(아침)
    마리, 양손에 바리바리 쇼핑백 들고 분수대 걸어오면.
    규진과 상아가 운동복 차림으로 걸어오다 마주치고.

상아	(마리 쫓아가며) 이게 다 뭐예요? 뭔 명품백을 이렇게 많이 샀어요?
마리	마마님들이 보낸 선물! 내 생일 다가온다고 또 이렇게 신경을 써주시네.
상아	어머나, 세상에! 이 많은 걸 다요?! 그럼 그동안 들고 다니던 신상들이,

3마마님 선물이었어요? 어쩐지! 진짜 피붙이보다 가까운 사인가 봐
요. 무거울 텐데 내가 들어줄게요~ (살랑대며 쇼핑백 들어주려면)

마리 됐거든! 누가 보면 내가 민혁 엄마 삥이 치는 줄 알 거 아냐.

상아 누가 그런 생각을 해요? 자발적 복종인데. 안 그래, 여보?

규진 (마리한테서 쇼핑백 낚아채며) 이런 건, 규진이가 잘 들지! 헤펠의 매너
남이잖아, 내가!

마리 매너남은 된장! (기막힌 표정으로 뺏어들며) 필요 없다니까 그러네!!

그때, 엘리베이터 문이 열리고. 규진, 마리, 상아, 고개 돌려 보면.
석훈과 은별이 엘리베이터 안에서 포옹하고 있는.

마리 (놀라서 쇼핑백 떨어뜨리고) 에구머니나!! 이게 뭐야?

규진/상아 옴마야!! (기겁하고)

은별 (석훈한테서 떨어지면서, 당황한 척) 석훈아, 어떡해...

석훈 괜찮아. (은별 손 잡고 엘리베이터에서 내리고. 아무렇지 않게 걸어가면)

규진 지금 내가 뭘 본 거야?

규진, 마리, 상아, 입이 떡 벌어진. 쪼르르 석훈과 은별을 따라가는 시선.

단태(E) 뭐라구요?

16. 펜트하우스 거실 (아침)
     충격받은 얼굴로 단태에게 일러바치고 있는 규진.

규진 내가 진짜 심장이 벌렁거려서! 어떻게 석훈이랑 은별이가 연애질이냐
고? 지들 부모가 결혼 날짜까지 잡은 마당에! 이러다 결혼 파토 나는 거
아냐 주 회장?!! 저러고 손 잡고 싸돌아다니면, 헤펠에 소문나는 거 시
간문젠데...

410

단태   (애써 태연하게) 이 의원 입만 조심하면, 소문날 일 없어요!

규진   나야 입이 쇳덩이지. 근데, 제니 엄마도 봤거든. (웃음 참지 못하고) 그러
니 어째. 목욕탕에 소문 쫙 돌 거고, 그럼 게임 끝이잖아. (키득키득 웃어
대면)

단태   (굳어지고) 우리 석훈이! 허튼 짓 할 아이 아니에요!! 은별이가 결혼 막
고 싶어서 수를 쓰는 모양인데, 이럴 때 반응해주면 신나서 더 까부는
게 철없는 아이들 심리죠. (일어서고) 우리 집안에 대한 지나친 관심, 앞
으론 사양하죠! (손으로 현관 쪽 가리키며) 저쪽으로 꺼지시면 돼요.

규진   (아니꼽고) 젠장! 주 회장, 나한텐 솔직하게 말해봐. 이 결혼, 기를 쓰고
하는 진짜 이유가 뭐야? 약혼녀가 하윤철한테 확 엎어진 마당에, 서진
씨를 사랑할 리는 없고. 청아그룹 지분을 사랑하는 거야?

단태   (묘한 웃음) 좋은 일 앞두고, 아침부터 폭력을 쓰고 싶진 않군요. 명색
이 대한민국 국회의원한테! (눈짓하면, 조 비서가 규진에게로 천천히 다
가서고)

규진   (조 비서랑 눈 마주치면, 놀라서 벌떡 일어서고) 아 맞지! 그게 바로 찐사
랑이라니까. 자식들 반대에도 꿋꿋하게 사랑을 쟁취하는 우리 주 회장.
나 살짝 감동할라 그러잖아. (소파 훌쩍 넘어서, 후다닥 내빼고. 조 비서한
테 쫓기는)

단태   (규진 아웃하면, 금세 표정 일그러지고. 곧바로 석훈에게 전화하는) 우리
아드님! 꽤 재밌는 장난을 치셨더군요. 요즘 겁 없이 덤비길래 제법 큰
줄 알았더니... 아직 어린아이였어요. 내 품에서 보살핌이 필요한 애기.
(표정)

그때, 가방 메고 문 앞에 서있던 석경, 단태의 말을 듣고 섬뜩해지는.

17.   청아예고 전경(아침)

18.   청아예고 복도(아침)
       꼿꼿하게 걸어가는 서진, 아이들 뒤에서 수군거리고.

유정   천 쌤, 이사장 짤린다면서?
은후   그럼 이제야 하은별 진짜 실력이 나오겠는데? 엄마 찬스 없이 공정하
       게 보는 첫 시험!
장대   하은별 유리멘탈에 시험이나 볼 수 있겠냐?
봄이   하긴, 하은별 전용 화장실도 마두기 쌤이 없었다던데? 급식도 우리랑
       똑같이 급식실에서 먹고. 청아예고 황녀에서 하루아침에 평민으로 추
       락한 거지.
은후   우리 마 쌤은 그런 건 열라 빠르다니까. (다들 신나서 킥킥대면)

       서진, 갑자기 멈춰 서면. 아이들, 따라가다가 놀라서 쌩하니 다른 쪽으
       로 튀면.
       그 뒤를 따라오던 은별, 그런 서진이 창피하고.

은별   (서진을 잡아 세우는) 꼭 이렇게까지 해야 돼?!! 이 판국에 학교엔 왜
       와? 엄만 진짜 내 생각은 안 하지?!! 결혼도 학교도 다 엄마 맘대로만 하
       잖아!!
서진   (다시 꼿꼿하게 걸어가며) 아침부터 기운 빼면서 택시 타지 마. 엄마랑
       같이 타기 싫으면, 차 따로 내줄게.
은별   진짜 싫어! 십 원짜리 모성도 없는 이기주의자!! (독설하고, 홱 돌아서
       가면)
서진   (애써 이 악물고 표정 관리하고, 흔들림 없이 이사장실로 향하는데)

       그때, 은별을 사납게 잡아끌고 가는 석경.

19.   청아예고 일각(밤)
        은별, 잡힌 손을 뿌리치고.

은별   왜 이래? 놔, 이거!!

석경   너 지금 무슨 짓을 하고 다니는 거야? 울 오빠랑 사귄다고 광고하고 다
        녀? 둘이 사귀니까 이 결혼 하지 마라, 뭐 그딴 시답잖은 시위라도 하
        게?!

은별   시위가 아니라 사실이야!! 석훈이랑 나, 서로 좋아해.

석경   (코웃음치고) 그래서? 니네 둘이 좋아죽으면, 이 결혼 막을 수 있을 거
        같아? 괜히 우리 오빠만 죽도록 처맞을 걸?! 아니, 진짜 죽을지도 몰라!

은별   죽는다고?!

석경   울 아빠가 얼마나 무서운 사람인지 모르는 모양인데.... (팔을 걷어서 맞
        은 상처를 보여주며) 보여?

은별   (화들짝 놀라서 보며) 팔이 왜 이래? 설마...

석경   이게, 미래 니 새 아빠의 실체야. 그러니까 울 아빠 설득할 생각 말고, 니
        엄마나 단념시켜. 불쌍한 울 오빠 건드려서 잘못되면, (눈가 발개지고)
        내가 너 가만 안 둬!! (무섭게 으름장 놓으면)

은별   (얼굴 하얗게 질리는데)

20.   청아예고 이사장실(아침)
        서진, 이사장실로 들어서면. 이사들(10명) 모여 있고. 서진모와 서영도
        보이는.
        서진, 뚜벅뚜벅 걸어와 말없이 자리에 앉으면.

원로이사 (위엄 있게) 다들 모인 거 같으니, 청아재단 이사장 해임 건에 대해 찬반
        투표를 진행할까 합니다.

서진모   투표에 앞서, 제가 먼저 한 말씀 올리겠습니다. 우리 청아재단은 우리
        나라 최고의 명문 사학재단입니다. 선대 이사장님들이 막대한 재산을

                                                            413

헌납해 열정으로 키워온 교육의 산실이었습니다. 그 명성을 천서진 이사장이 무능과 오만함으로 먹칠을 했습니다. 이에, 이사장 해임을 강력히 요구하는 바입니다!

서영   동의합니다! 청아재단이 설립된 이후, 지금이 최대의 위깁니다. 확실한 인적 쇄신 없인 청아의 영광을 되찾을 수 없다고 생각합니다.

원로이사   (서진 보며) 이사장님도 발언해주시죠!

서진   치명적인 실수를 저지른 거 인정합니다. 너무도 부끄럽게 생각합니다. 하지만 지금은 분열이 아니라 힘을 모을 때입니다. 죽을힘 다해, 되돌려놓겠습니다! 성악계는 미련 없이 내려올 수 있지만, 청아재단은 제 목숨입니다! 모든 걸 제 손으로 회복시킬 수 있게 한 번만 기회를 주십시오. (강하게 어필하면)

이사들   (싸늘한 반응이고)

컷 되면. 투표 시작되고. 불안한 서진과, 의기양양한 서진모와 서영 모습.

원로이사   그럼, 투표 결과를 발표하겠습니다. 해임 찬성, 4표. 해임 반대, 6표!

서진모/서영   (의외의 결과에 놀라고) 말도 안 돼!! 조작이야!! 무효야!!

원로이사   이것으로 천서진 이사장의 해임 건은 부결되었습니다!

서진   (역시 믿을 수 없는 듯 벌떡 일어서고. 눈물 그렁해서) 감사합니다! 믿어주셔서 정말 정말 감사합니다! 이사님들의 은혜 잊지 않고, 최선을 다해 청아재단의 자존심을 다시 세우겠습니다. (연거푸 고개 숙여 인사하는데)

서진모   니가 어떻게 이사진들을 구워삶은 건지 모르겠지만, 난 이 결정, 절대 인정 못 한다!

서영   당연히 이의제기해서 재투표해야죠! 가요, 엄마. (나가면)

서진모를 추종하는 이사들(4명), 따라 나가고.

원로이사를 포함해 서진을 옹호한 이사들(6명)이 남는데.

원로이사 아버지께서 생전에 부탁을 하셨어요.
서진 네? 뭘요?
원로이사 (이사장 자리 쪽을 돌아보는데)

21. **회상/2년 전 청아예고 이사장실(낮)**
     서진부, 원로이사들에게 당부하고 있는.

서진부 우리 큰딸, 많이 모자랄 겁니다. 욕심만 앞섰지, 아직 부족한 게 많은 아이에요. 이사장직을 맡으면, 지 엄마가 이런저런 이유로 밀어내려고 할테고, 서영이도 분란을 일으킬 거예요. 그때 꼭! 서진이를 믿고 힘을 실어주세요. 그 아이가 이사장 자리 지킬 수 있게! (진심으로 부탁하는데)

22. **현재/청아예고 이사장실(아침)**
     서진, 원로이사의 말을 들으며, 의자에 앉아있는 서진부를 바라보는데.

서진 (울컥하고) 아버지.... (서진부 모습 사라지면)
원로이사 그러니, 우리한테 고마워할 필요 없어요. 아버지 생각해서 힘내요! 우리가 뒤에서 받치고 있을 테니. (어깨 다독이고, 나가는데)
서진 (순간 멍해지면서, 걷잡을 수 없이 눈물이 주르륵 흐르고) 아버지.... 아버지....!!! 아아아.....!!!! (죄책감에 미칠 거 같은데. 괴로움에 몸부림치다가, 자신의 이사장 명패를 만지며) 아버지 목숨이랑 바꾼 이 자리, 아무한테도 안 뺏겨요! 꼭 지킬게요, 아버지!!!! (결심을 다지는 서진이고)

23. **청아예고 계단 일각(낮)**
     은별, 앉아있으면 다가오는 석훈.

석훈	여기 있었어?
은별	(석훈을 돌아보는데. 석경의 말이 떠오르고. 맘 아프지만 애써 표 내지 않고) 어, 나 찾았어?
석훈	이사장님 해임안 부결됐대. 들었어?
은별	아니, 관심 없어. 엄마가 이해 안 돼. 왜 그렇게 재단에 집착하는지! 애들 보기 부끄럽지도 않나 봐. 쪽팔려 미치겠어.
석훈	사람들이 하는 말에 신경 쓰지 마. 시간이 가면 남들은 다 잊어. 기운 내.
은별	(그런 석훈이 더 의지되고, 맘 아픈데) 석훈아... (가만히 석훈 손을 잡고) 너도 힘들면 나한테 기대. 니 얘기라면 나, 뭐든지 들어줄 수 있어. (맘 아픈 듯 석훈을 와락 끌어안고) 내가 너 얼마나 좋아하는지 알지?
석훈	(차분히 은별일 떼어내고 보는) 기억은 좀 돌아왔어? 내가 그날, 무슨 말을 했는지 기억나?
은별	아무리 생각해도 진짜 모르겠어. 그냥 말해주면 안 돼?
석훈	잘 생각해 봐. 이 돌계단에서... 그날, 누굴 만나지 않았어?
은별	내가? 너 말고 누굴?
석훈	생각해내야 돼! 어쩌면 니가, 로나를 죽인 진범을 봤을지도 몰라.
은별	그게 무슨 말이야? 범인이 박 씨 아저씨가 아니란 거야?
석훈	너도 알잖아. 박 씨 아저씨가 얼마나 착한 분인지. 틀림없이 누명을 쓰고 있는 게 분명해.
은별	나도 안 믿기긴 했어. 아저씨가 사람을 죽일 사람이 아니잖아.
석훈	니가 기억해내면, 이제라도 진범을 찾을 수 있어! 박 씨 아저씨도 풀려날 수 있구! 뭐라도 생각나면, 꼭 나한테, 나한테만 알려줘. 약속할 수 있지?
은별	(불안한 듯 보며) 근데 너.. 아직도 로나 생각하는 거야?
석훈	로나 때문이 아냐! 박 씨 아저씨가 너무 가여워서 그래. 도와줄 거지?
은별	(순수하게) 알았어. 그럴게. 니가 원하는 거면 나 뭐든 해. 꼭 기억해낼게.

그때, 교내 스피커에서 점심시간 방송반에서 틀어놓은 음악이 흘러나

오고. (단태 세컨폰 벨소리와 동일한 교향곡)

은별 어? 이 곡은... 어디서 들었지? 분명 들어봤는데... (순간 찌릿한 두통과 함께, 컷 되며 떠오르는 그날의 짧은 기억들. 진열대를 몸으로 깨는 은별. 트로피를 주워 드는 손. 살기 어린 눈빛으로 어딘가를 향하는 은별. 갑자기 참을 수 없는 두통에 머리를 감싸 쥐고 비명 내지르는데) 아악!!!

석훈 왜 그래? 은별아!

은별 (겁에 질린 얼굴, 숨 헉헉대며) 로나가... 어떻게 죽었다고 했지?

석훈 청아예술제 트로피에 머리가 찔렸어!

은별 뭐? 트로피?!!! (놀라서 석훈을 보는데. 불안하게 흔들리는 눈빛)

24. 천수지구 황금부동산 (낮)
     윤희와 로건, 쫙 빼입고 부동산으로 들어서면. 중개업자(황 사장)가 맞고.

윤희 (선글라스 낀 채로) 천수지구 쪽에 매물 좀 알아보려고 하는데요.

사장 천수지구요? 그쪽은 아직 개발 계획이 없어서, 투자하시려면 오평지구 쪽이 좋으실 텐데요. 괜찮은 물건 좀 추천해드릴까요?

윤희 잠시만요. 투자자께 여쭤보고요. (로건에게 영어로) 청아그룹 쪽에서 천수지구에 투자한다는 정보, 확실한 건가요?

로건 (영어로) 물론이죠, 주단태 회장한테 직접 들은 정본데. 아직 공식 발표 전이라 조심히 움직여야 돼요.

윤희 (영어) 그럼 그쪽을 사들일까요? 얼마나요?

로건 (영어로) 나오는 매물 전부 매입해요. 앞으로 크게 오를 테니까.

사장 (로건과 윤희의 대화를 안 듣는 척하며, 메모지에 열심히 받아 적는데)

윤희 (사장에게) 투자자께서 꼭 천수지구를 원하신다네요. 나중에 다시 들를게요. (로건과 함께 나가면)

사장 아 네. (윤희와 로건 나가면. 얼른 마마에게 전화를 거는) 송 회장님. 잘 지내셨습니까? 강남권에 개발 소식이 있어서 급하게 전화 드렸는데요...

25.   마리의 동네 목욕탕(낮)
        마마들 마사지를 해주고 있는 마리.

마마1   (핸드폰을 받고 있는) 그래? 알았어. 서치 좀 해서 비서실에 서류 보내
        놔! (핸드폰 끊으면) 진천댁! 오늘 보낸 선물은 맘에 들어? 신경 써서 골
        랐는데.

마리   맘에 들다마다요. 우리 마마님들 센스는 대한민국 이거잖아요.

마마2   그때 그 싸가지 여편네는? 또 안 괴롭혀? 헤라펠리스 같이 산댔지?

마리   마마님들 덕분에 혼쭐 제대로 나서, 요즘 저한테 설설 기어다녀요. 걱
        정 안 하셔도 돼요. (기분 좋게 웃으면)

마마3   또 같잖은 갑질하면 당장 말해. 내가 가만 안 둘 거야! 어디서 국회의원
        와이프가 감히 진천댁을 깔봐?

마마1   그러지 말고, 이참에 아예 이사를 가는 건 어때?

마리   이사요?

마마1   방금 연락 받았는데, 천수지구에 130층짜리 주상복합아파트가 들어
        온다네.

마마2   송 회장님도 소문 들으셨어요? 주단태 회장까지 움직이는 거 보면, 곧
        개발 발표가 나는 모양이에요.

마리   주 회장이요?! 암튼 그런 건 날쌔다니까!

마마1   진천댁도 얼른 하나 찜해놔. 거기가 곧 헤라펠리스 이상의 부촌이 될
        거야.

마리   (순간 혹하고) 정말이에요? 완전 핫한 고급 정보네요. 아직 발표 전이니
        까, 값도 확 비싸진 않겠죠?

마마3   그래도 서둘러야돼. 좋은 자리는 벌써 주 회장이 다 싹쓸이했다던데?

        그때, 마리 뒤쪽 편에서, 목욕탕 바구니와 때수건으로 교묘하게 위장

418

을 한 상아, 엿듣고 있는. 입을 틀어막은 채 좋아하다가, 얼굴 가리고 얼른 내빼는데.

26.   규진 국회의원 사무실 (낮)
      머리도 안 말린 채 달려 들어오는 상아. 규진, 입 떡 벌리고 자다가 화들짝 놀라서 깨고.

규진 아, 깜짝이야!! 노크 안 해?! 국회의원 사모님이 체통머리 없이 꼴이 그게 뭐니? 또 강마리탕 간 거야? 아예 취직을 해라!

상아 닥치고! 자긴 와이프 잘 만난 걸 복 터졌다 생각해!! 나 아니면, 선거자금은 어디서 땡길래?

규진 (솔깃하고) 왜, 캐쉬 될 만한 것 좀 물어왔어?

상아 천수지구가 곧 개발된대!

규진 (불신 만땅) 그 소문 벌써 30년째야! 나 초딩 때부터 울 엄마랑 땅 보러 다닌 사람이야.

상아 확실하다구! 3마마들이 하는 얘기, 이 귀로 똑똑히 들었다니까! 그분들이 누구야? 부동산 쪽으로는 골드 찌라시잖아! 게다가 주 회장도 이미 냄새 맡고 싹쓸이하고 있대 글쎄!

규진 (눈이 번쩍하고) 주단태 그 자식! 나한테 입도 뻥긋 안 하고, 지 혼자 다 처먹겠다고? 당신, 여유 자금 얼마나 있어? 아니지. 빨리 엄마한테 연락해봐. 오늘 당장 재롱잔치 열어서, 캐쉬부터 싹 다 긁어내자고! (정신없고)

27.   몽타주/천수지구 황금부동산 (낮)
      마리, 제대로 쫙 뻗쳐 입고, 선글라스 낀 채로 중개업소들을 돌고 있고.
      마리가 나간 자리에, 곧바로 규진과 상아가 들어오고. 매물 확인한 다음, 바로 계약금을 내밀고 계약서를 쓰는 규진과 상아.
      마리도 선물 건네면서 좋은 물건 소개해달라고 아부하고.

규진과 상아, 마리, 경쟁적으로 낡은 건물과 집들을 닥치는 대로 사들이는데.

28. 제이킹 홀딩스 회장실 (낮)
조 비서, 긴급하게 단태에게 보고하고 있는.

조비 어디서 정보가 샜는지 모르겠지만, 오늘 갑자기 천수지구 쪽 매매 건이 급격하게 늘어나고 있습니다.

단태 (놀라고) 어떤 놈이야? 냄새 맡고 온 게?!

조비 그것까진 확인해보지 못했습니다.

단태 (버럭) 등신 같은 놈! 활동비를 그만큼 쓰면서 그거 하나 확인 못 해?!! 당장 알아봐! 계약자가 누군지, 실거래자가 누군지!! 아니! 일단 내가 체크해둔 매물부터 최대한 빨리 확보해!! 서둘러!!

조비 네, 회장님! (급히 뛰쳐나가는데)

단태 저런 머저리 같은 자식! (책상을 쾅! 내리치다가 문득) 오윤희... 설마 또 너냐? (그때 떠오르는 기억)

29. 회상/8화 54신 펜트하우스 거실 (낮)
윤희 (받아치는) 예전엔 내 딸을 잘 키우는 데에만 목숨 걸고 살았어요. 근데 이젠 딸도 없고, 목표가 바뀌었어요! (눈 반짝) 진짜 부자가 돼보려고요! 미친 듯이 돈만 벌 거예요. (펜트하우스 둘러보며) 이 펜트하우스를 가질 만큼!

30. 현재/제이킹 홀딩스 회장실 (낮)
단태 (분노로 일그러지고) 건방진 년! 감히 내 펜트하우스를 넘봐?! (급히 애교에게 전화를 거는) 나야. 부탁할 게 있어. 자기가 골치 아픈 여자 하나만 맡아줘야겠어! (의미심장한 표정인데)

31.   카페(낮)

　　　애교, 단태의 전화를 받고 있는.

애교　　그거야 내 전문이지. 이따 만나서 얘기해. (전화 끊고 보면. 맞은편에 앉아있는 사람, 윤희고!)

윤희　　전화 줘서 고마워요, 나애교 씨. 이렇게 빨리 연락할지는 몰랐는데.

애교　　고마워할 거 없어. 당신이 얼마나 약속을 잘 지키는 사람인지 확인하러 온 거니까.

윤희　　그냥 여기서 보기만 해도 되겠어요?

애교　　아니면? 얼싸안고 감격의 눈물이라도 흘려야 되나?

윤희　　(그때, 석훈이와 석경이가 들어오고. 창가 쪽에 자리 잡고 앉는데) 왔네요!

　　　윤희, 얼른 일어서고, 아이들이 있는 곳으로 걸어가는데.
　　　애교, 선글라스 낀 채로, 아이들이 앉아있는 창가 쪽을 무표정하게 바라보는. 미세하게 떨리는 눈썹이 보이고...

윤희　　일찍 왔네. (다가가 앉으면)

석훈　　오셨어요?

석경　　(윤희를 쏘아보며) 뭐야?! 할 얘기 있다더니, 이 아줌마는 뭔데?

석훈　　버릇없이 굴지 마. 아줌마가 우리한테 할 말 있으시대.

윤희　　(얼른 나서고) 뭐 마실래? 아줌마가 맛있는 거 사줄게. (컷 되면. 딸기셰이크 세 잔 시켜서 놓고) 여기 딸기셰이크 맛있어. (한 모금 마시고) 음. 진짜 달달하다.

석경　　(원샷하듯이 마시고, 유리잔 탁 내려놓으며) 됐죠? 난, 우리 엄마 죽인 살인자랑 마주 앉아서 수다 떨 만큼 비위가 좋지 못해서요. (일어서서 가려면)

윤희　　(담담하면서도 카리스마 있게) 앉아, 석경아! 니네 엄마 얘기야!!

석경　　(가려다 멈칫하고) 엄마?!

윤희	너네 낳아주신 친엄마, 살아있어!
석훈	(놀라고) 친엄마라뇨?!!
석경	(어이없단 듯) 아줌마! 미안한데, 우리 친엄마는 우릴 낳자마자 패혈증으로 죽었거든요!! 알고나 사기 쳐요. (석훈에게) 이런 헛소리 계속 들어야 해?
윤희	니 아빠가 거짓말한 거야. 너희 엄마 살아있어. (사진을 꺼내서 내미는. 쌍둥이를 안고 있는 애교 사진이고) 이분이 니들 친엄마야!
석경	(사진 들어서 보는데. 손이 떨려오고) 오빠?
석훈	(역시 놀라는데)
애교	(한쪽에서, 선글라스와 스카프로 자신의 모습을 감춘 채로, 딸기주스 마시면서 보고 있는. 진정하려고 하지만 입술이 파르르 떨리고. 선글라스 아래로 눈물이 주르륵 흐르면. 얼른 닦고, 아무렇지 않은 듯 다시 꼿꼿하게 앉는)
석경	(정신 차리고) 아줌마 미쳤어?! 지금 장난해? 이건, 죽은 우리 엄마잖아!!
윤희	아니! 니 친엄마 맞아! 죽은 수련 언니랑 놀랄 만큼 닮았어. 믿기 힘들겠지만 사실이야! 얼마 전에 내가 만나서 확인했어.
석훈	정말이에요?! 지금 어딨는데요?
석경	오빤 이 아줌마 말을 믿어? 내가 로나 미워한 게 빡쳐서, 작정하고 우리 괴롭히는 거잖아. 이딴 허접한 사진, 얼마든지 조작할 수 있어. 아빠한테 가서 직접 물어보면 돼! (사진 챙겨 들고 나가려면)
석훈	넌 아버지 믿어? 그렇게 겪고도 아버지가 어떤 사람인지 모르겠어?!! 우릴 제일 괴롭히고 학대하고 조종한 게 우리 아버지야!! 그런 아버지한테 진실을 기대해?!! (매섭게 경고하면)
석경	(멈칫해서 석훈을 보면)
석훈	제발 잠자코 있어! 아줌만 우릴 도와주시려는 거잖아! (윤희를 보는데)
윤희	아주 가까운 곳에 있어. 너네가 만나고 싶다면, 그렇게 해줄게.
석경	내가 언제 친엄마 만나게 해달랬어? 이제 와서 누가 우리 엄마 흉내를 내? 누구 맘대로!! 나한테 엄마는 한 사람뿐이야!! 이딴 가짜 엄마 필요 없다고!! (눈물 터지는 걸 참고 뛰쳐나가면)

석훈	다시 연락할게요. (석경을 쫓아 나가고)

윤희, 애교 쪽을 보는데. 이미 사라지고 없는.
윤희, 당황해서 커피숍을 둘러보며 애교를 찾는데. 그때 애교의 문자
가 오는.

애교(E)	딸기셰이크 잘 마셨어.
윤희	(낙심하고) 대체 어디 간 거야? (손에 잡히지 않는 애교 때문에 미치겠는)

32.   거리 일각(낮)
가는 석경을 잡아 세우는 석훈.

석경	(눈물범벅된 채고) 이거 놔! 저 아줌마 소설 쓰는 거 못 들어주겠어! 당장 아빠한테 가서 확인해볼 거야!!
석훈	그러다 우리 친엄마까지 아빠가 어떻게 하면?!! 그래도 상관없어?
석경	그게 무슨 소리야? 아빠가 뭘 어떻게 해? (석훈, 대답 못 하면) 똑바로 말해!! 오빤 알고 있지? 뭐야? 말해!! (다그치면)
석훈	엄마 죽게 한 사람, 우리 아빠일지도 몰라.
석경	(충격받은) 오빠... 미쳤어? 아빠가 왜?!! 뭣 때문에 엄마를 죽여? 왜?!!!
석훈	엄마가 필요 없어졌으니까!! 아버진 그런 사람이야. 필요 없는 것들은 절대 옆에 두지 않아. 우리도, 언제든 버려질지 몰라. 그러니까 더 이상 아빠 믿으면 안 돼. 알겠어?!
석경	(충격으로 명한데)
석훈	이 세상엔 너랑 나 둘뿐이야. 난 너 절대 안 버려. 죽는 한이 있어도, 아빠한테서 너 지킬 거야, 내가! (석경을 꼭 안아주는데)
석경	(석훈의 품 안에서 바들바들 떨고 있고) 엄마를... 아빠가 정말 그런 거면! 나 절대 용서 안 해! 아빠, 가만 안 둘 거야!! (살기 어린 석경의 눈빛이고)

제이킹 홀딩스 엘리베이터 안(또는, 회사 일각/저녁)
    단태, 전화하면서 엘리베이터에 올라타는.

단태   차 준비시켜. 별장으로 갈 거야!

    엘리베이터 닫힘 버튼 누르는데. 다시 문 열리고 누군가 올라타는데,
    윤철이고.
    윤철, 단태를 보자마자 미친 듯 단태에게 달려드는.

윤철   너! 서진이한테 무슨 협박을 한 거야?! 이 결혼, 당장 멈춰!! 너 같은 쓰
        레기한테 주기엔 서진이가 너무 아까워!! (난리 치는데)
단태   (기습당했다가, 정신 차리고 팔을 꺾어 반격하는) 적당히 까불어! 내가 천
        서진을 놔주면? 둘이 다시 잘해보시겠다? 톡 까놓고 말해! 너도 천서
        진 돈이 욕심나서 돌아온 거지? 너란 놈, 아무리 땟국물을 씻어내도, 왜
        이렇게 촌티가 안 빠질까. 썩어빠진 속물 냄새가 아주 역겹게 나거든!
윤철   이 개자식아!! (주먹을 날리는데)
단태   (피하고, 비웃는) 이제 그 손은, 이렇게밖에 못 쓰는 건가? 그때 더 아작
        을 내줬어야 하는데. 내가 너무 맘이 약했나?
윤철   미친 새끼!! 내가 무슨 수를 쓰든, 이 결혼 막을 거야!! 내 목숨을 걸고!!
        (다시 달려들어, 단태의 멱살을 잡는데)
단태   (멱살 잡힌 채, 씩 웃고) 이런 기고만장한 태도, 무척 거슬리는데? 천서
        진한테 아직 아무 말 못 들었나 봐. 너무했네. 그래도 딸 일인데, 친아빠
        는 알고는 있어야지!
윤철   무슨 말을 지껄이는 거야?!!
단태   (표정 살벌하게 변하며) 내가 알아버렸거든. 니 딸이 배로나 죽인 거!
윤철   (순간 하얗게 굳어지고. 단태를 잡은 손에 힘이 쫙 빠지는데)
단태   (구겨진 양복을 툭툭 털어내며 펴고) 어쩌겠어. 자식의 과오는 부모가 덮
        어줘야지. 서진이가 다 안고 가기로 했어. 딸년 생각은 끔찍하잖아, 천

서진이!

윤철 (부들부들 떨고만 있으면)

단태 (히히덕거리며 웃고) 혼자 보긴 아까운 얼굴이네. (얼굴 내밀어주고) 왜? 치고 싶으면 쳐!! 내 입 감당할 수 있으면! (이죽대는데. 아무것도 하지 못 하고 보고만 있는 윤철이고. 그때, 땅! 하고 엘리베이터 문이 열리면. 단태, 내리려다 멈칫하고. 분한 듯 발로 윤철을 차버리고) 당장 니 딸 데리고 내 눈앞에서 꺼져. 경찰에 넘겨버리기 전에!

윤철 죽여버릴 거야!! 죽여버릴 거야!! 주단태!! (소리치면)

단태 니가? 나를? 얼마든지. 힘내! <u>으ㅎㅎㅎㅎㅎ</u>. (괴랄하게 웃으며 내리는데)

윤철 (미칠 거 같고. 헛웃음이 터져 나오는데)

34. **제이킹 홀딩스 로비/엘리베이터 안/교차편집(저녁)**
단태, 엘리베이터에서 내려, 힘 있게 로비를 걸어가면.
교차해서, 엘리베이터 바닥에 멍한 채로 주저앉아 있는 윤철.
그때, 엘리베이터 문 열리고. 무서운 표정으로 윤철에게 달려드는 조 비서.
윤철, 저항도 하지 못하고, 그대로 맥없이 맞고만 있는데. 터져 나오는 눈물과 절망감으로 쓰러지는 윤철.
교차로, 다시 단태의 모습 보여주는데. 자신만만하게 로비 걸어가는 미소 위로,

35. **회상/6화 66신 연결/병원 중환자실(밤)**
붕대로 머리를 휘감은 로나, 산소호흡기 낀 채, 살아보겠다는 듯, 힘겹 게 숨 쉬고 있으면. 누군가 그 앞으로 뚜벅뚜벅 걸어가는. 단태다.
야비한 미소 지으며 점점 산소호흡기로 다가서는 단태의 손.

36. **현재/제이킹 홀딩스 로비(저녁)**
단태, 섬뜩한 미소 지으며 차에 올라타는. 승자의 미소 짓는!

37.   파크원 호텔 스위트룸 (저녁)
        윤희와 로건, 마주 앉아 얘기하고 있는.

윤희   나애교라는 사람 속을 모르겠어요. 애들을 만나도 큰 동요도 없어 보
        이고...
로건   그 자리까지 나온 거 보면, 아이들한테 아주 무관심한 건 아닐 거예요.
        쉽게 자기를 드러내는 사람은 아니에요. 좀 더 지켜봐야겠어요.
윤희   천수지구 쪽은 반응 있어요?
로건   예상대로 강마리와 이규진도 뛰어들었어요! 3마마 쪽으로 흘린 정보
        가 제대로 먹힌 거 같아요!
윤희   그럼, 슬슬 움직일 때가 됐네요! (로건에게 눈짓하고, 어딘가로 전화하
        는) 아, 황 사장님. 오윤희예요. 천수지구 27번지, 내놓겠어요. 살 사람
        이 있는지 알아봐주시겠어요? 최대한 빨리요! (전화 끊으면)
로건   (시계 보고) 주단태가 별장에 도착할 시간이에요! 연결해요.
윤희   (끄덕하고, 얼른 도청 어플을 연결하면)

        갑자기 쨍! 하며 뭔가 깨지는 소리 들리고! 놀란 로건과 윤희, 서로를
        보는.

애교(E)   이딴 청첩장이나 주려고 만나자고 했던 거야?! 짜증 나 진짜!! (마구 깨
        고 던지는 소리 들리고) 천서진이 이혼 안 해주면? 평생 같이 살 거야?
단태(E)   그럴 리 없어! 그 여자도 약점이 잡혀서 어쩔 수 없이 하는 결혼이야!
윤희   (혼잣말) 약점? (열심히 귀 기울여 듣는)

38.   통나무 별장 거실 (저녁)
        단태, 흥분한 애교를 따라오며 진정시키는데.

단태   나한테 아무 의미 없는 결혼이야. 주식에 배팅하는 거랑 진배없다고!

426

애교	그럼, 천수지구에 매입하는 땅은 전부 내 명의로 해!
단태	(생각하다 달래듯) 절반씩 하지! 공평하게.
애교	70프로! 아래로는 절대 안돼! 대신, 오윤희가 가진 땅은 내가 받아올게.
단태	아무리 그래도 70프로는 너무 과하잖아?
애교	70프로가 과해? 정말? 미스터 백?! (의미심장한 눈으로 보면)
단태	(갑자기 표정이 확 바뀌고. 입술이 파르르 떨리는) 말이... 좀 심한데?!
애교	할 거야? 안 할 거야? 미스터 백!! (입술이 닿을 듯 바짝 다가서서 다그치면)
단태	(심호흡 크게 하고) 좋아. 단! 천서진과 이혼할 때까지만이야!
애교	언제 끝낼 건데, 그 결혼?!
단태	혼인신고만 하면, 내가 청아그룹 최대주주가 되는 거야! 지분 넘겨받는 대로, 바로 조각 내서 팔아 치울 생각이야. 일단 주식 가치를 최대한 키운 다음, 손 털고 나오면 끝이라고! 나 못 믿어?
애교	날 죽이려 한 사람을 어떻게 믿어?!
단태	그건 다 해명했잖아!!
애교	(단태에게 바짝 다가서고) 알 수 없지. 나도 어느 날 심수련처럼 조용히 사라지게 될지.... (하다가 청첩장을 찢어서 단태 얼굴에 뿌려버리고) 오늘은 그만 돌아가! 자기랑 얼굴 맞대고 술 마실 기분 아니니까. (방으로 가면)
단태	이봐! 아직 얘기 안 끝났잖아?! 나애교!! (쫓아가다가, 방문 꽝 닫히면. 멈춰 서고. 어이없는) 지랄 같은 성질머리하곤! (씩씩대고 홱 돌아서는)

39. 헤라팰리스 서진 레슨실 (저녁)

서진, 피아노 앞에 멍하니 앉아있으면. 문 열고 들어오는 사람, 윤철이고.

서진	(만신창이 된 윤철을 보고, 놀라 달려오고) 얼굴이 왜 이래? 누가 이랬어?!
윤철	(격하게) 이 결혼, 당장 멈춰! 미친 짓이야!! 주단태한테 약점 잡혀서 그

래? 겁내지 마. 은별이가 범인인 거, 증명할 방법 없어!!

서진 (굳어지고) 어떻게 알았어? 그 자식이 말했어?!!

윤철 (서진의 양팔을 꽉 잡고) 주단태가 뭐라고 협박하든 당당하게 버텨! 은별이 수면 치료는 내가 알아서 할 테니까, 넌 무조건 모른다고 해!!

서진 (말 막고) 증거를 갖고 있어! 은별이 목걸이... 거기에 은별이 DNA랑 로나 혈흔이 남아있어. 내가 자백한 녹음까지...

윤철 (버럭) 그걸 왜 지금껏 말 안 했어? 너 혼자 어떻게 감당하려고!

서진 (이 악무는, 애써 자신만만하게) 나, 우습게 보지 마. 주단태 정도는 얼마든지 컨트롤할 수 있어! 당신이 은별이만 맡아주면, 나머진 내가 해결해. 제발 조용히 떠나줘. 내 마지막 부탁이야. (윤철을 보는데. 눈가 발개지고)

윤철 (미치겠는)

40. **헤라펠리스 서진 집 은별 방 (저녁)**
    은별, 자신의 손을 내려다보는.

은별 설마... 내가 그런 건 아니겠지? (고개 내젓고) 아냐. 아닐 거야. 그럴 리 없어! (머리를 감싸 쥐고) 근데 왜 자꾸 트로피가 생각나는 거야?!!

그때, 문 열리는 소리 나면. 놀라서 홱 돌아보는 은별!
분홍이 약 쟁반을 들고 들어오는. 분홍임을 확인하고야 안심하는 은별.

분홍 약 먹을 시간이야. 엄마가 꼭 챙겨 먹으랬어. 자! (약이랑 물을 건네면)

은별 이거 먹으면 머리 안 아파요? (허겁지겁 약을 입에 털어 넣고 삼키는데)

분홍 머리가 많이 아파? 어쩌니. 아직 시험 범위까지 한 번밖에 못 훑었는데.

은별 머리가 터져버릴 거 같아요, 쌤! 영어 단어도 안 외워지고, 수학 문제도 눈에 안 들어오고 미치겠어요. 이러다 나, 미쳐버리는 거 아니에요?

분홍 지금까지 잘해왔는데, 왜 그래? 이제 배로나도 없잖아.

은별	악!! (로나라는 말에, 갑자기 두려운 듯 분홍을 끌어안고. 가쁜 숨 쉬면)
분홍	(은별을 안아서 다독여주며) 왜 이렇게 떨어. 안 되겠다. 오늘은 공부 그 만하고 일찍 자. 내일 새벽에 깨워줄게. (떨고 있는 은별이를 침대에 뉘여 주고. 이불 덮어주는데)
은별	(덜덜 떨면서 이불을 확 머리 위까지 덮어버리는. 너무도 불안해 보이고)
분홍	(은별을 보는 의미심장한 눈빛)

41. 헤라펠리스 윤희의 집 거실(밤)

   윤희와 분홍, 마주 앉아있고.

윤희	은별이는 좀 어때요?
분홍	많이 흔들리고 있어요. 엄마 결혼도 다가오는데다, 기억 회로에 문제가 생긴 거 같아요.
윤희	매일 먹는다는 약은요? 그게 기억을 막고 있는 거죠?
분홍	약은 이미 비타민으로 바꿔치기 해놔서, 아무 효과도 없을 거예요. 곧, 기억이 돌아오겠죠. 자기가 무슨 일을 한 건지.
윤희	아무리 발버둥 쳐봐도 도로 그 자리라니! 안쓰럽네요. (섬뜩한 미소. 그 때 전화벨 울리고. 보면 석훈이다)

42. 헤라펠리스 커뮤니티(밤)

   윤희, 들어오면. 먼저 와서 기다리고 있는 석훈.

윤희	석경인 괜찮아? 예고 없이 친엄마 얘길 해서, 많이 혼란스러웠지? 미 안해.
석훈	아니에요. 언제든 알게 될 일인데요. 석경이는 아직 받아들일 준비가 안 된 거 같아요.
윤희	그래, 서두를 필요 없어. 천천히 해도 돼. 근데, 무슨 일로 보자고 했어?
석훈	(잠시 머뭇하다가) 로나를 죽인 진범이 따로 있다는 거, 저 알아요.

윤희	뭐? (놀라서 석훈을 보면)
석훈	그게 은별인가요?
윤희	(말 아끼는) 의심스럽긴 하지만, 아직 확실한 건 아냐. 증거도 없고!
석훈	아버지가 로나 죽음에 개입돼있는 거 같아요. 은별이가 공연 때 하고 있었던 목걸이를 아버지가 가지고 있어요!!
윤희	(놀라) 목걸이?!! 그게 정말이야?!!
석훈	죄송해요. 더 일찍 말씀드렸어야 했는데...
윤희(E)	(충격받은) 주단태는 다 알고 있었어! 은별이가 범인이라는 거. 그걸로 천서진을 협박해서 결혼까지 하려는 거야! (모든 퍼즐이 맞춰지는 느낌인데)

43. 헤라팰리스 규진 집 거실(아침)
     규진, 부동산 중개업자 전화를 받고 있는.

규진	천수지구 노른자 매물이 나왔다고요? 그럼, 당연히 내가 사야죠! (흥분해서) 난 무조건 제일 높게 부른 사람보다 5천 더! 아니 1억 더!! 나한테 꼭 넘겨줘야 해요, 황 사장! 황 사장만 믿어요! (전화 끊으면)
상아	대박! 벌써 꿀부지가 나왔대? 황 사장한테 돈 먹인 보람이 있네.
규진	그 땅만 내 손에 들어오면, 이규진 인생 한 큐에 끝이야!! 그 자리에 딱! 130층짜리 주상복합아파트가 들어선다잖아! 헤라팰리스도 쪼 아래 요만하게 보일 거라고. (신나 죽고) 3마마님, 진짜 정보 짱이네! 만세다 만세!
상아	내가 뭐랬어? 강마리탕이 국토부 회의실이라고 했지?
규진	내 평생 때밀이 아줌마 덕을 볼지 어떻게 알았어? 제니 엄마한테 최고급 이태리타월이라도 몇 박스 보내줘야 되는 거 아냐?
상아	내 말이! 우리 완전 노났다, 여보야!!!! (둘이 얼싸안고 춤을 추는데)

     그때, 학교 가던 민혁이 한심스러운 듯 혀 끌끌 차고 나가다가 문득 멈

쳐 서는.

| 민혁 | 강마리탕? 때밀이 아줌마? (뭔가 촉이 발동하고. 숨어서 규진과 상아 말을 엿듣는. 그러다 씨익 웃는 민혁이고) |

44. 청아예고 성악부 교실 (아침)

제니, 책상 위에 휴대용 가습기 틀어놓고. 목에 좋은 캔디를 꺼내 먹고 있으면. 민혁이 다가서고.

민혁	야, 유제니! 너 그 캔디 하나에 10만 원도 넘는 건 알고 있냐? 목 아프면 그냥 슈퍼에서 알사탕 사먹어.
제니	(돌아보면. 민혁이 서있고) 나한테 관심 좀 꺼줄래? 시비 걸지 말고, 가라!
봄이	(다가서고) 가습기 이건 스위스제 아냐? 암튼 꼴에 좋은 것만 쓰고, 머리부터 발끝까지 명품에... 너 진짜 그럼 안 된다, 제니야.
제니	니가 사줬니? 니들 꺼 훔쳤어? 능력 되니까 쓰는 건데 니들이 뭔 상관이야?! 나 공부해야 되니까, 꺼져!!
은후	그래도 그건 아니지. 니네 엄마가 힘들게 만 원, 이만 원, 악착같이 때 밀고 버시는데 너도 아껴 써야지. 안 그래?
제니	뭐? 누가 뭘 벌어?
민혁	와우! 너 진짜 몰랐어? 난 니네 엄마가 피땀 눈물 흘려가며 일하는 스토리 듣고 완전 감동 먹었는데. 그래서 오는 길에 선물도 사왔잖아. (비열한 웃음) 야! 뭐해? 선물 증정식 해야지! (애들한테 눈짓하면)

반 아이들 몰려와서, 이태리타월을 색색별로 제니한테 던지는데.
제니 얼굴로 쏟아지는 이태리타월. 제니 얼굴 벌게지고.
석훈과 석경, 은별, 교실로 들어오다가 그 모습을 보는.

45.　헤라펠리스 마리 집 거실(낮)

　마리, 기다시피 거실로 들어서는.

마리　아이고 삭신이야... 왜 이리 팔목이 시려. 벌써부터 고장 나면 큰일인데.

　그때! 마리의 눈앞에 빨래건조대가 보이고. 빨래건조대 위에 마리의
　세신복과 종류별 때타월이 떡하니 널려있는. 기겁하는 마리!

마리　아줌마!!!! 미쳤어?! 이걸 왜 거실에서 말려!?! 우리 제니 보면 어쩌려
　　고!! 아줌마아아!!! (정신없이 때수건들 걷어내는데)

제니　(방에서 나오며) 내가 한 건데?

마리　(제니를 보자 털썩 주저앉고. 엉덩이로 때수건을 깔아뭉개서 숨기는데) 제
　　니야.... 그게 말야... 이게 뭐냐면 그러니까... (당황해서 정신없는데)

제니　(굳은 표정으로 마리를 보며, 따지듯이) 언제까지 숨길 작정이었어?! 딸
　　한테도 말 못 할 만큼 쪽팔리면, 그만 일을 왜 해?! 그럴 거면 당장 때
　　려 쳐!!!

마리　어떻게 알았어? 거짓말하려던 건 아닌데... 미안해, 제니야...

제니　뭐가 미안한데? 도둑질을 했어? 누굴 때리고 돈 받았어?!!

마리　아냐!! 그런 거!!

제니　근데 왜 숨기냐고?!! (버럭 화내면)

마리　(발끈해서) 엄만 너한테 부끄러운 짓 한 거 한 개도 없어! 니가 엄마를
　　쪽팔려 한대도, 이 일 그만 못 뒤!! 엄마가 뭘 잘못했는데?!! 엄만 너, 재
　　벌 딸 안 부럽게 최고로 키웠고, 후회 없이 뒷바라지했어! 그럼 된 거 아
　　냐?! (큰소리치다가, 슬쩍 제니 눈치 보면)

제니　(담담하게 듣고 서있다가, 바닥에 떨어진 때수건을 주워서 다시 널며) 물기
　　바짝 안 말리면 냄새 나! 고객 관리 제대로 안 하면 손님 다 떨어져나간
　　다고! 그럼 우리 뭐 먹고살아?!

마리　(뜻밖의 말에 놀라) 뭐?

제니   (마리 쳐다보지 않고) 나, 로나 그렇게 되고, 창피한 것도 무서운 것도 없어졌어. 애들이 놀리는 것도 겁 안 나고, 서울대 못 가도 상관없어! 내가 무서운 건... 내 옆에 있던 누군가가 돌아오지 않는 거... (마리를 돌아보는. 눈물 그렁해서) 아빠도 없는데, 우리끼리 의지하고 잘 살아야지!! 빌어먹을 비밀 같은 거 왜 만들어?!! 내가 엄마 딸인데!! 엄마 직업을 민혁이 같은 새끼한테 들어야돼?!!

마리   (눈가 발개지고) 제니야...

제니   (씩씩하게 눈물 훔치며) 욕실에 물 받아놨으니까, 준비해서 들어와! 얼마나 재능충인지 실력이나 보게! 요구르트도 잊지 말고! (욕실로 걸어가면)

마리   (혼자 울컥해 눈물 흘리고) 우리 공주가 언제 저렇게 컸대. (그러다 멈칫) 뽀록난 김에, 지 아빠 건까지 죄다 터트려? 말어?

제니(E)   엄마, 뭐해?!! 물 식어!!

마리   알았어, 간다고오!! (바바리코트 벗으면, 때밀이 복장 나오고. 뛰어가는)

46.   **헤라팰리스 마리 집 욕실 (낮)**
       제니, 마리의 등을 밀어주고 있는.

마리   왜 이래? 엄마가 밀어준다니까. 니 엄마, 경력 25년에 전문직이야. 엄마한테 때 밀려고 아직도 재벌 회장님들이 줄서서 기다린다니까. 엄마 실력 못 믿어?

제니   (뚝뚝하지만 정감 있게) 좀 가만히 있어! 이 때 좀 봐! 남의 등짝만 밀고, 엄마 때는 안 밀었어? 아주 그냥 가래떡을 뽑네.

마리   엄마가 뭔 때가 있다고 그래? 매일 씻는데.

제니   (야쿠르트 주고) 이거나 빨고 있어! 나도 손 스킬 좀 배우게.

마리   (화들짝) 니가 이걸 왜 배워? 넌 서울대 나와서, 손에 물 한 방울 묻히지 말고 살아! 그러라고 엄마가 씐나서 일하는 건데! 엄마 말 들어, 안 들어?!

433

제니	(순간 울컥하고. 입술 떨리는) 아줌마 진짜 말 드럽게 많네. 돈 안 받을 테니까, 등이나 똑바로 대! 오늘 하루만, 쫌 그러라고! (울음 참으며 때미는)
마리	(제니가 울고 있는 거 느끼고 멈칫하는. 눈물 날 거 같으면, 괜히 고개 숙이고 자기 속옷 쓱쓱 빼는데. 그렇게 등 대고 눈물 흘리는 마리고)

47. 헤라팰리스 서진 집 침실(저녁)

서진, 단태가 보낸 상자를 열어보면. 드레스와 구두가 들어있고.
꺼내서 보는데. 더없이 슬픈 표정인데.
그때, 갑자기 벌컥 문이 열리더니, 은별이 들이닥치는.

은별	(잔뜩 흥분해서) 엄마!!
서진	(애써 담담하게 드레스를 옷걸이에 걸어두며) 왔어? 간식 먹고 공부해야지.
은별	아빠한테 나 데리고 미국 가라고 했어? 그래?!!
서진	아빠가 본사에 들어갈 일이 있대. 머리 식히게 다녀와. 곧 단기방학이잖아.
은별	거짓말!!! 엄마 결혼하려고, 나 미국으로 쫓아내는 거잖아!! 엄마라는 사람이 어떻게 이럴 수가 있어?!! (무섭게 서진에게 달려들면)
서진	(순간 긴장하는데)
은별	(서진을 와락 끌어안고, 울며 매달리는) 엄마... 이 결혼 안 하면 안 돼? 제발, 나 버리지 마... 난 엄마 없이 못 살아. 너무 무서워, 엄마...
서진	(가슴 무너지고) 은별아...
은별	(더 힘 있게 끌어안으며 몸부림치며) 나한테는 엄마가 전부야. 그니까 엄마... 결혼 같은 거 하지 마!! 미국에 꼭 가야 되는 거면, 엄마도 같이 가자. 응? 엄마만 있으면, 나 대학도 뭣도 다 포기할 수 있어. 정말이야... (아기처럼 엉엉 우는데)
서진	대학을 왜 포기해!! 여기까지 어떻게 왔는데!! 약해빠진 소리 말고, 엄

마가 시키는 대로 해!! (그러다 울음 터지는 서진. 애써 꺼이꺼이 울음 삼키며, E) 엄만, 널 지키려고 남는 거야. 그 악마에게서 널 지키려고!

48.   통나무 별장 욕실(밤)
애교, 독주를 마시며 욕조에서 거품 목욕 중인데. 등 뒤로 나비 문신이 보이고.

애교 (단태와 통화하고 있는) 아니라니까. 화 안 났다고. 천서진이랑 결혼 준비나 잘해. 나 신경 쓰지 말고. (핸드폰 툭 끊어버리고)

거품을 낸 스펀지로 부드럽게 나비 문신을 닦으면. 점점 사라지는 나비 문신....
그러다 얼굴이 잠기도록 누웠다 일어나면. 감쪽같이 등 문신이 보이지 않고!
젖은 머리를 좌우로 찰랑거리며 털어내는 애교의 눈빛, 수련으로 변하는.

49.   헤라팰리스 주차장(며칠 뒤/서진 단태 결혼식 당일/이른아침)
차 트렁크에 짐 가방을 싣는 윤철. 그 옆으로 서진과 은별이 서있고.

은별 (서진의 손을 꼭 잡고) 진짜 며칠 뒤에 바로 오는 거지, 엄마?
서진 그럼. 회사랑 재단 정리만 하고 바로 따라갈게. 걱정 말고, 아빠랑 먼저 가 있어.
은별 (그제야 안심한 듯, 차에 올라타면)
윤철 (서진에게 다가서고. 침울한) 이게 정말 최선인지 모르겠다.
서진 (눈물 참고, 이 악무는) 은별이한테 절대 티 내지 마. 내 얘기도 하지 말고!
윤철 (울컥하고, 서진의 손을 잡으며) 나 도저히 못 하겠어. 너만 두고 못 가. 차라리 주단태 죽여버리고 도망쳐서 살자!!

서진 (독하게) 쓸데없는 소리 말고 가! 빨리!!! (타협의 여지없는 눈빛이고)

윤철 서진아!!

서진 (고개 홱 돌려버리고. 은별에게 애써 웃으며 손인사하고 돌아서는데)

뚜벅뚜벅 등지고 걸어가는 서진. 그러다 차가 출발하는 소리 들리면 가슴 철렁해 돌아보는데. 윤철의 차, 시야에서 사라지고. 그제야 휘청하는 서진.

서진 잘 가.... (주먹 꽉 쥐고) 나약해지지 마!! 천서진!! (독하게 몸 일으키는)

50. 헤라펠리스 분수대(아침)
    서진, 분수대로 걸어오면. 기다리고 있는 윤희가 보이고.

윤희 오늘이 결혼식인데, 딸한테 결혼식도 안 보여주고 떠나게 한 거야? 주단태가 새아빠로 영 별로인가 봐?

서진 남의 집안일에 관심 끄고, 너나 제발 여기서 떠나! 자식도 남편도 없는데, 왜 혼자 헤팰에 남아있는 거야?

윤희 난 여기가 좋아. 니가 날 내쫓지 못해 안달인 것도 좋고, 너랑 주단태가 알콩달콩 펜트하우스에서 얼마나 잘 살지도 궁금하고.

서진 뭐?!

윤희 그래서 이 결혼, 진심으로 축하해주려고! 이따 봐. 행복한 신부, 천서진. (미소 짓고 돌아서서 가면)

서진 오윤희!! (이래저래 미칠 지경인데)

51. 펜트하우스 거실(아침)
    서진, 펜트하우스 거실로 들어서면. 단태가 맞고.

단태 신부 얼굴이 왜 이렇게 푸석해? 설레서 한숨도 못 잔 거야? 저런. 그렇

게 참기 힘들었으면 서두르자고 말을 하지. 하하하... (재밌다는 듯 웃으면)

서진 (기막히고. 신분증과 도장을 꺼내서 테이블에 탁! 내려놓는) 필요한 게 이거지? 혼인신고는 당신이 알아서 해!

단태 (얼른 신분증과 도장 챙기고) 맘 같아서는 호텔을 통째로 빌려서 최고의 신부로 만들어주고 싶은데, 요즘 당신 이름이 하도 시끄러워서 헤펠에서 조용히 치르는 거, 이해해줘. 그래도 펜트하우스 주인이 되는 날인데, 맘껏 즐겨!!

서진 (부들부들한데. 죽을힘 다해 참고 있으면)

단태 아! 은별이는 떠났나? 캘리포니아는 날씨가 예술이겠네.

서진 그 애 이름 입에 올리지 마!! 당신이랑 결혼해도, 은별인 당신 자식 아냐!! 영원히 상관없는 아이야!!

단태 그래? 아쉬워서 어쩌지. 난 딸 하나 더 생기는 줄 알고 기뻐했는데.

52. 펜트하우스 석경 석훈의 방(아침)
     굳은 표정의 석경, 문 열고 방으로 들어서는.

석경 (석훈에게) 진짜 둘이 결혼하는 모양이야. 은별이도 떠났대! 캘리포니아로!

석훈 떠나? 하은별이?!! (다급하게 은별에게 전화하는데. 받지 않는. 그대로 옷을 챙겨 들고 뛰쳐나가는 석훈)

53. 공항도로/윤철의 차 안(아침)
     은별의 핸드폰 계속 울리고, 석훈한테서 전화 걸려오는데.

윤철 (운전하다가 슬쩍 보고) 받지 마. 아무 전화도.

은별 (망설이다 거절 눌러버리면)

그때! 요란한 경찰차 사이렌 소리가 들리고! 윤철의 차 앞뒤로 에워싸는 경찰차.

경찰(E) 5323. 5323. 갓길에 정차! 갓길에 정차!!
윤철 (영문 몰라 갓길에 차를 멈춰 세우고) 은별이 넌 차 안에 있어.

윤철, 차에서 내리면. 형사들이 우르르 달려와 윤철을 양쪽에서 포박하는.

경찰 하윤철 씨 맞습니까?
윤철 네. 맞는데요.
경찰 당신을 배로나 살인 사건 용의자로 긴급체포합니다. (수갑을 채우면)
윤철 네에? 그게 무슨 말이에요?!

차 안에 있던 은별, 놀라서 문 열고 뛰쳐나오는데.

은별 아빠!! 무슨 일이야?!! (경찰에게 달려들고) 우리 아빠한테 왜 이래요?!!
경찰 살인 혐의로 수감돼있던 박정식 씨가 전부 자백했습니다. 하윤철 씨한테 돈을 받고 허위 자백했다고! 서까지 가시죠. (윤철을 경찰차에 태우는데)
윤철 잠깐만요! 우리 애한테 할 말이 있어요!! 이것 좀 놔요!! (끌려가면서 은별한테 소리치는) 은별아!! 택시 불러서 빨리 공항으로 가!! 아빠 아무 일 없어. 걱정 말고!! 우리 딸, 잘할 수 있지?!! 꼭 가야 돼!! 약속해, 은별아!!
경찰 (윤철의 말을 묵살하고, 강제로 경찰차에 태우면)
은별 (윤철을 향해 뛰어가는) 아빠!!! 아빠아아!!!!

윤철을 태운 경찰차, 그대로 출발해버리고. 남은 경찰은 윤철의 차를 수색하는.

은별, 미친 듯이 경찰차를 쫓아 뛰어가는데. 경찰차 뒷유리에 붙어서 빨리 가라고 소리 지르는 윤철이 보이는. 점점 멀어지는 경찰차... 은별의 울부짖음...

54. 헤라팰리스 서진 집 침실(낮)

서진, 전문 스태프들에게 메이크업과 헤어를 받고 있는. 감정 하나 느껴지지 않는 얼음 같은 표정이고. 그 모습을 지켜보고 있는 사람, 단태다.

단태, 조 비서가 보내온 문자를 읽고 있는.

조비(E) 방금 경찰에 체포돼서 연행 중입니다!

단태(E) (의기양양하게) 수고했어. (기분 좋게 답장하고)

그때. 서진의 전화가 진동으로 계속 울리고 있는. 발신자 은별이고.

단태, 서진 몰래 핸드폰을 집어 들고 전원을 꺼버리는데.

서진, 무표정하게 일어서서 두 팔 벌리고 서면. 스태프들이 화려한 드레스를 입혀주는데. 아름다운 목걸이를 걸고, 반짝이는 구두를 신고, 하얀 면사포를 쓰는 서진의 모습, 하나씩 보여주는.

55. 공항도로 갓길(낮)

은별, 바들바들 떨면서 누군가를 기다리고 있으면. 그 앞으로 돌진하듯 달려와 멈춰 서는 오토바이. 헬멧을 벗고 뛰어오는 사람, 석훈이다!!

석훈 하은별!! 어떻게 된 거야?!! 무슨 일이야?!!

은별 (울음 터트리는) 석훈아... 어떡해....

56. 헤라펠리스 커뮤니티(결혼식장/저녁)

규진, 상아, 마리, 윤희, 단태를 축하하고 있는.

모두들   두 분의 결혼을 축하합니다!! (폭죽 터지고)

단태   고맙습니다, 헤라클럽 여러분! 드디어 우리가 결혼을 하게 됐습니다.

윤희   성공하셨네요. 두 사람, 아주 잘 어울려요.

마리   신부는 왜 안 와요? 다들 기다리는데.

규진   설마, 도망친 거 아니에요? (깐족대면)

상아   저기, 신부 와요!! (호들갑스럽게 유리창 아래쪽을 가리키면)

모두들   (아래를 내려다보는데)

57. 헤라펠리스 분수대/커뮤니티 계단(저녁)

천천히 걸어오는 서진의 하얀 드레스와 하얀 구두. 한 발 한 발이 천근 같은데.
화려한 드레스와 달리, 굳어져있는 서진의 얼굴, 너무도 불행해 보이고.
서진, 양쪽으로 꽃장식이 된 계단을 올려다보면. 계단 맨 위에 단태가 서있고.
서진을 보고 있는 상아와 마리, 아무것도 모르는 듯 부러운 시선들이고.
호기심 가득한 규진과 차가운 표정의 윤희도 보이고.
단태, 가식적인 환한 미소를 지으며, 두 팔을 벌리고 기다리고 섰으면.
서진, 복잡한 감정들이 머릿속을 휘감고. 애써 괜찮은 척 커뮤니티를 향해 계단을 천천히 한 걸음씩 오르기 시작하는데.

은별(E)   엄마아!!!

서진   (놀라서 걸음 멈추고. 돌아보는)

58. 도로(저녁)

도로를 질주해서 달리는 석훈의 오토바이. 지그재그로 속도를 내고 있는.

은별, 뒷자리에 매달린 채 눈물범벅인데.

정신없이 달리던 석훈의 오토바이, 갑자기 코너에서 튀어나오던 차량을 보고 놀라 핸들 틀면서 끼익! 급정거하는데. (부딪히는 건 아니고, 몸이 급격히 쏠리는)

순간! 찌릿! 참을 수 없는 극심한 두통과 함께, 그날의 기억이 떠오르는 은별.

청아예고 돌계단이 보이고... 트로피를 든 채 누군가를 급하게 쫓아가는 은별의 모습!

59. 회상/5화 65신 청아예고 교정 돌계단(밤)

계단을 내려가는 드레스를 입은 누군가, 뒤를 돌아보면.

눈이 텅 비어있는 은별, 트로피를 휘둘러 내려치는데. 로나다!

휘청하고, 돌계단에서 굴러 떨어지는 로나!!!

은별, 피가 뚝뚝 떨어지는, 부러진 트로피의 하단 부분을 든 채로.

은별 (영혼이 나간 표정) 니가 틀렸어, 배로나..... 난 너한테 아무것도 안 뺏겨!
아빠도, 석훈이도, 대상도......

60. 현재/도로(저녁)

은별 아악!!!! (미친 듯 비명을 내지르면)

석훈 (달리다가 놀라서 소리치는) 왜 그래, 하은별!!

은별 (공포에 질린 표정으로) 로나! 로나였어!! 내가 로나를?!!

61. 헤라팰리스 커뮤니티(결혼식장/저녁)

마지막 계단까지 다 올라온 서진, 부케를 들고 단태에게 다가서면.

단태, 서진의 허리를 감싸 쥔 채 서진을 맞고,

단태   (서진의 귀에 대고 싸늘하게) 웃어! 행복해 죽겠다는 듯이! (명령하고, 팔
       짱을 끼라는 듯 팔을 내밀면)

서진(E) (비참한 듯 눈을 질끈 감았다 뜨고. 박수 치며 자신을 기다리고 서있는 사람
       들을 보는데. 속마음으로) 사랑했어, 하윤철. 너무 늦게 알아버려서 미안
       해. (단태의 팔짱을 끼고, 비극적으로 웃으며 단태와 나란히 걸어가는 데서
       엔딩!!)

10화

사건의 전말

1.   헤라팰리스 커뮤니티 피로연장(저녁)
        예식 끝나고. 서진(2부 핑크 드레스로 갈아입은)과 단태, 헤라클럽 사람
        들에게 감사 인사하고 있으면.
        저마다 축하 인사를 건네는 헤라클럽 사람들.

규진   서진 씨, 너무 천상계 미모 아닙니까? 우리 주 회장님도 배우네 배우!
        잘생겼어!
상아   세상에! 대체 이게 얼마짜리 드레스예요? 영국 왕세자비가 입었던 드
        레스 맞죠? 신부가 너무 어려 보여요~ (찬사 보내다가) 근데, 은별이는
        참석 안 하겠대요? 진짜 석훈이랑 사귀는 거 맞...
규진   (놀래서, 상아 입 틀어막으면)
상아   왜 이래? 당신도 봤잖아. 석훈이랑 은별이랑 엘리베이터에서.... (그러
        다 끌려 나가고)
마리   (반대편에서, 윤희에게 귓속말로) 뭔 드레스 하나에 저렇게 돈을 처발랐
        대. 언제 깨질지도 모르는 결혼에.
윤희   (미소. 신랑 신부가 인사하러 다가서면. 서진에게) 행복하니?
서진   (그런 윤희 보며) 응. 행복해.
윤희   그 행복, 영원하길 바래.
단태   (윤희 앞에 나서고) 와줘서 고맙네요, 윤희 씨. 우리 참, 특별한 인연이
        죠? 같이 일도 했고, 헤라클럽 멤버에, 내 사랑하는 와이프의 동창이기
        도 하고. 거기다가 로나가 우리 아이들과 친구였으니.
마리   (끼어들며) 로나 얘긴 왜 하세요. 이런 날에. (눈치 주면)
단태   아! 그렇군요. 실수했네요. 죄송합니다. 생때같은 자식을 잃은 아픔이
        아직 가시지 않았을 텐데. (안타까운 표정으로 슬쩍 서진을 보면)
서진   (표정 무섭게 굳어있고)
윤희   괜찮아요. 축하드립니다. (애써 미소 짓는데. 그때 핸드폰 울리고. 보면 로
        건이다) 실례할게요. (다른 쪽으로 가는)

2. **헤라팰리스 커뮤니티 앞(저녁)**
    윤희, 한쪽으로 가서 로건의 전화를 받는.

윤희 (나직이) 어떻게 됐어요? 하윤철 출국 막았어요?

3. **경찰서 앞(저녁)**
    경찰서 앞에 오토바이 탄 채로, 정차해있는 로건.

로건 (경찰서를 보며) 막을 필요가 없게 됐어요. 하윤철이 로나 살인 사건으
         로 긴급 체포됐어요!

4. **회상/9화 53신 공항도로/로건의 시선(낮)**
    윤철의 차를 쫓고 있는 로건의 오토바이.
    그때, 로건의 오토바이를 앞질러서 달려오는 경찰차들. 윤철의 차를
    막아 세우면.
    컷 되고. 윤철을 경찰차에 태워 연행해가는 경찰들.
    거리를 두고 오토바이를 세운 채, 지켜보고 있던 로건, 당황한 표정이고.

5. **현재/경찰서 앞/헤라팰리스 커뮤니티 앞/전화통화(저녁)**
윤희 (생각하다) 주단태 짓이에요!
로건 네?
윤희 우리만큼 주단태도 하윤철을 곱게 보낼 생각이 없었나 보네요! (피로
         연장 안에서 환하게 웃고 있는 단태를 보는)

6. **헤라팰리스 커뮤니티(저녁)**
    단태, 와인 잔을 들고 인사하고 있으면. 윤희가 조용히 들어와 마리 옆
    에 서고.

단태	저희들의 결혼을 축하해주기 위해 참석해주신 헤라클럽 여러분, 감사합니다. 저희들, 서로 사랑하고 존경하고 아끼면서 잘 살겠습니다.
마리	천 쌤도 한 말씀 하시죠. 아까부터 표정이 왜 그래요? 어디 강제노동 수용소 끌려가는 사람처럼.
상아	그러게요. 얼굴도 창백하니 핏기도 없고, 어디 아프세요?
서진	그게... (뭔가 말하려면)
단태	(말 채가고) 어젯밤에 긴장해서 한숨도 못 잔 모양이에요. 워낙 예민한 사람이라. (다정하게 서진의 허리를 감싸며) 괜찮아? 금방 끝나. 조금만 참아.
서진	(부르르한데)
단태	그래도, 축하주 한 잔은 해야지? (규진 보고) 이 의원님이 건배사 한번 해주시죠!
규진	그럴까요? 내가 이럴 줄 알고 준비를 딱 해왔죠. 근데 이상하게 내가 건배사 한 커플은 죄다 이혼 소송하다가 원수 돼서 헤어지더라고. 어떻게 하나도 안 빼놓고 그렇게 일 년 만에 쪽박이 깨지는지 신기해. (그러다 보면)

헤라클럽사람들   (분위기 쎄하고)

규진	뭐, 언제나 예외는 있으니까. 자! 다들 건배할까요? 이 아름답고 거룩한 두 사람의 결혼... (하는데, 주머니에서 진동으로 울리는 핸드폰. 온몸 파르르 떨고) 잠깐만요. (전화기 꺼내보면. 엄마고. 받는) 엄마! 나 지금 막 중요한 순간이어서 좀만 이따 전화할게. 아 왜? 빅뉴스가 뭔데?! (그러다 표정 바뀌며) 어?!! 하 박사가... 배로나 살인 사건의 진범?!! (놀라서 윤희를 보면)
윤희	(규진을 보며) 그게 무슨 말이에요? 진범이라뇨?!! 누가요?!!
마리	(기겁하며) 하 박사라잖아!! 로나 죽인 진범이!! 말이 돼, 이게?!!
서진	(얼굴 하얗게 질리면)
상아	어머나, 세상에!! 살인을 했다고요? 하 박사가요?!! 우리가 아는 그 젠틀한 하 박사님이요?!! (다들 술렁이는데)

446

규진	(서빙하는 직원에게) 당장 티브이 틀어봐!! 얼른!! (소리치면)

직원, 티브이 틀면. 뉴스 속보가 나오고.

앵커(E)	청아예고 배로나 양 살인 사건의 새로운 용의자가 체포되면서 충격을 주고 있습니다. 피해자의 의붓아버지이자, 유명 외국계 제약회사의 한국지사장인 하모 씨는 자신의 죄를 덮기 위해 가짜 범인까지 매수한 혐의를 받고 있습니다. (강남경찰서는, 구속된 수위 박 씨가 오늘 새로운 진범을 지목하면서, 해외로 도주하려던 하모 씨를 붙잡아 현장에서 연행했으며....)
서진	안 돼!! 안 돼!! (화들짝 놀라, 와인 잔을 놓쳐서 깨버리는데. 모두의 시선, 서진한테 쏠리고)
단태	당신이 왜 그렇게 놀라? 하 박사, 이제 당신이랑 상관없는 사람 아냐?
서진	(비열하게 웃고 있는 단태를 보면 온몸에 소름이 돋고. 이를 악물고) 당신!!
단태	(서진에게 속삭이듯) 내 결혼 선물 어때? 서프라이즈로 준비했는데.
도비	(뛰어 들어오고) 이사장님! 큰일 났습니다!!
서진	(단태를 죽일 듯이 노려보다가 그대로 뛰쳐나가면. 테이블을 밀쳐서 아수라장이 되고. 그 뒤를 도 비서도 쫓아가는데)
마리/상아/규진	(뉴스 속보 보느라 다들 정신없고)
단태	(서진의 뒷모습을 보며, 씨익 미소 짓는)
윤희	(그런 단태 표정을 유심히 살피는 윤희)

7. 헤라팰리스 주차장(저녁)

멈춰 서는 석훈의 오토바이. 은별, 도망치듯 건물 안으로 들어가버리고.

석훈	은별아!! 하은별!! (은별을 뒤따라 뛰어가는데)

은별과 엇갈려서 뛰어나오는 드레스 차림의 서진, 정신없이 뛰어오는

데. 비틀하다 넘어지고. 그런 서진을 도 비서가 부축하는.

도비   이사장님!!

서진   (반쯤 혼이 나간 상태로) 괜찮아. 경찰서로 가!! 빨리!! (머리 장식을 빼서
         던져버리고. 차에 올라타면)

도 비서가 운전하는 차. 쌩하니 달리는데. 바닥에 떨어진 서진의 머리
장식이 차 바퀴에 깔려 박살나는.

8.   **헤라팰리스 서진 집 거실(저녁)**
         정신없이 거실로 뛰어 들어오는 은별.

은별   엄마!!! 엄마!!!

분홍   (놀란 듯 은별을 보고) 어떻게 된 거야? 미국 안 갔어?

은별   엄마는요? 엄마 어딨어요?

분홍   지금 결혼식하고 있잖아. 이제 곧 끝날 시간인데?

은별   (충격) 결혼이라뇨? 누구랑요?

분홍   누구긴. 당연히 석경이 아빠지.

은별   진짜 두 사람 결혼한 거예요?!! 날 미국으로 내쫓고?!! (눈물 터지는데)

분홍   몰랐구나. 내가 괜한 소릴 했나 보네. 울지 마. 내가 있잖아. 난 절대 너
         안 버려. (묘한 표정이고)

그때, 초인종 소리 다급하게 울리고. 비디오폰 보면. 석훈이고.

분홍   석훈이네. (문 열어주려면)

은별   (분홍 손잡으며 소리 지르는) 열어주지 마요!! (분홍 돌아보면) 석훈이 만
         나고 싶지 않아요!! 다신 우리 집에 들이지 마요!!

헬퍼   석훈 학생 왔는데요. (장바구니 든 채 석훈과 함께 들어서고)

은별	(석훈을 보자 놀라 뒷걸음질) 나가!! 너한테 할 말 없어!!
분홍	왜 그래? 니들 무슨 일 있어?!
석훈	(거칠게 은별을 붙잡고) 너 기억 돌아왔지? 기억난 거 맞지?!!
은별	(석훈을 확 밀어버리고) 나쁜 놈! 다 거짓말이었어? 사귀자고 한 것도, 좋아한다는 것도?! 나한테 뭘 캐내려고 그딴 거짓말을 한 거야?!
석훈	진실을 듣고 싶어. 너, 로나한테 무슨 짓을 한 거야? 어서 말해!!
은별	몰라!! 난 아무 짓도 안 했어!! 제발 로나 얘기 좀 그만해!! 지긋지긋해!! (소리치고, 분홍에게 허둥대며) 진 쌤!! 얘 좀 당장 내쫓아주세요!! 얼른요!!
분홍	(격하게 석훈을 내쫓는) 그만 나가줘! 우리 은별이 흥분하면 안 돼!! (헬퍼들에게) 여기 좀 와봐요!! 얼른요!!

헬퍼들 달려와, 석훈을 몰아내면.

석훈	하은별!! 난 밝혀내고 말 거야!! 로나가 왜 죽었는지!! 꼭 듣고 말 거야!!
은별	(귀 틀어막고) 아아악!! (비명 내지르는)
분홍	(은별을 안아서 진정시키며) 괜찮아. 석훈이 갔어. 겁낼 거 없어. (다독이며) 쌤한테 얘기해. 뭐든 다 들어줄게. 엄마는 결혼식이라 연락 안 될 거야.
은별	(겁에 질린 채 눈물 터지고) 쌤... 나 어떡해요... 기억이 났어요!! 청아예술제 날, 내가 무슨 짓을 했는지!!
분홍	뭐어?!!!

9. 헤라펠리스 분수대(저녁)
석훈, 분수대로 뛰어가면. 힘없이 석경이 발 장난하며 기다리며 서있고.

석경	(석훈 보면 반갑게) 어? 빨리 왔네. 신난다. (팔짱 끼고) 오빠, 우리 좋은 데 가서 저녁 먹을까. 나 디따 매운 거 먹고 싶어. (하는데, 쓸쓸해 보이고)

석훈	매운 거 못 먹잖아, 너. 내일 속 아파서 고생해. 들어가자.
석경	집에 가기 싫어! 오늘부터 천 쌤이랑 같이 살아야 되잖아.
석훈	(그런 석경이 안쓰러운) 나랑 있음 되지. 엄청 재밌는 영화 하나 다운받아서 보자. (석경을 달래서 데리고 가는데. 순간 수련을 본 듯 놀라 뒤돌아보면)
석경	왜 그래?
석훈	(찾는데, 아무도 없고) 아냐. 누굴 본 거 같아서. (엘리베이터로 향하면)

10.   **펜트하우스 석훈 석경의 방(저녁)**
      방으로 들어오는 석훈과 석경. 석경, 가방 내려놓다가 문득 책장을 보고.

석경	오빠가 내 책 손댔어?
석훈	아니, 왜?
석경	누가 책을 똑바로 꽂아놔서. 이상하네. 아줌마들은 내 책상 안 만지는데.
석훈(E)	엄마였어!! (표정. 자신이 본 게 틀리지 않았다는 느낌 들고)

11.   **인서트 1/펜트하우스 석훈 석경의 방(저녁)**
      애교, 아이들 방으로 들어와 애잔한 눈빛으로 방을 둘러보고.
      거꾸로 책들 꽂혀있는 석경의 책장이 눈에 들어오면. 책들을 똑바로
      꽂아두고 정리해주는 애교고.

12.   **인서트 2/펜트하우스 주방(저녁)**
      애교, 주방으로 들어서는. 아이들을 위해 음식을 준비하던 수련 때의
      모습들 떠오르면. 눈물이 핑 돌고.
      그때가 떠오르는 듯, 손으로 가만히 가구 쓰다듬다가, 커피를 내려서
      마시는데.
      주방에서 혼자 커피를 마시며 상념에 잠기는 애교고.

13.   인서트 3/헤라펠리스 분수대/9신 연결(저녁)
       애교, 숨어서 석훈과 석경을 보고 있는.
       석훈이 다정하게 석경을 데리고 엘리베이터 쪽으로 가면.
       눈물 그렁한 채로, 석훈과 석경의 모습을 보다가 돌아서는 애교.

애교(E)   조금만 더 기다려줘. 엄마 곧 돌아올게.....

14.   헤라펠리스 커뮤니티(저녁)
       다들, 충격으로 정신없고. 아수라장이 된 결혼식장.

마리   미친 자식!! 어떻게 자기 의붓딸을 죽여?!! 그래 놓고 이혼하자고 집을
       나간 거야? 썩을 놈! 개만도 못한 놈!! (걱정스럽게) 윤희 씨, 괜찮아?
윤희   (대답 않는데. 그때, 핸드폰 울리면. 강남경찰서고. 굳어지는 윤희 표정)
규진   그 자식 옛날부터 재수가 없었잖아! (안쓰럽게 윤희 보며) 하필 그런 벼
       락 맞을 새끼랑 엮었대? 윤희 씨! 당장 이혼해! 내가 위자료 100억 받
       아줄 테니까!
상아   아직도 안 믿겨. 은별일 생각해서라도 어떻게 그런 짓을 해?!
규진   은별일 생각해서 그런 짓을 한 거겠지! 은별이랑 로나랑 보통 라이벌
       이야?
상아   설마, 그럼 은별일 대상 만들려고, 로나를 해코지한 거야? 로나가 사고
       난 게 청아예술제 날이었잖아!
규진   그러니까 무서운 놈이지. 앞으로 은별인 어떻게 살아? 살인자 아빠에,
       사기꾼 엄마에. (단태 보며) 주 회장도 몰랐어요?
단태   네, 전혀. 지금 나도 너무 충격이어서... (연기하면)
마리   하필 또 결혼식 날 이런 일이 터졌대요?! 둘이 뭐만 하면 헤펠에 난리
       가 난다니까. 안 그래? (돌아보면. 윤희가 없고) 뭐야. 윤희 씨 어디 간
       거야?!

15.   경찰서 조사실(밤)
       굳어있는 윤철. 맞은편에 수위 박 씨가 앉아있고. 형사, 대질심문 중
       인데.
       박 씨, 맞은 듯 얼굴에 상처와 멍이 보이고.

형사   (박씨에게) 하윤철 씨가 가짜 자백을 하라고 시킨 거 맞아요?!
박씨   (윤철의 시선 피하고, 바들바들 떨면서) 네. 현금 5억이랑, 아픈 딸아이 치
         료를 책임지겠다는 조건으로... (고개 돌리면. 윤철과 눈이 마주치고. 순간
         겁먹은 시선. 그 위로,)

16.   회상/교도소 일각(밤)
       교도관에게 끌려가는 박 씨.

박씨   어디 가는 거예요?
교도관   (말없이 박 씨를 끌고 와 방 안에 넣는데)

       방 안에서 뒤를 돌아보는 사람, 교도관복을 입은 조 비서고.
       조 비서, 모자를 벗고 박 씨를 보면. 굳어지는 박 씨 표정.

조비   (교도관에게 봉투 건네고) 나가보시죠. (눈짓하면)
교도관   딱 30분입니다. (빠지는데)
박씨   (겁에 질려) 저기요!! 이봐요!! (따라 나가려면)
조비   어딜 가시려고?! (박 씨의 덜미를 잡아서 돌리더니, 복부로 들어오는 주
         먹) 너 범인 아니지? 사주한 사람, 누구야? 하윤철이야?!
박씨   아니에요!! 그런 적 없어요!! 제가 범인 맞아요!!
조비   그래? (사정없이 패기 시작하면)
박씨   으으... (바닥에 쓰러진 채, 이를 악물고 참으며, 발길질 버티는데)
조비   끝까지 입을 안 여시겠다? 후회할 텐데... (구둣발로 박 씨 어깨를 짓누른

452

채 어딘가로 전화해서 목소리 들려주는)

여자(F) (겁에 질린 목소리로 울먹이며) 여보!!

박씨 (놀라서) 무슨 일이야, 여보?!! 왜 울어?!!

여자(F) (떨리는 목소리로) 이상한 사람들이 병원으로 찾아왔어. 우리 딸 죽게 생겼어!! (두려움에 엉엉 울면)

박씨 (버럭) 우리 딸한테 무슨 짓을 한 거예요?!!

조비 (박 씨의 얼굴을 잡아 쥐며) 그러니까 똑바로 말해!! 니 딸년 살리고 싶으면!!

17. 현재/경찰서 조사실(밤)

박씨 (시선 피한 채, 윤철을 손으로 가리키며) 다 저 사람이 시킨 겁니다! 가족들 평생 먹고살 돈 준다고 해서.. 그래서 어쩔 수 없이... 죄송합니다... (눈물 뚝뚝 떨어뜨리는데)

형사 하윤철 씨! 배로나 살인혐의 인정합니까? 아니면 아니라고 말해보세요!!

윤철 (눈 감은 채 생각하다가, 결심한 듯 눈 뜨고. 떨리는 목소리) 네. 인정합니다. (형사를 보는) 배로나... 제가 죽였어요!

18. 경찰서장실(밤)

서진, 경찰서장과 독대하고 있는. (드레스 위에, 겉옷 입고 있는)

서장 기자들 시선도 있고, 길게 시간은 못 드립니다.

서진 잘 알고 있습니다. 정말 감사합니다, 서장님.

그때, 노크와 함께 형사에게 결박당해 들어서는 윤철. 서장과 형사, 아웃하면.
서진, 수갑을 찬 윤철을 보는데. 심장이 덜컹 내려앉는.

서진	(벌떡 일어나) 은별 아빠! (목 메이는) 이게... 이게 무슨 꼴이야?!!
윤철	여긴 뭐하러 와? 사람들 의심 사게?! 빨리 돌아가!
서진	주단태가 박 씨 아저씨 쪽을 협박한 모양이야. 결혼만 하면 덮어줄 줄 알았는데, 이런 짓까지 할 줄은 진짜 몰랐어.
윤철	(담담하게) 짐작하고 있었어. 은별이는?! 출국했어?
서진	(고개 내젓고) 집에 왔대. 진 쌤이 데리고 있다고 연락 왔어.
윤철	은별이 여기 있음 위험해. 빨리 미국으로 보내!!
서진	당신 걱정이나 해!! (애써 눈물 참아내며) 무조건 아니라고 버텨! 박 씨 아저씨는 어떻게든 내가 만나서 설득할 테니까!
윤철	이미 혐의 인정했어.
서진	미쳤어?!! 진짜 살인자라도 되겠다는 거야?!!
윤철	죽이려고 했던 거 맞잖아!! (입술 파르르 떨리고, 수갑 찬 손을 내려다보며) 나쁜 맘 먹고, 병실로 찾아갔었어. 차마 못 하고 돌아왔지만... 로나가 죽은 게 내 탓 같아서 미칠 거 같았어. 이렇게 된 거 차라리 잘됐어.
서진	내가 이런 꼴 보려고, 주단태랑 결혼한 줄 알아?!!
윤철	(이 악물고) 내 걱정 말고, 정신 똑바로 차려! 주단태 그 자식, 여기서 끝낼 놈이 아냐! 언제든 은별이까지 끌고 들어올 거야.
서진	죽여버릴 거야!! 그 개자식!!!
윤철	모든 죄는 내가 안고 갈 테니까, 넌 은별이만 지켜! 할 수 있겠어?
서진	(이러지도 저러지도. 애써 눈물 참아내며, 미치겠는 심정이고)

19.   경찰서 화장실 (밤)
      서진, 울면서 화장실로 뛰어 들어오고. 물을 틀고 얼굴 씻어내는데.

윤희(E)	기분이 어때? 전남편이 범죄자가 된 느낌!
서진	(놀라 고개 들고, 거울을 보면. 윤희가 보이고)
윤희	궁금했어. 하윤철한테 다시 흔들린 니가, 왜 주단태와 결혼을 강행했는지!

서진	누가 흔들려? 난 그런 적 없어!! (수건으로 손을 닦고, 돌아서면)
윤희	이제 내 손에 피 묻힐 필요가 없어진 건가? 주단태가 알아서 너희 가족을 지옥으로 보내줄 테니!!
서진	뭐어?
윤희	(서진의 팔을 잡아채며) 하윤철이 감방에 들어간다고, 니 딸이 안전할 거 같아? 너만 만신창이 될 뿐! 진실은 달라지진 않아!
서진	(뿌리치고, 얼굴 하얘져서) 무슨 말을 하는 거야?!
윤희	(묘한 미소를 띠고) 그럼 난, 형사님을 만나러 가야 해서. 로나 죽인 진범에 대해 브리핑을 하시겠다네. 도대체 진범이 몇 번이나 더 바뀔까? (나가면)
서진	(불안함에 흔들리고) 설마.. 알고 있는 거야?!!

20.   헤라팰리스 서진 집 거실 (밤)

서진, 멍한 정신으로 거실로 들어오면. 분홍이 맞고.

분홍	오셨어요? 하 박사님 지금 경찰서에 계신다면서요?
서진	은별이는 어쩌고 있어요?
분홍	방에서 꼼짝 안 하네요. 엄마가 결혼한 거 알고, 더 충격을 받은 거 같아요!
서진	(발끈) 그 얘긴 왜 했어요? 가뜩이나 힘든 애한테 뭐가 급해서! (급하게 은별 방으로 향하는데)
분홍	(순간 서늘한 표정) 은별이 기억이 돌아온 거 같아요.
서진	(화들짝 놀라 멈춰 서고, 돌아보는) 지금, 뭐라고 했어요?!
분홍	은별이가 그날 일을 기억하고 있다구요. 청아예술제가 있던 날이요. 피 묻은 드레스를 입고 혼자 일찍 돌아왔잖아요.
서진	(기겁하고) 진 쌤이 그걸 어떻게....
분홍	저하고 은별인 비밀이 없거든요. 모르셨어요? 어머니보다도 꽤 친밀한 관계인데... 하지만 안심하세요. 전, 은별이 편이니까. 무얼 봤든 못 본

겁니다.

서진   (섬뜩한 표정으로 분홍을 보는데. 그러다 은별 방을 돌아보는)

21.   헤라팰리스 서진 집 은별 방(밤)
        서진, 은별 방으로 들어서면. 은별, 앉아서 정신없이 문제를 풀고 있는.
        그 모습을 본 서진, 당황하는데.

서진   (조심스럽게) 은별아... 결혼 얘기, 미리 말 못 해서 미안해. 엄마가....

은별   (문제 풀면서, 말 막고) 안 듣고 싶어. 나 공부해야 돼. 서울대 가야지. 엄
        마가 원하는 거잖아.

서진   (책을 뺏고) 엄마 보고 얘기해!! 아빠에 대해 왜 안 물어? 안 궁금해?

은별   (아무렇지 않게) 배로나 죽였다며? 죄지었으면 벌 받아야지!

서진   (굳어지는) 뭐? 너 지금 뭐라고 했어?!

은별   (그제야 확 돌아보며) 뉴스에도 다 나오던데? 아빠가 자백했다고. 이게
        엄마 아빠가 원했던 거 아냐? 그래서 내 기억을 지운 거잖아!!

서진   너 정말, 기억이 돌아온 거야?

은별   (책상 위에 있는 약통 던지며, 서진을 원망하듯) 이딴 약 몇 알 먹어서 내
        기억을 없앨 수 있다고 생각했어?! 하려면 제대로 했어야지!! 정말 다
        지워버렸어야지!! 이제 와서 아빠가 나 대신 자수했으니, 고마워라도
        하라는 거야, 뭐야?!!

서진   (쫙! 은별의 뺨을 날리는 서진, 부들부들 떨며) 너 정말 그렇게밖에 말 못
        해?!! 아빠 엄마가 널 위해서 무슨 짓까지 했는데!!

은별   (더 독하게) 누가 그렇게 해달랬어?! 내가 원한 적 없잖아! 엄마 아빠 맘
        대로 해놓고, 왜 때려, 날?!! (빈정대듯) 나, 엄마가 생각하는 것보다 멘
        탈 훨 쎄. 약은 뭐 하러 먹였대?! 그냥 잊으라면 잊어줬을 텐데. (괴랄하
        게 웃으면)

서진   하은별!!

은별   나, 괴물인 거 몰랐어? 엄마가 할아버지 놔두고 도망친 날, 그런 할아버

질 빗속에 버리고 도망친 게 나야! 장례식 내내 영어단어 달달 외우던 게 나라고!! 그런 내가 안 돌고 어떻게 멀쩡히 살아? 나 이렇게 만든 건 엄마야!!!

서진   (충격으로 멍해지면)

은별   그래도 난, 아무한테도 말 안 했어! 할아버지 죽게 한 엄마가 너무 미운데! 내 엄마니까!! 내가 엄마 지켜야 되니까!! 입 다물었다고!! 근데 엄만, 어떻게 석훈이 아빠랑 결혼을 해?!! 내가, 석훈이 좋아하는 것도 몰랐어?!!

서진   (비틀하고) 그게 무슨 말이야? 석훈이를 좋아하다니!

은별   엄만, 나에 대해서 아는 게 뭐야? 내 등수와 점수와 벌점 말고는, 나에 대해 아무것도 모르잖아!! 나가!! 당장 나가버려!! (미친 듯 책들 마구 던지는데)

서진   (책에 맞아 쓰러졌다가 정신 차리고 보면. 문구용 칼로 손목을 그으려는 은별. 기겁해 달려가 말리는데) 뭐하는 짓이야, 이게!!!

은별   놔!! 나 같은 괴물은 죽어버려야 돼!!

서진   엄마가 잘못했어. 제발 이러지 마, 은별아!! (은별을 꽉 끌어안으면)

은별   (무섭게 몸부림치다가, 서진을 붙들고 무너지는) 너무 무서워... 나 어떡해야 돼, 엄마.... 나 이제 경찰에 잡혀가는 거야? 내 인생 다 끝난 거야?

서진   (가슴 찢기지만 강하게) 방법이 있을 거야. 엄마가 너 하나 못 지킬 사람으로 보여?!! 너도 아빠도 절대 다치게 안 해. 엄마 믿어!!

은별   진짜 죽일 생각은 없었어. 정말이야! 확실하게 기억나! 너무 화가 나서 트로피를 휘둘렀는데, 배로나가 계단으로 굴러 떨어졌어. (그날 일 선명히 떠올리는데)

22.   회상/5화 65신 연결/청아예고 교정 돌계단(밤)
       눈이 텅 비어있는 은별, 트로피를 휘둘러 내려치는데.
       로나의 왼쪽 어깨에서 뚝뚝 떨어지는 피. 순간 휘청하는 로나, 팔을 뻗다가 은별의 목걸이를 잡아 뜯고, 그대로 돌계단에서 굴러 떨어지는데!!!

은별, 쓰러져있는 로나를 보는. 그러다 부러진 트로피의 하단 부분을
든 채로.

은별   (영혼이 나간 표정) 니가 틀렸어, 배로나..... 난 너한테 아무것도 안 뺏겨!
아빠도, 석훈이도, 대상도......

그때, 어디선가 들려오는 음악 소리(주단태 벨소리)에 놀라 정신을 차
리는 은별.

은별(E)   어디선가 벨소리가 들렸고, 정신이 번쩍 들었어!

은별, 정신없이 허둥대며 건물 쪽으로 도망치는데.

23.   현재/헤라팰리스 서진 집 은별 방(밤)
      서진, 은별의 얘기를 듣고 있는.

서진   (순간 멈칫하는) 벨소리가 났다고?
은별   계속 그 소리가 귀에 맴돌아 미칠 거 같았어. (생각 더듬으며) 시도레 솔
피미 도시라, 미레시 도레미 피미레 미레도 시라..
서진   (음을 되짚으며) 그럼, 누가 거기 있었다는 거야?
은별   모르겠어. 무서워 그냥 도망쳤어. 내가 바로 병원으로 옮겼으면, 로나
안 죽었겠지? 어깨에서 피가 났는데, 그렇게 죽어버린다는 게 아직도
안 믿겨!
서진   어깨? 어깨라고 했니? 머리가 아니라?
은별   분명히 어깨였어!
서진   (뭔가 이상하고) 로나는 트로피에 머리를 맞아서 죽었어!!
은별   아냐! (로나의 어깨에서 흐르던 피, 인서트) 난 머리를 치지 않았어. 로나

가 피하면서 분명히 어깨에 맞았어! 확실해!!

서진   (은별 붙들고) 니 기억이 정확하냐고?!!

은별   소름 끼치게 똑똑히 기억나!! 내 말을 왜 안 믿는데?!! (확신하면)

서진   엄마한테 자세히 다시 얘기해봐. 그날 있었던 일, 처음부터 천천히 다!!

       (한 가닥 희망을 갖고, 긴장하는 서진이고)

24.   파크원 스위트룸(밤)

       로건과 윤희, 얘기하고 있는.

윤희   (초조한 듯) 진 쌤한텐 왜 연락이 안 오죠? 뭔가 단서를 잡으면, 바로 연
       락하기로 했는데. 그 사람, 믿을 수 있는 사람이에요?

로건   열 살 때부터 날 돌봐주던 사람이에요. 병간호도 끝까지 진심으로 해줬
       고. 부모님보다도 내가 의지하던 사람이니까, 믿고 기다려봐요.

윤희   (뭔가 찜찜한 기분 들고) 맘이 자꾸 조급해져요. 하윤철이 은별이 죄를
       대신 뒤집어썼으니, 진실을 영영 못 밝힐 수도 있잖아요.

로건   주단태가 이 좋은 먹잇감을 쉽게 놔줄 리가 없죠! 하윤철을 제거하고,
       이제 본격적으로 천서진의 목을 조를 거예요.

윤희   굳이 하윤철까지 왜 죽이려는 거죠? 청아그룹을 먹는 걸로도 충분할
       텐데.

로건   예전에 주단태 서재에서, 설아 친부의 잘린 손가락을 봤어요.

윤희   (놀라고) 네에?

로건   수련 씨한테 파혼당하고, 설아의 친부를 찾아내 죽였어요. 그리고 전리
       품처럼 손가락을 잘라서 보관한 거죠.

윤희   왜 그런 짓을!!

로건   자기 것을 탐낸 사람을 응징한 거죠. 이번 일도 마찬가질 거고!

윤희   (소름 끼치는 듯) 주단태! 역시 사이코패스였네요!

25.   통나무집 별장 안(밤)

        애교, 짐 가방을 정리하고 있는. 그러다 캐리어 맨 밑바닥에서 사진 한
        장을 꺼내 드는데. 애교와 정두만 대표가 다정하게 활짝 웃고 있는 사
        진이고.

애교(E)   정두만... 나애교....

        사진을 전등에 비쳐보는데. 문득 뭔가가 눈에 들어오는.
        가만히 일어나 전등 위에 손을 뻗으면. 열쇠 하나가 만져지는!

애교   (열쇠를 빼내서 보는) 무슨 열쇠지? (집 안을 둘러보는데)

        애교, 여기저기 열쇠구멍이 달린 서랍마다 죄다 열쇠를 꽂아 돌려보는
        데. 다 맞지 않고. 이상하다 싶은데. 그때 단태 목소리 들리는.

단태(E)   뭐하고 있어?
애교   (화들짝 놀라서 보면. 단태가 서있고) 왔어? (얼른 열쇠와 정두만 대표 사진
        을 감추고 단태를 맞는데)
단태   오윤희가 가진 땅이 매물로 나왔다면서.
애교   (여유 있게, 술잔을 들어서 마시며) 내일쯤 흥정을 시작할 생각이야. 걱
        정 마. 꼭 우리 손에 넣을 테니까.
단태   (의심스러운 눈빛. 천천히 애교에게 다가서며) 궁금한 게 있는데... 담배
        언제부터 끊었어?
애교   (순간 당황. 잠시 정적) 말 안 했나? 기침이 오랫동안 안 멈춰서 끊었다고.
단태   (여전히 시선 고정한 채) 그랬어? 잘했네. (더 가까이 다가와, 손가락으로
        애교의 얼굴을 쭈욱 쓰다듬으며) 오랜만에 봐서 그런가. 뭔가 낯설어. 술
        잔을 들 때는 언제나 왼손이었는데... 지금 보니, 계속 오른손을 쓰네.
        심수련 때문에 왼손잡이까지 고쳐야 하냐고 짜증 냈었잖아.

애교	(등골이 서늘해지며) 평생 심수련 흉내 내며 살다 보니 오른손이 편해졌어.
단태	그래? (갑자기 애교를 뒤로 확 돌려세우고, 등을 확인하는 단태. 선명하게 찍혀있는 나비 문신이 보이면. 그제야 안심한 듯한 표정인데)
애교	(불쾌한 듯) 또 뭘 확인한 거지?
단태	(숨 내쉬고) 미안. 결혼식 땜에 내내 날이 서있었어. 알잖아. 내 의심병. 확인하고 또 확인하는 버릇. (애교의 문신에 입 맞추며) 오늘따라 나비가 더 매혹적인데? 오늘은 여기서 자고 갈까?
애교	(차갑게 옷 올리고) 결혼 첫날밤부터 책잡힐 일 만들지 마. 청아그룹을 손에 넣으려면, 자제할 줄도 알아야지. 안 그래?
단태	(서로 마주치는 눈빛. 여전히 뭔가 찜찜한 단태고)

26. 헤라팰리스 전경(아침)

27. 펜트하우스 서재(아침)

　　　서진, 서재로 들어서면. 단태, 유유히 커피를 마시며 서진을 맞이하는.

단태	결혼 첫날부터 외박이라... 너무한 거 아닌가?
서진	(밤을 샌 듯, 피곤한 표정 역력하고) 어차피 형식적인 결혼 아냐?
단태	무슨 소리야? 난 당신이랑 아주 행복하게 살 준비가 돼있는데. (다가와 감싸 안으려면)
서진	(질색하며 확 뿌리치고) 내 몸에 손대지 마!! 당신의 서프라이즈 선물 덕분에, 은별이 미국으로 못 떠났어. 당분간 내 집에서 은별이랑 지낼 거야. 그 말 하러 왔어. (돌아서서 나가려면)
단태	(잡아채듯 잡는) 내 집? 이거 섭섭한데? 혼인신고까지 마쳤으니, 우린 이제 정식으로 부부야. 여기가 당신 집인데, 어딜 간다는 거지?
서진	(경멸스러운 듯 보며) 원하는 대로, 청아건설 넘겨줄게! 사기결혼에 위자료 한번 크게 날렸다고 생각하면 그만이야! 대신! 은별이 목걸이는

내놔!!

단태 (갑자기 재밌다는 듯 크게 웃으며) 천서진... 아직도 착각하는 모양인데, 지금 이 판의 승기를 잡은 건 나야!! 당신이 왈왈 짖어댈 때가 아니라고!

서진 (확 밀어내며) 미친 새끼!! 목걸이나 내놔!! (소리치면)

단태 (잠시 뒤로 밀렸다가, 애써 이 악물고 참으며, 서류 한 장을 내미는) 우리 결혼 관련 매뉴얼이야. 잘 읽고 따르도록 해. 앞으로 펜트하우스의 모든 살림은 당신한테 맡길 생각이야. 당연히 도우미들도 다 내보냈어.

서진 뭐어? (기겁하면)

단태 석훈이 석경이 새엄마로 충실하게 역할을 해내려면 도우미 없이 지내는 게 좋을 거 같아서. 물론! 내 허락 없인 은별이도 만나서는 안 돼!!

서진 돌았니? 은별인 내 딸이야. 지금 그 앨 돌볼 사람은 나뿐이고!!

단태 (갑자기 서진을 벽으로 확 밀어붙이고) 그딴 거 관심 없어. 내가 하윤철 자식 새끼까지 걱정해야 돼? 심수련이 지 딸 감싸려다 어떻게 됐는지 벌써 잊었어?!!

서진 (벽에 머리 부딪히고, 소름 끼치는 단태 모습에 섬뜩한데)

단태 (다시 부드러운 미소로) 미안해요. 내가 흥분했지 뭐예요. 그러게 말을 잘 들었어야죠. (서진의 머릿결을 쓰다듬으며) 내가 좀 생각을 해봤는데요, 청아의료원이 꽤 내실이 튼튼하더라고요. 그것까지 넘기는 걸로 가죠.

서진 (기막히고) 너 양아치니? 청아의료원과 청아재단은 절대 못 건드려!!

단태 왜 이렇게 화를 내실까. 무서워서 어디 말이라도 붙이겠어요? 아주머니! (농락하듯 말하면)

서진 (죽일 듯이 달려드는) 너란 놈, 정체가 뭐야?!! 처음부터 내 재산을 뺏는 게 목적이었어?!! 날 만만하게 본 모양인데, 나 청아 맏딸, 천서진이야. 청아건설 외엔 한 푼도 더 못 줘!! 과분한 줄 알고, 감사히 먹고 떨어져!!

단태 (서늘해진 표정으로) 경고합니다, 아주머니! 예의를 지키세요!

서진 당장 이혼해!! 하루도 너란 놈이랑 못 살아!! 지금 바로 서류 정리해!!

462

단태	(갑자기 서진의 머리채를 뒤로 확 낚아채며) 만나는 것도 헤어지는 것도 내가 결정한다고 몇 번을 말해?!! 이 멍청한 여자야!!
서진	멍청한 건 너야!! 이 천서진이, 나 혼자 망할 거 같아? 니가 심수련을 죽였다는 거, 세상에 다 알릴 거야!! 살인자!! 개새끼!!! (머리로 들이박아 버리면)
단태	(코피 터지고. 손으로 쓱 코피를 닦는데. 피를 보는 순간 갑자기 눈 돌아가고. 살기 어린 표정. 서진을 잡아끌고 무섭게 비밀 공간으로 끌고 가는)
서진	이거 놔!! (이로 단태 손을 물어버리고, 악다구니 쓰면서도 힘에 끌려가고)

28.　펜트하우스 비밀 공간(아침)

　　비밀 공간에 널브러지는 서진, 낯선 공간을 보고 공포에 휩싸이는데.
　　고개 들어 보면. 채찍을 들고 다가서는 단태가 보이고. 경악하는 서진,
　　얼어붙는.
　　그 순간! 빠르게 허공을 가르며 휘둘러지는 채찍. 바닥을 때리는데.

서진	아악!!! (귀 막고 바닥에 납작 엎드리는 서진의 비명 소리. 공포에 떨면)
단태	놀랐니? 놀랐어? 그러게 입조심을 하셨어야죠. (해괴하게 웃으며, 시계를 푸는) 심수련도 천지분간 못 하고 건방 떨다가 죽었잖아. 그래도 넌, 심수련하고는 다른 재미가 있겠어! (싸패처럼 타인의 고통을 즐기는 단태고)

29.　통나무 별장 앞(낮)

　　애교, 선글라스를 낀 채 별장을 나와, 차 뒷좌석에 올라타고. 차 출발
　　하면.
　　그 차를 몰래 뒤쫓는 차, 로건의 차고. (홍 비서가 운전하는)

30.　천수지구 황금부동산 앞/로건의 차 안(낮)

　　애교의 차, 부동산 앞에 멈춰 서면. 애교, 차에서 내려 부동산으로 들어

가는데.

로건, 차를 세운 채 차 뒷좌석에서 신문으로 얼굴을 가린 채 애교를
보는.

31.　　천수지구 황금부동산(낮)

　　　애교, 황 사장과 마주 앉아있는. 그 옆으로 경호원들이 지키고 있고.

애교　　천수지구 27번지, 제가 사고 싶은데요.

사장　　아! 그 매물은 워낙 관심을 가지는 사람이 많아서요. 가계약금 걸고 간
　　　　　분만 열댓 명이에요. 다른 물건으로 보여드릴까요?

애교　　다른 물건은 관심 없어요. 꼭 27번지 물건이어야 돼요. (명함을 내밀
　　　　　고) 이쪽에서 왔어요. 아시죠? 우리 회장님! ("청아그룹 주단태 회장" 명
　　　　　함이고)

사장　　아, 주단태 회장님?!

애교　　(능수능란하게) 천수지구에 저희 땅이 70프로인 건 잘 아실 테고... 우리
　　　　　서로 윈윈할 방법이 있는데, 판 한번 깔아보시겠어요? (의미심장한 표
　　　　　정이면)

사장　　(솔깃한데)

32.　　천수지구 부동산 앞/로건의 차 안(낮)

　　　로건, 시계를 보면. 시간이 꽤 흘렀고.

로건　　왜 이렇게 안 나오지? (홍 비서에게) 가서 어떤 상황인지 확인해!

홍비　　네! (운전석에서 내려 부동산으로 들어가면)

　　　갑자기 뒷좌석 차 문이 열리고, 재빨리 차에 올라타는 사람. 애교다.

　　　애교, 놀란 로건의 목을 눌러 숨을 못 쉬게 제압하고 경고하는.

464

애교	확실하게 말해줄게! 나, 주단태 배신할 생각 없으니까, 여기서 스토커 짓 끝내!! 한 번 더 내 눈에 띄면, 주단태 앞으로 끌고 갈 거야!
로건	당신은 그렇게 못 해! 그럴 거였음, 이미 내 정체를 주단태한테 까발렸겠지!
애교	그러길 바래?! 기대에 어긋나지 않게 해줄까?!
로건	솔직하게 말해요! 당신도 주단태 못 믿잖아! 당신 자식들을 학대하고, 자기 와이프까지 죽인 사람이야! 심수련처럼 죽고 싶어서 그래?
애교	신경 꺼!! 내가 죽든 말든!! 내 몸은 내가 지켜! (차 문 열리는데)
로건	(애교의 손을 잡는) 천수지구 27번지를 왜 사려는 거죠? 그 계획이 뭐든... 날 이용해요. 날 거치지 않고는, 그 땅 절대 못 사요! 실소유자가 나니까!
애교	(내리려다 멈칫하고) 당신하고 손잡을 일 없어! 난 돈에 목숨을 걸었으니까! 내 일에 방해되는 사람은 모조리 쓸어버리겠어!!
로건	(순간 표정 굳어지는. 수련의 말 떠오르고)
수련(E)	난 이번 일에 내 목숨을 걸었어. 설아의 억울한 죽음, 내가 풀어줄 거야. 그 일에 방해되는 사람은 모조리 쓸어버리겠어!! (시즌 1, 14화 51신 파크원)

애교, 급히 차에서 내리고. 주위 살피다가 얼른 경호원 쪽으로 걸어가면.
로건, 이상한 기분 들고. 묘하게 오버랩되는 수련 모습에 가슴이 쿵! 하는데.
그때, 홍 비서가 다시 운전석에 올라타고.

홍비	나애교 씨가 27번지를 최고가로 경매에 붙이자고 했답니다.
로건	경매? 왜 굳이 경매를... (생각하는)

33. 펜트하우스 헬퍼룸 (낮)

서진, 황망한 표정으로 창고 같은 헬퍼룸에 던져지는.

단태	(서진을 밀어 넣고) 니가 이 집에서 차지할 수 있는 건 여기뿐이야!! (서류봉투 툭 던지고) 이건, 청아그룹 지분 양도서. 싸인하기 전엔, 한 발짝도 밖으로 못 나와! (꽝 문 닫아버리면)
서진	(정신 차리고, 문 두드리며) 문 열어!!! 문 열어, 주단태!! 문 열라고!! (발악하는데)

34. 펜트하우스 헬퍼룸 앞(낮)
단태, 바깥으로 문 걸어 잠가버리고.

단태	감히 날 배신하고, 하윤철 따위한테 넘어가? 니가 나한테 한 짓들, 몇 배로 다 갚아줄 테니 기대해!! (단단히 벼르는 눈빛이고)

35. 펜트하우스 헬퍼룸(낮)
발악하다가 지쳐서 그 자리에 털썩 주저앉는 서진. 천장에 CCTV가 보이면.
아악! 손에 잡히는 대로 물건들 쓸어버리는데.
지금 자신의 처지와 현실이 믿기지 않고. 방 안 둘러보면. 거울 속에서 심수련의 환영이 떠오르고. 갑자기 소리 지르는 서진! 구석에 몸 웅크리고 앉는데.

서진	(온몸 떨면서) 심수련.... 이게 당신의 복수야? 주단태 같은 쓰레기를 나한테 넘기는 게?! (절망감 드는 서진이고)

36. 유치장 접견실(낮)
윤철, 면회 온 윤희와 어색하게 마주 앉아있고. 연신 시선 피하는데.

윤희	오래 안 걸려. 아직 서류상으론 부분데, 면회 정도는 한번 해야지.
윤철	(그제야 고개 들어 보는데)

윤희   우리 로나가, 그렇게 미웠니? 죽이고 싶을 만큼?

윤철   (죄책감에 미치겠지만. 모질게 맘먹고 위악을 떠는) 변명할 생각 없어! 다 은별이 위해서였어!! 내 자식 지키기 위해서 한 짓이 뭐 그리 나빠? 너라도 나처럼 했을 거야!!

윤희   맞아... 나도 그랬어. 로나 위해서라면 무슨 짓이든 다 했으니까. 근데, 지나보니 알겠더라. 죄를 지으면, 어떻게든 벌은 받게 된다는 거. 아무리 외면하고 도망쳐도 끝까지 따라붙는다는 거. 오늘 니 선택이 은별이 위한 최선이라고 착각하지 마.

윤철   (굳어지는) 우리 은별이가 왜? 은별인 아무 잘못 없어!!

윤희   (눈물 그렁해서 보다가, 담담하게 이혼서류 보여주는) 이혼서류, 오늘 제출하려고. 이젠 진짜 우리 헤어져야겠더라. 잠시나마 너랑 로나랑 행복하길 바랐었는데, 내가 어리석었어. (의미심장한 눈빛) 우리 로나, 너 닮아서 참 정이 많은 아이였는데...

윤철   (멈칫, 윤희를 보며) 뭐?

윤희   (담담히 말 이어가는) 니가 가장 무거운 죄를 받을 수 있게, 난 이제부터 수단과 방법 가리지 않을 거야. 가슴 쥐어뜯으며 후회하게 만들어줄게. 넌 그래야 돼! 자기 자식을 사지로 몰았으니까!!

윤철   (순간 굳어지는. 눈 커지고) 지금 무슨 말을 하는 거야, 너?!!

윤희   미리 말 못 해서 미안해. 그래도 너무 다행이지 뭐니. 우리 로나가 아무것도 모르고 떠나서. 자길 죽인 사람이 친아빠라는 걸 알았으면, 얼마나 가슴이 찢어졌을까.

윤철   (의자를 걷어차며 일어서고) 오윤희!! 너 왜 이래?!! 무슨 말도 안 되는 소릴...!! 알아듣게 말을 해봐!!! (소리치면)

윤희   너랑 헤어진 이후에 로나가 생긴 걸 알았어. 넌 이미 서진이랑 약혼까지 했고, 돌아갈 길이 없었어. 급하게 누군가를 만나 결혼했어. 물론, 뱃속의 아이 존재도 얘기했어. 처음부터 나쁜 사람은 아니었어. 아이까지 다 품어줄 거라고 약속했는데, 막상 자기랑 하나도 닮지 않은 아이를 본 순간, 돌변했어. 밖으로만 돌고, 애랑 눈도 마주치지 않았어. 우리 로나, 참 불쌍하게 컸어. 아빠한테도 할머니한테도 사랑 한번 제대로 못 받고...

윤철 (멍해져서 제정신 아닌데. 도리질하며) 아냐... 아냐...!!

윤희 (일어서며, 눈물 그렁한 채) 마지막으로 부탁이 있어. 우리 로나한테 진심으로 한 번은 미안하다고 해줘. 아님, 한 번도 자식 대접 못 받고 떠난 우리 로나가 너무 불쌍하거든. 그 정도는 해줄 수 있지? (돌아서는데)

윤철 아냐!! 그럴 리 없어!! 거짓말이지?!! 나 괴롭히려고 거짓말하는 거지?!! 오윤희!!! 거기 서!! 아니라고 말해!!! 제발!!! 가지 마!! 뭐라고 말좀 해, 제발!!!!

윤철, 수갑 찬 채로 난리 치고. 의자를 딛고 유치장 칸막이 위로 올라가서 난동 피우는. 칸막이를 수갑으로 마구 내리치며 울부짖는데. 경찰들 달려와 제압하면.
경찰들, 윤철한테 밀쳐지고. 윤철, 의자를 발로 차고, 수갑을 부술 듯이 몸부림치며 윤희를 부르는데.
윤희, 또르르 흐르는 눈물. 더없이 냉정한 표정으로 자리를 떠나버리는.

37. 헤라펠리스 규진 집 거실/주방(저녁)

규진, 후배 변호사와 통화 중인데.

규진 (발 꼰 채, 과일 먹으며 통화하고 있고) 우리 로펌 에이스들로만 변호인단 꾸려봐. 하윤철 변론 바로 들어갈 수 있게 준비 확실히 하고 대기해! (전화 끊고, 주방 보며) 나 맥주!! 안주도!!!

상아 (맥주 가득 찬 냉장고에서 맥주 챙기며) 지금 가져가잖아. (맥주 가져오며) 진짜 사람 속 모른다더니, 어떻게 하 박사가 그럴 수가 있어? 오윤희 딸 죽이고 양심에 찔려서 이혼하려고 한 거야? 완전 개소름이다.

규진 그 샌님이 잘도 사람을 죽였겠다? 간이 콩알 반쪽만 한 인간이야. 하윤철은 절대 범인 아냐!

상아	갑자기 왜 말이 달라? 아까는 하윤철 나쁜 새끼라고 제일 난리 치더니.
규진	그거야, 옆에 윤희 씨도 있고. (얼른 말 바꿔) 아무튼, 사람 죽일 새끼는 아니라고. 내가 지금 하윤철 변호인단 꾸리는 중이야. 아버지 로펌 에이스들로!
상아	미쳤어? 이럴 땐 빠른 손절이 답이지! 파렴치한 도왔다가 소문이라도 나면? 당신 재선 물 건너가는 거야!
규진	어제 안 봤어? 서진 씨가 뉴스 보고, 결혼식장 뛰쳐나가는 거. 그 얘긴 뭐냐. 하윤철을 위해서면 전 재산을 걸 수도 있다, 그거잖아. 그 좋은 건수를 당연히 우리 로펌이 잡아야지!
상아	천 쌤이 총 맞았나? 전남편 때문에 전 재산을 걸게?
규진	뭔가 촉이 와. 이 판으로 내가 확 재벌 될 거 같은 촉이!! (맥주 마시며, 눈빛 반짝하면)
상아	촉 같은 소리 하네! 이거나 처마셔! 헤펠에서 헬퍼 안 쓰는 집, 우리 집밖에 없다고. 도대체 언제까지 어머님 눈치 보며 생활비 타 쓰며 살아야 돼?
규진	그래서 내가 지금 돈 벌 궁리하는 거잖아. 이번에 천수지구만 터지면, 우리도 130층 펜트하우스로 이사 갈 거야!
상아	펜트하우스? 진짜?!
규진	다섯 채쯤 분양받아서, 거기 월세만 받아도, 한 이삼천 될걸?
상아	규진아!! 정말이지?!! (갑자기 규진을 끌어안고 포효하는 상아. 맥주 들고 흥분해서) 짠하자! 짠!!! (규진과 상아, 맥주 들고 짠하는)
규진	그러니까 우린 여기다 목숨을 걸어야 돼!! 닥치는 대로 현금 좀 끌어와 봐! 매일 땅값은 오르는데, 내가 계약금이 없어서 똥줄 타 죽겠다.

38. 자코모 매장(밤)
애교와 단태, 자코모 매장을 둘러보고 있는. (직원들은 다 퇴근한 상태)

애교	여기가 심수련이 운영하던 가구회사야? 그 유명한 천수지구 27번

지... 한번 와보고 싶었는데. 꽤 규모가 크네. 욕심나는데? 내가 직접 운영해보고 싶어. (그러면서도 애잔한 눈빛으로 매장 구석구석을 애정 담아 보는데)

단태   매출이 상당해. 모두가 노릴 만한 자리야.

애교   기분 좋아 보이네? 이런 데도 데려와주고.

단태   어제 예민했던 거 사과하는 거야. (애교를 다정하게 소파에 앉히며) 모든 게 내 계획대로 완벽하게 흘러가고 있어. 청아건설은 이미 손에 넣었고, 청아의료원까지 쉽게 넘어올 거 같아. 이 땅 매입은 잘 진행되고 있어?

애교   본격적으로 몸값 좀 띄워보려고.

단태   어떻게?

애교   돈 냄새 맡고 사람들 좀 몰리게, 장난 좀 쳤지. 땅값은 정해지는 게 아니라 만드는 거잖아! 우리가 맨날 해왔던 거.

단태   역시, 나애교야!!

애교   축하해. 자기의 평생 숙원사업이던 주단태 빌리지가 코앞에 왔네?

단태   너도 이제 숨어 지낼 필요 없이, 나애교로 떳떳하게 살 수 있어! 아 참! 이거. (주머니에서 상자를 꺼내 애교에게 건네면)

애교   뭐야? 선물? (열어보면. 은별의 피 묻은 목걸이고. 기겁하며) 놀래라!

단태   천서진 목숨줄이야. 지분 정리 끝날 때까지 니가 쥐고 있어. 천서진이 노리고 있거든!

애교   이게, 증거품이라는 그 목걸이? (비닐봉투에 든 목걸이를 들어 보이며, 픽 웃고) 그 여잔 아직 모르는 거야?

단태   뭘?

애교   그 여자 딸이 범인 아닌 거!

단태   (놀라고, 싸늘하게 굳는) 무슨 말이야?

애교   뭘 그렇게 놀래? 누굴 속이려고? 천서진, 생각보다 순진한데? (웃으며) 당신이 청아그룹을 욕심내는 그 기막힌 타이밍에, 천서진의 딸이 사람을 죽였다는 게, 과연 우연일까? 그 일로 가장 이득을 본 사람은 자기잖아?! (갑자기 단태 쪽으로 가까이) 자기가 죽였어? 그 아이?

단태　(주위 흘낏 보고) 나애교 너!!

살기 어린 단태의 표정 위로, 빠르게 그날의 진실이 플레이되는데.

39.　**회상 1/청아예술제 공연장(저녁)**
　　　단태, 규진, 마리, 상아, 객석에 앉아 결과를 기다리고 있는데. 단태에게
　　　진동으로 전화 걸려오고. 보면 마두기다. 슬쩍 일어나 밖으로 나가는
　　　단태.

40.　**회상 2/청아예술제 교정 일각/청아예고 복도/전화통화(저녁)**
　　　단태, 전화 받는.

단태　어떻게 됐어요, 마 선생? 결과 나왔어요?

두기　(복도에서 전화하고 있는) 죄송합니다. 운영위원회에서 하도 설쳐대는
　　　바람에, 도저히 손을 쓸 수가 없었습니다.

단태　(신경질적으로) 결론부터 말해요! 대상이 누구예요?!

두기(F)　대상은, 배로납니다!

단태　(욱하고) 뭐? 왜 하필 배로나 그런 년한테! 도대체 일을 어떻게 하는 거
　　　예요, 마 선생!!

두기　(쩔쩔 매며) 그래도 석경이가 금상은 받을 수...

단태　(말 자르고) 그깟 금상은 마 선생 도움 없어도 받아요! 우리 거래는 여
　　　기까지 같군요! (전화 확 끊어버리고) 지 애미 년만큼이나 끝까지 거슬
　　　려, 배로나!! 그년이 오고부터 되는 일이 하나도 없어! (짜증 내며 돌아
　　　서는데)

그때 주머니에 들어있는 세컨폰에서 벨소리 들리고. 특이한 교향곡
인데.

얼른 세컨폰 빼서 보면. 나애교고. 받으려는 순간! 돌계단에 쓰러져있
던 누군가와 눈이 마주치는데. 배로나다! 얼른 핸드폰 끄면.
그 순간! 후다닥 도망치는 소리! 소리가 나는 쪽으로 고개 돌려 보면.
돌계단 위에서 드레스를 입은 은별이 급하게 건물 안으로 도망치듯 사
라지고.

단태   (어둠 속에서 희미하게 은별의 얼굴 확인한) 하은별?!!!

단태, 무섭게 굳어진 얼굴. 빠르게 무슨 상황인지 머리가 회전되고. 천
천히 로나 쪽으로 걸어가는.

41.   회상 3/청아예술제 돌계단 일각(저녁)

어둠 속, 계단을 향해 점점 다가가는 단태.
동시에, 돌계단에 쓰러져있던 로나가 일어나 앉는. 어깨에 피가 흐르
고 있고.

로나   (단태를 보자) 아저씨, 엄마한테 전화 좀 해주세요. 제가 좀 다쳐서...
단태   (무섭게 표정 바뀌며 다가서는) 왜 하필 너야? 왜 하필 니깟 게 대상이냐
고?! 너만 아니면, 서울대 프리패스권은 우리 석경이 몫인데!
로나   (겁에 질린. 단태를 피해서 엉덩이로 뒷걸음질 치며) 왜 그러세요?
단태   석경이를 위해 비켜줘야겠어! 난, 내 딸을 아주 사랑하거든! (살기 띤 눈
빛! 바닥에 떨어져있던 트로피 날개를 번쩍 들면)
로나   사.. 살려주세요. (손을 뻗어 단태의 다리를 잡는데)
단태   (그대로 트로피로 로나 머리를 내려찍는)
로나   (계단에 푹 고꾸라지는데)
단태   (서늘하고 무표정한) 너만 보면 늘 재수가 없었어! 사라져버려, 영원
히!! (구둣발로 로나를 굴려버리고, 은별이 떠난 돌계단 위를 흘낏 보며) 하

은별이 이렇게 날 도와주다니! 잘하면 꼴 보기 싫은 두 년을 한꺼번에 해치울 수 있겠어! 난 역시 운이 좋은 놈이야. (앞으로의 플랜이 떠오르면, 기분이 좋아지는데)

단태, 자신의 옷을 보면. 피가 튀어 피범벅이고. 행커치프를 빼서 트로피의 날개 부분 지문을 치밀하게 닦아내는 섬뜩한 표정.
바닥에 은별의 목걸이가 떨어져있는데, 보지 못하고 급히 돌계단을 뜨는.

42.   회상 4/청아예고 화장실(저녁)
       피 묻은 손을 꼼꼼하게 닦아내는 단태. 그때, 들어서는 조 비서.
       조 비서, 재킷과 셔츠를 건네는데.

조비   차에 있던 옷으로 가져왔습니다.
단태   가장 비슷한 걸로 가져왔겠지? (받아 들고, 환복하는 단태)

43.   회상 5/5화 64신 단태의 시선/청아예술제 공연장(밤)
       사람들 몰래 공연장으로 들어오는 단태, 맨 끝자리에 앉아, 손수건으로 남은 물기를 닦고 있는데.

규진   (말 건네는) 어딜 다녀와요? 한참 동안.
단태   화장실에 사람이 붐벼서요.
두기   심사 결과를 발표해주실 천서진 이사장님을 무대 위로 모시겠습니다.

단태, 아무렇지 않은 표정으로 사람들 속에서 박수를 치고 있는.

44.   회상 6/청아예고 돌계단(밤)
       돌계단에 쓰러진 로나를 보고 기겁하는 단태 표정.

컷 되고. 사람들이 모여 있는 돌계단에서 빠져나와 급하게 어딘가로 향하고.

45.   회상 7/청아예고 건물 안(밤)

사람들이 정신없는 틈을 타서, 건물 안의 화재경보기를 울리는 단태. 경보음 소리에, 학부모들과 학생들이 운동장으로 쏟아져 나가고. 아수라장이 되는 현장. 정신없이 도망치는 사람들 속에서 괴랄하게 웃고 있는 단태의 모습.

46.   현재/자코모 매장(밤)

애교를 날카롭게 바라보던 단태, 갑자기 표정 바뀌더니 호탕하게 웃고.

단태   내가 죽였다고? 배로나를? 뭣 때문에 그런 착각을 할까?

애교   정말 착각일까? 나보다 더 주단태를 잘 아는 사람이 없을 텐데. 나까지 속이려고?

단태   (못 말린다는 듯 웃으며, 술을 꺼내 마시고) 어쨌든 배로나는 아주 쓸모 있는 애였어. 민설아만큼이나. 그 비루한 애들이 때맞춰 죽어주는 바람에, 내가 쉽게 심수련과 천서진 재산을 먹을 수 있었으니까. (의미심장하게 웃으면)

애교(E)   (소파 위에 있던 자신의 핸드폰에 시선 주며) 듣고 있어? 오윤희?!

47.   헤라팰리스 윤희 집 거실(밤)

도청을 듣고 있는 윤희, 충격받아 벌떡 일어서고.

윤희   (숨이 막힐 듯 하얗게 질린) 주단태... 너야? 우리 로나 죽인 사람?!! 대체 누구 짓이야?!! 그 어린애한테 다들 무슨 짓을 한 거야?!! 아아악!! (비명 내지르는)

48.   펜트하우스 헬퍼룸 앞(밤)
       헬퍼룸 앞에 멈춰 서는 누군가의 발. 둔기로 자물쇠를 깨서 열어주면.

49.   펜트하우스 헬퍼룸(밤)
       구석에 웅크리고 있던 서진, 자물쇠가 깨지는 소리에 놀라 문 쪽을 보
       는데.

50.   펜트하우스 헬퍼룸(밤)
       서진, 밖으로 나오면. 앞에 서있는 사람, 석경이다.

석경   지옥에 오신 걸 환영해요!
서진   (석경인 걸 확인하자, 놀라 멈칫하면)
석경   이제야 아셨어요? 우리 아빠가 어떤 사람인지! 그러게 내가 줄곧 경고
       했잖아요. 이런 그지 같은 결혼은 안 하는 거라고.
서진   비켜! 너까지 상대할 힘 없어! (석경을 밀치고 나가려는데)
석경   조심하시는 게 좋을 거예요. 어쩜 죽기 전엔 여길 빠져나갈 수 없을지
       도 몰라요. 우리 엄마처럼! (야릇한 표정인데. 그때, 현관문 열리는 소리
       들리면) 아빠예요! (민첩하게 자기 방 쪽으로 가는데)
서진   (문득 고개 들어 펜트하우스를 보는. 거대한 괴물 같은 느낌이고. 모든 게 절
       망스러운데. 문득 한쪽에 벽난로가 보이는)

51.   펜트하우스 거실(밤)
       술에 취한 단태, 조 비서의 부축을 받아 비틀거리며 들어서서 침실로
       가는.

52.   펜트하우스 침실(밤)
       그대로 침대에 뻗어버린 단태.
       조 비서, 아웃하면. 곧바로 문이 열리면서 들어서는 사람, 서진이다!

서진, 텅 빈 눈으로 단태에게 다가서는. 손에 들려있는 건 벽난로 불쏘
시개고!
서슬 퍼런 눈빛으로 단태 앞에 멈춰 서고. 죽여버릴 듯 불쏘시개 든 손
을 번쩍 들어 올린 순간! 울리는 세컨폰 벨소리! 멈칫하는 서진!
순간! 은별이 말했던 벨소리 음이 떠오르고.

은별(E)   시도레 솔피미 도시라, 미레시 도레미 피미레 미레도 시라..

은별이 되짚은 음과 정확히 겹쳐지는 세컨폰의 벨소리!
서진, 순간 정신이 번쩍 나고. 조심스레 단태의 주머니에서 핸드폰을
꺼내서 보면. "나애교"라고 떠있는.

서진   나애교???

그때, 몸을 뒤척이는 단태. 화들짝 놀란 서진, 핸드폰을 주머니에 다시
넣어두고 도망치듯 침실을 빠져나가는데.

53.   헤라팰리스 서진 집 은별 방(밤)
         급히 들어서는 서진, 자고 있는 은별을 흔들어 깨우는데.

서진   은별아! 은별아! 일어나 봐, 얼른!!
은별   (잠에서 깨서) 엄마... 언제 왔어?
서진   너, 그때 들었다는 벨소리, 다시 불러봐! 돌계단에서 벨소리 들었다면
         서? 기억나는 대로!! 얼른!!
은별   왜?!
서진   어서 불러보라고!!
은별   (할 수 없이 잠결에) 시도레 솔피미 도시라, 미레시 도레미 피미레 미
         레도...

476

서진	(기막혀 부들부들하고. 헛웃음이 터져 나오는)
은별	왜 그러는데? 무슨 일이야?
서진(E)	거기, 그 자식이 있었어! 확실해! 그 벨소리!! (매서워지는 서진의 눈빛)

그때, 갑자기 방문 열어젖혀지더니, 들이닥치는 조 비서와 정장남들.

조비	회장님 허락 없이 85층에 오시면 안 되십니다! 당장 펜트하우스로 모셔!
정장남들	(서진을 끌고 가는데)
은별	(놀라) 엄마!! 엄마아!!! (소리치면)
서진	이거 놔!! 내 발로 가!! (그러나 반항할 수 없는 힘에 끌려가고)

54. 펜트하우스 거실(밤)
조 비서, 서진을 데리고 들어오면. 그 앞에 서있는 사람, 단태고.

서진	(조 비서의 팔을 거칠게 뿌리치고) 다시 내 딸 앞에 나타나면, 그땐 니들, 내 손에 죽어! (헬퍼룸 쪽으로 당당하게 걸어가면)
단태	(이죽대며) 내일 기상시간은 5시야! 아침식사 준비하려면 서둘러야 될 거야.
서진	(들은 체도 안 하고, 문 꽝 닫고 들어가면)

한쪽에서 보고 있는 석훈과 석경 모습. 끔찍하단 눈빛으로 단태를 지켜보며,

| 석경 | 천 쌤도 밉지만, 아빠가 행복한 건 더 싫어! |
| 석훈 | (시니컬하게) 사람을 죽여놓고 행복하면, 그건 반칙이지! (석경과 눈 마주치는. 뭔가 마음이 통한 표정이고) |

55.   파크원 스위트룸(밤)
        홍 비서, 로건에게 보고하고 있는.

홍비   하윤철 대표가, 변호사를 통해 존 바이오에 사직서를 제출했습니다.
로건   (끄덕하고) 수리하도록 해.
홍비   (인사하고 나가면)
로건   (창밖을 보며, 애교와의 일 떠올리는)
애교(E) 로건 리? 난 그런 사람 몰라!! 개수작 부리지 말고, 비켜!! (로건과 실랑
           이하다가 입술이 닿을 만큼 가까워진 두 사람/9화 3신)
로건   수련 씨일 리 없어! 내가 지금, 무슨 말도 안 되는 상상을 하는 거야?!

56.   자코모 앞(낮)
        고급차들이 모여들고. 신분을 감추려고 얼굴을 가린, 또는 제대로 부
        자 티 내는 사람들로 장사진인데. 도착 순서대로 번호표 나눠주고, 북
        새통인 현장.
        한껏 차려입은 마리와 상아의 모습 보이고. 손에는 저마다 돈 가방이
        들려있는.
        이어서 규진과 규진모(왕미자)도 차에서 내리는데.

규진   (슬쩍 마리에게) 현금 얼마나 준비했어요?
마리   (싸늘한) 내가 그쪽한테 그걸 왜 알려줘? 여기 사람들 다 경쟁잔데!
상아   이 땅 주인이 누군지는 아세요?
마리   당연히 주 회장 아냐? 수련 씨가 하던 가구 회사 자리잖아.
상아   세상에! 아직 정보가 한참 바닥이구나. 여기 주인이 바로, 오윤희예요!
마리   뭐어? 윤희 씨이?!! 근데 왜 나한테 말을 안 했대?!! 옆집 사는 절친끼리.
상아   땅이랑 돈 앞에 절친이 어딨어요? 오늘은 무조건 비싸게 부르는 사람
           이 위너예요!! 공정하게!!
규진   (놀리듯) 윤희 씨랑 엄청 친한 줄 알았더니 뭐야~ 난 또 세기적인 우정

인 줄?!

마리　(부르르, 애써 누르고) 남이사! 지들도 친구 없어서, 둘이만 붙어 다니는 주제에! (욱해서는 쌩 가버리면)

상아　어머님, 우린 얼마나 준비했어요?

미자　이거! (손가락 세 개 펴 보이면)

상아　꼴랑 삼억이요?

미자　공 하나 더 붙여!

상아　삼십어억!!!

규진　(얼른 상아 입 틀어막고) 이 철딱서니야. 아예 확성기로 나발을 불어라!

상아　(자코모 땅 보며) 이 땅이 300억이나 가치가 있다는 거야?

미자　규진이 말로는, 3천억 가치로 뛴다던데? 일단 내 강남 빌딩 담보로 땡겨왔어. 얼른 가자고. 선착순으로 짜른다매. (들어가고)

로건　(한쪽에서 사람들을 보면서, 윤희와 통화하고 있는) 돈 꽤나 있는 강남 투기꾼들이 죄다 모여들고 있어요. 주단태 쪽에서 판을 키운 이상, 최고가로 팔릴 거 같네요.

57.　헤라펠리스 윤희 집 거실(낮)

윤희　(무표정한 얼굴로 전화 받고 있는) 주단태가 얼마나 배팅할지, 궁금하군요! 절대 그 땅을 놓칠 사람이 아니니! (전화 끊고, 매서운 눈빛) 주단태! 기다려! 니 목을 비틀어서라도, 니 죄 다 찾아낼 거니까!!

58.　펜트하우스 헬퍼룸(낮)

서진, 핸드폰으로 청아예술제 당일의 사진들을 찾아보는데.
공연을 관람하는 단태의 사진들이 보이고. 사진 넘기다가 멈칫하는.
심사 발표 전후, 단태의 재킷과 셔츠가 확연하게 달라진 게 보이는.

서진　옷을 갈아입었어! 왜....?!!! (뭔가 희망이 보이는 느낌이고. 핸드폰으로 다급하게 전화하는) 도 비서! 사람 하나만 찾아봐. 이름은 나애교. 주단태

와 가까운 사람일 거야! 무슨 관곈지 알아봐! 서둘러!! (날카로운 눈빛)

59.   자코모 쇼룸(낮)
　　　마리, 규진, 상아, 왕미자, 다른 투자자들, 후끈한 열기로 모여있는데.
　　　황사장이 모습을 드러내고.
　　　마리, 황사장을 보자, 친한 척 손짓하고. 규진과 상아도 지지 않고 어필
　　　하는데.

황사장　(시선도 주지 않고) 천수지구 27번지에 너무 많은 관심을 가져주셔서,
　　　이렇게 한자리에 모셨습니다. 여기 모신 분들에게만 특별히 27번지를
　　　매각할까 합니다. 그럼 소유주 분을 대신해서, 제가 경매를 시작하겠습
　　　니다. 시작가는 100억입니다.

　　　황 사장 말이 떨어지기 무섭게, 여기저기서 터져 나오는 호가. 110!
　　　120!

두기　130! (소심하게 얼굴 감추고 값 부르는)

마리　(흘낏 봤다가, 못 알아보고) 150!

황사장　150 나왔네요. 다른 분 없으신가요?

규진　(상아와 눈빛 교환하고) 200!

미자　(경쟁심에 불타) 230! (지르면)

마리　(지지 않고) 250! (눈치 작전 치열한데)

상아　제니 엄마! 돈을 그렇게 많이 벌었어요? (자존심 상하고) 에이씨, 300!

황사장　300 나왔네요.

규진　(마리 보며) 그만 포기하시죠! 힘들게 번 돈을 이런 데 꼴아 박아요?

마리　누구 좋으라고! 330! (점점 과열되는 현장)

미자　저 여자가 미쳤나? 350!

상아　어머님. 우린 그만 포기해요. 상한선 넘었잖아요. 욕심 그만 부리시고..

황사장	더 없으신가요? 마감할까요?
규진	여기서 포기하면 규진이가 아니지! 주 회장한테 두 배로 되팔지 뭐! 에라 모르겠다. (벌떡 일어서며) 400!!
마리	헉! 400? 간이 부었나, 저 인간이? (다들 놀라서 규진을 보면)
규진	(의기양양하게) 내가 400에 사겠습니다!
황사장	400 나왔네요. (마리와 투자자들 보며) 다른 분들, 포기하시겠습니까.
마리	(미치겠고. 간질간질 손 떨리는. 망설이고 있는데)
황사장	그럼, 400에 매각하도록 하겠...
애교(E)	500!

그 소리에 모두 기겁해서 돌아보면. 선글라스를 끼고 챙 모자를 쓴 누군가가 뒤에서 일어서고. 모두의 시선이 몰리는데. 애교다.

규진	(발끈하고) 아니, 기본 시세라는 게 있는 건데, 너무 갭이 크잖아요.
마리	(거들며) 아무리 입지 좋은 땅이래도, 이건 아니죠. 나중에 안 팔리면 그쪽만 손해야. 아마추어 아니에요?! 공부를 좀 하고 와야지.
애교	손해를 봐도 내가 볼 거니까, 걱정하실 거 없어요. 어떻게, 더 들어오실 분 없으시면 여기서 스탑하시죠! (황사장을 보면)
마리	잔금도 당장 치러야 한다는데, 500억을 어디서 땡겨! 난 포기!
미자	나도 못 해! 더러워서 안 해!
규진	근데, 이름이 어떻게 돼요? 개인 투자자예요?
애교	(모자를 내린 채, 규진을 보며) 청아그룹 투자개발팀에서 왔어요!
규진	청아그룹?! 아니, 주 회장 쪽 사람이었어요?! 지금 돈 갖고 장난쳐요?
애교	(현금 가방에서 현금 꺼내 보여주고) 계약금 50억이에요. 본 계약은 내일 소유주와 만나서 직접 하죠. 잔금 450억도 내일 전액 지불할게요.
황사장	(환성 지르는) 500억! 낙찰입니다!!

다들 애교 얼굴 보려고 술렁이는데. 애교, 모자를 깊게 눌러쓰고 돌아

서는.

그런 애교 모습을 멀리 떨어진 곳에서 지켜보고 있는 로건이고. 그러
다 규진과 상아가 돌아보면. 얼른 자리 피하는 로건.

60.　　자코모 매장 앞(낮)

　　　　왕미자, 규진, 상아, 마리, 낙심해서 나오다가, 애교의 뒷모습을 보는데.

미자　아씨. 다 된 밥에 코 빠뜨리고 있어. 대체 저 여자 정체가 뭐야?

규진　청아그룹이라잖아. 결국, 금싸라기 땅까지 주단태가 다 먹은 거라고!
　　　　된장!

마리　(분하고) 주단태 저 버러지 같은 인간, 돈으로 유세하는 꼴 안 보게 제대
　　　　로 밟아주려고 했는데! 분해서 어째!

상아　근데 저 여자, 어디서 많이 본 거 같지 않아?

마리　분위기가 싸한 게, 엄청 낯이 익은데... 누군지 도통 생각이 안 나네.

61.　　펜트하우스 주방(낮)

　　　　서진, 앞치마 두르고 서툴게 야채를 썰고 있는.

62.　　펜트하우스 거실/자코모 매장 앞/전화통화(낮)

　　　　단태, 거실에서 그런 서진의 모습을 즐기면서 애교와 통화하는데.

애교　(차 쪽으로 걸어가며, 기분 좋게) 드디어 27번지가 우리 손에 들어왔어.

단태　아무리 생각해도 500억이면 너무 비싸. 오윤희만 횡재한 거 같아.

애교　이건 투자야! 두고 봐. 내일부터 우리가 가진 물건들까지 미친 듯이 오
　　　　를 거니까. 천수지구에 광풍이 불 거야. 내가 장담해. (의기양양한 표정
　　　　인데)

　　　　그때, 그런 애교의 말을 듣고 있는 사람, 로건이고.

482

로건, 애교를 바라보는 눈빛이 너무도 슬픈데.

애교　(로건을 보면) 차 왔네. 끊을게. (전화 끊고) 아직도 할 말이 남았나?

로건　(실망스러운 표정으로 애교를 보며) 난 당신이 자꾸만! 자꾸만 나쁜 사람 같지가 않았어! 근데, 돈에 미쳐있는 걸 보니, 주단태 사람이 맞는 거 같네. 이제 당신한테 어떤 기대도, 찾아오는 일도 없을 거야!

애교　잘 생각했네. 다신 내 눈앞에 걸리적거리지 않길 바래.

로건　(감정 격해지고) 용서한다는 얘긴 아냐!! 수련 씨가 불쌍해. 당신 같은 사람한테 이용만 당하고 죽기엔 너무 고운 사람이었어. 수련 씨한테 평생 죄책감 가지고 살아!! (돌아서서 가버리면)

애교　(돌아서고. 당당히 또각또각 걸어가는데. 점차 걸음이 느려지고. 멈춰 서서 로건을 돌아보는. 슬픔이 차오르는 애교 모습. 영락없이 수련이고)

63.　**펜트하우스 주방/거실(낮)**
　　　서진, 무표정하게 요리하고 있으면.
　　　단태, 그런 서진을 감시하듯 보다가, 헤드폰을 끼고 음악을 듣는데.
　　　서진, 눈치 보다가 조심스럽게 단태 시선을 피해서 거실 뒤쪽으로 걸어가고.
　　　석훈, 그런 서진의 팔을 낚아채고 서재 쪽으로 급히 데리고 가는.

64.　**펜트하우스 서재/비밀 공간(낮)**
　　　석훈, 단태의 엄지를(윤희에게 받은) 인식해 비밀 공간의 문을 열면.
　　　놀란 서진, 그런 석훈을 보는데. 서진을 데리고 안으로 들어가는 석훈.
　　　사슴 머리를 만지면 엘리베이터 문이 열리고.

서진　뭐야. 어디 가는 거야?

석훈　만나게 해달라면서요? 따라오세요! (서진을 데리고 엘리베이터에 올라타는)

65. 펜트하우스 주차장 일각(낮)
서진과 석훈, 같이 주차장으로 나오는데. 그 앞으로 와서 끼익— 멈춰
서는 윤희의 차.

윤희   얼른 타, 천서진!
서진   (차에 타려다, 걱정스러운 듯 석훈을 보는) 넌? 괜찮겠어?
석훈   제가 비밀 공간 아는 건, 아버지도 몰라요. 걱정 마세요. 로나 아줌마 때
       문에 도와드리는 거예요.
윤희   빨리 타라고!!

       그때, 조 비서의 차가 달려와 멈춰 서고. 차에서 내리는 게 보이면.
       서진, 놀라서 얼른 차에 올라타고. 급하게 출발하는 윤희의 차.

66. 한강 둔치 일각(낮)
달려와 멈춰 서는 윤희의 차. 서진과 윤희, 차에서 내리는데.

윤희   날 왜 보자고 했어?!
서진   (순간 절절한 눈빛으로 윤희 손을 덥석 잡는) 오윤희! 나 좀 살려줘! 제발
       살려줘, 윤희야!!!
윤희   무슨 말이야? 알아듣게 말해!
서진   (바들바들 떨며) 로나 죽게 한 사람, 은별이 맞아! 우리 은별이가 그런
       거야! 너한테도 로나한테도 죽을죄 졌어. 근데, 뭔가 함정이 있어! 주단
       태가 연관돼있다고!! 로나 죽인 진범 잡으려면, 니가 필요해!! 도와줘,
       윤희야!! (눈물 쏟으면서 진심으로 공조를 제안하면)
윤희   (놀란 눈으로 서진을 보는)

67. 병원 입원실(낮)
꾸벅꾸벅 졸고 있는 요양보호사.

484

침대 아래로 내려오는 가녀린 맨발. 요양보호사의 핸드폰을 집는 손.
핸드폰을 든 채, 오랜만에 걸은 듯 비틀비틀 병실을 걸어 나가고. 벽을
짚으며 한 걸음 한 걸음 힘겹게 발 옮기는데.

68.   펜트하우스 석훈 석경의 방(낮)
        석경, 공부방 한쪽에 엎드려 곤히 잠들어있고.
        석훈, 책상에 앉아 동영상 보고 있다가, 영상통화가 걸려오면.
        잠든 석경 깨지 않게 조심하며, 버즈 터치해 전화 받는데.

석훈   여보세요.
로나(F) 석훈아... 나야.
석훈   (순간 의자에서 벌떡 일어서는. 소스라치게 놀라서 핸드폰 안의 누군가의
        모습을 뚫어지게 보는 석훈 표정에서)

69.   도로 일각/로건 차 안(낮)
        로건, 굳은 표정으로 차 뒷좌석에서 달리고 있는데. 옆에 있는 봉투 보
        이고.

홍비   며칠 동안 나애교 씨 동선들 체크한 사진입니다. 레스토랑 외엔 특별한
        외출은 없었습니다.
로건   (피곤한 표정으로 봉투를 열어보는. 애교의 사진들이고. 대충 넘겨보다가
        툭 던져버리고) 더 이상 이 여자 감시할 필요 없어! (한숨 쉬고. 뒤로 몸
        젖히는데. 문득 차 바닥에 떨어진 사진 한 장이 보이고. 무심히 주워 들어보
        는데. 갑자기 굳어지는. 나애교의 가방에 붙어있는 물방울 브로치가 왠지
        낯이 익는. 얼른 다른 사진들도 보면. 그제야 수련의 유골목걸이와 일치한
        다는 걸 깨닫는데) 이건!! (수련이 평소 차고 있던 유골목걸이의 물방울,
        인서트로 보여주고. 온몸 떨리는. 급히 애교에게 전화하는) 지금 어딨어
        요?! 거기 어디냐고?!! (뚝뚝... 전화 끊겨지면. 홍 비서에게) 나애교 별장

으로 가!

홍비 네?!

로건 당장 차 돌리라고!! (소리치면)

유턴하는 로건의 차, 빠르게 달리는데.

70.   통나무 별장 안/밖 (낮)

애교, 창밖으로 강가를 보고 있는데. 로건을 떠올리고 있는.

로건(E) 수련 씨가 너무 불쌍해. 당신 같은 사람한테 이용만 당하고 죽기엔 너무 고운 사람이었어.

애교 고마워요, 아직도 기억해줘서....

애교, 눈물을 뚝 흘리고 있는 그때! 갑자기 뒷문으로 누군가 성큼성큼 들어서는.

애교 (돌아서면. 로건이고!)

로건 (갑자기 애교를 채가듯 확 끌어안고)

애교 (놀라) 뭐하는 짓이야?!!

로건 당신 수련 씨잖아!! 수련 씨 맞잖아!!! 도망칠 생각하지 마!! (목 메이고) 미안해요. 너무 늦게 알아봐서....

애교 (순간, 아무 말 못 하는. 눈물 맺힌 채로 그대로 안겨있으면)

그때, 별장 문이 열리고. 단태가 별장 안으로 들어서고.
애교, 로건의 품에 안긴 모습에서 엔딩!!

11화

당신, 수련 씨잖아

1. 10화 63신 연결/펜트하우스 주방/거실(낮)

서진, 무표정하게 요리하고 있으면.

단태, 그런 서진을 감시하듯 보다가, 헤드폰을 끼고 음악을 듣는데.

서진, 눈치 보다가 조심스럽게 단태 시선을 피해서 거실 뒤쪽으로 걸어가고.

석훈, 그런 서진의 팔을 낚아채고 서재 쪽으로 급히 데리고 가는.

그때! 눈을 뜨는 단태, 주방 쪽을 보면. 서진의 모습 보이지 않고.

이상하다 싶은. 주위 둘러보고 찾는데.

단태   어딨어? 천서진!! 어디 갔어?! (점점 표정 매서워지는데)

석경(E)   (방에서 나오며) 레슨실에 갔어요.

단태   (석경의 손에 들린 악보 책을 보며) 내 허락 없이 어딜 나가?!

석경   내가 해달라고 했어요. 기말 준비해야 돼서. 밥 시켜 먹으려고 천 쌤을 우리 집에 데려온 건 아니죠? 새엄마 찬스 좀 쓸게요. (당당하게 나가는데)

단태   (어쩌지 못하고) 끝나는 대로 바로 들어오라 해!!

석경   (표정. 나가면서 서진에게 문자하는. E) 레슨실에 갔다고 했어요. 두 시간 정돈 안 찾을 거예요.

석경과 엇갈려서, 조 비서가 뛰어 들어오는.

조비   (다급한 목소리) 회장님! 이것 좀 보십시오.

단태   뭔데? (조 비서의 핸드폰을 확인하면. 애교와 로건이 자코모 앞에서 만나는 모습이고. 10화 62신. 놀라는) 로건 리?!! 나애교가 로건을 만났단 말야?!!

조비   네! 경매가 끝나고, 은밀하게 접촉한 거 같습니다.

단태   (굳어지는) 이 자식이 언제 한국에 들어왔어?!! 제임스는 뭐하고, 지 아들 하나 못 지켜?!! 나애교 지금 어딨어?!!

조비   별장으로 가셨습니다.

단태	(그때, 단태 핸드폰 울리고. 보면, 애교다. 애써 태연하게 받는) 나야.
애교(F)	로건이라는 사람 알아? 별장으로 좀 와야겠어. 급해! 당장!
단태	알았어. 바로 출발하지. (전화 끊고) 차 대기시켜! (날카로운 눈빛)

2. 10화 66신 연결/한강 둔치 일각(낮)
서진과 윤희, 마주 서있고.

서진	(윤희 손을 덥석 잡는) 오윤희! 나 좀 살려줘! 제발 살려줘, 윤희야!!!
윤희	무슨 말이야? 알아듣게 말해!
서진	(바들바들 떨며) 로나 죽게 한 사람, 은별이 맞아! 우리 은별이가 그런 거야! 너한테도 로나한테도 죽을죄 졌어. 근데, 뭔가 함정이 있어! 주단 태가 연관돼있다고!! 로나 죽인 진범 잡으려면, 니가 필요해!! 도와줘, 윤희야!! (눈물 쏟으면서 진심으로 공조를 제안하면)
윤희	(놀란 눈으로 서진을 보다가) 내가 널 어떻게 믿고?
서진	못 믿는 거 당연해!! 그럴 거야. 근데, 이 지경까지 와서 내가 뭘 속이겠 니. 감옥 갈 각오하고 너 찾아왔어!!
윤희	하고 싶은 말이 뭔지나 얘기해!
서진	(심호흡하고) 청아예술제 날, 은별이가 로나를 트로피로 내리쳤어! 로 나가 계단으로 굴러 떨어졌고! 트로피를 석경이 사물함에 바꿔치기 한 것도 은별 아빠야. 우린 미쳐있었어! 은별이를 살릴 생각밖에 없었어! 그걸 알고, 주단태가 협박하기 시작했어! 현장에 떨어뜨린 은별이 목 걸이를 그놈이 쥐고 있었으니까! 내 청아그룹을 뺏기 위해, 니 딸 죽음 을 이용한 거라고!!
윤희	그럼 뭐가 달라지는데? 내 딸을 죽인 건 은별이 맞잖아!
서진	아니! 은별일 수도 있고, 아닐 수도 있어! 현장에 주단태도 있었으니 까! 은별이가 주단태 벨소리를 들었거든.
윤희	(기막힌 듯) 지금 장난해? 기억도 못 하는 니 딸 말을 믿으라는 거야?!
서진	내가 증명할 수 있어! 공연장에서 주단태의 옷이 바뀌었어! (핸드폰의

사진을 보여주는) 시상식 바로 전에, 옷을 바꿔 입은 게 수상하지 않아?! 분명 뭔가 있어!! (확신하는데)

윤희   (순간, 단태가 애교에게 했던 말이 떠오르고)

단태(E)   어쨌든 배로나는 아주 쓸모 있는 애였어. 민설아만큼이나. 그 비루한 애들이 때맞춰 죽어주는 바람에, 내가 쉽게 심수련과 천서진 재산을 먹을 수 있었으니까. (10화 46신)

윤희   (단태에 대한 의심이 더 확실해지지만, 애써 감추고) 이제와 주단태한테 모든 걸 덮어씌우겠다고? 이딴 사진 몇 장이 주단태의 죄를 입증할 수 있을 거 같아? 옷을 갈아입을 이유는 얼마든지 있어!

서진   절대 은별이 살리기 위해서 이러는 거 아냐!! 지금 내가 원하는 건, 그날의 진실뿐이야! 주단태 그 악마, 내 손으로 꼭 죽여버리게 해줘! 부탁이야! (윤희 손을 잡고 진심으로 사정하면)

윤희   (냉정한 눈빛. 결심한 듯) 그럼, 자백해! 은별이랑 니가, 우리 로나한테 한 짓! 전부 다! (핸드폰 녹음을 켜서 서진에게 들이미는데)

서진   (멈칫. 잠시 망설이다) 그래, 다 말할게!

3.   10화 엔딩 연결/통나무 별장 안/밖(낮)
     애교, 창밖으로 강가를 보고 있는데. 로건을 떠올리고 있는.

로건(E)   수련 씨가 너무 불쌍해. 당신 같은 사람한테 이용만 당하고 죽기엔 너무 고운 사람이었어.

애교   고마워요, 아직도 기억해줘서....

     애교, 눈물을 뚝 흘리고 있는 그때! 갑자기 뒷문으로 누군가 성큼성큼 들어서는.

애교   (돌아서면. 로건이고!)

로건   (갑자기 애교를 채가듯 확 끌어안고)

애교	(놀라) 뭐하는 짓이야?!!
로건	당신 수련 씨잖아!! 수련 씨 맞잖아!!! 도망칠 생각하지 마!! (목 메이고) 미안해요. 너무 늦게 알아봐서....
애교	(순간, 아무 말 못 하는. 눈물 맺힌 채로 그대로 안겨있으면)

그때, 별장 문이 열리고. 단태가 별장 안으로 들어서고.
애교, 로건의 품에 안겨있다가, 단태가 들어오는 소리가 나면! 얼른 로건을 밀쳐 팔을 꺾어 제압하는.

애교	어디서 개수작이야?!! 뭐하는 놈이야, 너!!
단태	(쓰러진 로건을 보며 다급하게 다가서며) 로건? 이게 얼마 만이야. 아버지한테 감금돼있는 줄 알았더니, 이렇게 자유로왔나?
로건	(단태의 등장에 표정 굳어지고) 주단태!! (애교를 보면)
단태	여긴 무슨 일로?! 아니, 여긴 어떻게 알고 왔지?!
애교	경매장에서부터 날 따라온 거 같아.
단태	(날카롭게 로건을 보며) 아직도 심수련의 망령에서 헤어 나오지 못한 모양이지? 내가 지난번에 너무 젠틀하게 보내줬나? (그러다 신호 보내면)

조 비서와 정장남이 들이닥치고.

단태	창고로 끌고 가! 오늘은 제대로 손봐줄 테니까!
조비/정장남들	(로건을 끌고 가는데)
로건	(끌려가면서도, 믿을 수 없단 듯 계속 애교를 보면)
애교	(끝까지 로건을 쳐다보지도 않고 보내는데)
단태	(둘만 남으면) 저 자식이 무슨 얘길 했지?
애교	심수련이랑 너무 닮았다면서, 자기랑 무슨 관계냐고 물었어.
단태	미친놈!
애교	문제는! 정두만 대표에 대해서도 알고 있었어.

단태	(놀라) 뭐어?
애교	우리가 정 대표한테 정보를 빼서 투자를 해온 걸 아는 눈치였어. 진실을 밝히라고 협박까지 하더라고! 혹시, 죽기 전에 심수련도 알았던 거 아냐?
단태	그 여잔 아냐! 절대 눈치 못 챘어! 정두만이 입을 열었을 리는 없고...
애교	우선 저자부터 만나봐. 잘 캐보면 답이 나오겠지!
단태	나중에 연락할게. (급히 나가면)
애교	(곧바로 누군가에게 전화하는) 홍 비서님! 저, 심수련이에요! (달라진 표정)

4.　　외곽도로 일각/봉고 안(낮)

　　　달리는 봉고차. 앞 조수석에 조 비서가 타고 있고, 뒷자리에 로건이 타 있는.

　　　로건을 양옆에서 결박하고 있는 정장남 둘. 로건이 반항하면, 얼굴에 재빨리 천을 씌우는데.

　　　그 뒤로, 홍 비서의 차가 빠르게 따라붙는.

　　　백미러로 추격 차량을 보는 조 비서.

조비	속도 높여!!
운전자	(속도를 높이면)

　　　그 뒤로 홍 비서의 차가 더 바짝 추격하기 시작하는.

5.　　터널(낮)

　　　터널 안으로 들어가는 봉고차와 홍 비서의 차.

6.　　단태 창고 안(낮)

　　　문 열리며 화난 얼굴로 들어서는 단태. 정장남들 양쪽으로 길을 터주면.

의자에 결박된 채, 얼굴에 천을 쓰고 몸부림치고 있는 로건.

단태   (그런 로건을 재밌다는 듯 보며) 이걸 어쩌나. 심수련이 살아 돌아온 줄
알고, 꽤나 반가웠던 모양인데 실망시켜서! 겁대가리 없이 남의 여자
를 넘보면 쓰나? 너 때문에 심수련이 명을 재촉한 거야!! 니놈이 어쭙
잖게 편들어줘서! (로건을 패는 단태. 로건, 묶인 채 맞고, 괴로워하면) 부
잣집 도련님이 가진 게 넘쳐나니까, 쓸데없는 데 집착하면서 세월 보내
는 모양인데, 아쉽지만 복수 놀이는 여기까지야!!

로건, 기절한 듯 축 늘어져있으면.
단태, 정장남에게 눈짓하는. "벗겨!!"
정장남, 로건 얼굴에 씌운 천을 벗겨내는데. 드러나는 사람은 로건이
아니라, 재갈 물린 조 비서고!

단태   (헉하고 놀라는) 뭐야?!! 어떻게 된 거야?!! (소리치면)
정장남들 (당황해서 조 비서의 재갈을 풀어주고, 물을 끼얹어 깨우는데)
조비   (그제야 정신 차리고) 당했습니다. 로건 쪽이 알고 쫓아와서...

7.   회상/터널/조 비서의 차/홍 비서의 차 (낮)
     조 비서가 탄 봉고차, 터널로 진입해 달려가는데.
     갑자기 뒤에서 추격해오던 홍 비서의 차가 봉고차를 추월해, 끼익- 앞
     을 가로막고.
     홍 비서와 검은 장갑을 낀 요원들, 차에서 내려 조 비서 쪽으로 걸어
     오면.

조비   뭐야, 저 새끼들? (운전자에게) 그냥 가!!
운전자   (그대로 서있으면)
조비   안 들려? 그냥 박고 가라고!! (그제야 운전사를 보면, 모르는 얼굴이고)

너 누구야?!

운전자   (갑자기 조 비서의 목에 주사바늘을 꽂는. 손에 낀 검은 장갑이 보이고)

조비   (그대로 정신을 잃으면)

정장남들   (뒷좌석에서 로건을 붙잡고 있다가 당황해) 잡아!! (운전자에게 달려드
는데)

봉고차 문 열리면서, 들이닥치는 홍 비서와 검은 장갑 요원들. 순식간
에 조 비서와 정장남들을 제압하고. 정장남들, 터널 바닥에 내동댕이
쳐지는.
홍 비서와 요원들, 재빨리 로건을 차에서 빼내고, 천을 씌운 조 비서를
봉고차 뒷좌석에 처박아버리는.

홍비   (운전자에게) 출발해!

8.   **현재/단태 창고 안(낮)**
조 비서, 단태에게 억울함 토로하고 있는.

조비   운전자를 미리 바꿔치기해놓은 걸 보면, 로건이 타는 걸 그놈들이 알고
있었습니다!

단태   병신 새끼!! 운전자 낯짝도 안 봤어?!! (냅다 발로 차버리면)

조비   (의자째 뒤로 넘어지고)

단태   (얼굴이 벌게져, 다시 의심에 휩싸이는) 나애교, 설마 니 짓이야? (날카로
워진 눈빛. 급히 영상통화로 애교에게 전화를 거는데. 신호 울리고. 안 받으
면. 열 받아서 끊으려는 순간!)

화면에 나오는 사람, 머리에 수건을 뒤집어쓰고, 샤워 가운으로 몸을
가린 애교의 모습이고.

애교	어떻게 됐어? 그 자식이 뭐래?
단태	뭐하느라 전화 이제 받아? (버럭 하면)
애교	샤워하다가 뛰어나와 받았잖아. 걸핏하면 왜 성질이야? 내가 만만해?
단태	(찬찬히 애교 얼굴을 살피다가) 됐어. 나중에 얘기해. (전화 끊고. 정장남 들에게) 이 자식 치우고, 당장 로건 그 새끼 잡아다 내 눈앞에 앉혀!! (분 해서 어쩔 줄 모르며 다시 뛰쳐나가는)

9.   통나무 별장 거실(낮)

　　전화를 끊는 애교의 앞에 앉아있는 사람, 로건이고.
　　애교, 얼른 샤워 가운 위에 카디건을 걸치면.

로건	처음부터 수련 씨가 세팅한 거죠? 날 살릴 거면서, 주단태는 왜 부른 거 예요?!
애교	주단태한테 믿음을 주려면 어쩔 수 없었어요. 당신이랑 내가 만난 걸 알았고, 벌써 의심하기 시작했어요. 20년이나 같이 살았는데, 눈치채 는 건 시간문제예요. 애초에 오래 끌 수 없는 게임이에요!
로건	(감정 격해서) 그렇게 위험한 일을 왜 하는 거예요? 그동안 어디 있었어 요? 왜 나한테 연락 안 했어요?! 이렇게 살아있으면서 왜 한 번도...
애교	(단호한) 심수련은 이미 죽었어요! 2년 전 그때!!
로건	지금 내 앞에 살아있잖아!!
애교	(차갑고 강하게) 우린 이제 상관없는 사람이에요!! 나는 나애교로 할 일 이 남았어요. 내 계획이 완전히 끝날 때까지, 내가 살아있다는 거 누구 한테도 말해선 안 돼요. 오윤희한테도...
로건	내가 당신을 어떻게 모른 체해요?! 당신이 또 위험해질 수 있는데! 2년 동안 하루도 빼지 않고 후회했어요! 당신 지켜주지 못한 거... 공항으로 먼저 떠난 내가 용서 안 돼서 매일매일 미칠 거 같았다고요!
애교	(다급하게 핸드폰으로, 단태 위치 파악하며) 그만 가요! 주단태가 오고 있 어요!! 두 번은 못 도와줘요!

로건	(와락 끌어안고) 못 가!! 나랑 같이 가!! 나 혼자는 절대 못 가!!
애교	(확 밀쳐내고) 설아 억울함 풀어준 걸로, 당신이 할 일은 끝났어! 여기서부턴 내 문제야! 더는 관여하지 마요!! 2주 후면 모든 게 끝날 거예요. 만에 하나 당신 때문에 내 계획이 틀어진다면, 아무리 당신이라도 안 참아! (다시 단태 위치 파악하고, 더 초조하게) 가라고요!! 잡히기 전에 빨리!!
로건	(애교를 붙잡고) 한 가지만 약속해요. 위험하면, 그땐 꼭 날 부르겠다고... 다신 혼자 떠나버리지 않겠다고...
애교	(로건을 바라보는 눈빛. 그때, 차가 도착하는 소리 들리면. 얼른 로건을 데리고 벽 쪽으로 숨고)
로건	살아줘서 고마워요, 수련 씨.... (재빨리 돌아서서 뒷문으로 나가면)
애교	(참았던 눈물이 그제야 뚝 떨어지는데) 미안해요, 로건. 나 때문에 당신까지 위험해지면 안 되잖아요. 나애교처럼, 그렇게 되게 할 순 없어요....

10. 10화 67신/외곽병원 입원실 연결(낮)
     로나의 머리를 공격하는 단태의 악마 같은 얼굴이 보이고!

(E) 아악!!!!

     소리를 지르며 눈을 뜨는 사람, 로나다!
     로나, 끔뻑끔뻑 눈을 떴다 감았다 하며 주위를 둘러보면. 옆에서 꾸벅꾸벅 졸고 있는 요양보호사가 보이는.
     침대 아래로 내려오는 가녀린 맨발. 요양보호사의 핸드폰을 집는 손.
     핸드폰을 든 채, 오랜만에 걸은 듯 비틀비틀 병실을 걸어 나가고. 벽을 짚으며 한 걸음 한 걸음 힘겹게 발 옮기는데.

11. 병원 복도(낮)
     로나, 복도로 나와 핸드폰 하는.

12. 10화 68신 연결/펜트하우스 석훈 석경의 방 (낮)
    석훈, 책상에 앉아 동영상 보다가, 영상통화가 걸려오면. 모르는 번호고.
    잠든 석경 깨지 않게 조심하며, 버즈 터치해 전화 받는데.

석훈   (전화 받는) 여보세요?
로나(F) (영상통화로, 얼굴 보이는) 석훈아... 나야.
석훈   (순간 의자에서 벌떡 일어서는. 소스라치게 놀라는 석훈) 로나? 너 정말 로
      나야?!! (심장이 미친 듯이 뛰고) 거기 어디야? 내가 지금 그리로 갈게!!
      (발신 목록 확인하고, 옷 집어 들고 그대로 뛰쳐나가면)
석경   (잠에서 깨서 놀라) 오빠 어디 가? 오빠!!

13. 외곽병원 일각 (저녁)
    택시에서 내려, 미친 듯 병원 현관을 향해 달려오는 석훈. 그러다 멈칫
    하고.
    병원 앞, 벤치 한쪽에 앉아있는 로나의 뒷모습을 발견하는. 울컥하는
    석훈! 천천히 다가가 로나 앞에 서는데.

석훈   (떨리는 목소리) 로나야...
로나   (돌아보는데, 진짜 로나다!!)
석훈   배로나!!!! (감격해서 그대로 끌어안고) 너 맞지? 진짜 로나지? 로나 맞
      는 거지? (울컥해서 어쩔 줄 몰라 더 힘 있게 끌어안으면)
로나   (천천히 손을 들어 그런 석훈을 안고, 같이 눈물 흘리는)

14. 외곽병원 병실 (저녁)
    로나, 병실 침대에 앉아있으면. 그 옆에서 석훈이 믿기지 않는 듯 뚫어
    지게 보고 있는.

로나   그만 좀 봐. 얼굴 뚫어지겠다.

석훈	(해쓱한 얼굴과, 핏기 없는 입술 보면. 맘 아프고) 몸은... 좀 어때? 많이 힘들었지? 너무 말랐다...
로나	깨어난 지 일주일쯤 됐나 봐. 한참 헛소리만 했대. 어제부터 조금씩 걸을 수도 있어. 머리 여는 수술만 세 번 하고, 이렇게 살아서 말할 수 있는 게 기적이라네.
석훈	정말.... 정말 다행이다. 난 진짜 니가 죽은 줄 알고... (눈물 닦고) 누가 여기로 데려온 거야? 엄마한테는 연락했어?
로나	(고개 내젓고) 아니.
석훈	왜?!! 너 살아있는 거 알면, 얼마나 기뻐하시겠어!! 당장 연락하자!!
로나	(뭔가 말할 수 없는 듯) 아직은 안 돼. 하지만 오래 걸리지는 않을 거야. 그전에, 너한테 할 말이 있어. 그래서 연락했어.
석훈	뭔데?
로나	(망설이다가) 나 이렇게 만든 사람! (슬픈 듯 석훈을 보는데)
석훈	(순간 긴장하는) 설마.... 우리 아빠야?
로나	(굳어진 채로 대답 안 하면)
석훈	(무너지는) 아니길 바랬는데... 제발 아니길 바랬는데... 왜 나한테 소중한 사람들을 계속 뺏어가는 거야, 대체 왜!!! (분노하며 일어서는) 용서 못 해!! 절대!!
로나	(석훈을 붙잡는데) 석훈아!!
석훈	가만 안 둘 거야, 죽여버릴 거야, 내가!!! (뛰쳐나가려는데)

그때, 문 열리며 들어서는 사람, 애교고. 애교를 본 순간, 당황한 석훈 멈춰 서는데. 뚫어지게 애교를 바라보는 석훈, 대번에 그가 수련임을 깨닫는데!

애교	(떨리는 목소리로) 석훈아.... (눈물 그렁해 보면)
석훈	(목소리를 듣는 순간, 멍해지는. 정신이 아득해지고) 엄......마.......
애교	(눈물 뚝 떨어뜨리고) 보고 싶었어. 너무너무....

로나	아줌마가 나 살려주셨어!
석훈	(믿기지 않고. 모든 게 혼란스러운. 그대로 선 채로 멍해있다가, 달려가 그대로 애교를 끌어안는) 아... 아... 아... 아아!!!! (아무 말도 못 하고, 격해진 감정으로 짐승처럼 울부짖는 석훈에서)

15.   **파크원 호텔 스위트룸**(밤)

      윤희, 로건과 마주하고 있는.

      로건, 위스키 마시며, 딴생각에 잠긴 표정인데.

윤희	천서진이 공조를 제안했어요. 자기 죄까지 자백한 걸 보면, 어느 정도 신빙성이 있는 거 같아요. 정말 주단태가 로나 살인 사건에 개입돼있는 거라면... (하다가, 반응 없는 로건을 보며) 로건?
로건	(생각에 잠겨있다) 아, 미안해요.
윤희	무슨 일 있었어요?
로건	아니에요, 아무것도. 천서진은 우리가 잘 이용하면 될 거 같아요. 궁지에 몰렸으니, 더 이상 도망칠 데도 없겠죠.
윤희	내일 나애교 만나서 계약 진행하기로 했는데, 이렇게 쉽게 땅을 넘겨도 될까요? 수련 언니가 부모님한테 물려받은 땅이고, 언니 가구회사가 있는 자리잖아요.
로건	(애교의 말 떠올리는)
애교(E)	더는 관여하지 마요!! 2주 후면 모든 게 끝날 거예요.
로건	(확신에 찬) 넘겨요. 나애교가 원하는 대로!
애교	주단태 손에 들어가면 모든 게 끝이에요! 설마 아직도 나애교를 믿어요? 그 여자, 도청 어플도 지워서 이제 무슨 짓을 벌일지 더 알 수 없게 됐어요!
로건	애초에 내가 아무 계획 없이 그 땅을 내놨겠어요? 나한테 생각이 있어요!
윤희	(로건의 속을 알 수 없는데. 더는 말 못 하고)

16. 통나무 별장 거실 (밤)

애교, 단태 품에 안긴 채 와인 마시고 있는. 적당히 분위기 좋은 음악 흐르고.

단태   (와인 마시다, 멈칫) 잔금을 내일 다 치른다니?! 그런 말도 안 되는 조건이 어딨어?

애교   경매까지 벌여서 어렵게 따온 물건이야. 그 정도는 감수해야지! 오늘만도 우리가 가진 땅들이 20프로가 올랐어!

단태   아무리 그래도, 하루아침에 500억이라는 돈을 어떻게 만들어?!

애교   돈이 될 만한 건 죄다 쓸어 모으고, 모자란 건, 펜트하우스를 담보로 대출받으면 되잖아.

단태   그게 말이 돼? 펜트하우스는 절대 못 건드려!!

애교   (단태 표정 살피며, 툭 던지듯) 당신 집에 새로 들어온 금고는, 얼마쯤 쥐고 있을까?

단태   누구? (눈 반짝) 천서진?!

애교   (긍정의 미소) 급한 대로 쪼여봐야. 계약금 50억을 날리면서 포기할 순 없잖아?!

단태   (짜증 나고) 오윤희 그년 때문에 모든 게 다 꼬여버렸어! 틀림없이 뒤에 로건 리, 그놈이 있을 거야! 주혜인 땅을 사들여서, 장난치고 있는 게 분명해!!

애교   그렇담 더더욱 포기하면 안 되겠네. 로건 리한테 천수지구 센터를 뺏길 참이야?! (슬슬 자극하면)

단태   그만해!! (열 받아 들고 있던 와인 잔을 바닥으로 확 던져버리고. 벌떡 일어서는) 로건 리 그 자식은 다시 찾아오지 않았어?

애교   왔으면, 벌써 자기한테 연락이 갔겠지. 경호원들이 저렇게 많이 깔려있는데.

단태   미친 자식! 정말 심수련을 좋아하기라도 한 거야? 왜 거머리처럼 붙어서 사사건건 내 일을 방해해?!

500

애교	(천천히 와인 마시며) 그렇다고 죽일 수도 없잖아? 미국 부자라면서. 심수련 그 여자, 살아서도 죽어서도 참 끈질긴 여자야! 안 그래?
단태	내일 연락할게. (기분 상한 듯, 겉옷 들고 확 나가버리면)

애교, 썩소 짓는. 그러다 단태가 내던진 와인이 흘러서 카펫에 스며드는 걸 보고. 얼른 카펫 열어서 바닥을 닦아내는데.
순간! 뭔가를 본 듯 소스라치게 놀라서 멈춰 서는 애교.
바닥에, 한 사람 정도가 들어갈 작은 문이 보이고. 한쪽에 열쇠구멍이 있는.
애교, 얼른 서랍에서 열쇠를 꺼내 맞춰보면. 제대로 홈에 맞아서 돌아가고.
열쇠를 돌리면. 지하로 내려가는 문이 열리는데. 놀라는 애교 얼굴.

17. 펜트하우스 헬퍼룸(밤)
단태, 서진과 담판하고 있는.

서진	(기막힌 표정) 얼마?
단태	500억! 내일까지 현금으로 준비해.
서진	장난쳐? 그만한 돈을 현금으로 갖고 있는 사람이 어딨어?!
단태	없으면, 만들어서라도 갖고 와!! 건물을 잡히든, 다이아를 팔든, 니 엄마 돈이라도 훔치든! 그 정도 융통할 능력은 있겠지! 안 그럼, 은별이 안전, 장담 못 해! (비열한 표정 지으면)
서진	(부르르 떨며, 단태를 보는. 죽을힘 다해 참느라 눈 충혈되는데)
단태	내일 오전까지야! 내가 좀 급해서.

18. 천수지구 황금부동산(다음 날 낮)
애교와 윤희, 땅 계약을 진행하고 있는. 옆에 황 사장이 도장 찍고 있고.

애교	(단태의 전화를 받는) 확인할게. 시간 맞추느라 애썼어. (전화 끊고) 방금 계좌로 잔금 전액 입금했어요.
황사장	아 예. 그렇게 큰 금액을 하루 만에, 대단하십니다! (윤희에게) 사모님이 복이 있으시네. 이 정도 가격이면 꼭대기로 받은 거예요. 횡재하셨어요!!
윤희	(내내 표정 안 좋고)
애교	(그런 윤희 표정 살피며) 잠깐 자리 좀 비켜주시겠어요, 사장님?
황사장	네네, 잔금까지 끝냈으니까, 천천히 말씀 나누세요. (나가면)
애교	크게 한몫 챙겼는데, 표정이 왜 그래? 팔기 싫어 죽겠다는 표정으로.
윤희	수련 언니가 아끼던 땅이 당신들 같은 쓰레기한테 넘어간다는 게, 분해서.
애교	돈만 챙겼으면 됐지, 죽은 사람한테 무슨 의리 있는 척이야? 하마터면 속을 뻔했네.
윤희	수련 언니한테 일말의 미안함도 없어? 당신 자식을 제 자식처럼 17년이나 품어주고 키워준 사람이야! 그런 사람 흉내 내며 무슨 짓을 하고 다녔어?! 정두만 대표와 무슨 사이야? 대체 어떤 약점을 잡았길래, 개발정보를 다 넘긴 거냐고?!!
애교	궁금해? 근데 어쩌지. 남의 핸드폰에 도청 어플까지 깔아서 프라이버시를 캐는 사람한텐 얘기 못 해주겠는데?
윤희	(놀라고) 뭐어?
애교	너, 딱 사람 뒤통수치게 생겼어! 배신녀 관상!
윤희	(흠칫, 찔리고)
애교	왜, 찔리니? 내가 니 진짜 마음을 말해볼까? 죽은 심수련한테 미안해서 복수하려는 게 아니라, 주단태한테 배신당한 게 억울해서 화가 난 거지? 언제라도 또 주단태가 손을 내밀면, 그 남자한테 달려갈 거잖아! 그 인간이 파렴치한인 줄 알면서도, 돈 많고, 매너 좋으니까, 솔깃했던 거 아냐?! 펜트하우스가 그렇게 욕심났어? 그 여자가 가진 게 그렇게 질투 났냐고?!! 그런 주제에 어디서 나한테 충고질이야?! (매섭게 몰아붙

502

이면)

윤희   (벌떡 일어서고) 그래서 지금 처절하게 벌 받고 있잖아!! 자식까지 잃었
        는데, 뭘 더 어떻게 해야 돼?! 속죄할 방법이 있으면 말해봐!! 죽으라면
        죽고, 죽이라면 죽일 테니까!! (울부짖다, 가방 챙겨서 나가려면)

애교   궁금한 게 있어! 심수련이 죽을 때 같이 있었다고 했지? 그럼 들었겠네.
        (보는) 심수련이 죽기 전에 뭐라고 했어? 남긴 말 같은 거 없어?

윤희   당신한텐 남긴 말 없으니까, 궁금할 거 없어!

애교   그럼 애들한테는? 나중에라도 애들이 물어보면, 마지막 유언 정도는
        말해줘야 될 거 같아서. 키워준 엄마잖아?

윤희   (수련이 죽던 순간 떠오르고. 눈빛 흔들리는. 망설이다가) 도망치라고 했어.

애교   도망치라고? (순간 표정 변하고)

윤희   가... 도망가, 빨리.... (울컥해서) 나 같은 년한테, 언니 배신하고, 죽어버
        리길 바랬던 나한테... 도망치라고... (목 메이면, 애써 눈물 참고) 그래! 당
        신 말이 맞아! 당신이나 나나 수련 언니 피 빨아먹고 산 건 똑같은데, 서
        로 비난할 것도 없지! 각자 천벌이나 기다리며 살자고!! (돌아서서 걸어
        가면)

애교   (잠시 멍해있다가, 툭 던지듯) 오윤희! 미친 척하고 나 한번 믿어볼래? 주
        단태를 한 방에 끝낼 좋은 계획이 있는데.

윤희   (멈칫해서 돌아보면) 지금, 뭐라 그랬어?

애교   (매섭게 윤희 보며) 주단태한테 복수하고 싶다며? 넌, 니가 하고 싶은 거
        해! 난, 주단태 돈을 챙길 테니까. 대신, 내 존재는 누구한테도 발설해선
        안돼! 어때? 콜? (야릇하게 웃으면)

윤희   (황당한 표정이고) 일 없어! 나도 당신 안 믿어!

애교   (가방에서, 비닐에 든 뭔가를 꺼내서 내미는데) 이걸 담보로 하면?!

윤희   (받아서 보면. 은별이 보석목걸이고. 화들짝 놀라는) 이건!!!

애교   니 딸 니가 지켜. 엄마는, 무슨 짓을 해서든 자식을 지켜야 하니까... 때
        론, 자식을 위해 악해지기도 하는 게 엄마니까... (야릇한 표정 지으며, 일
        어나고) 생각이 바뀌면 연락해. (나가는데)

윤희　(순간 멍해지는. 그제야 애교의 모습이 수련으로 보이고. 머리를 둔기로 맞은 듯 몸을 움직일 수도 없는데)

19.　**황금부동산 앞**(밤)
　　　애교, 기다리고 있던 차에 올라타, 차 출발하면.
　　　뒤늦게 미친 사람처럼 허둥대며 부동산에서 뛰어나오는 윤희. 입술이 파르르 떨려오고, 믿을 수 없는데. 멀어지는 애교의 차를 멍하니 보는. 그러다 갑자기 미친 듯이 애교의 차를 쫓아서 뛰기 시작하고.

윤희　언니!!! 언니이!!! 수련 언니이이이!!!!!! (뛰고 또 뛰고, 숨이 끊길 듯 뛰어가는 윤희의 모습....)

20.　**통나무 별장 정원**(밤)
　　　정장남들이 지키고 있는 정원 보이고.
　　　불이 켜져있는 거실의 닫혀있는 커튼이 조금 열리면서, 밖을 내다보고 있는 애교의 그림자가 보이는. 정장남들이 돌아보면. 얼른 다시 닫히는 커튼.

21.　**통나무 별장 거실**(밤, 21신에서 30신까지는 수련과 애교를 구분해서 표시함)
　　　수련, 창밖을 내다보며 윤희한테 들었던 말 생각하는.

윤희(E)　도망치라고 했어. 가... 도망가, 빨리....
수련　나 애교.....
　　　수련, 맘이 아파오고. 그 위로, 2년 전 일이 순서대로 하나씩 떠오르는데.

22.　**회상 1/자코모 쇼룸/시즌 1 20화 53신**(저녁)
　　　쇼룸의 물건들 정리돼있고.

504

수련, 윤희와의 폴라로이드 사진을 가방에 넣고, 비행기 티켓을 들고
일어서는데. 양씨에게서 전화 걸려오고.

수련   (얼른 받는) 양 집사님, 저예요. 무슨 일 있어요?
양씨(F)   사모님! 회장님이 아이들을 서재방으로 데려갔어요. 어떡해요!!

23.   **회상 2/헤라팰리스 분수대/시즌 1 20화 54신 (저녁)**
급하게 걸어오는 구둣발, 수련인데. 다급하게 엘리베이터로 뛰어가는
수련.

24.   **회상 3/헤라팰리스 엘리베이터 앞 (저녁)**
수련, 펜트하우스 전용 엘리베이터 문이 열리면. 급하게 올라타려는데.
캡모자를 쓴 누군가(애교), 그런 수련을 엘리베이터 안으로 확 밀치며,
같이 올라타고.
기겁한 수련의 입을 틀어막고, 재빨리 엘리베이터 닫힘 버튼을 누르는.

25.   **회상 4/펜트하우스 복도 일각 (저녁)**
수련을 끌고 아무도 없는 곳으로 데려가는 누군가.
모자를 벗으면, 수련과 똑같이 생긴 나애교고.

수련   (놀라서 보는) 나애교 씨?! 여긴 왜 왔어요? 주단태가 보면 어쩌려고!
(애들 걱정돼서 제정신 아니고) 나 빨리 가봐야 돼요. 우리 애들이 위험
하다고요!
애교   (포스 쩌는 목소리) 그래서 왔어. 내가 들어갈게. 펜트하우스!
수련   (정신없고) 장난해요, 지금? 전화로 다 말했잖아요! 애들이 서재에 갇혀
있다고... 주단태 그 인간이 우리 애들한테 무슨 짓을 할지 모른다고요!!
애교   (강한 어조) 그래서 내가 간다고! (수련의 손목을 세게 확 휘어잡고) 미친
개는 미친개가 상대해야 되니까!!

수련	비켜요!! 나 지금 그쪽이랑 얘기할 정신없어요!! 우리 애들한테 무슨 일이라도 생기면... (울컥해서) 내가 죽어요!! (애교를 밀치고 가려는데)
애교	(수련 뒤에 대고, 정색하고) 애들 한번 보고 싶어서 그래!!
수련	(순간 멈춰 서면)
애교	지금 떠나면 영영 한국엔 안 돌아올 거야. 주단태가 절대 찾지 못하는 곳으로 도망칠 거니까. 부탁해. 내가 가게 해줘... (진심의 표정인데)
수련	(흔들리는)

컷 되면. 수련과 애교, 옷을 갈아입고.
수련, 옷을 갈아입은 애교에게 자신의 구두를 신겨주고, 가방을 들려주는.

수련	조심해요. 들키지 않게. 워낙 의심이 많은 사람이니.
애교	(고개 끄덕하고, 가려면)
수련	잠깐만요! (자신의 가방에서 비행기 티켓 꺼내서 보여주며) 오늘 8시 미국행 비행기예요. 곧장 공항으로 가면 로건 리가 기다리고 있을 거예요. 그 사람과 같이 떠나요. 믿어도 되는 사람이니, 안전한 곳에서 당신을 보호해줄 거예요.
애교	(비행기 티켓을 내려다보고) 그럼, 당신은?
수련	(담담하면서도 분명하게) 난...... 애들 옆에 남아야죠. 우리 애들을 두고 나 혼자 떠날 순 없어요.
애교	(순간 눈가가 발개지는 애교. 파르르 떨리는 입술. 여러 감정을 담아서 수련을 보며) 고마웠어, 심수련! 당신이라는 여자로 살게 해줘서...... 혹시라도 내가 무슨 일이 생기면, 도망치라고 소리 지를게! 그럼, 뒤도 돌아보지 말고, 무조건 도망쳐! 우리 석훈이 석경이... 당신이 책임져야지. 당신이 걔들 진짜 엄만데!

애교, 확 돌아서서 펜트하우스 문으로 들어가는.

수련, 애교가 썼던 모자를 눌러쓰고 걱정스러운 표정으로 그런 애교를
보는.

26. 회상 5/펜트하우스 서재/시즌 1 20화 56신 (저녁)
      벌컥 문을 열고 들어서는 애교. 텅 비어있는 방.

애교 석경아!! 석훈아!!! 어딨어?!! (반지와 귀걸이가 없는 상태의 애교 모습)

      갑자기 불이 꺼지는. 애교 쪽으로 다가오는 검은 그림자.
      애교, 불길한 기운을 감지한 채 돌아보면. 반짝하는 칼의 단면. 그대로
      애교의 배를 찌르는데.

27. 회상 6/펜트하우스 복도 일각 (저녁)
      수련, 애교 옷을 입은 채 서성이면서 걱정하고 있는데. 누군가 걸어오
      는 소리 들리고. 놀라서 벽 쪽으로 숨으면. 윤희가 펜트하우스로 걸어
      가고 있고!
      수련, 이상한 느낌에 윤희를 잡으려고 하는데. 바로 이어서 장바구니
      를 들고 윤희를 쫓아 들어가는 양 집사의 모습이 보이는.
      뭔가 일이 잘못 됐다고 느끼는 수련!

28. 회상 7/펜트하우스 서재/시즌 1 21화 55신 (저녁)
      윤희, 쓰러진 애교를 붙잡고 오열하고 있는.

윤희 언니!! 안돼!! 죽지 마.... 죽으면 안돼!!!
애교 (허공으로 손을 저어서, 필사적으로 뭔가 얘기하려 하고)
윤희 (수련에게 얼굴 가까이에 댄 채, 눈물범벅 돼서 울며) 응? 뭐라고....? 안 들
      려... 모르겠어.... 아무것도 안 들려... 다시 말해봐...
애교 (힘겹게) 가.... (너무도 간절하게, 죽을힘 다해) 도망가.... 빨리.... (그렇게

윤희 품에서 숨이 끊어지고. 윤희에게 안기듯 툭— 떨궈지는 애교)

양씨   꺄악!!! (그 순간, 장바구니를 떨어뜨리며 비명 내지르는 양씨)

29.   **회상 8/헤라펠리스 분수대/시즌 1 20화 61신 연결 (저녁)**
          흰 천으로 덮인 채, 들것에 실려 나가는 수련.
          놀란 얼굴로 보고 있는 규진, 상아, 마리의 모습.

규진   펜트하우스에서 살인 사건이라니?! 어떻게 우리 헤팰에서 그런 일이
          다 있어?! 거짓말이지, 이거?!! (하얗게 질려있으면)
상아   (충격받은 얼굴로 들것을 보며) 정말... 수련 씨 맞아요?
마리   맞네. 저 손가락 좀 봐. 세상에! 이게 다 무슨 일이야?! (기겁하고)

          캡모자를 쓴 채, 들것에 실려 죽어나가는 애교를 보고 있는 수련!
          수련, 기겁하고! 믿을 수 없는데... 멍하니 들것을 따라 걸어가는데. 그
          때! 조 비서가 그 모습을 흘낏 보는.

조비   나애교?!!! (날카로운 눈빛)

30.   **회상 9/헤라펠리스 앞 (저녁)**
          캡 모자를 쓰고, 애교 옷을 입은 수련, 멍하니 헤라펠리스 밖으로 나오면.
          그때! 봉고차 한 대가 수련 앞에 끼익— 멈춰 서는.
          봉고차, 곧바로 출발하면. 수련의 모습 보이지 않고.
          바닥에 핸드폰 하나가 떨어져있는. 뒤따라오던 차에 깔려서 핸드폰 박
          살나는.

31.   **현재/통나무집 별장 거실 (밤)**
          죽어가던 애교를 떠올리니. 눈물이 주르륵 흐르는 수련.

수련	나도 고마웠어, 나애교! 당신의 죽음까지 내가 다 받아낼게. (다짐하는 수련의 표정)

32.   **헤라팰리스 외경(아침)**

33.   **펜트하우스 주방(아침)**

식사를 차리고 있는 서진. 단태, 석훈, 석경, 식사 중이고.
단태에게 다소곳하게 이것저것 챙겨주는 서진. 단태, 고분고분해진 서진의 달라진 모습에 만족한 표정인데.

단태	커피 좀 더! 커피향이 유난히 더 좋은데?
서진	(반항하지 않고, 커피 따라주면)
석경	(그런 단태가 역겹고) 적당히 좀 하세요. 천 쌤이 앞치마 두르고 저러고 있는 게 어울린다고 생각해요? 아줌마들 다시 불러요, 쫌!
서진	괜찮아. 혼자 할 수 있어!
석훈	(서진에게) 앞으로 전 집에서 밥 안 먹을 거니까, 내 껀 따로 차릴 필요 없어요! (일어서면)
단태	앉아! 내가 식사예절을 그따위로 가르쳤어?
석훈	아버지한텐 아무것도 배운 거 없는데요! (싸늘하게 확 나가버리면)
단태	이 자식이!! 주석훈!! 거기 서!!
석경	내 밥도 준비할 필요 없어요! 이참에 다이어트나 빡쎄게 하죠 뭐. (따라 일어나 나가는데)
단태	(자존심 구겨지고) 도대체 애들 마음도 못 잡고 뭐하고 있어?! 애들 입맛 하나 못 맞춰? 은별이한테 하듯이 성의를 다해야, 애들이 따를 거 아냐?!
서진	노력할게요. 평생 안 해봐서 그렇지, 손에 익으면 살림도 금방 늘 거예요.
단태	(의심스럽게 보며) 천하의 천서진께서 갑자기 왜 이렇게 유순해졌을까? 생각이 바뀐 이유는?

서진	은별이만 건드리지 않는다고 약속하면, 최대한 당신한테 협조할게요. 행복한 척하는 것쯤, 어렵지 않으니까! 은별이도 당신 허락 없인 안 만날게요.
단태	진심이야?
서진	로나 사건만, 하윤철로 마무리되도록 해줘요. 그럼, 당신이 원하는 대로 청아의료원까지 전부 다 넘길 테니까! (체념한 표정 짓는데)
단태	(만족스러운 미소) 한번 애써보지.
서진	(썩은 미소 짓고 보는) 고마워요.
단태	(승리의 기쁨을 느낀 듯 기뻐하며) 그래, 천서진! 그거야! 패배를 인정하니, 얼마나 아름다워. 당신 덕분에 기분 좋은 아침인데? (웃으며 나가면)
서진	(표정 확 굳어지고. E) 그래, 맘껏 비웃어! 어차피 죽어서 나가야 하는 곳이라면, 널 죽이고 나가줄 테니까!! (눈빛 매서운)

34.   헤라팰리스 분리수거 공간(아침)
서진과 윤희, 분리수거하면서 서로 은밀히 얘기 나누고 있는.

서진	(주위 둘러보며) 어떻게 돼가고 있어? 다른 증거는 찾았어?
윤희	쉽게 증거를 남길 사람이 아니잖아. 유효한 증거를 찾아내는 건 불가능해!
서진	그럼 어떡해?!! 주단태만 이 사건에서 빠져나간다는 거야? 그자가 주범일지도 모른다고!!
윤희	(보는) 천서진! 내가 하라는 대로 할 수 있어?
서진	(마지막 희망을 잡는 듯, 간절하게) 주단태만 죽일 수 있다면!
윤희	주단태가 아주 큰 실수를 한 거 같네. 주위에 이렇게 많은 적을 둔 걸 보니. (의미심장한 표정이고) 디데이는 5월 19일이야. 앞으로, 열흘 남았어.
서진	5월 19일...? (긴장하는)

35. 펜트하우스 앞(낮)

　　서진, 분리수거 바구니 들고 걸어오면. 분홍이 문 앞에 기다리고 있고.
　　정장남들, 얼른 두 사람 사이를 가로막는데.

서진　　　비켜! 내 짐 갖다 주러 온 거야!

정장남들　(비켜서면)

분홍　　　(짐 가방을 건네주고)

서진　　　(짐 가방 안을 확인하는 척하며, 나직이) 은별이는 좀 어때요?

분홍　　　제가 잘 챙기고 있으니 걱정 마세요.

서진　　　(안도하고) 당분간은 집에 못 갈 거 같아요. 엄마 아빠도 없이, 혼자 많
　　　　　이 힘들 거예요. 진 선생이 한시도 은별이 곁에서 떠나지 말고... (목 메
　　　　　이는) 무슨 일 있음 꼭 연락 줘요.

분홍　　　은별이는 제 딸이나 마찬가진걸요? 은별이도 누구보다 절 잘 따르고
　　　　　요. 요즘은 밥도 잘 먹고, 잠도 잘 자고, 오히려 엄마랑 있을 때보다 맘의
　　　　　안정을 찾은 거 같아요.

서진　　　(순간 뒤틀리고) 진 선생! 그게 말이 돼요?!

분홍　　　오해하지 마세요. 잘 지낸다는 얘기예요. 또 필요한 거 있으면, 언제든
　　　　　말씀하세요. 가볼게요. (돌아서서 가는데. 입가에 번지는 미소)

서진　　　(분홍의 뒷모습을 보는. 뭔가 불길한 예감이 들고)

36. 규진 국회의원 사무실(낮)

　　불안한 듯 손톱을 뜯어가며 다리를 달달 떨고 있는 규진.
　　그때, 급하게 들어서는 보좌관.

규진　　　(거의 달려들 듯 벌떡 일어서며) 알아봤어? 뭐래? 아 빨리 좀 말해!

보좌관　　국토부 쪽에서 은밀하게 빼온 정봅니다. 천수지구 개발이 극비리에 진
　　　　　행되고 있는 게 맞는 거 같습니다.

규진　　　(흥분해서) 어어... 언제? 언제래, 그게?!

보좌관 빠르면, 이번 주 안에 개발 발표가 난답니다!!

규진 뭐어? 이번 주? 그렇게 빨리?! (미치겠고) 주단태, 그 얍삽한 놈은 어떤 루트에 줄을 댔어?

보좌관 정두만 대표와 오래전부터 친분이 있는 거 같습니다.

규진 정 대표?!! 그쪽이면 완전 실센데! 아니, 나도 만나기 힘든 당 대표랑 뭔 커넥션이 있길래? (멈칫하는 규진)

37.   펜트하우스 서재 (낮)
      조 비서, 단태에게 007 가방을 건네는.

조비 정두만 대표께서, 정중히 거절하시겠다고... "다신 이런 일 하지 말라고 경고한다고 전해!!"라고 하셨습니다.

단태 정 대표가?! (가방을 열면, 골드바가 차곡차곡 쌓여있고) 이 정도가 성에 안 찬다는 거야, 뭐야? 설마, 나랑 손절하겠다는 뜻? (기분 구린데)

      그때, 문이 벌컥 열리고. 규진이 들어서고.

단태 (놀라서 얼른 가방 닫아서, 책상 아래 숨기며 불쾌한 내색) 이 의원! 예의 좀 차려요! 약속도 없이 남의 집 방문은 왜 벌컥벌컥!! 나 지금 바빠요!

규진 (막아서며) 왜요? 또 천수지구 땅 사러 가게?

단태 (멈칫. 조 비서한테 나가라는 눈짓하고) 내가 무슨 땅을 사요? 있는 건물 도 죄다 팔아서, 꼴랑 집 한 칸 있는데, 모함하지 좀 마요.

규진 건물 팔아서 천수지구에 몰빵했겠지?! 그렇게 싹 다 사들이고도 아직 도 배가 고픈 거야? 대리인 시켜서 27번지까지 500억에 먹었잖아.

단태 (귀 파면서 듣기 싫다는 표시하며) 그럼, 이 의원이 더 비싸게 채갔어야 지. 돈 있는 놈이 돈 버는 건, 당연한 이치 아닌가?

규진 와... 규진이 너무 섭섭하다. 우리가 알고 지낸 세월이 얼마고, 같이한 프로젝트가 몇 갠데, 이렇게 안면몰수냐. 혼자만 그 좋은 건수를 독점

하시겠다? 우리 헤라클럽의 의리는 쌈 싸드셨나 봐요? (하다가 나직이) 이번 주에 개발 발표 난다면서요?

단태 (멈칫) 어디서 들었어요?

규진 나, 강남 정 국회의원 이규진이야. 그 정도 정보력도 없을까 봐? (사정하듯, 진심 담아) 나한테 알짜배기 몇 개만 넘겨요! 내가 최고가로 쳐줄 테니까!

단태 나도 너무 그러고 싶은데, 자중자애하셔야죠, 이 의원님! 부동산 투기 근절에 단식투쟁까지 벌이던 의원님이 땅 투기에 침을 질질 흘리고 계신 걸 국민들이 알면, 배신감이 너무 크지 않겠어요?! 금배지, 이제 필요 없나?

규진 (기막히고. 덥석 단태 멱살을 쥐는) 이 자식이!! 사적으로 한 얘기를, 공적으로 공격해?! 너 아니면, 내가 그깟 땅 못 살까 봐?

단태 (확 밀쳐내고, 반격하며) 그깟 땅?! 그럼 니가 가서 주워오든가. 왜 나한테 아쉬운 소릴 해?!!

규진 좋아! 끝까지 가보자고! 나도 이렇게 된 거, 최대한 공격적으로다가 사들일 테니까!! 후회하지 마, 이 돈벌레 자식아!! (호언장담하고 나서면)

단태 (비웃는) 얼빠진 놈! 그런 일은 없을 거다. 이틀 후면 발표거든! 이미 게임 셋이야! (의기양양한데)

38. 천수지구 황금부동산(낮)
    황 사장 책상 위에 쏟아내는 귀금속과 통장들.
    규진모(왕미자), 규진과 상아, 황 사장한테 빌다시피 작전 펴고 있는.

규진 (거의 울 듯이) 우리 아들 돌반지까지 끌어온 거예요. 남은 천수지구 땅들 좀 죄다 내놔 봐요! 생기다 만 것도 괜찮다니까. 쓰레기장이라도 있을 거 아냐? 안 그럼 여기! 영업정지 시킬 수도 있어요! (으름장 놓으면)

황사장 몇 번을 말씀드려요? 보여드릴 땅이 진짜 없다니까요.

미자 그러니까 이렇게 부탁하는 거 아냐? 땅주인들 좀 구워삶아보라니까,

　　　　　황 사장!

상아　　(찌르고) 황 사장이 뭐예요, 어머님. 황 선생님이요!

미자　　됐고! 나 압구정 빨간바지야! 뽕밭 사들여서 15층 아파트 올린 입지전
　　　　　적인 인물이 나라고! 내가 손댄 강남 땅 중에 실패한 게 없어!

상아　　우리 어머님, 이 바닥에서 손 큰 거 알 만한 사람은 다 알아요. 좋은 물건
　　　　　빼주시면, 우리가 꼭 보답할게요. 중개수수료 따따블로 드린다니까요.

황 사장　(난감해하다가) 아 진짜 미치겠네. (하다가) 이거, 진짜 딴 데는 절대 말
　　　　　씀하시면 안돼요. 의원님한테만 특별히 해주는 거니까...

미자　　뭔데? 뭔데? (호들갑 떨면)

황 사장　여기가 최고급 스포츠센터가 들어설 땅인데... (불러 모으듯, 손짓하는)

　　　　　왕미자, 상아, 규진, 황 사장한테 바짝 붙어서 얘기 듣는. 컷 되면.
　　　　　마리, 급하게 부동산으로 뛰어 들어오고. 황 사장이 맞는.

황 사장　누구 본 사람 없었죠? (주위 살피면)

마리　　걱정 붙들어 매요. 아무한테도 말 안 하고 뒷문으로 들어왔으니까. 그
　　　　　래서, 나왔다는 매물은 어딘데요?

황 사장　백화점이 들어설 완전 꿀자리죠. 이런 매물 절대 못 구해요.

마리　　그 사람은 왜 내놓는데? 이 좋은 땅을?!

황 사장　무리하게 사채를 땡겼다가 남편한테 딱 들켰대요.

마리　　어머!! 정마알?! 안됐다아~ 이래서 부자는 하늘이 내리는 거라고. (입
　　　　　가에 미소 번지고) 내가 다 살게. 전부 다아!!! 오케이?!! (가방에서 턱하
　　　　　니 현금다발을 꺼내 내놓는. 컷 되면)

미자　　(미자로 바뀌어있고. 현금 내놓으며) 현금 가져왔으니까, 당장 계약서에
　　　　　도장 찍어!! (컷 되면)

두기　　(두기로 바뀌어있고. 머리 쓸어 올리며) 여기 좋은 땅 있다면서요?! (단태
　　　　　에게 받은 골드바 열어서 보여주는) 이거, 진짜 순금 백프로 골드바예요.
　　　　　여기, 보증서도 있어요. (컷 되면)

514

두기까지 인사를 하고 내보내는 황 사장. 한숨 쉬고 파티션 옆쪽으로 가면.

차를 마시며 앉아있는 애교가 보이고.

황사장 (현금 가방을 애교 앞에 내려놓으며) 문제없이 계약 마쳤습니다. 그것도 최고가로!

애교 고생하셨어요. (통 크게 지폐 다발을 꺼내 황 사장에게 건네며) 남은 땅들도 저 사람들한테 다 팔아주세요. 내 명의로 된 건 전부 다! 최대한 비밀리에! 계약금과 잔금은 반드시 현금으로 받으시고요! (거침이 없는데)

39. **경찰서 유치장(밤)**

구석 한쪽에서 넋이 나간 사람처럼 앉아있는 윤철, 윤희의 말을 떠올리고 있는.

40. **회상/10화 36신/유치장 접견실(낮)**

윤철 지금 무슨 말을 하는 거야, 너?!!

윤희 미리 말 못 해서 미안해. 그래도 너무 다행이지 뭐니. 우리 로나가 아무것도 모르고 떠나서. 자길 죽인 사람이 친아빠라는 걸 알았으면, 얼마나 가슴이 찢어졌을까.

윤철 (의자를 걷어차며 일어서고) 오윤희!! 너 왜 이래?!!

윤희 마지막으로 부탁이 있어. 우리 로나한테 진심으로 한 번은 미안하다고 해줘. 아님, 한 번도 자식 대접 못 받고 떠난 우리 로나가 너무 불쌍하거든. 그 정도는 해줄 수 있지?

41. **현재/경찰서 유치장(밤)**

부정하는 윤철, 지옥으로 떨어진 듯 너무도 괴로운 얼굴이고.

윤철 아니야... 아닐 거야. 그럴 리 없어!! (미친 사람처럼) 내가 내 딸을 어떻

게 못 알아봐? 다 거짓말이야!! (맨주먹으로 벽을 치며 발악하는데)

같이 갇혀있던 문신남들, 인상 쓰며 일어나 앉고.

문신남1 (덮고 있던 도포를 휙 차버리고) 아씨, 조용히 좀 합시다! 미친 거야, 뭐야?

문신남2 좋은 말할 때 닥쳐, 이 새끼야!!

윤철 (갑자기 문신남2 멱살을 잡더니, 주먹 날리고) 너나 닥쳐!! (선빵 날리면)

문신남1 (눈 돌아가고) 이 자식이 죽고 싶어 환장했나?!

윤철 그래!! 죽여!! 죽고 싶어 미치겠다!!

갑자기 유치장 사람들, 몰려와서 윤철을 패기 시작하는데.
윤철, 반항하지 않고, 그들의 발길질과 주먹을 받아들이는데. 순식간
에 만신창이로 터지고.
경찰들, 문 열고 들어와 뜯어 말리는데. 눈이고 입이고 피 터져서 퉁퉁
부어오른 윤철, 오히려 시원한 느낌 들고. 조소가 터져 나오는.

윤철 죽여!! 죽이라고!!! 왜 못 죽여!! 죽이라니까!! (울부짖는 윤철)

42. **헤라팰리스마리 집 거실(이틀 후 낮)**
마리, 초조한 듯 두 손 쪼물딱거리며 TV를 주시하고 있는데. 긴장해서
침 삼키는 소리만 들리고.
그때! 그 옆으로 슬쩍 엉덩이를 들이밀고 앉는 사람, 규진과 상아다!

마리 (규진과 상아 보면 기막혀서) 그 집엔 TV 없어?! 왜 남의 집에 와서 이래?!

상아 가슴 떨려서 우리끼린 못 보겠는 걸 어째요. 오늘이, 그날이죠?

규진 그러지 말고 천수지구끼리 합체합시다! 그쪽도 오윤희한테 까인 마당
에 컴백해야지. 놀던 물로!

상아 오윤희한테 정 다 떨어졌죠? 이젠, 급이 다른 노블레스끼리 베프 먹어

야죠. 그런 의미로 좀 낍시다. (능청스럽게 배시시 웃는데)

마리 내가 오윤희한테 까이든 말든! 니들이 뭔 상관이야? 내 자식 피눈물 쏟게 한 인간들이랑 내가 말 섞으며 살 거 같애?! 니들 꼴 보기 싫어서 헤 펠 뜨려는 거야! 왜 자꾸 따라다니는데?! 이런 우라질! (쿠션 들어서 내 던지려는데)

규진 아, 조용히 좀 해요! 뉴스 시작하잖아! 소리 좀 올려봐.

마리 (멈칫, TV 쪽으로 고개 돌리는)

상아 (얼른 리모컨으로 소리 높이는데)

모두의 눈이 몰리면. 뉴스 시작하고.

앵커(E) 국내 최대 규모의 개발호재가 터졌습니다! 방금 전, 천수지구 뉴타운 계획이 전격적으로 발표됐습니다. 직접 국토부장관의 발표 내용 들어 보시죠!

규진과 상아, 마리, 잠시 멍해졌다가 벌떡 일어나 소리치기 시작하는. 만세!! 만세!! 난리 났고.
상아와 마리, 규진, 언제 싸웠냐는 듯이 기뻐하며 얼싸안고 환호하는데.
컷 되면. 미자까지 합세했고. 규진, 샴페인을 터트리고. 샴페인으로 뒤 집어쓴 채 날뛰는 사람들.
미자, 마리, 상아, 합이 척척 맞아서, 기쁨에 군무 댄스를 추며 포효하는.

43. 펜트하우스 거실(낮)
단태도 뉴스를 만족스러운 얼굴로 보고 있는.

단태 천수지구의 70프로라... 모든 게 완벽해졌어!

주단태 빌리지 모형을 꺼내서 보는데. 생각난 듯 애교에게 전화하면.

신호음 울려도 전화 받지 않는.

단태, 이상하다 싶은데. 그때! 거실로 들어서는 윤희.

단태 (얼른 모형을 숨기고) 무슨 일이죠? 우린 이제 볼 일이 없는 걸로 아는데.

윤희 볼일이 좀 있을 텐데요. 살다 보니, 주 회장님이 저를 도와줄 때도 다 있네요.

단태 무슨 말이 하고 싶어서 이러실까... 모처럼 기분 좋은 날인데, 언짢아지고 싶지 않네요. 말할 사람이 없어서 많이 심심한 모양인데, 주방에 친구 있으니 만나보든지. (돌아서면)

윤희 이번 천수지구 개발은 주 회장님도 몰랐던 모양이에요. 발표를 하루 앞두고, 계약을 해지하신 걸 보면.

단태 (멈칫) 계약을 해지하다니?!

윤희 모르셨어요? 어젯밤에 갑자기 나애교 씨가 계약을 해지하겠다는 연락이 왔어요. 엄청 탐내던 물건인데, 왜 마음이 바뀐 건지 궁금해서 왔는데...

단태 (놀라서) 그게 무슨 말 같지도 않은 소리야?!!!

윤희 급하게 돈 쓸 일이 있다고 하던데요? 하도 급해 보여서 따로 위약금은 받지 않았는데, 오히려 잘된 일이 됐네요. 이렇게 갑자기 개발호재가 터져줬으니!

단태 내 허락 없이 누가 계약을 해지해?! 난 그런 적 없어!! (버럭 하면)

윤희 (계약해지서 보여주고) 그럼, 나애교 씨가 회장님을 속인 건가요? 나애교 씨를 많이 믿은 모양이네요. 당신의 전부를 걸 만큼! 회장님답지 않게 말이죠!

단태 (계약해지서 보고) 말도 안 돼... (부들부들 떨리고. 정신없이 애교에게 다시 전화하는데. "전화를 받을 수 없어 음성사서함으로..." 멘트 나오고. 무섭게 굳어지는) 내 돈! 감히 내 돈을 갖고 튀어?! 죽여버릴 거야, 나애교!! 당장 찾아내!! (뛰쳐나가면)

주방에서 모습 드러내는 서진, 윤희와 눈빛 주고받는.

44.   헤라팰리스 주차장(낮)
        다급하게 뛰어가는 단태, 불안감이 엄습해오는데.
        조 비서, 차 문 열어주는.

단태   위치 추적했어?

조비   천수지구 부동산 사무실에 있는 걸로 확인됐습니다. 경호원들에게 붙
        잡아 두라고 지시해놨습니다.

단태   출발해!! 빨리!! (소리치면)

        단태의 차, 빠른 속도로 주차장을 빠져나가고.

45.   천수지구 황금 부동산(낮)
        단태와 조 비서, 들이닥치면. 경호원들이 붙잡고 있는 애교!
        황 사장, 어쩔 줄 몰라 하며 바들바들 떨면서, 계약서들을 단태에게 보
        여주면.
        단태, 계약서들을 하나씩 확인하다가 하얗게 질리고!

단태   이게... 무슨 짓이야? 니가 내 땅들을, 허락 없이 팔아 치워?!!

애교   (당당하게 쏘아붙이는) 그게 왜 당신 땅이야? 내 명의로 됐으면, 내 땅
        이지!

단태   (애교의 뺨을 후려치고) 이제야 본색을 드러내는 건가? 2년 전부터 날
        배신하려고 한 거 맞지? (멱살을 잡아끌고) 미쳤어, 너?!! 왜 이런 짓을
        해? 왜!! 난 끝까지 널 믿었는데....

애교   (고개 꼿꼿이 쳐들고) 심수련 그림자로 산 세월에 대한 보상은 받아야지!
        당신만 믿고 있다가 어떻게 될 줄 알고? 나도 내 살길, 찾은 거뿐이야!

단태   (흥분해서) 돈 어쨌어!! 내 돈 어쨌냐고?!! 당장 내놔!! (멱살 흔들며 난

리 치면)

| 애교 | (약 올리듯) 병신! 내가 말해줄 거 같아?! |
| 단태 | (애교의 머리를 낚아채며) 이년이!! (그대로 끌고 나가는데) |

부동산의 CCTV에 다 찍히고 있고.

46. 천수지구 황금 부동산 앞(낮)
소태, 애교를 강제로 차에 밀어 넣으려는데.

단태	타!! 얼른!! 얼굴 망가지고 싶지 않으면!
애교	(단태의 손을 물어버리면)
단태	으악!!
애교	(그 틈에 단태를 밀어내고, 있는 힘껏 도망치면)
단태	잡아!! 저년 잡아!!

애교, 죽을힘 다해 뛰고. 그러다 조 비서와 경호원들에게 잡힐 순간에!
오토바이가 달려와 위협적으로 조 비서와 경호원들을 물리치고.
헬멧을 올리고 얼굴 드러내면. 로건이다.

로건	빨리요!! (소리치면)
애교	(잠시 망설이다, 어쩔 수 없이 오토바이 뒤에 올라타는데. 그대로 출발하고)
조비	저것들 잡아!! 놓치면 안 돼!! (명령하면)
경호원들	(차에 올라타, 황급히 뒤쫓기 시작하는데)
단태	(물린 손을 보며. 끔찍한 악몽에 사로잡힌 듯) 나애교!! 니가 날 배신해?!!
	가만 안 둘 거야!! 절대로!!! (믿기지 않는 듯 분노하는)

47. 도로 일각(낮)
오토바이와 조 비서의 차, 추격전을 벌이고 있는.

그러다 구석진 골목으로 갑자기 핸들 틀어서 꺾는 오토바이. 못 보고
그대로 지나가는 조 비서의 차량.
로건의 오토바이, 한쪽에 멈춰 서고.

로건   (헬멧을 벗고, 걱정스럽게 애교를 보며) 괜찮아요? (단태한테 맞아서 부은
얼굴을 만져보는데)

애교   (로건의 손 뿌리치고) 왜 왔어요?! 그러다 잡히면 어쩌려고? 안 그래도
당신 죽이려고 혈안이 돼있는데!!

로건   상관없어!! 죽어도 당신 옆에 있을 거야!! 아무리 밀어내도, 나 안 가!!

애교   (못 참고) 진짜 왜 이래요? 나 때문에 잘못되면 어쩌려고?!! 나애교도
나 대신 죽었는데....!! (울컥해서 눈물 쏟아지면)

로건   (안쓰러운 듯 애교의 눈물 닦아주며) 난 다른 거 하나도 관심 없어요. 당
신 지키는 거 말고는! 당신이 하려는 복수, 계획대로 해요.

애교   (더는 밀어내지 못하고, 눈물 흘리며 로건을 보는. 교감하는 두 사람....)

48.   **경찰서 앞/검찰 차량(낮)**
양쪽에 경찰들에게 붙잡혀 나오는 윤철.
경찰서 앞에 검찰 송치 차량이 세워져있고. 기자들 깔려있는. 윤철에
게 플래시 세례 쏟아지는데.

기자1   (마이크 들이밀며 질문 쏟아내는) 배로나 양을 살해한 의도가 뭡니까?

기자2   친딸의 라이벌을 의도적으로 살해한 겁니까? 친딸의 부탁이 있었나요?

기자1   양부로서 양심의 가책 안 느낍니까? 피해자한테 할 말 없습니까?!

윤철, 기자들한테 쓸려서 이리저리 휘청대는데.
그러다 멈칫하는. 한쪽에 서서 윤철을 보고 있는 은별과 눈 마주치는.
은별, 겁먹은 듯 윤철을 보고 다가서지도 못하고 울고 있으면.

윤철	(멈춰 서서 그런 은별을 바라보다가, 은별에게 따뜻하게 웃어주는. 입 모양으로) 아빠 괜찮아, 은별아....
은별	(무슨 말인지 알아듣고. 갑자기 울음이 터지는) 아빠!! 아빠!!!

은별, 오열하면서 윤철을 따라가는데. 몰려드는 기자들과 성난 시민들에게 밀쳐지고.
경찰들, 윤철을 검찰 차량에 밀어 넣고. 기자들 몰려오면. 그대로 출발하는.
검찰 차량 안의 윤철, 부들부들 떨면서 죽을힘 다해 울음 참아내는데.
떠나는 차를 보며 오열하는 은별, 미친 듯 차량을 따라 뛰어가다가 넘어지고.
은별, 괴로움에 미칠 거 같은데.

은별	아빠!!! 아빠아아!! 우리 아빠 죄 없어!! 다 내가 그런 거야!! 날 잡아가!! 내가 죽였다고!! (그러다. 검찰 차량이 멀어지면. 무작정 경찰서로 뛰어 들어가는데)
분홍	(그런 은별을 붙잡는) 하은별!! 바보 같은 짓 하지 마!!
은별	(돌아보는. 정신 멍해서) 쌤!! 가서 말할래요. 내가 그랬다고!! 내가 로나 죽인 거라고!!
분홍	(은별의 뺨을 후려치는) 정신 차려!! 누구 맘대로 그런 짓을 해?
은별	(놀라서 보면) 쌤....
분홍	(예전과 다르게 매서운 눈빛) 경거망동하지 마!! 이제부터 넌, 내 말에 따라야 해!! 내 허락 없인 아무것도 할 수 없어. (그러다 다시 따뜻한 미소로 은별을 안고) 가야지, 우리 착한 애기.... (토닥이며 차 쪽으로 데려가면)
은별	(멍해진 채로, 순순히 분홍을 따라가는 은별)

49. 로나 병실(저녁)
로나, 잠들어있으면. 그런 로나를 지키고 있는 석훈.

522

주머니에서 뭔가를 꺼내 침대 맡에 두면. 초코우유다. 안타까운 듯, 로
나의 손을 꼭 잡아주는 석훈이고.
그때, 석훈의 핸드폰 울리면. 받는 석훈.

석훈   네, 저예요. (뭔가 비장한 각오로) 오늘 밤이요? 준비하고 기다릴게요.
(긴장한 표정이고)

50.   펜트하우스 서재(저녁)
단태, 조 비서의 보고를 받고 있는.

조비   별장엔 돌아오지 않았습니다.
단태   그럼 거길 다시 기어들어 갔겠어? 멍청한 놈!! 공항은?
조비   애들이 지키고 있습니다!
단태   절대 놓치면 안돼!! 그땐, 진짜 너, 내 손에 죽어!! (살기 어린 표정인데)

그때, 서진이 술상을 봐서 들고 오고. 조 비서, 아웃하면.

단태   왜 이렇게 굼떠? 술 가져오라고 한 게 언젠데!
서진   누굴 그렇게 찾는 거예요? 나애교라는 사람이, 누구예요?
단태   (멈칫) 알 거 없어! (술을 따라서, 벌컥벌컥 단숨에 마셔버리면)
서진   취하겠어요. 천천히 마셔요.
단태   신경 거슬리게 하지 말고 나가!! (연거푸 술잔을 채워서 단숨에 비우고.
다시 애교에게 전화하는데. 받지 않는) 으악!!! (열 받아 전화기를 던져버
리고)

단태, 불안한 듯 떨리는 손으로 아예 술병째 들고 마시는데. 취기가 올
라오는 듯 비틀하고.
서진, 나가려다 그런 단태를 돌아보는. 의미심장한 눈빛!!

51.   파크원 호텔 스위트룸(밤)
        초조하게 창밖을 보고 있는 애교. 그 옆으로 로건이 다가서고.

로건   이미 별장이랑 공항 쪽은 주단태 쪽 사람들이 깔려있어요.
애교   각오했던 일이에요! (그때, 핸드폰의 문자음 울리고. 긴장해서 보면. 단태고)
단태(E) 10시까지 창고로 돈 가지고 와. 죽기 싫으면!
애교   (매서워지는 눈빛) 때가 됐네요!! (결심한 듯, 겉옷을 입고 나가려면)
로건   (그런 애교를 다급히 붙잡는. 너무도 걱정스러운 표정이고)
애교   (희미하게 웃어 보이는) 다 잘될 거예요. 걱정 마요. (로건을 안심시키는데)

52.   창고 앞(깊은 밤)
        어둠이 짙게 깔린 창고 앞. 방금까지 비가 왔던 듯 질퍽한 길.
        가로등도 없는 어두컴컴한 창고 앞에 멈춰 서는 택시 한 대. 택시에서
        내리는 사람, 애교고.
        애교, 주변을 둘러보다가, 창고 쪽으로 걸어가는데.
        그때! 천천히 애교 뒤로 다가오는 검은 차량. 위태롭게 속도를 내면.
        애교, 점점 걸음 빨라지고. 그러다 겁에 질린 듯 뒤를 돌아보는 순간!
        차의 헤드라이트가 켜지면서 쏜살같이 애교를 향해 덮치는 차!! 애교
        의 핸드백이 공중으로 날아서, 바닥에 떨어지는데.
        한 치 앞도 안 보이는 시꺼먼 어둠 속에서 애교의 신음하는 목소리 들
        리는.

애교(E) 주단태가... 날 죽이려고 해요. 여기가... 여기가... (소리 끊어지고. 신고받
        은 경찰관이 "여보세요", "여보세요" 부르는 소리 들려오면)

        검은 비옷을 입고, 검은 장갑을 낀 누군가가 애교의 핸드폰을 뺏어서
        꺼버리는.

컷 되면. 검은 차량의 트렁크가 열리고. 검은 장갑을 낀 남자의 뒷모습이 보이는.

남자, 트렁크에 커다란 골프 항공백을 싣는데.

남자, 곧바로 차 운전석에 올라타고. 출발하는 검은 차량. 음주운전인 듯 차선을 넘나들며 거칠게 운전해 달리는.

53.　서울 외각 화장터 일각/단태의 차 안(깊은 밤)

비가 갠 질척한 땅에 멈춰 서는 검은 차량.

차에서 내리는 비옷을 입은 남자, 검은 장갑을 낀 손으로 돈 봉투를 건네면. 말없이 돈 봉투를 받아드는 화장터 백발 노인(70세가 넘은).

비옷 남자, 주차된 차의 트렁크를 열고, 골프 항공백을 꺼내는데.

묵직한 무게가 느껴지는 골프 항공백을 끌고 화장터로 들어가는 비옷 남자와 화장터 노인의 뒷모습.

54.　화장터 안(깊은 밤)

화로의 불꽃이 거세게 일렁이고.

비옷 남자, 항공백을 화장터 화로에 밀어넣으면. 불에 타들어가는 항공백.

55.　몽타주(펜트하우스 현관/거실/서재)(새벽)

진흙이 잔뜩 묻은 구두를 신은 채 현관으로 들어서는 누군가의 발.

현관에 마구 찍히는 진흙들....

구두를 신은 채로 거실로 뚜벅뚜벅 들어오고. 벽난로로 다가와 멈춰 서는 발.

비옷과 장갑, 신발을 벽난로에 던지고 돌아서는데.

컷 되면. 서재로 들어와 벽난로로 다가서는 사람, 서진이고.

서진, 벽난로의 타들어가는 불꽃을 바라보는 묘한 시선!

56.   외곽병원 로나 입원실(새벽)
       모두가 잠든 새벽.
       침대의 고정 장치를 푸는 손, 석훈이고.
       석훈, 링거액을 침대 봉에 매달고, 로나가 잠든 침대를 밀고 빠르게 병
       실을 빠져나가는.

57.   외곽병원 앞(새벽)
       사람들의 눈을 피해, 이동침대를 밀고 정신없이 어딘가로 뛰어가는 석
       훈의 모습.
       이불로 온몸을 꽁꽁 싸고 있는 로나의 잠든 모습이 보이고.

58.   헤라펠리스 전경(다음 날 아침)

59.   펜트하우스 침실(아침)
       침대에서 눈을 뜨는 단태, 일어나다가 머리가 깨질 듯한 두통을 느끼
       는데.

60.   펜트하우스 거실(아침)
       단태, 침실에서 나오면. 서진이 다가서고.

서진   속 괜찮아요?
단태   (기억 더듬으며) 어제 어떻게 된 거야?
서진   너무 급하게 마셔서 빨리 취한 모양이에요. 해장국 좀 끓일까요?
단태   됐어. 머리가 깨질 거 같아. 왜 아무것도 기억이 안 나지? 그 정도로 많
       이 마시진 않았는데... (하다가) 내 핸드폰 어뒀어? 방에 없던데.
서진   못 봤는데요. 전화해볼까요?

       그때, 딩동딩동! 초인종 울리고! 비디오폰을 보면. 낯선 남자들이 보

526

이는.

서진, 현관문을 열면. 들이닥치는 경찰들!

형사	(단태 앞으로 다가서고) 주단태 씨 되시죠?
단태	(어리둥절한) 그런데요.
형사	당신을 살해 및 사체유기 혐의로 체포합니다! (수갑을 채우면)
단태	(기막힌) 지금 무슨 소릴 하는 겁니까?!! 내가 누굴 죽였다고?!! 당신들 미쳤어?
형사	나애교 씨가 어젯밤 사망했습니다. 일단, 서까지 가시죠.
단태	(굳어지는) 나애교가... 죽어?!! (경찰들 손에 끌려가는데)
서진	(놀란 듯 따라가고) 단태 씨! 무슨 일이에요?! 당신이 사람을 죽이다니!! 아니죠?!! 말 좀 해봐요!! (다급히 형사 붙들고) 저 사람은 벌레 한 마리도 못 죽이는 맘 약한 사람이에요. 뭔가 잘못된 거예요!!
형사	어젯밤, 주단태 씨가 어디 있었는지 확인해주실 수 있습니까?
단태	(다급하게 서진에게) 당신이 알잖아!! 어젯밤에 난, 일찍 들어와서 잠만 잔 거!! 어서 사실대로 말해!!
서진	각방을 써서 확실한 건 잘 모르겠습니다. 술을 마시고 많이 흥분한 상태였다는 것 외엔... 계속 누군가를 찾는 전화를 하고 있었어요.
형사	그게 누굽니까?!
서진	나애교라고, 했습니다!!
단태	(기함하고) 미친!! 당신 돌았어?!! (수갑 찬 손을 휘두르며) 이거 놔!! 난 절대 그 여자를 죽이지 않았어!! 증거를 대!! 그러지 않곤, 한 발짝도 못 움직여!! 당장 조 비서 불러!! 최 변호사 데려와!!

그때, 증거품을 찾던 경찰이 뛰어오고.

경찰	벽난로에서 뭔가 나왔습니다.
형사	(보면)

경찰	타다 만 비옷과 장갑입니다.
형사	증거품으로 수거해!
단태	(당황해서) 난 아냐! 아니라고!! 난 그런 거 본 적도 없어!!
서진	(놀란 듯, 증거품들을 보며) 아침에 현관에 진흙 묻은 발자국이 찍혀있어서 이상하게는 생각했어요. (단태 보며) 정말 당신이 그 여자를 죽인 거예요?! 애들 친엄마라는 사람을?!!
단태	뭐어? 당신이.. 나애교를 알아?!! (기함하는데)

경찰들, 현관과 거실에 선명하게 찍혀있는 족적들과 진흙들을 카메라로 찍고 있고. 긴박하게 돌아가는 상황들.
단태, 순간 멍해지고. 뭔가 함정에 빠졌다는 걸 느끼는데.

| 형사 | 연행해!! |

단태, 황망한 듯이 경찰들에게 끌려가면.
서진, 표정 확 바뀌며, 끌려가는 단태의 모습을 서늘한 눈으로 보는!

61.   경찰서 조사실(낮)

김 반장, 단태에게 증거 영상들을 보여주는.
창고 앞 CCTV 화면/ 창고 쪽으로 걸어가는 애교에게로 달려드는 단태의 차량. 항공백을 트렁크에 싣는 비옷 입은 남자의 뒷모습.
화장터 CCTV 화면/ 화장터로 들어서는 단태의 차량. 항공백을 트렁크에서 내리는 비옷 남자의 뒷모습.

| 반장 | 창고 앞과 화장터에서 주단태 씨 차가 선명히 찍혔습니다. 피해자를 차로 밀어서 죽이고, 화장터로 싣고 가 태워버린 거 맞죠? 이미 화장터 주인도 당신한테 돈을 받고 익명으로 사용하게 해줬다고, 다 증언했어요! |

단태	(기막힌. 황당해 책상을 내리치고) 난 절대 그런 적 없다고요!! 미치겠네, 진짜! (애써 흥분 가라앉히며) 어젯밤에 난, 분명히 술을 마시고, 침실에서 잠이 들었어요!! 밖에 나간 적도 없는데, 누굴 죽였다는 거예요?!! 못 믿겠으면, 천서진, 내 와이프한테 물어보면 될 거 아니에요?!!
형사	천서진 씨도 확인해줄 수 없다고 하던데요?
단태	뭐어?! (열 받고) 그 여자가 거짓말을 하는 거야!! 난 결백해!! 당신들, 지금 실수하는 거야!! 말도 안 되는 조작에 속고 있다고!! 난 맹세코 창고를 간 적도, 화장터를 간 적도 없어!! 절대 그 시간에 거기 있지 않았어!! 못 믿겠으면, 헤펠 CCTV를 확인해보면 될 거 아냐? 내가 밤에 나간 기록이 있는지!! (당당한데)

62. 펜트하우스 거실(낮)

서진, 조사받고 있는.

형사	현관에서 진흙 묻은 발자국을 발견한 게 몇 시였습니까?
서진	신문을 가지러 가다가 봤으니까, 아마 새벽 6시쯤 됐을 거예요.
형사	(갸웃하고) 그럼 밤에 외출한 게 틀림없는데... 이상한 건, 헤라펠리스 CCTV에는 남편이 저녁 8시 이후론 나간 흔적이 없다는 겁니다. 혹시, 다른 출구가 있나요?
서진	(당황한 표정 지으면)
형사	살인 사건입니다. 확실히 말씀해주셔야 합니다.
서진	그게... (망설이는 표정이고)

63. 펜트하우스 서재/비밀 공간(낮)

서진, 형사들에게 비밀 공간을 보여주는.
형사들, 안으로 들어가면. 폭행도구들이 섬뜩하게 걸려있고.

형사	이렇게 밀폐된 공간에서 뭘 하는 거죠?

서진	(괴로운 표정 지으며) 아이들을 체벌하는 공간입니다. 저도 결혼한 지 얼마 안 돼서, 최근에야 알았습니다.
형사	(기막힌 듯 보고) 찍어! (경찰들, 체벌도구들을 찍는데)
서진	(사슴 머리를 내리면. 엘리베이터 공간이 나오고) 헤라팰리스 분수대를 거치지 않고, 밖으로 나갈 수 있는 엘리베이터예요.
형사	그럼, 어젯밤 이 엘리베이터를 이용했을 수도 있겠네요. (경찰에게) 반장님한테 연락해! 비밀통로를 찾았다고!! 중요한 단서를 숨겨뒀을지 모르니까, 전부 수색해!!
경찰	(뭔가를 찾아내고) 여기, 뭔가 있습니다. (들고 오는) 유골함입니다!
형사	유골함?!!
서진	세상에, 말도 안 돼!! (소스라치게 놀라는 표정 지으면)
형사	당장 국과수로 보내. 유골이면 DNA 남아있는지 확인해! 서둘러! (긴박하게 경찰들 움직이고, 증거사진 찍고, 분주한데)
서진	(싸늘하게 그 모습을 지켜보고 있는 서진)

64. 경찰서 조사실(낮)

억울해 죽는 단태에게, 수사 상황을 통보하는 김 반장.

반장	펜트하우스 서재 안에서 유골이 발견됐다고 하네요.
단태	유골? 무슨 개뼈다귀 같은 소리야! 유골이 내 집에서 왜 나와?!
반장	나애교를 죽이겠다고 했다면서요. 증인이 있어요.
단태	증인이라니! 집에서 잠만 잤다는데, 누가 뭘 봤다는 거야?!
윤희(E)	제가 증인입니다!
단태	(고개 돌려보면, 윤희가 서있고. 멈칫) 오윤희....!!!
윤희	나애교를 죽이라는 말, 제가 들었거든요. 똑똑히!!
단태	(버럭) 무슨 개소리야?!!
윤희	어제 오후쯤, 펜트하우스에서 주 회장을 만났는데, 나애교 씨한테 몹시 화가 나있었습니다. 눈빛이 너무 섬뜩해서, 혹시 몰라 녹음해뒀는데...

(핸드폰 녹음을 틀면, 성난 단태의 목소리 들리는)

단태(E) 내 돈! 감히 내 돈을 갖고 튀어?! 죽여버릴 거야, 나애교!!

형사 (날카롭게 단태를 보는) 범행 동기도 명확하고, 모든 정황이 당신을 가리키고 있는데, 그래도 발뺌하겠습니까, 주단태 씨?!

윤희, 단태를 또렷하게 보고 있으면. 덫에 빠졌다는 걸 느낀 단태, 비틀하고!

65. 통나무 별장(낮)
경찰들, 별장으로 들이닥치는.

형사 샅샅이 뒤져!!

경찰들, 증거품을 체크하며 여기저기 뒤지기 시작하는데.
그때, "아악!!" 어디선가 여자의 비명 소리 들리고.
경찰들, 놀라서 소리 나는 쪽으로 시선 향하면. 바닥에 작은 문이 보이고.

경찰 이쪽입니다! (경찰들 몰려오고)

형사 열어!!

경찰 (펜치로 손잡이를 내리쳐서 문을 여는데)

어두운 지하방이 보이고. 경찰들, 플래시 불빛을 비추며 안으로 들어가면.
여자의 흐느낌 소리 점점 가까워지고. 뭔가를 발견하고 기겁하는 경찰들.

형사 뭐야?!! (놀라서 불빛을 비추면)

구석에 웅크린 채, 불빛을 손으로 가리고 있는 여자가 보이고.
오랜 시간 갇혀있었던 듯, 너무도 초췌한 얼굴인데.

여자   (공허한 눈빛) 잘못했어요! 살려주세요. 제발 죽이지 마세요. (두 손으로 싹싹 빌면)

형사   안심하세요. 저희는 경찰입니다! (다가서고)

여자   경찰? ...

여자, 천천히 고개를 드는데. 머리를 길게 늘어뜨리고, 화장기 없는 수련이고!

수련   (나오지 않는 목소리를 간신히 쥐어짜듯) 제 이름은... 심수련입니다. 주단태가 절 여기다 가뒀어요. 오늘이... 며칠인가요?

눈이 부신 듯 희미하게 눈을 뜬 채, 처연하게 자신의 신분을 밝히는 완벽한 수련 모습에서 엔딩!!

12화

돌아온 사람, 사라진 사람

1.　　　11화 엔딩 연결/통나무 별장 거실/지하실(낮)
　　　　경찰들, 별장으로 들이닥치는.

형사　　샅샅이 뒤져!!

　　　　경찰들, 증거품을 체크하며 여기저기 뒤지기 시작하는데. 벽 한쪽에
　　　　단태와 서진의 결혼사진이 크게 걸려있는.

형사　　누구야, 이게? 천서진 아냐?!

　　　　그때, "아악!!" 어디선가 여자의 비명 소리 들리고.
　　　　경찰들, 놀라서 소리 나는 쪽으로 시선 향하면. 바닥에 작은 문이 보
　　　　이고.

경찰　　이쪽입니다! (경찰들 몰려오고)
형사　　열어!!
경찰　　(펜치로 손잡이를 내리쳐서 문을 여는데)

　　　　어두운 지하방이 보이고. 경찰들, 플래시 불빛을 비추며 안으로 들어
　　　　가면.
　　　　여자의 흐느낌 소리 점점 가까워지고. 뭔가를 발견하고 기겁하는 경
　　　　찰들.

형사　　뭐야?!! (놀라서 불빛을 비추면)

　　　　구석에 웅크린 채, 불빛을 손으로 가리고 있는 여자가 보이고.
　　　　오랜 시간 갇혀있었던 듯, 너무도 초췌한 얼굴인데.

534

여자	(공허한 눈빛) 잘못했어요! 살려주세요. 제발 죽이지 마세요. (두 손으로 싹싹 빌면)
형사	안심하세요. 저희는 경찰입니다! (다가서고)
여자	경찰? ...

여자, 천천히 고개를 드는데. 머리를 길게 늘어뜨리고, 화장기 없는 수련이고!

수련	(나오지 않는 목소리를 간신히 쥐어짜듯) 제 이름은... 심수련입니다. 주단태가 절 여기다 가뒀어요. 오늘이... 며칠인가요?

눈이 부신 듯 희미하게 눈을 뜬 채, 처연하게 자신의 신분을 밝히는 완벽한 수련의 모습. 그리고 아무도 모르게 입가에 띤 수련의 미소. 시간은 리와인드되면서, 며칠 전으로 돌아가는데.

2. 사건의 재구성 1/11화 18신 연결/천수지구 황금부동산(낮)
애교, 윤희에게 공조를 제안하는.

애교	(툭 던지듯) 오윤희! 미친 척하고 나 한번 믿어볼래? 주단태를 한 방에 끝낼 좋은 계획이 있는데.
윤희	(멈칫해서 돌아보면) 지금, 뭐라 그랬어?
애교	(매섭게 윤희 보며) 주단태한테 복수하고 싶다며? 넌, 니가 하고 싶은 거 해! 난, 주단태 돈을 챙길 테니까. 대신, 내 존재는 누구한테도 발설해선 안돼! 어때? 콜? (야릇하게 웃으면)
윤희	(황당한 표정이고) 일없어! 나도 당신 안 믿어!
애교	(가방에서, 비닐에 든 뭔가를 꺼내서 내미는데) 이걸 담보로 하면?!
윤희	(받아서 보면. 은별이 보석목걸이고. 화들짝 놀라는) 이건!!!
애교	니 딸 니가 지켜. 엄마는, 무슨 짓을 해서든 자식을 지켜야 하니까... 때

론, 자식을 위해 악해지기도 하는 게 엄마니까... (야릇한 표정 지으며, 일어나고) 이 일을 위해서는 천서진도 필요해. 생각이 바뀌면 연락해. (눈빛 빛나고 나가는데)

윤희 (순간 멍해지는. 그제야 애교의 모습이 수련으로 보이고. 머리를 둔기로 맞은 듯 몸을 움직일 수도 없는데)

3. **사건의 재구성 2/11화 43신 연결/펜트하우스 거실(낮)**
    단태, 윤희한테 충격적인 소식을 듣고 흥분하는.

단태 (멈칫) 계약을 해지하다니?!

윤희 모르셨어요? 어젯밤에 갑자기 나애교 씨가 계약을 해지하겠다는 연락이 왔어요. 엄청 탐내던 물건인데, 왜 마음이 바뀐 건지 궁금해서 왔는데...

단태 (놀라서) 그게 무슨 말 같지도 않은 소리야?!!!

윤희 급하게 돈 쓸 일이 있다고 하던데요? 하도 급해 보여서 따로 위약금은 받지 않았는데, 오히려 잘된 일이 됐네요. 이렇게 갑자기 개발호재가 터져줬으니!

단태 내 허락 없이 누가 계약을 해지해?! 난 그런 적 없어!! (버럭 하면)

윤희 (계약해지서 보여주고) 그럼, 나애교 씨가 회장님을 속인 건가요? 나애교 씨를 많이 믿은 모양이네요. 당신의 전부를 걸 만큼! 회장님답지 않게 말이죠!

단태 (계약해지서 보고) 말도 안 돼... (부들부들 떨리고. 정신없이 애교에게 다시 전화하는데. "전화를 받을 수 없어 음성 사서함으로..." 멘트 나오고. 무섭게 굳어지는) 내 돈! 감히 내 돈을 갖고 튀어?! 죽여버릴 거야, 나애교!! 당장 찾아내!! (뛰쳐나가면)

주방에서 모습 드러내는 서진, 윤희와 눈빛 주고받고.

서진	(윤희에게 다가가) 주단태를 정말 없앨 수 있는 거야?!
윤희	내가 시키는 대로만 하면! 우린 이제부터, 주단태의 죄를 하나씩 하나씩, 만들게 될 거야. (비장한 눈빛으로 서진을 보며) 도와줄게, 천서진! 니 딸과 하윤철이 누명 벗을 수 있게! 이번 일에 잘 협조하면, 주단태한테서 은별이 목걸이를 가져올 수 있어.
서진	정말이야? (조급해지고) 뭘 어떻게 하면 되는데.
윤희	오늘 밤, 사람 하나가 죽을 거야!
서진	(놀라) 그게 누군데?!
윤희	나애교!
서진	나애교라면... 석경이 친엄마?!!
윤희	알고 있었구나?
서진	본 적은 없어! 주단태가 천수지구 대리인으로 은밀하게 만나고 있다는 것 외엔. 그 여자가 지금, 주단태 돈을 갖고 튄 거야?
윤희	그런 셈이지!
서진	그 여자를 왜 죽이려는 건데?! 나더러 살인 사건에 가담하라는 거야?!
윤희	(의미심장하게) 처음도 아니잖아?! 주단태를 도와서 수련 언니 죽인 거, 너 아니었어? 벌써 잊었나?
서진	(아무 말 못 하면)
윤희	이제, 받은 대로 돌려줘야지! 내가 당한 그대로! (매서운 표정) 내키지 않으면 안 해도 돼. 평생 주단태 손아귀에서 괴롭게 살고 싶으면! (돌아서려면)
서진	(이 악물고) 할게!! 뭐든 해!! 대신, 약속 꼭 지켜야돼! 은별이 목걸이 넘기기로 한 거!
윤희	걱정 마. 약속은 꼭 지킬 거니까!!

4. 사건의 재구성 3/11화 45신/천수지구 황금 부동산 (낮)

단태와 조 비서, 들이닥치면. 경호원들이 붙잡고 있는 애교!

황 사장, 어쩔 줄 몰라 하며 바들바들 떨면서, 계약서들을 단태에게 보여주면.
단태, 계약서들을 하나씩 확인하다가 하얗게 질리고!

단태　이게... 무슨 짓이야? 니가 내 땅들을, 허락 없이 팔아 치워?!!

애교　(당당하게 쏘아붙이는) 그게 왜 당신 땅이야? 내 명의로 됐으면, 내 땅이지!

단태　(애교의 뺨을 후려치고) 이제야 본색을 드러내는 건가? 2년 전부터 날 배신하려고 한 거 맞지? (멱살을 잡아끌고) 미쳤어, 너?!! 왜 이런 짓을 해? 왜!! 난 끝까지 널 믿었는데....

애교　(고개 꼿꼿이 쳐들고) 심수련 그림자로 산 세월에 대한 보상은 받아야지! 당신만 믿고 있다가 어떻게 될 줄 알고? 나도 내 살길, 찾은 거뿐이야!

단태　(흥분해서) 돈 어쨌어!! 내 돈 어쨌냐고?!! 당장 내놔!! (멱살 흔들며 난리 치면)

애교　(약 올리듯) 병신! 내가 말해줄 거 같아?!

단태　(애교의 머리를 낚아채며) 이년이!! (그대로 끌고 나가는데)

부동산의 CCTV에 다 찍히고 있고.

5.　　사건의 재구성 4/파크원 호텔(저녁)
　　　애교와 로건, 마주 서있는.

애교　나애교가 죽는 시간은 오늘 밤, 10시예요! 그전에, 우리가 계획한 모든 걸 끝내야 해요!

로건　(비장하게 고개 끄덕하고)

6.　　사건 재구성 5/펜트하우스 저녁(밤)
　　　단태의 술상을 차리고 있는 서진, 술병에 몰래 수면제를 털어 넣는.
　　　서진, 수면제 가루를 넣은 술병을, 긴 막대로 휘휘 젓는데.

〈자막〉 나애교 사망 한 시간 전. 21:00:00. 초 넘어가고.

7.   사건 재구성 6/11화 50신 연결/펜트하우스 서재(밤)
       그때, 서진이 술상을 봐서 들고 오고.

단태   왜 이렇게 굼떠? 술 가져오라고 한 게 언젠데!

서진   누굴 그렇게 찾는 거예요? 나애교라는 사람이, 누구예요?

단태   (멈칫) 알 거 없어! (술을 따라서, 벌컥벌컥 단숨에 마셔버리면)

서진   취하겠어요. 천천히 마셔요.

단태   신경 거슬리게 하지 말고 나가!! (연거푸 술잔을 채워서 단숨에 비우고. 다시 애교에게 전화하는데. 받지 않는) 으악!!! (열 받아 전화기를 던져버리고)

       단태, 불안한 듯 떨리는 손으로 아예 술병째 들고 마시는데. 취기가 올라오는 듯 비틀하고.
       서진, 나가려다 그런 단태를 돌아보는. 의미심장한 눈빛!!
       단태, 이내 소파에 쓰러져서 잠이 드는데, 확실히 잠든 건지 체크하는 서진.
       서진, 단태의 핸드폰을 주워 지문 인식으로 잠금을 푼 뒤, 애교에게 문자를 보내는. "10시까지 창고로 돈 가지고 와. 죽기 싫으면!" 문자를 찍는.
       기민하게 움직이는 서진, 단태의 옷과 구두, 차 키를 챙기고. 윤희에게 전화 거는.

서진   주단태, 잠들었어. 지금 내려갈게. (비밀 공간으로 들어가는데)

8.   사건 재구성 7/헤라펠리스 주차장 일각/단태의 차 안(밤)
       서진, 비밀 공간의 출구를 통해 내려오면. 그 앞에 서있는 사람, 윤희고.

서진, 단태의 차 키와 단태의 가방을 건네는데.

서진 가방 안에 주단태 신발과 옷 넣어놨어.

윤희 (받고) 주단태 움직임, 수시로 보고해. 깨어날지 모르니.

서진 완전 곯아떨어졌어. 방망이로 때려도 못 일어날 거야! (윤희, 돌아서려
면. 다급하게 서진을 붙잡고) 꼭 성공해야 돼! 은별이와 내 목숨이 달린
일이야! 믿어도 되겠지, 오윤희?!

윤희 (대답 안 하고. 운전석에 올라타는. 차 블랙박스 카드를 빼버리고 운전해 달
리는 윤희)

9. **사건 재구성 8/한강 둔치 일각(밤)**
대기하고 있는 로건의 앞으로 와서 멎는 단태의 차.
차에서 내리는 사람, 윤희고.
윤희, 로건에게 단태의 옷이 든 가방과 차 키를 건네주는.

윤희 나애교는요?

로건 이미 창고로 출발했어요.

로건, 가방에서 단태의 옷을 꺼내 갈아입고, 단태의 신발을 신고, 마스
크로 최대한 얼굴을 가리는.
급하게 단태 차의 운전석에 올라타는 로건.
윤희, 긴장한 채 떠나는 단태의 차를 유심히 보는데.

〈자막〉 나애교 사망 30분 전 21:30:00. 초 넘어가고.

10. **사건의 재구성 9/11화 52신 연결/창고 앞(밤)**
〈자막〉 나애교 사망 1분 전. 21:59:00. 초 넘어가고.
어둠이 짙게 깔린 창고 앞. 방금까지 비가 왔던 듯 질퍽한 길.

창고 앞에 멈춰 서는 택시 한 대. 택시에서 내리는 사람, 애교고.

애교, 주변을 둘러보다가, 창고 쪽으로 걸어가는데.

그때! 천천히 애교 뒤로 다가오는 검은 차량. 위태롭게 속도를 내면.

애교, 점점 걸음 빨라지고. 그러다 겁에 질린 듯 뒤를 돌아보는 순간!

차의 헤드라이트가 켜지면서 쏜살같이 애교를 향해 덮치는 차!! 애교
의 핸드백이 공중으로 날아서, 바닥에 떨어지는데.

한 치 앞도 안 보이는 시꺼먼 어둠 속에 엎드려있는, 애교의 신음하는
목소리 들리고.

차에서 내리는 사람, 단태의 모습을 한 로건이고! (모자에, 비옷을 입고,
마스크까지 낀 모습)

애교, 그런 로건과 눈빛 주고받은 다음, 핸드폰으로 112에 신고해서
연기하는.

애교(E)   주단태가... 날 죽이려고 해요. 여기가... 여기가... (소리 끊어지고. 신고 받
은 경찰관이 "여보세요" "여보세요" 부르는 소리 들려오면)

〈자막〉 나애교 사망 시각. 22:00:00. 초 멈춰 서는.

검은 비옷을 입고, 검은 장갑을 낀 로건, 움직임이 없이 쓰러져있는 애
교의 핸드폰을 뺏어서 꺼버리는. 그 모습을 찍고 있는 CCTV 카메라.
로건, CCTV가 없는 사각지대 쪽으로 애교를 잡아끌고.

로건   (걱정스럽게 살피며) 다친 데 없어요?

애교   괜찮아요. (힘겹게 몸 일으키면)

로건   (와락 수련을 안아주며) 아무 일 없어야 해요. 손끝 하나 머리털 하나도
다치지 않게 조심해요. 또 내 앞에서 사라지면, 그땐 정말 용서하지 않
을 거예요. (그때, 홍 비서가 다가서면, 수련을 품에서 풀어주고) 별장까지
잘 부탁해.

애교	아 참, 이거. 주단태가 나애교한테 준 반지예요. 증거품이 될 거예요. (반지를 빼서 로건에게 건네고. 홍 비서의 차에 올라타고 사라지는데)

로건, 단태 차 트렁크를 열고, 커다란 골프 항공백을 싣는데. 항공백에, 타기 쉬운 옷가지들을 마구 쑤셔 넣는.
로건, 단태의 차에 올라타고. 애교한테 받은 반지를 차 뒷좌석에 던지고. 음주운전인 듯 차선을 넘나들며 거칠게 운전해 달리는데.

11.　사건 재구성 10/11화 53신 연결/서울 외각 화장터 일각(깊은밤)
차에서 내려 돈 봉투를 건네는 로건.

로건	화로 한 칸만 빌립시다. (돈 봉투를 건네면)

말없이 돈 봉투를 받아드는 화장터 백발 노인(70세가 넘은)
뒷모습이 CCTV에 찍히게, 트렁크에서 골프 항공백을 꺼내는 로건.

12.　사건 재구성 11/11화 54신/화장터 안(깊은밤)
화로의 불꽃이 거세게 일렁이고. 항공백을 화장터 화로에 밀어넣으면. 불에 타들어가는 항공백을 보고 있는 로건.

13.　사건 재구성 12/헤라팰리스 주차장(새벽)
윤희, 보자기를 소중한 듯 가슴에 품은 채 초조하게 누군가를 기다리고 있으면. 단태의 차가 도착하고. 로건이 차에서 내리는.
로건, 재빠르게 비옷과 장갑, 구두를 벗어서 윤희에게 건네고.

로건	나머지도 잘 부탁해요!
윤희	로건도 조심해요!

윤희, 옷가지와 보자기를 들고 급히 사라지는.

14.   **사건 재구성 13/펜트하우스 서재 비밀 공간(새벽)**
       비밀 공간의 엘리베이터 문이 열리면. 윤희, 엘리베이터에서 내리고.
       보자기를 조심스럽게 비밀 공간 한쪽에 내려놓고 푸는데. 보자기 안에
       들어있는 건, 유골함이고. 윤희, 유골함을 비밀 공간 깊숙한 곳에 숨
       기면.
       그때, 비밀 공간으로 들어서는 사람, 서진이다. 서진과 윤희, 눈 마주
       치는.

15.   **사건 재구성 14/펜트하우스 현관/거실/서재(새벽)**
       진흙이 잔뜩 묻은 구두를 신은 채 현관으로 들어서는 발.
       현관에 마구 찍히는 진흙들.... 카메라, 신발부터 위로 올라가면. 서진
       이고.
       서진, 단태의 구두를 신은 채로 서재로 뚜벅뚜벅 들어와 벽난로 앞에
       멈춰 서는.
       비옷과 장갑, 신발을 벗어 벽난로에 던지고, 돌아서는 서진! 그 앞에 윤
       희가 지켜보며 서있고!
       윤희와 서진, 아무것도 모른 채 평화롭게 잠들어있는 단태를 보는.

16.   **사건 재구성 15/펜트하우스 침실(새벽)**
       서진과 윤희, 잠이 든 단태를 부축해 침대에 내던지는데.

윤희   주단태 핸드폰은?

서진   (윤희에게 단태의 핸드폰을 건네면)

윤희   (조 비서에게 문자를 보내는. "당장 애들 데리고 창고로 와" 문자를 찍은 다
           음, 핸드폰 전원 꺼서 침대 밑으로 밀어 넣어버리는데. 잠든 단태를 보며) 넌
           이제 끝났어, 주단태! (급히 돌아서려면)

서진	(윤희를 다급히 붙들고) 상황 설명은 해줘야지. 정말 나애교가 죽었어? 너 혼자 처리했을 리는 없고, 니 뒤에 누가 있지? 설마, 로건 리야?!
윤희	(의미심장한 표정) 내일이 되면 다 알게 될 거야. 넌, 마무리나 잘해!
서진	니가 시키는 대로 다 했잖아!! 이제 약속 지켜!! 어딨어, 우리 은별이 목걸이!!
윤희	주단태의 판교 별장에 있어. (열쇠를 꺼내 건네며) 거기 서랍 열쇠야. 정확한 위치는 나도 몰라. 뭐해? 빨리 가지 않고! 주단태가 깨기 전에 반드시 돌아와야 해! 늦어도 6시까지는. 아침이 되면, 경찰이 거기도 뒤질 거니까!!
서진	(윤희에게서 다급히 열쇠를 낚아채는)

17. **사건 재구성 16/통나무집 별장(새벽)**
조 비서와 정장남들, 빠르게 차에 올라타고 별장을 빠져나가면.
재빨리 모습을 드러내는 사람, 수련이고.

18. **사건 재구성 17/11화 57신 연결/외곽병원 앞(새벽)**
사람들의 눈을 피해, 이동침대를 밀고 정신없이 어딘가로 뛰어가는 석훈의 모습.
이불로 온몸을 꽁꽁 싸고 있는 로나의 모습이 보이고.
그때, 커다란 밴이 달려와 멈춰 서고.
조수석에 내리는 로건, 급히 석훈에게 다가서는데.

로건	오랜만이다, 주석훈! 인사는 차차 하도록 하자. (홍 비서에게 눈짓하면)
홍비	(민첩하게, 이동 침대를 밴에 싣는데)
로건	로나는 나한테 맡기고, 넌 빠져!
석훈	(로건을 붙잡고) 아뇨! 나도 같이 갈래요. 내 눈으로 직접 보기 전엔, 어른들 아무도 못 믿어요!! (말릴 새도 없이, 막무가내로 밴에 올라타는 석훈)
로건	주석훈!! (하다가, 어쩔 수 없는데)

19.　　사건 재구성 18/통나무 별장 앞(새벽)
　　　　수련, 긴장한 채 시계를 보며 누군가를 기다리고 있는데.
　　　　그때, 다가오는 밴. 조수석에서 내리는 사람, 로건이고.
　　　　이어서 밴에서 내리는 석훈.

석훈　　(수련에게 다가오는) 엄마!!
수련　　(말없이 고개만 끄덕이면)
석훈　　로나... 아무 일 없겠죠?
수련　　엄마 믿지? 엄마가 로나 지켜줄게. 석경이는?
석훈　　스터디룸에 있으라고 했어요.
수련　　잘했어. 곧 경찰이 닥칠 테니, 오늘은 집에 안 들어가는 게 좋을 거야.
　　　　(다급히 로건에게) 석훈이 데리고 어서 가요! 여기서부턴 내가 할 일이
　　　　에요! (로나 쪽으로 돌아서려면)
석훈　　엄마가 무슨 일은 하든, 난 엄마 편이에요.
수련　　(멈칫, 그런 석훈과 눈 마주치고) 고마워. 믿어줘서.

20.　　사건 재구성 19/통나무 별장 거실(새벽)
　　　　로나를 부축해서 소파에 앉히는 수련.

로나　　(둘러보며) 여긴... 어디예요?
수련　　지금부터 아줌마가 좀 어려운 부탁을 할 거야. 너한테 몹쓸 짓을 한 사
　　　　람들을 벌하려고 해.
로나　　그렇게 하면, 저도 아줌마도, 다시 예전으로 돌아갈 수 있어요?
수련　　(고개 끄덕이면)
로나　　(결심한 듯) 뭐든 할게요. 아줌마와 설아한테 진 빚, 갚고 싶어요!

　　　　수련, 바닥에 깔린 카펫을 돌돌 말면. 열쇠가 달린 문이 보이고.
　　　　열쇠를 열어 문을 여는데. 비밀 공간이 나오는. 놀라는 로나 표정.

컷 되고. 수련과 로나, 지하 비밀 공간으로 들어가면.
이어서 들어오는 윤희, 손에 서진과 단태의 결혼사진들이 들려있고.
빠른 손놀림으로 사진 액자들을 벽에 걸거나 장식장 위에 올려놓는데.

로건(E)   판교 별장으로 가서, 사진을 세팅하고, 지하실 문을 잠가요!

윤희, 생각난 듯, 비밀 공간의 자물쇠를 잠그는.

21.   **사건 재구성 20/통나무 별장 앞**(새벽)
서진의 차, 별장 앞에 멈춰 서고. 모자를 깊이 눌러쓰고 별장으로 들어서는 서진.
벽 쪽에 숨어있던 윤희, 서진을 피해서 사라지고.

22.   **사건 재구성 21/통나무 별장 거실**(새벽)
서진, 다급하게 거실로 들어서면. 텅 비어있는 별장 안.
서진, 열쇠를 꺼내 이리저리 맞는 곳을 찾아보지만, 죄다 맞지 않고.

서진   (열 받은) 대체 어딨다는 거야?!!

그때, 핸드폰 알람이 울리고. 기겁해서 보면 아침 6신데. 미치겠고. 목걸이가 들어있는 서랍을 찾을 수가 없는데. 결국, 망설이다가 그대로 거실을 뛰쳐나오는 서진.
그 뒤로, 테이블 위에 놓여있는 사진 액자들 보이는데. 단태와 서진이 같이 찍은 사진이고.

23.   **사건 재구성 22/펜트하우스 침실**(아침)
침대에서 눈을 뜨는 단태, 일어나다가 머리가 깨질 듯한 두통을 느끼는데.

24.   사건 재구성 23/펜트하우스 거실(아침)
        단태, 침실에서 나오면. 서진이 다가서고.

서진   (태연하게) 속 괜찮아?

단태   (기억 더듬으며) 어제 어떻게 된 거야?

서진   너무 급하게 마셔서 빨리 취한 모양이야. 해장국 좀 끓일까?

단태   됐어. 머리가 깨질 거 같아. 왜 아무것도 기억이 안 나지? 그 정도로 많
        이 마시진 않았는데... (하다가) 내 핸드폰 어딨어? 방에 없던데.

서진   못 봤는데. 전화해볼까?

        그때, 딩동딩동! 초인종 울리고! 비디오폰을 보면. 낯선 남자들이 보
        이는.
        서진, 현관문을 열면. 들이닥치는 경찰들!

형사   (단태 앞으로 다가서고) 주단태 씨 되시죠?

단태   (어리둥절) 그런데요.

형사   당신을 살해 및 사체유기 혐의로 체포합니다! (수갑을 채우면)

단태   (기막힌) 지금 무슨 소릴 하는 겁니까?!! 내가 누굴 죽였다고?!! 당신들
        미쳤어?

형사   나애교 씨가 어젯밤 사망했습니다. 일단, 서까지 가시죠.

단태   (굳어지는) 나애교가... 죽어?!! (경찰들 손에 끌려가는데)

서진   (놀란 듯 따라가고) 단태 씨! 무슨 일이에요?! 당신이 사람을 죽이다니!!
        아니죠?!! 말 좀 해봐요!! (다급히 형사 붙들고) 저 사람은 벌레 한 마리
        도 못 죽이는 맘 약한 사람이에요. 뭔가 잘못된 거예요!!

형사   어젯밤, 주단태 씨가 어디 있었는지 확인해주실 수 있습니까?

단태   (다급하게 서진에게) 당신이 알잖아!! 어젯밤에 난, 일찍 들어와서 잠만
        잔 거!! 어서 사실대로 말해!!

서진   (단태 외면한 채) 각방을 써서 확실한 건 잘 모르겠습니다. 술을 마시고

많이 흥분한 상태였다는 것 외엔.. 계속 누군가를 찾는 전화를 하고 있었어요.

형사   그게 누굽니까?!

서진   나애교라고, 했습니다!!

단태   (기함하고) 미친!! 당신 돌았어?!! (수갑 찬 손을 휘두르며) 이거 놔!! 난 절대 그 여자를 죽이지 않았어!! 증거를 대!! 그러지 않곤, 한 발짝도 못 움직여!! 당장 조 비서 불러!! 최 변호사 데려와!!

그때, 증거품을 찾던 경찰이 뛰어오고.

경찰   벽난로에서 뭔가 나왔습니다. 타다 만 비옷과 장갑입니다.

형사   증거품으로 수거해!

단태   (당황해서) 난 아냐! 아니라고!! 난 그런 거 본 적도 없어!!

서진   (놀란 듯, 증거품들을 보며) 아침에 현관에 진흙 묻은 발자국이 찍혀있어서 이상하게는 생각했어요. (단태 보며) 정말 당신이 그 여자를 죽인 거예요?! 애들 친엄마라는 사람을?!!

단태   (놀라고) 당신이.. 나애교를 어떻게 알아?!!

경찰들, 현관과 거실에 선명하게 찍혀있는 족적들과 진흙들을 카메라로 찍고 있고. 사방으로 흩어져 증거품 찾느라 분주한. 긴박하게 돌아가는 상황들.

형사   연행해!!

단태, 황망한 듯 경찰들에게 끌려가면.
서진, 표정 확 바뀌며, 끌려가는 단태의 모습을 서늘한 눈으로 보는!

25.　　사건 재구성 24/펜트하우스 앞 복도(아침)
　　　　단태, 연행돼 나오는데. 누군가 그를 지켜보고 있는 매서운 눈빛.
　　　　돌아보면. 선글라스를 낀 로건이고!!

로건　　(단태에게 썩소를 지으며, 손을 들어 보이면)
단태　　(놀라) 저 자식이 왜 저깄어!! 너, 뭐하는 거야?!! 잠깐만 서봐!! 잠깐
　　　　만!!
로건　　It's Payback. (유유히 사라지는데)

26.　　사건 재구성 25/헤라팰리스 주차장/단태의 차 안(낮)
　　　　과학수사대 옷을 입은 사람들이, 단태의 차 안을 정밀검사 중이고.
　　　　내비게이션 목적지를 확인하면.

경찰1　　창고 주소와 화장터 주소가 찍혀있습니다.
형사　　블랙박스는?
경찰2　　카드가 없습니다! 고의로 빼고 운행한 거 같습니다.
경찰1　　(반지 하나를 집어 들고) 여기, 반지가 나왔습니다!
형사　　수거해. 족적도 전부 다 채취하고!

　　　　경찰들, 증거품들을 비닐봉지에 담는.

27.　　사건 재구성 26/경찰서 앞(낮)
　　　　기자들 몰려있고. 치열하게 취재 경쟁 중인.
　　　　그 틈에 보이는 김 기자, 긴박하게 속보를 내보내고 있는.

김기자　　방금 청아그룹 주단태 회장이 살해 혐의로 긴급 체포됐습니다. 피해자
　　　　인 나모 씨는 주단태 회장의 쌍둥이 자녀들의 친모로 밝혀졌으며, 주단
　　　　태 회장과는 사업 파트너이자 오랜 내연 관계인 걸로 알려져 충격을 주

고 있습니다.

28.   사건 재구성 27/화장터 경비실(낮)
       긴박하게 진행되는 수사. 형사, 화장터의 CCTV를 체크 중인.

형사   (CCTV로, 화장터로 들어서는 차량 번호를 확인하고) 3548.

경찰1   주단태 차량이 맞습니다.

경찰2   (타다 만 증거품을 들고 들어오는) 화장터 화로에서 이런 게 발견됐습니다. 골프 항공백 커버 같은데요. 주단태의 골프백과 같은 브랜듭니다.

노인   (눈만 끔뻑거리며 서있으면)

형사   (주단태의 사진을 보여주며) 어젯밤에 온 사람, 이 사람 맞습니까?

노인   (말없이 고개만 끄덕이는)

29.   사건 재구성 28/천수지구 황금부동산(낮)
       정신없는 듯, 형사에게 진술하는 황 사장.

황사장   어제 돈 때문에 회장님이 많이 빡치신 거 같더라고요. 허락 없이 땅을 팔아넘겼다고요. 아주 그냥 여자를 죽일 듯이 패더라니까요. 여기 CCTV에 다 찍혔습니다. (형사에게 USB를 건네주는. 컷 되고)

30.   사건의 재구성 29/펜트하우스 서재/비밀 공간(낮)
       서진, 형사들에게 비밀 공간을 보여주는.

서진   (사슴 머리를 내리면. 엘리베이터 공간이 나오고) 헤라팰리스 분수대를 거치지 않고, 밖으로 나갈 수 있는 엘리베이터예요.

형사   그럼, 어젯밤 이 엘리베이터를 이용했을 수도 있겠네요. (경찰에게) 반장님한테 연락해! 비밀 통로를 찾았다고!!

경찰   (뭔가를 찾아내고) 여기, 뭔가 있습니다. (들고 오는) 유골함입니다!

형사	유골함?!!
서진	세상에, 말도 안돼!! (소스라치게 놀라는 표정 지으면)
형사	당장 국과수로 보내. 유골이면 DNA 남아있는지 확인해! 서둘러! (서진에게) 남편의 핸드폰은 어딨습니까?
서진	그건 잘 모르겠는데요. 워낙 자기 물건을 만지는 걸 싫어해서요.
형사	(뒤지고 있는 경찰들에게) 핸드폰부터 찾아! 침실이고 서재고 전부 다 뒤져!
경찰들	(바쁘게 움직이는데)
서진	(경찰들 시선 피해서 윤희에게 전화하는데. 받지 않는. 이상하다 싶은데)

31. 사건 재구성 30/경찰서 단태 조사실(낮)
억울해 죽는 단태에게, 수사 상황을 통보하는 김 반장.

반장	펜트하우스 서재 안에서 유골이 발견됐다고 하네요.
단태	유골? 무슨 개뼈다귀 같은 소리야! 유골이 내 집에서 왜 나와?!
반장	나애교를 죽이겠다고 했다면서요. 증인이 있어요.
단태	증인이라니! 집에서 잠만 잤다는데, 누가 뭘 봤다는 거야?!
윤희(E)	제가 증인입니다!
단태	(고개 돌려보면, 윤희가 서있고. 멈칫) 오윤희....!!!
윤희	나애교를 죽이라는 말, 제가 들었거든요. 똑똑히!!
단태	(버럭) 무슨 개소리야?!!
윤희	어제 오후쯤, 펜트하우스에서 주 회장을 만났는데, 나애교 씨한테 몹시 화가 나있었습니다. 눈빛이 너무 섬뜩해서, 혹시 몰라 녹음해뒀는데... (핸드폰 녹음을 틀면, 성난 단태의 목소리 들리는)
단태(E)	내 돈! 감히 내 돈을 갖고 튀어?! 죽여버릴 거야, 나애교!!
형사	(날카롭게 단태를 보는) 범행 동기도 명확하고, 모든 정황이 당신을 가리키고 있는데, 그래도 발뺌하겠습니까, 주단태 씨?!
단태	(당했다 싶은. 멍해져서 윤희를 보며) 오윤희, 니년이!!!

시즌 1에서 자신이 경찰에서 진술했던 때가 떠오르는 단태.

(인서트/시즌 1 20화 67신)

형사1   직접적으로 협박당한 사실은 없습니까?

단태   아! 저한테 이런 말까지 했습니다. 불안해서 녹음해뒀는데... (핸드폰으로 녹음 재생 누르면. 윤희의 목소리 나오고)

윤희(E)   심수련... 죽여줘요.

함정에 빠졌다는 걸 느낀 단태, 비틀하고!
그런 단태를 승자의 미소로 바라보고 있는 윤희.

윤희   (단태에게 얼굴 가까이 갖다 대고) 주변에 적을 아주 많이 뒀던데? 그래서 일이 생각보다 쉬워졌지만.

단태   뭐?

윤희   (속삭이듯) 당신이 가르쳐줬잖아. 증거가 없으면, 만드는 거라고! 어때? 살인자가 된 기분이!

단태   (그제야 윤희와 서진이 공모했다는 걸 깨닫는데) 오윤희! 천서진!! 니들이 작당해서 꾸민 짓이지? 다 죽여버릴 거야!! (윤희에게 달려들어 목을 조르는데)

경찰에 저지당하는 단태, 미친 듯이 몸부림치고.

윤희   걱정 마. 당신 혼자 외롭게 감방에 있게 되진 않을 테니까! 그럼, 행운을 빌어. (묘한 미소 지으며 나가면)

단태   거기 서, 오윤희!! 나애교 지금 어딨어? 그 여자 어떻게 한 거야?!!

형사   가만있어요, 주단태 씨!! (거칠게 단태를 붙잡아 제압하면)

단태   (미쳐 날뛰는) 이거 놔!! 이건 다 모함이야!! 난 절대 죽이지 않았어!! 오윤희, 저 미친년 잡아!!! (붙들린 채로, 고함치며 난리 피우는 단태고)

552

32.   현재/통나무 별장 지하실(낮)
       구석에 웅크린 채, 불빛을 손으로 가리고 있는 여자.

수련   (나오지 않는 목소리를 간신히 쥐어짜듯) 제 이름은... 심수련입니다. 주
       단태가 절 여기다 가뒀어요. 오늘이... 며칠인가요?

       그때, 경찰이 뭔가를 발견하고 소리치는!

경찰   여기, 누가 또 있습니다!

       경찰들 돌아보면. 쓰러진 채 누워있는 로나가 보이고.

형사   (급히 로나를 돌아보면)
로나   (힘겹게) 저는 배로나예요.
형사   배로나?
수련   (형사에게) 저 아이부터 빨리 병원으로 옮겨주세요. 부탁드려요. 빨리요!
형사   (무전기로 긴급 호출하는) 당장 앰뷸런스 불러! 지하에서 사람이 발견됐
       어! 두 사람이나!!
       수련과 로나에게 담요를 덮어주는 경찰들. 움직임 분주해지고.
       수련과 로나, 서로를 보는데.

33.   통나무 별장 앞(낮)
       수련과 로나, 각각 담요를 덮은 채 들것에 실려 앰뷸런스로 이동하고.
       경찰차와 경찰들, 별장 앞에 몰려있는. 구경하는 사람들로 북새통인데.

34.   VIP 수련 병실(낮)
       수련, 침대에 파리한 얼굴로 앉은 채로, 형사들에게 진술하고 있다.

수련　주단태는 제가 이혼 소송을 제기하자, 저를 죽은 것처럼 위장해 별장에 가두고, 매일 밤 모든 재산을 넘기라고 종용했습니다. 말을 안 듣자 지하실에서 끔찍한 행동을.... (옷을 내려 등을 보여주면. 채찍으로 맞은 듯한 상처가 보이고)

형사들　(경악하는)

35.　VIP 로나 병실(낮)

로나, 형사에게 진술하고 있는. 그 옆으로 석훈이 로나의 손을 꼭 잡고 있고.

형사　널 다치게 만든 사람이 누군지 기억하니?

로나　네.

형사　그 사람이, 누구지?

로나　(석훈을 보면)

석훈　괜찮아, 말해.

로나　펜트하우스, 주단태 아저씨요.

36.　VIP 수련 병실(낮)

수련, 환자복 입은 채로, 창밖을 보고 있으면. 뛰어 들어오는 로건.

수련　(고개 돌려 로건을 보면)

로건　(갑자기 달려와서 수련을 꽉 끌어안는데) 아무 일 없는 거죠? 다 잘 끝난 거죠?

수련　다 끝났어요. 진술도 잘 마쳤어요. 로건 덕분이에요.

로건　또 사라져 버릴까 봐 너무 불안했어요. 다행이에요... 정말 다행이에요...

수련과 로건, 서로를 마주 보는데. 그러다 수련의 입술에 키스하는 로건이고.

수련, 놀라서 얼른 로건을 밀어내고 돌아서는데.

37.   펜트하우스 거실(낮)
       형사들, 조사를 마치고 나가면, 배웅하는 서진.
       표정 확 바뀌더니, 돌아서며 도 비서에게 전화하는.

서진   도 비서? 당장 이혼 소송 준비해! 주단태가 가져갔던 내 재산과 500억,
       청아그룹 지분까지 전부 다 회수할 수 있도록 알아봐!! 지금 당장!!

       전화 끊고, 홀가분한 듯 미소 지으며 돌아서는데. 석경이 서있고.

서진   (놀라서 멈칫하고) 언제 왔어? 스터디룸에서 공부한다고 안 했니?
석경   쌤이 증언한 거, 전부 사실이에요?
서진   내가 거짓말이라도 하고 있다는 거야?
석경   기다렸다는 듯이 얘기하고 있잖아요. 우리 아빠의 죄를 이미 다 알고
       있었던 것처럼. 정말 우리 아빠가, 우리 친엄마를 죽인 거예요?
서진   (당황하지만, 말 돌려서) 아빠가 잡혀가서, 충격이 심하겠지. 하지만 이
       게 니 아빠의 진짜 모습이야. 너도 알고는 있었겠지만.
석경   (욱하는데) 아줌만 아무 잘못 없어요? 우리 아빠만 나쁜 사람이에요?
서진   (굳어지고) 뭐?
석경   상관없어요. 아줌마가 어떤 사람이든. 어차피 우리 엄마 할 생각 없었잖
       아요. (자기 방 쪽으로 가는데. 문득 거실을 둘러보면. 막막하고 쓸쓸한) 이
       제 진짜, 고아가 된 거네? (그때 핸드폰 오는. 급히 받는) 오빠?! 어디야?
석훈(F) 지금 청아의료원으로 와.
석경   거긴 왜?
석훈(F) 엄마... 만나야지!
석경   엄마?! (놀라는데)

555

경찰서 복도(낮)

    단태, 형사들에게 끌려나오고. 그때, 달려오는 조 비서.

조비   회장님!! 어떻게 된 겁니까?!

단태   (흥분해서 발길질) 어디 있다가 이제 나타나?! 이 머저리 같은 새끼야!!

조비   회장님께서 창고로 오라고 문자를 하셔서, 애들을 전부 소집시켰는데...

단태   창고? 난 그런 문자 보낸 적 없어! (눈빛 독해지고) 당장 변호사부터 선임해!! 열 명이고 백 명이고, 변호사 배지 단 놈은 죄다 데려와서 앉혀놔!! 나 못 빼내면, 넌 내 손에 죽어!! (다시 끌려가는)

39.   펜트하우스 거실(낮)

    딩동딩동 초인종 소리 요란하게 울리더니. 규진, 상아, 마리까지 몰려온.

마리   (흥분해서) 대체 뭐가 어떻게 돌아가는 거래요? 살인이라니?! 주 회장 미친 거 아냐? 내가 그런 사람하고 이웃으로 매일 얼굴 보고 지낸 거야? 무서워서 이놈의 아파트에서 어떻게 살아.

상아   그래도 우리 헤펠에서 죽인 건 아니어서 얼마나 다행이에요.

규진   뭐가 다행이야? 주 회장에 하 박사에, 며칠 사이로 살인자가 두 명이나 나왔는데! 우리 헤펠에서! (서진에게) 진짜 다 사실이에요? 주 회장이 쌍둥이 친모 죽였다는 게?! 방금 형사들 나가는 거 같던데, 물증 다 확보했대요?

서진   뉴스에 나온 그대로예요. 나도 지금 정신없으니까, 다음에 얘기하죠.

마리   우리가 경매 때 봤던 여자가 생모라면서? 아 왜, 이따만 한 모자 눌러쓰고 나타나서, 5백억 부른 여자! 어쩐지 포스가 장난 아니더라니!

상아   어머나 세상에! 그 여자예요?! 아주 작정하고 주 회장님한테 사기 쳤나 보네. 천수지구 땅을 죄다 팔아먹고 날랐다잖아요. 주 회장도 불쌍하지. 돈 잃고, 배신당하고, 살인자 되고!

마리   전처를 20년씩이나 내연녀로 숨겨놓은 놈이 뭐가 불쌍해? 당장 사형

시켜!

규진 서진 씬 어디까지 알고 있었어요? 남편이 한 짓을 전혀 모를 리는 없고..

서진 난 아무것도 몰랐어요!! 애들 생모도 만난 적 없고!!

규진 수련 씨가 살아있는 것도요?

서진 (순간 굳어지고) 그게, 무슨 말이에요? 누가 살아있어요?

마리 아직 몰랐어요? 지금 속보 뜨고 난리 났잖아요! 심수련, 그 여자가 돌아
왔다고요!! 그것도 멀쩡하게 살아서!!

규진 전부인 별장에 갇혀있었대요. 2년 동안이나!

서진 (기겁하고) 별장?!!!

마리 글쎄, 주 회장이 수련 씨를 지하실에 가둬놓고, 물만 먹이면서 괴롭혔
다잖아요. 난 너무 놀라서 아까 지렸다니까요.

상아 그럼 이제 어떻게 되는 거예요? 주 회장님 와이프는 수련 씨에요, 천 쌤
이에요?

규진 지금 그거 따져서 뭐해? 뭐 좋은 자리라고! 그런 싸패하곤 평생 안 엮이
는 게 럭키지!

서진(E) (정신이 멍하고) 심수련이 살아있다니..... 말도 안 돼... 그럴 리 없어! (문
득 윤희가 했던 말들이 떠오르고)

40. **회상/12화 3신/펜트하우스 거실 (낮)**

서진 그 여자를 왜 죽이려는 건데?! 나더러 살인 사건에 가담하라는 거야?!

윤희 (의미심장하게) 처음도 아니잖아?! 주단태를 도와서 수련 언니 죽인 거,
너 아니었어? 덕분에 난 살인자가 됐고! 벌써 잊었나? 이제, 받은 대로
돌려줘야지! 내가 당한 그대로!

41. **현재/펜트하우스 거실 (낮)**
서진, 순간 소름이 끼치고.

서진(E) 심수련이었어! 오윤희 뒤에 있는 사람! 그럼 내 손으로 심수련을 돕고

있었던 거야? (경악하는) 아악!!! (열 받아 소리 지르면)

규진/상아/마리   깜짝이야!! (놀라서 일제히 서진을 보는데)

서진   안돼!! 안돼!! (일이 잘못된 걸 깨닫고, 정신없이 밖으로 뛰어나가면)

마리   어딜 저렇게 뛰어가? 로나 살아있다는 건 아직 얘기도 못 했는데.

상아   이러다 또 우리 혜펠에 피바람 부는 거 아니에요? 수련 씨가 독을 품고 돌아왔을 텐데.

마리   아, 소름 끼쳐! 기분이 싸한 게 나도 영 찜찜해. 우리한테까지 해코지하면 어째.

규진   우리가 뭘 잘못해서? 가둬놓고 괴롭힌 사람은 주단탠데! 쫄 거 없어! 그게 언제 때 일인데! (겁나지만 애써 큰소리치는)

42.   헤라펠리스 윤희 집 침실/윤희 집 앞/교차편집 (낮)
      윤희, 침실에 물건들을 하나씩 상자에 넣고, 이사 가는 집처럼 정리를 끝낸 상태고. 화장대 위에 물건들도 싹 치워져있는데.
      그때, 밖에서 정신없이 딩동딩동! 초인종 소리 들리고! 문 쾅쾅 두드리는 소리!

서진(E)   문 열어!! 오윤희!! 거기 있지?!! 나와!! 나와서 얘기해!! 넌 다 알고 있었지? 심수련 살아있는 거!! 대체 무슨 일을 꾸미고 있는 거야?!! 말해!! (난리 치는데)

      그러다 핸드폰이 울리면. 핸드폰 전원도 꺼버리는 윤희고.
      다시 담담히 짐을 정리하는 윤희, 그러다 로나와 함께 찍은 사진을 보면.

윤희   (눈물이 주르륵 흐르는) 이쁜 내 딸.... 엄마가 너무너무 보고 싶다... (사진을 가슴에 품고 우는데)

43.   헤라펠리스 서진 집 거실(낮)
       서진, 은별을 찾으며 뛰어 들어오는.

서진   은별아!! 은별아!! 진 선생!! 진 선생!! (둘러봐도 아무도 없고)

44.   헤라펠리스 서진 집 은별의 방(낮)
       문을 열고 들어오면. 난장판이 된 방 안. 옷들과 책들이 마구잡이로 흩
       어져있고.

서진   방이 왜 이래? 다들 어딜 간 거야?! (은별에게 전화 걸어보지만 받지 않고.
       분홍의 전화는 꺼져있는데. 문득, 불길한 예감에 휩싸이는 서진이고)

       그때, 현관문 열리는 소리 들리고. 돌아보는 서진.

45.   헤라펠리스 서진 집 거실(낮)
       서진, 거실로 나가보면. 분홍이 옷 털면서 들어오고.

서진   은별이 어딨어요?!
분홍   (태연하게) 수영 보냈는데요. 은별이 방 좀 청소하느라. 필요 없는 책들
       이랑 옷이 너무 많더라고요. 기분 전환 좀 되라고, 가구 배치도 새로 하
       고 있어요.
서진   그걸 진 선생이 왜 해요?!
분홍   내가 안 하면요? 누가 하죠? 은별이 케어는 이제부터 모두 내가 할 건
       데요. 은별이한텐 엄마보다도 내가 필요하거든요. 아직도 모르셨어
       요? (해괴한 표정으로 비웃으면)
서진   (어이없고) 뭐야?! 미친 것!! 당신 오늘부터 해고야!! 당장 내 집에서 나
       가!! (꿈쩍도 안 하면) 내 말 안 들려?! 나가라고!! 끌어내기 전에!!!
분홍   (피식 웃고) 나가야 할 사람은, 어머니 같은데요.

                                                              559

그때! 열려진 현관문으로 형사들이 닥치고.

형사   천서진 씨?!

서진   (돌아보고) 무슨 일이죠? 주단태 일이라면, 더는 할 말 없는데요.

형사   주단태와 공모해, 심수련 씨와 배로나 양을 납치, 감금한 사실, 인정합니까?

서진   (놀라고) 납치라뇨?!! 난 전혀 모르는 일이에요!!

형사   이미 피해자들이 다 진술했습니다. 심수련 씨의 재산과 남편을 뺏기 위해서 범행을 저지른 건가요?

서진   누가 그런 헛소릴 지껄여!! 난 심수련이 살아있다는 것조차 몰랐는데!!

형사   어젯밤에 비밀통로를 이용해, 심수련 씨가 감금돼있던 별장에 갔었죠? (사진을 내밀면)

서진이 새벽에 별장으로 들어가는 사진들이 찍혀있고.

서진   (그제야 모든 게 윤희가 꾸민 짓임을 깨닫는데) 오윤희!!!! 이거였어? 니가 하려던 게?!! (손이 덜덜 떨려오면)

형사   천서진 씨! 당신을, 납치와 감금, 폭행 혐의로 체포합니다! (서진에게 수갑을 채우는데)

분홍   (형사 뒤에서, 그런 서진을 조롱하듯 보고 있으면)

서진   (다급히 분홍을 붙들고) 진 선생!! 우리 은별이 어딨어?!! 나, 은별이 만나야돼!! 이거 다 사실이 아냐!! 우리 은별이 좀 데려와!! 빨리!!

분홍   은별인 걱정 마세요. 제가 엄마처럼 잘 돌볼 테니까. 은별인 내 딸이나 마찬가지라고 말씀드렸잖아요. (섬뜩한 미소 지으면)

서진   (굳어지는) 우리 은별이 어딨냐니까?!!

분홍   아 참! 4502호 로나 엄마가 이걸 전해달라고 하던데요. 보시면 알 거라고. (피 묻은 목걸이가 든 비닐봉지를 내밀면)

형사   (뺏어서 보는) 압수해! (경찰한테 뺏기고)

서진	안 돼!! 안 돼!!! 돌려줘!! (반항하지만, 그대로 수갑 채워진 채 끌려가고, 분홍에게) 니년 정체가 뭐야?!! 설마.. 오윤희랑?!! 아니지?!! 어서 아니라고 말해!! 우리 은별이 어디로 빼돌렸어?!! (형사들 뿌리치며) 이거 놔!! 난 결백해!! 뭔가 잘못됐어!! (발악하며 끌려가는데)
분홍	(그런 서진을 보며, 야릇한 미소 짓는)

46. 경찰서 단태 조사실(낮)

단태, 정신 나간 표정으로, 반장의 말을 듣고 있는.

반장	주단태 회장님! 각오 단단히 하셔야겠네요! 나애교 씨 살해 혐의에, 심수련 씨 납치 감금 혐의에다, 배로나 양 살인미수까지 추가될 거니까!
단태	(멍한 상태로, 정신을 차릴 수 없는) 심수련이.... 살아있었다고?!! 배로나랑 같이? 그것도 내 별장에?!! 다들 미쳤어!! 이런 말도 안 되는 미치광이 짓거리를 누가...?!! (그러다 순간! 뭔가 번뜩하고. 그 위로,)

47. 회상/통나무집 별장 안/10화 25신(밤)

단태	(의심스러운 눈빛. 천천히 애교에게 다가서며) 궁금한 게 있는데... 담배 언제부터 끊었어?
애교	(순간 당황. 잠시 정적) 말 안 했나? 기침이 오랫동안 안 멈춰서 끊었다고.
단태	(여전히 시선 고정한 채) 그랬어? 잘했네. (더 가까이 다가와, 손가락으로 애교의 얼굴을 쭈욱 쓰다듬으며) 오랜만에 봐서 그런가. 뭔가 낯설어. 술잔을 들 때는 언제나 왼손이었는데... 지금 보니, 계속 오른손을 쓰네. 심수련 때문에 왼손잡이까지 고쳐야 하냐고 짜증 냈었잖아.
애교	(등골이 서늘해지며) 평생 심수련 흉내 내며 살다 보니 오른손이 편해졌어.

48. 현재/경찰서 단태 조사실(낮)

단태	심수련!!!! 나애교가 아니라, 심수련이었어!!! (얼굴이 하얗게 질려, 기

x

겁하고) 그럼, 그때 죽은 사람이.... (인서트로, 펜트하우스 서재에서 자신이 칼로 수련을 찌르던 모습 떠오르고. 시즌 1 21화. 입술이 파르르 떨려오는. 충격에 비틀하며) 말도 안 돼... 아냐... 그럴 리 없어!! 나애교 어딨어?!! 나애교 데려와!!!! 으아악!!! 아아악!!! (벽에 머리를 박고, 주먹으로 책상을 내리치고, 책상 위로 뛰어올라가 난리 치며, 미친 듯이 발악하는 단태고)

경찰들 들어와서, 그런 단태를 제압하는.
컷 되고. 기진한 듯이 앉아있는 단태. 머리와 손에 붕대 감겨있는. 그런 단태를 지겹다는 듯 바라보고 있는 김 반장.

반장   곧 구속영장이 발부될 겁니다. 이번엔 하나님 빽을 써도 빠져나가기 힘들 거 같으니, 단념하시죠. 주 회장님! (나가려면)

단태   (갑자기 정신 차린 듯, 다급하게 반장을 붙잡고 사정하는) 반장님! 제발 부탁드릴게요. 전화 한 통만! 전화 한 통만 합시다! 네?

반장   변호사들한테는 아까 전화 다 돌렸잖아요.

단태   (의자를 번쩍 집어 들고, 빽 소리 지르는) 당장 전화 연결해!! 아가리를 찢어버리기 전에!! (살기 어린 표정이고)

49.   **정두만 당대표 사무실 (낮)**
정두만, 꼿꼿하게 앉아있고. 그 앞으로 툭 떨어지는 자료들.
앞에 앉아있는 사람, 로건이다.

로건   원래 재개발 예정지는 천수지구가 아니라 오풍지구였어요! 주단태를 위해 개발지역까지 변경한 건가요? 정 대표님?!

두만   (대답 없이, 자료를 들어서 보는데. 애교와 함께 찍혀있는 사진도 있고)

로건   주단태 와이프와 어떤 사인지 알아요. 정보를 빼준 이유가 그 여자 때문인가요? 하지만 안타깝게도 당신이 만났던 사람은, 심수련이 아니

562

에요!

두만 (눈 감았다 뜨고, 점잖게) 나도 알아요. 그 사람은 나애교라는 거!

로건 (놀라서 보면) 안다고?!

두만 젊었을 때부터 심운건설 심 회장님을 존경했고, 여러 가지로 도움도 많이 받았어요. 처음엔 그분의 딸이라는 말에 만났지만, 곧 알았죠. 완전히 다른 사람인 거.

로건 그럼 왜 계속 만난 거예요?

두만 내가, 나애교라는 여자를 사랑했어요. 남들이 뭐라고 욕을 하든, 그 사람에 대한 내 마음은 진심이었어요. 참 불쌍한 여자였죠.

로건 이해가 안 되네요. 이미 그 여자 정체를 알면서도, 정보를 내줬다니!!

두만 그래야 그 여자가 사니까. 주단태는 이용 가치가 없으면 아마 나애교도 죽였을 거예요. 자기를 배신하는 사람은 그게 누구라도 용서하지 않았으니까.

로건 그럼, 2년 전에 해외로 가려던 게...

두만 주단태한테서 도망치려고 했던 거죠. 내가 해외에 집을 마련해줬는데, 끝까지 오지 않았어요. 연락이 끊어지고야 알았어요. 심수련이 아니라, 그 사람이 죽었다는 거...

그때, 두만의 핸드폰이 울리고. 보면, "강남경찰서"라고 뜨는데. 받지 않고.

두만 (결심한 듯) 이제 모든 것을 바로잡을 때가 된 거 같네요. 나애교를 죽인 주단태를 내 손으로 밟아줄 수 있어서 다행이에요.

로건 당신도 무사하지 않을 텐데요.

두만 각오하고 있던 일이에요. 상관없습니다. (자리에서 일어서고)

50. 경찰서 단태 조사실(낮)

단태, 전화 받지 않으면. 열 받아 미칠 지경이고.

단태	미친 자식!! 남의 여자 갖고 놀 땐 언제고, 내 전활 씹어? 나 혼자 죽을 거 같아? 전화 받으라고!! 이 개자식아!! (난린데)
반장	다들 판을 읽은 모양인데, 그만 포기하시죠! (전화기 뺏으면)
단태	딱 한 통만 더 합시다. 이번엔 미국에! (E) 제임스 리, 날 모른 체 못 하겠지. 35조 재산을 지키려면! (작정한 듯한 매서운 눈빛)

51. VIP 로나 병실 (낮)

로나, 병실에 누워있으면. 의사, 링거를 체크하고 있는.

의사	아직 몸 상태가 회복된 게 아니니까, 움직이게 하지 말고 조심시켜야 돼요.
석훈	네, 알겠습니다. (의사 아웃하면. 석훈, 로나를 챙겨주는데)
로나	(계속 문 쪽만 보고 있으면)
석훈	(로나에게 핸드폰 건네고) 기다리지만 말고, 먼저 연락해봐.
로나	아까 톡 보내놨어. 금방 오겠지. 엄마 만나면, 무슨 말부터 해야 될지 모르겠어. 너무 놀래서 제대로 뛰어오지도 못하나 봐, 우리 엄마. (설레는 듯, 윤희를 간절히 기다리는 로나고)

52. VIP 수련 병실 (저녁)

로건과 수련, 병실 소파에 앉아 얘기하고 있는.

로건	정두만 대표하고도 얘기 잘 끝냈어요.
수련	주단태, 피가 마르겠네요. 모든 연줄이 다 끊겨버렸으니.
로건	정두만이 나애교를 진짜 좋아했었던 모양이에요. 혹시, 알고 있었어요?
수련	짐작은 했어요. 2년 전에 나애교를 처음 호텔에서 봤을 때, 느껴지더라고요.

53.   회상/2년 전/호텔 객실(밤)

정두만, 애교와 깊은 포옹을 하고, 먼저 밖으로 나가면.

애교, 행복한 미소 짓고, 담배를 꺼내 손에 들고 거울 앞에서 옷매무새 정리하는데. 순간! 흠칫 놀라 돌아보면. 뒤에 서있는 사람, 자신과 똑같이 생긴 수련이고!

애교   심수련?!!!

수련   (몰아치는) 이렇게 사니 행복하니? 다른 사람 흉내 내면서, 남 속이고 돈 버니까 행복해 죽겠어? 왜 그렇게 돈이 벌고 싶은데? 누굴 위해서?! 설마, 니가 낳은 자식들 때문이라곤 말 못 하겠지!! 최소한 양심이라는 게 있으면!!

애교   (픽 웃고, 뻔뻔하게) 돈 많은 년은 이래서 재수 없다니까! 돈 밝히는 게 무슨 사람 죽인 죄라도 돼? 평생 가난해본 적 없는 너는 죽었다 깨나도 이해 못하겠지만, 사람들 다 나처럼 살아. 적당히 사기 치고, 적당히 쪽 팔리면서! 그렇게 돈이 지겨우면, 넌 왜 펜트하우스에서 돈 지랄하며 사는데?!

수련   (애교의 목덜미를 확 잡고) 언제부터 내 흉내 내고 다녔어?! 심수련 이름으로 정치인들한테 부동산 정보 캐내서 빌딩 올리고 산 거, 영영 비밀일 줄 알았어?!! 제발 정신 차려!! 석훈이 석경이 위해서라도, 주단태 같은 인간한테 협조하면 안 돼, 넌!!

애교   (수련을 확 밀쳐내고) 그래! 니 이름 좀 팔았다! 그게 뭐?!! 너랑 닮았다는 이유로 처음으로 사람대접 받아봤어. 심운건설 딸이라니까, 밥도 사주고, 옷도 사주고, 묻지도 않은 정보들을 줄줄 떠들어대는데, 그것 좀 받아먹은 게 그렇게 죄야?! 난 그렇게 살면 안 되는 년이냐고!! (울분 터트리면)

수련   정두만한테 다 말하겠어! 니가 가짜라는 거.

애교   (갑자기 무섭게 윽박지르는) 그 남자는 건드리지 마!! 아무 짓도 하지 마! 그 사람 괴롭히면, 넌 내 손에 죽어!!

수련	미안한 건 아는 모양이지? 그러면서 왜 주단태 같은 인간을 돕는 거야?
애교	(픽 웃고) 내가 주단태를 돕는다고? 천만에! 난, 주단태한테 정치자금을 받아서 정두만을 도왔을 뿐이야! 내가 정두만한테 해줄 수 있는 게 그거밖에 없으니까! 석훈이 석경이도 마찬가지야. 내 아이들이 좋은 집에서 잘살려면, 난 주단태가 원하는 걸 해줄 수밖에 없어!
수련	(순간 멈칫하고. 애교의 진심을 읽는데) 석훈 석경이, 잘살지 않아. 학대받고 있어. 주단태한테...
애교	학대?!! (담배를 입에 물었다가, 놀라서 수련을 돌아보는. 충격받은 표정이고) 미스터 백, 그 개자식이!!

54. 현재 / VIP 수련 병실 (낮)

수련	나애교도 정두만 대표를 사랑하고 있었어요.
로건	속은 건, 정두만이 아니라 주단태였네요. 나애교가 자기편이라고 끝까지 믿었으니!
수련	주단태, 절대 여기서 포기하진 않을 거예요. 누굴 협박해서든, 지금 위기를 넘기려고 할 거예요. 더 구석으로 몰 방법을 찾아야겠어요! (생각하는데)

그때, 문이 열리고. 석경과 석훈이 병실로 들어서는.
석경, 수련을 보자 못 믿겠단 듯, 천천히 다가서는데.

석경	엄마? 정말.... 엄마야?!
수련	(눈물 그렁해서 일어서고) 석경아....
석경	(수련 목소리에 쿵... 하고) 진짜... 우리 엄마 맞아? 내 엄마 맞냐구?!! 근데 왜 이제 왔어? 왜 죽었다고 거짓말했어?! 왜!!! 내가, 내가 얼마나 보고 싶었는데!!! 매일매일 얼마나 후회하고 죽고 싶었는데!! 왜 그랬어? 왜!!!

그대로 아이처럼 주저앉아 울어버리는 석경. 달려와 와락 석경을 끌어
안는 수련.

수련 엄마가 미안해... 너무 늦게 와서.... 우리 애기... 잘 있었어?

석경 (그제야 수련을 끌어안고) 엄마... 엄마.... 엄마 미워.... 엄마.... (엉엉 울면)

그런 두 사람을 바라보고 있는 석훈과 로건이고. 눈가 붉어지는.

55. **병원 복도/헤라팰리스 서진 레슨실/전화통화(저녁)**
     로건, 복도로 나오면. 다가오는 홍 비서.

홍비 미국 부모님께서 지금, 경찰 조사를 받고 계신답니다. 불법 골수 취득
         건으로 신고가 들어와서....

로건 (이미 알고 있었단 듯, 고개만 끄덕이면)

홍비 설마, 직접 하신 겁니까?

로건 나도 여기 정리되는 대로 들어갈 생각이야. 조사받아야지.

홍비 로건!

로건 죄를 지었으면 벌을 받는 게 당연한 거야. 수련 씨한테 아무 말 하지 마.

홍비 (울컥한데)

로건 오윤희는 어떻게 됐어? 아직도 연락 안 받아?

홍비 네. 핸드폰이 꺼져있습니다. 로나 학생한테도 아직 오지 않았고요.

로건 (걱정되고) 무슨 생각인 거지, 오윤희..... (그때, 핸드폰 걸려오고. 급하게
         보면. 분홍이고. 받는) 나예요, 진 쌤. 혹시 오늘 윤희 씨 못 봤어요?

분홍, 서진 레슨실로 들어서며 전화하고 있는. 한쪽 소파에 자고 있는
은별이 보이고.

분홍 못 봤는데요. 당연히 로나한테 가지 않았겠어요? (잠든 은별을 보며) 은

별이한텐 아직 아무 말 안 했어요. 로나가 살아온 걸 알면, 너무 충격받을까 봐. (기분 좋게 레슨실을 걷다가, 서진의 가족사진을 엎어버리고) 천서진, 방금 경찰에 끌려갔어요. 실형이 떨어지면 몇 년은 못 나오겠죠? 이걸로 끝이네요, 천서진도!

로건   그동안 수고했어요. 다시 미국 집으로 돌아갈 건가요?

분홍   (멈춰 서고) 글쎄요. 지금부터 생각해봐야죠. (야릇한 표정인데)

분홍, 핸드폰을 끊고, 소파에서 자고 있는 은별에게 다가서는.

분홍   (눈물 그렁해서 미소 지으며) 우리 애기, 잘도 자네. (은별의 얼굴을 쓰다듬으며) 그런 인간들은 우리 은별이 부모가 될 자격이 없어. 이제 넌 내가 지켜줄게. 이 엄마가.... (달라진 분홍의 눈빛)

그때, 부스스 잠에서 깬 은별. 몸 일으키면.

은별   (둘러보고) 쌤, 벌써 저녁이에요? 나, 몇 시간이나 잔 거예요?

분홍   (안쓰러운 듯 보며) 일부러 안 깨웠어. 너무 곤히 자길래.

은별   (핸드폰 확인하면. 서진한테 부재중 전화 여러 번 와있고) 엄마가 전화했었어요! 무슨 일이지? (얼른 통화 버튼 누르려는데)

분홍   (핸드폰을 뺏고) 엄마, 경찰에 잡혀갔어.

은별   (놀라) 네에? 엄마가 왜요?!

분홍   잘은 모르겠는데, 2년 전, 석훈이 엄마 살인 사건에 가담했던 모양이야.

은별   (충격받은 얼굴로) 엄마가요?!! 우리 엄마가 펜트하우스 아줌마를 왜요?!! 우리 엄마 지금 어딨어요?!! 엄마아아!! (쫓아 나가려면)

분홍   (다급히 붙잡고) 진정해. 엄마가 은별이한텐 아무 말도 하지 말라고 하셨어. 찾아오지도 말고, 연락도 하지 말라고! 만나고 싶지 않으신가 봐.

은별   어떻게 나한테 말도 안 하고 가버릴 수가 있어요?!! 엄마라는 사람이!!

분홍   니 옆엔 내가 있잖아. 난 절대 널 두고 안 떠날 거야.

568

은별	(서럽게 울면서) 정말 쌤은 나 안 버릴 거예요? 난 엄마 아빠 없으면 아무것도 못 하는데...
분홍	걱정 마. 내가 은별이 엄마도 되고, 아빠도 돼줄 거니까. (은별을 안아서 다독여주는 분홍의 섬뜩한 표정)

56. 경찰서 접견실(저녁)
규진, 변호사를 대동한 채 단태와 접견 중이고.

규진	(거만하게) 수임료 300억에 결정합시다. 그럼 우리 로펌에서 전관으로 다 최고의 변호인단 쫘악 구성해서 깨끗하게 나오게 해줄게.
단태	무슨 개소리야! 살인누명 쓴 것도 억울해 죽겠는데, 너한테 눈탱이까지 맞으라고?!
규진	누명인지 아닌지는 난 관심 없고! 내가 요즘 크게 투자를 해서 현금이 좀 딸리거든. 일시불로 쏴주면, 1주일 안에 불구속 수사, 장담하지. 액수가 줄어들수록 구속 기간은 길어질 텐데.. 상관없나?
단태	어디서 같잖게 약을 팔아?! 나, 주단태야!! 내가 뭔 죄를 졌다고, 300억을 내?!
규진	(조롱하듯) 당신 지금 대박 났어. 살인에, 사체유기에, 납치 감금에, 횡령에... 나 아니면 변호사 맡아줄 사람도 없다고. 국선이나 기다릴래?
단태	미친 새끼!! (눈 부라리고, 규진의 턱을 갈기는데. 규진의 멱살을 잡고) 너도 알고 있었지?! 심수련이랑 짜고 내 땅 사들인 거 아냐?!!!
규진	(의자 확 밀치며 일어서고) 이 자식이 곱게 봐줬더니, 사태 파악을 못하네!! 살인자 놈이 감히 국회의원한테 손을 놀려?!! (변호사에게) 문 잠가!! (시계 풀더니, 단태를 미친 듯이 패기 시작하는. 완전히 달라진 험악한 얼굴이고)
단태	(피투성이로 일방적으로 맞고 있는 단태고)

57.   경찰서 서진 조사실(저녁)
       서진, 발끈해서 조사받고 있는.

서진   여태까지 내가 한 말을 뭘로 들은 거예요? 난 오늘 나애교 별장에 처음
       갔어요!! 대체 몇 번을 말해요?!
반장   (열쇠를 내밀며) 그럼, 별장 지하실 열쇠를 왜 갖고 있었을까요?
서진   그건! 오윤희한테 받은 거예요. 내 께 아니라고요!!
반장   별장 안에서 천서진 씨의 옷가지들과 가방, 구두, 결혼사진들이 쏟아져
       나왔어요. 이래도 부인하겠습니까?! (사진을 내밀면)

       벽에 걸린 서진과 단태의 대형 결혼사진과, 옷장 안에 빼곡하게 들어
       있는 서진의 옷과 구두, 보석 사진들인데.
       (인서트)
       윤희, 통나무 별장 거실로 들어가서, 서진과 단태의 결혼사진을 걸고,
       옷장 안에 서진의 구두와 보석들을 빼곡하게 진열하고 있는.

반장   곳곳에서 천서진 씨 지문과 머리카락도 다량 발견됐고요. 그걸 어떻게
       설명할 건데요?
서진   오윤희 짓이에요!! 오윤희가 심수련이랑 짜고, 날 함정에 빠뜨린 거예
       요!! 오윤희 불러요!! 나랑 직접 대면하게 해줘요!! 이 사기극의 범인은
       그 여자야!! 다 속고 있는 거라고!! (분해 죽는데)

58.   구치소(저녁)
       윤철, 구치소 한쪽에 웅크리고 앉아있는. 문득 윤희와의 행복했던 시
       간이 떠오르고.

59.   회상/헤라팰리스 윤희 집 거실(밤)
       윤희, 윤철의 옷 개키면서 행복한 듯 노래 부르고 있는.

윤철, 외출했다 돌아온 듯 뒤에서 듣고 있다가 다가가 다정하게 안아 주고.

윤철 기분 좋은 일 있어? 노랫소리 너무 좋다.

윤희 (놀라 돌아보고) 어머, 언제 왔어?

윤철 방금. (윤희의 말끔해진 목 쓰다듬어주며) 내가 고쳐준다고 약속했는 데.... 약속 못 지켜서 미안해.

윤희 괜찮아. 다시 목소리 찾은 것만으로도 꿈같아. 목소리도 찾고, 첫사랑도 찾고, 로나도 돌아오고. 요즘 참 좋아. 언젠간 끝날 연극이지만.

윤철 니가 좋으면 나도 좋아. 너랑 신혼살림 하는 거 같아. 집에 들어올 때마다 설레고... (그윽한 눈으로 윤희를 보는데)

윤희 (그런 윤철 눈빛 피하지 않고 보다가) 윤철아. 우리 복수 끝난 다음에 말야. 내가 너 붙잡으면... 그때도 내 옆에 있어줄 거니.

윤철 (멈칫. 굳은 표정. 대답 안 하면)

윤희 (어색한 듯, 애써 웃고) 농담이야! 바보... 쫄기는. 그렇게 겁나? 제발 배신만 하지 말아줘. 옷 갈아입어. 과일 내올게. (급히 돌아서려는데)

윤철 (갑자기 윤희를 확 붙잡고) 내가 안 놔줄 거야! 니가 도망간대도! (윤희에게 달려들어 뜨겁게 키스하고, 윤희를 번쩍 안아서 침실로 데리고 가는)

윤희 (반항하지 않고. 윤철의 목덜미를 끌어안는 윤희....)

60. 현재/구치소 안 (저녁)

윤철, 행복했던 윤희 모습 떠올리면. 죄책감에 미칠 거 같고.
그때, 교도관이 윤철한테 편지 한 장을 건네는.

교도관 2358! 편지.

윤철, 자신한테 온 편지를 뜯어서 보는데. 윤희한테 온 편지고.

윤희(E)	로나를 지키지 못한 건 나였어. 그러니, 더 이상 죄책감 갖지 마. 모든 죄는 내가 다 안고 갈게.
윤철	(윤희의 편지에 뭔가 섬뜩한 기분 드는데) 윤희야... 왜 그래, 너! (초조한 듯 서성이다, 문 쪽으로 달려가 문을 잡고 마구 흔드는) 윤희야!! 윤희야!!!

61. VIP 수련 병실 (저녁)
수련, 놀란 얼굴로 로건과 이야기 중인.

수련	윤희가 사라졌다뇨. 그게 무슨 말이에요?
로건	(침통한 표정) 연락이 안 돼요. 전화도 꺼져있구요.
수련	로나가 살아있다는 건 알고 있어요?!
로건	아직 얘기 못 했어요? 설마... 나쁜 맘 먹은 건 아니겠죠?
수련	(정신없는) 아뇨!! 절대 아닐 거예요!! (그대로 뛰쳐나가는데)

62. 헤라펠리스 윤희 집 거실 (저녁)
비번을 누르고 다급히 들어오는 수련.

| 수련 | 윤희 씨!! 윤희 씨!! (집 안 곳곳을 살펴보지만 없고. 다 정리돼있는 듯한 집 안 모습. 놀라는 수련) 윤희 씨... 어딨어... 이제야 만날 수 있는데.... 겁나게 왜 이러는 거야?!! |

그때, 식탁 위에 놓여있는 편지가 보이고. 겉장에, "수련 언니에게"라고 쓰여있으면. 서둘러 열어보는데. 윤희의 편지고.
수련, 윤희의 편지를 읽는.

윤희(E)	수련 언니에게... 난 언니한테 씻을 수 없는 죄를 지었어. 어떤 말과 행동으로도 용서받지 못 할 거야.

63.   택시 안(저녁)
        창밖을 내다보며 뒷좌석에 앉아있는 윤희.

윤희(E)   그때 난, 왜 그런 선택을 했을까?

64.   인서트/헤라팰리스 47층 난간/시즌 1 16화 60신(저녁)
        그대로 설아를 난간에서 밀어뜨려버리는 윤희!

윤희(E)   만약 내가 그런 무서운 짓을 하지 않았다면, 주단태가 언니를 죽일 생
        각도 하지 않았을 거고. 로나가 죽지도 않았을 거야.

65.   로나 공원묘지(저녁)
        로나 공원묘지로 달려오는 로건. 두리번거리며 윤희를 찾지만 없고.

로건   (급히 수련에게 전화하는) 여기도 없어요!!

66.   강가/헤라팰리스 윤희 집 거실/교차편집(밤)
        깊게 어둠이 내린 강 주변. 시퍼런 강이 어딘가로 외롭게 흘러가고 있
        으면.
        윤희, 강을 바라보며 서있는.

윤희(E)   언니가 참 보고 싶었어... 많이 좋아했고, 그래서 더 미웠고, 미안했어.
        벌 받을게. 언니한테 할 수 있는, 마지막 속죄할게. 안녕..... (눈물이 또르
        록 흐르는)

        윤희, 출렁이는 시퍼런 강으로 천천히 걸어가고.
        수련, 편지 마지막을 읽고 기겁하는 데서 엔딩!!

13화

주단태와 미스터 백

1. 한강 교각 위(밤)
   윤희, 출렁이는 시퍼런 강으로 천천히 걸어가는데.

윤희(E) 언니가 참 보고 싶었어... 많이 좋아했고, 그래서 더 미웠고, 미안했어.
벌 받을게. 언니한테 할 수 있는, 마지막 속죄할게. 언니를 차마 볼 자신
이 없어. 안녕.... (눈물이 또르륵 흐르는)

2. 경찰서 데스크(밤)
   걸어오는 누군가의 발걸음. 데스크 형사2 앞에 멈춰 서고.

윤희(E) 저기요....
형사2 (바쁘게 업무 보면서) 네. 무슨 일이시죠?
윤희(E) 자수하러 왔는데요.
형사2 (고개를 들어보면. 윤희가 서있고)
윤희 (담담하게) 제가 사람을 죽였거든요.

3. 명품 테일러숍(며칠 후 아침)
   규진, 팔 벌리고 서있으면. 치수를 재고 있는 직원.

규진 제우스펠리스 어때? 새로 지을 아파트 이름!
상아 (고상하게) 완전 좋네. 럭셔리하고, 있어 보이고.
규진 헤팰 입주자 대표도 된 김에, 우리가 펜트하우스도 확 사버릴까?
상아 됐어. 사람 죽었다가 살았다가 하는 집엘 왜 들어가. 몇 년 있음 천수지
구로 이사 갈 건데. 그래도 전임 입주자 대표보다는 훨씬 멋지게 각 잡
고 다녀야지.
규진 어딜 주단태 같은 인간미 없는 얼굴에 내 외모를 비교해?
상아 내가 언제 비꼴 해? (원단과 컬러 체크하면서) 온 김에, 이태리 최고급 원
단으로 몇 벌 쫙 빼자. 자기는 얼굴이 화사해서 밝은 게 어울리잖아. 이

576

거 어때?!

규진 (보지도 않고) 사! 그깟 돈 아끼지 말고! 싹 다 사버려!

마리 (옷 고르면서 비꼬듯 끼어드는) 그 컬러는 영 아닌데. 가뜩이나 쫌생이 인상인데 더 속 좁아 보이잖아.

상아 제니 엄마?! (발끈해서) 아니, 뭐래? 우리 남편은 뭘 입혀도 태가 나는 얼굴인데.

규진 쫌생이?! (정색하고, 마리에게 슬쩍 다가서더니) 근데, 나 진짜 궁금해서 물어보는 건데. 나한테 아직도 관심 있나? 왜 남 옷 사는 데까지 따라다 니는데?

마리 (확 밀치고) 쫓아다니긴 누가. 나도 옷 한 벌 뽑으려고 왔거든?

규진 양복은 어디 입고 다니려고?

마리 아! 모르셨구나. 우리 남편 곧 한국 들어오거든요.

규진 (놀라고) 유 대표가 들어와?! 벌써?! (뭔가 당황한 표정이고, 혼잣말처럼) 언제 5년이 지난 거야?....

상아 (아무것도 모르는 듯) 두바이 사업은 다 정리하고요?

마리 이제 뭐 나도 큰돈 좀 만질 건데, 굳이 그 먼 땅에서 혼자 고생시킬 이유 가 없잖아! (직원에게) 우리 남편 사이즈 불러줄 테니까, 여기서 젤 좋 은 원단으로다 열 벌쯤 뽑아줘! (직원들, 우르르 마리한테 붙으면)

규진/상아 (마리의 플렉스에 순식간에 밀리는데)

그때, 후다닥 달려 들어오는 규진의 보좌관.

보좌관 의원님! 왜 이렇게 전화를 안 받으세요?!

규진 (보좌관을 보며) 왜?! 주 회장한테 연락 왔어? 300억에 결정하겠대?

보좌관 그게 아니라, 천수지구가 뒤집혔어요!!

마리 (끼어들고) 뒤집혀지다니요? 땅값이 그새 또 올랐대요?!

규진과 마리, 상아, 기대에 부풀어 해맑은 얼굴로 보좌관을 보고 있는

위로,

앵커(E) 국내 최대 규모의 뉴타운 개발로 이슈가 됐던 천수지구가 정재계 결탁
비리의 의혹에 휩싸였습니다.

4. 검찰청 앞(낮)
차 와서 멈춰 서고. 정두만 대표가 차에서 내리면. 쏟아지는 기자들 플
래시 세례. 그 위로, 앵커 멘트 이어지는.

앵커(E) 행복미래당 정두만 의원이 당 대표직을 자진 사퇴하고, 검찰에 자진 출
두했습니다. 전 부인 살해혐의로 수사를 받고 있는 청아그룹 주단태 회
장과 결탁해, 개발 지역을 변경시키고, 천수지구에 투자 과열을 조장한
혐의를 받고 있습니다. 주단태 회장이 개발투자를 일임했던 전 부인 나
모 씨의 사망 원인에도 관심이 집중되고 있습니다.

5. 황금부동산 앞(낮)
규진, 상아, 마리, 달려와 문 두드리고 난리 치는. 이어서 두기와 왕미자
까지 합류하고.
굳게 닫혀있는 문. 꼼짝도 않는데.

앵커(E) 국토부 관계자에 의하면, 천수지구는 쓰레기 매립지로 발표될 예정이
었으나, 갑자기 뉴타운 개발지역으로 둔갑한 것으로 알려졌습니다.

규진 황사장! 문 열어!! 나 좀 살려줘!! 당장 내 땅 팔아야돼!!
마리 쓰레기 매립지라니!! 이게 다 뭔 소리야? 당신 우리한테 사기 친 거
야?!! 이 개놈의 자식아!! (흥분해서 발로 문 차면)
상아 황사장님! 좋은 말 할 때 나와요! 누구 죽는 꼴 보고 싶어 이래요?
미자 (규진을 패며) 이 똥멍충이야!! 제대로 알아보지도 않고, 땅을 싹쓸이하

면 어떡해?!! 내 강남 건물까지 꼴아 박았는데!!

규진 이게 왜 내 탓이야?! 엄마가 더 좋아했잖아.

미자 나, 니네 아빠한테 이혼당하면, 니가 나 모시고 살아야돼!

상아 어머니! 차라리 저더러 죽으라고 하세요! 집 망한 것보다 그게 더 무서워요! (싸우고 난리고)

두기 (앞으로 치고 나가며, 절박하게) 황 사장님! 그거 내 전 재산이에요! 내 것부터 좀 팔아줘요. 난 그 돈 없으면 장가도 못 간다고요~~

아우성치는 규진, 마리, 상아, 미자, 두기의 모습.
그때, 기자들이 들이닥치고. 난리 치는 헤펠 사람들을 찍기 시작하는데.
규진에게로 몰리는 카메라들. 기겁해서 도망치는 규진과 상아. 왕미자까지 버려두고, 걸음아 나 살려라 뛰어서 차에 올라 튀는데.

6.   헤라펠리스 규진 집 거실 (낮)
규진, 상아, 민혁까지 짐 가방 챙겨서 나오는데. 귀중품들 바닥에 흐르고, 주워 담느라 정신없는 손들. 그 위로.

앵커(E) 한편, 천수지구 투기에 이규진 의원이 포함되어있다는 사실이 확인됐습니다. 이 의원은 부모와 아들, 사촌의 명의까지 도용해 300억 원의 땅을 사들인 것으로 드러나 충격을 주고 있습니다.

7.   헤라펠리스 분수대 (낮)
마리, 제니의 손을 억지로 잡아끌며 뛰어가고 있는.
그때, 옆으로 숨 헉헉대며 다급하게 뛰어오는 규진, 상아, 민혁까지. 저마다 손에 짐 가방들 들려있고.
그때, 그들 앞을 가로막는 형사들.

형사2 이규진 씨, 고상아 씨, 강마리 씨! 같이 서로 좀 가주셔야겠습니다.

상아	(기겁하면) 벌써요? 아이고, 우리 망했네!
마리	잠깐만요! 나 우리 마마님이랑 통화 좀 하고... (정신없이 핸드폰 꺼내는데)
형사2	(곧바로 마리의 핸드폰을 압수하고)
규진	(나서고. 고개 뻣뻣하게 쳐든 채) 이것 보세요. 영장 나올려면 시간 좀 걸릴 텐데. 이런 식으로 강제 연행하면 곤란하지! 엄연히 우린 천수지구 피해자고...
형사2	민설아 양 사망 사건입니다!
마리	(굳어지는) 지금 뭐라고 했어요? 민설아?!! 그건 애저녁에 다 끝난 일이 잖아요! 우린 이미 심수련한테 당할 만큼 당했는데...
형사2	(말 막고) 어제 살인범이 자수하면서, 재수사가 시작됐습니다.
상아	살인범이 자수를 했다고요? 그게, 누군데요?!
형사2	일단, 서로 가시죠!

경찰들, 규진과 상아, 마리를 끌고 가면.
제니와 민혁, 어쩔 줄 몰라 울고불고 난리 치며 따라가는데.

8.   경찰서 면회실(낮)
경찰서 면회실로 들어서는 윤희. 로건이 기다리고 있고.

로건	(돌아보는) 어떻게 된 거예요? 당신 맘대로 왜 이런 짓을 해?! 적어도 나하곤 의논했어야죠!
윤희	(담담하게 로건을 보는) 내가 할 일을 한 거뿐이에요.
로건	(초췌한 얼굴을 보면 맘 아픈) 얼굴이... 그게 뭐예요?! 밥이라도 잘 먹어야, 힘내서 조사를 받을 거 아니에요? 며칠째 아무것도 안 먹었다면서요!!
윤희	(미소) 먹을게요. 걱정해줘서 고마워요. (하다가) 수련 언니는 잘 있죠?
로건	(보는) 윤희 씨를 보고 싶어 하는 사람이랑 같이 왔어요. 만나보겠어요?

580

윤희   (로건을 보는)

9.   **경찰서 앞(낮)**
    로나, 차에서 내리면. 수련, 부축해서 로나를 휠체어에 앉혀주고.
    로나, 누군가를 기다리는 듯, 경찰서 쪽을 바라보는데.
    수련, 로나가 탄 휠체어를 밀고, 경찰서 쪽으로 걸어가는.

10.   **경찰서 복도(낮)**
    윤희, 유리창 너머로 로나가 탄 휠체어가 다가오는 걸 보고 있는.
    믿을 수 없고. 온몸이 바들바들 떨리며, 눈이 커지는데.

윤희   로나!!!! 우리 로나... 우리 로나 맞죠? (숨을 쉴 수도 없는데)
로건   진술에 영향을 미칠까봐 경찰에서 말 안 한 모양이에요. 로나, 살아있
    어요!
윤희   (턱이 미친 듯이 떨리고) 어떻게... 어떻게 된 거예요?!!! (유리창을 뚫고
    나갈 듯, 온몸을 유리창에 붙인 채, 눈물 차올라 로나를 보면)
로건   수련 씨가 로나 살렸어요!!

11.   **회상 1/6화 66신 연결/병원 중환자실(밤)**
    붕대로 머리를 휘감은 로나, 산소호흡기 낀 채 살아보겠다고 힘겹게
    숨 쉬고 있으면. 누군가 그 앞으로 뚜벅뚜벅 걸어가는. 단태다.
    야비한 미소 지으며 점점 산소호흡기로 다가서는 단태의 손.
    단태, 바이탈 떨어지는 거 확인하고 나가면. 이어서 들어서는 의사. 산
    소호흡기 벗겨진 채 깔딱깔딱 숨 쉬고 있는 로나 발견하고 놀라는. 얼
    른 응급처치하고.

로건(E)   범인이 다시 로나를 노릴 거라고 생각해서 주시하고 있었죠. 미리 의사
    를 매수해두지 않았으면, 끔찍한 일이 벌어졌을 거예요.

12.   회상 2/병원 영안실 앞(밤)
       매수된 의사, 바디백에 담긴 로나를 영안실로 가지고 가는.
       옆으로 무연고 시신 바디백을 밀고, 마스크를 쓴 누군가가 다가서면.
       두 사람, 급하게 자리를 바꾸고. 네임카드를 바꿔놓는.
       마스크를 낀 누군가, 로나의 바디백을 끌고 재빨리 방향을 틀어 사라
       지는데.

로건(E) 어떻게든 로나가 살아야 주단태가 범인인 걸 증명할 수 있어서, 죽음을
       위장하고 병원을 옮긴 거고요.

13.   회상 3/병원 주차장/구급차 안(밤)
       구급차에 로나의 바디백을 싣는 누군가, 구급차에 올라타고 문이 닫
       히면.
       운전사와 의사가 미리 타있는.

수련(E) 출발해요. (마스크를 벗는데, 수련이다)

       기다리고 있던 의사, 재빨리 심폐소생을 실시하는데. 벌떡벌떡 가슴팍
       이 위로 뛰어오르는 로나. 그러나 깨어나지 않고. 계속되는 심폐소생
       술....
       수련, 울면서 맘 졸이며 지켜보는데.

의사   (땀에 온몸이 젖은 채로, 손 멈추고) 호흡이 돌아오지 않습니다. 아무래
       도 늦은 거 같습니다. (힘 다 빠져서, 포기하려는데)
수련   (절박하게) 안돼요, 포기하면! 꼭 살려야 돼요! 비켜요!!
       수련, 로나 배 위로 올라타고, 가쁜 숨을 몰아쉬며, 쉬지 않고 심폐소생
       을 하는데. 땀이 뚝뚝 떨어지면서도, 지치지 않고 계속해서 두 손을 펌
       프질하는 수련. 시간의 경과....

수련	살아줘, 로나야... 제발 눈떠!! 니 엄마를 위해서도 절대 죽으면 안돼!!

그러다, 삐삐..... 다시 심박 수가 올라가기 시작하는. 기진하는 수련, 그대로 쓰러지고.

14. **회상 4/외곽병원 로나 병실(낮)**
혼수상태인 로나를 밤낮으로 보살피고 있는 수련. 수시로 링거와 심장박수 체크하고, 물수건으로 열을 내려주고, 밤을 새워 돌보는데.
그러다 로나가 깨어나면.

로나	아줌마....
수련	(감격해서 소리치는) 로나야!! 아줌마 알아보겠어? 잘했어! 너무너무 잘했어! 이젠 됐어!! 아무것도 걱정 마. 고마워 로나야..... (로나를 안아서 볼을 비비며 기뻐하는 수련)
로건(E)	수련 씨가 목숨을 걸고 로나를 살렸어요.

15. **경찰서 복도(낮)**
윤희, 로건 말을 들으며, 휠체어에 탄 로나를 보고 있는.
눈물이 뚝뚝 떨어지고. 유리창에 손을 대고, 로나와 수련의 얼굴을 쓰다듬는데.

로건	로나가 기다려요. 이제 몸도 많이 좋아졌어요. 로나 데려올게요. (돌아서려는데)
윤희	아뇨! 살았으면... 그걸로 됐어요. 내가 떳떳하게 로나를 만날 수 있을 때, 그때 만날게요. 이렇게 두 눈으로 보는 것만으로도... 너무너무 고마워요. 대신, 부탁이 있어요. (로건을 보는)

16.   경찰서 앞(낮)
      수련과 로나, 기다리고 있으면. 로건이 다가서고.

로건   (로나에게) 엄마가 아직 시간이 필요한 모양이야.

로나   (고개 끄덕하고, 맘 아프지만 애써 밝게) 우리 엄마, 아픈 데 없이 잘 지내
          는 거죠? 밥도 잘 먹고?

로건   그럼.

로나   엄마 보면 얘기해주려고 했는데. 우리 엄마, 진짜 멋진 사람이라고!!
          (눈물 훔치면)

로건   (수련에게 쪽지를 건네는) 윤희 씨가 전해달래요.

수련   (쪽지를 열어서 보면. 윤희의 글씨가 써있는. 쪽지를 읽다가 눈물이 그렁해
          지는 수련이고)

17.   경찰서 규진 상아 조사실(낮)
      억울함을 호소하는 규진과 상아.

규진   투기는 인정하겠는데, 사체유기는 절대 아니라고!! (소름 끼친다는 듯)
          아흐! 내가 모기 한 마리도 못 잡는 심약한 스탈인데, 죽은 시체를 어떻
          게 만져?

형사2 이봐요! 나 알아요? (테이블을 쾅쾅 치며) 왜 아까부터 반말이야?

규진   (금세 공손해져서) 제가요? 제가 언제요? 저 안 그랬는데요.

상아   (규진 밀어내고) 형사님. 생각해보세요. 우리같이 사회적 지위와 명예
          가 높은 사람이 어떻게 집도 절도 없는 불쌍한 고아 애 시신을 옮기고,
          증거를 인멸하겠어요. 그건 범죄잖아요. 우린 완전 청렴결백하다구요.

형사2 (비웃으며) 방금 남편분이 말했잖아요! 투기, 했다면서요! 청렴결백은
          된장!

규진   이놈의 그지 같은 민설아 타령은 언제까지 계속할 건데?!! 대체 이번엔
          어떤 새끼야?! 누가 이런 얼토당토않은 시나리오를 써서, 우릴 또 끌어

584

들인 거냐고?! 누구야, 누구?! (그러다, 갑자기 턱이 돌아가고)

형사2 반말하지 말라니까, 새끼야!!

18. **경찰서 안/마리 조사실(낮)**
    머리카락을 마구 쥐어뜯는 마리.

마리 누가 그래요?! 내가 분수대 청소를 했다고!! 난 때는 밀어도, 청소는 안
         하는 스탈이거든요?

형사 그날, 헤라팰리스에 긴급 방수 작업이 있었다면서요! 다른 주민들이
         이미 증언 다 했어요! 그 시간에 민설아 시신 옮겼던 거 아니에요?!

마리 (뜨끔했다가, 모른 체하며) 난 무슨 말을 하는지 도통 모르겠네!

형사 목격자가 있어요! 당신들을 본 목격자요! 그래도 계속 발뺌할 겁니
         까?!

마리 그러니까, 그게 누군데요! 벌써 2년도 더 지난 일인데, 어느 정신 나간
         인간이 우릴 봤다는 거래요? 어디, 그 면상 좀 봅시다!!

형사 오윤희 씨요! 오윤희 씨가 그날, 당신들을 봤다고 진술했어요.

마리 (기겁하고) 오윤희가요?!! 아니, 그 미친!! 이게 기어이 나랑 척을 지자,
         그거야?!! (흥분하는데)

19. **경찰서 안/서진 조사실(낮)**
    들어오는 윤희와 마주한 서진, 자리에서 일어나고.

서진 (잡아먹을 듯이 노려보며) 너였어? 우릴 무고한 사람이?!

윤희 내 눈으로 똑똑히 봤어! 분수대에서 니들이 무슨 짓을 꾸미는지! 알잖
         아. 나도 그날, 헤라팰리스에 있었다는 거!

서진 넌 그날 술에 취해서 아무것도 기억 못 한다고 했잖아!!

윤희 아니! 다 기억났어! 그날 일들 전부 다... 똑똑히...

서진 이제 없는 일까지 만들어서, 날 범죄자로 엮을 참이야? 대체 니가 뭘 봤

는데? 민설아는 자살이었어!! 지 엄마한테 버림받고, 세상을 비관해 자살한 거라고!!

윤희 민설아, 자살 아냐! 내가 범인이야. 민설아를 헤라팰리스에서 죽게 만든 범인!!

서진 (경악하고) 뭐어? 너 지금... 뭐라고 했어?!! 니가... 민설아를 죽였다고?!! 그게 사실이야?!! 심수련도, 알고 있어?!!

윤희 알고 있어.

서진 (허걱 하고. 휘청하는 서진. 믿을 수 없단 얼굴로 윤희를 보는데)

20. **경찰서 단태 조사실 (저녁)**
      단태, 허겁지겁 설렁탕을 비우고 있으면. 문을 열고 수련이 들어오는.

수련 (정신없이 깍두기에 설렁탕을 먹고 있는 단태를 내려다보다가) 식사 중인데, 미안하네. 나애교를 니 손으로 죽인 소감이 어때?

단태 (놀라 멈춰 서고. 고개 들어 보면, 수련이 서있는. 입에 한가득 설렁탕 넣은 채로) 심수련!!!!! (벌떡 일어서고) 정말... 심수련이야, 니가?! (믿기지 않은 듯 보면)

수련 왜? 놀랐어? 내가 영원히 나애교의 존재를 모르고 죽어주길 바랐겠지만, 어쩌지. 이미 2년 전에 알아버려서! 늘 당신이 사주는 옷만 입으라고 강요한 이유를 그때야 알았지 뭐야. 나와 똑같은 옷을 입은 나애교를 주단태 와이프로 둔갑시켜 로비를 시킬 셈이었겠지! 어차피 난, 혜인이 돌보느라 대외활동은 전혀 하지 않았으니까 들킬 염려도 없었을 테고! 맘껏 심운건설 딸 이름 팔아서, 정재계 인사들을 농락하고 산 거야?!!

단태 어떻게... 내가 널 못 알아볼 수 있어?!! 어떻게 이렇게 감쪽같이!!

수련 다행히 태국에 나애교에 대한 자료가 많더라고. 헬퍼들한테 도움도 받았고. 2년 동안, 나애교보다 더 나애교처럼 살았어! 돌아오기 위해 죽을힘을 다했어!! 그래야 널 죽일 수 있으니까!!

단태	그 입 닥쳐!!
수련	(매섭게 몰아붙이는) 내 모든 불행의 시작이 너라는 게 소름 끼쳐! 설아 아빠를 죽이고, 설아를 사지로 몰고, 나애교까지 죽였어!! 게다가 죄 없는 로나까지!! 매일같이 널 갈기갈기 찢어 죽이는 상상을 하며 버텼어! 어떻게 너 같은 인간이 아직까지 살아있는지, 신이 원망스러울 지경이야!!
단태	감히 날 속여?!! 니깟 게 나를!! (분노하면)
수련	그거 알아? 나애교는 이미 오래전에 널 배신했다는 거. 그 여자, 정두만 대표를 사랑하고 있었어. 그래서 떠나려고 했던 거고.
단태	(코웃음) 말도 안 되는 소리!! 니가 나애교에 대해 뭘 안다고 그딴 소릴 지껄여?! 나애교한테 남자는 평생 나뿐이었어! 날 위해 무슨 짓이든 했으니까!
두만(E)	그런 여자를 왜 죽였지, 주단태?!

그때, 수련 뒤로 누군가 모습 드러내는데. 고개 들어 단태를 보는. 정두만이다!

단태	(놀라) 정 대표님!!! 이게 어떻게 된 겁니까?!! 대체 경찰한테 뭐라고 한 거예요? 내가 지금 무슨 수모를 겪고 있는지 알아요? 당장 여기서 날 빼내요!
두만	내가 왜 그래야 되지?
단태	(멈칫. 싸늘한 표정. 협박하듯) 그렇게 나오면 재미없을 텐데요. 대선 출마 안 하실 거예요? 당신과 나애교와의 관계, 다 터트려도 되겠습니까?!
두만	(무서운 표정) 나애교와 나, 니가 생각하는 것처럼, 그런 추잡한 관계가 아냐! 너같이 천박한 놈이 그걸 어떻게 알겠어? 평생 사랑이라곤 받아본 적 없는 버러지 같은 인간이!
단태	(흥분해 표정 일그러지고) 설마 당신이, 내 여자랑 진짜 연애라도 했다는 거야? 죽여버릴 거야!! 가만 안 둬!! (두만에게 달려들면)

587

두만	(그대로 설렁탕 그릇을 들어서 단태 쪽으로 내던지는데. 단태 얼굴에 비껴
	서 벽에 부딪혀 깨지는)
단태	으악!! (놀라서 몸 웅크리고 바들바들 떨면)
두만	(단태의 턱을 올려 잡고) 그런 짓을 하고도 살겠다고 밥 처먹고, 몸 사리
	고, 벌벌 떨고 있는 꼴이라곤! 그래도 너 같은 자식을 불쌍히 여겨준 유
	일한 사람이 나애교였어. 그런 여자를 죽인 게, 니 인생에 가장 큰 저주
	겠지.
단태	(텅 빈 눈으로 두만을 보면)
수련	(단태를 내려다보며) 이제 니가 할 수 있는 건 아무것도 없어! 그 많던 돈
	도! 석훈이 석경이도! 거기다 펜트하우스까지 모두 다 내 손에 들어왔
	어! 감옥에서 부디 니 명 끝날 때까지 불행하길, 주단태!!
두만	니 불행이 완벽해질 때까지 나도 최대한 힘을 보탤 생각이야. 그게 나
	애교에 대한 내 의리야. 각오해, 주단태! (수련과 함께 나가버리면)
단태	으아!!! 거기서!! 정두만!!!! 심수련!!!! (미친 듯 발악하는데)
로건(E)	미스터 백!
단태	(멈칫, 그대로 얼어버리고. 고개를 들어 올려다보면. 유리벽 너머로 로건이
	서있는) 저, 개자식이! 뭐래는 거야?!!
로건	(유리벽 뒤에서 마이크에 대고 말하는) 나애교 말이 맞았네. 진짜 이름이
	따로 있다더니. 그게, 미스터 백인가?
단태	당장 내려와, 너!! (부르르 온몸을 떠는데)
로건	그럴 시간이 없는데. 나 오늘 미국으로 떠나. 내 부모님도 미국에서 조사
	잘 받고 있고. 그러니까 괜한 희망 품지 마. 당신과 딜은 더 이상 없을 거
	니까. 니놈의 바닥이 어디까지인지, 내가 다 밝힐 거야. 여기서 끝이 아니라
	는 거 보여줄게, 주단태! 아니, 미스터 백!! (일갈하고, 밖으로 나가면)
단태	(순간 모든 힘이 빠져나간 듯, 그 자리에 털썩 주저앉는)

21. 인서트(타투 숍/밤)

20살의 앳된 모습의 애교, 나비 문신을 하고 있는. 그 옆으로 역시 젊은 단태가 지켜보고 있고.

단태   아프지 않아?

애교   (아프지만, 눈 찡긋하고) 참을 만해. 심수련이랑 헛갈리지 않으려면, 표시는 해놔야지.

단태   내가 왜 헛갈려? 눈 감고도 나애교는 찾지. 내 여잔데. 근데 왜 하필 나비야?

애교   다시 태어나려고. 아름다운 나비로. 예쁘지?

단태   (애정 담긴 눈으로 애교 손잡고) 내가 너 꼭, 심수련처럼 살게 해줄게. 세상에서 제일 행복한 여자로! 그때까지 잘 참을 수 있지?

애교   (순수한 눈동자로 보는) 얼마나 기다려야 하는데?

단태   오래 걸리지 않아! 심수련 이름만 잘 이용하면. 돈에 깔려 죽을 만큼 미친 듯이 돈만 벌 거야. 강남에 집도 사고, 빌딩도 짓고, 엄마가 돌아가신 땅에 주단태 빌리지를 만들어서 세상 사람들이 다 내 앞에 납작 엎드리게 할 거야.

애교   아이들도 낳고?

단태   당연하지. 아들도 낳고, 딸도 낳고. 우리 아이들은 우리나라에서 제일 비싸고 제일 높은 집에서 살게 될 거야. 천국이랑 가장 가까운 집!

애교   생각만 해도 너무 좋다.

단태, 행복해하는 애교를 보는 데서.

22.   현재/경찰서 조사실(낮)

단태   (멍해지는) 나애교가... 정말 죽었단 말야? (자신의 두 손을 내려다보며) 이 손으로 내가 그 여자를?!!! (입술이 파르르 떨리고, 눈물이 맺히는 단태고. 그러다 털썩 바닥에 주저앉은 채, 어린아이처럼 울기 시작하는 단태) 아아아.. 아아아..... 아아아.....

23.   헤라펠리스 서진 집 은별의 방(낮)
       은별, 불안한 듯 머리 쓸어 넘기며 방안 왔다 갔다 하는.

은별   엄마가 그럴 리가 없어!! 어떻게 날 안 보고 싶어 해? 내 엄만데!! 엄마
       한테 직접 물어볼 거야!! (뛰쳐나가면)

24.   헤라펠리스 서진 집 거실(낮)
       은별, 방에서 나오면. 분홍, 주방 쪽에서 요리하고 있는데.
       은별, 분홍의 눈치 보며 몰래 집 밖으로 나가는.

25.   헤라펠리스 분수대(낮)
       은별, 급하게 걸어가다가 멈칫하고. 그대로 비명 지르며 주저앉는데.
       눈앞에 있는 건 로나고!

은별   아악!!
로나   왜? 귀신이라도 봤어?
은별   어.. 어떻게 된 거야... 니가 왜!!!!
로나   내가 죽길 바랐을 텐데, 미안하네. 이렇게 살아있어서. 왜 그랬어, 하은
       별?! 왜 날 죽이려고 했어?! 내가 그렇게 미웠니?!
은별   (벌벌 떨며) 아냐!! 아냐!! 난 아무 짓도 안 했어!! 내가 그런 게 아냐!!!
       (부정하는데)
로나   인정할 거라고 생각 안 했어. 니 아빠가 불쌍해. 너 같은 애를 감싸겠다
       고 대신 죄를 뒤집어쓰다니! 그렇다고 니가 한 짓이 없어지지는 않아!
       너 또한 벌 받게 될 거야, 하은별!!
은별   꺼져!! 넌 죽었어!! 이제 니가 돌아올 텐 없어!!! 제발 내 앞에서 꺼지라
       고!! (미친 듯 기듯이, 왔던 길을 돌아서 도망치는데)
로나   (그런 은별을 안타깝게 보다가, 현기증 나는 듯 휘청하면)
석훈   (다가와 로나를 부축하고) 괜찮아? 아직 무리하면 안 된댔어. 병원으로

590

돌아가자. (로나를 감싸 안고 가는데)

26.   헤라팰리스 서진 집 거실(낮)
       도망쳐 들어오는 은별을 놀라서 보는 분홍.

분홍   은별아! 말도 안 하고 어디 간 거야? 아무 데도 가지 말라고 했지!! 밖은
       위험하다고 했잖아!!

은별   (바들바들 떨리고, 초점 잃은 눈빛) 쌤... 나 여기 싫어!! 무서워... 무서워
       죽겠어.... 나 좀 데리고 아무 데나 가줘요. 어디든 상관없으니까, 멀리,
       아무도 못 찾는 데로 데려가줘요!! 네? 쌤!! 제발요!!!

분홍   정말... 어디든 상관없어?

은별   (정신없이 고개 끄덕이며) 네... 배로나만 없으면 돼요!!

분홍   가여운 것... 그래. 그러자. 우리 다 버리고, 도망가자. (우는 은별을 끌어
       안고) 이제부터 날 엄마라고 부르렴... 엄마라고... (행복한 미소 짓는)

27.   경찰서 일각(저녁)
       형사들에게 결박당해 걸어오던 서진. 눈앞에 누군가를 보고 멈춰 서
       는데.
       서있는 뒷모습의 여자. 돌아서면, 수련이다.

서진   (수련을 보는. 전혀 쫄지 않고) 심수련!!! 오랜만이야. 드디어 만나는
       건가?

수련   (형사들에게) 잠깐 자리 좀 비켜주시겠어요?

형사   괜찮으시겠어요?

       수련, 고개 끄덕하면. 형사들, 수련과 서진만 둔 채, 빠지는데.

수련   (수갑 찬 서진의 손을 내려다보며) 참 잘 어울리네.

서진	닥쳐!! (죽을 듯이 수련을 향해 달려들면)
수련	(그런 서진을 한손으로 날렵하게 제압하고)
서진	(뜻밖의 수련 모습에 당황하고, 휘청하는데. 욱해서 악다구니 터져 나오는) 내가 너한테 뭘 그리 잘못했어!! 민설아를 죽인 건, 니가 그렇게 좋아 죽던 오윤희잖아!! 오윤희가 저지른 짐승 같은 짓에 비하면, 난 아직 이 빨도 안 난 애송이었어!
수련	니 잘못이 설아뿐이라고 생각해?!
서진	아! 니 남편 뺏은 거? 당장 도로 가져가!! 한때나마 그런 인간을 좋아했 던 게, 내 천추의 한이니까!!
수련	어쩜 이 상황에서도 반성이란 걸 모르지?
서진	나도 충분히 벌 받았어!! 주단태한테 우리 가족이 무슨 짓까지 당했는 데!! 뭘 더 원해? 내가 너 따위한테 엎드려 용서라도 빌까 봐?!
수련	(그런 서진을 한쪽으로 확 밀어서, 벽에 세우고) 아니! 아무것도 하지 마!! 이제부턴 내가 할 거니까!! 니가 했던 모든 걸 뼈저리게 후회하게 해줄 게!! 넌 조용히 기다리기만 하면 돼! (서진을 확 밀쳐버리고 가면)
서진	(바닥에 쓰러진 채 발악하는) 니가 뭔데?!! 니가 하나님이야? 판사야?! 무슨 자격으로 그딴 소릴 지껄여?!! 난, 내 인생을 열심히 산 죄밖에 없 어!! 내 딸을 위해 최선을 다했을 뿐이야!! 엄마가 자식을 사랑한 게 무 슨 죄야?!! 난 죄 없어!! 가만 안 둘 거야, 심수련!! 지금의 치욕, 고대로 다 갚아줄 거라고!! (악악대다가, 서러움에 머리를 벽에 박고 무너지는데)

〈두 달 후〉 자막 뜨고.

28.   몽타주(낮)
마리 목욕탕 앞/ 목욕탕 앞에 〈급매〉 종이 붙어있고. 스산한 바람이 불 고 있는.
청아예고 이사장실/ 은후와 유정, 봄이가 마두기한테 걸려서 쫓기다 가 몰래 들어와서 숨는 놀이터로 변해져있고.

592

제이킹 홀딩스 회장실/ 썰렁하니 텅 비어있고. 서류들이 마구 흩어져 난장판인.

규진 국회의원 사무실/ "이규진" 이름이 적힌 팻말이 바닥에 떨어진 채, 사람들 발에 짓밟히고 있는.

서진 집 거실/ 소파와 가구에 하얀 천이 덮여있고. 사람의 온기가 전혀 느껴지지 않는.

29.   검찰청 앞(낮)
       수인복을 입은 단태, 차에서 내리면. 기자들이 달려오고.

기자1   나애교 씨 살인, 인정합니까?

단태   아니요! 난 결백합니다!

기자2   부인인 심수련 씨와 배로나 양을 납치 감금, 폭행한 사실은 인정합니까?

단태   그런 적 없습니다! (단호한데)

기자1   천수지구 개발을 위해 전 방위 로비를 해온 건 사실입니까? 뇌물 받은 정치인들의 명단을 가지고 있다는데, 공개할 생각은 있습니까?

단태   (기자들을 헤치며 앞으로 걸어가며) 난, 돈을 뺏긴 적은 있어도, 뇌물을 준 사실은 없습니다!! 내가 뭐가 아쉬워서 그놈들한테 뇌물을 줍니까?

기자1   오늘 열리는 민설아 양 살인 사건 재판도 무죄라고 주장하실 겁니까?

단태   난 맹세코 아무 잘못이 없습니다! 난 무쳅니다! (호령하고, 법정으로 들어가는데. 스스로 주문을 외듯) 난 무죄야. 아무 잘못 없어. 난 결백해! (반복해서 중얼거리는데)

30.   법원 복도(낮)
       수련, 복도 걸어가다가 멈춰 서고.
       그 앞으로 걸어오는 서진, 마리, 규진, 윤철, 상아! 맨 뒤에 윤희까지 나란히 줄 서서 걸어가고 있는. 모두들 수의를 입고 있는 모습이고.

31.　　법정 안(낮)

피고인석에 나란히 앉는 윤희, 단태, 서진, 규진, 마리, 상아, 윤철.

그 뒤로 방청석에 수련과 로나, 제니, 민혁도 앉아있는.

그 옆으로 위세당당하게 3마마도 버티고 앉아있고. 마리를 믿는다는

눈빛으로 포스 뿜어내며 힘을 보태고 있는데.

단태, 석훈과 석경을 찾는 듯 둘러보다가 로나와 눈 마주치면, 흠칫해

서 얼른 뻔뻔하게 고개 돌리고. 무섭게 그런 단태를 노려보는 로나의

눈빛!

검사　　심수련 씨를 증인으로 신청합니다! (호명하면)

수련　　(증인석에 앉는데)

단태/서진/규진/상아/마리　　(저마다의 방식으로 욕설 쏟아내며, 흥분해서 일제히 수
련한테 달려들면. 법원경호원에게 저지당하고. 강제로 착석하는)

판사　　(판사봉 탕! 탕! 치며) 조용! 조용히들 하세요!

검사　　(수련에게 다가서며) 사건이 일어난 날, 엘리베이터를 타고 내려오다
가, 민설아 양을 밀친 사람을 직접 목격하셨죠? 그 사람이 오윤희 씨 맞
습니까?!

수련　　(멈칫, 윤희를 보는데)

윤희　　(그런 수련을 외면한 채 앉아있고)

32.　　회상/13화 16신 연결/경찰서 앞(낮)

수련, 로건이 건네주는 윤희의 쪽지를 읽고 있는.

윤희(E)　　언니, 부탁이 있어. 설아의 마지막을 본 유일한 목격자로 법정에 나와
줘. 내가 제대로 벌 받을 수 있게! 그래야 다른 사람의 죄도 확실하게 물
을 수 있어. 부탁해.

33.   현재/법정 안(낮)

검사   증언해주시길 바랍니다.

수련   (결심한 듯) 네, 맞습니다. 오윤희가 우리 설아를 47층 난간에서 밀었습니다. 제가 똑똑히 봤습니다.

윤희   (그제야 맘이 편한 듯 수련을 보는데. 눈이 마주치는 수련과 윤희)

방청객, 심하게 웅성대기 시작하고. 윤희에게 손가락질하고, 고함치고, "살인자"라고 난리 치는데.
윤철, 굳은 표정으로 윤희를 보는.

상아   세상에... 진짜 오윤희였단 말야?! 말도 안 돼!

규진   말 돼! 완전 말 돼!! 내 그럴 줄 알았다니까!!

단태   저런 살인마와 우리를 동일하게 취급하는 건 억울합니다.

마리   옳소!! 딸 같은 애를 밀쳐 죽인 악질범과 우릴 비교하면 안 되죠!! 재판장님! 벼락을 때리려면 저런 인간한테 때려야죠! 우리가 무슨 죕니꽈?! 네?!

규진   (흥분해서 거드는) 사람을 죽여놓고, 자기 딸을 대신 입학시키고, 민설아가 살던 보송마을 아파트까지 기어들어가서 집값을 몇 배로 불려먹은 거잖아? 완전 소름이네. 재활용도 못할 인간쓰레기!!

서진   양심이란 게 있으면, 뭐라고 말 좀 해보시지, 오윤희! 민설아의 친엄마와 절친으로 지내는 쇼까지 해보이고! 대체 진심이란 게 있는 사람이야, 너?!!

판사   (판사봉 두드리고) 다들 조용하세요!! 법정에서 소란을 피우면, 곧바로 퇴정 조치하겠습니다!

윤철   (죄인으로 앉아있는 윤희를 바라보는 심정, 처참한데. 모든 게 다 자기 탓인 것만 같고. 괴롭고 혼란스러운)

컷 되고. 다음 피고인들에게 심문 이어지는데.

단태	(뻔뻔하게) 전 피해자의 시신을 유기하거나, 피해자의 집에 방화를 한 사실이 없습니다! (윤희를 가리키며) 살인자의 말만 믿고 우리를 범죄자 취급해도 되는 겁니까?
규진	증거 있어요? 우리가 민설아 사건에 연루됐다는 증거?! (검사에게 따져 물으며) 대한민국은 증거재판주의라구요! 이건 헌법에 명시된 거예요!!
서진	저 역시 그런 사실 없습니다! 살인자 오윤희의 단독 범행이 확실합니다!!
마리	저도 그렇게 생각합니다. 제 딸 이름을 걸고 맹세합니다!
상아	저두요!
윤철	(아무 말 않고, 굳은 표정으로 있으면)
검사	재판장님! 2년 전 피고인들이 자백한 영상을 증거로 제출하겠습니다. (USB 들어 보이면)
변호사	(벌떡 일어서고) 사전에 제출되지 않은 증겁니다. 기각해주십시오.
판사	증거로 인정합니다.
규진	(당황하며) 아니, 변호사야! 너 똑바로 못 해? 돈은 얼마를 처받고!
판사	(규진에게) 정숙해주세요!! 마지막 경고예요!
검사	(영상을 틀면)

마리(E)	나, 나, 나! 나부터 얘기할게요.

34. 인서트/공터/폐 버스 안/시즌 1 19화 3신(밤)

마리(E)	난 그날, 분수대 청소해준 거밖에 없다구요!!!
상아	(나서서) 나도 마찬가지예요!! 그냥, 제니 엄마가 준 수건으로 핏물 치운 거밖에 없어요.
단태	그만해!!! 이건 다 함정이야. 증거를 잡으려고 쇼하는 거라고!
규진	뭘 그만해?! 넌 뒤져도, 난 못 죽어! (손가락으로 단태 가리키며) 주단태가 빨리 시체를 치우자고 했어요. 난, 주단태가 시키는 대로 했을 뿐이에요!
윤철	(폭로 이어지고) 시체를 옮기려고 골프백을 가져온 건 그 집이잖아!

596

규진	골프백을 실은 거는 하 박사 차거든?! 보송마을 옥상에서 떨어진 것처럼 꾸민 것도 하 박사잖아. 그거, 사인 조작이라고! 게다가, 서진 씨는 유서까지 조작했잖아. 부부가 자살로 딱 맞춘 거네!

35. 법정 안(낮)

피고인석에서 날 선 반박 이어지고.

단태	그건, 시한폭탄이 설치된 상황에서 어쩔 수 없이 한 허위자백이었어요!
서진	(수련을 가리키며) 저 여자가 총을 들고 우릴 협박했습니다!
규진	맞습니다. 시신을 유기했다면, 당연히 민설아를 죽인 오윤희가 했겠죠.
마리	우린 정말 아무 짓도 안 했어요. 억울해요! 너무 억울해서 돌아버리겠어요!
상아	우린 그날, 파티를 즐긴 죄밖에 없다고요!!

다들 결백을 주장하며 아우성인데.

윤철	(갑자기 입 여는) 허위자백이 아닙니다. 전부 사실입니다!!

순간 정적이 흐르는 법정 안. 모두 윤철을 보는데.
방청석에 앉아있던 기자들의 움직임이 빨라지면.

단태	무슨 소릴 하는 거야, 하윤철!
규진	(복화술로 도리질하며) 하 박사. 하지 마, 제발!
서진	(이 악물고) 은별이 생각해! 우리 둘 다 잡혀 들어가길 원하는 거야?
윤철	(압박의 눈빛에도 아랑곳없이) 그날 우린, 민설아 시신을 보송마을로 옮기고, 사인을 조작했습니다. 민설아가 우리 아이들의 폭행 사실을 퍼드릴까 봐 겁이 났습니다. 기계실에 갇혀있다는 걸 알고 있었지만, 아무 조치도 취하지 않았습니다. 우린 모두, 미쳐있었습니다!

규진 (못 참고 폭발하는. 윤철에게 덤벼들며) 죽을 거면 너만 죽어!! 이 비겁한 자식아!! (달려드는 규진에서 컷 되고)

단태 (역시 윤철에게 달려들며) 난 그런 적 없어! 기억 안 난다고!! (흥분한 단태에서 컷 되고)

(인서트/규진) 헤라팰리스 주차장 일각/시즌1 4화 29신 (밤)
가열차게 가위바위보를 하는 세 사람의 손. 윤철 지는데. 규진, 만세 부르고.

남자들(E) (진지한 목소리) 안 내면 진 거. 가위바위보!

규진 (고소해하며) 것 봐요. 하나 마나라니까. 우리 엄마가 요리 연구가라 냄새를 귀신같이 맡아서, 내 차는 절대 안 된다고 했잖아!

윤철의 차 트렁크에 골프 항공백을 싣는 세 사람.
화면 정지되며. 그 위로 자막과 설아(E) 〈이규진 죄명〉 증거인멸죄, 사체유기죄, 주거침입죄, 주택법위반죄. 피고인을 징역 2년에 처한다.

(인서트/단태) 설아 아파트 현관/4화 39신 (밤)
단태, 담배를 꺼내서 불을 붙이고는, 실내를 쭈욱 둘러보더니, 한쪽에 놓여있는 설아의 옷가지가 담긴 라면박스에 불붙은 담배를 획 던지는데.

단태 (괴랄한 표정 지으며) 핸드폰이 발견되지 않은 이상, 이게 최선이겠죠. 이걸로 모든 증거는 사라지는 겁니다! (사악한 미소)

화면 정지되며. 그 위로 자막과 설아(E) 〈주단태 죄명〉 살인죄(전처 나애교를 죽인 행위), 살인미수죄(배로나를 흉기로 죽이려고 한 행위), 미성년자 약취유인죄, 감금죄, 현주건조물방화죄, 증거인멸죄, 사체유기죄, 사체손괴죄, 주거침입죄, 뇌물공여죄, 주택법위반죄, 부동산등기 특별조치법위반죄. 피고인을 무기징역에 처한다.

마리   (충격받은 얼굴로 윤철을 보며) 저저저놈의 주둥아리를!!

상아   하 박사님! 진짜 우리랑 전생에 웬수였어요?!!

(인서트/마리) 헤라팰리스 분수대/시즌1 4화 30신(밤)
마리의 지시에 따라 기민하게 움직이는 서진과 상아.
마리가 락스를 뿌리고, 서진과 상아가 청소솔과 걸레로 분수대를 박박
닦으면.

마리   천 쌤은 왜케 손이 느려 터졌어요. (시범 보이며) 이렇게, 못 해요?

서진   이런 일을 해봤어야죠.

마리   어어, 상아 씬 잘하네요. 합격!

상아   (금세 편먹고 우쭐해지고) 감사해요. 이것도 은근 머리를 써야 잘되네요.

마리   (잘난 척하며) 당연하죠. 힘이 아니라 이건 스킬이에요, 스킬! 분수대 물
을 채우려면 일 분 일 초가 아까워요. 지금부터 5분 안에 마무리 지어야
해요.

화면 정지되며. 그 위로 자막과 설아(E) 〈강마리 죄명〉 증거인멸죄, 사
체유기죄, 주택법위반죄. 피고인을 징역 1년 6개월에 처한다.
화면 정지되며. 그 위로 자막과 설아(E) 〈고상아 죄명〉 증거인멸죄, 사
체유기죄, 주택법위반죄. 피고인을 징역 1년 6개월에 처한다.

서진   (원망스럽게 윤철을 쏘아보며) 당신이 기어이 날 낭떠러지로 밀어서 죽
일 참이야?!!

(인서트/서진) 헤라팰리스 기계실/시즌1 4화 73신(밤)

서진   (거칠게 설아의 뺨을 후려치면. 루비반지의 날카로운 금속이 설아의 뺨을

할퀴는데)

화면 정지되며. 그 위로 자막과 설아(E) 〈천서진 죄명〉 미성년자 약취
유인죄, 감금죄, 증거인멸죄, 사체유기죄. 피고인을 징역 7년에 처한다.

윤철　　(단태와 규진에게 먹살 잡히는)

　　　　(인서트) 보송마을 아파트 일각/화단 위/4화 36신(밤)

단태　　(비위 상해서 고개 돌리며) 여기부턴 전문가인 하 박사에게 맡길게요.
어떻게 놓을지 생각해봐요.

윤철　　(5층 위 옥상을 올려다보며) 그러니까 저기 위에서 떨어진다면.... (화단
에 누워서 시연하는) 이렇게. 아니 이렇겐가? (이리저리 자세 바꿔보고)
아, 이렇게가 좋겠네요!

화면 정지되며. 그 위로 자막과 설아(E) 〈하윤철 죄명〉 증거인멸죄, 사
체유기죄, 범인도피교사죄. 피고인을 징역 2년에 처한다.
단태, 서진, 윤철, 규진, 상아, 마리, 얼굴 분할되며. 그 위로 자막. 〈법정
모욕죄 추가! 쾅!〉 도장 박히는.

단태, 서진, 규진, 상아, 마리, 판결에 불복해 난동 피우고 법정이 아수
라장이 되는데.
윤철의 시선은 윤희에게 가있고. 윤희를 바라보는 윤철의 눈에 눈물이
가득 고이는데. 윤희에게 참회하는 느낌으로...
그리고 그런 윤철의 시선을 바라보는 서진. 윤철의 마음이 결국은 윤
희를 선택했다는 생각이 들면서 심한 배신감에 휩싸이고.

서진(E)　　하윤철... 결국 니 맘은, 오윤희였던 거지. 같이 시궁창에 빠질 만큼, 그
렇게 오윤희를 편들어주고 싶었어? 나란 여잔 어떻게 돼도 상관없다는

거야? (입술을 꽉 깨무는데)

단태   (서진에게) 저런 비겁한 새끼 주둥이 하나 못 막아? 잘나빠진 니 남편이 었잖아! (탓하면)

서진   (갑자기 폭발하는) 닥쳐, 주단태!! 이게 다 누구 때문인데?! 애초에 니가 시킨 거잖아!! 니가 책임진다며! (주먹으로 있는 힘껏 선빵 날리면)

규진   배로나도 니가 죽이려고 했다며! 니가 원흉이야!! (흥분해서 재판석의 재판봉을 들고 와서, 단태의 머리를 마구 내려치는데) 책임져! 죽어!! 그냥 너 혼자 죽어!!

마리   (자기가 신고 있던 신발을 벗어서, 수갑 찬 손으로 단태의 뺨을 내려치고) 처음부터 너 같은 인간이랑 엮이는 게 아니었어!! 왜 나한테까지 똥물 을 튀기냐고!!

윤철/상아   이 개놈의 자식!!! (합세해서, 단태를 패기 시작하는데)

단태   (역부족으로 당하고. 바닥에 깔린 채 미친 듯이 얻어맞는)

그런 단태를 바라보는 로나의 시선.
직원들 달려와서 흥분한 헤펠 사람들을 뜯어놓는데.

규진   내가 누군 줄 알고, 실형이야?! 판사 누구야? 너 미친 거 아냐?

상아   (민혁을 보며 울고불고 난리고) 민혁아! 엄마 어떡해!!

민혁   아이씨, 쪽팔려. 내 이름 좀 그만 불러!! (의외로 멀쩡한데)

마리   안 돼! 빵은 못 가!! 차라리 날 죽여!! 난 제니와 떨어져선 못 산다고!! (드러누워 발버둥치고)

제니   엄마아아!!! 제발 우리 엄마 살려줘요!! (엉엉 울면서 난리 치고)

서진   (애써 눈물 참으며, 누구보다 당당하려고 애쓰다가, 방청석에 앉아있던 서 진모와 서영이를 발견한 순간, 다급하게 달려가며) 은별이는요?! 우리 은 별인 어쩌고 있어요?

서진모   (차갑게) 그걸 내가 어떻게 아니?! 살다 살다, 이런 망신이 어딨어?!! 니 아버지 얼굴에 먹칠을 해도 유분수지!!

서영	무슨 염치로 은별이를 찾아? 은별이도 엄마가 없는 게 낫다고 생각하지 않을까? (서진모와 함께 획 나가버리면)
서진	어머니! 서영아! 은별이 좀 데려와줘! 엄마 한 번만 보러 오라고 해!! 엄마가 너무너무 보고 싶다고!!! (한순간에 무너지는데)
윤철	(역시 방청객 둘러보며 은별을 찾는데 보이지 않고. 그러다 로나와 눈 마주치면, 얼른 고개 돌리는. 죄책감에 눈을 꾹 감는. 비 오듯 떨어지는 눈물....)
단태	(자신을 차갑게 보는 석훈과 석경의 시선에 콧방귀를 뀌고)

단태, 서진, 마리, 규진, 상아, 윤철, 법원경호원들에게 한 명씩 끌려 나가는데.
마리, 끌려 나가면서 3마마에게 손 뻗어서 도움 청하는.

마리	사모님~~~~ 저는 억울해요~~~~~ 저는 분수대 청소한 죄밖에 없어요~~~! 평소 하던 대로 물청소한 게 단데~~~~ 제발 저 좀 도와주세요!! 전 죽어도 빵에선 못 살아요!!
마마1	(포스 있게 마리 앞에 다가와 서더니) 못 살긴 왜 못 살아?! 빵이 무서우면 죄를 짓지 말았어야지!!
마리	(돌변한 송 사장 태도에 당황하면)
마마1	못난 사람!! 왜 그런 망할 짓을 했어?!! 내가 믿었던 진천댁이 고작 이따위였어?!! 아무리 내 사람이래도 어린애 갖고 장난치는 건 못 참아!!
마마2	진천댁을 위해선 보석금 백억도 아깝지 않지만, 이런 일엔 10원도 못 주는 게 우리 3마마의 룰이야!
마마1	고생할 만큼 고생하고, 벌 받을 만큼 받고 나와! 제니는 내가 돌봐줄 테니, 꼴사납게 자식 핑계 대지 말구!! 죗값 치른 후에 다시 찾아와. 우리 관계는 그때까지 스탑이야! (다른 마마들에게) 갑시다. 괜한 걸음 했네. (쌩해서, 먼저 나가면)
마리	(벙찌고) 사모님... 사모님!!! 그냥 가시면 어떡해요!! 사모님~~~!!!

윤희, 나가다가 멈칫하고 돌아보면. 수련과 눈 마주치고. 예전의 윤희
처럼 수련을 향해 해맑게 웃어 보이는데.

수련도 그런 윤희를 예전처럼 웃으며 보내주는.

윤희, 미소 지으며 법정을 나가고. 로나는 엄마 부르면서 엉엉 우는데.

그런 로나를 감싸 안아주는 수련이고.

36. 법원 앞(낮)

윤희, 홀가분한 기분으로 호송차로 향하는데. 다른 사람들도 발버둥
치면서 끌려가고. 윤희의 표정 위로,

37. 회상/법정 안(낮)

윤희, 마지막 진술하고 있는.

윤희   모든 혐의 인정합니다. 용서받을 순 없겠지만, 죽는 날까지 설아에게
       용서를 구하며 살겠습니다. (고개 떨구면)

수련   (일어서고) 판결 전에 재판장님께 꼭 드릴 말씀이 있습니다.

판사   말씀하세요.

수련   오윤희는 씻을 수 없는 큰 잘못을 저질렀습니다. 하지만 기댈 곳 없던
       제 딸의 편이 되어주었던 유일한 사람입니다.

       (인서트 1) 고깃집 일각/시즌 1 5화 67신(저녁)

설아   안돼요, 사장님. 저 돈 필요해요. 지난달 월급도 안 주셨잖아요.

사장   이게 미쳤나? 니가 깨먹은 불판 값이 얼만데! 이거 당장 안 치워!! (설아
       의 옷을 잡아당기면)

윤희   (달려와, 고깃집 사장을 확 밀치고) 그 손 안 놔!! 이렇게 무거운 불판을
       애한테 옮기라는 게 잘못된 거 아냐? 이거 아동학대야!! 내가 신고할
       거야, 당신! 돈도 안 주고 어린애를 부려먹어? 가게 문 닫고 싶어?!

사장   당신 누구야?

603

| 윤희 | (버럭) 이 애 보호자다, 왜!!! (설아에게) 너 당장 일어나! 이런 데 아니어 도 돈 벌 데 천지야! |

(인서트 2) 보송마을 아파트 앞/시즌 1 5화 68신 (저녁)

윤희	나 때문에 알바 짤려서 어떡하니.
설아	(밝게 웃으며) 또 구하면 되죠.
윤희	(지갑에서 있는 대로 만 원짜리 꺼내서 쥐어주고) 이걸로 밥 사먹어.

| 수련(E) | 아무 대가 없이 온정을 베풀었던, 딸이 기억하는 따뜻한 사람이었습 니다. |

수련, 재판장에게 담담하게 호소하고 있는.

수련	또한, 이미 살인죄 누명을 쓰고 복역까지 하였고, 딸을 잃는 아픔까지 충분히 겪었습니다. 법은 그녀를 심판해야겠지만, 전 오윤희를, 지금 이 순간 용서했습니다.
윤희	(눈을 감고 듣고 있다가, 눈물 또르륵 흘리면)
판사	피고인 모두 기립하세요.
윤희	(자리에서 일어서면)
판사	선고합니다. 피고인 오윤희는 범행을 인정하고 자수한 점, 당시 심신미 약의 상태로, 후회와 반성적 태도로 일관한 점, 피해자 유족이 적극적 선처를 원하는 점 등에 따라 징역 3년을 선고한다.
로나	(벌떡 일어서고) 엄마!!!
윤희	(눈물이 멈추지 않고 흘러내리는데)
수련	(다가와 말없이 윤희를 안아주는. 눈물 그렁한 채, 진심으로 용서하는 느낌 이고. 돌아보면 설아가 미소 지으며 보고 있는. E) 우리 설아도, 엄마랑 같 은 맘이지? (설아를 보며 웃어주는 수련이고)

38.　　법원 복도(낮)

　　단태와 서진, 각각 법원 경호원들에게 끌려나오다가 몸이 부딪치고.

단태　　누구야?!

서진　　(찌릿! 해서 쳐다보고) 주단태!! 넌 내 인생에서 가장 최악의 인간이었어! 너 같은 악마를 몰라본 내 눈을 뽑아버리고 싶어! 내 심장을 저주하고 싶을 지경이야!!

단태　　누가 할 소리? 날 사랑한다며, 내 품에 파고든 게 누군데?! 너 아냐? 난 너 같은 거한테 한 번도 마음 준 적 없어!! 처음부터 천서진 넌, 나한테 먹잇감에 불과했다고!!

서진　　그 더러운 입으로 내 이름 부르지 마!!! (달려들면)

단태　　천서진! 천서진! 천서진! 부르면 어쩔 건데!! (악쓰고)

　　서진과 단태, 치고 박고, 발로 차고 개싸움 나면. 법원 경호원한테 저지당하고, 질질질 끌려가는데.
　　그때! 단태와 서진의 앞을 가로막아서는 누군가의 발. 고개 들어 보면, 서있는 사람, 석훈과 석경이다.

석경　　정말 환상의 커플이네요. 이 꼴을 계속 못 본다니, 아쉽네요.

단태　　(반가우면서도 화난) 이 자식들!! 이제야 아빠를 보러 온 거야?!! 그렇게 연락을 했는데도 어디서 뭘 하고 자빠져있었어!!! 내가 너희들을 그렇게 키웠어?! 내 모든 걸 다 바쳐, 니들한테 다 퍼줬는데. 이렇게밖에 못 해?!!

석훈　　(다부지게 쏘아보며, 또박또박) 당신은 더 이상 우리 아빠가 아니에요. 우릴 낳아준 엄마와 길러준 엄마를 끔찍하게 죽인 당신을 용서할 수 없어요. 그러니까 앞으로 우리한테 함부로 말하지 마세요!

단태　　(비웃는) 언제부터 이리 많이 컸을까. 우리 아드님께서. 니가 잘난 체해 봤자, 천륜을 거스를 수 있을 거 같아? 하늘이 두 쪽 나도 니들은 내 자식이야! 내가 악마면, 넌 악마 새끼고. 내가 뱀이면 너도 뱀 새끼야!!

석훈 친권 포기하세요!! 앞으로 우리 보호자는 엄마 한 사람뿐이에요. 법원에 친권 박탈 신청하려고 왔어요. 나머진 저희 쪽 변호사와 말씀하시면 됩니다!

단태 (기막히고) 뭐, 뭐야?!! 친권 포기?!! 누구 맘대로!! 내가 없으면 니들이 사람 취급이나 받으며 살 거 같애? 니들한테 내 돈 한 푼도 안 줄 거야!!

석경 줄 돈은 있어요? 아빠 이제 거지예요. 펜트하우스까지 이미 엄마한테 넘어갔다던데! 모르고 있었어요? (조롱하면)

단태 (얼굴 벌게지고) 감히 니들이 날 동네 똥개 취급해?!! 이런 배은망덕한 자식들!! (난리 치고)

서진 (그런 단태를 꼴좋다는 듯 비웃고 있는데)

석경 (그런 서진을 보고) 아줌마도 그렇게 좋아할 때가 아닌 거 같은데요! 아줌마, 청아재단 이사장에서 짤렸어요!

서진 (얼굴 화끈하고) 그게 뭐?!! 이제 너랑 난 아무 상관없는 사이야. 비켜! (가려면)

석경 그럼 이제 그 비밀도, 지켜줄 이유 없는 거죠?

서진 (멈칫. 놀라 돌아보면)

석경 (서진 귀에 대고 작게) 아직 은별이 말곤 아무도 모르죠? 아줌마 때문에 은별이 할아버지 돌아가신 거! (떨어지며) 어린 나만 알고 있기엔 너무 엄청난 비밀이에요. 그쵸? (그때 법원에서 나오는 윤철과 규진, 마리, 상아, 윤희를 보고) 비밀 좀 나눠야겠어요. 혼자 지고 가기엔 내가 너무 무섭더라고요.

서진 (애원하듯) 석경아.... 주석경!! 안 돼!! 안 돼!!!

석경 이제 사태 파악 좀 되세요? (석훈과 함께, 쌩하니 돌아서서 가면)

단태 주석훈! 주석경! 당장 이리 와!! 내가 니들을 어떻게 키웠는데!! 니들이 누구 덕에 서울대 가는데!! 다 내 공이야!! 그걸 모르면, 니들 사람 아냐!!! (고래고래 소리 지르며, 석훈과 석경을 쫓아가려면)

경호원 (단태를 잡아채며) 혼자서 맘대로 가면 안 돼요! (단태를 끌고 가고)

단태/서진 (굴욕적으로 경호원들에게 끌려가는)

39.   법원 앞(낮)

　　　　단태, 규진, 윤철, 그리고 윤희, 마리, 서진, 상아, 세상 끝난 표정으로 울
　　　　고불며 각각의 호송차에 나뉘어져 올라타고.
　　　　제니와 민혁, 달려와서 호송차를 붙잡은 채 가로막고 난리 피우면.
　　　　규진, 마리, 상아, 호송차 유리창에 붙어서, 차마 눈물 없이 볼 수 없는
　　　　이별을 하고 있는데.
　　　　서진과 윤철은 계속해서 눈으로 은별을 찾고 있지만, 은별은 보이지
　　　　않고.
　　　　멀리서 도 비서만 안타깝게 눈물 훔치고 있는.

서진　 은별아... 은별아....!!!! 우리 은별이 어딨어?!!!! 제발 내 딸 좀 찾아줘
　　　　요!! 은별아아!! (사람들 밀치며, 철창을 뜯고 밖으로 뛰어나갈 듯 발버둥
　　　　치는데. 차 출발해도 끝까지 은별의 모습 보이지 않는. 절망하는 서진 모습)

40.   헤라팰리스 전경(다른 날 아침)

41.   헤라팰리스 로비(아침)

　　　　멋지게 옷 차려입고, 코트를 어깨에 걸치고, 아찔하게 높은 하이힐을
　　　　신은 채, 또각또각 로비를 가로질러 걸어오는 누군가.
　　　　그 뒤로 캐리어를 든 헬퍼 여러 명이 따라오고.
　　　　헤라팰리스 경비원들, 모두 나와서 목례하며 그녀를 맞는데.
　　　　헤라팰리스 주민들도 반갑게 그녀를 맞이하며 인사하는데. 그녀는 수
　　　　련이다!
　　　　당당하게 헤라팰리스로 재입성하는 수련의 모습 보여주고!!

42. 펜트하우스 엘리베이터(아침)
수련, 엘리베이터에 올라타고. 솟구치듯 펜트하우스를 향해 올라가는.

43. 펜트하우스 거실(아침)
펜트하우스로 들어서는 수련. 집 안을 천천히 둘러보는데.
헬퍼들이 빠르게 수련의 짐들을 제자리에 놓고 있고. 거실 이곳저곳에
수련의 사진들과 그림들이 걸리면.
수련, 베란다 쪽으로 걸어가고. 아스라이 100층 아래를 내려다보며 감
회에 젖는데.
그러다 눈빛 독하게 반짝하고, 단태의 흔적들을 하나씩 부수기 시작
하는.
단태와의 결혼사진과 가족사진을 골프채로 부셔버리고. 단태가 아끼
던 장식품도 던져서 박살 내버리는.

44. 펜트하우스 침실(아침)
단태 화장대를 쓸어버리는 수련. 고급시계와 광이 나는 구두들, 명품
의류와 타이들을 모조리 바닥으로 내던져버리면.
헬퍼들이 갖고 나가서 서재의 벽난로에 불태워버리고.
"주단태" 이름이 쓰인 모든 것들이 순식간에 펜트하우스에서 사라지
는데.

45. 펜트하우스 서재/비밀 공간(아침)
서재로 거침없이 들어서는 수련. 책장을 밀어서 비밀 공간으로 통하는
문의 지문인식 키도 박살 내 고장 내버리고.
비밀 공간 안으로 들어가, 체벌 도구들도 다 부러뜨려버리는데.
마지막으로 근사하게 빛을 발하고 있는 "주단태 빌리지 모형"도 망가
뜨려버리는. 수련의 강한 모습에서!!

46.　헤라펠리스 윤희 집 거실(낮)
　　　로나, 짐을 정리하고 있으면. 석훈이 옆에서 돕고 있고.
　　　한쪽에서 틱틱거리며 마지못해 일 거들고 있는 석경이 보이는.

로나　나 혼자 할 수 있어.

석훈　(무심하면서도 따뜻하게) 혼자서 어떻게 해. 오랜만에 집에 왔잖아. 여기저기 손 갈 데 많을 거야. (그러다 석경을 보며) 석경이도 돕겠다고 온 거야?

석경　내가 언제! (발끈하다가) 하은별 얘기 들었어? 완전 그 기지배 증발해버렸잖아! 로나 너 나타나니까, 겁먹고 날라버린 거지. 영원히 안 돌아왔으면 좋겠어. 뻔뻔한 기지배. 소름 돋아!

　　　그때, 밖에서 우당탕탕 요란한 소리 들려오고. 놀라서 돌아보는 세 사람.

47.　헤라펠리스 윤희 집 앞(낮)
　　　문 열고 나오는 로나, 석훈, 석경. 그 앞에 제니와 민혁이 서있고.
　　　성난 민혁, 현관을 향해 계란과 밀가루 따위를 던지고 있는데.

석훈　뭐하는 짓이야?!! (민혁을 말리면)

석경　유치하게 둘이 세트로 뭐하냐? 니네 찐따들, 다시 재결합한 거야?

민혁　너네나 정신 차려!! 지금 배로나 수발이나 들고 있을 때야? 우리 엄마아빠가 누구 땜에 빵에 갔는데!!

로나　제니야.... (제니에게 다가서려면)

제니　(울컥해서) 다가오지 마!! (소리치고)

로나　(놀라 멈춰 서면)

제니　(울먹이며 원망하는) 너네 엄마가 민설아를 죽이지만 않았어도, 우리 엄마가 잡혀갈 일도 없었어. 난 그런 줄도 모르고, 니네 엄마 얼마나 좋아했는데... 너 죽은 줄 알고, 내가 얼마나 마음 아팠는지 알아?! 근데, 왜

	일을 이렇게 만들어?!! 친구라면서 왜 매번 힘들게만 해?!! 너 살아온 거 좋아할 수도 없게!! 왜!!!
로나	(제니의 말에 마음 아픈데)
민혁	절대 이렇게는 안 끝날 거야, 배로나! 우리 집안이 어떤 집안인데!!! 우리 할아버지가 울 아빠 의원직 박탈당한 거, 두고두고 되갚아준댔어!!
로나	그래! 우리 엄마가 죽을죄 졌어!! 변명 안 해!! 하지만 니들도 한 번은, 니들이 한 행동에 책임져!! 나도, 니들 힘들게 한 벌, 받을 준비돼있어!
제니	불쌍한 우리 엄마 불행하게 만든 인간들, 다 용서 안 해!! 울 엄마가 나한테 어떤 사람인데.... 각오해! 울 아빠가 가만 안 있을 거야!
민혁	맞아. 애네 아빠 진짜 무서운 사람이거든. 넌 이제 죽었다, 배로나!!
로나	(멈칫하면)
석경	(민혁의 머리를 까버리며) 머저리 같은 놈!! 니 인생이나 걱정해!! 제니 아빠 컴백하면, 너랑 내가 젤 먼저 죽을 걸?
석훈	(로나를 보호하며) 신경 쓰지 말고, 들어가서 짐 정리 마저 해! (로나를 얼른 집으로 들여보내고)
석경	(민혁한테 눈 부라리며) 뭘 봐? 확, 그냥! 내가 니네 같은 것들 때문에, 착하게 못 산다구!! (석훈 팔짱 끼고) 가자, 오빠! 엄마랑 약속 있잖아! 엄마 기다리겠다. (약 올리듯, 석훈을 데리고 엘리베이터로 향하는)
제니	(그런 석경을 보면, 서러움에 눈물 터지고)

48.   나애교 납골당 (낮)

애교의 사진이 놓여있고. 그 옆으로 놓이는 화사한 꽃다발.
수련, 석훈 석경을 데리고 애교의 납골당을 찾은.

수련	니들 낳아주신 분이야.
석훈/석경	(수련과 너무도 닮은 애교의 얼굴을 물끄러미 보는데. 등에 나비 문신이 보이고)
석훈	엄마는, 이분 만나본 적 있어요?

610

수련	응.
석훈	어떤 사람이었어요?
수련	(애교를 떠올리는)

인서트 1/12화 53신/호텔 객실/2년 전(밤)

애교	내 아이들이 좋은 집에서 잘살려면, 난 주단태가 원하는 걸 해줄 수밖에 없어!

인서트 2/11화 25신/펜트하우스 복도(저녁)

애교	(눈가가 발개져서, 여러 감정을 담아 수련을 보며) 고마웠어, 심수련! 당신이라는 여자로 살게 해줘서..... 혹시라도 내가 무슨 일이 생기면, 도망치라고 소리 지를게! 그럼, 뒤도 돌아보지 말고, 무조건 도망쳐! 우리 석훈이 석경이... 당신이 책임져야지. 당신이 걔들 진짜 엄만데!

수련, 다정한 눈빛으로 석훈과 석경을 보며.

수련	아주 멋진 분이셨어. 뭐든 거침이 없고, 의리도 있고. 너희들을 무척 아끼고 사랑하셨어.
석경	거짓말! 그런 사람이 우릴 한 번도 만나러 오지 않았단 거야?
수련	사정이 있었어. 그건, 너희들이 조금 더 크면 알려줄게.
석훈	민설아는... 어디에 있어요? 한번 가보고 싶어요. (수련을 보면)
수련	(눈가 촉촉이 젖는. 미소 지으며 석훈을 보는데)

49. 설아 납골당(낮)
설아의 사진이 놓여있는 납골당.
설아의 사진 옆에 청아예술제 트로피를 놓는 손, 로나고.

로나	이 트로피 니 꺼야. 대상 축하해, 민설아...... (눈물이 그렁해서 보는)

50.   구치소 안(낮)
　　　　단태, 수인복 입은 채로 쭈그리고 앉아서 빵을 우거적 우거적 맛있게
　　　　먹고 있으면.

직원(E)   2528! 그만 좀 처먹고 똑바로 앉아!
단태   우쒸! 얼마나 더 똑바로 앉아?!! (욱해서 달려드는데)
직원   (슬쩍 배식구 안으로 뭔가 툭! 떨어뜨리고 가는. 신문이고!)
단태   (멈칫. 주위 살피다가, 몰래 신문을 들어서 펼쳐보는데)

　　　　카메라, 신문을 비추면. "로, 건, 리, 아웃! 디, 데. 이, 9" 글자에 빨간색
　　　　동그라미가 쳐져있고.
　　　　만족스러운 듯 미소를 짓고는, 신문을 구겨서 입 안에 넣고 씹어 먹는
　　　　단태.

51.   교도소 앞(9일 후/낮)
직원(E)   1521! 출소!

　　　　끼익! 교도소 철문이 덜컹 하고 열리며 나오는 누군가의 발.
　　　　출소자들 사이에서도 유달리 눈에 띄는 한 남자. 멀끔한 엘리트 인상
　　　　에 쫙 빼입은 고급 정장 차림, 유동필이다!
　　　　시원하게 바깥 공기를 흡입하는 동필, 주변을 살피더니, 풍경 좋은 곳으
　　　　로 옮겨서 누군가에게 영상통화를 거는데. 화면에 나오는 건 제니고.

동필   우리 딸!!!! 그동안 잘 지냈어?! 아빠 한국 왔는데!!!! (사람 좋게 웃는)

　　　　그때, 누군가 동필에게 다가서고.
조비(E)   형님!
동필   (멈칫) 그래, 우리 공주 집에서 보자. (표정 관리하며 통화를 끊고. 돌아보

는 살기 어린 표정의 동필. 앞에 서있는 사람, 조 비서고)

조비 나오셨습니까! (꾸벅 절하면)

동필 (매서운 표정) 그 자식은? 지금 어딨어?!

52. **비행기 안 퍼스트클래스(낮)**

일등석 칸에 타있는 로건.

비행기가 착륙 준비를 하고, 미끄러지듯 활주로에 멈춰 서면.

로건, 승무원한테 옷을 받아서 입는데. 문득, 주머니에서 반지 케이스를 꺼내서 보면. 심플한 반지가 들어있고. 미소 띤 채 반지를 보는데.

준기(E) 프러포즈하시려나 봐요.

로건 (옆자리를 보면. 키가 크고 잘생긴 남자(백준기)가 빙긋이 웃으며 반지를 눈으로 가리키는데. 대답 대신 미소만 지어 보이는 로건)

준기 잘 고른 거 같네요. 디자인이 심플한 게, 흔하지 않고 고급스러워요.

로건 그런가요? 고맙습니다.

준기 한국도 참 많이 변했겠죠?

로건 그럼요.

준기 너무 오랜만이라 많이 설레는데요. 보고 싶었던 친구를 만날 생각하니! 살아있으니 결국은 만나게 되는군요. 미스터 백!

준기, 의미심장한 표정으로 로건을 보는 데서.

53. **도로/로건의 차 안/펜트하우스 2층 거실/전화통화(낮)**

로건, 차에 타서 직접 운전하고 있는. 기분 좋게 수련에게 전화하는데.

로건 (밝게) 수련 씨!! 어디예요?! 나 방금 돌아왔어요.

수련 (꽃병을 들고, 펜트하우스 계단을 내려오며) 벌써요?

로건 맘이 급해서 도저히 못 참겠더라고요.

수련	(꽃병을 거실 테이블 위에 놓으며) 나도 돌아왔어요. 펜트하우스로. 짐 정리하느라 정신없네요.
로건	애들이 좋아하겠어요. 보고 싶은데, 우리 빨리 만나요.
수련	나도 로건한테 할 말 있는데. 매장 갈 건데, 그쪽으로 올래요? (환하게 웃는 수련이고)

54. 자코모 매장(낮)

한껏 꾸민 수련, 설레는 표정으로 들어서고.
예전의 모습으로 활기차게 소파 이것저것을 살피며 의욕 보이는데.
그때, 로건한테서 전화 걸려오는.

수련	(받고) 어디예요? 난 도착했는데.
로건(F)	수련 씨 보이는 데 있어요. 잠깐 좀 밖으로 나와볼래요?
수련	지금요? (밖을 내다보며) 알았어요. 금방 가요.

그러다, 로건한테 주려는 듯, 예쁘게 포장한 꽃을 들고 나가는 수련.

55. 자코모 매장 앞 도로/로건의 차 안(낮)

로건, 매장 건너편 쪽에 세워진 차에 타있는. 카메라가 조수석을 비추면. 조수석에 백준기가 타있고.

준기	(뭔가 초조한 표정) 담배 한 대 피우고 와도 될까요? 긴장했나 봐요.
로건	그러세요.
준기	(손가방을 둔 채로, 차에서 내리면)
로건	(주머니에서 반지 케이스를 꺼내서 손에 드는데. 설레는 표정이고)

로건, 반지 케이스를 들고 차에서 내리면. 그때, 절름발이 노인이 뻥튀기 카트를 밀며 지나가고. 로건, 뭔가 싶어 슬쩍 보는.
동시에, 자코모 매장 문이 열리고, 수련이 환하게 웃으며 걸어 나오는데.

툭! 누군가와 부딪히는 수련. 멋스러운 모자를 눌러쓴, 동필이다!

동필 (얼굴 보이지 않게) 미안합니다. 괜찮으세요?

수련 네, 괜찮습니다. (바닥에 떨어진 꽃을 다시 들면)

동필 (수련을 스쳐 지나가는데. 날카로운 미소!)

수련, 로건의 차를 발견하고, 로건을 향해 반갑게 마구 뛰어가는데.
그때, "철커덕 철커덕" 괴이한 쇳소리가 귀에 소름끼치게 들려오고. 수
련, 멈칫했다가 그냥 로건을 향해 가는데.
로건, 자신을 향해 달려오는 수련을 보는. 그러다 수련 옆에 서있는 노
인과 순간적으로 눈이 마주치는데. 멈칫하는 로건. 낯이 익다 싶은데.
수련, 로건을 향해 걸어오고 있는. 환하게 웃으며 손 내저으면.
시한폭탄이 카운트되고 있는. 5... 4... 3... 빠르게 시간 단축되고.
로건, 자신을 향해 미소 짓는 수련을 마주 보는. 본능적으로 마지막이
라는 것을 직감하는데.
수련, 횡단보도의 신호가 바뀌면. 막 걸음을 떼고 달려가는 순간!
펑! 하고 수련의 눈앞에서 터지는 로건의 차! 엄청난 굉음과 함께 연거
푸 터지는 폭탄 소리! 펑! 펑! 펑!

수련 아아악!!! (비명 내지르고)

순식간에 거대한 화염에 휩싸인 차.
수련, 귀에서 삐― 이명이 들리고...
절규하는 수련의 모습과, 불타는 차가 겹쳐지면서 엔딩!!!

〈시즌 2 끝〉

출연

이지아, 김소연, 유진, 엄기준, 신은경, 봉태규, 윤종훈, 박은석, 윤주희, 하도권, 정성모, 서혜린
하민, 김로사, 김동규, 김도현, 김재홍, 신서현, 최서연, 김현수, 진지희, 김영대, 조수민, 한지현
최예빈, 이태빈, 손보승, 안은호, 양정민, 장하경, 박수아, 나소예

만든 사람들

기획	스튜디오S
제작	[초록뱀미디어] 김상헌, 최진욱
책임프로듀서	최영훈
총괄프로듀서	조성훈
프로듀서	이광순
제작총괄	유호성
극본	김순옥
연출	주동민, 박보람

촬영A팀

촬영감독	여정훈, 정철민
포커스풀러	심상영, 하승우
촬영팀	송송이, 서준용, 이민규, 염태석, 오유석, 장명운
조명감독	김근수
조명1st	박동현
조명팀	남기봉, 우효주, 방현동, 이현우
발전차	김중탁
동시녹음	전명규
붐오퍼	김상문
붐어시	이서희
키그립	정성영
그립팀	온대균, 최형우

촬영B팀

촬영감독	최제락, 이재성
포커스풀러	김희승, 윤익준

촬영팀	김민수, 조창준, 서원범, 문지호, 서의진, 송나래, 임호현
조명감독	황영식
조명1st	박선호
조명팀	이주원, 김지나, 이준수, 박윤민, 김대현
발전차	김병호
동시녹음	김수근
붐오퍼	육근식
붐어시	김건
키그립	김학균
그립팀	이규환
미술감독	이하정, 신현지
세트디자인	염지연, 유하경
스튜디오세트	김형관, 이영택, 진종성, 김경대, 박일홍, 김정원
스튜디오작화	손상운, 김형남
야외세트	이상목, 장한별
야외작화	김기연, 문귀현, 이태동
야외세트진행	김종성
스튜디오세트진행	이상린
미술개발	이요섭
세트협력	아트원 신세계기획
전기효과	정기석, 김용선, 성명영, 당성윤
미술행정	최연현, 김경욱
푸드디렉터	제이킴
푸드팀	[제이킴푸드스타일] 연재
	노현정, 정현우, 민휘윤, 민재인, 김민지, 이민경, 이형로
소품총괄	박성진
소품감독	우명식, 윤창묵
소품진행	이창하, 최보아, 조현기, 이종효, 안세영
소품디스플레이	이상진, 윤준식, 장명환
인테리어디자인	이선희, 김상욱
소품그래픽	양미현
푸드스타일리스트	조용미, 박수연
의상	박세훈, 정희선
의상디자이너	이성훈

팀코디	윤민
분장	김은정, 박세연, 손다혜
미용	심정화, 박민아, 최영진
특수분장	손희승
편집	조인형, 박지현, 임호철
서브편집	정다영, 이초롱
편집보조	최혜령
VFX슈퍼바이저	소은석
2D VFX	이한준, 김병재, 하민구, 최두리, 강희규, 오정화, 김승기
3D VFX	유민근, 이정은, 제성경, 조수현, 이진우
	[스튜디오 G] [COBB 스튜디오]
C.G	김종훈
타이틀	김승아
모션그래픽	김승아
음악	김준석
더빙	김흥배, 이승호
효과	이종성, 임준용
음악감독	[무비클로저] 김준석, 정세린
음악팀	구본춘, 이윤지, 노유림, 주인로, 김현도, 신유진, 강미미, 홍은지, 정혜빈
	장유례, 유소현, 김도은
음악믹싱	박승천
음악효과	이광희, 홍가희
색보정	한종우, 김현민
색보정보조	이혜진, 서지원
종합편집	안철환, 황돈희
종편자막	최호진
무술감독	백경찬
무술지도	유시정
특수효과	도광섭, 도광일
캐스팅	이상길, 이영섭
보조출연	[(주)마리오기획] 김주영, 이영태, 김장군
SBS홍보	손영균, 이두리, 정다솔
SNS	박민경, 김현제, 박조아
외주홍보	[3HW] 이현, 이현주, 김의정

[SBS I&M]

웹기획	강유진
웹운영	박지현
웹디자인	김비치
웹콘텐츠	박여주

[스튜디오S]

홍보영상총괄	이미우
홍보영상촬영	문예림
홍보영상편집	김윤미

마케팅총괄	[테이크투]
마케팅PD	임정민, 김은지, 이다은
대본	[슈퍼북] 김주형
포스터	[길티플레져]
스태프버스	이선우, 김희동
연출봉고	이한열, 박대성
카메라봉고	이준헌, 성영길, 김균, 권희갑, 이정호
분장차	김대섭
의상차	이봉제, 정일권
스틸	[자메이카엑스] 강형섭
데이터매니저	신나라, 김규봉
섭외	[바오밥] 양우성, 윤예솔, 김민정, 임정훈
보조작가	민지현, 박영란, 김화영
제작관리	백선아, 홍민지
제작프로듀서	이승원, 최지은, 박성준
SCR	김지희, 조민하
FD	조규하, 이유리, 진민국, 박도창, 강순영, 최승환
야외조연출	김현동
내부조연출	김나현
조연출	오준혁, 오송희, 이소은